HERMAEA
GERMANISTISCHE FORSCHUNGEN
NEUE FOLGE

HERAUSGEGEBEN VON HANS FROMM, JOACHIM HEINZLE, HANS-JOACHIM MÄHL UND KLAUS-DETLEF MÜLLER

BAND 87

CORA DIETL

Minnerede, Roman und *historia*

Der ›Wilhelm von Österreich‹ Johanns von Würzburg

MAX NIEMEYER VERLAG
TÜBINGEN 1999

Die Deutsche Bibliothek – CIP-Einheitsaufnahme

Dietl, Cora: Minnerede, Roman und ›historia‹: Der »Wilhelm von Österreich« Johanns
von Würzburg / Cora Dietl. – Tübingen: Niemeyer, 1999
   (Hermaea; N.F., Bd. 87)

ISBN 3-484-15087-4   ISSN 0440-7164

© Max Niemeyer Verlag GmbH, Tübingen 1999
Das Werk einschließlich aller seiner Teile ist urheberrechtlich geschützt. Jede Verwertung
außerhalb der engen Grenzen des Urheberrechtsgesetzes ist ohne Zustimmung des
Verlages unzulässig und strafbar. Das gilt insbesondere für Vervielfältigungen, Über-
setzungen, Mikroverfilmungen und die Einspeicherung und Verarbeitung in elektro-
nischen Systemen. Printed in Germany.
Gedruckt auf alterungsbeständigem Papier.
Satz: Pagina GmbH, Tübingen
Druck: AZ Druck und Datentechnik GmbH, Kempten
Buchbinder: Geiger, Ammerbuch

Dank

Vielerlei Unterstützung und Förderung durch Institutionen und Bibliotheken und zahlreiche Hilfe und Beratung ist mir bei der Konzeption und Abfassung der vorliegenden Arbeit zuteil geworden. Stellvertretend für alle, denen ich hierfür verpflichtet bin, möchte ich an dieser Stelle Herrn Prof. Dr. Walter Haug (Tübingen) meinen aufrichtigen Dank aussprechen.

Helsinki, im März 1997
Cora Dietl

V

Meinen Eltern

Inhaltsverzeichnis

o. Einleitung
Forschungsbericht und Fragestellung[1]

In den letzten Jahrzehnten hat sich die mediävistische Forschung zunehmend dem Spätmittelalter zugewandt. Texte, die lange Zeit als Niedergangserscheinungen und Epigonenwerke abgetan worden sind, werden neu gelesen und neu beurteilt. Dazu gehört auch der ›Wilhelm von Österreich‹ Johanns von Würzburg, ein »Minne-Abenteuer-Roman«[2] aus dem frühen 14. Jahrhundert. Bezeichnet ihn Gustav Ehrismann als das Werk eines »echte[n] Epigone[n]«, der »kein inneres Verhältnis mehr zu jener vornehmen Lebensart der hochhöfischen Zeit« besitze[3] und »in Epigonenweise den Stoff selbst erfunden und aus bekannten Motiven zusammengesetzt«[4] habe, und spricht auch Moriz Haupt noch abschätzig von einem »gedicht, das zwar sprachlich nicht ganz unergiebig ist, aber ungeschichtliche erfindung erzählt«,[5] so findet der ›Wilhelm von Österreich‹ heute zunehmend Interesse als ein Werk an der Epochenschwelle, in dem sich Neues ankündigt – in Auseinandersetzung mit der Tradition. Eine umfassende Neubetrachtung des Werks und eine Neubewertung seiner Position in der Geschichte der mhd. Literatur, wie sie durch die vorangeschrittene germanistische Spätmittelalterforschung heute möglich ist, steht aber noch aus. Ein Überblick über die Forschung soll dies verdeutlichen.

In der älteren Forschung, bis zum Ende der 30er Jahre, gilt Johanns Roman unter dem Verdikt des Epigonischen primär als Sprachdenkmal, und er findet daher auch vorrangig unter sprachlichen[6] und stilistischen

---

[1] Die vorliegende Arbeit ist 1996 abgeschlossen worden. Später erschienene Literatur konnte leider nicht mehr berücksichtigt werden.

[2] Gattungsbestimmung nach Ingeborg Glier, Johann von Würzburg II, in: VL² IV, Sp. 824–827, Sp. 825.

[3] Gustav Ehrismann, Geschichte der deutschen Literatur bis zum Ausgang des Mittelalters, T. 2. Schlußband. München 1935 (Handbuch des deutschen Unterrichts an höheren Schulen VI.2.2.2), S. 93.

[4] Ebd., S. 92.

[5] Notiz Moriz Haupts vom 5.5.1961, eingeklebt in den Vorderdeckel der Liegnitzer Handschrift des ›Wilhelm von Österreich‹, Universitätsbibliothek Breslau, Akc. 1949/143.

[6] Bernhard Beckmann, Sprachliche und textkritische Untersuchungen zu Johann von Würzburg. Diss. Berlin 1937. Emsdetten 1937.

Gesichtspunkten[7] Beachtung. Daneben stehen Untersuchungen zu den Quellen und zur Bildung und Persönlichkeit Johanns von Würzburg[8] und zu den in dem »selbst erfundenen« Werk wenigstens doch noch enthaltenen geschichtlichen Elementen.[9]

Nach dem Ende des Zweiten Weltkriegs gerät der ›Wilhelm von Österreich‹ weitgehend in Vergessenheit. Aus den 50er und frühen 60er Jahren liegen nur vier ungedruckt gebliebene Dissertationen zu ihm vor. Sie setzen sich mit dem Stil – v. a. dem »Aufbaustil«[10] – des Spätwerks und den angeblich bürgerlichen Tendenzen Johanns[11] auseinander. In den 70er Jahren findet, wenn überhaupt, nur das »Volksbuch«, nicht Johanns Versroman selbst, Beachtung.[12]

In neuerer Zeit ändert sich der Blickwinkel, aus dem Johanns Werk betrachtet wird. Literatur- und speziell gattungshistorisch wird es in den Kontext der spätmittelalterlichen Literatur und der im 14. Jahrhundert neuen literarischen Gattungen gestellt, nicht mehr nur vor den

---

[7] Gustav Roethe, Quellen, Tendenzen und Kunstformen des ›Wilhelm von Österreich‹. Nicht veröffentlichter Vortrag vom 18.5.1905. Erwähnt in den Sitzungsberichten der Kgl. preußischen Akademie der Wissenschaften 1905 (I), zit. nach Eugen Mayser, Studien zur Dichtung Johanns von Würzburg. Diss. Marburg 1930. Berlin 1931, Nachdr. 1967 (Germ. Stud. 101), S. 13f.; Otto Mordhorst, Egen von Bamberg und die geblümte Rede. Diss. Berlin 1909. Berlin 1911 (Berliner Beiträge 43), S. 140–142.

[8] Eckart Frenzel, Studien zur Persönlichkeit Johanns von Würzburg. Diss. Königsberg 1928. Berlin 1930, Nachdr. 1967 (Germ. Stud. 84); Mayser (1931). Vgl. zu beiden die Rezension von Heiligendorff, Neue Studien zu Johann von Würzburg. ZfdPh 57 (1932), S. 85–88.

[9] Reinhold Röhricht, Die Deutschen auf den Kreuzzügen, ZfdPh 7 (1876), S. 125–174 u. S. 296–329. (Exkurs: Die Kreuzfahrer des 3. Kreuzzuges in des Johanns von Würzburg Gedicht ›Wilhelm von Österreich‹, S. 168–174 und S. 302).

[10] Hermann-Josef Bierbaum, Der Stil Johanns von Würzburg in geschichtlicher Beleuchtung. Diss. (masch.) Marburg 1953; Rudolf Schnuchel, Ein Beitrag zum Erzähl- und Aufbaustil im ›Wilhelm von Österreich‹. Diss. (masch.) Göttingen 1955; Helmut Rehbock, Epischer Vorgang und Aufbaustil im ›Wilhelm von Österreich‹. Diss. (masch.) Göttingen 1963.

[11] Walter Schoenebeck, Der höfische Roman des Spätmittelalters in der Hand bürgerlicher Dichter. Studien zur ›Crône‹, zum ›Apollonius von Tyrland‹, zum ›Reinfrid von Braunschweig‹ und ›Wilhelm von Österreich‹. Diss. (masch.) FU Berlin 1956.

[12] Krishna Murai Sharma, Vom Versepos zum Prosaroman. Studien zum Prosaroman ›Wilhelm von Österreich‹. Diss. München 1969; Alois Brandstetter, Prosaauflösung. Frankfurt 1971; Helmut Melzer, Trivialisierungstendenzen im Volksbuch. Ein Vergleich der Volksbücher ›Tristrant und Isalde‹, ›Wigoleis‹ und ›Wilhelm von Österreich‹ mit den mittelhochdeutschen Epen. Hildesheim/New York 1972; Veronika Straub, Entstehung und Entwicklung des frühneuhochdeutschen Prosaromans. Amsterdam 1974. Die einzige Ausnahme bildet der kurze Aufsatz von Udo Pillokat, Johann und Ruprecht von Würzburg, in: Fränkische Klassiker. Hrsg. v. Wolfgang Buhl. Nürnberg 1971, S. 123–132. Pillokat sieht die Trias Minne – Aventiure – Gott dem ›Wilhelm von Österreich‹ zugrunde gelegt. Johann nehme damit eine Zwischenstellung zwischen Gottfrieds allmächtiger Minne und Wolframs Vermittlung von Welt und Gott ein.

Hintergrund der mittelhochdeutschen »Klassiker«; ideengeschichtlich wird es interessant als ein Schwellenwerk zwischen Mittelalter und früher Neuzeit.

Es ist Dietrich Huschenbetts Verdienst, den ›Wilhelm von Österreich‹ erneut in die germanistische Diskussion eingeführt zu haben. In seinem Vortrag auf dem Dubliner Colloquium zur deutschen Literatur und Sprache des 14. Jahrhunderts[13] deutet er Johanns Werk, auf dessen allegorische Elemente[14] und Liebesbriefe[15] schon wiederholt hingewiesen worden war, als einen Versuch, »dem abenteuerlichen Minneroman mit den Mitteln der *Ars amandi* ein theoretisches Gerüst zu geben«.[16] Er macht auf den wiederholten Gebrauch von Natureingängen und auf verschiedene Formen der Minnerede aufmerksam, die in den Text aufgenommen sind: »Minnelehre«, Allegorese und Konstruktionsallegorie, Zeit- und Totenklage, Brief. Letztlich bleibt es aber bei einer Aufzählung der einzelnen Formen. Huschenbett fragt nicht danach, wie sich diese Übernahme von gattungsfremden Elementen auf den Roman auswirkt; wie dieses »theoretische Gerüst« nun tatsächlich in der Struktur des Werks, in der Handlungsführung und der Erzählhaltung in Erscheinung tritt.

Auch Albrecht Classen, der 1992 den Ansatz Huschenbetts wieder aufgreift,[17] bleibt in der Frage, inwieweit sich die Minnereden-Elemente auf den Gesamtroman und seine Gestalt auswirken, eine Antwort schuldig: Er deutet den ›Wilhelm von Österreich‹ als den Schlußpunkt einer Reihe von Romanen, in denen die Kinderminne thematisiert und das Minnegespräch des Wolframschen ›Titurel‹ rezipiert werde, welches er als eine außergewöhnlich realistisch dargestellte und »stark emotional aufgeladene«[18] Minnerede beschreibt.

---

[13] Dietrich Huschenbett, Tradition und Theorie im Minne-Roman. Zum ›Wilhelm von Österreich‹ des Johann von Würzburg, in: Zur deutschen Literatur und Sprache des 14. Jh. Dubliner Colloquium 1981. Hrsg. v. Walter Haug u. a. Heidelberg 1983 (Reihe Siegen 45), S. 238–261.

[14] Vgl. v. a. Helmut de Boor, Die deutsche Literatur im späten Mittelalter. Zerfall. Neubeginn. Erster Teil 1250–1350. München 1962 (Gesch. der dt. Literatur 3,1), S. 96–99: de Boor, S. 99 sieht im ›Wilhelm von Österreich‹ den Weg vorgezeichnet, der auf den allegorischen Roman zuführt.

[15] Eugen Mayser, Briefe im mittelhochdeutschen Epos. ZfdPh 59 (1935), S. 136–147, S. 141–143.147; Helmut Brackert, *Da stuont daz minne wol gezam*. Minnebriefe im späthöfischen Roman. ZfdPh 93 (1974), Sonderheft, S. 1–18, S. 14f.

[16] Huschenbett (1983), S. 250.

[17] Albrecht Classen, Wolframs von Eschenbach ›Titurel‹-Fragmente und Johanns von Würzburg ›Wilhelm von Österreich‹: Höhepunkte der höfischen Minnereden. Amsterdamer Beiträge zur älteren Germanistik 37 (1993), S. 74–102.

[18] Ebd., S. 74.

Werner Röcke[19] analysiert unter dem übergreifenden Thema »Mündlichkeit – Schriftlichkeit« die Liebesbriefe bei Johann. Er zeichnet sie als eine literarisch stilisierte Form der Kommunikation über Minne. Interessant wäre hier nun, wie sich die Briefe zu den anderen Formen der Minnekommunikation im Text verhalten. Dies hätte aber wohl den Rahmen der Untersuchung gesprengt.

Die durch das Thema Minne bestimmte Romanstruktur beschreibt dann Huschenbett in seiner Gesamtdarstellung des ›Wilhelm‹ in den ›Interpretationen. Mittelhochdeutsche Romane und Heldenepen‹.[20] Nach einer – leider nicht ganz fehlerfreien[21] – Darstellung der Überlieferung des Werks und einem Forschungsreferat zur Frage der Auftraggeber Johanns von Würzburg geht Huschenbett zum Hauptthema seines Beitrags über: Er versucht, in Johanns Werk eine siebenteilige Struktur, wie sie für Minneromane charakteristisch sei, nachzuweisen. Er erwähnt dabei zwar wieder, daß Minnereden und Allegorien im Text eine gewisse Rolle spielen, führt dies aber nicht weiter aus. Die Struktur wird also nicht aus oder im Zusammenhang mit diesen Elementen erklärt.

Das Thema Minne bei Johann, die Minnedidaxe und die Nähe des ›Wilhelm‹ zur Minnerede, das geht aus dem bisher Dargestellten hervor, ist bereits in mehreren Einzeluntersuchungen aufgegriffen, nicht aber erschöpfend behandelt worden. Detailbeobachtungen sind bislang unverbunden nebeneinander stehengeblieben.

Auch zwei wichtige andere Aspekte des Werks erwähnt Huschenbett in seiner Gesamtdarstellung. Er spricht kurz über Johanns Fiktions- und Literaturverständnis und die gesellschaftliche Implikation eines der Exkurse. Eine klare Aussage zu einem dieser Themen bleibt aber aus, und erst recht eine Verbindung dieser Themen mit der zuvor erwähnten Minnedidaxe.

---

[19] Werner Röcke, Liebe und Schrift. Deutungsmuster sozialer und literarischer Kommunikation im deutschen Liebes- und Reiseroman des 13. Jahrhunderts. (Konrad Fleck: ›Florio und Blanscheflur‹; Johann von Würzburg: ›Wilhelm von Österreich‹), in: Mündlichkeit – Schriftlichkeit – Weltbildwandel. Literarische Kommunikation und Deutungsschemata vor Wirklichkeit in der Literatur des Mittelalters und der frühen Neuzeit. Hrsg. v. Werner Röcke und Ursula Schäfer. Tübingen 1996 (Script Oralia 71), S. 85–108.
[20] Dietrich Huschenbett, Johann von Würzburg: Wilhelm von Österreich, in: Interpretationen. Mittelhochdeutsche Romane und Heldenepen. Hrsg. v. Horst Brunner. Stuttgart 1993, S. 412–435.
[21] Siehe unten, S. 15, Anm. 6.

4

Das eigenartige Verhältnis von Geschichte und Fiktion, durch welches sich der ›Wilhelm‹ klar vom klassischen höfischen Roman unterscheidet, ist in der neueren Forschung wiederholt hervorgehoben worden. Renée Scheremeta[22] hat erstmals versucht, den ›Wilhelm‹ als eine Gattungsmischung zu begreifen, in der das Historische eine bedeutende Rolle spielt: als eine Mischung von historischem, hagiographischem, allegorischem und Kreuzzugs-Roman. Das Kreuzzugsthema interessiere dabei nicht eigentlich unter religiösen Gesichtspunkten, sondern diene eher dazu, einen historischen Hintergrund zu evozieren und den Helden zu einer »saintly figure« zu stilisieren. Als historischer Roman sei Johanns Werk »blatantly propagandistic«.[23]

Ähnlich beurteilt bereits Alfred Ebenbauer 1984[24] Johanns Umgang mit historischen Daten: Ebenbauer beobachtet in den höfischen Romanen um 1300 – dem ›Apollonius‹, dem ›Göttweiger Trojanerkrieg‹, dem ›Reinfrid von Braunschweig‹, dem ›Wilhelm von Österreich‹ und dem ›Friedrich von Schwaben‹ – eine Rückkehr in die Geschichtlichkeit, aber zugleich einen spielerischen oder spekulativen Umgang mit der Geschichte. Die Geschichtsklitterung im ›Wilhelm‹ wie im ›Apollonius‹ zeige ein Desinteresse der Autoren an der historischen Wahrheit, die dem Zweck des Herrscherpreises untergeordnet werde.

Das Historische im Werk bildet auch den Ausgangspunkt für Albrecht Juergens' Dissertation – zumindest für ihren Titel: ›Johanns von Würzburg *Historia poetica*‹.[25] Juergens geht von dem traditionellen Vorwurf aus, der ›Wilhelm‹ sei »nur« ein Epigonenwerk, und versucht, auf breiter Ebene, gelöst vom Text selbst, nachzuweisen, daß Epigonentum nicht notwendig Kunstlosigkeit bedeuten müsse. Einen ebenfalls weiten Raum in seiner Dissertation nimmt die Rezeptions- und Interpretationsgeschichte des Werks ein, ebenso die Rhetorik der Briefe im mittelhochdeutschen Roman im allgemeinen und im ›Wilhelm von Österreich‹ im besonderen. Die eigentliche Interpretation des Romans beschränkt sich auf einige interessante Einzelbeobachtungen und den eher fragwürdigen[26] Versuch, den ›Wilhelm‹ in ein arthurisches Dop-

---

[22] Renée Scheremeta, Historical, Hagiographic Romances? Late Courtly Hybrids, in: Genres in Medieval German Literature. Hrsg. v. Hubert Heinen und Ingeborg Henderson. Göppingen 1986 (GAG 439), S. 93–102.

[23] Ebd., S. 99.

[24] Alfred Ebenbauer, Spekulieren über Geschichte im höfischen Roman um 1300, in: Philologische Untersuchungen. Fs. Elfriede Stutz. Hrsg. v. Alfred Ebenbauer. Wien 1984 (Philologica germanica 7), S. 151–166.

[25] Albrecht Juergens, ›Wilhelm von Österreich‹. Johanns von Würzburg Historia Poetica. Diss. München 1986. Frankfurt/Bern/New York/Paris 1990 (Mikrokosmos 21).

[26] Zur Fragwürdigkeit dieses Versuchs vgl. auch Bernd Bastert, Albrecht Juergens, ›Wil-

pelwegschema zu zwängen. Das Historische und das Verhältnis von Historizität und Fiktionalität im Werk werden nur kurz gestreift. Manfred Scholz bemerkt zu Recht, Juergens hätte für seine Dissertation besser den Titel »Studien zum Epigonischen im ›Wilhelm von Österreich‹ und zu seiner Rezeption« gewählt.[27]

Die Frage nach dem Historischen ist untrennbar verbunden mit der Frage nach der Fiktion und nach dem Selbstverständnis des fingierenden Autors. Mein 1993 erschienener Berliner Vortrag zur Fiktionalität bei Johann von Würzburg[28] zeigt, wie dieser durch seinen sehr freien Umgang mit historischen und literarischen Vorlagen und durch seine ausgesprochen selbstbewußte Erzählhaltung sein Werk als ein fiktives präsentiert. Hier noch einen Schritt weiter geht Volker Mertens in seinem 1996 veröffentlichten Aufsatz »Was ist ein Mäzen?‹ Poetologische Überlegungen an Hand des ›Wilhelm von Österreich‹.«[29] Mertens sieht auch die Würdigung der Mäzene als einen Teil der Fiktion Johanns.

Beide Beiträge setzen sich mit der grundlegenden Studie von Manfred Scholz von 1987 auseinander, die dem Erzähler-Ich, dem Verfasser des Romans und seinen möglichen Mäzenen gewidmet ist.[30] Unten wird von dieser Arbeit wiederholt die Rede sein.

In allen den genannten Arbeiten über die historischen und fiktiven Elemente im ›Wilhelm‹ bleiben die Minnedidaxe und die Nähe zur Minnerede, auf die Huschenbett und Classen hinweisen, unbeachtet. Die Betrachtung bleibt damit einseitig. Dasselbe gilt auch für Untersuchungen, die sich ausschließlich den Wissenselementen in Johanns Werk widmen. Zu erwähnen ist hier v. a. ein nicht veröffentlichter Vortrag von Nigel Palmer von 1994 über die Personen- und Ortsnamen im Werk.[31] Palmer weist nach, daß Johann für seine Beschreibung des

---

helm von Österreich‹. Johanns von Würzburg ›Historia poetica‹ von 1314 und Aufgabenstellungen einer narrativen Fürstenlehre (Rezension). Arbitrium 10 (1992), S. 172–177, S. 175f.

[27] Manfred Günter Scholz, Albrecht Juergens, ›Wilhelm von Österreich‹. Johanns von Würzburg Historia Poetica. (Rezension) ZfdA 120 (1991), S. 468–473, S. 473.

[28] Cora Dietl, du bist der aventûre fruht. Fiktionalität im ›Wilhelm von Österreich‹ Johanns von Würzburg, in: Fiktionalität im Artusroman. Dritte Tagung der Dt. Sektion der Internationalen Artusgesellschaft in Berlin vom 13.–15.2.1992. Hrsg. v. Volker Mertens und Friedrich Wolfzettel. Tübingen 1993, S. 171–184.

[29] Volker Mertens, ›Was ist ein Mäzen?‹ Poetologische Überlegungen an Hand des ›Wilhelm von Österreich‹, in: Der Held in historischer Realität, in der Sage und in der mittelalterlichen Literatur. Hrsg. v. Danielle Buschinger und Wolfgang Spiewok. Greifswald 1996 (WODAN 63), S. 81–95.

[30] Manfred Günter Scholz, Zum Verhältnis von Mäzen, Autor und Publikum im 14. und 15. Jahrhundert: ›Wilhelm von Österreich‹ – ›Rappoltsteiner Parzifal‹ – Michel Beheim. Darmstadt 1987.

[31] Nigel Palmer, Johann von Würzburg's ›Mappa mundi‹ and the representation of the

Orients nicht auf Wolfram zurückgreift, sondern von der Tradition der Weltbeschreibung nach Plinius und Isidor und der Weltdarstellung in der *Mappa mundi* ausgeht.

Eine Zusammenschau der verschiedenen Elemente ist dringend vonnöten, um dem Werk Johanns gerecht zu werden. Bei Karin Cieslik[32] ist sie zwar ansatzweise schon vorhanden, doch fehlt hier jeder ernsthafte Versuch, das Ineinander der verschiedenen Teile und Elemente genauer zu erfassen und nach einer möglichen Verfasserintention zu befragen. Cieslik spricht von verschiedenen literarischen Tendenzen, die sich im ›Wilhelm von Österreich‹ »wie in einem Brennglas sammeln und sich dann in einem breiten Spektrum widersprüchlicher Erscheinungen dem Betrachter darbieten.«[33] Sie sieht Johanns Roman als einen mißlungenen Versuch, in einem als politische Propaganda geplanten Werk Elemente der Minne-, der Kreuzzugs- und der phantastischen Aventürendichtung sowie einige Weisheiten unterzubringen. Dabei fehle ein sinnvoller Schluß der Minnehandlung ebenso wie eine einheitliche Haltung des Verfassers in der Religionsfrage, eine philosophische Tiefgründigkeit der Allegorien ebenso wie dem didaktischen Ton entsprechende Lehre. Kurz: Es mangle an künstlerischer Qualität und einer einheitlichen Werkintention. Mit diesem Urteil fällt Cieslik letztlich wieder in die Haltung der frühen Forschung zurück.

Gelöst von einem klassischen Klarheitsideal, sollte sich die heutige Forschung auf die Mischung verschiedenster Elemente in den späten Romanen einlassen und versuchen, gerade aus der Zusammenwirkung der verschiedenen Elemente und der Gattungs- und Formzwänge sowie der Leser- oder Hörererwartungen, die an diese geknüpft sind, die Gesamtgestalt des Textes zu erklären. Erst dann darf gefragt werden, ob Johann einen Plan verfolgte und ob er an seinem Vorhaben scheiterte oder aber es meisterhaft durchführte.

Die oben bereits erwähnten ideengeschichtlichen Betrachtungen des Werks versuchen nicht aus der Vielfalt der Formen heraus, sondern, ganz im Gegenteil, von einer einzigen Idee aus den ›Wilhelm von Österreich‹ zu erklären. Diese Idee heißt bei Gisela Vollmann-Profe[34] »Sub-

---

Orient in ›Wilhelm von Österreich‹. Oxford (masch.) 1994. Vortrag, gehalten in Oxford in Trinity Term 1994.

[32] Karin Cieslik, Johann von Würzburgs ›Wilhelm von Österreich‹. Zum höfischen Roman im Spätmittelalter. Ergebnisse der Jahrestagung des Arbeitskreises Deutsche Literatur des Mittelalters, Greifswald 6 (1990), S. 95–101.

[33] Ebd., S. 95.

[34] Gisela Vollmann-Profe, Johann von Würzburg, ›Wilhelm von Österreich‹, in: Positionen des Romans im späten Mittelalter. Hrsg. v. Walter Haug und Burghart Wachinger. Tübingen 1991 (Fortuna Vitrea 1), S. 123–135.

jektivität«, bei Albrecht Classen[35] »Toleranz« und bei Christian Kiening[36] »Kontingenzerfahrung«. Die drei Arbeiten stellen wichtige Puzzlesteine für ein Verstehen des Werks dar, können es aber verständlicherweise nicht in seiner Ganzheit erfassen, v. a. nicht seinen Schluß erklären: Vollmann-Profe muß diesen aus ihrer Perspektive als ein Scheitern des Helden und Johanns deuten. Im folgenden soll versucht werden, Johanns Roman von möglichst wenigen Elementen aus in seiner Gesamtanlage zu erklären. Mit anderen Worten, der Text soll in einer möglichst umfassenden, dreidimensionalen Perspektive betrachtet werden, auch auf die Gefahr hin, daß dabei manche Details unbeachtet bleiben. Die drei genannten Dimensionen sind aus den literarhistorisch bedeutenden Aspekten des Werks, dem Minneredenkontext und der Spannung zwischen Fiktionalität und Historizität, gewonnen, die in der Forschung bisher, wenn überhaupt, dann stets getrennt betrachtet worden sind. Ich versuche erstmals eine Zusammenschau der genannten Aspekte. Bei der Untersuchung des ›Wilhelm von Österreich‹ stütze ich mich weitgehend auf Regels Edition der Gothaer Handschrift,[37] wiederholt aber hat es sich als notwendig erwiesen, auch die anderen Handschriften hinzuzuziehen.

In einem einleitenden Kapitel (1.) werde ich die Grundlagen für die nachfolgende Untersuchung bereitstellen: einige einführende Bemerkungen zum Inhalt des Werks (1.1.), zu seiner Überlieferung (1.2.) und zu Umfeld und Ursachen seiner Entstehung, d. h. zum Verfasser und seinen Mäzenen (1.3.). Im anschließenden Hauptteil (2.–5.) wird der ›Wilhelm von Österreich‹ im Wechselspiel von Minnerede, Roman und *historia* betrachtet; der Begriff *historia* umfaßt dabei als Gegenbegriff zur *fabula*, d. h. zum Fiktionalen, die historische Wahrheit und die Geschichtsschreibung. Die Kapitel 2–4 sind jeweils einem Begriffspaar,

---

[35] Albrecht Classen, Emergence of Tolerance: An Unsuspected Medieval Phenomenon. Studies on Wolfram von Eschenbach's ›Willehalm‹, Ulrich von Etzenbach's ›Wilhelm von Wenden‹, and Johann von Würzburg's ›Wilhelm von Österreich‹. Neophil. 76 (1992), S. 586–599; ders., The Heathen World in the Volksbuch ›Wilhelm von Österreich‹. An Anthropological Revision of the Crusade Epics. Neuphil. Mitt. 93 (1992), S. 145–161. Vgl. dazu auch Friedrich Wilhelm Wentzlaff-Eggebert, Kreuzzugsdichtung des Mittelalters. Studien zu ihrer geschichtlichen und dichterischen Wirklichkeit. Berlin 1960, S. 290–293.

[36] Christian Kiening, *Wer aigen mein die welt ...* Weltentwürfe und Sinnprobleme deutscher Minne- und Abenteuerromane des 14. Jahrhunderts, in: Literarische Interessenbildung im Mittelalter. DFG-Symposion 1991. Hrsg. v. Joachim Heinzle. Stuttgart/Weimar 1993 (Germanistische Symposien-Berichtsbände 14), S. 474–494.

[37] Johann von Würzburg, Wilhelm von Österreich. Aus der Gothaer Handschrift hrsg. v. Ernst Regel. Berlin 1906 (DTM 3). Kommentare Regels in diesem Band werden im folgenden zitiert unter: Regel (Ausg.).

.das sich aus den drei genannten Termini bilden läßt, gewidmet. Dabei wird jedesmal zunächst auf allgemeiner Ebene das Verhältnis der beiden Begriffe zueinander bestimmt und später benötigtes Vergleichsmaterial zur Verfügung gestellt, dann wird Johanns Werk unter dem entsprechenden Blickwinkel untersucht. In Kapitel 5 fasse ich die Ergebnisse dieses Teils zusammen und stelle den ›Wilhelm von Österreich‹ in den Rahmen anderer Texte, die eine ähnliche Gattungsmischung aufweisen, um im Vergleich mit diesen und im Rückblick auf den Gesamtkomplex der vorliegenden Interpretation die Besonderheit und Eigentümlichkeit von Johanns Spiel mit verschiedenen literarischen Gattungen zu verdeutlichen. Das abschließende Rezeptionskapitel (6.) befaßt sich mit der Frage, ob und inwieweit die Gattungsmischung den spätmittelalterlichen Rezipienten bewußt war und wie sie damit umgingen.

9

1. Einführendes zum Werk

Als Grundlage für die nachfolgende Untersuchung soll vorab das Werk, sein Inhalt (1.1.) und seine Überlieferung (1.2.), vorgestellt und die eng mit der Interpretation der Überlieferungslage verbundene Frage nach dem Verfasser und seinen Mäzenen (1.3.) erörtert werden.

1.1. Inhalt

Um am Grab des Heiligen Johannes des Evangelisten für die Geburt eines Erben zu beten, unternimmt Herzog Leopold von Österreich eine Wallfahrt nach Ephesus. Ein Sturm wirft ihn an die Küste von Zyzia, dessen König Agrant ebenfalls kinderlos ist und sich – obgleich er Heide ist – entschließt, Leopold zu begleiten.

Nach Ablauf der angemessenen Zeit werden am selben Tage – unter dem Stern Venus – Wilhelm von Österreich und Aglie von Zyzia geboren. Frau Minne läßt den beiden Kindern im Traum ein Bild des jeweils anderen erscheinen und schürt in ihnen früh die Glut der Minne.

Nachdem jeder Versuch der österreichischen Hofkünstler, Wilhelms Traumbild getreu wiederzugeben, gescheitert ist, begibt sich der Prinz auf die Suche nach der unbekannten Geliebten. Angelockt vom süßen Duft eines Baumes, verläßt er auf dem Schwarzen Meer sein Schiff und betritt eine vermeintliche Insel: einen Wal, der ihn nach Zyzia trägt. Dort nimmt Agrant den Jungen, der sich den Decknamen Ryal gibt, freudig auf und läßt ihn zusammen mit Aglie erziehen. Als er aber ihre Liebe entdeckt, trennt Agrant die beiden Kinder. Heimliche Liebesbriefe müssen nun das vertraute Gespräch ersetzen.

Aglie soll bald darauf König Walwan von Phrygien heiraten. Die Hochzeit aber wird gestört durch Kriegsnachrichten aus Phrygien: Walwan muß in sein Land zurück; Ryal soll ihn begleiten und wird von ihm auf die tödliche Mission geschickt, König Melchinor von Marokko den Krieg zu erklären. – Melchinor läßt jeden Boten, der ihm eine solche Nachricht überbringt, hinrichten.

Auf seiner Fahrt nach Marokko begegnet Ryal der personifizierten *âventiure* in Gestalt von *der aventûre hauptman*. Dieser erklärt Ryal das Wesen der *âventiure* und gibt ihm den *bracken fürst* mit, einen *Âventiure*nspürhund. Ryal folgt seinem Bracken in ein brennendes Gebirge, wo er zunächst gegen den Ritter Joraffin kämpfen muß, welcher ihm dann sein Schloß und das Land zeigt und allegorisch deutet. Dort sieht Ryal u. a. die Urbilder der Minne, und er erhält eine flammende Rüstung, auf der als Helmzier der Knabe Cupido im Flammenkranz erstrahlt.

Nach diesen beiden allegorischen Begegnungen trifft Ryal auf eine Botin des Darius aus Medien, die gerade auf Geheiß Melchinors hingerichtet werden soll. Er rettet sie und wird von ihr vor dem gleichen Schicksal gewarnt.

Ryal reitet dennoch weiter nach Aurimont, der Hauptstadt von Marokko. Vor den Grenzen der Stadt verbringt er die Nacht in einem Zauber-Gestühl, das dort von Vergil als Tugendprobe errichtet worden ist. Als Melchinor ihn am nächsten Morgen in dem Gestühl findet und Ryal pflichtgetreu seine Botschaft ausrichtet, steht der König in dem Konflikt, entweder den vortrefflichsten Menschen töten oder aber sein altes Gesetz brechen zu müssen. Der Kalif schließlich führt die Entscheidung herbei: Wilhelm (jetzt bekennt er seinen wahren Namen) wird begnadigt, und gegen den Verräter Walwan wird ein Rachefeldzug geführt. Melchinors Sohn Wildomis soll dabei Wilhelms Kampfgenosse sein.

Das Heer Melchinors belagert bald Smyrna, wo sich gerade Aglie als Braut Walwans aufhält. Wieder werden heimlich Liebesbriefe zwischen Wilhelm und Aglie ausgetauscht. In der folgenden Schlacht tötet dann Wilhelm Walwan; Smyrna wird erobert; Aglie aber soll, um den Frieden zwischen Agrant und Melchinor wiederherzustellen, mit Wildomis verheiratet werden.

Beim hochzeitlichen Turnier tötet Wilhelm Wildomis mit einer vergifteten Lanze und wird erneut zum Tode verurteilt. Aglie ist bereit, den Liebestod zu sterben. – An die Stelle der Fürsprache des Kalifen tritt hier eine Botschaft von noch höherer Autorität: ein (fiktiver) Brief Mahmets, in welchem gefordert wird, daß Wilhelm Mahmets Rache ausgeliefert werde. Übermittelt – und auch geschrieben – ist dieser Brief von Daidalus' Tochter Parklise, die auf einem Greifen aus Belgalgan, dem Land ihrer Königin Crispin, nach Smyrna geflogen ist.

Parklise führt Wilhelm nach Belgalgan, das vom Teufelssohn Merlin in Bann geschlagen ist: Sie bittet um Wilhelms Hilfe. Um Belgalgan zu befreien, kämpft Wilhelm zuerst gegen ein zentaurenartiges Ungeheuer, dann tötet er Merlin und überwindet Merlins metallene Drachen. Die befreite Königin Crispin fordert Wilhelms Minne; als er ihr diese aber verweigert und von Aglie erzählt, verspricht Crispin, ihm zu helfen. Während Wilhelm sich auf einem Turnier in Kandia (das in Form eines Heiden-Christen-Kampfs geführt wird) erneut bewährt, wirbt Crispin bei Agrant um die Hand Aglies – wie sie behauptet – für ihren Neffen, den Sohn Sultan Saladins. Bei der Hochzeit trägt Wilhelm die Kleider des osmanischen Prinzen; erst nach der Hochzeitsnacht (in der sich Aglie hat bekehren und taufen lassen) erkennt dann Agrant, wie er betrogen worden ist. Er organisiert einen gigantischen Heereszug der Heidenschaft gegen Wilhelm, der seinerseits die Christenheit zum Beistand gewinnt, einschließlich der Teilnehmer am Dritten Kreuzzug und der christlichen Ritter, die 1217–1221 Damiette belagerten; auch Leopold trifft ein. Die Christen tragen den Sieg in der Massenschlacht davon; ein Großteil der Heiden, allen voran Agrant, wird getauft, die Hochzeit wird wiederholt. Danach kehrt Wilhelm mit seinem Vater nach Österreich heim, eilt aber, als er von der Geburt seines Sohnes Friedrich erfährt, sofort zu Aglie zurück.

Nach einiger Zeit glücklichen Beisammenseins hört Wilhelm von einem Einhorn im Wald vor Aglies Schloß Mons Salvia. Gegen Aglies dunkle Vorahnungen begibt er sich auf die Jagd und wird im Wald hinterrücks von Graveas, einem heidnisch gebliebenen Verwandten Aglies, überfallen und mit einer vergifteten Lanze getötet. Aglie stirbt den Liebestod. Aus Kummer über den Tod ihres Sohnes sterben auch Wilhelms Eltern, als der verwaiste Friedrich zu ihnen in Sicherheit gebracht wird.

1.2. Überlieferung

In der folgenden Interpretation des ›Wilhelm von Österreich‹ wird immer wieder auf Lesarten und auf die Textgliederung in einzelnen Handschriften zu verweisen sein. Es ist daher notwendig, vorab die einzelnen Handschriften in allen unten benötigten Details vorzustellen und ihr Verhältnis zueinander so gut wie möglich zu beschreiben.

Die Überlieferung von Johanns Werk ist in besonderer Weise für seine Interpretation bedeutend. Sie bezeugt zunächst die große Beliebtheit und rasche Verbreitung des Textes: Es sind elf vollständige Handschriften und Fragmente von acht weiteren Handschriften erhalten. Schon im 14. Jahrhundert stehen Textzeugen aus dem mitteldeutschen Raum neben alemannischen und ostfränkischen Handschriften.[1]

---

[1] Vgl. unten, S. 288.

Die Überlieferung belegt aber v. a. auch eine weite Variationsbreite von Interpretationsmöglichkeiten und Evaluationen des Romans, die sich in der Behandlung des Texts, in Randbemerkungen und Kolophonen, in der Überlieferungsgemeinschaft mit anderen Texten, in der Einrichtung, zuweilen auch in der Einbandgestaltung artikulieren.[2] Ich beschreibe im folgenden die Kolophone vollständig, die Einbände nur, sofern sie interpretierbar sind. Die Einrichtung der einzelnen Handschriften skizziere ich in groben Zügen, um es zu ermöglichen, die Handschriften in reichere und schlichtere zu kategorisieren und äußerliche Ähnlichkeiten zwischen Handschriften zu erkennen. Daneben interessiert die Textgliederung der Handschriften. Schließlich weise ich auf einzelne Details hin, die in den (jeweils angegebenen) vorhandenen Handschriftenbeschreibungen nicht verzeichnet sind.

Neben den individuellen Bearbeitungstendenzen der einzelnen Handschriften zeigt sich, daß sich die Handschriften grob in zwei Gruppen aufspalten, die sog. Gothaer (I) und die sog. Heidelberger Redaktion (II), jeweils benannt nach dem ältesten vollständigen Vertreter der Gruppe. Die beiden Redaktionen unterscheiden sich v. a. in ihrer politischen Haltung und in der Bezeichnung der Gönner Johanns. Das bedeutet, daß eine Darstellung und Interpretation der Überlieferungslage notwendig ist, um die Frage zu lösen, ob Johann von Würzburg an einem oder mehreren Höfen zu lokalisieren sei.[3]

Göhrke hat 1912 ein Stemma der bis dahin bekannten Handschriften des ›Wilhelm von Österreich‹ erstellt.[4] Anhand einiger neuerer Funde, die sich nicht ohne weiteres in das Stemma einfügen lassen, hat Hartmut Beckers 1974 dessen Schwächen aufgezeigt.[5] Eine Neufassung des Stemmas steht ebenso aus wie die neue kritische Ausgabe des Textes. Zur ersten Orientierung mag jedoch bislang noch Göhrkes Stemma nützlich sein; seine Mängel werden im folgenden deutlich werden.

In Göhrkes Stemma fehlen die Handschriften Du und Pr (beide Redaktion I) und das Münchener Fragment B^m, das zusammen mit dem Straßburger Fragment Str (= B^s) und dem Berliner Fragment B (= B^b) sowie dem Gothaer Fragment a (= B^a) einer Handschrift angehört, B.

---

[2] Vgl. unten, Kap. 6.1.
[3] Vgl. unten, Kap. 1.3.
[4] Friedrich Göhrke, Die Überlieferung von Johanns von Würzburg ›Wilhelm von Österreich‹ nebst einer Reimgrammatik. Diss. Berlin 1912, S. 42.
[5] Hartmut Beckers, Zur handschriftlichen Überlieferung des ›Wilhelm von Österreich‹ Johanns von Würzburg. ZfdPh 93 (1974), Sonderheft S. 156–185.

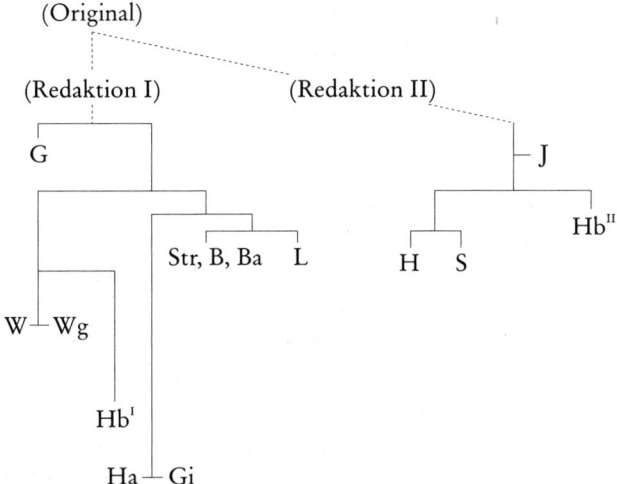

(Original)

(Redaktion I)   (Redaktion II)

G   ⌐ J

                                        Hb^{II}

Str, B, Ba   L   H   S

W⌐Wg

Hb^{I}

Ha ⌐ Gi

Das Fragment Ba (= B$_2$) allerdings gehört einer anderen Handschrift
an. Ferner fehlen die Handschriften Da und Df (beide Redaktion II,
nahe an S, doch Df in einigen Sonderlesarten übereinstimmend mit H),
die Handschrift M, die generell nahe an H ist, aber manche gemeinsame
Lesarten mit W, Wg und Ha aufweist, und schließlich die Handschriften
Wb und Ka, die offensichtlich auf eine Textstufe vor der Aufspaltung
der Redaktionen zurückgehen.

A. Redaktion I (Gothaer Redaktion)

Das Haupterkennungsmerkmal der Redaktion I ist eine fehlerhafte
Umstellung der Verse 14 699–14 764: Sie stehen, völlig aus dem Kontext gerissen, hinter V 14 300. Den verschiedenen Texten der Gothaer
Redaktion gemeinsam sind auch folgende den Textzusammenhang und
den Reim störende Auslassungen: V 1 563, V 5 429f., V 7 236–7 249,
V 7 402–7 406, 8 041–8 044, 8 322–8 325, 13 723f., 13 891–13 908,
17 805–17 814, 19 084 und die Verse 13 727–13 730, in denen Johann
seinen Namen nennt, sowie V 17 917–17 922, die Artus von Anjou im
Kampf beschreiben, und die Ernst Regel für authentisch hält. Es fehlen
auch zwei in Anhang VI der Ausgabe abgedruckte Stellen: ein acht
Verse langes Lob Rudolfs von Ems nach V 14 606[6] und eine Erweite-

---

[6] Huschenbett (1993), S. 413 hält das Lob Rudolfs fälschlich für eine Sonderlesart von
Hb, die er auf S. 432 mit L verwechselt.

rung der Beschreibung der heidnischen Heerscharen um sieben Verse nach V 14 608.[7] Zur Redaktion I gehören:

a. Die Gothaer Handschrift (G)[8]

Die Pergamenthandschrift *Cod. membr. II 39* der Forschungs- und Landesbibliothek Gotha, welche Regel als Leithandschrift wählt, stammt vermutlich aus dem zweiten Viertel des 14. Jahrhunderts und ist damit die älteste vollständig erhaltene Handschrift des ›Wilhelm von Österreich‹. Sie ist auch die einzige Handschrift, in welcher das Werk nicht einzeln überliefert ist: Sie enthält neben Johanns Roman (77^r–198^v) Strickers ›Karl‹ (1^r–76^v) von derselben Hand.

Die Blätter in Quartformat sind zweispaltig, mit 40 abgesetzten Versen pro Spalte in außerordentlich klarer gotischer Buchschrift beschrieben. Jeder zweite Vers ist eingerückt. Rote Lombarden, meist zweizeilig, zuweilen auch drei- bis fünfzeilig, bezeichnen nicht immer korrekt die Absatzanfänge. Ein zweiter Schreiber hat einige Ergänzungen und Korrekturen durchgeführt und – dies hat Regel nicht vermerkt – die Briefe 1–9 am Rand durchnumeriert.

An den Schlußvers V 19 581 schließt sich ein vierzeiliger Kolophon an; die ersten drei Verse sind rot umrahmt, der letzte ist rot geschrieben:

> *ob mir zum lone mac*
> *werden ich nims ein gůt gewant*
> *des si der commentur gemant*
> *daz stat in siner gnaden hant*
> (V 19 582–19 585)

(Könnte ich zum Lohn ein gutes Gewand erhalten, würde ich es nehmen: Daran sei der Ordensgeneral gemahnt. Es hängt von seiner Gnade ab.)

---

[7] Regel (Ausg.) hält die beiden Textstellen für nicht authentisch, da sie – v. a. die zweite – das Reimschema und den Gedankengang stören. Dagegen aber spricht, daß die beiden Textstellen in Ka bereits vorhanden sind (siehe unten, S. 31). Zumindest das Lob Rudolfs läßt sich m. E. ohne weiteres in den Textzusammenhang einfügen, und ein gehäufter Reim, wie er dadurch entsteht, kommt auch anderenorts im ›Wilhelm von Österreich‹ vor. Die zweite Stelle widerspricht tatsächlich dem Sinnzusammenhang; doch gerade auch deshalb ist sie als spätere Ergänzung schwer denkbar. Es ist zu erwägen, ob sie ursprünglich an anderer Stelle gestanden haben könnte, etwa nach V 14 608, was bedeuten würde, daß die Verse 14 607 und 14 609–14 611 ursprünglich anders gelautet hätten.
[8] Vgl. dazu Regel (Ausg.), S. IX f.

16

Der Schreiber erhofft sich einen Lohn vom *commentur*, d. h. er schreibt im Auftrag eines Ritterordens. Frenzel geht offensichtlich von Regels Ausgabe aus, in der nicht vermerkt ist, daß die Verse 19 582–19 585 farblich abgesetzt sind. Er hält diese daher für authentisch und versucht, Verbindungen der Haigerlocher zum Johanniterorden nachzuweisen.[9] Dem jedoch widerspricht V 16 639: In der großen Schlacht ziert die Reichsfahne, welcher die Heerschar Friedrichs von Schwaben folgt, ausdrücklich nicht der kaiserliche Adler, sondern (wie in allen Handschriften der Gothaer Redaktion) das Deutschordenswappen. Ein Schreiber, der im Auftrag der Johanniter stand, hätte wohl wie in H und Hb das Deutschordens- durch das Johanniterwappen ersetzt.[10]

Den Dialekt der Handschrift hat Göhrke als oberdeutsch mit wenig prononcierten bairischen und alemannischen und auch vereinzelten mitteldeutschen Merkmalen bestimmt.[11]

b.   Die Liegnitzer Handschrift (L) und das Kasseler Fragment (k)[12]

In der Breslauer Universitätsbibliothek ist unter der Signatur *Akc. 1949/143* die ehemals Liegnitzer Handschrift aufbewahrt,[13] eine Pergamenthandschrift in Kleinfolio von 1397. Von den ursprünglich 153 Blatt sind noch 108 erhalten: Es fehlen die ersten 41 Blätter (V 1–5 237) und vier Blätter aus der Mitte, je eines nach Blatt 10 (V 6 522–6 643), Blatt 25 (V 8 588–8 712), Blatt 48 (V 11 707–11 836) und Blatt 60 (V 13 370–13 497). Die Seiten sind in sorgfältiger gotischer Buchschrift zweispaltig, 32 abgesetzte Verse pro Spalte, beschrieben, mit zweizeiligen schmucklosen roten Initialen und roten Kapitelüberschriften.

Während die Initialen korrekter als in G die Absatzanfänge markieren, sind, was bisher nicht bemerkt worden ist, die Kapitelüberschriften oft mitten in einen Satz eingeschoben. Dies könnte darauf hindeuten,

---

[9] Frenzel, S. 36. Vgl. im Gegensatz dazu Mayser (1931), S. 91–93.

[10] Es ist zu vermuten, daß die 1. Redaktion eine Deutschordens-, die 2. Redaktion eine Johanniterredaktion ist. In der Handschrift S, die der zweiten Redaktion angehört, aber vermutlich für die Deutschordenskommende Mergentheim geschrieben worden ist, fehlt die entsprechende Stelle.

[11] Göhrke, S. 1–7.

[12] Vgl. dazu: Beckers, S. 176–182 u. 184f.; Birgitt Hilberg, Manuscripta poetica et romanensia. Manuscripta theatralica. Wiesbaden 1993 (Handschriften der Gesamthochschul-Bibliothek Kassel, Landesbibliothek und Murhardsche Bibliothek der Stadt Kassel IV,2), S. 55; Regel (Ausg.), S. XIV.

[13] Eine aus dem Besitz F. H. von der Hagens stammende Abschrift von L befindet sich im Besitz der Staatsbibliothek Preußischer Kulturbesitz in Berlin, *Ms.germ.qu.779,* ebenso eine Abschrift von Wilhelm Grimm, *Ms.germ.qu.927.*

daß die Vorlage von L illustriert war. Die Überschriften in L wären dann ehemalige Bildüberschriften, deren Position sich weniger am Satzzusammenhang orientierte als am Raum, der auf der jeweiligen Seite für eine Illustration frei bleiben mußte.

Auf Blatt 106ʳ finden sich am rechten Seitenrand schlichte ornamentale Verzierungen in roter Tinte. Löcher und Nähte im Pergament sind rot umrahmt. Auf Blatt 60ᵛᵃ, neben Z. 5 findet sich eine zeitgenössische Randbemerkung: *non*. Es ist die Antwort eines Lesers auf die Frage in V 13 313: *Solt daz ungelont beleiben.*[14]

Auf den Schlußvers *do man uor asheberg lag* (V 19 581) folgt in roter Tinte ein Kolophon:

> *Ditz bůch hat erzeugt frawe an*
> *na von winsperg geborn uon*
> *hohenloch in dem jar als man an*
> *die heiden zoch. und die cristen er*
>
> *slagñ wurden Anno dm̃ M°CCC°*
> *LXXXXVI°uor martini*
>
> *Ditz bůch ist auzgeschriben am*
> *samstag uor dem jarstag Anno*
>
> *dm̃ M°CCC°LXXXXVIJ*
> *In gotes namen Amen.*

(Dieses Buch hat Frau Anna von Weinsberg, geb. von Hohenlohe in Auftrag gegeben, in dem Jahr, als man gegen die Heiden zog und die Christen vernichtend geschlagen wurden, Anno Domini 1396, vor St. Martin.[15]
Dieses Buch ist fertiggestellt worden am Samstag vor dem Jahrestag [der Schlacht oder des Anfangs der Niederschrift?], Anno Domini 1397. In Gottes Namen. Amen.)

Der Dialekt der Handschrift ist ostfränkisch.

Aus derselben Handschrift stammt ein Fragment, das unter der Signatur *4° Ms. poet. 25/3* in der Landesbibliothek und Murhardschen Bibliothek der Stadt Kassel liegt.[16] Es handelt sich um das ursprünglich 20. Blatt der Handschrift L mit den Versen 2 430–2 555.

---

[14] In keiner der o. g. Handschriftenbeschreibungen (siehe oben, S. 17, Anm. 12) ist dies vermerkt.

[15] 11. November.

[16] Abdruck in: Karl Kochendörffer, Kasseler Bruchstücke. ZfdA 27 (1883), S. 91–96, S. 94–96.

c. Die Wiener Handschrift (W)[17]

Der *Cod. 2860** der ÖNB, Wien ist eine Papierhandschrift in Kleinfolio von 1415. Sie enthält noch 107 Blätter. Blatt XLVIIIf. (V 8 331–8 676) und Blatt LVXXIII (V 14 591–14 775) fehlen. Die Blätter sind in einer Bastarda cursiva zweispaltig beschrieben, mit 36–47 abgesetzten Versen pro Spalte. Die Initialen sind zwei- bis fünfzeilig, meist rot, selten schwarz, meist schlicht verziert. Manche, offenbar reicher verzierte, Initialen sind ausgerissen. Die sehr seltenen Überschriften sind in roter Tinte an den Seitenrand geschrieben. An den unteren Rändern finden sich zuweilen flüchtig gezeichnete Schriftrollen, auf denen die jeweilige Lagennummer verzeichnet ist.[18] Dreimal, jeweils neben dem Namen der Hohenberger (72rb, V 13 234; 89ra, V 16 655; 89va, 16 738), ist das Haigerlocher Wappen an den Rand gezeichnet, auf 72rb zusammen mit einem Spruchband, das den Namen Sigmund trägt.[19]

Der Text endet mit V 19 580. Danach finden sich in roter Tinte folgende Worte:

Explicit liber
theutunicalis.

Completus est iste liber in Sabato
ante festum Sancti Mathie post
meridiem hora secunda Anno
Domini M°CCCC° quinto decimo, dum ff.
erat litera dominicalis, aureus numerus vero
10. Deo gracias.

(Ende des deutschen Buchs. Dieses Buch ist am Samstag vor dem Feiertag des Heiligen Matthias[20] fertiggestellt worden, nachmittags zur zweiten Stunde, im Jahre 1415, während die 5 die Zahl des Herrn war, die goldene Zahl aber 10. Dank sei Gott.)

---

[17] Vgl. Hermann Menhardt, Verzeichnis der altdeutschen literarischen Handschriften der ÖNB, Bd. 1. Berlin 1960 (Dt. Akademie der Wissenschaften zu Berlin. Veröffentlichungen des Instituts für dt. Sprache und Literatur 13), S. 480; Hoffmann von Fallersleben, Verzeichnis der altdeutschen Handschriften der k. k. Hofbibliothek zu Wien. Leipzig 1841, S. 150–152; Tabulae codicum manu scriptorum praeter graecos et orientales in Bibliotheca Palatina Vindobonensi asservatorum. Hrsg. v. der Academia Caesarea Vindobonensis, Bd. II. Wien 1868, S. 145; Regel (Ausg.), S. XIIf.
[18] In der Literatur nicht vermerkt.
[19] In der Literatur nicht vermerkt.
[20] 24. Februar.

Darunter steht in Schreibtinte:

Tres digiti scribunt
totum corpusque laborat.
Finis adest, vere scriptor petit pecuniam
habere.

Et sic est finitus per me
Eberhardum Sculteti de
Mönchingen.

Est mihi pecunia kranck,
Quin nihil datur mihi nisi habedanck.

(Drei Finger schreiben und der ganze Körper leidet. Das Ende ist da, und wahrlich, der Schreiber will Geld haben. Und so ist es beendet worden durch mich, Eberhard, Schultheiß von Münchingen. Mir fehlt es an Geld, weil mir nichts gegeben wird als ein Dankeschön.)[21]

Der alemannische Dialekt der Handschrift stimmt mit der Herkunft des Schreibers überein.[22]

d.   Die Wernigeröder Handschrift (Wg)[23]

In der Universitäts- und Landesbibliothek Halle/S. liegt die ehemals Wernigeröder Handschrift des ›Wilhelm von Österreich‹ aus dem Besitz des Grafen von Stolberg, *Stolb.-Wern. Zb 17*, eine Papierhandschrift mit 136 Blatt in Folio. Der schweinslederne Einband trägt die Aufschrift: »Poetische Beschreibung von Oesterreich. M. S.«. Im Innendeckel befindet sich ein Kupferstich mit dem Wappen Christian Ernsts Graf von Stolberg.

Die Handschrift ist einspaltig in einer ungleichmäßigen Bastarda cursiva des 15. Jahrhunderts in nicht abgesetzten Versen, 35 bis 42 Zeilen pro Seite, geschrieben. Die Versanfänge sind durch Majuskeln, die Versenden meist durch Punkte gekennzeichnet. Die zweizeiligen schmucklosen roten Initialen stehen z. T. in der Mitte der Zeile.

Wie in W endet der Text mit V 19 579f.: *In der Crútz wochen Wart dis* *bůch vollesprochen vol.* Dahinter steht in Schreibtinte:

---

[21] Menhardt verweist auf eine sehr ähnliche Schlußfloskel in Cod. 3007 (›Der Heilige Alexius‹) aus dem Jahr 1472. Offensichtlich kannte der Schreiber des ›Alexius‹ die Wiener ›Wilhelm von Österreich‹-Handschrift.
[22] Göhrke, S. 18.
[23] Ernst Förstemann, Die Gräflich-Stolbergische Bibliothek zu Wernigerode. Nordhausen 1866, S. 109; Regel (Ausg.), S. XIII.

Laus deo.
Anno domini m° cccc° Septuagesimoquarto.
In vigilia Johannis baptiste completus est liber iste.
P. W.

(Gelobt sei Gott. Anno Domini 1474, in der Vigil Johannes des Täufers[24] wurde dieses Buch vollendet. P. W. [Schreiberinitialen])

Der Dialekt der Handschrift ist, wie der der Wiener Handschrift, alemannisch.[25] Die zwei Handschriften gehen vermutlich auf dieselbe Vorlage zurück; ihnen beiden fehlen die Verse 2 869–3 045 (der 5. und 6. Liebesbrief und die Abreise Ryals nach Phrygien). Regels Erklärung, in der gemeinsamen Vorlage habe ein Blatt gefehlt,[26] erscheint mir plausibel.

e. Die Haager Handschrift (Ha)[27]

In der Königlichen Bibliothek in Den Haag liegt unter der Signatur *KB 128 E1* eine Papierhandschrift aus dem 15. Jahrhundert. Sie enthält 150 Blätter in Folio; dabei fehlen das erste (V 1–132) und das 11. Blatt (V 1 413–1 535). Die Blätter sind zweispaltig beschrieben mit abgesetzten Versen, 33–34 Verse pro Spalte. Die Initialen sind rot, zweizeilig, unverziert; Überschriften sind nicht vorhanden, nur auf 55ʳ ist am oberen Seitenrand, vor V 6 652 (Beginn des Briefwechsels vor Frien) mit hellerer Tinte geschrieben, *hie hebt sich der better deill.*[28]
Der Text endet mit V 19 581f.:

> *Do man vor asberg lag*
> *manigen dag.*

(Als der Asperg lange Zeit belagert wurde.)

Darunter steht erst in roter, dann nochmals in schwarzer Tinte:

> *Hie hat diz bůch ein ende*
> *Got vns sinen heiligen segen sende.*

(Hiermit endet dieses Buch. Gott sende uns seinen heiligen Segen.)

Zeilenanfänge einer zweiten Wiederholung dieser Schlußverse und eines lateinisch-deutschen Kolophons – der bei Regel nicht erwähnt wird – sind gestrichen.

---

[24] 24. Juni.
[25] Göhrke, S. 19.
[26] Regels Kommentar zur Wernigeröder Handschrift, eingelegt in Wg.
[27] Vgl. Regel (Ausg.), S. XIVf.
[28] In der Literatur nicht vermerkt.

Göhrke hat den Dialekt der Handschrift als mitteldeutsch mit alemannischen Merkmalen bestimmt.[29] Auftraggeber oder spätere Besitzer der Handschrift waren die Herzöge von Nassau, denn nach Regels Beschreibung trug der Einband ursprünglich das Nassauer Wappen; mittlerweile ist die Handschrift neu gebunden.

f. Die Gießener Handschrift (Gi)[30]

Ebenfalls aus dem 15. Jahrhundert stammt die Papierhandschrift aus der Bibliothek des Herrn von Riedesel zu Lauterbrunn, die in der Universitätsbibliothek Gießen unter der Signatur *Hs 101a* aufbewahrt ist. Sie besteht noch aus 33 Blättern in Folio, von deren ersten drei nur die oberen Ecken erhalten sind. Der Text beginnt auf den Bruchstücken mit V 5 914 und bricht mit V 17 636 ab. Die Seiten sind mit schmalem Rand dreispaltig in abgesetzten Versen beschrieben, 40–49 Verse pro Spalte. Die zweizeiligen unverzierten Initialen und die sehr seltenen Überschriften sind in roter Tinte geschrieben. Von späterer Hand sind zusätzliche Überschriften und Absatzzeichen eingefügt. Alle lateinischen Namen und lateinischen Ausdrücke, die im Satz entbehrlich sind, sind vom Rubrikator gestrichen.[31]

Den Dialekt der Handschrift ist nach Göhrke rheinfränkisch oder hessisch.[32]

g. Die Gothaer (B^a), Berliner (B^b), Straßburger (B^s) und Münchener (B^m) Fragmente[33]

Fragmente einer Pergamenthandschrift in Quartformat aus dem 14. Jahrhundert finden sich in der Forschungs- und Landesbibliothek Gotha, *cod. membr. II 194*; in der Staatsbibliothek zu Berlin Preußischer Kulturbesitz, *Ms.germ.qu.670*; in der Bibliothèque Nationale et Universitaire de Strasbourg, *MS 2655 (all. 582)*, und im Bayerischen Haupt-

---

[29] Ebd., S. 20.
[30] Vgl. Regel, S. XV–XVII.
[31] Dies hat Regel nicht vermerkt.
[32] Göhrke, S. 20.
[33] Vgl. zu B^a: Regel (Ausg.), S. XVII; B^b: Hermann Degering, Kurzes Verzeichnis der germanischen Handschriften der Preußischen Staatsbibliothek. Graz 1970, Bd. II, S. 119; Regel (Ausg.), S. XVIII [Eine Abschrift und Kommentierung des Fragments von Wilhelm Grimm liegt in der Staatsbibliothek zu Berlin Preußischer Kulturbesitz als *Ms.germ.qu.927*]; B^s: Friedrich Lauchert, Straßburger Bruchstück des ›Wilhelm von Österreich‹. Germ. 37 (1892), S. 39–44; Regel (Ausg.), S. XVIII; B^m: Beckers, S. 170–176; ich übernehme seine Benennung der Fragmente.

staatsarchiv München, *Ms 631/2*. Bei den Gothaer Fragmenten handelt
es sich um Einzelblätter, bei den anderen um Doppelblätter. Sie sind in
einer sorgfältigen gotischen Buchschrift zweispaltig mit abgesetzten
Versen beschrieben, 32 Verse pro Spalte. Die Initialen sind zweizeilig,
abwechselnd rot und blau, unverziert. Nach den roten Überschriften
sind jeweils 12–15 Zeilen freigelassen für Illustrationen, die nicht ausgeführt sind. Die Formulierung der Überschriften stimmt exakt mit der
in L überein, nicht jedoch ihre Plazierung. Göhrke bezeichnet L und B
als »Schwesterhandschriften«.[34] Folgende Textstellen sind in den Fragmenten erhalten:

B^m	1^r	V 1 530–1 594	1^v	Versenden V 1 595–1 622; 1 627–1 658
B^m	2^r	V 1 900–1 963	2^v	V 1 964–2 027
B^s	1^r	V 10 808–10 871	1^v	V 10 872–10 936
B^s	2^r	V 11 473–11 536	2^v	V 11 537–11 600
B^b	1^r	V 11 970–12 029	1^v	V 12 033–12 094
B^a	1^r	V 12 095–12 142	1^v	V 12 143–12 208
B^b	2^r	V 12 337–12 400	2^v	V 12 401–12 448
B^b	3^r	V 12 449–12 512	3^v	V 12 513–12 576
B^a	2^r	V 12 707–12 754	2^v	V 12 755–12 819
B^b	4^r	V 12 824–12 883	4^v	V 12 892–12 949
B^a	3^r	Versenden V 12 953–12 983	3^v	Versanfänge V 13 014–13 029
B^b	5^r	V 15 629–15 697	5^v	V 15 693–15 740
B^b	6^r	V 16 439–16 502	6^v	V 16 503–16 566
B^a	4^r	V 18 106–18 168	4^v	V 18 170–18 222
B^a	5^r	V 18 913–18 975	5^v	V 18 977–19 024

Beckers lokalisiert die Fragmente im südlichen Teil des Westmitteldeut-
schen.[35]

h.   Das zweite Berliner Fragment[36] (B₂)[37]

In der Staatsbibliothek zu Berlin Preußischer Kulturbesitz befindet sich
unter der Signatur *Ms.germ.fol.923,11* ein Fragment aus der Zeit um
1400. Es besteht aus einem Doppelblatt und einem Einzelblatt einer
Pergamenthandschrift in Quartformat, gelöst aus dem Umschlag eines

---

[34] Göhrke, S. 41.
[35] Beckers, S. 174.
[36] Vgl. Degering, Bd. I, S. 127f. Abgedruckt in: Willy Scheel, Die Berliner sammelmappe
deutscher fragmente, 3. Johann von Würzburg, Wilhelm von Österreich, in: Fs Karl
Weinhold. Dargebracht v. der Gesellschaft für dt. Philologie. Leipzig 1896, S. 80–90;
Regel (Ausg.), S. XVIII.
[37] Das Fragment wird allgemein mit »Ba« bezeichnet; ich möchte Verwechslungen mit
B^a vermeiden und wähle daher die Bezeichnung B₂.

rheingräflichen Stammbuchs. Die Blätter sind in einer gotischen Buchschrift zweispaltig beschrieben, mit abgesetzten Versen, 34 Verse pro Spalte, mit zweizeiligen roten unverzierten Initialen. Der Inhalt der Blätter ist:

1ʳ V 5 158–5 225	1ᵛ V 5 226–5 293
2ʳ V 5 294–5 361	2ᵛ V 5 362–5 431
3ʳ V 5 432–5 499	3ᵛ V 5 500–5 569.

Der Text stimmt weitestgehend mit den Formulierungen in G überein. Der Dialekt ist rheinfränkisch.[38]

i.   Das Duisburger Fragment (Du)[39]

Im Stadtarchiv Duisburg liegt unter der Signatur *41/217* ein ehemals als Umschlag einer Rechnungskladde verwendetes Halbblatt einer Pergamenthandschrift aus dem letzten Viertel des 14. Jahrhunderts. Die zweite Hälfte des Blatts und ein weiteres Blatt waren bereits zu Beginn dieses Jahrhunderts in Aktendeckeln aus dem 16. Jahrhundert entdeckt[40] und 1931 von Edward Schröder abgedruckt worden;[41] sie sind im Zweiten Weltkrieg verlorengegangen.

Die Schrift beschreibt Schröder als eine »frühe bastarde aus der zeit vor 1400, fette spätgotische buchschrift«. Die Blätter in Folioformat waren dreispaltig beschrieben, 39 abgesetzte Verse pro Zeile, mit roten einzeiligen Initialen. Der Inhalt der Blätter war:

1ʳ V 12 160–12 279	1ᵛ V 12 280–12 390
2ʳ V 17 126–17 242	2ᵛ V 17 243–17 361.

Beckers lokalisiert den Schreiber im Niederalemannischen oder auch im niederalemannisch-südrheinfränkischen Grenzgebiet.[42] Der Fundort der Fragmente aber deutet darauf hin, daß der Auftraggeber der Handschrift in der niederrheinischen Region zu suchen ist. Schröder nimmt an, es handle sich um Graf Adolf I. von Mark-Kleve († 1394) oder Herzog Wilhelm II. von Berg-Jülich († 1408).[43]

---

[38] Göhrke, S. 22.
[39] Beckers, S. 159–165.
[40] Vgl. Conrad Borchling, Mittelniederdeutsche Handschriften in den Rheinlanden und in einigen anderen Sammlungen. Nachr. v. d. Kgl. Gesellschaft d. Wiss. zu Göttingen, phil.-hist. Kl. 1913, Beiheft, S. 81.
[41] Edward Schröder, Mhd. Bruchstücke aus Duisburg II: Zum ›Wilhelm von Österreich‹. ZfdA 68 (1931), S. 92–95.
[42] Beckers, S. 163.
[43] Schröder, S. 94.

j. Das Prager Fragment (P)[44]

In der Sammlung des Seminars für Historische Hilfswissenschaften an der Karls-Universität in Prag finden sich zwei 1cm breite und 17,5 bzw. 15,5cm lange Querstreifen einer Pergamenthandschrift aus der ersten Hälfte des 15. Jahrhunderts. Die Handschrift war zweispaltig in abgesetzten Versen, ca. 50 Verse pro Spalte, geschrieben. Erhalten sind V 11 154f., 11 204f., 11 255f., 11 304f., 11 756f., 11 806f., 11 856f. und V 11 906–11 908.

Zatočil lokalisiert die Handschrift im nordbayrisch-ostfränkischen Grenzbereich, »zu beiden Seiten der Linie Eichstätt – Nürnberg?«[45]

B.   Redaktion II (Heidelberger Redaktion)

Die sog. Heidelberger Redaktion weist, wie bereits erwähnt, einige sinnvolle Lesarten im Gegensatz zur Gothaer Redaktion auf, so v. a. die Stellung der Verse V 14 699–14 764, aber auch die Ergänzungen, welche Regel in seine Edition aufgenommen hat. Einige der Zusätze und Änderungen der Heidelberger Redaktion hat Regel nicht in den Text übernommen, sondern als Anhänge abgedruckt. Von Anhang I, IV, V und VII wird unten die Rede sein,[46] Anhang VI ist bereits erwähnt worden.[47] Anhang II verzeichnet eine Variante in der Beschreibung, wie Walwan die Fahrt nach Zyzia antritt (V 2 249–2 254). Die Änderung läßt sich durch kein besonderes Schreiberinteresse erklären, weshalb Regel eine Autorvariante annimmt. Anhang III ist eine 103 Verse lange Zeitklage und Tugendlehre, welche in den Handschriften der Heidelberger Redaktion auf V 4 352 folgt und dabei den Sinnzusammenhang stark unterbricht. Eine weitere Variante der Heidelberger Redaktion – von der unten[48] ausführlicher die Rede sein wird – betrachtet Regel als eine Sonderlesart von Hb und verzeichnet sie nur im Apparat: Die Verse 16 837–16 844, ein Lob Markgraf Woldemars von Brandenburg und seines Ahnen, sind ersetzt durch ein zwei Verse längeres Lob Albrechts II. von Sachsen und seiner Söhne Rudolf und Albrecht. Die Stelle ist nur in Hb überliefert, aber in H muß sie auch gestanden haben, da in der Heidelberger Handschrift zwischen

---

[44] Leopold Zatočil, Drei Prager Bruchstücke, Sborník Prací Filosofické Fakulty Brněnské University 6 (1957), S. 63–71, S. 69f.
[45] Ebd., S. 70.
[46] Siehe S. 56; 41f.; 46–48; 51.
[47] Siehe S. 15f.
[48] Siehe S. 48f.

V 16 815 und V 16 910 zwei Blätter, und d. h. nicht 94 sondern 96 Verse fehlen. Göhrke weist nach, daß es sich bei diesem Lob der Sachsen nicht um eine originale Formulierung Johanns handeln kann.[49]

a. Die Heidelberger Handschrift (H)[50]

Die II. Rezension ist nach einer Handschrift benannt, die in der Universitätsbibliothek Heidelberg unter der Signatur *Pal.germ.143* aufbewahrt ist. Diese Handschrift selbst kann, wie aus der folgenden Beschreibung ihres unvollendeten Zustands deutlich wird, keineswegs als die Vorlage der anderen Handschriften der Redaktion II betrachtet werden; sie ist nur die repräsentativste und die älteste (fast) vollständige Handschrift dieses Zweigs. Es handelt sich um eine Papierhandschrift des frühen 15. Jahrhunderts in Folioformat, angelegt als Prachthandschrift, jedoch nicht fertiggestellt. Es sind insgesamt 219 beschriebene und 9 leere Blätter erhalten, völlig verwirrt zusammengebunden, dazwischen ursprünglich auch ein Blatt aus der ähnlich eingerichteten, reich illustrierten Heidelberger Handschrift des ›Friedrich von Schwaben‹ *Pal.germ.357* aus dem 15. Jahrhundert. Regel vermutet, daß die Handschrift erst im 17. Jahrhundert gebunden worden ist, aus welchem auch der Schweinsledereinband mit der Aufschrift *Historia Poetica Wildehelmi* stammt.

Die Blätter sind einspaltig in abgesetzten Versen beschrieben, mit 24 Zeilen pro Seite. Die Initialen sind rot, zweizeilig, meist unverziert, z. T. nicht ausgeführt. Für Illustrationen sind zahlreiche Freiräume von jeweils einer $^3/_4$ Seite gelassen. An manchen Stellen sind rote Bildüberschriften erhalten. Manche Überschriften sind von jüngerer Hand geschrieben; offenbar wurde später versucht, die Handschrift fertigzustellen. Personen- und Städtenamen sind, was im Katalog nicht vermerkt ist, rot unterstrichen. Die Handschrift enthält folgende Verse:

V 943–2 825, 3 844–4 317, 4 328–4 633, 4 679–6 060, 6 110–6 205, 6 252–6 435, 6 460–6 498, 6 545–9 938, 10 101–11 451, 12 910–13 959, 14 162–14 238, 14 474–16 817, 16 910–17 342, 17 415–17 462, 17 486–17 530, 17 578–17 732, 17 773–17 820, 17 849–18 115.

Der Dialekt ist ostschwäbisch.[51]

---

[49] Göhrke, S. 51.
[50] Vgl. Karl Bartsch, Die altdeutschen Handschriften der Universitäts-Bibliothek in Heidelberg. Heidelberg 1887 (Katalog der Handschriften der Universitäts-Bibliothek in Heidelberg I), S. 35; Regel (Ausg.), S. X–XII.
[51] Regel (Ausg.), S. XII; Göhrke, S. 9.

b. Die Darmstädter Handschrift (Da)[52]

Aus der Bibliothek der Freiherren von Closen-Günderrode in Höchst
an der Nidder stammt die Handschrift *Hs 4314* der Hessischen Landes-
und Hochschulbibliothek Darmstadt. Es handelt sich um eine Papierhandschrift in Kleinfolio; die Seiten sind in einer Bastarda zweispaltig,
weitgehend in abgesetzten Versen (durchschnittlich 40 Verse pro Spalte)
beschrieben. Für eine vierzeilige Anfangsinitiale (V 173) und weitere
meist 2–3 zeilige Initialen sowie einzeilige Überschriften[53] sind Freiräume gelassen, die in der zweiten Hälfte der Handschrift seltener werden.
Ebenfalls am Anfang häufiger als gegen Ende der Handschrift sind
Unterstreichungen mit Rötel. Durch Blattverlust sind V 2 384–2 554
(Blatt 14) und der Schluß des Textes, ab V 18 276 (Blatt 63ff.), verloren.
Nach der Lücke von Blatt 14 sind die Versenden der recto-Seite zum
Teil durch Beschneidung des Randes verloren.[54] Ab V 7 722
(Blatt 47vb) treten starke Kürzungen im Text auf; zugleich wird stellen-
weise auf die Schreibung in abgesetzten Versen verzichtet. Die Versanfänge sind an diesen Stellen z.T. durch Virgel, z.T. durch Groß-
buchstaben kenntlich gemacht. Wiederholt werden auch jeweils mehrere Verse in neu formulierten und neu gereimten Langversen zusammengefaßt.[55] Eine Federprobe oder aber eine Variante einer Zeigehand
findet sich auf 54va: Eine gekrönte Schlange (oder Schnecke?) weist auf
die Stelle hin, an der zwei Flickverse die Auslassung von V 10 791–
10 862 überbrücken.[56]
Die Handschrift ist in einen mit braunem Kleisterpapier bezogenen
Pappeinband gebunden, ebenso wie die Darmstädter ›Nibelungenlied‹-
Handschrift *Hs 4257* und die Berliner Handschrift *Ms.germ.fol.856* von
›Alpharts Tod‹. Kurt Staub und Birgitt Weimann-Hilberg haben nachweisen können, daß sie ursprünglich einer gemeinsamen Sammelhandschrift angehört haben. In der Schlußschrift des ›Nibelungenlie-
des‹ nennt sich der Schreiber Johann Lang mit Namen und vermerkt als

---

[52] Kurt Hans Staub und Thomas Sänger, Deutsche und niederländische Handschriften.
   Mit Ausnahme der Gebetbuchhandschriften. Wiesbaden 1991 (Die Handschriften der
   Hessischen Landes- und Hochschulbibliothek Darmstadt, Bd. 6), Nr. 116.
[53] In der Literatur nicht vermerkt.
[54] In der Literatur nicht vermerkt.
[55] Dies scheinen Staub/Weimann mit der sog. »Prosaauflösung« zu meinen. Kurt Hans
   Staub und Birgitt Weimann-Hilberg, Johann von Würzburg (II), Wilhelm von Österreich. Ein neu aufgefundener Textzeuge in der Hessischen Landes- und Hochschulbibliothek Darmstadt. Miscellanea Neerlandica 1 (1987) [zugl. Fs Jan Deschamps.
   Leuven 1987], S. 263–271, S. 270.
[56] Auch hierauf findet sich in der Literatur kein Hinweis.

Jahr der Niederschrift 1449. Diese Angabe steht allerdings in einem Widerspruch zu den Wasserzeichen, die auf eine Entstehung des Codex um 1470/80 hindeuten.[57] Staub/Sänger haben sich daher für eine Datierung »um 1449?« entschieden.

Der Dialekt der Handschrift ist rheinfränkisch.

c. Die Stuttgarter Handschrift (S)[58]

Textlich mit Da nah verwandt ist die aus der Bibliothek der Deutschordenskommende Mergentheim stammende Handschrift *cod. HB XIII 4* der Württembergischen Landesbibliothek, Stuttgart, eine Papierhandschrift in Folioformat. Kurras[59] hat sie auf die Zeit um 1472–74 datiert. Die Blätter sind in einer Bastarda zweispaltig in abgesetzten Versen beschrieben, 32–34 Verse pro Spalte. An den Abschnittsanfängen stehen abwechselnd rote und blaue zweizeilige Lombarden; die Anfangsinitiale (V 173) ist eine sechszeilige rot-blaue, ornamental gespaltene Lombarde mit Fleuronnée. Rote Überschriften untergliedern den Text bis 68[v] (V 11 044, d. i. die Parklise-Episode) in Briefe und *abenteure*. Danach sind weder Überschriften noch Initialen ausgeführt, der Text ist stark gekürzt. Den mit braunem Leder bezogenen Holzdeckel zieren Streicheisenlinien und verschiedene Stempelprägungen: mit Pfeilen durchschossene Herzen, Einhörner und Hirsche, Blumen und Wappenschilde.

Der Dialekt der Handschrift ist bairisch.

d. Das Düsseldorfer Fragment (Df)[60]

In der Universitäts- und Landesbibliothek Düsseldorf liegt als Leihgabe des Nordrhein-Westfälischen Staatsarchivs Düsseldorf das Fragment *K20: Z 15/5*, ein Einzelblatt aus einer Pergamenthandschrift in Quartformat aus der zweiten Hälfte des 14. Jahrhunderts. Das Blatt ist zweispaltig beschrieben, mit 42 abgesetzten Versen pro Spalte. Die Initialen sind zweizeilig, abwechselnd rot und blau. Der Inhalt des Fragments ist:

1[r] V 6 393–6 475   1[v] V 6 476–6 560.

---

[57] Staub/Weimann-Hilberg, v. a. S. 270.
[58] Maria Sophia Buhl und Lotte Kurras, Die Handschriften der ehemaligen Hofbibliothek Stuttgart. Wiesbaden 1969 (Die Handschriften der Württembergischen Landesbibliothek Stuttgart II,4,2), S. 82; Regel (Ausg.), S. XX f.
[59] Buhl/Kurras, S. 82.
[60] Vgl. Beckers, S. 165–170.

Den Dialekt bestimmt Beckers als nordbairisch mit ostfränkischen und isolierten alemannischen Merkmalen.[61] Da das Fragment aber als Einband einer niederrheinischen Akte gedient hat, nimmt er an, daß die Handschrift wie die Duisburger Handschrift für eine rheinische Adelsbibliothek hergestellt worden ist.

e. Das Münchener Fragment (J)[62]

In der Bayerischen Staatsbibliothek München liegt unter der Signatur *Cgm 192* ein Fragment einer Pergamenthandschrift aus dem frühen 15. Jahrhundert in Kleinquart. Es besteht aus zwei Einzelblättern, zweispaltig beschrieben mit 37–38 abgesetzten Versen pro Spalte. An den Abschnittsanfängen stehen abwechselnd rote und blaue zweizeilige Lombarden. Auf 1^r liest man oben in roter Zierschrift *A. V. S. Spero Regressum Fortune*. Darunter ist, vermutlich von derselben Hand, eine Teufelsfratze in den Spaltenzwischenraum des Textes gezeichnet. Auf 2^v findet sich ein Besitzervermerk, *dottore Jeory pardt*, von 1507. Petzet vermutet, daß es sich um den 1517 als Kirchherr zu St. Martin in Landshut bezeugten Dr. Georg Barth handelt. Diese Vermutung läßt sich durch den bairischen Dialekt der Handschrift stützen.

Der Inhalt des Fragments ist:

1^r V 15 994–16 069   1^v V 16 070–16 146
2^r V 16 903–16 965   2^v V 16 979–17 055.

Obgleich die für die beiden Redaktionen charakteristischen Textstellen im Düsseldorfer wie im Münchener Fragment nicht enthalten sind, können beide aufgrund von Einzelwortlesarten der Heidelberger Redaktion zugeordnet werden.

---

[61] Ebd., S. 167.
[62] Vgl. Erich Petzet, Die deutschen Pergamenthandschriften Nr. 1–200 der Staatsbibliothek in München. München 1920 (Catalogus Codicum Manu Scriptorum Bibliothecae Monacensis V,1), S. 345 f.; Regel (Ausg.), S. XXI.

C. Handschriften, die sich nicht einer der beiden Redaktionen zuweisen lassen

a. Die Heubacher Handschrift (Hb)[63]

Aus dem Kloster Brombach oder dem Kloster Neustadt am Main ist 1844 eine Handschrift des ›Wilhelm von Österreich‹ in die Fürstlich Löwenstein-Rosenbergsche Hofbibliothek in Heubach gelangt. Seit 1930 wird die Handschrift in der Stadt- und Universitätsbibliothek Frankfurt/M. aufbewahrt, unter der Signatur *Ms.germ.qu.5*. Es handelt sich um eine unvollständige Papierhandschrift in Quartformat aus der Zeit um 1440. Die insgesamt 144 Blätter sind zweispaltig in abgesetzten Versen in einer Bastarda und einer Bastarda cursiva beschrieben. Es lassen sich drei Hände unterscheiden: Die erste hat Bl. 1–125vb, Z. 18 (V 131–14 536) geschrieben, mit 27–31 Versen pro Spalte, die zweite Bl. 125vb, Z. 19 bis Bl. 135va (V 14 537–16 281) mit 40–44 Versen pro Spalte, und die dritte Hand Bl. 135vb–144vb (V 16 282–17 313) mit 25–34 Versen pro Spalte. Nur der vom ersten Schreiber angefertigte Teil ist rubriziert, zweizeilige rote Lombarden bezeichnen die Absatzanfänge. Initialen im Satzinneren, wie sie in G wiederholt vorkommen, werden dabei weitgehend vermieden. Zwei Initialen sind verziert, die blaue Anfangsinitiale O (V 131) und das nachträglich vergoldete A in V 9 795, Bl. 83va. In der Ballspielszene sind drei Textblöcke ausgespart, V 1 876–1 881 (16ra) und V 1 915–1 920 (16rb), 1 993–2 000 (17ra). Dies ist im Katalog nicht erwähnt und läßt sich allenfalls damit erklären, daß diese Textstellen in anderer Farbe nachgetragen werden sollten.

Die Teile der beiden anderen Schreiber sind entschieden schlichter eingerichtet; die Initialen sind sparsamer verteilt und nicht ausgeführt. Auch inhaltlich sind deutliche Unterschiede erkennbar: Der erste Schreiber folgt im Text der Gothaer Redaktion, der zweite und der dritte Schreiber folgen der Heidelberger Redaktion. Infolgedessen sind die Verse 14 699–14 764 doppelt vorhanden, im Teil des ersten Schreibers nach V 14 300, im Teil des zweiten Schreibers dann erneut an der richtigen Stelle. Ob mit dem Schreiber auch der Auftraggeber gewechselt hat oder aber der Auftraggeber auf eine durchgehende Orientierung an einer Redaktion so wenig Wert gelegt hat wie auf eine graphisch einheitliche Gestaltung der Handschrift, ist nicht zu entscheiden.

Der Dialekt aller drei Schreiber ist elsässisch.

---

[63] Birgit Weimann, Die mittelalterlichen Handschriften der Gruppe Manuscripta Germanica. Frankfurt/Main 1980 (Kataloge der Stadt- und Universitätsbibliothek Frankfurt am Main IV), S. 16f.; Regel (Ausg.), S. XVIIIf.

b. Die Wolfenbütteler Handschrift (Wb)[64]

In der Herzog-August-Bibliothek in Wolfenbüttel liegt unter der Signatur *cod. 81.23 Aug. fol. 2813* eine unvollständige Papierhandschrift aus dem 15. Jahrhundert in Folioformat. Die Blätter sind zweispaltig beschrieben, 35 abgesetzte Verse pro Spalte, mit schmucklosen roten zwei- bis dreizeiligen Initialen und roten Überschriften. Die Anfangsinitiale E (V 173) ist zehnzeilig und nimmt die gesamte Breite der Spalte ein. Ab 60ʳ fehlen Rubrizierung, Überschriften und Initialen; auf 87ᵛ bricht der Text mit V 13 290 ab. Es folgen 24 leere Blätter. Die Handschrift ist offensichtlich nie fertiggestellt worden.[65]

Im vorderen Innendeckel findet sich ein Besitzereintrag *Veytt Hertz*. Wer dies ist, konnte noch nicht nachgewiesen werden. Der Dialekt der Handschrift ist bairisch.

Dort, wo Parallellesarten der beiden Redaktionen vorliegen, folgt Wb der Gothaer Redaktion, nicht aber bei den Auslassungen: V 1 563, V 5 429f., V 8 041–8 044 und V 8 322–8 325 sind im Gegensatz zu den anderen Handschriften der Redaktion I vorhanden. Es scheint, als gehe die Wolfenbütteler Handschrift auf eine ältere Fassung als G zurück, in der die Redaktionen noch näher beieinander lagen.

c. Das Karlsruher Fragment (Ka)

Das Karlsruher Fragment, ehem. Landesbibliothek Karlsruhe, *Lichtental 145*, ist im Zweiten Weltkrieg bei einem Fliegerangriff verbrannt. Werner Fechter[66] beschreibt es als zwei Blätter einer vermutlich Mitte des 16. Jahrhunderts im Kloster Lichtental makulierten Pergamenthandschrift des 14. Jahrhunderts. Die Blätter waren zweispaltig beschrieben mit abgesetzten Versen, 43 Verse pro Spalte. Die Initialen waren abwechselnd rot und blau. Die beiden Blätter umfaßten die Verse 14 300–14 472 und 15 149–15 320. Der Dialekt war bairisch.

Auf V 14 300 folgten nicht wie in der Gothaer Redaktion V 14 699–14 762, und offensichtlich waren auch nach V 14 606 die 15 Verse der Heidelberger Redaktion, in denen Rudolf von Ems gelobt wird, eingeschoben. Dennoch hatte Ka auch entgegen der Heidelberger Redaktion

---

[64] Vgl. Otto Heinemann, Die Handschriften der Herzoglichen Bibliothek zu Wolfenbüttel. 2. Abt.: Die Augusteischen Handschriften, Bd. IV. Wolfenbüttel 1900, S. 35.

[65] Heinemann verliert kein Wort über die Einrichtung und den Inhalt der Handschrift und stellt nur lapidar fest: »Zu Ende scheint eine Anzahl von Versen zu fehlen.«

[66] Werner Fechter, Ein Karlsruher Bruchstück des ›Wilhelm von Österreich‹. ZfdA 80 (1943), S. 83–85.

einige Lesarten mit G gemeinsam, deshalb nimmt Fechter an, daß Ka »aus einer Textstufe, auf der die Sonderentwicklung der beiden Zweige noch nicht erfolgt oder jedenfalls noch nicht weit vorgeschritten war«, stammte.[67]

d.   Die Münchener Bruchstücke (M)[68]

In der Bayerischen Staatsbibliothek liegen unter der Signatur *Cgm 5249/49a* fünfzehn ca. 1 cm breite Falzstreifen einer Pergamenthandschrift aus dem späten 14. Jahrhundert: 7 Längsstreifen (davon 5 aus einer Spalte geschnitten) und 8 Querstreifen. Die Handschrift war in sehr sauberer Buchschrift zweipaltig in abgesetzten Versen geschrieben, ca. 50 Verse pro Spalte, in Kleinquart. An den Abschnittsanfängen stehen zweizeilige rote Lombarden.

Der Inhalt der Fragmente ist:

Längsstreifen

1–5ʳ V 15 389–15 434   1–5ᵛ V 15 543–15 588
6,7 Versanfänge bzw. Enden, nicht identifiziert.

Querstreifen

1ʳ V 10 393f. und V 10 441	1ᵛ V 10 491 und V 10 541
2ʳ V 11 139 und V 11 189f.	2ᵛ V 11 240f. und V 11 289
3ʳ V 11 142f. und V 11 193f.	3ᵛ V 11 244f. und V 11 293f.
4ʳ V 12 593f. und V 12 642f.	4ᵛ V 12 692f. und V 12 743f.
5ʳ V 16 006f. und V 16 055f.	5ᵛ V 16 106f. und V 16 155f.
6ʳ V 16 023f. und V 16 072f.	6ᵛ V 16 123f. und V 16 173f.
7ʳ V 16 597f. und V 16 644f.	7ᵛ V 16 743f. und V 16 791 (1 Spalte fehlt)
8ʳ V. 16 613f. und V 16 662f.	8ᵛ V 16 711f. und V 16 759–16 761
	+ Reste des gegenüberliegenden Blatts

Der Dialekt der Handschrift ist bairisch.[69]

Der Text, so wenig von ihm auf den Pergamentstreifen überliefert ist, weist doch interessante Lesarten auf. Da sie bisher noch nicht untersucht worden sind, gehe ich hier kurz auf sie ein:

Wie in H finden sich in M gegenüber der Mehrzahl der anderen Handschriften die folgenden Lesarten: V 11 190 *owe*]*swie*; V 15 392 *ir*]*in*; V 15 433 *Luna*]*Luna vnd*; V 15 571 *stimmet*]*stun(det)*; V 15 585

---

[67] Ebd., S. 84.

[68] Schneider, Karin, Die Fragmente mittelalterlicher deutscher Versdichtung der Bayerischen Staatsbibliothek München: Cgm 5249/1–79. Stuttgart 1996, S. 79 (ZfdA Beiheft 1). Für die Handschrift ist noch keine Sigle üblich, daher habe ich die Bezeichnung M gewählt.

[69] Ebd., S. 79.

wart]wirdet; V 16 155 *iuch]iuch vnd*; V 16 711 *mir]mir durch zucht*. Nicht
wie H, sondern wie W, Wg und Ha dagegen weist M die Lesarten auf:
V 12 642 *uz]uz gewirket*; V 16 598 *Hünburch]huneb...* (H: *hunelburg*). – Auf
dieser Grundlage läßt sich die Handschrift nicht mit Sicherheit einer
der beiden Redaktionen zuweisen.

1.3. Autor, Mäzene

Über den Verfasser des ›Wilhelm von Österreich‹ und seine Mäzene ist
nicht mehr bekannt als das, was er selbst in seinem Werk zu erkennen
gibt. Hier allerdings weichen bekanntlich die beiden Redaktionen deutlich von einander ab. Die Frage nach dem Autor und seinen Mäzenen
ist damit eng mit der Frage verbunden, welcher Redaktion die Priorität
zuzugestehen sei.

Johannes der tugend schribær / heizz ich; geborn uz Francken (V 13 228f.),
erklärt der Verfasser seinem Publikum erst nach mehr als der Hälfte des
Texts; dann nennt er sich wiederholt: *ich Johannes* (V 13 692), *ditz sprich
ich mit hulden / von Wirtzburch Johannes* (V 15 103f.) und in der Heidelberger Handschrift nochmals: *ich Johannes von Wirzburc* (V 13 727). Im
Epilog schließlich steht in der Gothaer Handschrift die Kurzform
Hanns, wo die anderen Handschriften (Ha, L, Wg) wiederum den vollständigen Namen *Johannes* verzeichnen, die Wiener Handschrift die dem
Versmaß am besten angepaßte Kurzform *Johans* (V 19 561). Bei der Auf-
zählung der christlichen Heerscharen in der großen Schlacht erwähnt
Johann erneut, daß er Würzburger sei (V 16 696–16 719).

Sein Werk – den Roman über einen österreichischen Herzogssohn –
widmet Johann den Habsburgern Friedrich dem Schönen und seinem
Bruder Leopold: Als Wilhelm nach seiner Hochzeit nach Österreich
zurückkehrt, preist der Erzähler den österreichischen Hof – v. a. auch
die zeitgenössischen österreichischen Fürsten:

> *ich main dich, hochgeborner man,*
> *herzoge Fridrich von Österreich,*
> *und Liupolden, der ie sich*
> *gewirdet hat für die nu leben:*
> *den ich hie ditz getiht gebn*
> *wil ze ern. daz ich han*
> *in disem bůche hie getan,*
> *in ir dienst daz ist geschehen.*
> (V 18 630–18 637)

(Ich meine dich, hochgeborener Herzog Friedrich von Österreich,[70] und Leopold, der sich stets vor allen, die heute leben, ausgezeichnet hat. Ihnen zur Ehre will ich hier diese Dichtung widmen. Was ich in diesem Buch hier geschrieben habe, habe ich getan, um ihnen zu dienen.)

Im Epilog wiederholt Johann diese Widmung:

> *ich tun iu kunt auch da bi*
> *wie lanc si daz ez gemaht*
> *wart durch die fúrsten geslaht*
> *von Österrich baide.*
> (V 19 570–19 573)

(Ich sage Euch dabei auch, wie lange es her ist, daß es [das Buch] fertiggestellt worden ist, zur Ehre der beiden hohen Fürsten von Österreich.)

Diese Äußerungen könnten darauf schließen lassen, Johann schreibe am Habsburger Hof. In der Mehrzahl der Handschriften aber lobt Johann, gleich nachdem er das erste Mal seinen Namen genannt hat (V 13 228f.), andere Gönner:

> *ir rainiu wip, helft danken*
> *den die mich werde halten!*
> *mit sunderdienst walten*
> *kan ich die aller wirde werk*
> *minnten ie: von Hohenberk*
> *die graven sint genennet,*
> *in manigem riche erkennet*
> *hat si ir werdeclicher pris.*
> *daz schúf des sel in paradys*
> *bi Got rûwen múzze:*
> *sin nam ze nennen súzze*
> *ist allen werden hie durch reht.*
> *ahy, werder grave Albreht*
> *von Hayerloch, durch vremdiu lant*
> *was din werder nam genant.*
> *fúr Hohenberch ist Hayerloch*
> *komen fúr: man nennet noch*
> *auch sus min herren*
> *in allen landen verren.*
> (V 13 230–13 248)

(Edle Frauen, helft mir, denen zu danken, die mich in Ehren halten! Mit besonderem Dienst widme ich mich denen, die stets alle Taten der *wirde*

---

[70] Daß Johann Friedrich den Schönen noch als *herzoge* bezeichnet, beweist, daß der ›Wilhelm von Österreich‹ tatsächlich vor der Doppelwahl Friedrichs des Schönen von Österreich und Ludwigs von Oberbayern zum deutschen König am 19./20. September 1314 abgeschlossen worden ist.

geliebt haben: Von Hohenberg heißen die Grafen. Ihr ehrenhafter Ruhm hat sie in vielen Reichen bekannt gemacht. Dafür verantwortlich ist der, dessen Seele bei Gott im Paradies ruhen möge; mit gutem Recht ist es allen *werden* angenehm, wenn hier sein Name genannt wird. Oh, *werder* Graf Albrecht von Haigerloch, überall in fremden Ländern sprach man von dir. »Hohenberg« ist durch »Haigerloch« ersetzt worden; aber weithin in allen Ländern nennt man meine Herren auch noch so.)

Die Grafen von Haigerloch also, nicht die Habsburger, sind Johanns Gönner. Den verstorbenen[71] Grafen Albrecht II.[72] lobt er besonders; Albrechts Tod scheint aber Johanns Förderung durch die Haigerlocher nicht beendet zu haben. Der Dichter bezeichnet die Haigerlocher immer noch als seine *herren*.[73] Wer nun direkt damit gemeint ist, ob Albrechts Brüder, Burkhard und Ulrich, oder seine Söhne, Albrecht und Rudolf, ist nicht erkenntlich; Johann nennt außer Albrecht keinen der Haigerlocher beim Namen.

Die Heidelberger Handschrift[74] umgeht diesen Widerspruch zwischen Widmungsträger und Gönner. Sie verzichtet auf das Lob der Haigerlocher und ersetzt es durch ein Lob der Habsburger, genauer des 1291 verstorbenen Rudolf und seiner Enkel. Doch auch in der Redaktion I bleibt der Widerspruch nicht unaufgelöst stehen. Im Anschluß an die oben zitierte Widmung des Werks an die Habsburger erklärt Johann:

> *wizzet, nieman darf des jehen*
> *daz ich si rům durch gabe.*
> *mir sagent dick die Swabe*
> *si sin kark und geben niht;*
> *doch manigen richern man siht*
> *von in varn danne zu in:*
> *des ich in holt in hertzen bin,*
> *swie mir nie gůt von in geschach.*
> *mir wær von in ain gůt swach*
> *dar umm ich priste ainn man*
> *der lob noch ere nie gewan.*
> (V 18 638–18 648)

(Wißt, niemand darf behaupten, ich rühme sie [die Habsburger] um Geld. Die Schwaben sagen mir oft, sie [die Habsburger] seien geizig und gäben

---

[71] Graf Albrecht fiel am 17.4.1298 im Kampf gegen Herzog Otto III. von Niederbayern.

[72] Die Namensformen »Albrecht« und »Albert« wechseln in den Regesten der Haigerlocher, sowohl bei Albrecht II. als auch bei seinem Sohn und seinem Enkel.

[73] Zur Diskussion, ob *min herren* als Singular oder Plural aufzufassen sei, vgl.: Scholz (1987), S. 45–47.

[74] In S entfällt die entsprechende Stelle.

nichts; doch sieht man viele reicher von ihnen weggehen als zu ihnen hin-
gehen. Ich bin ihnen dafür hold im Herzen, obgleich mir nie Gutes von
ihnen widerfahren ist. Ein Lohn von ihnen würde mir wenig bedeuten, wenn
ich dafür einen Mann preisen sollte, der niemals Lob oder Ehre erwarb.)

Der Erzähler erklärt, er erhalte von den Habsburgern keinen Lohn.
Zwar sei es nicht wahr, daß sie generell keine Kunst förderten, doch er
lobe lieber unbelohnt einen Mann, der es verdiene, als daß er für Geld
einen Ehrlosen preise. Johann stilisiert sich hier, ähnlich wie in
V 19 475–19 483, zum mißachteten *tugend schribær* (V 13 228).[75] Doch es
sind sicher nicht zufällig die Schwaben, von denen er sagt, daß sie ihn
vor dem Geiz der Habsburger warnen. Albrecht II. von Haigerloch ist
berühmt für seine Freigebigkeit.[76] Wenn er einen Dichter vor dem Geiz
seiner Verwandten warnt, darf dies wohl so verstanden werden, daß er
den Dichter an ihrer Statt fördert.

In keiner der Handschriften der zweiten Redaktion ist der Schluß des
Romans mit dem Lob der Habsburger und dieser Aussage Johanns zu
seinen Mäzenen erhalten.

Diese widersprüchlichen Informationen Johanns zu seinen Gönnern
haben in der Forschung eine lange Diskussion ausgelöst. Regel nimmt
Johanns Lob der Haigerlocher als seiner Gönner ernst. Für die abweichende Passage in der Heidelberger Handschrift macht er den Schreiber
verantwortlich, der sich um die Gunst der Habsburger bemüht habe
und sich ihnen dankbar erweisen wollte. Das Lob Rudolfs »erscheint
doch als fremd, weder mit der Heimat des Dichters noch mit dem
Gegenstand seiner Dichtung irgendwie vermittelt« und vertrage sich
nicht mit den späteren kritischen Äußerungen gegenüber den Habsburgern.[77] – Inwiefern allerdings ein Lobpreis Rudolfs von Habsburg
dem Gegenstand der Dichtung mehr entgegenstehe als ein Lob Albrechts II. von Haigerloch, wird aus Regels Argumentation nicht ersichtlich; auch überbewertet er m. E. die Kritik des Erzählers an den
Habsburgern.

---

[75] Vgl. den Prolog zu Konrads von Würzburg ›Trojanerkrieg‹, V 170–215, bes. V 178–
181: *swie cleine ich drumbe lônes habe / von alten und von jungen, / doch mac ich mîner zungen /
ir ambet niht verbieten.* V 184f.: *ze lône und z'einer hôhen gebe / mir selben üebe ich mîne kunst.*
V 206–210: *seht, alsô wil ich unde sol / dur daz niht lâzen mînen list, / daz ir sô rehte wênic
ist, / die mîn getihte wol vernemen. / mîn kunst mir selben sol gezemen.* Konrad von Würzburg, Der Trojanische Krieg. Nach den Vorarb. K. Frommanns und F. Roths hrsg.
von Adelbert von Keller. Stuttgart 1858 (StLV 44), Nachdr. Amsterdam 1965.

[76] Vgl. Ottokars Österreichische Reimchronik. Hrsg. v. Joseph Seemüller. 2 Bde. Hannover 1890/93 (MGH F5), V 71 224–71 226; Konrad von Ammenhausen, Das Schachzabelbuch. Hrsg. v. Ferdinand Vetter. Frauenfeld 1892 (Bibl. älterer Schriftwerke der
dt. Schweiz, Ergänzungsband), V 6 817–6 819, V 6 901.

[77] Regel (Ausg.), S. 284f.

Göhrke äußert sich hier weniger entschieden: Chronologisch lasse sich das Verhältnis der Parallelfassungen von V 13 230–13 248 nicht bestimmen.[78] Regels Argumente seien keineswegs zwingend, das Verhältnis des Dichters zu den Habsburgern könnte sich durchaus über die Jahre hinweg verändert haben, so daß »der Identität der Verfasser [der beiden Parallelfassungen] keine zwingenden Gründe entgegenstehen«.[79] Demnach wäre es denkbar – aber nicht bewiesen –, daß sich Johann mit den zwei Fassungen des Werks zwei verschiedenen Gönnern zugewandt habe.

Unproblematisch sieht hingegen Käthe Iwand die Gönnerfrage: Sie betrachtet nur den Schluß des Romans und kann daher sagen: »Johann von Würzburg erfreute sich der Gönnerschaft eines österreichischen Fürstengeschlechts, in dessen Dienst er sein Werk verfaßte.«[80]

Ludwig Schmid[81] findet in einer Urkunde vom 20. Mai 1286, die unter dem Siegel Burkhards IV. von Hohenberg, des Bruders Albrechts von Haigerloch, angefertigt ist, in einer Reihe von Zeugen einen *H. dict[us] de wirzeburk minist[er] domini B[i] comitis antedicti.*[82] Er ist sich sicher, hiermit Johann von Würzburg gefunden zu haben. Frenzel übernimmt diese Entdeckung Schmids[83] und baut auf dieser doch sehr unsicheren Erwähnung seine hypothetische Biographie Johanns auf: »In Würzburg um die 60er Jahre des 13. Jahrhunderts geboren, trat Johann v. W. frühzeitig in den Dienst des Grafen Burkhard von Hohenberg-Haigerloch, nachdem er vorher eine gelehrte geistliche Ausbildung genossen und die höheren Weihen empfangen hatte«[84] Der *sunderdienst* (V 13 232), von dem Johann spricht, beschreibe ein freies Dienstverhältnis, »d. h. er ist nicht abhängiger Dienstmann der Grafen, sondern als stadtbürtiger und wissenschaftlich gebildeter Mann stellt er sich ihnen gelegentlich zur Verfügung und genießt dementsprechend ihre Gunst.«[85] Johann habe gehofft, durch Vermittlung seiner Hohenbergischen Gönner einen Zugang zum Habsburger Hof zu finden – daher auch die Widmung seines Werks an die österreichischen Herzöge.[86] Auf

---

[78] Göhrke, S. 48.
[79] Ebd., S. 45.
[80] Käthe Iwand, Die Schlüsse der mhd. Epen. Berlin 1922 (Germ. Stud. 16), S. 153.
[81] Ludwig Schmid, Geschichte der Grafen von Zollern-Hohenberg. Stuttgart 1862, S. 7.
[82] Monumenta Hohenbergia. Urkundenbuch zur Geschichte der Grafen von Zollern-Hohenberg und ihrer Grafschaft. Hrsg. v. Ludwig Schmid. Stuttgart 1862, Urkunde Nr. 109, S. 82.
[83] Frenzel, S. 21.
[84] Ebd., S. 40.
[85] Ebd., S. 20.
[86] Ebd., S. 28.40.

die Heidelberger Redaktion[87] geht Frenzel nicht ein. Wenngleich er der Meinung ist, es sei »noch keineswegs klar, daß G allein den Vulgattext darzustellen hat«, stützt er sich ganz auf Regels Ausgabe: »alle Einschübe von H sind vorläufig beiseite zu lassen«.[88] Er bemerkt nicht einmal, daß die Namensform *Hanns*, auf die er seine These der Identität Johanns mit jenem *H. de wirtzeburk* aufbaut, eine Sonderlesart der Gothaer Handschrift ist.[89] Es ist auch Scholz beizupflichten, wenn er argumentiert, daß in einem offiziellen lateinischen Dokument wohl eher die Initiale des vollständigen Namens als die der deutschen Kurzform zu erwarten wäre.[90]

Mayser wendet gegen Frenzels Identifizierung Johanns von Würzburg mit dem in der Urkunde genannten *minister* Burkhards ein, daß Johann, wäre er in Burkhards Dienst gestanden, diesen doch irgendwann namentlich erwähnt hätte und daß Burkhard gerade nicht der Haigerlocher Linie, sondern der Nagold-Wildenberger Linie des Hohenberger Geschlechts angehöre. Dennoch glaubt er, daß dieser *H. de wirtzeburk* »unser Dichter« sei. Mayser möchte weder den Titel *minister* aus der Urkunde noch Johanns Worte *sunderdienst* und *schriber* als die Bezeichnungen eines Dienstverhältnisses Johanns zu den Haigerlocher Grafen verstehen und vermutet eher eine »persönliche Gönnerschaft« des für seine *milte* berühmten Albrecht. Nach Albrechts Tod habe dessen gleichnamiger Sohn die Förderung des Dichters übernommen.[91] Weiter unten aber bezeichnet Mayser Johanns Lebensstellung doch – Scholz hat auf die Inkonsequenz seiner Argumentation hingewiesen[92] – als »offenbar die eines Schreibers oder Sekretärs der Hohenberger Grafen.«[93] Daß auch die Habsburger Johanns Mäzene sein könnten, zieht Mayser nicht ernsthaft in Erwägung. Die Abweichung der Handschrift H bezeichnet er als eine der »willkürliche[n] Interpolationen« dieser Handschrift,[94] und schließlich sieht er in V 19 581, *do man vor aschberch lag,* einen Beweis dafür, daß der Dichter bei Abschluß seines Werks in Schwaben gewesen sei.[95] – Dieser Vers darf allerdings, was die For-

---

[87] H ist an dieser Stelle der einzige Vertreter der Heidelberger Redaktion.
[88] Frenzel, S. 6, Anm. 3.
[89] Vgl. oben, S. 33.
[90] Scholz (1987), S. 46.
[91] Mayser (1931), S. 87f.
[92] Scholz (1987), S. 48.
[93] Mayser (1931), S. 115.
[94] Ebd. S. 45.
[95] Ebd., S. 92, Anm. 17. Vgl. auch Scholz (1987), S. 75f., der dieses Argument gegen die These eines Gönnerwechsels von den Haigerlochern zu den Habsburgern anführt.

schung bisher nicht beachtet hat, nicht als authentisch betrachtet werden.[96]

McDonald und Goebel zweifeln an der Richtigkeit der Angabe Johanns, die Haigerlocher seien seine Mäzene; allzu deutlich diene der Roman den Interessen Friedrichs des Schönen, dem er ja auch gewidmet sei.[97] Für die lobende Erwähnung der Haigerlocher aber finden sie keine Erklärung.

Auch für Bumke ist es »nicht ganz klar«, »ob die Grafen von Hohenberg die ›fürstlichen Gönner‹ Johanns von Würzburg waren.« Er vermutet – was schon Göhrke angedeutet hat –, Johann habe sich mehrfach um Gönner bemüht – bei den Schwaben und, durch die Vermittlung der Grafen von Haigerloch, bei den Habsburgern, von denen er aber offenbar keinen Lohn empfangen habe. Die verschiedenen Textversionen seien als verschiedene Widmungsexemplare zu verstehen.[98]

Für Huschenbett ist es wiederum »nicht recht deutlich«, inwieweit die Habsburger »tatsächlich Gönner waren«.[99] Er verweist wieder auf den *H. dictus de Wirzeburk* im Gefolge Burkhards von Hohenberg.[100]

Die ausführlichste Diskussion der Gönnerfrage findet sich bei Scholz.[101] Er lehnt Frenzels Versuche, aus der Erwähnung des *H. dictus de Wirzeburk* eine Biographie Johanns zu rekonstruieren, entschieden ab.[102] Was die beiden verschiedenen Redaktionen des Texts anbelangt, hält er es für am »redlichsten«, von der Gleichwertigkeit aller von H gebotenen Stellen auszugehen.[103] Er stellt sich mit diesen beiden Prämissen ganz offen dem Widerspruch der beiden Gönnerangaben. Zwei Möglichkeiten, diesen zu erklären, spielt er durch: die von Bumke angenommene mehrfache Bemühung um Gönner sowie einen Gönnerverlust und Gönnerwechsel. Am wahrscheinlichsten erscheint ihm ein Gönnerwechsel von den Habsburgern zu den Haigerlochern, doch auch hiermit läßt sich nicht alles erklären: »Fragezeichen am Ende beider Abschnitte«. Letztlich hält Scholz einen ersatzlosen Gönnerverlust nicht für unmöglich. Ob er dabei Johanns Klagen nicht überbewertet –

---

[96] Siehe unten, S. 53f.
[97] William C. McDonald, Ulrich Goebel, German Medieval Literary Patronage from Charlemagne to Maximilian I. Amsterdam 1973 (Amsterdamer Publikationen zur Sprache und Literatur 10), S. 155.
[98] Joachim Bumke, Mäzene im Mittelalter. Die Gönner und Auftraggeber der höfischen Literatur in Deutschland 1150–1300. München 1979, S. 267f.
[99] Huschenbett (1983), S. 252.
[100] Ebd., S. 253.
[101] Scholz (1987), S. 44–81.
[102] Ebd., S. 46.
[103] Ebd., S. 63.

die anscheinend so drückende Geldnot setzt doch erst ein, als das Werk vollendet ist –, sei zu bedenken gegeben. Gegen seine Theorie eines Gönnerwechsels ist einzuwenden, daß in diesem Fall die ältere der beiden Versionen ein Fragment geblieben wäre. Nun sind aber aus der Gothaer Gruppe mehrere vollständige Handschriften überliefert, und auch der Heidelberger Handschrift, deren Schlußteil nicht überliefert ist, muß eine vollständige Vorlage vorgelegen haben, da sie als Prachthandschrift angelegt ist.[104]

Zu bedenken ist auch, daß die Handschrift Ka nach Fechter zu einer Zeit entstanden ist, als die beiden Redaktionen noch nicht oder nur geringfügig gespalten waren. Würde eine Autorvariante vorliegen, dürfte sie also keineswegs alle Unterschiede zwischen den beiden Redaktionen betreffen.

Zuletzt sei noch Mertens' neuerlich geäußerte These erwähnt, daß allein die Habsburger Johanns Mäzene seien; die Berufung auf die Haigerlocher, d. h. auf den berühmten Kunstförderer und Minnesänger Albrecht von Haigerloch, sei als eine – für die zweite Redaktion verzichtbare – literarische Fiktion zu begreifen. Die Formulierung *sin nam ze nennen süzze* (V 13 240) sei als Reminiszenz an den ›Tristan‹-Prolog (V 223: *ir süezer name der lebet iedoch*) ein »Signal für die Hereinholung der geschichtlichen Gestalt in die Fiktion des Romans«.[105] Der historische Albrecht von Haigerloch erfülle als Minnesänger und Krieger, der im Kampf für seinen Lehnsherrn fiel, archetypisch das Romanprogramm von *minne* und *aventiur*, und damit erfülle das Lob des fiktiven Mäzens einen poetologischen Zweck. – Mertens' These ist sehr ansprechend, doch ob die Verbindung des Namens Albrechts mit dem Attribut *süezze* genügt, um dies als ein ›Tristan‹-Zitat zu werten, ist fraglich, bleibt doch auch diese Formulierung selbst in der Heidelberger Handschrift erhalten, wo Albrecht durch Rudolf ersetzt ist. Außerdem muß zu bedenken gegeben werden, daß das Argument, Albrecht als Parteigänger der Habsburger sowie als Minnesänger und Krieger sei eine ideale fiktive Mäzenenfigur, auch umgedreht werden kann: Da nicht nur Albrecht und Burkhard, die Schwäger Rudolfs von Habsburg, sondern auch Albrechts Söhne Albrecht und Rudolf und dessen Sohn Albrecht treue Anhänger und überzeugte Parteigänger der Habsburger waren, läge eine »Habsburger-Propaganda« durchaus im Interesse der Haigerlocher Grafen. Nicht zuletzt wertet ja ein Lob der engen Ver-

---

[104] Siehe oben, S. 26.
[105] V. Mertens, S. 88.

40

wandten auch das eigene Haus auf. Als Fürst, der selbst Minnelieder
verfaßte, könnte Albrecht durchaus ein Interesse daran gehabt haben,
einen Minne-*Âventiuren*roman zu fördern.

Die Frage nach den Mäzenen Johanns kann nicht beantwortet werden,
bevor die zeitliche Priorität der einen oder anderen Redaktion mit Sicherheit festgestellt ist. Daher sollen zunächst die fraglichen Varianten
nebeneinander gestellt werden:

G[106]	H[107]
ir rainiu wip, helft danken	*Ir rainen wib helft dancken*
den die mich werde halten!	*Den die mich werde halten*
mit sunderdienst walten	*Mit sonder dienste walten*
kan ich die aller wirde werk	*kan ich der die* ye wirdoten sich
minnten ie: von Hohenberk	Kunges geburt von Osterrich
die graven *sint genennet,*	Die herren *sind genennet*
in manigem riche *erkennet*	Von Ir art *erkennet*
hat si ir werdeclicher pris.	*Seint sy durch Ir hohen bris*
daz schůf des sel ir paradys	*Das schuf des sel in paradis*
bi Got růwen můzze:	*By gotte růen müsse*
sin nam ze nennen süzze	*Er ist ze nennen süse*
ist allen werden hie durch reht.	Der geerte kung Růdolf
ahy, werder grave Albreht	Vnfrides schur der bosen wolf
von Hayerloch, durch vremdiu lant	die er ane bermd zarte
was din werder nam genant.	Was von siner arte
fůr Hohenberch ist Hayerloch	Kumen ist das můs sin gůt
komen fůr: man nennet noch	Ir kaines nymer missetůt
auch sus *min herren*	Das wais ich an dem adel sein
in allen landen verren.	Des stammen sind *die herren mein*
(V 13 230–13 248)	von vatter dar getwiget
	Alle edel diet In nigelt
	Billich durch angeborne er
	Ir gelichen nyendert mer
	Man vindet so geherte
	Nach Jugende so geerte
	(Anhang IV)
(Edle Frauen, helft mir, denen zu danken, die mich in Ehren halten! Mit besonderem Dienst widme ich mich denen, die stets alle ehrenhaften Taten geliebt haben: Die Grafen von Hohenberg heißen sie. Ihr eh-	(Edle Frauen, helft mir, denen zu danken, die mich in Ehren halten! Mit besonderem Dienst widme ich mich denen, die stets Ehre erworben haben: Sie sind von königlicher Ge- burt und heißen von Österreich. Ihr

---

[106] Stellvertretend für die Handschriften der Gothaer Redaktion, die hier alle fast exakt
gleich lauten.
[107] An dieser Stelle einziger Vertreter der Heidelberger Redaktion.

renhafter Ruhm hat sie in vielen Reichen bekannt gemacht. Dafür verantwortlich ist der, dessen Seele bei Gott im Paradies ruhen möge; mit gutem Recht ist es allen *werden* angenehm, wenn hier sein Name genannt wird. Oh, *werder* Graf Albrecht von Haigerloch, überall in fremden Ländern sprach man von dir. »Hohenberg« ist durch »Haigerloch« ersetzt worden; aber weithin in allen Ländern nennt man meine Herren auch noch so.)

Geschlecht ist bekannt durch ihren hohen Ruhm. Dafür verantwortlich ist der, dessen Seele bei Gott im Paradies ruhen möge. Es ist angenehm, ihn zu nennen: der ehrenwerte König Rudolf, das Verderbnis der Unruhestifter, ein Wolf für die Bösen, die er erbarmungslos zerriß. Was von seinem Geschlecht stammt, das muß gut sein. Keiner seiner Nachkommen tut jemals Übles, das weiß ich aufgrund seines Adels. Meine Herren stammen väterlicherseits von ihm ab. Alle Adeligen neigen sich zu Recht vor ihnen wegen ihrer Ehre, die ihnen von Geburt aus zukommt. Man findet nirgends mehr jemand, der so edel ist und in seiner Jugend so viel Ehre besitzt.)

Die Eingriffe sind so gering wie möglich gehalten. Eine Abwandlung des Texts in die eine oder andere Richtung wäre durchaus auch einem Schreiber zuzutrauen, sie muß nicht notwendig auf Johann zurückgehen. Die erste Variante, V 13 234, betrifft zunächst nur den Namen des Geschlechts: *von Hohenberk – von Osterrich*. Der Reim zwingt zur Umformulierung von V 13 233. Den Anfang des folgenden Verses, V 13 235, zu verändern, ist nur notwendig, wenn die Handschrift H die jüngere Version vertritt: *die graven* konnte bei einem Lob der Habsburger nicht stehenbleiben, umgekehrt wäre es möglich gewesen, das allgemeinere *die herren* beizubehalten. Die Erklärung, daß sie in weiten Landen bekannt seien (V 13 236), gibt nur bei einem Grafengeschlecht Sinn, nicht bei einem Königsgeschlecht, bei dem dies doch wohl vorausgesetzt werden darf. Deshalb betont die Heidelberger Handschrift an dieser Stelle die edle Abkunft der Österreicher. Das Lob eines verstorbenen Ahns ist beiden Versionen gemeinsam, sie weichen erst wieder voneinander ab, als der Name desselben genannt wird: *Albrecht – Rŭdolf* (V 13 242f.). Wieder bedingt der Reim, daß das gesamte Reimpaar ersetzt wird. In den Handschriften der Gothaer Gruppe fällt in den folgenden beiden Reimpaaren jeweils der Name *Hayerloch*, und auch im letzten Reimpaar des Abschnitts geht es noch um den Namen des Geschlechts. Nimmt man also an, daß G die ältere Fassung vertritt, so ist es selbstverständlich, daß der Text von H hier vollkommen abweichen muß. Die Heidelberger Handschrift beschreibt in den folgenden Versen ein topisches Lob Rudolfs und seiner Nachkommen, das umgekehrt leicht hätte in ein Lob der Haigerlocher übernommen werden können. Es liegt somit nahe, die Version der Gothaer Handschriftengruppe als die ältere zu betrachten.

Nicht nur die Haigerlocher, die Gönner Johanns, werden in der Heidelberger Handschriftengruppe gestrichen und durch Habsburger ersetzt, sondern auch die Verfasserfigur Dieprecht: In einem Dialog mit Frau Minne[108] während der Vorbereitungen zur Hochzeit Aglies mit Wildomis wird in der Gothaer Redaktion der Erzähler mit dem Namen *Diepreht* angesprochen (V 9 098). Der Leser oder Hörer muß annehmen, daß es sich hierbei um den Namen des Verfassers handelt – bis zu der oben zitierten Stelle (V 13 228f.), an der Johann seinen Namen preisgibt. Hier klärt er endlich den Leser oder Hörer über die Person des *Diepreht* auf:

> *Swer tugent und er minnet,*
> *billich der gewinnet*
> *sæld, tugent und ere,*
> *da von min kranke lere*
> *ich mit den werden tail.*
> *des hilfet der mit hail*
> *her von jugent ist erzogen,*
> *dem schande nie der eren bogen*
> *vor gespannen kunde;*
> *er hat in hertzen grunde*
> *ie aventůr getrůtet,*
> *da von man es billich bůtet*
> *im wol durch sin wirde:*
> *sin innrlich begirde*
> *stůnd ie nach tugende sachen,*
> *da von man in siht machen*
> *hie manic bůch und schriben.*
> *allen reinen wiben*
> *schol er gevallen dest baz,*
> *wan er mŭzzic nie gesaz:*
> *er schraip mit sin selbes hant*
> *swaz im wart aventůr bekant.*
> *der hat diz bůch mir auch geschriben,*
> *des han ich im diz lob getriben*
> *ze dienst, wan erz von schulden hat:*
> *ze Ezzelingen in der stat*
> *sitzt der selb burgær*

---

[108] Siehe unten, S. 200–202.

> *der diz und manic gût mær*
> *hat gehuset: er ist genant*
> *Diepreht der werde, wol erkant*
> *schol er sin gûten lûten,*
> *die tugent und ere trûten.*
>
> (V 13 249–13 280)

(Wer *tugent* und *ere* liebt, der erlangt zu Recht Glück, innere Größe und Anerkennung, weswegen ich meine schwache Lehre den *werden* mitteile. Darin hilft mir der, der von Kindheit an im Glück erzogen worden ist, dem Schande nie seine Ehre beschmutzen konnte. Er hat im Grunde seines Herzens stets die *âventiure* geliebt, wofür man ihn zu Recht lobt: Sein inneres Bestreben war immer auf das gerichtet, was mit *tugent* verbunden ist, und aus diesem Bestreben heraus sieht man ihn viele Bücher verfassen und schreiben. Alle *reinen* Frauen sollen ihn um so lieber haben, weil er nie müßig war: Er schrieb mit seiner eigenen Hand nieder, was er an *âventiure* erfuhr. Er hat auch mir dieses Buch geschrieben, wofür ich ihm zum Dank dieses Lob ausgesprochen habe, denn er hat es verdient. In der Stadt Esslingen lebt dieser Bürger, der diese und viele andere gute Geschichten zu sich [d. h. in seine Sammlung] aufgenommen hat: Er heißt Dieprecht, der *werde*; den ehrenhaften Leuten, die *tugent* und *ere* lieben, sollte er wohlbekannt sein.)

Dieprecht sei ein Esslinger Bürger, der Johann in irgendeiner Weise »dieses Buch geschrieben« hat. An dieser unklaren Formulierung hat sich, ähnlich wie an den widersprüchlichen Äußerungen zu Johanns Gönnern, eine heftige Forschungsdiskussion entzündet. Man hat Dieprecht für einen Schreiber,[109] einen Co-Autor,[110] den Lieferanten einer Vorlage,[111] einen Förderer[112] oder eine fiktive Gestalt[113] gehalten.

---

[109] de Boor, S. 96; Straub, S. 35.

[110] Vgl. Schnuchels Versuch, einen Unterschied in Aufbau und Intention zwischen einem ersten Teil Dieprechts bis ca. V 12 200 und einem zweiten Teil Johanns nachzuweisen. Dies kann allerdings nicht überzeugen, da Schnuchel selbst in »Dieprechts Teil« Veränderungen und Annäherungen an »Johanns Stil« entdeckt. Er konstruiert eine schöpferische »Ermüdung« und ein zeitweiliges Eingehen Dieprechts auf den Publikumsgeschmack. Dadurch fließen aber die Grenzen zwischen den beiden Teilen, besonders bei Schnuchels Hauptargument, dem Aufbaugefüge: Worin, mag man fragen, liegt der elementare Unterschied zwischen dem ermüdeten Versuch Dieprechts, eine Dreigliedrigkeit gegen eine natürlichere Zweigliedrigkeit durchzusetzen, und Johanns Zweigliedrigkeit, die »schwache Versuche einer künstlichen Dreigliedrigkeit« aufweist? Schnuchels Argumentation ist insgesamt unsauber, und seine Erklärung für die sprachliche Einheit des Werks trotz »stark unterschiedlicher dichterischer Gestaltung«, wie sie sich z. B. auch im unterschiedlichen Charakter von Epilog und Prolog zeige, ist fraglich: Er nimmt eine von Dieprecht geschaffene Prosavorlage (inklusive Prolog) an, die von Johann in Verse umgesetzt worden sei. Prosaprologe aber sind im mittelhochdeutschen Roman äußerst ungewöhnlich.

[111] Regel (Ausg.), S. 291; Willy Krogmann, Johann von Würzburg, in VL' II, Sp. 650–657, Sp. 651; Frenzel, S. 9.40; Rehbock, S. 256–266; Bernd Schirok, Parzivalrezeption im Mittelalter. Darmstadt 1982 (Erträge der Forschung 174), S. 105.

[112] McDonald/Goebel, S. 155.

[113] Regel (Ausg.), S. 291.

Im Wiener Bibliothekskatalog von 1868 wird Dieprecht mit dem Schulmeister von Esslingen gleichgesetzt und dieser wiederum mit Johann von Würzburg identifiziert.[114] Für eine ausführliche Diskussion der Forschungsmeinungen zur Figur des Dieprecht sei auf Scholz verwiesen,[115] der selbst vermutet, daß Dieprecht entweder eine fiktive Figur sei oder ein Co-Autor, der am gesamten Text maßgeblich mitgewirkt habe. Mertens schließlich sieht in Dieprecht eine fiktive Rolle, »hinter der ein realer Dieprecht stehen kann, aber nicht muß«, die Rolle eines städtischen Rezipienten des ›Wilhelm von Österreich‹: Er habe Johanns Werk in seine Sammlung aufgenommen[116] – freilich ein gewagtes Spiel mit den Zeitebenen.

Wie bereits für Johann, findet Frenzel auch für Dieprecht einen – fraglichen – historischen Beleg:[117] Im Urkundenbuch der Stadt Esslingen ist am 19.3.1280 ein *Dieperhtus cives in Ezzelingen* als Zeuge in territorialen Streitigkeiten erwähnt.[118] Ein Kontakt Johanns zur Reichsstadt Esslingen am Neckar wäre leicht denkbar: Ein Aufenthalt der Grafen von Hohenberg-Haigerloch in Esslingen ist in den Jahren 1284,[119] 1286,[120] 1291,[121] 1293[122] und 1315[123] urkundlich bezeugt. Es wäre also durchaus möglich, daß der Würzburger mit einem Esslinger Bürger in irgendeiner Weise zusammengearbeitet hat. Ob es sich bei dem Zeugen *Dieperhtus* aber tatsächlich um den genannten Sammler *von manic gůt mær* handelt, ist unsicher. Es findet sich keinerlei Hinweis auf einen für eine Literatursammlung notwendigen Reichtum oder auf eine Schreibertätigkeit des *Dieperhtus*.

Was Johann über Dieprecht sagt, ist, daß er aufschreibe, *swaz im wart aventúr bekant* (V 13 270). Er *huset* (V 13 277) das *mær*, d. h. er nimmt es zu sich, in seine Sammlung auf. Seine Aussage, Dieprecht, *der hat diz bůch mir auch geschriben* (V 13 271), könnte nun so verstanden werden, daß Dieprecht Johanns Schreiber war und dessen Dichtung niedergeschrieben hat oder, wie Mertens annimmt, ein Literatursammler, der Johanns fertiges Werk in seine Sammlung aufgenommen hat, oder aber

---

[114] Tabulae codicum, S. 145. Ähnlich auch Ehrismann, S. 92.
[115] Scholz (1987), S. 32–44.
[116] V. Mertens, S. 90f.
[117] Frenzel, S. 19.
[118] Urkundenbuch der Stadt Esslingen, bearbeitet von Adolf Diehl, Bd. 1. Stuttgart 1899 (Württembergische Geschichtsquellen 4), S. 49, Urkunde Nr. 160.
[119] Monumenta Hohenbergia, Urkunde Nr. 96, S. 69.
[120] Sindelfinger Chronik, zit. nach: Schmid, S. 77f.
[121] Monumenta Hohenbergia, Urkunde Nr. 124, S. 95f.
[122] Schmid, S. 93.
[123] Monumenta Hohenbergia, Urkunde Nr. 248, S. 202f.

Dieprecht hat eine mündlich tradierte Erzählung verschriftlicht und Johann als Vorlage geliefert. Die erste Möglichkeit scheidet aus, da in V 9 098 Frau *Âventiure* den Erzähler als »Dieprecht« anspricht. Dieprecht erscheint hier nicht als der Schreiber des Dichters, sondern als ein sich selbstbewußt in Szene setzender Erzähler, der mit einer Personifikation in einen Dialog über die erzählte Handlung eintritt. Ein Sammler könnte erst recht nicht in dieser Weise auftreten, und Mertens sieht gerade auch in V 9 098 ein Signal dafür, daß nicht der historische Dieprecht, sondern eine fiktive Rolle gemeint sei.[124] Doch müßte diese Rolle nicht in sich schlüssig sein? Nimmt man aber entsprechend der dritten o. g. Möglichkeit an, daß Dieprecht Johann die Vorlage seiner Dichtung geliefert habe, wäre es ziemlich unwahrscheinlich, daß Johann die Erzählerrolle aus seiner Vorlage stehenlassen und nicht durch seine eigene ersetzt hätte – es sei denn, er wollte nur vorgeben, daß eine solche Vorlage existiere. Im Epilog gibt Johann dann eine Quelle an, die einer mündlichen Tradition diametral entgegengesetzt ist: die lateinische Chronik des Königs Agrant (V 19 562–19 565). Diese zweite Quelle ist mit Sicherheit fiktiv.[125] Dies verstärkt auch die Zweifel an der Glaubwürdigkeit der ersten Quellenangabe. Es liegt daher nahe, in Dieprecht analog zu Agrant eine fiktive Gestalt zu sehen.[126]

Die Heidelberger Redaktion nun kennt weder eine doppelte Gönnernennung noch die doppelte Verfassernennung Dieprecht – Johann. In dem oben genannten Dialog des Erzählers mit der Minne ersetzen die Heidelberger, die Darmstädter und die Stuttgarter Handschrift die Anrede *Diepreht* durch *schriber*,[127] und an der Stelle der Lobrede auf Dieprecht finden sich in der Heidelberger Handschrift[128] folgende Verse:

G	H
da von man in siht *machen*	*Davon so* haisset er *machen*
hie manic bůch und schriben.	*Manig buch vnd schriben*
allen reinen wiben	*Allen rainen wiben*
schol er gevallen dest baz̧,	*Sol es geuallen dester bas*
wan er mûz̧z̧ic nie gesaz̧:	*Wan er musig nye gesas*
er schraip mit sin selbes hant	*Er wurcht etwas den eren*
swaz im wart aventûr bekant.	*Es ist genant der herre*

---

[124] V. Mertens, S. 90.
[125] Siehe unten, S. 107.
[126] Zur Quellenfiktion im Zusammenhang der Fiktionalität des Werks siehe unten, S. 108.
[127] Wb streicht den ganzen Dialog und gibt damit keinen Aufschluß darüber, welche Lesart die ältere ist.
[128] Einzige Vertreterin ihrer Gruppe an dieser Stelle.

der hat diz bůch mir auch geschriben,
des han ich im diz lob getriben
ze dienst, wan erz von schulden hat:
ze Ezzelingen in der stat
sitzt der selb burgær
der diz und manic gůt mær
hat gehuset: *er ist genant*
Diepreht *der werde,* wol erkant
schol er sin gůten lůten,
die tugent und ere trůten.
(V 13 249–13 280)

Der werd hertzog lupolt
Der durch er ye marter dolt
Von Jaren sein von solicher art
By vnser zit nye ritter wart
So gůt der ye getett so wol
Doch ich In nit loben sol
Syt ich bin sin gesinde
Was ich Im lobes vinde
Das ist von mir nit wirdig Im
Ob ich ouch Im die wirde nim
Die er verdient In hertzen ye
Das stund mir nit vnd schult ich die
Wan sy bas erkennen kan
Dan der sin kunde nye gewan.
(Anhang V)

(Aus diesem Bestreben heraus sieht man ihn viele Bücher verfassen und schreiben. Alle edlen Frauen sollen ihn um so höher schätzen, weil er nie müßig war: Er schrieb mit seiner eigenen Hand nieder, was er an *âventiure* erfuhr. Er hat auch mir dieses Buch geschrieben, wofür ich ihm zum Dank dieses Lob ausgesprochen habe, denn er hat es verdient. In der Stadt Esslingen lebt dieser Bürger, der diese und viele andere gute Geschichten gesammelt hat: Er heißt Dieprecht, der *werde*; den ehrenhaften Leuten, die *tugent* und *ere* lieben, sollte er wohlbekannt sein.)

(Aus diesem Bestreben heraus läßt er viele Bücher verfassen und schreiben. Alle edlen Frauen sollen ihn um so höher schätzen, weil er nie müßig war: Er beging stets ehrenvolle Taten. Der *werde* Herr heißt Herzog Leopold. Um der Ehre willen hat er sein Leben lang so großes Leid ertragen, daß es in unserer Zeit nie einen so guten Ritter gegeben hat, der so vortrefflich handelte. Aber ich sollte ihn nicht loben, denn ich gehöre zu seinem Gesinde. Was ich Lobendes über ihn sage, ist seiner nicht würdig. Würde ich ihm aber die Ehre nicht erweisen, die er in seinem Innersten verdient, stünde mir das schlecht an, und ich würde sie ihm schulden, denn ich kann seine *wirde* besser erkennen als derjenige, der nie von ihm gehört hat.)

Die Abweichungen sind hier weit größer und freier als in der Passage über die Haigerlocher Grafen. Es finden sich auch keine Hinweise auf die Richtung der Abänderung. Allein die Überlegung, daß ein späterer Bearbeiter, wollte er – aus welchem Grund auch immer – das Lob Leopolds in das Lob eines unbekannten oder fiktiven *Diepreht* umwandeln, wohl kaum auf die Idee käme, den Namen *Diepreht* schon in V 9 098 einzusetzen, läßt auch hier auf eine Priorität der Gothaer Fassung schließen.

Wenn nun der Redaktor nicht nur das Lob Dieprechts durch ein Lob der Habsburger ersetzt, sondern auch vorne den Namen Dieprechts tilgt, geht es ihm offenbar nicht nur um ein zusätzliches Lob der Habsburger, sondern v. a. auch um das Vermeiden der Figur Dieprechts. Es gilt zu fragen, ob der Redaktor nur bestrebt ist, Widersprüchliches (die doppelte Verfasserschaft) und Unglaubwürdiges (die Verfasserfiktion) zu tilgen,[129] oder ob es auch andere, politische Gründe dafür gibt, daß er den Esslinger wie die Haigerlocher durch Habsburger ersetzt. Um diese Frage zu klären, ist es notwendig, die anderen Lesarten, die den Redaktor der Heidelberger Handschriftengruppe als »habsburgbegeistert« (Mayser) erscheinen lassen, zu betrachten.

Oben ist bereits erwähnt worden, daß Hb und vermutlich auch H eine von G abweichende Lesart von V 16 838–16 844 aufweisen:

G	Hb
hie marcgrave *von* Brandenburg!	*Hier* hertzoge *von* Sassen.
ich prise dich durch die getat	*Ich prise dich durch die getat*
die sit begangen hat	*Die sit* noch dir *begangen hat*
din werder nachkum	*Din werden noch kumen*
Woldickin *der frum*	Rudolff albrecht *die frumen*
der *fürst*licher getæt pfliget,	Jungen *fürsten* usser koren
der wird im nieman angesiget.	die von kinig rüdolff geboren
	Sint von müter kinne
	Ire wirde lobet in winne

(Hier ist der Markgraf von Brandenburg! Ich preise dich wegen der Taten, die später dein edler Nachkomme Woldemar, der tapfere, vollbracht hat. Er benimmt sich so fürstlich, daß ihn niemand in der *wirde* übertrifft.)

(Hier ist der Herzog von Sachsen. Ich preise dich wegen der Taten, die nach dir deine edle Nachkommenschaft Rudolf und Albrecht vollbracht hat, die tapferen, auserwählten jungen Fürsten, die mütterlicherseits von König Rudolf abstammen. Ihre *wirde* verspricht ihnen Erfolg.)

Die Heubacher Variante weist nicht nur einen unsauberen Wechsel vom Singular *begangen hat* zum Plural *din werden noch kumen* auf, sondern in ihr werden auch zwei Fürsten gepriesen, die historisch nicht belegt sind, zwei Söhne Herzog Albrechts II. von Sachsen, der mit Rudolfs von Habsburg Tochter Agnes verheiratet war, Rudolf und Albrecht. Regel und Göhrke[130] nehmen an, es handle sich um Rudolfs von Habsburg

---

[129] Vgl. V. Mertens, S. 93: Der Redaktor habe die poetologische Bedeutung der Gönnerpassage verkannt und sie daher im Sinne der Konvention umgestaltet.

[130] Göhrke, S. 51.

Söhne Rudolf und Albrecht. Ob der Schreiber nun die Enkel Rudolfs mit seinen Söhnen verwechselt hat oder aber der Wortlaut hier verderbt ist, deutlich wird auf jeden Fall, daß es der Heidelberger Redaktion darum geht, die verwandtschaftliche Bindung des Sachsenfürsten, der auch in G in den folgenden Versen genannt wird (V 16 845–16 855), zu den Habsburgern zu unterstreichen.

Woldemar der Große von Brandenburg, den Frauenlob als *werden*, ritterlichen, prunkvollen und freigebigen Fürsten preist,[131] und sein Onkel, der Minnesänger Otto IV. mit dem Pfeil, bleiben dafür unerwähnt. Nach politischen Gründen hierfür wird man vergeblich suchen, zumal Hb die Brandenburger nicht völlig streicht, sondern dann in V 16 857 anstelle der Braunschweiger nennt. Vermutlich hat der Redaktor daran Anstoß genommen, daß 35 Verse nach *Woldickin* ein anderer *Wildekin* genannt wird: Wilhelm von Holland (V 16 877). Dies klingt wie eine versehentliche Wiederholung, die, so möchte ich annehmen, der Redaktor mit geringstmöglichem Aufwand »korrigiert«, indem er das ohnehin folgende Lob des Herzogs von Sachsen ausweitet und die Verbindung zwischen dem Sachsen und den Widmungsträgern des Romans, den Habsburgern, herstellt.

Als eine weitere Spur eines »habsburgbegeisterten« Redaktors mag gelten, daß in H an zwei Stellen in der großen Schlacht Habsburger auftreten, zuerst bei der Aufstellung der Heerscharen, dann in der Schlacht selbst: Die zweite Heerschar der Christen steht unter der Führung Friedrichs von Schwaben. Seine Mitstreiter sind der Zollernsche Graf von Rottenburg (V 16 647), gemeint ist wohl Burkhard I. von Zollern-Hohenberg, der Stammvater der Hohenberger (V 16 655–16 657),[132] sodann Bischof Heinrich von Konstanz (V 16 669), der Bischof von Basel (V 16 670), der Abt Berthold von St. Gallen (V 16 673), der Bischof von Chur (V 16 676), der Markgraf von Baden (V 16 678), der Fürst von Tübingen (V 16 680) und die Grafen von Calw (V 16 682), Neuffen (V 16 683), Öttingen (V 16 688) und Dillingen (V 16 689). Anschlie-

---

[131] Lieder V,13, V,16 und V,17. Frauenlob (Heinrich von Meißen), Leichs, Sangsprüche, Lieder. Hrsg. v. Karl Stackmann und Karl Bertau. Göttingen 1981, Teil 1, S. 396–399.
[132] Schmid, S. 7; Monumenta Hohenbergia, Urkunde Nr. 26, S. 10f.
Im Prosaroman (59ᵛ; S. 276,25–27) werden der Graf *Tolre von Rottemburg* und der *graf von Hohenberg* getrennt genannt; der Bearbeiter erkennt nicht mehr, daß es sich um ein und dieselbe Person handelt. [Foliierung nach Inc. 150 der Stadtbibliothek Reutlingen; Seiten- und Zeilenangaben nach: Franz Podłeiszek (Hrsg.), Volksbücher von Weltweite und Abenteuerlust. (Dt. Literatur in Entwicklungsreihen, Reihe Volks- und Schwankbücher, Bd. 2). Leipzig 1936, S. 191–284.]

ßend nennt Johann die Franken, seine *lantherren* (V 16 696), die in derselben Schar kämpfen. – Das Banner des Bischofs von Würzburg[133] allerdings trägt ein Hohenberger (V 16 738). Damit knüpft Johann ein besonders enges Band zwischen seinen *lantherren* und seinen *herren*, und das spricht dafür, daß die Hohenberger auch wirklich seine *herren* sind. Auffälligerweise greift der Redaktor hier, wo keine direkte Aussage, sondern nur eine subtile Andeutung gemacht wird, nicht ein. Die Heidelberger und die Heubacher Handschrift stellen hier vielmehr die Habsburger in dieselbe Heerschar, anstatt der *Dillingære* (V 16 689).[134] Nach Göhrke verrät diese Änderung »geschichtliches Wissen«[135] und könnte daher von Johann selbst stammen. Hiergegen muß aber eingewendet werden, daß die erste Schar unter der Führung Leopolds von Österreich steht, und es widerspricht der strengen Systematik der Heerscharen bei Johann, Fürsten eines und desselben Herzogtums auf mehrere Heerscharen zu verteilen. Es scheint sich hier um eine jüngere Lesart zu handeln.

Zur Systematik der Schlachtenbeschreibungen Johanns gehört ferner, daß er die Ritter stets in derselben Reihenfolge auftreten läßt, in der er sie bei der Aufzählung der Heerscharen genannt hat; allein die Protagonisten bewegen sich außerhalb dieses festen Rahmens. So erscheinen auch in der Schilderung des Kampfgeschehens die oben genannten schwäbischen Fürsten wieder nach einander: die von Konstanz und von Baden (V 17 720), von Basel und von Speyer [anstatt Chur] (V 17 721), von St. Gallen (V 17 726), Tübingen (V 17 727), Calw und Öttingen (V 17 732). Hier bricht Johann seine Ausführungen ab. Die Grafen von Neuffen und von Dillingen werden nicht mehr erwähnt, auch die Franken werden nicht mehr im einzelnen genannt (V 17 750). In dieser zweiten Aufzählung der zweiten Heerschar stimmt Hb mit G überein, H aber setzt wieder die Habsburger ein, diesmal für die Grafen von Calw (V 17 732).

Nur in H also sind die Habsburger konsequent in die Heerschar der Schwaben eingesetzt. Dies spricht gegen eine Priorität der Heidelberger Lesart, und erst recht, da man annehmen müßte, daß es, wäre die Änderung in umgekehrter Richtung erfolgt, keinen Grund gäbe, weshalb

---

[133] Das Banner wird als *rot und wiz mit stucken vier* (V 16 724) beschrieben. Das ist nicht das Würzburger, sondern das Zollernsche Wappen!

[134] In den beiden Handschriften steht *halbsburgere*. Regel hält dies für ein schwäbisches Geschlecht; ich nehme aber eher wie Göhrke an, daß damit die Habsburger gemeint sind.

[135] Göhrke, S. 51.

die Habsburger nicht beidemal durch dasselbe schwäbische Geschlecht ersetzt werden sollten. Es ist damit offensichtlich, daß einem Redaktor daran lag, die Habsburger zwischen die Schwaben zu stellen.[136] Bevor dies erklärt werden kann, muß auf eine weitere Lesart der Heidelberger Redaktion hingewiesen werden, die hiermit in direktem Zusammenhang steht und weitere Rätsel aufgibt:

Unmittelbar im Anschluß an die Nennung der Habsburger in V 17 732 findet sich in H ein Lob der bisher ungenannten Zähringer, besonders des Freiburger Grafen *ogen mit dem barte*. Dafür wird auf das Lob der Franken verzichtet.[137] Scholz nimmt mit Göhrke[138] an, dieser Einschub könnte authentisch sein.[139] Es handle sich dabei keineswegs, wie Regel annimmt, um eine Hommage an die Habsburger, denn diese standen zur Zeit Johanns mit Egen III. von Freiburg in Konflikt. »Das Lob eines Freiburger Grafen mit dem Namen Ogen, Egon, Egeno konnte also in Österreich keineswegs nur angenehme Erinnerungen wecken. So fügt sich dieser kleine Passus durchaus in den Rahmen der Stellen ein, in denen eine distanzierte Haltung gegenüber den österreichischen Herrschern impliziert ist.«[140] Scholz und Göhrke beachten aber nicht, daß es der sehr systematischen Darstellungsweise Johanns widerspricht, in der Schlacht einen Ritter zu loben, den er nicht zuvor im Kriegerkatalog genannt hat. Außerdem erscheint es mir eher un-wahrscheinlich, daß er zugunsten einer Spitze gegen die Habsburger auf das Lob der Franken verzichten würde. Es ist hier wiederum an-zunehmen, daß G die ursprüngliche Fassung repräsentiert. Das bedeu-tet aber, daß der »habsburgbegeisterte« Redaktor ein Lob des Wider-sachers Habsburgs eingefügt haben sollte. – Für sich genommen gibt es sicherlich keinen Sinn, auch Mertens bezeichnet das Lob Egens als »nicht eindeutig in seinem Stellenwert«,[141] im Zusammenhang mit den anderen Eingriffen des Redaktors läßt sich aber eine Erklärung oder zumindest eine gemeinsame Tendenz der Bearbeitungen finden. Dazu sind einige Erläuterungen zur schwäbischen Geschichte vonnöten.

---

[136] Der Prosaroman faßt die beiden Stellen, an denen die Heerschar der Schwaben be-schrieben wird, zusammen. Sie wird hier gebildet aus: Friedrich von Schwaben, dem Grafen von Rottenburg und dem von Hohenberg, den Bischöfen von Konstanz, Basel und Chur, dem Abt von St. Gallen, dem Markgraf von Niederbaden, den Grafen von Calw und von Öttingen und dem Bischof von Würzburg, dessen Banner der Hohen-berger führt; danach folgen die Franken (S. 276,24–31). Die Habsburger werden nicht erwähnt.
[137] Ausg., Anhang VII. Im direkten Anschluß an diese Stelle fehlt in H ein Blatt.
[138] Göhrke, S. 51.
[139] Scholz (1987), S. 73.
[140] Ebd., S. 74.
[141] V. Mertens, S. 93.

Göhrke spricht nicht zu Unrecht von »geschichtlichem Wissen«, wenn die Habsburger in die Reihen der Schwaben gestellt werden.[142] Die schwäbischen Reichsstädte und Fürsten hatten sich zur Zeit Johanns tatsächlich mit Habsburg verbündet – gegen Württemberg, welches auffälligerweise im ›Wilhelm von Österreich‹ mit keinem Wort erwähnt wird. Graf Eberhard I. von Württemberg widersetzte sich nicht nur den Bestrebungen Rudolfs I. von Habsburg, das schwäbische Herzogtum zu erneuern, er trat auch gemeinsam mit Otto von Niederbayern bei Albrechts von Habsburg Feldzug gegen Wenzel II. im Jahre 1304 zu den Böhmen über. Ottokar von Steiermark beschreibt in der ›Österreichischen Reimchronik‹ Otto und Eberhard als die übelsten Widersacher der Habsburger (V 93 092–93 099) und berichtet immer wieder von ihren Intrigen (V 86 160–86 170, 93 046–93 091, 93 104ff., 95 170–95 230). Diese beiden Fürsten seien es auch gewesen, die Johann Parricida aufhetzten, von Albrecht sein Erbe zu fordern (V 93 011–93 018), und letztlich seien auch sie für Johanns Mord an Albrecht (1.5.1308)[143] verantwortlich (V 97 729–97 745).

Als Eberhard im Landfrieden in Schwaben (29.4.1307) die Macht des Landvogts zugesprochen worden war – das Amt, das vormals Albrecht II. von Haigerloch innegehabt hatte –, bereicherte er sich auf Kosten der Reichsstädte und zog sich deren Haß zu, bis er sich auf dem Hoftag zu Speyer vom 21.8.–18.9.1309 vor dem neuen Kaiser, dem Luxemburger Heinrich VII., wegen Amtsmißbrauchs verantworten mußte. Ein Jahr darauf, auf dem Tag zu Speyer vom 26.8.–7.9.1310, rief Heinrich VII. die Reichsstädte zum Reichskrieg gegen Eberhard auf, der sich mittlerweile mit Egen von Freiburg verbündet hatte.[144] Die Führung im Reichskrieg fiel der Stadt Esslingen und dem Landvogt von Wimpfen, Konrad von Weinsberg, zu. Kurz darauf, am 4.10.1310, versprach Rudolf von Hohenberg, *durante guerra presenti* dem König, den Städten und dem Landvogt zu helfen.[145] Weitere schwäbische Fürsten schlossen sich an. – Am 23.8.1311 fiel die Burg Württemberg, am 29.8.1312 kapitulierte als letzte württembergische Stadt Backnang.[146]

---

[142] Göhrke, S. 51.
[143] Vgl. unten, S. 255f.
[144] Hermann Haering, Der Reichskrieg gegen Graf Eberhard den Erlauchten von Württemberg und seine Stellung in der allgemeinen deutschen Geschichte. Diss. Berlin 1910, S. 7–12.
[145] Monumenta Hohenbergia, Urkunde Nr. 220, S. 174.
[146] Haering, S. 20f.

Die Schwaben kämpfen in Johanns ›Wilhelm‹ nicht nur unter der Fahne der Haigerlocher in einem Heer, in dem zahlreiche Fürsten aus verschiedensten Teilen des Reichs genannt sind, aber kein Württemberger, sondern in der Heerschar der Schwaben kämpft auffälligerweise auch der Fürst aus Speyer (V 17 721), d. h. der Fürst des Orts, in welchem der Reichskrieg gegen Württemberg ausgerufen worden ist.

Die Liegnitzer Handschrift unterstreicht diese Andeutung auf den Reichskrieg: Dort werden in V 16 689 die *Dillingære* durch *winsperger* ersetzt. Damit soll wohl nicht nur generell die Familie der Auftraggeberin Anna von Weinsberg, genauer gesagt ihres Mannes, in das Geschehen einbezogen werden; es wird vielmehr die bedeutende Gestalt aus der Geschichte der Weinsberger gepriesen, nämlich Konrad, der Heerführer der Reichsstädte in Reichskrieg und speziell auch bei der Belagerung und Zerstörung des Asperg 1312,[147] auf welche in einem Teil der Handschriften in den Schlußversen hingewiesen wird: In drei (G, L, Ha) der insgesamt fünf Handschriften (G, W, L, Wg, Ha), in denen der Schluß des Romans überliefert ist, folgt auf die Schlußverse

in der crûtz wochen
wart ditz bûch volsprochen
(V 19 579f.)

(In der Kreuzwoche [vor Himmelfahrt] wurde dieses Buch zu Ende geschrieben)

ein Vers, den die neuere germanistische Forschung einmütig als den letzten authentischen Vers Johanns betrachtet:

do man vor aschberch lac.
(V 19 581)

(als der Asperg belagert wurde).

Der zweite Teil des Reimpaars ist in jeder Handschrift anders gestaltet. In L fällt er völlig weg; in Ha wird ohne Beachtung des Rhythmus ein viersilbiger letzter Vers angehängt: *manigen dag*. Die Gothaer Handschrift schließt mit einer offensichtlich als Schreibernotiz zu wertenden Bitte um Belohnung durch den *commentur*, die ebenfalls aus dem Reim-

---

147 Theodor Bolay, Der Hohenasperg. Vergangenheit und Gegenwart. Bietigheim 1972, S. 12f.; Max Müller (†) und Gerhard Taddey (Hrsg.), Handbuch der historischen Stätten Deutschlands, Bd. VI: Baden-Württemberg. Stuttgart ²1980, S. 30. Vgl. Christoph Friedrich von Stälin, Württembergische Geschichte III. Stuttgart 1856, S. 133 erklärt, die Bürger Esslingens seien noch am 12.–15.5.1314 vor dem Asperg gelegen. Haering, S. 30 übernimmt diese Behauptung. Gestützt ist sie allein auf die Schlußverse des ›Wilhelm von Österreich‹.

schema herausfällt und zudem durch einen roten Rahmen abgesetzt ist.[148]

Betrachtet man die verschiedenen Fortsetzungsversuche der Handschriften, wird deutlich, daß es sich bei V 19 581 nur um einen späteren Nachsatz handeln kann. Er zeugt deutlich von einem politischem Interesse eines relativ frühen Kopisten der Handschrift. Die zeitliche Nähe des von Johann genannten Datums zu dem Triumph der schwäbischen Fürsten und Reichsstädte über Württemberg gab dem Schreiber offenbar Anlaß, an diesen Sieg zu erinnern. Im Fall der Liegnitzer Handschrift ist dieses Interesse leicht verständlich. Die Gothaer Handschrift aber zeugt von einer schon früheren württembergfeindlichen, pro-reichsstädtischen und pro-schwäbischen Rezeption des ›Wilhelm von Österreich‹. Die Figur des Dieprecht aus Esslingen, der führenden Stadt im Reichskrieg gegen Württemberg, unterstützt eine solche Rezeption.

Wenn Göhrke annimmt, ein »habsburgbegeisterter Redaktor« wäre gar nicht auf die Idee gekommen, die Anrede *Diepreht* in V 9 098, im Dialog des Erzählers mit Minne, zu streichen, und das Fehlen derselben in H sei »als echt anzusehen«,[149] ist dem entgegenzuhalten, daß ein württembergfreundlicher Redaktor durchaus auf eine solche Idee kommen konnte. Auch die Streichung der Haigerlocher, die schon früher im Konflikt mit Württemberg gestanden waren[150] und sich, wie oben[151] gezeigt worden ist, sehr bald nach Ausbruch des Reichskriegs auf die Seite des Kaisers und der Reichsstädte gestellt haben, ließe sich durch einen württembergfreundlichen Redaktor erklären.

Noch aber ist nicht begründet, weshalb ein württembergfreundlicher Redaktor zugleich habsburgfreundlich auftreten sollte. Hierzu ist ein kurzer Blick auf die Zeit nach dem Reichskrieg notwendig:

Mit der Nachricht von Heinrichs Tod († 14.8.1313) und dem Streit um die Nachfolge auf dem deutschen Thron änderte sich die Lage entscheidend. Konrad von Weinsberg entschied sich für Ludwig von Oberbayern; Eberhard von Württemberg schlug sich – durch Vermittlung seines Schwiegersohns Kraft von Hohenlohe – auf die Seite Friedrichs des Schönen. Da ihm Württemberg in seinem Ringen um die

---

[148] Siehe oben, S. 16.
[149] Göhrke, S. 48; ebenso: Scholz (1987), S. 79.
[150] Schmid, S. 58f.: Am 22.2.1286 söhnt Rudolf von Habsburg in Esslingen Eberhard von Württemberg mit Albrecht von Hohenberg nach einer ca. sechsmonatigen Fehde vorläufig aus.
[151] Siehe S. 52.

deutsche Krone nützlich sein konnte, unterstützte Friedrich den ehemaligen Feind der Habsburger nachdrücklich. Schon am 29.7.1314 bestanden nachweislich friedliche Beziehungen zwischen Württemberg und Hohenberg,[152] am 17.9.1314 söhnte sich Rudolf von Hohenberg offiziell mit Eberhard aus,[153] und auf den Druck Leopolds und Friedrichs von Habsburg gab schließlich auch Esslingen nach und schloß im Juli 1315 einen wechselseitigen Schirmbund mit Württemberg.[154]

Die sehr rasche Annäherung zwischen Württemberg und Österreich nach dem Tod Heinrichs VII. und nach der Doppelwahl von 1314 und der vermittelnde Einfluß Leopolds und Friedrichs auf die Reichsstädte, v. a. auf Esslingen, kann sehr gut erklären, wieso eine pro-württembergische Redaktion des ›Wilhelm von Österreich‹ die Habsburger immer wieder lobend hervorhebt – auch in einem Atem mit ihrem ehemaligen Widersacher, Eberhards Verbündeten, Egen von Freiburg. – Der Schluß freilich, der weiteren Einblick in die Haltung des Redaktors gewähren könnte, ist in keiner Handschrift der Heidelberger Gruppe erhalten.

Ich fasse noch einmal den Gedankengang dieses Kapitels zusammen:
– Der ›Wilhelm von Österreich‹ ist in zwei Redaktionen überliefert, die sich in den Gönnerbezeichnungen unterscheiden. Beide Redaktionen sind oder waren in vollständigen Handschriften überliefert, also ist ein Gönnerwechsel während der Arbeit nicht anzunehmen.
– Textvergleiche zeigen, daß die Gothaer Redaktion, in der die Haigerlocher als Mäzene genannt werden, die ältere ist. Dieselbe Redaktion nennt auch den Esslinger Bürger Dieprecht als – offenbar – fiktive Quelle. In der Heidelberger Redaktion sind die Haigerlocher und Dieprecht durch Habsburger ersetzt. Andere Lesarten der Heidelberger Redaktion, in denen die Habsburger in Kriegerkatalogen genannt werden, widersprechen dem Darstellungsprinzip Johanns und sind daher als spätere Eingriffe zu werten.
– Für diese Eingriffe läßt sich eine politische Erklärung geben.

Man kann freilich auch annehmen, es lägen keinerlei politische Gründe für die Eingriffe des Redaktors vor. Der Redaktor könnte die Figur des Dieprecht als Quellenfiktion erkannt und, ähnlich wie der Prosaredak-

---

[152] Monumenta Hohenbergia, Urkunde Nr. 242, S. 196.
[153] Ebd., Urkunde Nr. 243, S. 197f.
[154] Haering, S. 29–31.

tor um »Historizität« bemüht, deshalb gestrichen haben. Dieselbe Tendenz könnte auch hinter der Veränderung der Taufszene zu vermuten sein: Nachdem die Herzogin vorgeschlagen hat, das Kind wie den Vater *Liupold* zu taufen, spricht sich Leopold für den Namen *Wildhalm* aus und argumentiert, er habe um des Sohnes willen *vil wilder vert vest* (V 559) unternommen. In G wird der Knabe anschließend auf den Namen *Wildhelm* getauft (V 568); in der Darmstädter und der Stuttgarter Handschrift, welche der Heidelberger Gruppe angehören,[155] aber findet eine doppelte Taufe statt: Die Mutter läßt ihn heimlich auf den Namen *leupolt*, der Vater aber läßt ihn *wildehelm* taufen.[156] In V 5424 weisen dann H, Da und S die Lesart *lupolden* für *Wildehelm* auf. Dem Redaktor geht es, wie es scheint, darum, den fiktiven Namen des Helden nur als seinen Zweitnamen auszugeben. Schließlich könnte für einen Bearbeiter, der versucht, Wilhelm zu entfiktionalisieren, die Erwähnung der Habsburger zwischen den Schwaben den Zweck erfüllen, die wahren Machtverhältnisse zu demonstrieren. Um dann aber zu erklären, weshalb das Lob der Haigerlocher in der Redaktion II entfällt, müßte man Mertens' These zustimmen, die Haigerlocher seien nur fiktive Mäzene. Das Lob Egens aber ließe sich nicht erklären.

Mir erscheint es nicht unwahrscheinlich, daß Johann am Haigerlocher Hof ein Werk verfaßt, in dem die Habsburger, die hohen Verwandten seiner Mäzene, gelobt werden – wie etwa Ps-Zilies von Seyn, der am Hof der Grafen von Katzenelnbogen tätig ist, in der ›Schlacht bei Göllheim‹ Adolf von Nassau preist.[157] Es scheint mir daher angebracht, eine pro-württembergische und pro-habsburgische, aber reichsstadtfeindliche Haltung, wie sie nach der Aussöhnung Eberhards mit Friedrich dem Schönen und Leopold gegen Ende des Jahres 1314 – nach Abschluß des ›Wilhelm von Österreich‹ – möglich war, für die Heidelberger Redaktion verantwortlich zu machen.

---

[155] H beginnt erst mit V 943.
[156] Ausg., Anhang I.
[157] Zu den Beziehungen zwischen Ps-Zilies und Johann vgl. unten, S. 252f.

2. Roman und *historia*

Im vorausgehenden Kapitel ist bereits deutlich geworden, daß im ›Wilhelm von Österreich‹ zahlreiche historische Fakten und Personen eine Rolle spielen. Sind diese aber mit einem Roman vereinbar? Aristoteles unterscheidet grundsätzlich zwischen der Geschichtsschreibung (*historia*) als Darstellung dessen, was geschehen ist, und der Poesie als Erzählung davon, was geschehen könnte (*argumentum*). Der Unterschied zwischen Historiographie und Dichtung liegt für ihn ausdrücklich nicht in der Form, sondern allein im Wahrheitsgehalt des Stoffes: »denn man könnte ja die Geschichte Herodots in Verse setzen, und doch bliebe sie gleich gut Geschichte«.[1] Historische Faktizität und der Roman wären demnach grundsätzlich unvereinbar.

Die ›Poetik‹ des Aristoteles ist dem Mittelalter freilich erst spät und verzerrt bekannt: 1256 übersetzt Hermannus Alemannus die von Averroës kommentierte ›Poetik‹ ins Lateinische. Minnis geht davon aus, daß das Werk bedeutenden Gelehrten der Hochscholastik bekannt war,[2] und tatsächlich lassen sich Niederschläge der ›Poetik‹ in der ›Summa de Theologia‹ des Thomas von Aquin nachweisen.[3] Im 14. Jahrhundert dann wurde die ›Poetik‹ als Textbuch in den Logikunterricht aufgenommen.[4] Wie weit und ab wann sie allerdings in die volkssprachliche Literatur hinein gewirkt hat, läßt sich nicht ohne weiteres sagen. Es ist daher auf eine zweite, ganz andere poetologische Tradition zu verweisen.

Isidor von Sevilla gesteht den Dichtern zu, daß sie z. T. von einer *historia*, d. h. einer Wahrheit, ausgehen, wobei sie aber

ea, quae vere gesta sunt, in alias species obliquis figurationibus cum decore aliquo conversa transducant[5]

---

[1] Aristoteles, Poetik, 1451 a.b, zit. nach: Aristoteles, Vom Himmel, Von der Seele, Von der Dichtkunst. Übers. v. Olof Gigon. München ²1987.

[2] A. J. Minnis, Medieval theory of authorship. Scholastic literary attitudes in the later Middle Ages. Aldershot ²1988, S. 141.

[3] Vgl. William F. Boggess, Aristotle's Poetics in the 14th Century. Studies in Philology 67 (1970), S. 278–294, App. A.

[4] Ebd., S. 284.

[5] Isidor von Sevilla, Etymologiae VIII, 7, 10, zit. nach: Isidori Hispalensis Etymologiarum sive originum libri 20. Hrsg. v. Wallace Martin Lindsay. Oxford 1911.

(Wahres verzerren und durch allerlei Ausschmückung verkehren und so in eine andere Gestalt bringen).

Für Isidor liegt das Fiktive, und das ist das für die Dichtung Kennzeichnende, nicht unbedingt im Stoff selbst, sondern in der Form, in welche der Stoff gebracht wird. Diese Auffassung ist im Mittelalter weit verbreitet[6] und kommt u. a. auch im Prolog des ›Lucidarius‹ zum Ausdruck, wo der Reimpaarvers abgelehnt wird, da er den Dichter zwinge, zur Wahrheit des Stoffes etwas hinzuzufügen.[7]

Nur wenn wie bei Isidor die Fiktivität eines Textes nicht notwendig und ausschließlich von der Unwahrheit des Stoffs abhängig gemacht wird, ist eine Verbindung von Roman und *historia* möglich. Wie sich die volkssprachlichen Romanautoren zu diesem Problem stellen, soll im folgenden kurz dargestellt werden.[8]

2.1. Die Wahrheit des höfischen Romans

Der höfische Roman unterscheidet sich von der Chronik und vom Heldenepos gerade darin, daß er im ganzen keinen Anspruch auf historische Wahrheit erhebt.[9] Am ausdrücklichsten formuliert dies wohl der Verfasser des französischen Minneromans ›Claris et Laris‹ aus der Zeit um 1270:

> *Li voir dire ne m'est pas sains,*
> *Martyr seroie, non pas sains,*
> *Car en voir dire apertement*
> *N'a fors que tristece et torment;*
> *De ceus, qui or sont maintenant,*
> *Ne puis faire conte avenant,*
> *Se je vueill dire verité.*
> *Pour ce me vient en volenté*
> *De dire, qu'on ne m'en repraigne,*
> *Des aventures de Bretaigne.*
> (V 79–88)[10]

---

[6] Vgl. dazu Minnis.

[7] ›Lucidarius‹, Prolog A, V 14–17. Der deutsche ›Lucidarius‹, Bd. 1. Hrsg. v. Dagmar Gottschall und Georg Steer. Tübingen 1994, S. 106*.

[8] Für eine ausführlichere Behandlung des Themas verweise ich auf Gertrud Grünkorn, Die Fiktionalität des höfischen Romans in Deutschland um 1200. Diss. Berlin 1993. Berlin 1994 (Philologische Studien und Quellen) und die dort angegebene Literatur.

[9] Vgl. zum Vergleich der Gattungen: Hans Robert Jauß, Theorie der Gattungen und Literatur des Mittelalters. GRLMA I (1972), S. 107–138.

[10] ›Claris et Laris‹, zit. nach: Ulrich Mölk (Hrsg.), Französische Literaturästhetik des 12. und 13. Jahrhunderts. Tübingen 1969, S. 44.

(Die Wahrheit zu sagen, ist mir nicht zuträglich; ein Märtyrer wäre ich dann zwar, aber kein Heiliger, denn offen die Wahrheit zu sagen, bedeutet nichts als Tristesse und Qual. Über die, die jetzt leben, kann ich keine gute Geschichte schreiben, wenn ich die Wahrheit sagen will. Deshalb will ich, wofür man mich nicht tadeln soll, bretonische Aventüren erzählen.)

Eine offene Rede von der Wahrheit widerspricht seiner Auffassung nach der Aufgabe der Dichtung: der *delectatio*. Dichtung soll unterhaltsam sein, für den Leser wie für den Dichter selbst. Die *aventures de Bretaigne*, d. h. die Artusromane, sind für ihn ein Synonym für unterhaltsame Fiktion, in der zumindest nicht *apertement* Wahrheit dargestellt wird, und so wählt er die *matière de Bretagne* gerade deshalb, weil dieser Stoff unwahr ist. – Hier zeigt sich ein der aristotelischen Position verwandtes Verständnis von Dichtung als der Darstellung von *res ficta*.

Der Verfasser von ›Claris et Laris‹ artikuliert zwar am deutlichsten, aber keineswegs als erster Romanautor das Bewußtsein, daß Roman und fiktiver Stoff, speziell die mit einer gewissen Selbstverständlichkeit als fiktiv bewertete *matière de Bretagne*, geradezu notwendig miteinander verbunden sind.[11] Dieses Bewußtsein reicht vielmehr bis in die Anfänge des Artusromans zurück:[12] Chrétien de Troyes beginnt seinen ersten Artusroman, ›Erec et Enide‹,[13] mit den Worten:

> *Li vilains dit a son respit*
> *que tel chose a l'an an despit*
> *qui molt valt mialz que l'an ne cuide*
> (V 1–3)

(Der Volksmund sagt, daß das, was man verachtet, oft mehr wert ist als man denkt.)

Was er mit dem Verachteten meint, sagt er erst zehn Verse später: die *conte d'avanture* (V 13). Aus ihr will er eine *molt bele conjointure* (V 14) formen – und genau damit Sinn vermitteln.[14] Die *avanture* ist offensicht-

---

[11] Für die Artuschroniken trifft dies sicherlich nicht zu. Diese möchte ich allerdings nicht zur *matière de Bretagne* im eigentlichen Sinne zählen. Der Begriff *matière de Bretagne* faßt nach meinem Verständnis den höfisch geprägten Stoffkreis um Artus.

[12] Vgl. im Gegensatz dazu: Hans Ulrich Gumbrecht, Wie fiktional war der höfische Roman?, in: Funktionen des Fiktiven. Hrsg. v. Dieter Henrich und Wolfgang Iser. München 1983 (Poetik und Hermeneutik X), S. 433–440, S. 439: »Erst im 13. Jahrhundert haben die Autoren höfischer Romane offenbar einen Anlaß verspürt, über den fiktionalen Charakter ihrer Stoffe nachzudenken.«

[13] Chrétien de Troyes, Erec et Enide. Hrsg. v. Mario Roques. Paris 1963 (Les Romans de Chrétien de Troyes I).

[14] Zum ›Erec‹-Prolog und zur Forschungsdiskussion um V 13/14 des ›Erec‹ vgl. Walter Haug, Literaturtheorie im deutschen Mittelalter. Von den Anfängen bis zum Ende des 13. Jahrhunderts. Darmstadt ²1992; S. 100–105.

lich deswegen verachtet, weil sie von sich aus keinen Wahrheitswert, und d. h. keinen Sinn besitzt. Diesen erhält die unwahre *materia* erst durch die *forma*, die der Dichter ihr gibt. Im Gegensatz also zur Historiographie, die sich traditionell als *imitatio naturae* versteht, bürgt hier der Stoff nicht für die Wahrheit der Erzählung, und im Gegensatz zum Dichtungsverständnis Isidors bedeutet der Eingriff des Dichters in die Materie keine Entfernung von Wahrheit und Sinn, sondern eine Annäherung an diese.

Während der Historiograph sich auf die Zuverlässigkeit seiner Quellen berufen muß, da ja von ihnen der Wert seines Werks abhängt, ist bei einem Literaturverständnis wie dem Chrétiens jede Quellenberufung hinfällig. Dennoch verzichten weder Chrétien noch seine Nachfolger darauf, auf die »glaubwürdigen« Quellen ihrer fiktiven *matière* zu verweisen. Knapp spricht von »schwache[n] Anbiederungsversuche[n] ohne reale Erfolgschancen«.[15] Als solche jedoch würden die Quellenberufungen der Fiktionalität, d. h. der bewußten und offensichtlichen Fiktivität der Texte, zuwiderlaufen und ein anderes Verhältnis des Artusromans zur *historia*, d. h. zur historischen Wahrheit seines Stoffs, zum Ausdruck bringen als das oben zitierte Programm des ›Erec‹. Es lohnt sich daher, einen kurzen Blick auf die Quellenberufungen im Artusroman zu werfen.

Im ›Cligès‹[16] erklärt Chrétien, seine Quelle sei ein sehr altes Buch,

> *Por se fet ele mialz a croire.*
> *Par les livres que nos avons*
> *Les fez des anciens savons*
> (V 24–26)

(... denn das macht sie um so glaubwürdiger. Durch die Bücher, die wir besitzen, wissen wir von den Taten unserer Vorfahren.)

Gertrud Grünkorn macht für diese Quellenberufung Chrétiens den andersartigen Stoff des ›Cligès‹ verantwortlich, der gerade nicht der *matière de Bretagne*, sondern dem Stoffkreis der Antikendichtung, angehöre.[17] Doch der Held ist mit Artus verwandt; der Text hebt eher die Verwandtschaft des Antikenromans zur offensichtlich fiktiven *aventure* hervor, als daß er sich von dieser absetzte. Chrétien kann wohl davon

---

[15] Fritz Peter Knapp, Historische Wahrheit und poetische Lüge. Die Gattungen weltlicher Epik und ihre theoretische Rechtfertigung im Hochmittelalter. DVjs 54 (1980), S. 581–635, S. 625.

[16] Chrétien de Troyes, Cligès. Hrsg. v. Alexandre Micha. Paris 1965 (Les Romans de Chrétien de Troyes II).

[17] Grünkorn, S. 92.

ausgehen, daß seinem Publikum die »ernstzunehmende« Quellenberufung in der Antikendichtung hinreichend bekannt ist. Hier imitiert er sie nicht nur, sondern er betont zugleich, daß er dies deshalb tue, weil eine solche Quellenberufung es erleichtere, die Sache zu glauben. Er beteuert weder ausdrücklich die Wahrheit seiner Erzählung noch fordert er sein Publikum direkt dazu auf, sie für wahr zu halten, sondern er deckt allein seinen technischen Kniff auf, mit dem er – in Nachahmung der Autoren der Antikenromane – das Publikum (ein anderes, nicht in seine Tricks eingeweihtes?) glauben machen will, seine Geschichte sei wahr. Sein ironischer Ton ist hierbei kaum zu überhören.

Wie im ›Cligès‹, so wird auch in anderen Artusromanen die Quellenberufung ironisiert und damit die Fiktionalität des Textes betont. Xenja von Ertzdorff z. B. weist darauf hin, daß Chrétien in ›Erec et Enide‹ und im ›Perceval‹, Ulrich von Zatzikhofen im ›Lanzelet‹ und Heinrich von dem Türlin in der ›Crône‹ zwar eine Vorlage nennen, nicht aber versichern, ihr getreu zu folgen.[18] Dies ist eine Möglichkeit, die Wahrheitsbeteuerungen als solche zu ironisieren; eine andere ist die Berufung auf eine offensichtlich fiktive Quelle: Im ›Prosalancelot‹ z. B. werden auf Geheiß des Artus die Erzählungen seiner Ritter niedergeschrieben. Lancelot übergeht allerdings in seinen Berichten geschickt die nicht für Artus' Ohren gedachten Passagen. Schon allein daher könnte die Aufzeichnung des Artus nicht tatsächlich als Quelle des Romans dienen, ganz abgesehen von der offensichtlichen und allgemein bekannten Fiktivität des arthurischen Stoffkreises.[19] Eine weitere Möglichkeit schließlich, gerade durch die Berufung auf eine Quelle sich zur Unwahrheit der *matière* zu bekennen, demonstriert Hartmann von Aue in seinem ›Iwein‹:[20]

> *Ein rîter, der gelêret was*
> *unde ez an den buochen las,*
> *swenner sîne stunde*
> *niht baz bewenden kunde,*
> *(daz er ouch tihtennes pflac*
> *daz man gerne hœren mac,*
> *dâ kêrt er sînen vlîz an:*
> *er was genant Hartman*

---

[18] Xenja von Ertzdorff, Die Wahrheit der höfischen Romane des Mittelalters. ZfdPh 86 (1967), S. 375–389, S. 387.
[19] Lancelot. Hrsg. v. Reinhold Kluge, Bd. II. Berlin 1963 (DTM 47), S. 695,7–707,10, bes. S. 696,1–7; S. 109,25–28; S. 434,8–437,18.
[20] Hartmann von Aue, Iwein. Hrsg. v. G. F. Benecke und Karl Lachmann, neu bearb. v. Ludwig Wolff, Bd. I. Berlin ⁷1968.

> *und was ein Ouwære,)*[21]
> *der tihte diz mære.*
> (V 21–30)

(Ein Ritter, der gelehrt war und es [solche Geschichten] in Büchern las, wenn er seine Zeit nicht sinnvoller nutzen konnte, – er bemühte sich auch zu dichten, was man gerne hört; er hieß Hartmann und war von Aue –, der dichtete diese Erzählung.)

Als gelehrter Ritter hätte Hartmann etwas Besseres zu tun als gerade *ez* – *âventiure* – zu lesen: Eine so geringschätzig beurteilte Quelle kann nicht dazu dienen, einen Wahrheitsbeweis der Dichtung zu erbringen. Der Tenor dieser Quellenberufung ist letztlich derselbe wie in Chrétiens ›Erec et Enide‹: Die verachtete *âventiure* bietet die Grundlage der Dichtung, die – wie aus Hartmanns Versen 54–58 deutlich wird, in denen er die Lektüre von den Taten der Artusritter dem tatsächlichen Leben am Artushof vorzieht, – einen eigenen Sinn besitzt.

Auf weitere Beispiele möchte ich verzichten. Es ist deutlich geworden, daß die Quellenberufung im Artusroman gerade nicht dazu dient, den Wahrheitsgehalt des Textes von einem historisch wahren Stoff abzuleiten. Damit ist die Frage nach dem Verhältnis des Artusromans zur *historia* beantwortet: Er löst sich von ihr. Ein Literaturverständnis wie das Isidors, wonach die Form der Dichtung ein Produkt des fingierenden Dichters ist, die Materie aber wahr ist, läßt sich beim klassischen Artusroman nicht nachweisen.

Konsequenterweise wäre nun zu fragen, wie im höfischen Roman das Sinndefizit, das durch den Verlust historischer Wahrheit entsteht, überwunden wird. Die Literatur hierzu ist sehr reich; ich möchte nur auf die Grundtendenzen verweisen, die sich abzeichnen.

Prinzipiell gibt es drei Möglichkeiten, dem unwahren Stoff Sinn beizumessen: Man kann erstens die Erzählung als moralisches *exemplum* begreifen, wie etwa Thomasin im ›Wälschen Gast‹[22] die *Âventiuren*romane deutet: Er gesteht der unwahren *âventiure* ein Existenzrecht zu,

> *wan si bezeichenunge hât*
> *der zuht unde der wârheit:*
> *daz wâr man mit lüge kleit.*
> (V 1 124–1 126)

---

[21] Ich habe die Klammer gegenüber der Ausgabe verschoben, um V 23f. auf V 22 zu beziehen, nicht auf V 25.

[22] Thomasin von Zirclaria, Der Wälsche Gast. Hrsg. v. Heinrich Rückert. Quedlinburg / Leipzig 1862 (Bibl. der ges. dt. Nationalliteratur I,30), Nachdr. Berlin 1965.

(denn sie verweist auf das richtige Verhalten und die Wahrheit: Das Wahre kleidet man in Unwahrheit.),

doch beeinträchtigt seiner Auffassung nach die Fiktivität des Textes diese moralische Wahrheit, genauer gesagt ihre Rezeption:

> *er bezzert ouch unsern muot*
> *mit der wârheit michels baz*
> *denn mit der lüge, wizzet daz.*
> *swer an tihten ist gevuoc,*
> *der gewinnet immer gnuoc*
> *materje an der wârheit:*
> *diu lüge sî von im gescheit.*
> *...*
> *ist er lügenære,*
> *sô sint danne sîniu mære*
> *gar ungenæme. ...*
> (V 1 146–1 152, 1 157–1 159)

(Wißt, daß er [der Dichter] weit besser mit der Wahrheit als mit der Lüge uns zum Guten hin beeinflussen kann. Ein Dichter findet immer genug Material im Bereich der Wahrheit, die Lüge sei ihm fern. ... Wenn er ein Lügner ist, dann sind seine Erzählungen abstoßend.)

Ein historisch wahrer Stoff also wäre nach Thomasins Auffassung selbst für ein Exempel dem fiktiven vorzuziehen.

Auf eine zweite Art der Rechtfertigung fiktiver Literatur spielt Thomasins Formulierung *daz wâr man mit lüge kleit* (V 1 126) an: auf die in der Frühscholastik entwickelte *integumentum*-Theorie.[23] Sie half nicht zuletzt, die antiken Epen vor dem Verdikt der Lüge zu retten: Das *integumentum* birgt – in der Formulierung des Bernardus Silvestris – unter seinem fiktiven Gewand eine philosophische Wahrheit, *sub fabulosa narratione verum claudens intellectum.* Sie bildet also eine Art säkulare Analogie zur Allegorie, die unter historisch wahren Gegebenheiten höheren – göttlichen – Sinn birgt. Als Beispiele nennt Bernardus

---

[23] In jüngerer Zeit ist Thomasins Verhältnis zur *integumentum*-Lehre wiederholt diskutiert worden. Vgl. dazu Haug (1992), S. 228–240; Christoph Huber, Höfischer Roman als Integumentum? Das Votum Thomasins von Zerklaere. ZfdA 115 (1986), S. 79–100; Fritz Peter Knapp, Integumentum und Aventiure. Nochmals zur Literaturtheorie des Bernardus (Silvestris?) und Thomasin von Zerklaere. Literaturwiss. Jahrb. NF 28 (1987), S. 299–307; Grünkorn, S. 103–152. – Einem integumentalen Verständnis von Literatur widerspricht, daß Thomasin an der Unwahrheit der *âventiure* Anstoß nimmt; die *âventiure* ist also mehr als nur eine beliebige Einkleidung philosophischer Wahrheit. Thomasin spricht auch nie von einer allegorischen Auslegung der Erzählungen; ihm geht es allein um das positiv oder negativ beispielhafte Verhalten der literarischen Figuren, d. h. um den exemplarisch-didaktischen Gehalt der Dichtung.

die Allegorie von Jacob und die integumentale Erzählung von Orpheus.[24]

Der *sensus philosophicus* eines fiktiven Werks wie dem Ovids erschließt sich also einer allegoretischen Lektüre. Das *integumentum*-Konzept bleibt aber nicht auf eine Interpretation antiker Dichtung beschränkt, sondern es wird v. a. auch in der frühscholastischen Rhetorik und Dichtung wirksam: Es entstehen integumentale Dichtungen, deren fiktive Gestalt durch den darunter verborgenen philosophischen Sinn gerechtfertigt ist.[25]

Keine der beiden genannten Möglichkeiten, dem fiktiven Roman Sinn beizumessen, nutzt Chrétien. Bei ihm liegt der Sinn des *Âventiuren*romans in der *conjointure*, und genau diese übernimmt Hartmann: die symbolische Doppelwegstruktur des klassischen Artusromans.[26] Wenige Worte mögen genügen, um sie zu charakterisieren: Ausgangspunkt ist die höfische *vröude* am ideal dargestellten Artushof. Sie wird unterbrochen durch eine Provokation, welche die Idealität des Hofs in Frage stellt. Ein Ritter des Hofs reitet aus, um die höfischen Werte in der unhöfischen Gegenwelt zu bewähren. Er durchläuft eine Reihe von ritterlichen *âventiure*, an deren Ende er eine Frau gewinnt. Mit ihr kehrt er an den Hof zurück. Die höfische *vröude* aber ist nur von kurzer Dauer; bald tritt aufgrund einer Verfehlung des Helden eine Krise ein. Der Held ist zu einer zweiten Ausfahrt gezwungen. In einer erneuten Reihe von *âventiure* muß er nun seine Verfehlungen aus dem ersten Romanteil wiedergutmachen. Nachdem er eine Extremsituation durchschritten hat, in welcher er die Gegenkräfte der höfischen Idealität, den unbedingten Eros und den Tod, erfahren hat, gelingt es dem Helden, ein neues Verhältnis zur Gesellschaft zu gewinnen, und er kann an den Hof zurückkehren. Der Roman endet im höfischen Fest.

---

[24] Bernardus Silvestris, Kommentar zu Martianus Capella, zit. nach: Christel Meier, Überlegungen zum gegenwärtigen Stand der Allegorie-Forschung. Frühma. Studien 10 (1976), S. 1–69, S. 10.

[25] Vgl. zur *integumentum*-Theorie: Hennig Brinkmann, Die Zeichenhaftigkeit der Sprache, des Schrifttums und der Welt im Mittelalter. ZfdPh 93 (1974), S. 1–11; Peter Dronke, Eine Theorie über *Fabula* und *Imago* im 12. Jahrhundert, in: Verbum et Signum. Fs Friedrich Ohly. München 1975, Bd. 2, S. 161–176; Meier; Knapp (1980); Grünkorn (1993), S. 49–65.

[26] Vgl. u. a. Hans Fromm, Doppelweg, in: Werk – Typ – Situation. Studien zu poetologischen Bedingungen in der älteren deutschen Literatur. Fs Hugo Kuhn. Stuttgart 1969, S. 64–79; Walter Haug, Die Symbolstruktur des höfischen Epos und ihre Auflösung bei Wolfram von Eschenbach. DVjs 45 (1971), S. 668–705. Auch in: ders., Strukturen als Schlüssel zur Welt. Kleine Schriften zur Erzählliteratur des Mittelalters. Tübingen 1989, S. 483–512.

64

Der Sinn des Romans liegt in dem Weg, den der Held beschreitet, und d. h. in dem Erkenntnisprozeß, den er und mit ihm der Rezipient durchläuft. Deshalb erklärt auch Wolfram im Prolog zum ›Parzival‹,[27] daß selbst die Weisen keine Lehre aus seinem Roman ziehen können (2,5–8), und er wolle ihnen gar keine geben, denn die *mære*,

> *beide si vliehent unde jagent,*
> *si entwîchent unde kêrent*
> (2,10f.)

(sie entfliehen und enteilen, sie entweichen und schlagen Haken.)

Als wahrhaft weise könne nur der bezeichnet werden, und d. h. nur der verstehe den Roman, der diesen Wendungen der Erzählung nachzufolgen vermöge (2,13f.). Bei diesem Nachvollzug der Erzählung dürfe man sich weder *versitzen* noch *vergân* (2,15f.): Dies sind die beiden Verfehlungen Erecs und Iweins. Wolfram zieht so eine direkte Verbindungslinie von seinem Werk zu Hartmanns Artusromanen. Dem Hörer oder Leser wird nahegelegt, daß die »Wendungen« der Erzählung, d. h. die Romanstruktur, und die ihr angemessene nachvollziehende Rezeptionshaltung, welche Wolfram fordert, dem entsprechen, was Hartmann bereits in die deutsche Literatur eingeführt hat, dem Artusschema. Im ›Erec‹ und im ›Iwein‹ muß der Hörer oder Leser ja auch alle Wendungen der Erzählung mitmachen und darf nicht in der Mitte, im Moment der Krise, stehenbleiben; er muß mit Erec den Fehler des *verligen* und mit Iwein den Fehler des *vervarn* im zweiten Durchgang durch die *Âventiuren*reihe überwinden.[28]

Die fiktive *matière de Bretagne*, die bewußt in eine raum- und zeitlose Sphäre, außerhalb der *historia*, gestellt wird, erhält durch den Dichter Sinn, und das nicht etwa, indem er sie allegorisch auslegt oder an die Erzählung eine Moral anhängt, sondern indem er durch die Erzählung einen Erkenntnisprozeß im Leser oder Hörer anregt. Dies ist für Gertrud Grünkorn ein Hauptkriterium der Fiktionalität: »In einem fiktionalen Text wird nicht argumentiert, nichts argumentativ bewiesen, keine Handlungsanweisung gegeben«; es wird nicht mitgeteilt, sondern dargestellt.[29]

---

[27] Wolfram von Eschenbach. Hrsg. v. Albert Leitzmann, Heft I–III. Halle 1903 (ATB 12–14).

[28] Ich sehe hier nicht wie Haug (1992), S. 166 einen »Seitenhieb auf Hartmann, bei dessen Romanen sich aus den Krisen der Helden, nach Wolframs Auffassung, allzu schnellfertig eine Moral abziehen läßt«.

[29] Grünkorn, S. 17.

Die grundsätzliche Antwort der Romanautoren der mhd. Klassik auf die Frage, ob sich höfischer Roman und *historia* vereinen lassen, ist, dies sei zusammenfassend festgehalten, eine negative. Der höfische Roman beruht bewußt auf einem erfundenen Stoff, dem er einen eigenen Sinn gibt. Die Möglichkeit einer Überformung von historisch wahren Tatsachen zu einem fiktiven Ganzen, wie sie sich aus Isidor ergibt, wird von den Verfassern der *Âventiuren*romane generell nicht genutzt.

Bislang war vom klassischen Artusroman die Rede. In den späten Romanen ändern sich die Form – die Symbolstruktur wird immer wieder provoziert und letztlich aufgelöst – und z. T. auch die Materie: Im 13./14. Jahrhundert werden vermehrt historische Elemente in die fiktive Handlung aufgenommen. Alfred Ebenbauer hat den historisierenden Romanen der nachklassischen Zeit, namentlich Rudolfs von Ems ›Willehalm von Orlens‹ und ›Der gute Gerhart‹, Konrad Flecks ›Flore und Blanscheflur‹, Bertholds von Holle ›Demantin‹ und ›Crane‹, der ›Guten Frau‹, ›Mai und Beaflor‹, Konrads von Würzburg ›Engelhard‹ und ›Partonopier‹, Ulrichs von Etzenbach ›Wilhelm von Wenden‹, dem ›Reinfrid von Braunschweig‹, Johanns von Würzburg ›Wilhelm von Österreich‹ und dem ›Friedrich von Schwaben‹, eine grundlegende Studie gewidmet;[30] den ›Wilhelm von Österreich‹ allerdings erwähnt er nur kurz. Die genannten Romane weisen historische Referenzen, z. T. in der Genealogie der Helden, auf; die Deutlichkeit, in der diese Referenzen als referentielle Illusion, d. h. als Teil der Fiktion, erkenntlich sind, variiert nach Ebenbauers Ansicht allerdings stark. Die Karolinger-Genealogie in Flecks ›Flore und Blanscheflur‹ beispielsweise habe wohl weder der Autor noch sein (durchschnittlicher) Zuhörer geglaubt,[31] während die historischen Referenzen des ›Willehalm von Orlens‹ nicht als referentielle Illusion durchschaubar seien.[32] Im ›Wilhelm von Wenden‹ wiederum werde Gegenwart in einer durchschaubaren »Verkleidung« der Vergangenheit verherrlicht.[33] Quer zu den historischen Referenzen aber stehen jeweils fiktionale Mittel des Erzählens, so »daß das Fiktionale bei allem historischen Gewand und bei allen historischen und illusionären Referenzen seinen fiktionalen Charakter beibehält.«[34]

---

[30] Alfred Ebenbauer, Das Dilemma mit der Wahrheit. Gedanken zum ›historisierenden Roman‹ des 13. Jahrhunderts, in: Christoph Gerhardt, Nigel Palmer und Burghart Wachinger (Hrsg.), Geschichtsbewußtsein in der dt. Literatur des Mittelalters. Tübinger Colloquium 1983. Tübingen 1985, S. 52–71.

[31] Ebd., S. 56.

[32] Ebd., S. 57f.

[33] Ebd., S. 66.

[34] Ebd., S. 70.

Sinnvermittlung findet in diesen Romanen (wie auch in den nachklassischen Romanen, die keine historischen Referenzen aufweisen,)
durch eine Demonstration idealer Verhaltensnormen statt.[35] Ebenbauer
zitiert den ›Wilhelm von Österreich‹ als einen Roman, dem es ausdrücklich nicht auf historische Wahrheit, sondern auf Lehre ankommt.[36] Der
Roman rückt so in die Nähe des Exempels. Nach Grünkorn verliert er
damit seine Fiktionalität.[37] Tatsächlich bemüht sich aber gerade der
spätere Roman verstärkt darum, seinen fiktiven Charakter zu betonen.
Auch als *exemplum* will er weder ein *verum* noch ein *verisimile* sein:[38] Das
Phantastische wuchert, das Erzählen als Errichten einer Erzählwelt, die
selbst immer wieder gebrochen wird,[39] wird häufiger reflektiert, die
Quellenfiktion wird noch durchsichtiger. Das Verständnis von Fiktionalität – denn von solcher darf bei einer so bewußten und ausdrückli-
chen Fiktion wohl gesprochen werden[40] – hat sich in nachklassischer
Zeit offensichtlich gewandelt; eine exemplarisch-didaktische Funktion
der Literatur widerspricht ihm nicht.

Was aber ist der Sinn der historischen und pseudohistorischen Referenzen? Ebenbauer sieht ihn in der Problematisierung des *exemplum*:[41]
Es wird zum *casus*, der immer etwas Zufälliges und Fragliches beinhal-

---

[35] Vgl. dazu u. a. Walter Haug, Paradigmatische Poesie. Der spätere deutsche Artusroman auf dem Weg zu einer ›nachklassischen‹ Ästhetik. DVjs 54 (1980), S. 204–231.
Auch in und zit. nach: ders., Strukturen als Schlüssel zur Welt. Kleine Schriften zur
Erzählliteratur des Mittelalters. Tübingen 1989, S. 651–671; Walter Haug, Das Fantastische in der späteren deutschen Artusliteratur, in: Karl-Heinz Göller (Hrsg.), Spät-
mittelalterliche Artusliteratur. Paderborn/München/Wien/Zürich 1984, S. 133–149;
Walter Haug, Wandlungen des Fiktionalitätsbewußtseins vom hohen zum späten Mittelalter, in: Entzauberung der Welt. Deutsche Literatur 1200–1500. Hrsg. v. James F.
Poag und Thomas C. Fox. Tübingen 1989, S. 1–17; Walter Haug, Über die Schwierigkeiten des Erzählens im nachklassischer Zeit, in: Positionen des Romans im späten
Mittelalter. Hrsg. v. Walter Haug und Burghart Wachinger. Tübingen 1991 (Fortuna
Vitrea 1), S. 338–365.
[36] Ebenbauer (1985), S. 60.
[37] Vgl. Grünkorn, S. 17 u. ö.
[38] Vgl. Ebenbauer (1985), S. 70.
[39] Vgl. dazu: Peter Kern, Leugnen und Bewußtmachen der Fiktionalität im deutschen
Artusroman, in: Fiktionalität im Artusroman. Dritte Tagung der Dt. Sektion der
Internationalen Artusgesellschaft in Berlin vom 13.–15.2.1992. Hrsg. v. Volker Mer-
tens und Friedrich Wolfzettel. Tübingen 1993, S. 11–28.
[40] Auch der exemplarische, bewußt fiktive Roman erfüllt die drei Akte des Fingierens,
die Wolfgang Iser seiner Definition des Fiktionalen zugrunde legt: (1) Selektion von
Elementen aus einem vorhandenen System, (2) Kombination von Textelementen, (3)
Entblößung der Fiktionalität. Wolfgang Iser, Akte des Fingierens. Oder: Was ist das
Fiktive im fiktionalen Text, in: Funktionen des Fiktiven. Hrsg. v. Dieter Henrich und
Wolfgang Iser. München 1983 (Poetik und Hermeneutik X), S. 121–151.
[41] Ebenbauer (1985), S. 70.

tet. Eine reine *imitatio* kann somit nicht zum Ziel führen. »Historisie-
rendes Erzählen im 13. Jahrhundert bedeutet [...] also Rückkehr fiktionalen Erzählens in ein heilsgeschichtliches Bezugssystem, aber ohne die
Heilsgewißheit, die etwa der Legende eignet; es bedeutet [...] auch lehr-
haftes und exemplarisches Erzählen, doch wird das Exemplum nicht
aus der Geschichte deduziert und durch sie legitimiert. Es gibt vielmehr durch seine Verortung in der Geschichte einen Teil seiner Ver-
bindlichkeit preis.«[42] Mit anderen Worten heißt dies, daß die Geschichte
nicht für eine sichere Ordnung steht, sondern für das Kontingente, für
individuelles Geschehen. Ebenbauers Beispiele für das Kontingente in
den Romanen, das eine Nachahmung unmöglich macht, sind allerdings
sämtlich aus der fiktiven Handlung der Romane genommen, unabhängig von den historischen Referenzen. So stellt sich die Frage nach dem
Sinn des Historischen im Roman neu.

2.2. Fiktionalität und Historizität im ›Wilhelm von Österreich‹

Ebenbauer erwähnt in seinem Aufsatz über den »historisierenden Roman« Johanns Werk nur kurz als einen Roman, der die historische
Wahrheit explizit der Lehre unterordnet.[43] Der ›Wilhelm von Österreich‹ verdient aber in dieser Hinsicht eine ausführlichere Behandlung.
Johann integriert auf viel breiterer Ebene als andere Autoren Historisches in eine fiktionale Romanhandlung und setzt sich mit ihm auseinander. Wie er dabei vorgeht, d. h. wie er mit seinem Quellenmaterial
umgeht und welche Rolle er der *historia* in seinem Werk beimißt (2.2.1)
und wie er das Verhältnis von Dichtung und Wahrheit begreift und am
Beispiel der Briefe als Literatur in der Literatur beschreibt (2.2.2) sowie
in der Erzählerrolle indirekt oder direkt zum Ausdruck bringt (2.2.3),
soll im folgenden dargelegt werden. Die Frage nach der historischen
Wahrheit ist, wie oben[44] deutlich geworden sein sollte, nicht zu trennen
von der Frage nach der Sinnvermittlung. Deshalb wird anschließend
(2.2.4) zu fragen sein, wie Johann das durch den Verlust von historischer Wahrheit entstandene Sinndefizit deckt: mit Hilfe einer Symbolstruktur oder einer der beiden anderen oben genannten Möglichkeiten – der Interpretation der Erzählung als *integumentum* oder als
exemplum?

[42] Ebd., S. 71.
[43] Ebenbauer (1985), S. 60.
[44] Siehe Kap. 2.1.

68

2.2.1. Johanns Umgang mit Quellenmaterial

A. Historische Stoffe und Strukturen

Der Held des ›Wilhelm von Österreich‹ ist weder ein Artusritter, noch weist seine Herkunft auf eine Verbindung mit der *matière de Bretagne* hin. Er ist der Sohn eines österreichischen Herzogs und stammt damit aus der unmittelbaren Nähe der Mäzene Johanns von Würzburg, der Grafen von Hohenberg-Haigerloch, und d. h. der Schwäger Rudolfs von Habsburg.

Einen historischen Wilhelm von Österreich hat es zur Zeit Johanns nicht – noch nicht – gegeben. Der erste österreichische Herzog mit dem Namen Wilhelm ist 1370 geboren. Daß es sich nicht um eine historische Lebensbeschreibung eines österreichischen Herzogs handelt, war dem Publikum, für das Johann geschrieben hat, damit unmittelbar einsichtig. Schon durch den Namen des Helden also verläßt der Roman den Bereich der reinen Historizität; wie er sich aber zur *historia* stellt, ist damit noch nicht geklärt.

Der Name des Vaters, *Liupolt*, ist im Gegensatz zu »Wilhelm« ein gebräuchlicher Name österreichischer Herzöge. In der ›Österreichischen Chronik von den 95 Herrschaften‹[45] heißt es:

Und also fur annder namen Albrecht, Leopold, Fridreich und Rudolff mit rechter ordnung Osterreich habent gezirt.
(S. 217, Z. 22f.)

(Und so haben zu Recht die Namen Albrecht, Leopold, Friedrich und Rudolf vor anderen Namen Österreich geschmückt.)

Liupolt bezeichnet so zunächst keineswegs einen bestimmten österreichischen Fürsten, sondern einen österreichischen Herrscher allgemein, sei es ein Babenberger oder ein Habsburger. Erst in der großen Schlacht zu Belgalgan, in welcher historische Personen aus dem 3. und 5. Kreuzzug auftreten, wird deutlich, wer die Vorlage für Wilhelms Vater *Liupolt* liefert: In ihm verschmelzen Leopold V. der Tugendhafte, der berühmte Teilnehmer des Dritten Kreuzzugs und Widersacher Richards I. von England, und Leopold VI. der Glorreiche, der 1208 zum Dank für die Geburt eines Sohnes das Kreuz genommen hat[46] und an der Belagerung von Damiette während des 5. Kreuzzugs beteiligt war. Wilhelms Sohn *Fridrich* wäre demnach bei seiner ersten Erwähnung

---

[45] Österreichische Chronik von den 95 Herrschaften. Hrsg. v. Joseph Seemüller. Hannover/Leipzig 1909 (MGH 6).
[46] Röhricht, S. 302.

V 18 673 als Leopolds VI. Sohn Friedrich II. der Streitbare, der letzte Babenberger, zu identifizieren.[47]

Wilhelm sollte laut V 554 zuerst nach seinem Vater *Luipolt* getauft werden.[48] Es läge daher nahe, ihn mit Leopold VI. oder Leopolds VI. im Knabenalter verstorbenen Sohn Leopold zu identifizieren. Andererseits nimmt er auch Züge Friedrichs I. des Katholischen, des Sohns Leopolds V. und Bruders Leopolds VI. an. Friedrich I. beteiligte sich 1197 am Kreuzzug und gelangte mit der Vorhut ins Heilige Land. Als nach dem plötzlichen Tod des Kaisers Heinrich VI. die deutschen Reichsfürsten das Unternehmen abbrachen, blieb er im Heiligen Land, um sein Gelübde zu erfüllen. Er starb dort im April 1198 an Malaria. Die Nachwelt hat insbesondere ihn und seinen Vater Leopold V., der einen Teil des Heiligen Kreuzes nach Österreich gebracht hat, als Kreuzfahrerherzöge verehrt. Wie wichtig die beiden Kreuzfahrerhelden, v. a. Leopold V., für Österreich sind bzw. ist, zeigt sich schon in der Legende um die Entstehung des rot-weiß-roten Bindenschilds: Es soll seinen Ursprung im heldenhaften Kampf Leopolds V. bei der Belagerung Akkons haben: Leopold kämpfte, heißt es, so tapfer, daß sein weißer Waffenrock vom Blut der Heiden gänzlich rot befärbt wurde, nur in der Mitte, unter dem Wehrgehänge, blieb er weiß.[49] Der Kreuzfahrerherzog stiftet also in gewisser Weise österreichische Identität. – Wer ist nun Wilhelm, dessen Vater Leopold und dessen Sohn Friedrich heißt?

Zusammenfassend ist zu sagen, daß Wilhelm zwar Ähnlichkeiten mit verschiedenen österreichischen Herzögen aufweist, aber nicht eindeutig

---

[47] Hierfür entscheiden sich: Ernst Regel (Ausg.), S. 292; Willy Krogmann, VL¹ II, Sp. 652f.; Mayser, S. 84f.; Sharma, S. 22; Straub, S. 36; Walter Haug, Das Bildprogramm im Sommerhaus von Runkelstein, in: Walter Haug u. a., Runkelstein. Die Wandmalereien des Sommerhauses. Wiesbaden 1982, S. 15–62. Auch in u. zit. nach: ders., Strukturen als Schlüssel zur Welt. Kleine Schriften zur Erzählliteratur des Mittelalters. Tübingen 1989, S. 687–708, S. 695, Anm. 40. In meinem Berliner Vortrag, S. 173 habe ich mich ebenfalls dieser Meinung angeschlossen.

[48] Zur Variante der Heidelberger Redaktion siehe oben, S. 56.

[49] Ein barockes Wandfresko im Kapitelhaus des Klosters Heiligenkreuz bei Wien bezeugt diese Rezeption der beiden österreichischen Fürsten auch für spätere Zeit. Es zeigt Leopold V. im blutgetränkten, nur in der Mitte weiß gebliebenen Waffenrock. In der Hand hält er den Kreuzpartikel, den er dem Kloster Heiligenkreuz gestiftet hat. Neben ihm, mit dem Rücken zum Betrachter gewandt, steht sein Sohn Friedrich I. in Kreuzfahrerrüstung. Er deutet auf eine Kreuzfahrerburg im Hintergrund. Abbildung in: P. Paul Niemetz, Die Grablege der Babenberger in der Abtei Heiligenkreuz. Wien 1974.

mit einem von ihnen identifiziert werden kann. Er ist ein neues – ein fingiertes (oder gefälschtes?) – Glied im historischen Stammbaum der Babenberger.[50] Damit ist der ›Wilhelm von Österreich‹ weder ein Schlüsselroman, noch tritt er völlig aus der Historie heraus.

Daß Johann für seinen Roman gerade einen babenbergischen Helden wählt, hat durchaus politische Bedeutung. Nach der Wahl Rudolfs von Habsburg zum römischen König am 1.10.1273 hatte Ottokar von Böhmen begonnen, eine breit angelegte Propaganda gegen den »armen Grafen« zu führen, der (da er nicht zu den *principes imperii* gehörte) dieses Amts nicht würdig sei. Als Gegenaktion darauf wurde, initiiert von Rudolfs Gemahlinnen Anna von Hohenberg († 1281) und Isabella von Burgund († 1323), eine »Herkunfts- und Abstammungsmystik«[51] in die Welt gesetzt, mit welcher der Rang der Familie als königlicher Dynastie demonstriert werden sollte. An das Geschlecht der Zähringer anzuknüpfen, wurde ebenso versucht wie an das Julische Kaiserhaus, an die Franken, die Karolinger, Merowinger und Trojaner.[52] Wenngleich verwandtschaftliche Beziehungen zu den Babenbergern nicht nachgewiesen werden konnten, war Rudolf dennoch bestrebt, hier an die Kontinuität der Herrschaft anzuknüpfen und auf diese Weise seinen Herrschaftsanspruch zu untermauern.[53] Der Bindenschild ist eine Form der Anknüpfung an die Babenbergertradition. Doch Rudolf von Habsburg ging durchaus weiter. Er ließ daher 1280 seine Enkel Rudolf und Heinrich in der Babenbergergrablege in Heiligenkreuz bestatten, und vermutlich gab auch er die Babenbergerfenster im Brunnenhaus von Heiligenkreuz in Auftrag.[54] – Ottokar II. von Böhmen ließ im Gegenzug dazu das Grabrelief für Friedrich II. in Heiligenkreuz anfertigen.[55] – Wenige Jahre nach der Vollendung des ›Wilhelm von Wenden‹, in welchem Wenzel II. von Böhmen unter der Maske des Wilhelm verherr-

---

[50] Vgl. aber die Umdeutung am Schluß, unten, S. 255f.
[51] Günther Hödl, Habsburg und Österreich 1273–1493. Gestalten und Gestalt des österreichischen Spätmittelalters. Wien/Köln/Graz 1988, S. 18.
[52] Ebd., S. 18; vgl. Karl Friedrich Krieger, Die Habsburger im Mittelalter. Von Rudolf I. bis Friedrich III. Stuttgart/Berlin/Köln 1994, S. 12f.
[53] In der Waldkirchener ›Continuatio Florianensis‹, ÖNB *cvp. n.608* steht am Beginn der Annalen, die mit der Wahl Rudolfs zum deutschen König einsetzen, eine Bildergenealogie der Babenberger. P. Paulus Niemetz, Die Babenberger-Scheiben im Heiligenkreuzer Brunnenhaus. Wien 1976, S. 12f.
[54] Joachim Heinzle, Geschichte der deutschen Literatur von den Anfängen bis zum Beginn der Neuzeit, Bd. 2/2. Tübingen ²1994, S. 56.
[55] Vgl. dazu Niemetz (1974 und 1976).

licht wird, schließt dann Johann am Hof der Brüder Annas von Hohenberg den ›Wilhelm von Österreich‹ ab.

Der Name »Wilhelm« erklärt sich aber keineswegs nur als eine Replik auf den ›Wilhelm von Wenden‹; er verweist auch auf eine literarische Tradition, den ›Willehalm‹ Wolframs von Eschenbach und die Gattung der *Chanson de geste*.[56] Dies bedeutet eine gewisse Hinwendung zur Historizität – im Gegensatz zum Artusroman – und die Aufnahme der Heiden-Christen-Problematik. Damit schließt sich der Kreis: Wilhelm als eine Gestalt, deren Name auf die Kreuzzugsdichtung im weitesten Sinne hindeutet, kann sehr wohl zur Heldenfigur eines Geschlechts werden, das sein Wappen, genauer das Wappen seines Herzogtums, auf die Schlacht um Akkon zurückführt.

Liegt es nicht nahe anzunehmen, daß der Roman hauptsächlich um diese Schlacht kreisen wird? Die Darstellung des Kreuzzugsgeschehens, die große Schlacht in Belgalgan, jedoch zeigt einen erstaunlich freien Umgang mit historischen Personen und Daten. Auf heidnischer Seite treten kaum historische Gestalten auf, sondern vielmehr weitgehend literarische Gestalten. Die Heerführer entstammen großenteils dem noch unbekehrten Gralsgeschlecht. Unten wird näher auf sie eingegangen werden. Im Moment nur so viel: Die heidnische Seite verweigert sich weitgehend einer historischen Fixierung. Im christlichen Heer dagegen erkennt man einige historische Personen:[57] Teilnehmer des Dritten Kreuzzugs (1189–1192), d. h. des Kreuzzugs unter Richard I. Löwenherz, Friedrich I. Barbarossa und Philipp II. Augustus gegen Saladin, treffen zusammen mit Teilen des Heers, welches während des Fünften Kreuzzugs Damiette belagerte (1217–1221),[58] auch mit Teilnehmern anderer Kreuzzüge,[59] auch der Albigenserkriege (1209–1229),[60] sowie mit historischen Personen, die an keinem Kreuzzug teilgenommen,[61]

---

[56] Vgl. de Boor, S. 96: »Es ist ein Name politischer Tradition von Chrestiens Guillaume d'Angleterre über Wolframs Wilhelm von Orange und Rudolfs Wilhelm von Orlens bis zum Wilhelm von Wenden des böhmischen Ulrich von Etzenbach.« Ebenso: Straub, S. 36. Im Gegensatz dazu nimmt Mayser (1931), S. 85f. an, die Grafen Wilhelm I. und Wilhelm II. von Holland hätten die Vorlage für Wilhelm geliefert.

[57] Zu den Kriegerkatalogen vgl. Röhricht.

[58] Sharma, S. 21f. irrt sich in der historischen Chronologie: »Den geschichtlichen Hintergrund des Epos bildet ein Kreuzzug. Die Teilnehmer dieses Kreuzzugs, Herzog Friedrich von Schwaben (V 16 614), König Richard von England (V 16 789) und König Philipp von Frankreich (V 17 910) u. a., und die Belagerung von Damiette im Jahre 1218 (V 16 226), weisen darauf hin, daß der dritte Kreuzzug gemeint ist.«

[59] Z. B. Graf Wilhelm von Heunberg (V 16 598), der nach Röhricht, S. 169 am Zweiten Kreuzzug teilgenommen hat.

[60] Z. B. Bischof Folcravan von Toulouse (V 16 969). Röhricht, S. 172.

[61] Z. B. Heinrich von Orenge und Arnulf von Orléans (V 16 969f.). Ebd., S. 172.

höchstens Pilgerfahrten ins Heilige Land unternommen haben.[62] Solcherlei Zusammenschau historisch getrennter Personen mag man angesichts der nicht immer gerade korrekten Geschichtsdarstellung im Mittelalter akzeptieren. Doch Johann geht weiter und gibt seinem Leser oder Hörer durch die Erwähnung bedeutender historischer Ereignisse noch weitere, ebenso widersprüchliche Datierungshinweise:

Als Crispin Wilhelm ihre Hilfe bei der Werbung um Aglie anbietet, erwähnt sie, ihr Bruder, Sultan Saladin, sei seit zwölf Jahren tot (V 13 324–13 335). Saladin, wohl die bedeutendste Heidengestalt in der mittelhochdeutschen Kreuzzugsdichtung, ist hier die einzige sicher zu identifizierende historische Person auf der Seite der Heiden. Bei seinem Namen wird ein mittelalterlicher Hörer oder Leser aufhorchen. Der Sultan war der große Widersacher der Christen im Dritten Kreuzzug, und er ist nicht allzu lange nach Ende dieses Kreuzzugs, um exakt zu sein, am 4.3.1193 gestorben. Die große Schlacht wäre demnach deutlich nach dem Dritten Kreuzzug, genau gesagt im Jahre 1205, anzusiedeln.

Als das Aufgebot der Christen beschrieben wird, heißt es aber:

> nu hôrt mit wem beslozzen
> diu ander schar der Tûtschen was,
> fûr reht warhait ich es las:
> der edeln Schwaben herre,
> nahen und verre
> kund er wol gewirden sich,
> von Schwaben hertzoge Fridrich,
> kayser Fridriches barn,
> der auch was aldar gevarn:
> nach Gotes reht stûnt sin gedanc,
> in ainem wazzer er ertranc
> uf der selben vert.
> Got den gewalt beschert
> sim sun, hertzoge Fridrich,
> ...
> doch dirre sit zu Ackers starp.
> (V 16 608–16 621, 16 628)

(Hört, wer die zweite Heerschar der Deutschen abschloß – ich habe es als etwas sicher Verbürgtes gelesen: der Herr der edlen Schwaben, der zu Hause wie in der Ferne seine Tapferkeit bewiesen hat: Herzog Friedrich von Schwaben, der Sohn Kaiser Friedrichs, der auch dorthin gefahren war. Sein [Barbarossas] Sinn stand danach, Gott zu dienen. Er ertrank auf derselben Fahrt in einem Fluß. Gott übertrug seinem Sohn Friedrich die Königsgewalt. ... Doch dieser starb später bei Akkon.)

---

[62] Z. B. Albert von Calw (V 16 682, 17 732). Ebd., S. 169.

Kaiser Friedrich Barbarossa ertrank am 10.6.1190 auf dem Dritten Kreuzzug, noch bevor das Heilige Land erreicht war. Sein Sohn Friedrich von Schwaben fiel im darauffolgenden Jahr vor Akkon. Wenn also Barbarossa auf dem Herweg zu der großen Schlacht gestorben sein soll, Friedrich aber noch lebt, befinden wir uns auf dem Dritten Kreuzzug, und zwar im Jahre 1190/91. Die für Österreich so bedeutende Schlacht um Akkon steht noch bevor. – Wie kann da Saladin schon tot sein?

Schließlich heißt es noch, daß die

> vor Thomiet diu under
> den selben ziten lagen
> (V 16 626f.)

(die zur selben Zeit vor Damiette lagen),

ebenfalls zur Hilfe herbeieilten: Die Belagerung von Damiette fand in den Jahren 1217–1221 statt. Wilhelms Vater Liupolt ist ebenfalls unter den Kreuzrittern vor Damiette genannt: Herzog Leopold VI. hielt sich dort in den Jahren 1218/19 auf.[63]

Damit aber liegen drei einander ausschließende Datierungen desselben Ereignisses vor. Für Johanns Publikum, sofern es auch nur die geringste historische Bildung besaß, muß, ohne daß ihm exakte Daten bewußt waren, die faktische Unmöglichkeit eines Geschehens offensichtlich gewesen sein, bei dem Saladin schon lange tot ist, Richard Löwenherz (zusammen mit Philipp Augustus) aber gerade einen Kreuzzug führt,[64] auf dem Barbarossa ertrunken ist und Friedrich von Schwaben später noch sterben soll, während zur gleichen Zeit Damiette belagert wird.[65] – Dies ist nicht anders zu deuten als daß Johann die Historie in das Geschehen hereinnimmt, um ihr bewußt zu widersprechen, indem er die Chronologie, d. h. die Ordnung, in der die Wahrheit

---

[63] Ebd., S. 309.

[64] Zur Mythenbildung um Richard Löwenherz und seinen edlen Gegner Saladin im Mittelalter vgl. Rüdiger Krohn, Richard Löwenherz. *Rîchardes lop gemêret wart mit hôher werdekeit.* Der Löwenherz-Mythos in Mittelalter und Neuzeit, in: Herrscher – Helden – Heilige. Hrsg. v. Ulrich Müller und Werner Wunderlich. St. Gallen 1996 (Mittelalter-Mythen I), S. 133–153; Moustafa Maher, Saladin – Salaheddin, in: ebd., S. 157–172.

[65] Friedrich von Schwaben ist nicht der einzige im Heer, der zur Zeit der Belagerung von Damiette nicht mehr lebte. Röhricht, S. 173 hat z. B. darauf hingewiesen, daß Graf Radulf von Chalons (V 17 076) 1190 vor Akkon gefallen ist. Ob dies allerdings dem schwäbischen und österreichischen Publikum bewußt war, sei dahingestellt. Eher dürfte bekannt gewesen sein, daß z. B. Richard Löwenherz, der von 1193–1194 Gefangener Leopolds V. gewesen war, im Jahre 1199 im Kampf gegen seinen Bruder Johann gefallen war.

der Historie liegt, durchbricht. Damit wird dem Publikum die Fiktivität seiner Erzählung mit Nachdruck bewußt gemacht.

Johann äußert sich zu seinem Verfahren:

> *nieman ich hie nennen sol*
> *denne die da warn nach der schrift.*
> *ob ich in des getichtes trift,*
> *der hinden solt stan, setz für,*
> *nieman mich dest unwiser spür!*
> (V 16 976–16 980)

(Ich werde hier niemanden nennen außer denen, die nach meiner Quelle wirklich dort waren. Sollte ich im Fluß der Rede einen, der eigentlich hinten stehen sollte, nach vorne stellen, soll mich deswegen niemand als unwissend bezeichnen.)

Johann verwendet, so erklärt er, historisch wahre Elemente, doch ihre Ordnung stellt er zuweilen *in des getichtes trift* um. Dichtung bedeutet Neuorganisation. – Doch welchem Zweck soll diese Neuorganisation dienen? Widerspricht sie nicht, wenn sie erkannt wird, dem politischen Interesse, das hinter der Wilhelm-Figur steht? Wilhelm ist freilich, das haben wir bereits zu Beginn gesehen, nicht ein bestimmter österreichischer Herzog, sondern eine historisch unfaßbare Kombination aus mehreren. Aus der Neuorganisation der Geschichte entsteht eine andere Form der Wahrheit, und so fährt Johann auch an der o. g. Stelle fort: *diu bůch der warhait sagent so* (V 16 981).

Anders als der Autor eines klassischen *Âventiuren*romans, der eine offensichtlich fiktive *matière* wählt und ihr durch *conjointure* eine neue Wahrheit verleiht, greift Johann zum Stoff der Geschichte Österreichs und der Kreuzzüge. Er gibt dem historisch wahren und durch eine (mehr oder weniger zuverlässige) Quelle verbürgten Stoff aber nicht wie ein Chronist eine *forma*, die bei der geringstmöglichen Verfälschung des Fakten die größtmögliche Wirksamkeit erzielt, sondern er stellt die einzelnen Elemente der *historia* so um, daß die historische Wahrheit verlorengeht – und das offensichtlich –, zugunsten einer anderen Wahrheit.

Johann hält sich mit dieser seiner Behandlung historischer Daten keineswegs an den Rahmen des Üblichen. Wo historische Personen in einem höfischen Roman auftreten (z. B. der Titelheld des ›Friedrich von Schwaben‹) oder Figuren eines höfischen Romans auf historische Personen hin durchsichtig sind (wie z. B. das Protagonistenpaar im ›Wilhelm von Wenden‹), bleiben sie vereinzelt und treten gerade nicht in einen Widerspruch mit anderen historischen Gestalten oder Daten im Roman, und die offensichtlich fingierte Karolinger-Genealogie in Flecks ›Flore und Blanscheflur‹ spielt im Romangeschehen selbst, das seinen eigenen Regeln folgt, keine Rolle: Es kommt zu keinem Konflikt mit der historischen Wahrheit auf der Handlungsebene. Auch einzelne Datierungshinweise in höfischen Romanen, wie z. B. die Taufe des Gralsgeschlechts im Jahre 70 im ›Jüngeren Titurel‹, erregen in der Regel keinen Anstoß. Wenn mit historischen Gestalten und Daten frei umgegangen wird, sind dies zudem meist solche aus der Antike und der Völkerwanderungszeit, die bereits im Grenzbereich zwischen Geschichte, Mythos und fiktiver Literatur liegen. Ein extremes Beispiel hierfür ist der ›Göttweiger Trojanerkrieg‹,[66] der die *matière de Rome* auf eine Ebene stellt mit der offensichtlich fiktiven und frei verfügbaren *matière de Bretagne*: Agamemnon, der Vater Helenas, übernimmt hier die Rolle des Artus. An seinem Hof sind antike Gestalten und Artusritter vereint und unternehmen arthurische *Âventiure*fahrten, bis es zum Krieg um Troja kommt, dessen Ablauf und dessen Personal ebenso bedenkenlos verändert ist wie der Schluß des Romans, die Gründung Roms durch Eneas, den Griechen Remus und den Perser Rymulus.

Fakten, Daten und Personen aus dem Bereich der mittelalterlichen, speziell der Kreuzzugsgeschichte und der Familiengeschichte des eigenen Mäzengeschlechts montiert allein der Autor der ›Kreuzfahrt Landgraf Ludwigs des Frommen‹ (1301)[67] – freilich keines höfischen Romans im eigentlichen Sinne – ähnlich frei wie Johann: Er preist Ludwig III. den Frommen von Thüringen als Helden des Dritten Kreuzzugs – oder zumindest eines Unternehmens, welches diesem weitgehend ähnelt. Dabei werden die Belagerungen von Damiette und von Akkon synchronisiert; Barbarossa kämpft vor Akkon – das er in Wirklichkeit nie erreichte – unter dem Oberbefehl des Thüringers, die ausländischen Teilnehmer des Kreuzzugs werden weitgehend ausgespart; Saladin bietet nicht wie im mittelenglischen ›Kyng Rychard Coer de Lyoun‹ und vermutlich auch dessen französischer Vorlage[68] Richard, sondern dem Landgrafen Ludwig ärztliche Hilfe an; Ludwig stirbt nicht an einer Krankheit, sondern an einer Wunde, usw. Wie im ›Wilhelm von Österreich‹ stößt der Leser oder Hörer hier immer wieder auf

---

[66] Göttweiger Trojanerkrieg. Hrsg. v. Alfred Koppitz. Berlin 1926 (DTM 29).
[67] Heinrich Naumann (Hrsg.), Die Kreuzfahrt Landgraf Ludwigs des Frommen von Thüringen. Hannover/Leipzig 1923 (MGH SS4,2), Nachdr. Zürich 1973.
[68] Vgl. Karl Brunner (Hrsg.), Der mittelenglische Versroman über Richard Löwenherz. Wien/Leipzig 1913 (Wiener Beiträge zur englischen Philologie 42).

unmögliche Situationen, die er als fiktiv erkennen muß. Hier zeigen die verschiedenen Manipulationen der historischen Wahrheit aber eine einheitliche Intention, die offen zutage tritt und damit das Unwahre funktional einbindet: Sie dienen dem überspitzten Lob Landgraf Ludwigs. – Übertreibung ist es, was wir hier vorliegen haben, nicht Lüge. – Der Held selbst ist ja im Gegensatz zu Wilhelm eine auch namentlich klar erkenntliche historische Gestalt (auch wenn Ludwig III. im Text manchmal mit seinem Neffen Ludwig IV. verwechselt wird). Eine solche einheitliche Intention der Eingriffe in die historische Wahrheit läßt sich bei Johann nicht ausmachen; die Fiktion scheint keine unmittelbare Funktion innerhalb der Geschichtsdarstellung zu besitzen. Die nicht näher definierte »andere Wahrheit« liegt doch offensichtlich auf einer anderen Ebene. In der ›Kreuzfahrt Ludwigs‹ fehlt außerdem die Verbindung zur *matière de Bretagne*, von der im folgenden die Rede sein wird.

B. Literarische Stoffe und Strukturen: die textübergreifende Erzählwelt

Die *matière de Bretagne* impliziert, wie oben deutlich geworden ist, die Fiktionalität des Textes. Für den Autor von ›Claris et Laris‹ stellen die *aventures de Bretaigne* den direkten Gegenbegriff zum *voir*, zur historischen Wahrheit, dar; der Verfasser des ›Göttweiger Trojanerkriegs‹ demonstriert die Fiktivität des Trojastoffs, indem er ihn mit dem Artusstoff verbindet und wie diesen behandelt.

Innerhalb der als fiktiv bewußten *matière de Bretagne* nun haben sich bis zu Johanns Zeit gewisse Spielregeln herausgebildet. Die einzelnen Artus- und Gralsritter und der jeweilige Stoffkreis um sie sind aus verschiedensten Texten bekannt. Sie bilden eine textübergreifende Erzählwelt mit ihrer eigenen Chronologie, mit festgelegten Verwandtschaftsbeziehungen der Helden etc. Nach Peter Kern suggeriert diese textübergreifende Erzählwelt ein An-sich-Sein des Erzählten. Dies würde bedeuten, daß in der Spätzeit die *matière de Bretagne* nicht mehr unmittelbar mit einer fiktiven Erzählung in Verbindung gebracht würde. So weit möchte ich nicht gehen, stammen doch die beiden oben genannten Beispiele gerade auch aus der Spätzeit des höfischen Romans. Dennoch ist nicht zu leugnen, daß eine festgelegte Ordnung existiert, die dem Einzeltext zugrunde liegt. Als solche kann die textübergreifende Erzählwelt hier neben die *historia* gestellt werden.

Gerade das Vorhandensein fester Regeln nun ermöglicht es, wie Kern dies überzeugend darlegt, die Fiktivität dieser Erzählwelt und der einzelnen Texte bewußt zu machen, »durch Betonung und Ironisierung des Gattungstypischen, durch das Spiel mit narrativen Konstanten, durch experimentelle Umkehrung des Üblichen, Überstrapazieren der Erzählweltidee oder Kontrastierung mit der außerliterarischen Realität«.[69] – Johann strapaziert die Erzählweltidee aufs Äußerste. Es genügt ihm nicht, sie mit der historischen Realität zu verknüpfen und damit beide zu widerlegen, sondern er geht mit den Konstanten der *matière de Bretagne* in ähnlicher Weise um wie mit der historischen Ordnung.

In der Genealogie seiner Helden knüpft Johann nicht nur an die Geschichte der Babenberger, sondern auch an die textübergreifende Welt des Artusromans an: Nach Wilhelms Sieg über Merlin wird eine neue Figur in den Roman eingeführt, Gaylet von Spangen. *Kailet* ist aus dem ›Parzival‹ und dem ›Jüngeren Titurel‹ bekannt als Cousin Gahmurets,[70] d. h. er entstammt zum einen dem Artusgeschlecht, zum anderen aber ist er mit dem Gralsgeschlecht verbunden. Diesem gehört auch Aglie an: Ihr Vater Agrant ist der Bruder Thytorisons (V 12 266– 12 351). Johann greift hier auf den Stammbaum des Gralsgeschlechts, wie er bei Albrecht[71] beschrieben ist, zurück, und gerade im Zusammenhang der Abstammung Gaylets und Aglies betont er seine Belesenheit (V 12 318–12 320). Daß Johann den ›Jüngeren Titurel‹ tatsächlich gelesen hat und nicht etwa nur Namen nennt, ohne ihre genealogische Einordnung zu kennen, wird z. B. daraus ersichtlich, daß er auch die Erklärung des Namens Parille nach dem Stein Byrill aus dem ›Jüngeren Titurel‹ übernimmt:

---

[69] Kern (1993), S. 27.

[70] Johann verwendet in V 12 298f. und V 14 098f. den unbestimmten Begriff *ôheim;* in Wolframs ›Parzival‹ aber findet sich neben der ebenso unbestimmten Bezeichnung *neve* (V 40,12; 46,9; 50,22; 51,1; 58,29; 59,19) die Erklärung, daß Gahmuret Kailets *muomen sun* (V 51,5; 64,21; 84,12) und umgekehrt Kailet Gahmurets *muomen sun* (V 39,13; 48,3.13; 65,25; 72,30; 74,28; 80,25; 89,27; 90,15) und Gandin Kailets *muomen man* (V 50,2) sei.

[71] Albrechts ⟨von Scharfenberg⟩ Jüngerer Titurel, Bd. I–II (Str. 1–4 394). Hrsg. v. Werner Wolf. Berlin 1955, 1964, 1968 (DTM 45, 55, 61); Albrechts Jüngerer Titurel, Bd. III (Str. 4 395–6 327). Hrsg. v. Kurt Nyholm. Berlin 1984, 1992 (DTM 72, 77). In Wolframs ›Titurel‹-Fragmenten werden die Ahnen Titurels, Senebor – Parille – Thytorison, nicht genannt. Wolfram von Eschenbach. Hrsg. v. Albert Leitzmann, Heft V. Tübingen ⁵1963 (ATB 16–17).

> *der liez ainen sun da,*
> *er hiez Parille nach dem stain*
> (V 12 280f.)

(Er hinterließ einen Sohn; er hieß Parille nach dem Stein Byrill.)

> *Ein sin sun Parille hiez er nach dem stain*
> (J. T., Str. 99,1)

(Einen seiner Söhne nannte er Parille nach dem Stein Byrill.)

Wie Albrecht führt er auch das Gralsgeschlecht auf seine Wurzeln in Troja und Rom zurück (V 13 347–13 349; J. T., Str. 92–94). Dies fehlt ebenfalls bei Wolfram.

In den aus dem ›Jüngeren Titurel‹ bekannten Stammbaum des Gralsgeschlechts fügt Johann die neuen Figuren Agrant und Aglie[72] ein. Angesichts der deutlich demonstrierten Belesenheit Johanns möchte man erwarten, daß er dies stimmig durchführe. Dem ist aber nicht so. Als beim Festmahl in Nobelterre erwähnt wird, daß die Tochter von Gaylets Schwester die Mutter Wilhelms sei (V 12 901),[73] ist damit auch Wilhelms Stammbaum gegeben: Auch er ist mit dem Artusgeschlecht verbunden.[74] – Es ist Juergens durchaus zuzustimmen, wenn er in dieser Berufung auf das Grals- und Artusgeschlecht ein Mittel der Herrschaftslegitimation der Habsburger sieht[75] – ähnliche Bemühungen sind, wie oben[76] erwähnt, von Rudolf und seinen Nachfolgern tatsächlich unternommen worden. Für das literarisch gebildete Publikum aber bedeutet die Berufung auf das Artusgeschlecht nicht etwa die Verbindung zu einem sagenhaften König, sondern zum fiktionalen Artusroman, und zugleich widerlegt sie sich selbst, denn der Stammbaum Wilhelms durchbricht offensichtlich die Ordnung der Artus- und Gralswelt. Er läßt sich wie folgt rekonstruieren:

---

[72] V. Mertens, S. 82 führt ihren Namen auf die Akelei zurück, aus der man Liebeszauber braut.

[73] So auch in V 14 109f. und im Prosaroman, S. 269,18f.; vgl. aber V 18 558, wo die Herzogin von Österreich als Gaylets Schwester bezeichnet wird.

[74] Die genaue Verbindung Gahmurets zu Artus ist in diesem Zusammenhang unwesentlich, soll aber dennoch unten mit aufgeführt werden.

[75] Juergens, S. 46f.

[76] Siehe S. 71.

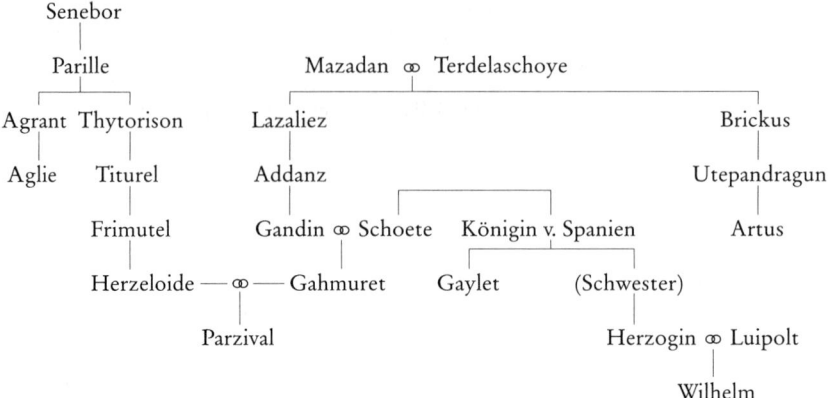

Wilhelms Großmutter ist die Cousine Gahmurets, während Aglie die Cousine Titurels ist: Vier Generationen trennen damit die Protagonisten, die am selben Tag geboren sind (V 595)! Doch damit ist nicht genug. Senebor, der alte Stammvater des Gralsgeschlechts, kämpft in derselben Schlacht wie der sieben Generationen jüngere Wilhelm und die historischen Kreuzritter, und nach dieser Schlacht wird das Gralsgeschlecht erst zum Christentum bekehrt – durch den Helden, der eine Generation jünger ist als Parzival. Im ›Jüngeren Titurel‹ läßt sich Parille (und sein Geschlecht) taufen, als Vespasian Jerusalem erobert, d. h. im Jahr 70 n. Chr. (Str. 109).

Hier kann von keinem aus ungenügender Kenntnis erwachsenen freien Umgang mit literarischen Quellen gesprochen werden. Johann zeigt deutlich eine Vertrautheit mit der Geschichte des Gralsgeschlechts im ›Jüngeren Titurel‹. Durch zwei kleine Erweiterungen des Stammbaums – Wilhelm und Aglie – läßt er das gesamte vorgegebene System zusammenbrechen. An dem Punkt, an dem die Vorlage eine historische Datierung zuläßt (70 n. Chr.), nimmt Johann seinerseits die *historia* mit herein – in völligem Widerspruch zu dieser Datierung in seiner Quelle und widersprüchlich in sich selbst (3./5. Kreuzzug). Er lehnt damit implizit jeden Anspruch auf historische Wahrheit strikt ab. Zurück bleibt ein offensichtlich fiktiver Held, eingefügt in den Stammbaum eines historischen Geschlechts wie in den Stammbaum eines fiktiven Geschlechts.[77]

---

[77] Vgl. Ebenbauer (1984) ist ebenfalls überzeugt, daß Johann nicht historische Sachverhalte verwechselt, sondern absichtlich verschiedene Zeitstufen verbindet; dies bedeutet für Ebenbauer allerdings keine Fiktionalität; vielmehr werde durch die Verschmelzung historisch unvereinbarer Zeitstufen eine »Heilszeit« errichtet, in der Wilhelm als überzeitlicher Held stehe.

Auch mit der Geographie verfährt Johann ähnlich: Die meisten Orte des Geschehens sind geographisch nachweisbar. Johann fügt aber zwei fiktive Reiche in die reale arabische Welt ein: Zyzia[78] und Belgalgan, die Reiche der beiden weiblichen Hauptpersonen. Wie in der Genealogie der Helden zeigt sich auch in der Geographie, daß die Addition neuer Glieder keine Wahrheit für sich beanspruchen kann, vielmehr einen Widerspruch mit sich bringt: Wilhelm gelangt auf dem Landweg von Smyrna (heute Izmir) in Kleinasien nach Belgalgan und reitet von dort aus nach Kandia (Kreta) weiter! Daß Kandia für Johann nicht nur ein bloßer Name ist, beweist er zumindest dadurch, daß er um die v. a. aus antiker Literatur als sagenumwoben bekannte Bergwelt Kretas, den Berg Ida, weiß (V 13 490–13 499). Wie schon bei der Behandlung historischer Elemente zeigt sich auch bei Johanns Umgang mit geographischen Angaben, daß er keineswegs wahllos irgendwelche Namen wählt und ihm dabei Fehler unterlaufen. Johann kennt weit mehr Orte und Landschaften der arabischen Welt, v. a. in Kleinasien und entlang der üblichen Routen der Kreuzfahrer und Pilger ins Heilige Land, als etwa Albrecht.[79] Auf der Basis breiter Kenntnis errichtet er einen geschlossenen Kosmos, den er durch bewußt widersprüchliche Zusätze sprengt.

Anders also als die klassischen Artusromane beruht der ›Wilhelm von Österreich‹ nicht nur auf einer erfundenen *matière*, die für die Fiktivität des Textes bürgt, und anders als pseudohistorische Texte, deren wahrer Stoff durch entsprechende Überformung durch den Verfasser einen Teil seines Wahrheitsgehalts einbüßt, kombiniert Johann wahre und fiktionale Elemente so, daß sie in sich und untereinander widersprüchlich sind, und schafft damit ein fiktionales Ganzes. Nicht die *matière de Bretagne* und nicht der Vers sind Johanns primäre Fiktionalitätskennzeichen, sondern die genannten Widersprüche.

---

[78] Nach Marjatta Wis, Ursprünge der deutschen Tannhäuserlegende. Zur Geschichte mittelalterlicher Pilgertraditionen. Neuphil. Mitt. 61 (1960), S. 8–58, S. 53 sind ab dem 15. Jahrhundert Venus-»Pilgerfahrten« nach Kythere belegt, das mit dem Sibyllen- oder Venusberg gleichgesetzt wurde. Evtl. ließe sich der Name »Zyzia« mit Kythere in Verbindung bringen.

[79] Vgl. N. Palmer.

2.2.2. Darstellung von Literatur im Roman: Die Briefe

Das Literaturverständnis eines Dichters zeigt sich besonders dort, wo er in seinem Werk selbst Literatur darstellt. Im ›Wilhelm von Österreich‹ werden nicht etwa wie im ›Tristan‹ andere Romane und andere Dichter erwähnt oder kritisiert,[80] doch sind zahlreiche Briefe in das Romangeschehen eingeflochten. Die Art und Weise allerdings, wie Briefe dargestellt werden und wie über das Verfassen von Briefen gesprochen wird, läßt sich nicht in jedem Fall auf die Gattung Roman und das Romanschreiben übertragen.

Johanns Briefe sind in zwei Typen zu unterteilen: Zunächst gibt es Briefe, die der reinen Nachrichtenübermittlung dienen. Diese Briefe werden von Boten überbracht, welche die Nachricht zunächst selbst vortragen, um sie dann anhand des Briefes zu autorisieren und zu vervollständigen. Solche Briefe sind die Kriegserklärung, die Ryal Melchinor übermittelt (V 3 072),[81] und die Nachricht der Königin von Kandia an Crispin, in der sie um Wilhelms Teilnahme am Turnier bittet (V 13 530–13 541). Diese Briefe sind fester Bestandteil der Erzählhandlung und heben sich in keiner Weise als eigenständige Werke von ihr ab.

Interessanter für eine Untersuchung des Literaturverständnisses Johanns von Würzburg ist daher die zweite Art Briefe, die sich in seinem Werk findet. In den Handschriften werden sie schon rein äußerlich durch Initialen am Briefanfang und oft noch zusätzlich durch Überschriften oder Numerierung hervorgehoben.[82] Durch ihre Form und ihren Inhalt beanspruchen sie eine gewisse Eigenständigkeit: Ihr Stil ist weit elaborierter als der der anderen Briefe; ihr faktischer Informationsgehalt ist eher gering, sie dienen nicht der reinen Nachrichtenübermittlung. Das oben beschriebene »Szenenmuster« (Brackert) der Übermittlung durch einen Boten entfällt oder wird stark variiert. Außerdem

---

[80] Vgl. ›Tristan‹, V 4 621–4 820 (Literaturexkurs); V 17 182–17 199 (Minnegrotte). Gottfried von Straßburg, Tristan. Nach dem Text von Friedrich Ranke neu hrsg. u. übers. v. Rüdiger Krohn, Stuttgart ³1984.

[81] Dieser Brief widerlegt die Behauptung von Schnuchel, S. 92, daß sich der Brieftyp im ›Wilhelm von Österreich‹ nach der Nennung Johanns von Würzburg als Verfasser wandle, worin Schnuchel einen Beweis für einen Verfasserwechsel sieht.

[82] Überschriften über den Briefen sind in den Handschriften S, L und B vorhanden; in Da und H sind Freiräume für Überschriften und in H auch für Illustrationen vor den Briefen gelassen. Vgl. Edward Schröder, Meininger handschrift des Wilhelm von Orlens. ZfdA 64 (1927), S. 283f.: In der Meininger ›Willehalm von Orlens‹-Handschrift stehen die einzigen vorhandenen Überschriften über den Briefen. Schröder, S. 284 deutet das als »ein interessantes zeugnis dafür, welchen wert man diesen musterbriefen des zeitweiligen moderomans beimass.« In G sind die Briefe numeriert.

wird im Gegensatz zur ersten Art Briefe ihre Entstehung thematisiert und als eine dichterische Produktion vorgeführt. Zu diesem Typus gehören die Liebesbriefe Wilhelms und Aglies.

Der Brief, den Aglie Wilhelm schickt, um ihn aus Österreich zurückzurufen, liegt an der Grenze zwischen beiden Brieftypen. Er ist zwar stärker auf die Erzählhandlung bezogen als die Briefe des zweiten Typus, geht aber in der in ihm enthaltenen Liebesklage und in seiner Sprache weit über den Botenbericht hinaus.

Eine Sonderstellung schließlich nimmt der gefälschte Brief »Mahmets« ein: Er gibt vor, ein Brief des ersten Typs zu sein, gleicht aber aus der Sicht derer, welche die Fälschung durchschauen, eher dem zweiten Typ.

A. Die Liebesbriefe

In seiner Marburger Dissertation ›Die gereimten Liebesbriefe des deutschen Mittelalters‹ zeichnet Ernst Meyer eine Aufstiegs- und Verfallskurve des höfischen Liebesbriefs von Veldeke über Wolfram und Wirnt bis in die Spätzeit. Der Liebesbrief sei »aus der Anschauung und den Gebräuchen des Minnedienstes geboren, um mit ihnen wieder zu verfallen und unterzugehen.«[83] Den ›Wilhelm von Österreich‹ erwähnt Meyer nicht.[84] Eugen Mayser greift 37 Jahre später Meyers Ansatz wieder auf und erklärt, es sei zu beobachten, »daß diese Briefe nach und nach zur Mode, schließlich zur Manier werden; sie treten immer häufiger auf, werden immer länger und infolgedessen immer leerer, sie werden zu einem Tummelplatz aller Arten von spielerischen, blumigen, metaphorischen Redefiguren, indem sie teils noch den lyrischen Gefühlen des Dichters oder seiner Helden Raum geben, teils aber offensichtlich nur noch um der erwähnten Redefiguren willen da sind, wobei der Dichter sich kaum mehr um ihre Verflechtung in die Handlung seines erzählenden Gedichts bemüht.«[85] Den Gipfel dieser Entwicklung sieht Mayser bei Johann von Würzburg erreicht: »Das Überwuchern der Briefe in den Epen ist ein Symptom der Auflösung, die Werke sind nicht mehr durchgestaltet, sie zerbröckeln, Teile fallen heraus und fangen an zu wuchern ohne Rücksicht auf das Ganze. Die Briefe in den Epen haben zuletzt gar keine epische Funktion mehr, es fehlt ihnen

---

[83] E. Meyer, S. 98.
[84] Aus der ganzen ersten Hälfte des 14. Jahrhunderts seien keine Liebesbriefe überliefert. Ebd., S. 66.
[85] Mayser (1935), S. 137.

aber auch der lyrische Gehalt ... Sie sind aber ihrem Wesen nach bloße Schmuckstücke, ein Schaugepränge von Bildern und Hyperbeln.«[86]

Helmut Brackert führt dieses negative Urteil der älteren Forschung auf falsche Erwartungen gegenüber den Briefen in mhd. Romanen zurück.[87] Die Briefe Johanns von Würzburg haben ebenso wie die Liebesbriefe Rudolfs von Ems keine »sachliche Mitteilungsfunktion.«[88] Mit anderen Worten bedeutet dies, daß die Briefe nicht Teil der Handlung sein wollen, sondern in sich geschlossene Einheiten, die neben der Handlung stehen. Genau das macht sie als Werke im Werk interessant. Nach ihrer Funktion im Gesamtwerk soll später gefragt werden;[89] hier geht es zunächst um ihren Bezug zur Handlungsebene, der ein Abbild der Beziehung zwischen Roman und außerliterarischer Welt ist, genauer gesagt ein Abbild der Vorstellung Johanns von der Beziehung seines Romans zur außerliterarischen Welt.

Die insgesamt 13 Liebesbriefe im ›Wilhelm von Österreich‹ lassen sich in zwei Sequenzen aufteilen: Brief 1–7 werden von Ryal und Aglie am Hof Agrants ausgetauscht, nachdem dieser die Liebe der Kinder entdeckt und sie der *hûte* unterworfen hat. Der Bote dieser Briefe ist in der Regel ein Ball, den sich die Kinder im Spiel zuwerfen. Nur Brief 4 geht direkt von Hand zu Hand, während ringsum die Vorbereitungen für die Hochzeit Aglies mit Walwan getroffen werden. Der Briefwechsel von Brief 8–13 hingegen findet während der Belagerung Smyrnas durch Melchinors Heer statt. Aglie befindet sich zu dieser Zeit dort auf Burg Frien, als Walwans Braut. Als Bote dient dem Liebespaar zunächst ein Jäger (der nicht weiß, daß sich in dem Rosenstrauß bzw. unter dem Gefieder des Papageien, den er überbringt, ein Brief befindet), dann ein Falke, und die Briefe 12 und 13 gehen wiederum direkt von Hand zu Hand, während ringsum die Vorbereitungen für die Hochzeit Aglies mit Wildomis getroffen werden.

a.   Die erste Briefsequenz: Am Hof König Agrants von Zyzia

Brief 1–3 (V 1933–1976, 2003–2041, 2095–2133)

Die Ausgangssituation des ersten Briefwechsels zwischen Ryal und Aglie ist eine fast absurde Situation der *hûte*: Den Kindern, deren Minne sich gerade am Wendepunkt vom Minnegespräch zu *natürlicher minne*

---

[86] Ebd., S. 144.
[87] Brackert, S. 8; vgl. auch Rehbock, S. 40; Brandstetter, S. 98f.
[88] Brackert, S. 10f.
[89] Siehe S. 183–192.

(V 1 668) befindet, wird verboten, weiterhin miteinander zu sprechen (V 1 802f., 1 808, 1 813), doch sie dürfen sich weiterhin sehen und miteinander Ball spielen. Die Unnatürlichkeit der Situation wird unterstrichen durch den Gegensatz zwischen dem Schweigen der Kinder und dem Singen der Vögel ringsum (V 1 849–1 851). Der *hûte* Agrants liegt offenbar die Vorstellung zugrunde, daß Minne durch das Verbot des Minnegesprächs unterbunden werden könne, d. h. daß das Wort Wirklichkeit schaffe.

Die realitätsstiftende Funktion des Worts wird in den ersten beiden Briefen deutlich: Die Briefe vermögen nicht nur, den Schmerz der Trennung zu lindern, sondern sie eröffnen auch einen Raum, in dem die Minne Ryals und Aglies weiterexistieren kann. In ihm vereinen sich die Geliebten; Ryal wird in Aglies *hertzen porten, / daran er lange bozzet* (V 1 966f.) eingelassen. Während sie im ersten Brief noch als Ryals *liebes liep* (V 1 933) bezeichnet wird, wird sie im zweiten Brief zu seiner *amye* (V 2 006) – und im dritten schließlich zu seiner *vrawe* (V 2 100). Der Junge Ryal tritt in den Briefen den ritterlichen Minnedienst an, während Aglie sich ihm auf ewig verspricht und ihren Verwandten (V 2 014f.) wie ihrem Glauben (V 2 026), selbst ihrem Leben (V 2 012) abschwört um seinetwillen. – All dies wird sich später tatsächlich ereignen, im Moment aber ändert sich nichts an der äußeren Situation der Liebenden, sie bleiben zwei schweigend Ball spielende, gut bewachte Kinder. Die Briefe öffnen damit eine neue, fiktive Welt neben der Lebenswelt der Kinder, die auf der (ihrerseits fiktiven) Handlungsebene des Romans beschrieben wird.

Formal stehen die Briefe in einem engen Zusammenhang mit Johanns Bekenntnis zur geblümten Rede, V 1 451–1 457, d. h. mit seiner stilistischen Zielsetzung.[90] Nachdem Johann im Dialog der Kinder seine – noch gemäßigte – Kunst des Blümens demonstriert hat, sind nun Ryal und Aglie selbst an der Reihe, ihre *hovelichiu kunst* vorzuführen (V 1 906), indem sie Briefe schreiben. Aglie erweist sich in ihrem ersten Brief geradezu als Meisterin dieser höfischen *ars*: Wenige Stellen im ›Wilhelm von Österreich‹ sind so stark geblümt wie die Schilderung ihres Schreibens, *vil süzzer wort ir süzzer munt / süzzeclich tihte* (V 1 988f.). Das Artifizielle der Briefe wird so schon durch den Erzähler betont. In den Briefen selbst wird es v. a. noch dadurch gehoben, daß in ihnen der personifizierte Brief selbst als sprechendes Ich auftritt und damit eine Distanz zwischen dem Briefsteller und dem Brief

---

[90] Siehe unten, S. 192f.

schafft. Dadurch sind die Briefe kein verschriftlichtes Gespräch mehr zwischen den beiden Geliebten, sondern sie sind Form- und Wortkunst.

Der dritte Brief faßt das Ergebnis der beiden ersten Briefe in poetisch überhöhter Form zusammen: Ryal lobt seine *vrawe* und ihre Tugenden im Übermaß. Die hyperbolische Ausdrucksweise und Bilderfülle gerade auch dieses Briefs bezeichnet Mayser als an der »Grenze des für unseren Geschmack Erträglichen«:[91] Der Brief ist ein hervorragendes Beispiel der geblümten Rede. Mordhorst hat beobachtet, daß mit einem gesteigerten Blümen stets vermehrte Unfähigkeitsbekundungen einhergehen.[92] Hier, beim Schreiben, bekundet Wilhelm seine Unfähigkeit und wendet sich an den *maister* Gottfried von Straßburg mit der Bitte um dichterischen Beistand. Oben, im Anschluß an sein Bekenntnis zur geblümten Rede, hat Johann seine dichterische Arbeit dargestellt als die eines *stupfelman*, der den Meistern nachschleiche (V 1 494–1 509).[93] Damit werden der Briefsteller und seine literarische Produktion mit dem Romanautor und dessen Tätigkeit parallel gesetzt, mit anderen Worten: Die Entstehung der Briefe innerhalb des Werks spiegelt die Entstehung des Werks selbst wider.

Jedes künstlerische Erzeugnis wird im Moment seiner Entstehung in ein wie auch immer geartetes Verhältnis zu seiner Außenwelt, d. h. zur Lebenswelt des Künstlers, gestellt. Wenn nun ein Dichter die Entstehung eines Werks in seinem Werk mit seiner eigenen Dichtertätigkeit parallelisiert, liegt die Annahme auf der Hand, daß er auch die jeweilige Beziehung der Werke zu ihrer Außenwelt gleich bestimmt. Im konkreten Fall bedeutet dies, daß das Verhältnis der Briefe zur Erzählhandlung das Verhältnis des Romans zur außerliterarischen Realität reflektiert: Die Briefe errichten, wie bereits zu beobachten war, eine eigene, fiktive literarische Welt, die der Lebenswelt der Romanhelden, d. h. der Erzählhandlung, entgegensteht: Während in der Briefwelt das Bild einer ewigen Vereinigung entworfen wird, verschärft sich in der »Außenwelt«, d. h. der äußeren Realität aus dem Blickwinkel der Protagonisten,[94] die Trennung durch die Werbung Walwans.

---

[91] Mayser (1935), S. 143.
[92] Otto Mordhorst, Egen von Bamberg und die ›geblümte Rede‹. Diss. Berlin 1909. Berlin 1911 (Berliner Beiträge 43 [30]), S. 73.
[93] Siehe unten, S. 109.
[94] Wenn ich im folgenden von der »Außenwelt« oder der »äußeren Realität« und »Lebenswelt der Helden« spreche, bezeichnet dies die Außenwelt aus der Sicht der Protagonisten, d. h. die Ebene der Erzählhandlung im Gegensatz zur Welt der Briefe; ich meine damit nicht die Welt außerhalb des Romans.

Brief 4–5 (V 2 527–2 582, 2 596–2 622)

Die äußere Welt hat Ryal so sehr verletzt, daß er sich in dem weit weniger kunstvollen vierten Brief von Aglie verabschiedet und damit auch die literarische Welt der Minnebriefe aufkündigt. Der fünfte (Aglies) Brief aber richtet die Gegenwelt der Minne wieder auf: Wieder tritt ein fiktiver Sprecher auf und spricht Ryal Mut zu. Ryals verzweifelte Bitte um *urlaup* (V 2 582) wird zurückgewiesen. Die Einheit der Liebenden scheint trotz der aussichtslosen äußeren Lage wiederhergestellt.

Hier tritt eine erneute Veränderung der äußeren Situation ein: Ryal muß mit Walwan nach Phrygien. An die Stelle des gerade zurückgewiesenen inneren *urlaup* tritt nun der äußere.

Brief 6–7 (V 2 876–2 916, 2 993–3 035)

Ähnlich wie Brief 4 und 5 verhalten sich die beiden nächsten Briefe zu einander. Ryals Verzweiflung aber ist nun geringer als im vierten Brief. Mit der Forderung eines *cleinôdelin* (V 2 903) wird er wieder, wie in den ersten Briefen, Aglies Minneritter. Aglie zeigt sich wieder zuversichtlich, richtet in einem Brief, dessen Reimkunst betont wird (V 2 987–2 989), die heimliche Gegenwelt der Liebenden zu ihrer Außenwelt wieder auf: Während der Rat der Phrygier beschließt, Ryal auf eine tödliche Mission zu schicken, spricht Aglie vom Rat der Venus, Amors und Cupidos, welche die Vereinigung der Geliebten beschlossen haben (V 3 019–3 022). Der literarischen Welt gelingt es wiederum, eine eigene Realität zu stiften: Ryal fühlt, Aglie sei *im vriuntlichen bi* (V 3 042f.), während er tatsächlich kläglich verlassen ist. Mit der Aussendung durch Walwan bricht dann die Außenwelt in die Minnebriefwelt herein.

b.   Die zweite Briefsequenz: Vor Burg Frien

Brief 8–11 (V 6 697–6 770, 7 007–7 088, 7 423–7 493, 7 539–7 629)

Die zweite Briefreihe steht wiederum in deutlichem Kontrast zur äußeren Realität. Die Geliebten sind in den Briefen eng vereint, obgleich feindliche Heere sie trennen. Bekannte literarische Formeln wie *ich din, du min bist* (V 6 734), *ich bin du und du bist ich* (V 7 046) durchziehen die Briefe. Kunstvolle Lobpreisungen überhöhen den jeweiligen Partner und drücken damit die Rolle aus, die er für den Schreibenden in einer Welt spielt, die (zur Zeit) nur im Brief existiert.

Die Autonomie der Briefwelt wird vor allem auch in Aglies Worten deutlich zum Ausdruck gebracht:

> *swie es niht liplich si getan,*
> *doch hat der minnecliche wan*
> *gefúget daȝ ich worden bin*
> *din wip und du min man in sin.*
> (V 7 541–7 544)

(Wenngleich es nicht leiblich geschehen ist, so hat doch der Minnegedanke es so gefügt, daß ich im Geiste Deine Frau geworden bin und Du mein Mann.)

Aglie unterscheidet zwischen *liplich* und *in sin*: In anderem Kontext könnte man annehmen, dies bedeute allein, daß die Ehe zwar noch nicht vollzogen, aber das Sakrament bereits gespendet sei. Das Ehesakrament aber ist hier nicht vom Heiligen Geist, sondern von der Minne *wan* gestiftet, und es fehlt nicht nur die Öffentlichkeit, vor der es gestiftet wäre, sondern auch die Anerkennung des Sakraments durch die anderen sowie die Möglichkeit, daß die Ehe jemals vollzogen und gelebt werde. Die Ehe existiert nur *in sin* und in dessen Medium, dem Liebesbrief, der eine heimliche, innerliche Welt errichtet, die der Welt außerhalb der Briefe trotzt. In der Briefwelt, und nur in ihr, ist, wie gesagt,[95] Aglie zu Wilhelms *amye – frowe – wip* geworden.

Daß die Briefe einer künstlerischen Produktion entspringen, analog zur Entstehung des Romans selbst, wird wiederum durch den Musenanruf der Briefsteller betont:

> ›*ach, Minne, kúnd ich tihten*
> *so daȝ ich móht gerihten*
> *den brief nach sinem werde!*‹
> *ich wæn daȝ uf der erde*
> *im tihtens nie wúrd also not!*
> (V 6 689–6 693)[96]

(»Ach, Minne, könnte ich dichten, so daß ich den Brief so abfassen könnte, wie es ihm gebührt.« Ich denke, daß er [Wilhelm] nie in seinem Leben so dringend die Dichtkunst brauche.)

---

[95] Siehe S. 85.

[96] Die Anführungszeichen habe ich entgegen der Edition Regels gesetzt, da es mir wahrscheinlicher erscheint, daß Wilhelm, der gerade beschlossen hat, einen Brief zu schreiben, von dessen Augen es noch in V 6 696f. heißt, daß sie sich durch Tränen röten, bevor er zu schreiben beginnt, sich hier verzweifelt an Frau Minne richtet, um sie um Hilfe beim Verfassen des Briefes zu bitten, als daß hier der Erzähler für sich bitte.

88

ach minneclichiu Minne,
gib helf, kunst ze stiur
(V 7 498f.)

(Ach, liebe Minne, schenke mir Hilfe, schenke mir Kunst als Wegweiser!)

Einen Musenanruf dieser Art erwartet der Leser oder Hörer eher aus dem Mund des Romanautors als aus dem einer Figur, und tatsächlich äußert sich Johann anderenorts auch ähnlich[97] – ein deutlicher Hinweis, daß die Briefe hier als Werke im Werk zu verstehen sind.

Der Riß zwischen der dominanten Welt der Handlung und der idealisierten Kunstwelt der Liebesbriefe mit ihrer Vision einer Minnebindung reißt bald wieder auf. Wilhelm tötet Walwan, doch nun soll Wildomis Aglie heiraten. Wilhelm wird als Brautführer ausersehen. Es bedarf eines erneuten Anstoßes durch Minne, daß Wilhelm weiter Briefe schreibt (V 9 184–9 203) – für einen letzten Klagebrief.

Brief 12–13 (V 9 795–9 870, 9 989–10 076)

Die letzten beiden Liebesbriefe Wilhelms und Aglies sind bisher stets als unnötig und als reiner Schmuck betrachtet worden.[98] Eine solche Einschätzung setzt voraus, daß ein Brief nichts anderes sei als eine schriftliche Form der Nachrichtenübermittlung oder Konversation. Dann wäre es wahrhaft unnötig, daß sich die beiden Liebenden nach ihrem langen heimlichen Gespräch noch ihre zuvor verfaßten Briefe zuschöben. Betrachtet man den Brief aber als ein eigenständiges literarisches Werk, verliert er sein Existenzrecht nicht durch eine vorausgegangene Rede. Es zeigt sich auch, daß die Unterhaltung Wilhelms und Aglies die äußere Handlung weit stärker einbezieht, als es die Briefe tun: Die Heimlichkeit des Gesprächs, die bevorstehende Hochzeit mit Wildomis, zu der Wilhelm, der Stadtvogt, als Brautführer verpflichtet worden ist, Wilhelms Name, Geschichte und Rüstung: All dies wird im Gespräch thematisiert. Die Briefe hingegen sind von den Äußerlichkeiten der Welt gelöst; sie bestehen aus kunstvollen Liebes- und Abschiedsklagen. Die Welt der Briefe ist hier deutlich eine andere als die Lebenswelt der Helden außerhalb derselben.

---

[97] Siehe unten, S. 94f.
[98] Vgl. u. a. Schnuchel, S. 88.

Zusammenfassung

Der Briefwechsel zwischen Ryal/Wilhelm und Aglie schafft einen
Raum, der aus der Handlungsebene ausgegrenzt ist. Das Geschehen um
die Helden herum ist hier nicht einmal mehr thematisiert, und oft ste-
hen die Begebenheiten der Briefwelt konträr zu den Begebenheiten und
Bedrängnissen im Fortgang der Handlung. Zugleich konstituieren die
Briefe im Inneren Wilhelms und Aglies eine eigene Realität: Aglie wird
Wilhelms *amye – vrawe – wip*. Damit erfüllt sich die Angst der Eltern
Aglies, daß durch das Wort Minne entstehe.

Die Briefsteller und ihre Produktion werden wiederholt mit dem
Erzähler des Romans und seiner Tätigkeit parallel gesetzt; offensichtlich will Johann, daß der Leser oder Hörer des Romans das Verhältnis
der Briefe zur Handlungsebene des Romans auf das Verhältnis des Romans zu dessen Außenwelt überträgt. Die Briefe dürfen daher als Ausdruck von Johanns Literaturkonzept verstanden werden: Literatur, wie
er sie beschreibt, konstituiert eine sich gegen die äußere Wirklichkeit
abgrenzende, dieser oft sogar widersprechende innerliterarische Welt.
Einen Anspruch auf Wahrheit im außerliterarischen Raum kann und
will sie nicht erheben. Dies ist dem Verfasser wie dem Leser bewußt;
und daher kann diese Literatur nicht nur als fiktiv, sondern als fiktional
bezeichnet werden.[99]

Ein Vergleich mit dem letzten Brief, der Mahnung Aglies an Wilhelm
(V 19 693–19 721), verdeutlicht den eigenständigen Charakter der Liebesbriefe: Nach der Geburt Friedrichs schickt Aglie einen Boten zu
Wilhelm, der diesen von der Geburt und Taufe seines Sohnes unterrichtet, und einen Brief, der Wilhelm an sein Liebesversprechen mahnt.
Brief und Botennachricht erfüllen unterschiedliche Aufgaben und sind
anders als in Brieftypus 1 nicht inhaltsgleich.

Die Sprache des Briefs ist zwar etwas schlichter als die der Liebesbriefe, weicht aber nicht entscheidend von ihr ab. Der Inhalt hingegen
unterscheidet sich deutlich von dem der Liebesbriefe: Die Welt der
Minne ist nicht mehr ein entferntes Ideal, das in einer literarischen
Fiktion gegen die »Realität« der Handlungsebene errichtet werden
müßte, sondern sie ist mit der Hochzeit auf diese Ebene gehoben worden. Was Aglie von Wilhelm fordert, ist nicht mehr ein heimlicher
Dienst ihres Traumpartners, dessen *wip* sie allein in der Briefwelt ge-

---

[99] Ich verstehe unter dem Fiktionalen das bewußt und offensichtlich Fiktive, vgl. oben,
S. 67.

worden ist, sondern es ist die Erfüllung der objektiven Pflicht des Ehemanns. Der Brief ist auch der einzige Brief Wilhelms oder Aglies, der aus größerer räumlicher Entfernung gesendet wird, während die anderen Briefe nicht eine Distanz in der »realen« Welt, sondern eine Distanz zur »realen« Welt überbrücken.[100] Aglies mahnender Brief ist eine Botschaft, die in der Erzählhandlung verwurzelt ist, und deswegen bedarf es auch keines Musenanrufs mehr. Aus demselben Grund bleibt die Reaktion, die der Brief hervorruft, nicht mehr auf den fiktiven Raum der Briefwelt begrenzt, sondern ist eine Reaktion auf der Handlungsebene: Wilhelm bricht zu Aglie auf.

Daß der Brief Aglies primär eine Botschaft und nicht ein eigenständiges poetisches Werk ist, verdeutlichen außerdem die einleitenden Worte des Erzählers, der den Brief kurz zusammenfaßt: Er mahne Wilhelm an seinen Eid (V 18 688f.) und beschreibe den Kummer, den Aglie um ihn erleide (V 18 690f.). Keinen der Liebesbriefe hat der Erzähler so auf seinen Nachrichtenwert reduziert.

B. Der Brief »Mahmets«

Der Brief »Mahmets« (V 11 044–11 094), den Parklise König Melchinor überreicht, um Wilhelm zu retten, zeigt ein ganz anderes Verhältnis zur Realität der Handlungsebene als die Liebesbriefe. Er ist eine Fälschung des Brieftypus 1 und demonstriert damit den Unterschied zwischen Lüge und Fiktion. Er folgt scheinbar dem Szenenmuster der Übermittlung durch einen Boten. Die »Botin« Parklise sagt nichts über den Inhalt des Briefs, sie unterstreicht nur seine Autorität (V 11 014–11 031). Dies vermittelt den getäuschten Heiden noch verstärkt den Eindruck, eine Botschaft direkt von Mahmet zu erhalten, die sich so persönlich an sie richte, daß die Botin selbst den Inhalt vermutlich nicht kenne (V 11 118f.). – Anders aber die Leser bzw. Hörer des Romans: Sie wissen, daß der Brief gefälscht ist. Parklise ist in Wahrheit nicht nur eine Botin, sie ist die Autorin des Briefs. Sie hat ihn auch nicht, wie es im Brief heißt, nach dem Diktat Mahmets geschrieben (V 11 083), sondern

---

[100] Vgl. Brackert, S. 15 bemerkt, daß die Liebenden einander nur schreiben, solange sie in der Nähe des anderen sind. »Wenn Ryal in fernen Ländern glänzende Taten ritterlicher Bewährung vollbringt, wenn sich mithin der Roman einem anderen Thema zugewandt hat, ist auch die Zeit der Minnebriefe vorbei, obwohl sie nach unserer Vorstellung gerade hier angebrachter wären als vorher.«

> *... nach der warhait,*
> *was der kúnc hat gesait*
> *des nahtes siner wirtinne.*
> (V 11 381–11 383)

(... nach der wahren Vorlage dessen, was der König nachts zu seiner Frau gesait hat.)

Parklise bezeichnet ihren Brief als etwas, das *nach der warhait* gefertigt worden sei, d. h. als *imitatio*, nicht als reines Phantasiegebilde. Sie hat ihn auf der Grundlage dessen geschrieben, was ihr der Teufel von der Unterhaltung Melchinors mit seiner Frau wahrheitsgetreu berichtet hat (V 10 948–10 969). Was in dieser Nacht gesprochen worden ist, wissen wir nicht, aber vermutlich entstammen dieser Quelle der Gedanke, daß ein ungerechtes Urteil die Ehre Melchinors beflecken würde (V 11 066), die Hoffnung, daß Wildomis' Seele von Mahmet gekrönt werde (V 11 070–11 077), und eventuell auch der Wunsch, daß Mahmet eine Entscheidung herbeiführe. Auch die Aussage, daß Wilhelm mit dem Teufelssohn Merlin kämpfen müsse (V 11 060–11 065), ist nicht der »lügnerischen« Phantasie Parklises entsprungen, sondern ist wahr. Wie der Leser schon weiß (V 10 926f.), ist das genau der Grund, weshalb sie Wilhelm rettet: Sie hat ihn dazu erwählt, diese Aufgabe zu erfüllen.

Der Brief ist also aus wahren Elementen zusammengesetzt; der Wahrheit widerspricht nur die Berufung auf Mahmet – eine Verfasserfiktion, welche die Moslems nicht durchschauen, und nur deshalb werden diese durch den Brief betrogen (V 11 392–11 395).

Parklises Zusammenfügen wahrer Elemente unter einer Verfasserfiktion zu einem Brief, in dem auch wieder, wie in den Liebesbriefen, der personifizierte Brief als sprechendes Ich distanzierend zwischen Brieftext und Briefsteller eingeschaltet ist, wird als eine Schreibkunst bezeichnet, die ähnlich wie bei den Liebesbriefen, mit der Tätigkeit des Romanautors oder -erzählers verglichen wird: Als Parklise den Brief schreibt, fügt der Erzähler hinzu:

> *kúnd ich nu gút getiht,*
> *daz wôlt ich ir lihen gern*
> (V 10 976f.)

(Könnte ich gut schreiben, würde ich ihr diese Kunst gerne zur Verfügung stellen)[101]

---

[101] Vgl. V 6 689: *kúnd ich tihten,* siehe oben, S. 88.

Der Erzähler erklärt sich mit Parklise solidarisch, betont aber sogleich einen Unterschied: Mit Nigromantie wolle er nichts zu schaffen haben (V 10 978–10 982). Er, so kann man schließen, dichtet vielleicht in ähnlicher Weise wie Parklise, doch das negative Element, die Täuschung, entfällt. Das heißt, daß das dichterische Verfahren bei Johann und Parklise das gleiche ist, doch die Rezeption, die durch den Text intendiert wird, ist eine andere. Parklise lügt; Johann hingegen will, daß seine Leser oder Hörer erkennen, daß seine Dichtung unwahr ist: er fingiert.

Der Brief Mahmets unterscheidet sich von den Liebesbriefen, indem er die äußere Realität nicht ausgrenzt, sondern die direkte Konfrontation mit ihr sucht, ihr widerspricht, ohne daß dieser Widerspruch seinen Rezipienten einsichtig ist, und dies, um auf die äußere Wirklichkeit einzuwirken, und nicht, wie die Liebesbriefe, um Reaktionen innerhalb einer literarischen Welt hervorzurufen. Hierin besteht der grundsätzliche Unterschied zwischen dem Fiktionalen und der Lüge.

Übertragen auf die beiden Begriffe »Roman« und *historia*, die der vorliegenden Untersuchung zugrunde liegen, bedeutet dies: Die Liebesbriefe entsprechen in ihrer Beziehung zu ihrer Außenwelt etwa dem Roman, der offen der historischen Wirklichkeit widerspricht und seinen Helden außerhalb der verbürgten historischen und literarischen Chronologie agieren läßt, in einem Raum, der außerhalb und im Widerspruch zur realen Geographie steht. Der Brief Mahmets hingegen entspricht eher der Geschichtsklitterung der Chronisten oder auch der ›Kreuzfahrt Landgraf Ludwigs des Frommen‹, die politisch-propagandistischen Zwecken dient.

2.2.3. *Das Selbstverständnis des Erzählers*

Johanns Umgang mit der *historia* in seinem Werk findet in Parklises Fälschung des »Briefs Mahmets« ein verzerrtes Spiegelbild: Wo immer Johann historische Elemente verwendet, kombiniert er sie neu, im Widerspruch zur historischen Wahrheit. Anders aber als Parklise kann er damit rechnen und rechnet damit, daß sein Publikum diesen Widerspruch erkennt. Er reflektiert auch nicht wie Parklise nur gegenüber Eingeweihten seine Tätigkeit, sondern stellt neben seine offensichtlich fiktive Erzählung eine Darstellung seines Dichtens. Er will weder der Lüge schuldig werden, noch läge es in Johanns Interesse, vorzugeben, daß er *nach der warhait* geschrieben habe, denn er versteht sich nicht als Chronist, der allein für die Form, nicht für die Materie seines Werks verantwortlich ist.

Der Erzähler des ›Wilhelm von Österreich‹ tritt außerordentlich häufig hervor. – Helmut Rehbock hat den Umfang der subjektiven Erzählereingriffe im Text auf ca. 19% berechnet.[102] – Dadurch wird dem Leser oder Hörer die Handlung stets als eine erzählte vergegenwärtigt. Art und Inhalt der Erzählereingriffe variieren dabei stark.

Im folgenden soll v. a. gezeigt werden, wie sich Johann zur historischen Wahrheit seiner Dichtung stellt, d. h. wie er durch die Gestaltung seiner Erzählerrolle die Fiktionalität seines Romans verdeutlicht (A) und in welcher Weise er in Prolog, Epilog und Exkursen seine Dichtertätigkeit darstellt (B).

A. Erzählhaltung

> *Nu Minne und Aventŭre!*
> *nu dar! gebt stŭre*
> *minen sinnen tummen*
> *daz ich ab wegen krummen*
> *wise hie die rihte*
> *Ryalen mit getihte*
> *uf lôblich getæt!*
> (V 4 469–4 475)

(Nun, Minne und *Âventiure*, tut etwas! Lenkt meinen stumpfen Geist, damit ich Ryal durch mein Dichten weg von den krummen Pfaden auf den rechten Weg rühmenswerten Handelns weise.)

> *Nu dar, vrau Aventŭr!*
> *gebt sinne, lere, stŭr,*
> *wie ich den claren jungen*
> *nu mit getihtes zungen*
> *nach ritterschaft gewis,*
> *da von er eren pris*
> *gewinnen mŭge tŭr!*
> (V 13 585–13 591)

(Nur zu, Frau *Âventiure*! schenkt mir Verstand, erteilt mir Lehre und Weisung, wie ich den edlen jungen Mann nun mit dichterischem Wort zur ritterlichen Bewährung weise, damit er dadurch die hohe Auszeichnung der Ehre gewinnen könne!)

Erzähleräußerungen wie diese finden sich im Werk immer wieder. Der Erzähler ruft *Âventiure*, Minne, Natur, *Wîsheit*, Gott und selbst Wolfram von Eschenbach[103] als »Musen« an und bittet sie um Hilfe beim

---

[102] Rehbock, S. 115.
[103] Meint er Albrecht?

94

Dichten. Häufig bezieht sich ein solcher Musenanruf nur auf die angemessene Form der Dichtung und sagt somit nichts über die Wahrheit des Erzählten aus,[104] wie etwa auch der Tadel des Erzählers an seinem schwachen *hertze*, seiner ungenügenden *kunst*, seinem unzulänglichen *muot* und *sin* (V 7 813–7 823, 15 111–15 113). Die beiden oben genannten Beispiele[105] aber zeigen, daß sich der Erzähler für mehr als nur für die Form der Erzählung verantwortlich fühlt und dafür um Beistand bittet: Er bittet darum, daß er den Helden durch sein Dichten den rechten Weg weise. Dies bedeutet, daß der Weg des Helden nicht in der Historie oder in der literarischen Tradition bereits vorgegeben ist und vom Dichter nur in rechter Weise nacherzählt werden müsse, sondern daß die *âventiure* durch das Dichten erst entsteht. Das heißt nicht, daß Johann von Würzburg tatsächlich improvisiere; er beschreibt sich nur in der Rolle eines improvisierenden Dichters, um sich strikt gegen den Dichter abzugrenzen, der von einer festen Vorlage ausgeht und d. h. für den Wahrheitsgehalt des dargestellten Geschehens nicht verantwortlich ist. Im klaren Gegensatz zum Historiographen also bittet der Erzähler um Hilfe beim freien Entwickeln seiner Erzählung. Wie der Jäger mit seinen Hunden – oder der Held auf seinem *Âventiuren*weg – ist er bemüht, mit seinem dichterischen Wort nicht von der rechten Fährte abzukommen (V 976–983).[106]

Wie sehr Form und Inhalt der Dichtung in seiner Verantwortung stehen, macht der Erzähler in einer Anrufung an Gott deutlich:

> *Ey, schepfer aller aventiur,*
> *sit daz von diner lere stiur*
> *ich kunstloser tummer knab*
> *ein aventiur entworfen hab*
> *den sinnen min ze maisterlich,*
> *so gib lere mir daz ich*
> *die varwe dar gestriche*
> *diu niht schier erbliche*
> *von des sumers hitze,*
> *ich main der wisen witze*
> (V 2 435–2 444)

----

[104] V 3 495–3 501, 6 380f., 8 241–8 251, 13 281–13 283, 14 517–14 551, 14 614–14 617.

[105] Vgl. auch V 6 225–6 229.

[106] Weitere metaphorische Ausdrücke für das Dichten als dynamischen Prozeß finden sich in: V 7 276–7 279, 8 243, 12 994–12 996, 14 615f., 15 196f., 16 038f., 18 806f., 19 392f. (Jagd); V 15 140f., 15 480f. (Weg); V 13 216f., 14 418f., 16 028f., 16 978f. (Fluß); V 1 218f., 10 478–10 481, 13 281–13 283, 14 341–14 343, 17 029f. (Fahrt).

(Ach, Schöpfer aller *âventiure*, da ich kunstloser, unerfahrener Knabe, geleitet durch deine Lehre, den Plan zu einer *âventiure* gefaßt habe, die mein geistiges Vermögen übersteigt, so lehre mich nun, daß ich sie mit der Farbe anstreiche, die nicht sofort in der Sommerhitze erbleicht, ich meine mit dem Verstand der Weisen.)

Der Erzähler ist seinem Lehrmeister, dem »Schöpfer aller Aventüre«, und das ist Gott, gefolgt, indem er den Plan zu einer *âventiure*, einem Roman, gefaßt hat: Das heißt nichts anderes, als daß er sein Dichten als eine Nachahmung des Schöpfungsprozesses versteht.[107] In dem Moment, in dem der Dichter seinen »Schöpfungsplan« ausführt, wählt er zugleich die angemessenen Farben, die *colores rhetorici*, für sein Werk. Nur diese, nicht der Inhalt der Dichtung, unterliegen der Kritik der *wisen*, der großen Dichter.

Als Schöpfer der *âventiure* ist der Erzähler den handelnden Figuren gegenüber der Meister ihres Schicksals. Aus dieser Position heraus kann er ihnen vorausschauenden Rat erteilen (V 15 315–15 329) oder sie trösten, indem er auf die Zukunft verweist, die er für sie vorgesehen hat:

> *Aglye zart! ich můz hie din*
> *vergezzen, waz din hertze pin*
> *die wil nach Wildhelm lait.*
> *doch wil ich in mit werdekait*
> *schier zu dir bringen:*
> *dir und im gelingen*
> *mŭzz, als ich iu gůnne.*
> (V 15 761–15 767)

(Liebe Aglie, ich muß meinen Blick hier von dir abwenden, von dem Schmerz, den dein Herz in der Zwischenzeit aus Sehnsucht nach Wilhelm erleidet. Doch will ich ihn bald in Würden zu dir bringen: Du und er, ihr sollt glücklich werden, wie ich es euch gönne).[108]

Umgekehrt können die Figuren den Erzähler bitten, ihr Schicksal nach ihren Wünschen einzurichten. So mahnt Aglie, als der Erzähler nach der Beschreibung des Turniers zu Kandia in eine längere Reflexion verfällt, diesen an ihr Interesse:

> *diu zart Aglye manet*
> *mit jamer mine sinne*
> *daz ir Wildhelmes minne*

---

[107] Vgl. auch V 11 600–11 606, wo der Erzähler den Schöpfungsprozeß als ein dichtendes Hervorbringen der Dinge in Gott selbst versteht und diesen Prozeß mit seinem eigenen Dichten in Verbindung setzt.
[108] Vgl. auch V 6 384–6 397.

96

> *werd, die sie trûtet:*
> *ich tûn swaz si gebûtet.*
> (V 15 142–15 146)

(Die liebliche Aglie mahnt mich wehklagend, daß ihr Wilhelms Liebe, die sie liebe, zuteil werde: Ich tue, was sie verlangt.)

Im Gegensatz zu dem hier entworfenen Bild vom selbstbewußten Schöpfer der *âventiure* gibt der Erzähler zuweilen auch vor, unter einer sehr starken Lenkung der *Âventiure* zu stehen. Wenn *Âventiure* ihn mahnt, er solle die Erzählung nicht unnötig in die Länge ziehen (V 17 706f.), oder wenn umgekehrt er Frau *Âventiure* auffordert, die Geschichte weiterzutreiben (V 18 805–18 807), ändert dies aber nichts daran, daß er die Erzählung in der Hand hat. Selbst als er bekennt, daß *Âventiure* es wolle, daß er den jungen Wilhelm aus Wien vertreibe, kann der Erzähler dieser dennoch den Eid abverlangen, daß sie dem Helden jederzeit beistehe (V 889–895). Der Erzähler ist nie das machtlose Werkzeug der diktierenden *Âventiure*.

Zweimal wird im ›Wilhelm von Österreich‹ ein Schreiber angerufen und zum Schreiben aufgefordert: als der junge Wilhelm von Wien aufbricht (V 884–888) und im Feuergebirge, als Wilhelm den wundersamen Vogel erblickt:

> *Nu dar, Aventûre!*
> *durch sinen pris du stûre*
> *den jungen ane kunder*
> *mit ainem niwen wunder,*
> *der du vil gewaltic bist!*
> *do kom an der selben vrist*
> *ain vogel, der was wunderlich*
> *(von dem wunder merket mich!),*
> *her uz dem gebirge haiz.*
> *von golde sin gevider glaiz*
> *über allen sinen lip:*
> *von dem wunder, schriber, schrip!*
> *daz mær do flogiere!*
> (V 3 585–3 597)

(Nur zu, *Âventiure*! Um seiner Ehre willen lenke den tadellosen jungen Mann mit einem neuen Wunder, über welche du so zahlreich verfügst! Da kam im selben Moment ein wundersamer Vogel – hört mich von der wunderlichen Erscheinung erzählen – aus dem heißen Gebirge heraus. Sein Gefieder erstrahlte von Gold über seinen ganzen Körper hinweg: Schreiber, schreibe über dieses Wunder! Laß die Erzählung fliegen!)

Manfred Scholz hält beide Stellen für Anreden der *Âventiure* an den

97

Erzähler.[109] Diese Deutung erscheint mir nicht überzeugend: Die Schreiberanrufung in V 884 steht im Kontext eines vom Erzähler gesprochenen Minnemonologs, in welchem *Âventiure* erst später genannt wird (V 889).[110] Ebenso wenig möchte ich in dem hier zitierten Abschnitt aus der Feuerberg*âventiure* einen Sprecherwechsel annehmen. Scholz betrachtet sowohl V 3 592 als auch V 3 596f. als Einwürfe der *Âventiure*, als Antwort auf das *Nu dar, Aventûre!* in V 3 585. Davon richte sich der erste Einwurf, der im Plural steht, V 3 592 (*von dem wunder merket mich*), an das Publikum, der zweite an den Erzähler als *schriber*. Übersetzt man allerdings V 3 592 nicht wie Scholz als einen »Zwischenruf: an dem Wunder merkt ihr, daß ich im Spiel bin!«, sondern analog zu V 3 935f. (*Nu, wol gemûten, tugent rich, / tût uf diu orn, merket mich*) als eine Bitte des Erzählers um Aufmerksamkeit seiner Leser oder Hörer, wird die Konstruktion um einiges vereinfacht. Wenn damit aber der Erzähler in V 3 592 das *wunder* als von ihm erzählt[111] darstellt, ist es unwahrscheinlich, daß er dann in V 3 596f. von jemand anderem – der *Âventiure* – aufgefordert wird mitzuschreiben. Versteht man den Begriff *flogieren* in V 3 597 nicht gemäß Roethes Übersetzungsvorschlag oder gemäß der Konjektur der Handschriften W, Wg und S im Sinne von *florieren*, sondern als kausative Ableitung des ahd. *flogaron*, als »Flügel verleihen«, so fällt dem Schreiber nicht oder zumindest nicht notwendig die Aufgabe der formalen Gestaltung der Erzählung zu, sondern allein die ihrer raschen Niederschrift und Verbreitung. Der *schriber* ist damit kein Erzähler, oder, um es umgekehrt auszudrücken, hier wie in der zweiten Anrufung des *schriber* ist offensichtlich nicht der Erzähler gemeint. Die Erzählung scheint eher im Dialog des Erzählers mit der *Âventiure*, d. h. aus einem Zusammenspiel von freier Setzung des Dichters und der Eigendynamik der Erzählung, hervorzugehen. Der Schreiber ist getrennt vom Erzähler, handle es sich dabei um eine Differenzierung der zwei Rollen des Verfassers,[112] handle es sich um einen (imaginierten) Schreiber, dem der Dichter seine Erzählung diktiert,[113] oder um einen Abschreiber. Die

---

[109] Scholz (1987), S. 15 u. 23.
[110] Siehe unten, S. 177.
[111] Ich möchte hier nicht so weit gehen wie V. Mertens, S. 86, nach dessen Verständnis V 3 936 die Urheberschaft des Erzählers an dem *wunder* nahelegt. (Er übersetzt vermutlich wie Scholz.)
[112] Vgl. V. Mertens, S. 87.
[113] Mordhorst, S. 96.

Rolle des ermahnten Schreibers unterstreicht in jedem Fall das Selbstbewußtsein des Erzählers, der sich der Wichtigkeit seiner Erzählung bewußt ist.

Johann betont, das darf zusammenfassend festgehalten werden, durch seine Erzählhaltung die Fiktionalität seines Werks. Indem er so tut, als entstehe die Erzählung erst im Erzählvorgang selbst, setzt er sich gegen den Historiographen ab, ja, gegen jeden Verfasser, der sich auf eine feste Quelle berufen kann: Nicht nur die Form, sondern Materie und Form der Erzählung entstehen in seiner Hand; er erschafft sie in Nachahmung des Schöpfers. Indem Johann mit der ihn inspirierenden *Âventiure* argumentiert und verhandelt, spielt er mit der Vorstellung eines göttlich inspirierten Schreibers, widerspricht ihr aber zugleich: Schon die Inspiration durch *Âventiure* statt durch Gott ironisiert die Wahrheitsbeteuerung auf der Basis der Inspiration: Gott, d. h. der Wahrheit an sich, wird die personifizierte fiktionale Erzählung gegenübergestellt. Doch nicht einmal dem Willen dieser Macht beugt sich der Erzähler, sondern er sucht auch gegen sie noch seine eigenen Vorstellungen und Wünsche durchzusetzen. Er gibt sich nicht damit zufrieden, die Form zu einer verbürgten und unabänderlichen Materie stellen zu dürfen.

Johann will also ausdrücklich weder als Historiograph noch als göttlich inspirierter Schreiber erscheinen. Die eine wie die andere Erzählhaltung nämlich käme einer Wahrheitsbeteuerung gleich.

Was durch Johanns Erzählhaltung bereits zum Ausdruck gebracht wird, unterstreichen nochmals seine theoretischen Äußerungen zu seinem Werk, seinen Quellen und zu seiner Tätigkeit als Dichter, die im folgenden betrachtet werden sollen. Oft sind diese Äußerungen zur Historizität oder Fiktionalität des Werks und seiner Materie nicht zu trennen von der Frage nach der Sinnvermittlung. In Kapitel 2.2.4 wird von dieser die Rede sein.

B. Literaturtheorie

Johann stellt seinem Roman einen ausführlichen literaturtheoretischen Prolog voraus, gegliedert in zwei Hauptteile: Der erste Teil (V 1–123), den Johann selbst als *vor rede* bezeichnet (V 124), entfaltet ein allgemeines Literaturkonzept, während sich der zweite Teil (V 124–172) mit dem aktuellen Vorhaben Johanns befaßt. Beide Teile seien hier kurz zusammengefaßt:

vor rede d. i. *prologus praeter rem:*

V 1–14	Der Erzähler lobt all jene, die dadurch die *tugent* ihres *edel herze* (V 3.12)[114] beweisen, daß sie gerne *tugentliche mære* (V 9) hören.[115]
V 15–19	These: Wo immer *tugentlose* und *tugende riche* Menschen zusammentreffen, tragen erstere den Sieg davon.
V 20–47	Diese Behauptung soll anhand des Bildes der Silbervergoldung durch Amalgamation von Quecksilber und Gold bewiesen werden: Zunächst wird der Vorgang selbst beschrieben.
V 48–119	Dann wird das Bild in zweifachem Anlauf (V 48–82, V 83–119) gedeutet.
V 120–123	Konklusion: Der Sieg der *untugent* ist nur ein vorübergehender.

prologus ante rem:

V 124–130	Der Erzähler erklärt die Absicht, nun eine *wilde sage / von maniger tugende bejage* (V 129f.) zu beginnen, die er im Innersten seines Herzens erdacht habe (V 126f.).
V 131–133	Musenanruf an *kunst* und *witze* (Dichtkunst und Verstand).
V 134–143	Lob der drei *cleinode: minne, aventûr* und *tugent* (oder *zuht*); Lob derer, die sie wahren, und derer, die von ihnen erzählen können.
V 144–146	Wunsch des Erzählers, von *minne* und *âventiure* zu erzählen und *tugende* hineinzubinden, Unfähigkeitsbekundung.
V 162–172	Der Erzähler beschließt, sich zu *Âventiure* und Minne zu begeben, um deren Hilfe zu erbitten.

Die These, welche Johann im ersten Teil des Prologs mit Hilfe des Bildes von der Silbervergoldung zu beweisen sucht, scheint zunächst eher eine ethische als eine literaturtheoretische zu sein: der Sieg der *tugentlosen* Menschen über die *tugenthaften.*

Der Vorgang der Silbervergoldung ist folgender: Man vermengt flüssiges rotes Gold mit Quecksilber, wodurch das Quecksilber erstarrt, d. h. seine *unstæte* verliert. Dem edlen Gold aber wird dabei sein roter Glanz und damit *sin art* (V 35) geraubt. Das Amalgam wird auf Silber aufgetragen, dann wird das Quecksilber durch Feuer ausgetrieben, und das Gold erstrahlt auf dem Silber in altem Glanz.

Johann beginnt seine Deutung zunächst mit einer *distinctio* der Menschen in zwei Kategorien:

---

[114] Johann spielt hier deutlich auf den ›Tristan‹-Prolog an, in dem ein ideales Publikum der *edelen herzen* gefordert wird (V 45ff.).

[115] Zur Grenzverwischung zwischen tugendhafter Lebensweise und tugendhafter Rezeptionshaltung bei Gottfried und Wolfram vgl. u. a.: Gustav Ehrismann, Über Wolframs Ethik. ZfdA 49 (1908), S. 405–465, S. 419f.; Walter Haug, *Der aventure meine,* in: Würzburger Prosastudien II: Untersuchungen zur Literatur und Sprache des Mittelalters. Fs Kurt Ruh. München 1975 (Medium Aevum. Philologische Studien 31), S. 93–111. Auch in und zit. nach: Walter Haug, Strukturen als Schlüssel zur Welt. Kleine Schriften zur Erzählliteratur des Mittelalters. Tübingen 1989, S. 447–463; Haug (1992).

> *den ainen den sint tugende bi,*
> *die andern die sint tugende vri.*
> (V 53f.)

(Die einen besitzen *tugent,* die anderen entbehren jeglicher *tugent.*)

Schon in den Anfangsversen des Prologs hatte Johann auf eine Verbindung zwischen *tugenthafter* Lebensweise und der Rezeption *tugenthafter* Literatur hingewiesen. Diese Verbindung wird nun in die weitere Deutung des Bildes explizit hineingenommen: Die *tugende richen,* die dem Gold entsprechen, hören es gerne, wenn man *von tugenden list / mit tugenthafter rede* (V 56–58), während die *tugentlosen, eren swach* (V 66), welche dem Quecksilber gleichen, vor der *tugent* Augen und Ohren verschließen (V 55) und sich hinter der Fassade ihrer *valschen zunge* verbergen (V 70).[116] Das Silber schließlich steht für diejenigen, die durch das Gold noch zu *wirde* und *ritterlichem amt* geführt werden können (V 61–65). – Es ist deutlich, daß es nicht eigentlich um den Sieg der *tugentlosen* Menschen über die *tugende richen* geht, sondern um den Sieg der *tugentlosen* Literatur über die *tugende riche* und um die didaktische Funktion der Literatur.

Im zweiten Teil der Auslegung (V 83–119) wird der Amalgamationsvorgang selbst gedeutet: Das reine Gold steht für die Gemeinschaft derer, die *von tugende claften* (V 94), also für das Publikum *tugende richer* Literatur. Sobald aber ein *tugentloser,* das Quecksilber, mit seinem *laster snallen* (V 97), d. h. die *tugentlose* Literatur, sich unter das Gold mischt, erlischt der Glanz des Goldes, und dies bedeutet, daß die Menschen so verwirrt werden,

> *daz man alumm und umme*
> *nimt mit gelichem mût*
> *daz arge für das gůt*
> *und daz gemainliche*
> *schinet da geliche*
> *diu bôse rede und diu geslaht*
> (V 102–107)

(daß man überall in gleicher Weise das Böse für das Gute nimmt, und daß allgemein die üble Rede und die gerechte als gleich erscheinen).[117]

Das Wissen um *bonum et malum* geht verloren, bis *Beschaidenhait, / diu werde goltsmidinne* (V 112f.), die edle »Goldschmiedin« Urteilskraft, eingreift und mit Feuer die *untugent* austreibt. Als Brennholz dient ihr

---

[116] wörtlich: *diu valsche zunge decket.* Der Schreiber von G hat mit diesem Bild offensichtlich Schwierigkeiten und schreibt *denket.* Er stellt damit eine Verbindung her zwischen unrechter Rede und unrechten Gedanken.

[117] Vgl. Gottfrieds ›Tristan‹, V 29–32.

dabei die *tugent* (V 115). Damit ist im Bild nachgewiesen, daß die *un-tugent* die *tugent* zwar besiegt, aber nur so lange die Oberhand behält, bis *beschaidenhait* eingreift. *Beschaidenhait* ist die »zentrale *virtus* des Erzählers«.[118] Die »Goldschmiede« befindet sich wie bei Konrads von Würzburg ›Goldener Schmiede‹[119] – ihre Bildlichkeit steht merklich hinter Johanns Amalgamationsgleichnis – im Inneren des Erzählers, und ihr Produkt ist das hochstehende literarische Werk.

Der Prolog ist auf den ersten Blick nichts anderes als eine Invektive gegen die zeitgenössische Literatur, die verkehrte ethische Maßstäbe vertrete, und ein Ausdruck der Hoffnung auf Besserung der Literatur durch die *beschaidenhait* eines Dichters – doch wohl des Verfassers selbst. Zugleich aber zeigt der Prolog, worin Johann den Zweck der Literatur sieht: Sie soll einen klaren Maßstab von Gut und Böse vermitteln und zu *wirde* und Ritterlichkeit führen. Dies erreicht sie, indem sie vom Menschen Gutes sagt *und daz arge verdagt* (V 6).

Die Aussage, daß etwas verschwiegen werde, mag den Rezipienten für die Frage der historischen Wahrheit des Geschilderten sensibilisieren. Deutlicher wird diese Frage dann im zweiten Teil des Prologs berührt: Johann erklärt, er wolle eine *gûtiu sage* beginnen, und zwar

> *mit rim, als si min sin bedaht*
> *in des hertzen slozzen.*
> (V 126f.)

(in Reimen, wie mein Geist sie im Innersten des Herzens erdacht[120] hat.)

Fordert im ›Lucidarius‹ Herzog Heinrich die Verfasser des Werks auf,

> *... daz sie ez dihten*
> *ane rimen wolden.*
> *wande si ensolden*
> *niht schriben wan die warheit*
> (Prolog A, V 14–17)

(daß sie es ohne Reime – d. h. in Prosa – verfassen mögen; denn sie sollten nichts als die Wahrheit schreiben),

---

[118] Juergens, S. 323; vgl. auch: Michel Stanesco, Mittelalter und erzählende Identität. Anmerkungen über den Dialog zwischen Fiktion und Geschichte, in: Fiktionalität im Artusroman. Dritte Tagung der Dt. Sektion der Internationalen Artusgesellschaft in Berlin vom 13.–15.2.1992. Hrsg. v. Volker Mertens und Friedrich Wolfzettel. Tübingen 1993, S. 1–10, S. 2: Im Altfranzösischen wird zwischen den Begriffen »Urteilskraft« und »Dichtkunst« nicht unterschieden.

[119] Konrad von Würzburg, ›Goldene Schmiede‹. Hrsg. v. Wilhelm Grimm. Berlin 1840, V 2.

[120] *bedâht*, nicht *bedaht* (Reim *bevâht – bedâht*)

so nimmt Johann hier die Gegenposition zu dem dort artikulierten Literaturverständnis[121] ein: Seine *gůtiu sage* ist bewußt *mit rim*, in Versen geschrieben, so wie er sie erdacht hat. Er behauptet nicht, sie irgendwo vorgefunden zu haben, und daher stellt sich das Problem, daß der Reimvers sie verfälschen könnte, erst gar nicht.

Johann bekennt sich nicht nur zur Reimform im Gegensatz zur für Wahrheit bürgenden Prosa, sondern auch zur *wilden sage*, d. h. zum Stil der geblümten Rede:

> *iedoch sol unverdrozzen*
> *min zunge lenken wilde sage*
> *von maniger tugende bejage.*
> (V 128–130)

(Jedoch soll meine Zunge unverdrossen eine *wilde* Rede führen von allerlei Errungenschaften der *tugent*.)

Während Konrad von Würzburg in der ›Goldenen Schmiede‹ die geblümte Rede als ein Mittel des Lobpreises Mariens einsetzt, dort also, wo keinerlei Zweifel an der Wahrheit der Dichtung besteht, wendet Johann dieses Stilmittel bei einer im Innersten seines Herzens erdachten, einer erfundenen *sage* an.

Der Inhalt der Dichtung ist zunächst sehr allgemein bestimmt als *tugende bejage* – eben das, was der Erzähler im ersten Teil des Prologs als Gegenstand der Dichtung gefordert hatte. Im folgenden stellt Johann neben die *tugent* die *aventůr* und die *minne*. Diese »Trias«, wie Gisela Vollmann-Profe sie bezeichnet,[122] bleibt aber nicht als solche stehen, sondern wird sogleich aufgelöst:

> *daz minne und aventiur*
> *von mir würde getihtet*
> *und tugende dar in gepflihtet*
> *uf daz aller beste.*
> (V 146–149)

(daß ich über Minne und *âventiure* dichte und *tugent* hineinbinde, so gut es nur geht.)

Er fährt fort, er wolle *tugentlich* von *minne* und *âventiure* sprechen (V 159f.). Minne, *âventiure* und *tugent* stehen also nicht auf einer Ebene nebeneinander, sondern es geht darum, Minne und *âventiure* darzustel-

---

[121] Das Argument, die Reimform bedeute notwendig eine Lüge, da der Reim über die Wahrheit hinausführende Worte verlange, ist v. a. in der französischen Literaturtheorie weit verbreitet. Vgl. Haug (1992), S. 247–255, und die dort angegebene Literatur.
[122] Vollmann-Profe, S. 125.

len und auf *tugent* hin durchsichtig zu machen oder aber mit einer Tugendlehre zu verbinden. Eine so strenge Didaktisierung ist dem klassischen höfischen Roman fremd. Ebenso fremd ist ihm das Bild, welches Johann in der Schlußpassage seines Prologs zeichnet:

> *ich welle urlaubes mŭten*
> *zu den wisen gŭten,*
> *zu Aventŭr, zu Minne;*
> *daz so min tumbe sinne*
> *in gŭt han verstanden,*
> *dar umme daz si ez iht anden,*
> *des wil ich in genade sagen;*
> *wan ich mag niht verdagen,*
> *ich mŭz von geschihten*
> *ein aventŭr getihten.*
> (V 163–172)

(Ich will mich auf die Reise begeben zu den guten Weisen, zu *Âventiure* und Minne. Dafür, daß mein unerfahrener Verstand, was er in guter Absicht verstanden hat, dabei irgendwie verfälscht hat, möchte ich sie um Gnade bitten; denn ich kann nicht schweigen, ich muß aus Geschichten eine *âventiure* dichten.)

Es liegt hier kein Musenanruf vor, es findet keine Inspiration des Erzählers statt, bei welcher dieser passiv bleiben würde, sondern der Erzähler wird aktiv und begibt sich in das allegorische Reich der *âventiure* und Minne – ein in Minnereden, nicht aber in Romanen, gebräuchliches Motiv.[123] Was der Erzähler bei *Âventiure* erfährt, kann er weder vollständig verstehen noch wahrheitsgetreu wiedergeben. Die angemessene Haltung wäre zu *verdagen* (V 170), zu schweigen. Als Erzähler aber ist er gezwungen zu erzählen und greift daher zu *geschihten*, um daraus eine *âventiure* zu formen, welche das bei *Âventiure* und Minne Erfahrene annähernd wiedergibt.

Johanns Roman berichtet nicht – das wird im Prolog deutlich – über eine historisch wahre Begebenheit, sondern er ist ein aus verschiedenen *geschihten* zusammengesetztes, in der Phantasie des Erzählers entstandenes Ganzes, welches den Kern der *âventiure* und Minne, nämlich die *tugent*, lehrhaft vermitteln soll. In welcher Form der Roman dies leisten will, als allegorischer[124] oder als exemplarischer Roman, ist allerdings nicht gesagt.

---

[123] Siehe unten, S. 141–146.
[124] Vgl. Thomas Cramer, *Solus creator est deus*. Der Autor auf dem Weg zum Schöpfertum, Daphnis 15 (1986), S. 261–276, S. 268: »Im *Wilhelm von Österreich* des Johann von Würzburg schließlich wird die Welt des Abenteuers, jener Bereich, in dem der schöpferische Autor Welt entwerfen könnte, grundsätzlich zur Allegorie erklärt und damit seiner Autonomie beraubt.«

Als Wilhelm in Smyrna zum Tode verurteilt und die Erzählung scheinbar an einen Endpunkt gelangt ist, setzt die Handlung mit der wundersamen Rettung des Helden durch Parklise wieder ein, nach einem langen reflektierenden Exkurs des Erzählers, in welchem Gedanken des Prologs wiederaufgegriffen werden. Man darf wohl von einem zweiten Prolog sprechen.

V 10 793–10 799	Wer Gott vertraue und *tugent* und *zuht* in Tat und Literatur pflege, sei Gottes Lohns sicher.
V 10 800–10 805	Klage, die Welt sei wie eine Schale ohne Kern: Die Menschen lieben die vergänglichen Werte, nicht die *tugent*.
V 10 806–10 824	Weltklage ausgedehnt auf den Bereich der Literatur: Die Menschen verachten die *tugenthafte* Literatur, die aus *beschaidenhait* hervorgehe.
V 10 825–10 850	Der Erzähler vertraut auf die gute Aufnahme seines Werks bei den *werden, tugenthaften* Rezipienten, auf Gottes Lohn und auf die Bestrafung der *tugentlosen* in der Hölle, die sein Werk mißinterpretieren und seinen »Kern beschmutzen« (V 10 835). Bescheidenheitstopos.
V 10 851–10 860	*Âventiure* habe ihn dazu auserwählt, das Werk zu schreiben. Bescheidenheitstopos.

Wiederum beschreibt der Erzähler eine Art Tugend-und-Laster-Kampf, wobei er *tugenthafte* Literatur und *tugent* auf eine Ebene stellt. Zweimal verwendet er das Bild vom Kern und der Schale: Der Kern steht für die *tugent* – im Leben wie in der Literatur. Der Kern der Literatur, die Tugendlehre, öffnet sich dem, der recht zu interpretieren weiß. Über die »Schale«, die Erzählung selbst, und ihre Quelle oder ihren Wahrheitsgehalt wird nichts ausgesagt. Sie scheint nicht zu interessieren.

Die abschließenden Verse ersetzen das Bild des Wegs zu *Âventiure* und Minne aus dem Prolog durch den Schreibauftrag der *Âventiure* (V 10 853f.). – In Minnereden findet man wiederholt eine Aufforderung einer Personifikation an den Erzähler, das Beobachtete oder Erlebte, die neu gewonnene Erkenntnis über die Minne, niederzuschreiben – als Lehre für andere.[125]

---

[125] Vgl. u. a.: ›Klage an eine harte Frau‹ (Brandis 98). Laßberg, Bd. I, S. 9–15; Dirc Potters ›Der Minnen Loep‹; des Elenden Knaben ›Minne und Pfennig‹ (Brandis 450) und ›Der Minne Gericht‹ (Brandis 459). Matthaei, S. 1–34; Jan Moritoens ›Gerichtstag der Frau Venus‹. Ch. L. Carton, Oudvlaemsche Lieferen en andere gedichten der XIVᶜ en XVᶜ eeuwen. Gent 1848 (Maetschappy der Vlaemsche Bibliophilen 2ᶜ Ser., Nᵒ 9), S. 314–380.

Im Epilog schließlich wird die Frage nach der Wahrheit und der Quelle der Erzählung wiederaufgegriffen. Der Epilog läßt sich wie folgt zusammenfassen:

V 19 468–19 473	Der Erzähler verspricht dem seinen *dienst*, der die Geschichte Friedrichs dichten wolle.
V 19 474–19 501	Klage, er sei von seinen Mäzenen nicht belohnt worden und müsse deshalb seine Arbeit beenden.
V 19 502–19 510	Ziel seiner Dichtung: *bezzerunge der werden*.
V 19 511–19 517	Bitte um Gottes Vergebung, falls er sein Ziel verfehlt und *suntliches leben* unterstützt haben sollte.
V 19 518–19 559	Gebet an Maria und Gott: Bitte um Gnade für ihn und alle, *die můt / hant ze gůten sachen.*
V 19 560–19 580	Nennung von Autor, »Quelle« (lateinische Aufzeichnungen des Agrant), Widmungsträger, Datum der Fertigstellung.[126]

Die topische Klage des nicht ausreichend entlohnten Dichters wird hier verbunden mit dem Bild des Tugend-und-Laster-Kampfes in der Literatur: Wie im Prolog das Gold durch das Quecksilber seines Glanzes beraubt wird, so verstummt hier der Erzähler, *der tugent schriber* (V 13 227), angesichts der Schlechtigkeit der Welt, welche die *tugenthafte* Literatur entweder verwerfe oder mißinterpretiere. Es bleibt die im Gebet geäußerte Hoffnung auf den letztendlichen Sieg der *tugent* – hier verlagert ins Jenseits. So wird im Epilog bis V 19 559 der im Amalgamationsgleichnis des Prologs geschilderte Konflikt wiederholt. Der Erzähler versteht sein Werk als einen Beitrag in diesem Kampf der *tugent* gegen die *untugent*.

> *ich han den werden vorgesait*
> *ditz durch bezzerunge,*
> *si sin alt oder junge,*
> *die gern hőrn werdekait:*
> *ez si lúge oder warhait,*
> *sagt auch ez von eren tat,*
> *ein ieglichs daz sich verstat,*
> *bezzerunge nimt da von*
> (V 19 502–19 509)

(Ich habe dies den *werden* erzählt, um sie dadurch zu bessern: denen, sie seien alt oder jung, die gerne von *werdekait* erzählen hören. Sei es eine erfundene oder eine wahre Geschichte, wenn darin eine ehrenhafte Tat geschildert wird, bessert sich daran jeder, der es vermag.)

---

[126] Die folgenden Verse sind Schreiberzusätze, siehe oben, S. 53f.

Auf die faktische Wahrheit des Erzählten kommt es dem Erzähler ausdrücklich nicht an: Allein die Vorbildlichkeit und Lehrhaftigkeit der Erzählung sei entscheidend. Der *werde* vermag die Erzählung richtig zu interpretieren und wird durch sie gebessert.

Wie er im Prolog gesagt hatte, daß er die *âventiure* in seinem Innersten erdacht habe, so erklärt der Erzähler auch hier:

> *in mir ist noch beslozzen*
> *vil wilder aventûr*
> (V 19 478f.)

(Ich trage noch viele *wilde* Aventüren in mir).

Eine schriftliche Quelle scheint nicht vorzuliegen. Kurz darauf aber gibt Johann doch eine Quelle an:

> *ich Hanns der schribær*
> *dis aventûr ahtbær*
> *ich in latine geschriben vant.*
> *von Zyzya kûnc Agrant*
> *hiez si also beschriben.*
> *mannen und wiben*
> *die eren walten, den ichs han*
> *getûtschet, duch daz si verstan*
> *waz triwe und werdes leben si.*
> (V 19 561–19 569)

(Ich, Johannes der Schreiber, habe diese bemerkenswerte *âventiure* in lateinischer Sprache geschrieben gefunden. König Agrant von Zyzia ließ sie in dieser Form aufzeichnen. Ich habe sie den Männern und Frauen, die nach den Anforderungen der Ehre leben, ins Deutsche übersetzt, damit sie daraus lernen, was *triwe* und *werdes* Leben bedeuten.)

Johann, der selbstbewußte Autor, bezeichnet sich nun plötzlich als einen Schreiber, nachdem er in V 884 und V 3 596 seinerseits zu einem Schreiber gesprochen hat, und belegt die Wahrheit seines Werks durch einen »Augenzeugenbericht«: Die Figur, die in den bekannten Stammbaum des Gralsgeschlechts neu eingefügt worden ist und über ein Reich herrscht, welches in die authentische Geographie der arabischen Welt eingeschoben ist, Agrant,[127] hat angeblich das Geschehen aufschreiben lassen – und nicht etwa in arabischer Sprache, sondern in Latein – eine offensichtliche Quellenfiktion![128]

---

[127] Vgl. die Auffassung von Scholz (1987), S. 82, daß Agrant als dem Helden negativ entgegengesetzte Figur eine unglaubwürdige Quelle sei.

[128] Kern (1992), S. 18 u. 28 mißt einer Wahrheitsbeteuerung, die eine Romanfigur als Zeugen anführt, wie etwa in Albrechts ›Jüngerem Titurel‹, Str. 5 239–5 241, einen

Die zweite fragwürdige Quellenangabe, Dieprecht, ist oben[129] bereits erwähnt worden. Insgesamt finden sich im ›Wilhelm von Österreich‹ 81 Quellenberufungen,[130] mehr als in den meisten anderen mittelhochdeutschen Romanen:[131] Die Quellenberufung untermauert bei Johann, das wird schon durch diese Hyperbolik, aber spätestens durch die Epilogworte deutlich, gerade nicht den Anspruch auf historische Wahrheit, sondern ironisiert ihn und dient damit als Fiktionalitätssignal. Die historische Wahrheit als Wert ist ersetzt durch den didaktischen Gehalt: *waz triwe und werdes leben si* (V 19 569), der aber der rechten Interpretation bedarf. Es geht damit nicht um eine Lehre, die gesondert neben oder über der Erzählung stehe, sondern um eine Lehre, die aus dem Geflecht der fiktiven Handlung herausgezogen werden muß.

Johann stützt sich, das wird aus Prologen und Epilog deutlich, weder auf historische Tatsachen noch auf aus der Literatur bekannte Ordnungen, er entwirft vielmehr ein eigenes Werk mit eigenen Strukturen. Das Werk des selbstbewußt fingierenden Autors ist jedoch nicht losgelöst von der Tradition, sondern es baut auf den Errungenschaften der Vorgänger auf:

---

zweifelhaften Wert bei: Sie könne – je nach »Brillenschärfe des Rezipienten« – nicht nur dazu dienen, das Fiktionalitätsbewußtsein »einzuschläfern«, sondern im Gegensatz dazu auch, dieses zu wecken, wenn nämlich der Rezipient erkenne, daß einer solchen Wahrheitsbeteuerung kein anderer Stellenwert zukomme als etwa Kalogrenants Beteuerung in Hartmanns ›Iwein‹, V 258f.: *ichn wil iu keine lüge sagen. / Ez geschach mir, dâ von ist ez wâr.* Sie könne die Wahrheit des Erzählten nur innerhalb des Romans, für die Romanfiguren, nicht aber für das Publikum bestätigen.

[129] Siehe S. 43–46.
[130] Bierbaum, S. 147 zählt 65 beglaubigende Formeln in persönlichen Wendungen, wie z. B.: *als ich für war bewîset bin* (V 262), und 14 in allgemeinen Wendungen, wie z. B.: *als diu rede sait* (V 569), dazu die beiden ausgeführten Quellenangaben Dieprecht und Agrant.
[131] Zum Vergleich:

Quellenberufungen	insges.	davon: persönliche	allgemeine	ausgeführte
Iwein:	8	4	2	2
Erec:	39	20	18	1
Willehalm:	40	27	12	1
Tristan:	43	26	11	6
Parzival:	78	58	14	6
(Kaiserchronik:	113)			

Zahlen nach: Albert Blumenröder, Die Quellenberufungen in der mittelhochdeutschen Dichtung. Diss. (masch.) Marburg 1922, S. 11 u. 13–19 [Mit Korrektur der Gesamtzahl der Quellenberufungen in Hartmanns ›Erec‹, die sich bei Blumenröder, S. 13 auf 38 beläuft].

doch jehent etlich
daʒ tihten niht so rich
si als eʒ gewesen si,
den wonet lútʒel kunst bi.
Ain maister haiʒt Demestius,
der uns die selben rede sus
kan erlúhten ane geberch:
›uf risen achseln ain getwerch
als verre erraichet mit gesiht
sam der rise, swaʒ er besiht.
sus sint noch wise lúte:
swaʒ alter maister túte
gesagt und geschriben ist,
daʒ siht wol der daʒ ietʒunt list,
hat des selben sinnes kunst,
daʒ erʒ verstat wol mit der vernunst,
so wirt jens kunst und sine
ʒwivaltic: da von mine
sinne daʒ beschaiden.‹
ditʒ spricht ain haiden
in dem andern búche ›de anima‹.
(V 15 119–15 139)

(Einige Leute sagen, die heutige Dichtkunst sei nicht so reich wie sie früher
gewesen sei. Sie sind unklug. Es gibt einen Meister mit dem Namen Themistios, der uns dies klar erklären kann: »Ein Zwerg auf den Schultern von
Riesen sieht so weit wie der Riese selbst. Dadurch gibt es auch heute noch
weise Menschen: Was von alten Meistern Bedeutungsvolles gesagt und geschrieben worden ist, das erkennt der, der dies jetzt liest. Er erweist sich als
genauso weise wie sie, indem er es mit seinem Verstande versteht. So entsteht
jenes (Mannes) geistiges Vermögen in seinem ein zweites Mal: Deshalb kann
mein [beschränkter] Verstand dies erfassen.« Dies sagt ein Heide im zweiten
Buch von ›De Anima‹.)

Man könnte den Vorwurf, die Dichtung sei nicht *so rich* wie früher,
allein auf die stilistische, rhetorische Qualität der Werke beziehen. In
diesem Sinne klagt Johann andernorts, daß er in einer Zeit stehe, in der
das Feld der Dichtung schon abgeerntet sei und er als *stupfelman* nur
den *maistern* nachgehen und die Verse einsammeln könne, die sie übrig-
gelassen haben (V 1 494–1 501). Hier aber, in seiner Replik auf den
Vorwurf des literarischen Verfalls, bezieht sich Johann explizit auf den
Erkenntniswert der Dichtung: Er beruft sich auf die ›De Anima‹-Pa-
raphrase des Themistios,[132] eines griechischen Philosophen und Red-
ners aus dem 4. Jahrhundert nach Christus. Themistios hat die meisten

---

[132] Themistii in Libros Aristotelis De Anima Paraphrasis. Hrsg. v. Richard Heinze. Berlin
1989 (Commentaria in Aristotelem Graeca V,3).

Werke des Aristoteles und vermutlich auch einige Werke Platos für den Schulgebrauch paraphrasiert. Seine ›De Anima‹-Paraphrase hat Wilhelm Moerbeke 1267 ins Lateinische übersetzt.[133] Diese Übersetzung bildet die Grundlage für den ›De Anima‹-Kommentar des Thomas von Aquin; Themistios' Werk war also zu Johanns Zeit schon lange bekannt.

Themistios beginnt[134] seine ›De Anima‹-Paraphrase mit der These, daß jede spätere Wissenschaft auf den früheren aufbaue und sie überrage (I,13–16).[135] Dies war Johann wohl Anlaß genug, dem für seinen an Zitaten und Redewendungen reichen Stil bekannten[136] Griechen das weit verbreitete Bild vom Zwergen auf den Schultern von Riesen[137] zuzuschreiben. Wie Johann es verwendet, bezeichnet es einen Erkenntnisgewinn der Späteren gegenüber den frühen Meistern. »Erkenntnisgewinn« heißt hier aber nicht etwa ein besseres Wissen von historischer Wahrheit; Johann behauptet nicht wie z. B. Gottfried, daß die anderen *sprâchen in der rihte niht,* was die *âventiure* als solche betreffe (›Tristan‹, V 149). Er verfügt vielmehr frei über die Vorlagen der Historie wie der Literatur und kombiniert sie (die *geschihten,* V 171) neu. Eine Abweichung, ja den Widerspruch zur historischen Wahrheit nimmt er dabei nicht nur in Kauf, sondern er macht ihn auch deutlich sichtbar, auf der Handlungsebene ebenso wie durch seine leicht durchschaubare Quellenfiktion. Das Fiktionale ist für Johann ein sinnvolles Mittel, um das eigentliche, den »Kern« der Dichtung zum Ausdruck zu bringen, und

---

[133] Thémistius, Commentaire sur le traité de l'âme d'Aristote, trad. de Guillaume de Moerbeke. Hrsg. v. G. Verbeke. Louvain/Paris 1957 (Corpus Latinum Commentariorum in Aristotelem Graecum I).

[134] Johann spricht vom *andern bûche.* Inkorrekte Zitation ist in der mittelalterlichen Philosophie nicht unüblich, da in der Regel nicht aus erster Hand, sondern eher aus Florilegien und anderen Werken zitiert wird. Man könnte das »zweite Buch« aber auch so verstehen, daß es neben dem Buch ›De Anima‹ des Aristoteles das zweite zu diesem Thema sei.

[135] Aristoteles erwähnt 402a1 nur kurz, daß es Stufungen der Wissenschaft gebe. Aristoteles, Vom Himmel, Von der Seele, Von der Dichtkunst. Übers. v. Olof Gigon. München ²1987, S. 257.

[136] Vgl. Bruno Colpi, Die παιδεια des Themistios. Ein Beitrag zur Geschichte der Bildung im 4. Jahrhundert nach Christus. Bern/Frankfurt/New York/Paris 1987 (Europ. Hochschulschriften, Reihe XV, Bd. 36), S. 183–191.

[137] Vgl. dazu Walter Haug, Die Zwerge auf den Schultern von Riesen. Epochales und typologisches Geschichtsdenken und das Problem der Interferenzen, in: Reinhart Herzog und Reinhart Koselleck (Hrsg.), Epochenschwelle und Epochenbewußtsein. München 1987 (Poetik und Hermeneutik XII), S. 167–194. Auch in und zit. nach: Walter Haug, Strukturen als Schlüssel zur Welt. Kleine Schriften zur Erzählliteratur des Mittelalters. Tübingen 1989, S. 86–109, S. 87–90. Vgl. auch die dort angegebene Literatur.

das ist die *tugent*. Diese ist das, was der Zwerg auf den Schultern von Riesen besser erkennt als die Riesen selbst; es ist ein philosophischer Erkenntnisgewinn, den dieses Bild bezeichnet. – In welcher Weise er die »philosophische Erkenntnis«, die *tugent*, vermitteln will, sagt Johann hier nicht.

Zusammenfassung

Die erste der beiden Fragen, die in 2.1. gestellt worden sind, die Frage nach der historischen Wahrheit und Quellentreue des Romans, hat auf der Handlungsebene wie auf der Reflexionsebene des ›Wilhelm von Österreich‹ eine Antwort gefunden:

Auf der Handlungsebene zeigt sich ein klarer Widerspruch zur *historia*: Johann verwendet historische Elemente, bricht aber offensichtlich und ausdrücklich die chronologischen Ordnungen, in denen diese stehen. Er stellt seinen Helden in den chronologischen und geographischen Leerraum, der sich aus diesen Widersprüchen und Brüchen eröffnet (2.2.1.).

Die in die Handlung eingefügten Liebesbriefe präsentieren am Modell das Verhältnis des Romans zur außerliterarischen Realität: Er widerspricht ihr offensichtlich und schafft so einen eigenen Raum (2.2.2.).

Die Erzählhaltung Johanns ist weder die eines Historiographen noch etwa die eines geistlichen Verfassers: Sie trotzt allen Quellenberufungen, und d. h., der Erzähler stellt sein Werk dar als seine eigene Schöpfung, ohne Anspruch auf historische Wahrheit (2.2.3.A.).

Wo sich der Erzähler direkt zu seiner dichterischen Tätigkeit und zu seinen Quellen äußert, wird deutlich, daß er die historische Wahrheit als Wert ablehnt, zugunsten eines anderen Werts – und damit ist bereits die zweite Frage aus 2.1. berührt. Dieser Wert ist die *tugent*-Lehre. In ihrem Dienst fingiert Johann, indem er wahre Elemente neu kombiniert. Für dieses Kombinieren beansprucht er einen Erkenntnisgewinn gegenüber seinen Vorgängern, welche die Elemente in ihrer eigentlichen Ordnung bewahrten (2.2.3.B.).

Johanns fiktionale Morallehre ist von einem *bîspel* im Sinne Thomasins, das nach Möglichkeit wahr sein soll, weit entfernt. Der Gedanke einer Wertsteigerung durch Neustrukturierung scheint eher der Sinngebung durch *conjointure*, wie sie der klassische Artusroman beansprucht, verpflichtet zu sein. Die Struktur des ›Wilhelm von Österreich‹, und d. h. die zweite Frage aus 2.1., die Frage danach, was der Roman an die Stelle der historischen Wahrheit setzt, soll im folgenden Kapitel untersucht werden.

2.2.4. Romanstruktur im ›Wilhelm von Österreich‹?

Johann versteht seine Dichtung als eine Neukombination vorgegebener Elemente zu einem fiktionalen Gebäude, welches jeden Anspruch auf historische Wahrheit ablehnt. Es ist zu fragen, ob die neue Struktur, die *conjointure*, die er den Elementen verleiht, eine eigene Form der Wahrheit vermittelt.

Juergens hat versucht, die Symbolstruktur des klassischen Artusromans[138] im ›Wilhelm von Österreich‹ aufzudecken. Der Roman weise wie der klassische Artusroman einen doppelten Kursus auf: Der erste Teil biete eine an Gottfried orientierte Minnediskussion, der zweite eine an Wolfram angelehnte Bewährung im Heidenkampf.[139] Juergens spricht zwar von einer »permanenten Krise des Helden«,[140] dennoch sieht er den der Artusstruktur entsprechenden Tiefpunkt an der Stelle, an welcher Parklise auftritt; sie entspreche der Provokateurin im Artusroman.[141]

Keine der grundlegenden Konstituenten der klassischen arthurischen Romanstruktur jedoch läßt sich in Johanns Werk nachweisen. Der Roman ist zwar deutlich in zwei Teile geteilt[142] – ein langer reflektierender Exkurs des Erzählers, der als ein zweiter Prolog bezeichnet werden kann,[143] markiert die Verbindungsstelle –, aber in beiden Teilen ist das Ziel des Helden dasselbe. Die Brautwerbung ist nicht wie im Artusroman mit dem ersten Handlungsdurchgang abgeschlossen und wird dann auf anderer Ebene wieder in Frage gestellt, sondern sie wird im zweiten Teil fortgesetzt. An der Verbindungsstelle der beiden Teile steht zwar eine Botin, die Wilhelm zu einem erneuten Aufbruch bewegt, Parklise, doch ist die Anlehnung an die klassische Provokateurin des Artusromans nur eine oberflächliche. Parklise macht nicht auf irgendwelche Mängel aufmerksam, sie ruft nicht eine Krise des Helden hervor, sondern sie rettet den Helden aus einer rein äußerlichen Not. Es fehlt weiterhin ein Hof und ein höfisches Fest, die *vröude* als Ausgangs- und Endpunkt der Bewegung; es gibt kein idealgesellschaftliches Gleichgewicht, welches in Frage gestellt und wiedererlangt würde. Der Roman endet mit dem Tod des Helden – eine Unmöglichkeit im klassischen Artusschema. Juergens' Versuch muß daher als gescheitert

---

[138] Siehe oben, S. 64.
[139] Juergens, S. 278.
[140] Ebd., S. 294.
[141] Ebd., S. 20–23.
[142] Vgl. dazu auch Rehbock, S. 66–75 und Übersicht I (Anhang).
[143] Siehe oben, S. 105.

betrachtet werden: Die Struktur des Werks ist nicht die Symbolstruktur des klassischen Artusromans.

Wilhelm durchläuft aber auch nicht wie der krisenlose Held des nachklassischen Artusromans eine beliebige Folge phantastischer *âventiuren*; die Episoden im ›Wilhelm von Österreich‹ könnten nicht ohne weiteres ausgetauscht werden, sie haben vielmehr ihren festen Platz in der Struktur des Romans, wie im folgenden deutlich werden soll.

Johanns Werk ist streng symmetrisch aufgebaut. Die »Spiegelachse« bildet der zweite Prolog. In der ersten Hälfte des Romans wird die Vorgeschichte beschrieben, die Geburt Wilhelms und Aglies, Wilhelms Kindheit in Österreich, seine Fahrt nach Zyzia und die Kinderminne, schließlich die Trennung der Liebenden durch Agrant und Wilhelms erste *Âventiuren*fahrt, die mit der Tötung des Wildomis (mit einer vergifteten Lanze), Wilhelms Verurteilung zum Tode und Aglies Bereitschaft zum Liebestod endet. Die zweite Romanhälfte umfaßt Wilhelms zweite *Âventiuren*fahrt, die in der Hochzeit mit Aglie ihren Abschluß findet, sowie Agrants Versuch, die Liebenden erneut zu trennen, die Erfüllung der Minne, Wilhelms Fahrt nach Österreich, schließlich die Tötung Wilhelms (mit einer vergifteten Lanze) und Aglies Liebestod, sowie den Tod Leopolds und seiner Frau. Die beiden *Âventiuren*fahrten Wilhelms bestehen jeweils darin, daß Wilhelm einen Auftrag erfüllt, den »Lohn« hierfür (die Tötung durch Melchinor, die Minne Crispins) vermag er aber in beiden Fällen abzuwenden. Melchinor und Crispin verzichten darauf, Wilhelm zu »belohnen«, und helfen ihm statt dessen bei seinem Versuch, Aglie zu gewinnen (bzw. seinen Nebenbuhler zu beseitigen). Die zentrale *âventiure* auf seinen beiden Fahrten führt Wilhelm jeweils in ein vom Teufel abgegrenztes Land. Wilhelm trotzt dabei dem Teufel: Er besiegt den Teufelssohn Merlin.

Tabellarisch läßt sich die Gliederung des ›Wilhelm von Österreich‹ wie folgt darstellen:

Prolog	V 1–172
I. Vorgeschichte; Geburt Wilhelms und Aglies; frühe Kindheit in Wien, Ausfahrt aus Österreich	V 173–1 115
II. Kindheit in Zyzia: Kinderminne; Trennung durch Agrant/Walwan	V 1 116–3 044
III. Ausfahrt aus Smyrna; Feuerberg*âventiure*; Melchinor; Kriegszug gegen Walwan: Tötung Walwans; Tötung des Wildomis	V 3 045–10 792

Aus dieser Übersicht wird ersichtlich, wie die einzelnen Teile des Romans aufeinander bezogen sind: Teil VI spiegelt Teil I wider, Teil V den
Teil II und Teil IV den Teil III. Betrachtet man die beiden Haupt-
aventüren Wilhelms genauer, so zeigt sich auch in der Binnengliede-
rung eine deutliche Entsprechung. Die nachfolgende Gegenüberstellung der beiden *âventiure* soll dies verdeutlichen:

1. Begegnung mit einem Tier-Mensch-Mischwesen

Ausfahrt aus Smyrna. (V 3 110–3 112)	Ausfahrt aus Smyrna, Abschied Parklises. (V 11 221–11 586)
Erzählereinwurf: Bitte an Gott, dem Helden zu helfen. (V 3 113–3 119)	Erzählereinwurf: Bitte an Gott, dem Helden zu helfen. (V 11 587–11 676)
Ritt durch einen *locus amœnus*. (V 3 120–3 135)	Ritt durch einen *locus terribilis*. (V 11 677–11 711)
der aventûr hauptman kommt auf den Helden zu: *ungehûren / gestalt, der doch gehûre was; sôlt in ein maister male / er hiezze ein wunderlich gestalt.* (V 3 136–3 143)	Das Zentauren-Ungeheuer kommt auf den Helden zu: *durch den staup her an in lief / diu ungehiurst creatûr, / die ich von kainr sinn stûr / ie hort genennen.* (V 11 712–11 715)
Beschreibung des *hauptman*, seiner einzelnen Körperteile. (V 3 144–3 159)	Beschreibung des Ungeheuers, seiner einzelnen Körperteile. (V 11 716–11 741)
Ryals Pferd scheut; der Held schämt sich dafür, zügelt sein Pferd und beginnt ein Gespräch mit *der aventûr hauptman*. (V 3 160–3 427)	Das Zentauren-Ungeheuer stößt Wilhelm vom Pferd; der Held schämt sich dafür, er greift das Ungeheuer an, rettet sein Pferd und tötet das Ungeheuer. (V 11 742–11 809)

2. Feuergebirge, Kampf

Weg ins Gebirge, Tor, Donner, Feuer, offene Tore. (V 3 428–3 543)

Rad der Welt, vom Fluß der Emanation angetrieben. (V 3 544–3 579)

Wundervogel mit goldenem Gefieder. (V 3 580–3 649)

Der Wundervogel stößt einen fürchterlichen Schrei aus; Joraffin *der ellendhaft* erscheint; Beschreibung seiner Waffen. (V 3 650–3 678)

Zweikampf im Dienst der Minne; Tötung des Pferdes; Ohnmacht des Helden. (V 3 679–3 723)

Erzählereinwurf: Bitte an *Âventiure* und Minne, den Helden wieder zu sich kommen zu lassen. Die Bitte wird erhört. (V 3 724–3 740)

Ryal siegt; Joraffin ergibt sich. (V 3 741–3 799)

Weg ins Gebirge, Schloß, Feuer. (V 11 810–11 851)

Windmühlen, von Blasebälgen künstlich angetrieben. (V 11 852–11 864)

Feuerspeiende Drachen aus Metall. (V 11 865–11 897)

Wilhelm hört einen fürchterlichen Schrei; Merlin, *der ungehûrste grozze*, erscheint; Beschreibung seiner Waffen. (V 11 898–12 005)

Zweikampf im Dienst der Minne; Tötung des Pferdes; Ohnmacht des Helden. (V 12 006–12 099)

Erzählereinwurf: Bitte an Gott und Aglie/Minne, den Helden wieder zu sich kommen zu lassen. Die Bitte wird erhört. (V 12 100–12 131)

Merlin wirft Wilhelm ins Feuer und stirbt. (V 12 132–12 183)

3. Burg im Gebirge:

Ryal wird auf Joraffins Burg geführt, wo er die Urbilder der Minne sieht, die Tugendprobe des Cupido-Helms besteht und (als *stiur*) die Cupido-Rüstung und eine Einsicht in das Wesen der Welt und der Minne erhält. Mit einem neuen, wundersamen Pferd wird er entlassen. (V 3 800–4 468)

Wilhelm wird von Gaylet gerettet, erhält ein rotes Seidengewand und wird nach Nobelterre geführt, wo er Crispins Minne erfährt. Er beweist seine *triuwe* zu Aglie und erhält Crispins *stiur*: Sie hilft ihm, Aglie zu erringen. Mit einem neuen, wundersamen Pferd (Zenefort) wird er entlassen. (V 12 184–13 680)

Am Ende der Belgalgan*âventiure* ruft der Erzähler zu Gott:

> *Ey, schepfer aller dinge,*
> *waz von dim urspringe*
> *wunders ist gerunnen!*
> (V 13 681–13 683)

(Oh, Schöpfer aller Dinge, was doch Erstaunliches aus deinem Quell geflossen ist!)

Diese Wiederholung des Bildes vom Quell der Welt hebt nochmals die enge Beziehung zwischen der Feuerberg- und der Belgalgan*âventiure* hervor.

In der Feuerberg*âventiure* werden die wundersamen Erscheinungen allegorisch ausgelegt: Sie sind die bildliche Darstellung eines Abstrakten. In der Belgalgan*âventiure* hingegen bleibt das Wunderbare oder Phantastische unerklärt stehen; es läßt sich erläutern, nicht aber deuten. Der Allegorie steht die Wirklichkeit, der Schau und dem Wort die Tat gegenüber: An die Stelle der Belehrung über das Wesen der *âventiure* durch den *hauptman* tritt in Belgalgan eine tatsächliche *âventiure*: der Kampf gegen ein Ungeheuer, einen Diener des Teufels. Ebenso tritt an die Stelle des Wundervogels, den Ryal nur betrachten kann und den er als Allegorie der vier Stufen der Gottes- und Weltminne erklärt bekommt, ein Machwerk des Teufels, das den Helden mit Feuer bedroht: Anders als im Feuergebirge (V 3 822f.) vermag das Feuer hier Menschen zu brennen; es ist kein allegorisches Feuer, sondern ein reales. Statt des Glücksrads schließlich, das der Fluß der Emanation, aus dem die Welt entspringt, antreibt, finden wir hier Windmühlen, die künstlich, wider die Natur durch Blasebälge angetrieben werden. Die Schau der Minne im abstrakten Bild ist ersetzt durch eine tatsächliche, individuelle Minne; und Wilhelms *minne* und *triuwe* werden nicht nur durch Zeichen erwiesen, sondern einem Test in der Welt unterzogen. Die Belohnung für seinen *tugent*-Beweis findet ebenfalls auf der Handlungsebene statt: Als *stiur* wird ihm nicht eine Lehre über das Wesen der Welt und der Minne erteilt, wie er sie im Lehrgespräch mit Joraffin erhält und wie sie der Cupido-Helm vergegenständlicht, sondern ihm wird die praktische Hilfe Crispins bei der Werbung um Aglie zuteil. Schließlich ist auch das Reittier, das Wilhelm von Crispin erhält, nicht ein hervorragendes Tier aus dem allegorischen Reich der Minne, sondern das ehemalige Reittier eines anderen, früheren Minneritters. Für die Besonderheit des Tieres lassen sich natürliche Gründe anführen.

Die allegorische Haupt*âventiure* Wilhelms scheint so in der Belgalgan*âventiure* ein verzerrtes Abbild in der »Realität«, d. h. auf der Handlungsebene, zu finden. An die Stelle der allegorisch dargestellten allgemeinen Ideen treten individuelle Erscheinungen. Sie fordern Wilhelm als Handelnden, nicht als Schauenden. Seine *tugent* wird nicht gezeigt sondern getestet.

Allegorie und aktuelles Geschehen sind aufeinander bezogen. Was dort eine verbildlichte Regel ist, ist hier ein konkretes Beispiel geworden. So ist Crispins Minne ein individuelles Beispiel der universalen

Minne; und durch Wilhelms Verhalten zu ihr wird am Beispiel seine Vollkommenheit als Minneritter bewiesen, die der Cupido-Helm generell gezeigt hat.

Anders aber verhalten sich die in der Belgalgan*âventiure* beschriebenen Artefakte Merlins, die Windmühlen und die Drachen, zu ihren allegorischen Vorbildern, dem Rad der Welt und dem Wundervogel: Sie ähneln ihnen zwar äußerlich, widersprechen ihnen aber völlig in ihrem Wesen. Eine solche falsche Nachahmung der Ideen ist ein der Natur und der Schöpfung entgegengesetztes Teufelswerk.

Die Spiegelbildlichkeit der *âventiure* dient ihrer Interpretation. Sie bezieht das Abbild auf das Urbild und die Praxis auf die Theorie. Ähnliches läßt sich auch für die Abschnitte V und II des Texts[144] sagen, wo die Erfüllung der Minne dem Minnegespräch und dem Briefwechsel der Kinder gegenübergestellt wird.

Neben dem spiegelbildlichen Aufeinanderbezogensein der großen Romanteile charakterisieren die Struktur des ›Wilhelm von Österreich‹ auch zahlreiche Doppelungen von Motiven, Handlungselementen und auch Figuren. Hierbei muß die Parklise-Episode nicht notwendig die »Spiegelachse« bilden; oft finden sich solche Doppelungen auch innerhalb einer Romanhälfte. Einige Beispiele seien hier genannt:

Aglie wird zweimal aus materiellen Gründen einem anderen Mann versprochen: Walwan und Wildomis. Die Hochzeitsvorbereitungen werden beidemal ausgiebig beschrieben, und beidemal tötet Wilhelm seinen Nebenbuhler im Kampf. Zweimal erwirbt sich Wilhelm im Kampf die Liebe einer anderen Frau (Crispin und die Königin von Kandia), doch er beweist seine Treue zu Aglie. Zweimal wird er auf eine tödliche Mission geschickt (zu Melchinor, zu Merlin) und überlebt. Zweimal wird er von Melchinor zum Tode verurteilt (bei Aurimunt, in Smyrna) und wird durch den Spruch einer hohen Autorität (des Kalifen, »Mahmets«) gerettet. Zweimal wird durch Zeichen die *tugent* Wilhelms erwiesen (Cupido-Helm, Gestühl des Vergil). Zweimal führt der Held eine Schlacht gegen Agrant (bei Smyrna, große Schlacht). Letztere wird als ein Heiden-Christen-Kampf geführt, ebenso wie zuvor das Turnier zu Kandia. Es liegen zwei Serien von Liebesbriefen vor (in Twingen, in Smyrna). Die Hochzeit Wilhelms und Aglies wird nach der großen Schlacht wiederholt – als Doppelhochzeit (Wilhelm und Aglie, Gaylet und Crispin). Die Geburt des Helden auf Fürsprache des Johannes des Evangelisten spiegelt sich in seiner Ret-

---

[144] Siehe oben, S. 114.

tung auf Fürsprache »Mahmets« und nochmals in der Annahme Agrants, Ryal sei ihm von Apollo als Antwort auf sein Opfer mit der Bitte um einen Sohn geschenkt worden (V 1 326f., 1 334–1 337). Dieses Opfer an Apoll wiederholt seinerseits Agrants Wallfahrt nach Ephesus, welche mit der Geburt Aglies beantwortet wird. Der Aufnahme Ryals am Hof Agrants, wo er zusammen mit Aglie erzogen werden soll, und der ersten Begegnung mit Aglie wiederum entsprechen die Aufnahme Wilhelms am Hof Melchinors, wo ihm Wildomis als *geselle* gegeben wird (V 5 834f.), und die Begegnung mit Melchinors Tochter Fel, die sogleich in Liebe zu Wilhelm entbrennt (V 5 862–5 897). Dem Liebestod Elenes entspricht der Liebestod Aglies, der wiederum Aglies Bereitschaft zum Liebestod bei Wilhelms Verurteilung in Smyrna widerspiegelt und andererseits eine Entsprechung im Tod der Eltern Wilhelms findet. Wie Wilhelm Wildomis beim hochzeitlichen Turnier mit einer vergifteten Lanze tötet, so findet auch er durch eine vergiftete Lanze den Tod, und andererseits muß bei Wilhelms eigener Hochzeit das Turnier abgebrochen werden, weil er beinahe den König von Rangulat tötet (V 15 720–15 726).

Diese variierenden Wiederholungen von Motiven und Handlungselementen lassen sich nicht auf eine dichterische Schwäche Johanns von Würzburg zurückführen; sie sind vielmehr bewußt gesetzt: Die Figuren selbst deuten auf sie hin. Als z. B. Wilhelm als Mörder des Wildomis zum Tode verurteilt ist, erinnert Melchinor daran, daß Wilhelm schon einmal von ihm zum Tode verurteilt war, und vergleicht zugleich die Tötung des Wildomis mit der des Walwan (V 10 315–10 339). Agrant wirft ein, daß er in derselben Weise wie Melchinor Wilhelm freundlich aufgenommen habe und von ihm ebenfalls aus Begehren nach Aglie betrogen worden sei (V 10 340–10 361). Wilhelm selbst vergleicht seine Situation mit der Not, die er auf dem Rücken des Wals (wohin er auch aus Sehnsucht nach Aglie gelangt war) erlitten hat, und bittet Gott, ihm ebenso zu helfen wie damals (V 10 589–10 593). – Das Publikum wird so darauf aufmerksam gemacht, wie bestimmte Motive immer wieder in variierter Form wiederkehren.

Wie bereits erwähnt, werden nicht nur Handlungselemente und Motive wiederholt, sondern auch Figuren und ihr Schicksal. Zum ersten Mal wird eine starke Ähnlichkeit des Schicksals zweier Personen deutlich, als Wilhelm, nachdem er das Feuergebirge verlassen hat, der Botin aus Media begegnet (V 4 496–4 890): In dem Moment, als Ryal sie erblickt, zeigt sie sich gerade als wahre Minnende und ruft (wie er) in der Not ihren Minnepartner an. Nach ihrer Rettung erfährt Ryal dann aus ihrem Mund sein eigenes Schicksal, das mit dem ihren identisch ist: Sie beide sind mit der gleichen Botschaft zu Melchinor gesandt, und sie beide erwartet dafür derselbe »Botenlohn«: der Tod. Später soll sich zeigen, daß ihr Schicksal noch weitere Ähnlichkeiten aufweist: Wie die Botin aus Media wird auch Ryal vor dem sicheren Tod bewahrt, denn wie ihre *wîpheit* Melchinor erbarmen sollte, daß er seine alte Sitte aufgebe, so gibt dieser sie um Wilhelms *tugent* willen wirklich auf. – Die Botin aus Media scheint Wilhelm einen Teil seines Schicksalswegs vorangegangen zu sein. Sie ist ihm ähnlich, aber ohne seine Vollkommenheit zu erreichen.

An anderer Stelle stößt Wilhelm auf die Spuren eines Ritters, der ihm in ähnlicher Weise einen Teil seines Wegs vorausgegangen ist: Phemiflor von Ascalon, dessen Pferd Zenefort Wilhelm von Crispin erhält. Phemiflor war ein Minneritter, der von Merlin seines Pferdes beraubt und getötet worden ist (V 13 613–13 616).

Auch Gaylet von Spangen, Wilhelms Verwandter, kann zu dieser Art der Ebenbilder des Helden gezählt werden. Besonders deutlich aber tritt Wilhelm in Alyant seinem Spiegelbild gegenüber (V 8 448–8 634).[145] Alyant taucht völlig unvermittelt aus dem Schlachtengewirr vor Smyrna auf, und nachdem Wilhelm ihn getötet hat und Alyants Geliebte, Elene von Athen, den Liebestod gestorben ist, entschwinden beide wieder spurlos dem Blickfeld des Lesers oder Hörers. Mit Ausnahme von einer Zusammenfassung der Taten Wilhelms in V 9 293 finden Alyant und Elene keine weitere Erwähnung, und die Episode hat keinerlei Auswirkung auf die Handlung. Ihr Sinn muß außerhalb der Handlungsebene liegen. Er liegt offenbar darin, daß Wilhelm mit einem nur graduell und in Äußerlichkeiten verschiedenen Spiegelbild seiner selbst konfrontiert wird. Indem Wilhelm Alyant tötet, zeichnet er sein eigenes tragisches Ende vor, ebenso wie Elenes Liebestod auf Aglies Tod vorausdeutet.

Einige Figuren weisen auch schon durch ihren Namen darauf hin, daß sie als Spiegelbilder *Wild*helms konzipiert sind, allen voran *Wild*omis. Sein Name bedeutet das, was er ist: der *amis*, d. h. der *geselle* und Freund Wilhelms.[146] Gerade dieser wird Wilhelm zum Nebenbuhler. Dabei wird Wildomis, obwohl seine Hochzeit mit Aglie aus materiellen Gründen beschlossen wird (V 9 012–9 015), nicht negativ charakterisiert. Agrant und Melchinor, die den Heiratsentschluß fassen,

---

[145] Vgl. auch unten, S. 208f.
[146] Dies bemerkt schon Juergens, S. 19. Er sieht in Wildomis den Gedanken des »Bruders als Feind« verkörpert.

sind *der welt gitsære*, nicht er, der das Opfer ihrer Heiratspolitik ist. Als Wilhelm ihn tötet, trägt Wildomis – wie sonst Wilhelm – eine flammende goldene Rüstung (V 10 150–10 179) und ist damit als ein Spiegelbild des Helden charakterisiert. Wilhelm tötet ihn ebenso, wie auch er selbst sterben wird: mit einem vergifteten Speer (V 10 223, 19 021).

In der Schlacht tötet Wilhelm den König von der *Wilde* (V 18 041–18 046): Auch dieser trägt im Namen das Wilde, und auch er ist sehr positiv gezeichnet: Er ist ein *werder* Heide, *der milt ie pflac und ritters můt* (V 18 046). Er trägt wie Wilhelm ein *vrawen bilde* als Helmzier (V 16 448f.) und ist damit als Minneritter und Spiegelbild Wilhelms zu erkennen. Wie Alyant taucht auch er nur kurz im Schlachtgetümmel auf und verschwindet nach seinem Tod ebenso ohne Einfluß auf das weitere Geschehen.

Im Turnier zu Kandia schließlich tritt – ebenso episodisch – ein Ritter mit dem Namen *Wild*ichon von Rosamunt auf (V 14 685–14 709). Sein Name kennzeichnet ihn ausdrücklich als *icon*, als »Bild« Wilhelms. Auch er ist ein hervorragender Ritter, der im Dienst seiner Minnedame, Rosela von Kanadic (dem Land Claudittes), kämpft. Sie hat ihm eine Lanze mit einem Brief geschickt, der in seinem Wortlaut (V 14 698–14 705) an die Brackenseilinschrift im ›Titurel‹ oder ›Jüngeren Titurel‹ erinnert;[147] – *Wild*helm hat von *der aventûre hauptman* einen Bracken erhalten, der *Gardiviaz* gleicht.[148]

Der Held stößt so immer wieder auf Figuren, die ein ähnliches Schicksal haben wie er, ähnliche *tugent* besitzen und z. T. auch einen ähnlichen Namen tragen. Sie alle sind Diener der Minne, die in verschieden starkem Maße von ihr zu Heldentaten getrieben werden. Im Gegensatz zu diesen Figuren stehen Personen wie Agrant und Melchinor, die materielle Vorteile über die wahre Minne stellen.

Auch für Aglie lassen sich Ebenbilder im Roman finden. Das ist am Beispiel Elenes besonders deutlich geworden; aber auch Melchinors Tochter Fel, die Wilhelm an Aglie erinnert (V 5 870f.), und Crispin gehören hierzu. Diese Frauen sind *rainiu wip*, edle Minnedamen, die in Aglie ihre überlegene Entsprechung finden, – wie die Werke der Hofkünstler in Wien, die zwar *schôniu bilde* (V 743) sind, Aglie aber nicht gleichkommen können.

Rehbock sieht in der Doppelung ein »notwendiges Stilmittel« zur Darstellung der Veränderlichkeit und Unsicherheit der Welt.[149] Die

---

[147] Ich folge der Lesart von H.
[148] Siehe unten, S. 152f.
[149] Rehbock, S. 80. Vgl. auch unten, S. 232.

kontrastierenden Parallelen »deuten nicht auf einen tieferen Sinn, sind nicht symbolhafte Verdichtung einer Entwicklung des Helden in der Welt (...); vielmehr ist ihre bloße Gegensätzlichkeit selbst auch zugleich ihr Sinn und zeigt die Veränderlichkeit der Welt, die dem Helden einmal so, einmal so mitspielt, ohne daß dies im einzelnen etwas zu bedeuten hätte.«[150] Ihm ist darin beizupflichten, daß die kontrastierenden Parallelen keineswegs eine Entwicklung des Helden bezeichnen sollen. Dennoch erschöpft sich ihr Sinn nicht darin, die Veränderlichkeit der Welt zu demonstrieren. Oben[151] wurde gezeigt, wie die Belgalgan-*âventiure* durch ihre parallele Anlage zur allegorischen Feuerberg-*âventiure* eine Deutung erhält, auf Minnetheorie bezogen wird. Die Doppelung der Figuren weist auf ihre graduellen Unterschiede hin und bezieht sie so auf ihre »Reinformen«, die ewigen Bilder der wahren und der falschen Liebenden im Feuergebirge. Die Doppelung von Szenen bedeutet oft eine Überbietung und damit noch deutlichere Bewährung und Präsentation von *tugent* oder *untugent*, so werden z. B. bei der Verlobung Aglies an Wildomis die machtpolitischen und wirtschaftlichen Erwägungen noch weit deutlicher als bei ihrer Verlobung an Walwan. Oft aber bezieht die Doppelung auch sinnlos oder unproblematisch erscheinende Szenen auf andere, welche sie interpretieren. Als Beispiele seien die zweimalige Verurteilung Wilhelms durch Melchinor und die Rettung durch eine höhere Autorität genannt. Während in Aurimunt allein Melchinors sinnlos stolze Sitte den Tod des unschuldigen Helden verlangt und ein Beweis der Vortrefflichkeit Wilhelms genügt, um diesen zu retten, kommt es in Smyrna zu einem echten Konflikt zwischen Freundestreue und Frauenminne, der vor eine Art Minnegericht gebracht wird.[152] Dadurch wird auch die erste Verurteilungsszene als ein Zusammenstoß zwischen Wilhelms *tugent* und *minne* und Melchinors *untugent* und *unminne* erkenntlich. Dasselbe gilt für die Heiden-Christen-Thematik im Turnier zu Kandia: Die scheinbar willkürliche Teilung des Turniers erhält durch ihre Parallele in der großen Schlacht zu Belgalgan eine Deutung als Kampf um die Minne, bei welchem sich die christliche ritterliche Minne, welche die Gottesminne miteinschließt, als der heidnischen überlegen erweist.

---

[150] Rehbock, S. 78.
[151] Siehe S. 115–117.
[152] Doch auch da bleibt die eigentliche Behandlung des Kasus aus, vgl. unten, S. 212–214.

Die Struktur des ›Wilhelm von Österreich‹ – das sei zusammenfassend festgehalten – ist nicht die Symbolstruktur eines Artusromans. Der Sinn des Werks entfaltet sich nicht im Nachvollzug des Wegs, welchen der Held beschreitet. Dennoch zeigt sich ein klarer Strukturwille des Verfassers, und die Struktur ist ein Interpretationsschlüssel für das Werk: Durch die Doppelungen und Symmetrie der Romanteile verbindet Johann scheinbar sinnlose Szenen mit von evidenter Minnedidaxe geprägten Szenen. Er verknüpft, um mit den Worten des Prologs zu sprechen, *âventiure* und *minne* und macht sie auf *tugent* hin durchsichtig.

Ich möchte nochmals betonen, daß der ›Wilhelm‹ dadurch nicht, wie Cramer[153] kritisch bemerkt, zur Allegorie wird und damit seinen fiktionalen Charakter verliert: Gerade durch die Doppelungen und Variationen wird ersichtlich, daß die Figuren der Handlung nicht identisch sind mit den im Feuergebirge allegorisch dargestellten Allgemeinbegriffen, daß es um die Umsetzung des Universalen im Individuellen, nicht um eine bildliche Darstellung des Universalen selbst geht.

Johann erfüllt, um zu Isers Definition der Fiktionalität zurückzukehren, ganz offensichtlich die drei Akte des Fingierens: Er wählt erstens Elemente aus verschiedenen Sinnzusammenhängen aus und kombiniert sie zweitens neu.[154] Damit widerspricht er offen sichtbar der historischen Wahrheit und gibt den Einzelelementen durch die neue Struktur einen neuen Sinn. Drittens reflektiert er sein Tun und macht er ausdrücklich auf die Fiktivität seines Werks aufmerksam.

Selbstverständlich ist die Fiktionalität des ›Wilhelm von Österreich‹ eine andere als die des klassischen Artusromans. Bei Johann ist sie untrennbar mit dem Gattungsspiel verbunden: Fiktionalität entsteht hier im Zusammenprall von *historia* und Roman, und sie erhält ihren Sinn durch den Bezug, der zwischen den *Âventiure*elementen und der Minnedidaxe hergestellt wird. Diese aber gehört keiner der beiden genannten Gattungen an, sondern einer dritten, der Minnerede, an die schon in den beiden Prologen gewisse Anklänge erkenntlich waren.[155] Von der Minnerede und ihrem Verhältnis zur *âventiure* soll im folgenden Kapitel die Rede sein.

---

[153] Cramer (1986), S. 268.
[154] Diesem zweiten Akt kommt bei Iser bei weitem nicht so viel Bedeutung zu wie bei Johann.
[155] Siehe oben, S. 104.105.

3. Minnerede und Roman

Der ›Wilhelm von Österreich‹ entsteht, wie erwähnt, in einer Zeit, in der sich die Minnerede äußerster Beliebtheit erfreut, und ist von ihr nicht unbeeinflußt. Im vorausgegangenen Kapitel ist bereits deutlich geworden, daß die Struktur des Werks *âventiure* und minnedidaktische Passagen aufeinander bezieht. Im folgenden soll untersucht werden, inwieweit nicht nur Minnedidaxe, sondern auch gattungstypische Elemente und Motive der Minnerede mit dem Roman verbunden werden (3.2). Dazu muß zuerst geklärt werden, ob überhaupt von einer Gattung Minnerede gesprochen werden darf, welche grundlegenden Muster und Motive sie aufweist, und in welcher Form grundsätzlich eine Verbindung von Rede und Roman möglich ist (3.1).

3.1. Die Minnerede als Gattung

Mit dem Titel seiner Edition der Heidelberger Handschriften *cod. pal. germ. 344, 358, 376* und *393* hat Kurt Matthaei 1913 einen neuen Gattungsbegriff eingeführt: »Mittelhochdeutsche Minnereden«. Er versteht ihn als Erweiterung des Gattungsbegriffs der »Minneallegorie«, unter den die ältere Forschung sowohl tatsächlich allegorische Darstellungen der höfischen Liebe als auch Personifikationsdichtungen über die Minne subsumiert. Seit Matthaei wird die »Minnerede« als Gattung immer wieder neu diskutiert: Wie sich Minnereden und Minneallegorien zueinander verhalten,[1] ob überhaupt von einer Gattung gesprochen werden kann und wie diese zu definieren sei.

---

[1] Ranke hält trotz seiner Bedenken, daß es sich i. d. R. nicht um Allegorie im eigentlichen Sinne handle und daß die Zeitgenossen die Gattungsbezeichnung als unberechtigt empfunden hätten, am Begriff der »Minneallegorie« fest. Friedrich Ranke, Zur Rolle der Minneallegorie in der deutschen Dichtung des ausgehenden Mittelalters, in: Fs Theodor Siebs. Breslau 1933, S. 199–212. Niewöhner entscheidet sich für den Doppelbegriff »Minnereden und -allegorien«. Heinrich Niewöhner, Minnereden und -allegorien, in: VL¹ III, Sp. 404–424. Gruenter wiederum spricht ausschließlich von »Minneallegorien«. Rainer Gruenter, Bemerkungen zum Problem des Allegorischen in der deutschen ›Minneallegorie‹. Euph. 51 (1957), S. 2–22. Glier dagegen bezeichnet wie Matthaei die Minneallegorien als Untergruppe der Minnereden. Gerhard Thiele, Mit-

Seit seinem Erscheinen 1968 stellt Thilo Brandis' Verzeichnis von rund 530 mittelhochdeutschen, mittelniederdeutschen und mittelnieder-ländischen Minnereden[2] die Grundlage jeder wissenschaftlichen Be-schäftigung mit den Minnereden dar. Brandis definiert die Minnereden als selbständig überlieferte, in epischem Versmaß (Reimpaare, gelegent-lich auch Kreuzreime, Reimpaar- und Kreuzreimstrophen oder Titu-relstrophen) verfaßte Texte geringeren bis mittleren Umfangs (10 bis 6 000 Verse), die entweder in direkter Rede (Monolog oder Dialog) oder in Form einer Allegorie von weltlicher Minne sprechen. Dabei steht nicht eine novellistische Handlung, sondern allein die durch di-rekte Rede oder Allegorie vermittelte Minne-Tugendlehre im Mittel-punkt. In den nichtallegorischen Minnereden findet sich eine erzählen-de Sprechweise fast ausschließlich in der Rahmenhandlung, zumeist einer Naturbeschreibung und der Beschreibung eines Wegs in einen eingefriedeten, wunderbar-idealen Ort, in dem die Reden oder Ge-spräche stattfinden. In den Minneallegorien hingegen herrscht die er-zählende Sprechweise vor. Als ein weiteres wichtiges Kennzeichen der Gattung nennt Brandis das »Ich des (männlichen oder weiblichen) Dichters«, das als Sprecher eines Monologs, als Briefsteller, Gesprächs-partner, Beobachter oder Handlungsteilnehmer auftreten kann.[3]

Ingeborg Glier[4] übernimmt in ihrer detaillierten und grundlegenden Darstellung der Gattungsgeschichte und Überlieferung der Minnere-den das Textkorpus des Thilo Brandis, faßt den Gattungsbegriff aber bewußt im Plural, »denn er hat eine typenreiche, ›pluralistische‹ Gat-tung zu bezeichnen.«[5] Anstelle einer positiven Gattungsdefinition ent-scheidet sie sich für eine Definition *ex negativo*, nach dem Vorbild der Märendefinition Hanns Fischers.[6] Die Minnereden unterscheiden sich nach Glier vom Minnelied durch die metrische Form (Reimpaare, Ti-

telhochdeutsche Minnereden II. Die Heidelberger Handschriften 313 und 355. Die Berliner Handschrift Ms. germ. fol. 922. Hrsg. auf Grund der Vorarb. v. Wilhelm Brauns. Berlin 1938 (DTM 41). 2. unv. Auflage mit einem Nachwort von Ingeborg Glier. Dublin/Zürich 1967, S. 258f. Blank schließlich wählt als Oberbegriff die »Min-nelehre«, der er als Unterteilungen die Minnerede, die Minneallegorie und die Per-sonifikationsdichtung zum Thema Minne zuweist. Walter Blank, Die deutsche Min-neallegorie. Gestaltung und Funktion einer spätmittelalterlichen Dichtungsform. Stuttgart 1970.

[2] Thilo Brandis, Mittelhochdeutsche, mittelniederdeutsche und mittelniederländische Minnereden. Verzeichnis der Handschriften und Drucke. München 1968.

[3] Ebd., S. 11.

[4] Ingeborg Glier, Artes Amandi. Untersuchung zu Geschichte, Überlieferung und Ty-pologie der deutschen Minnereden. München 1971 (MTU 34).

[5] Ebd., S. 7.

[6] Hanns Fischer, Studien zur deutschen Märendichtung. Tübingen 1968.

turelstrophen oder gelegentlich Kreuzreimgruppen) und ihre lehrhafte Tendenz; sie unterscheiden sich vom Märe[7] durch die dominierende Ich-Rolle, die Minnereflexion und das Fehlen erzählerischer Pointen; von anderen Kleinformen der Reimpaardichtung trennt sie die spezifische Minnethematik.[8]

Ähnliche Zweifel wie die, welche Glier durch ihre pluralische Formulierung und ihre negative Definition am Gattungsbegriff und der Gattungsdefinition der Minnerede bei Brandis zeigt, äußert Melitta Rheinheimer[9] an der Begrenzung des Brandisschen Textkorpus: In ihrem »Anhang zu Brandis« nimmt sie auch Prosareden und -briefe auf, sowie die meisten der Texte, die Brandis explizit ausschließt, nämlich die Minnereden und Liebesbriefe Hugos von Montfort,[10] die nach Brandis »in merkwürdiger Weise geistliche und weltliche Themen verquicken«,[11] und die »anderen literarischen Traditionen zugehörigen großen Dichtungen«, so die gesamte ›Rosenroman‹-Tradition und exemplarische Lehrgedichte wie Vintlers ›Blumen der Tugend‹ und Dirc Potters ›Der Minnen Loep‹. Allein die Romane, auf welche Brandis verzichtet (Ulrichs von Liechtenstein ›Frauendienst‹ und Maximilians ›Theuerdank‹), läßt auch Rheinheimer unbeachtet, – während Glier sie zumindest als Grenzfälle der Gattung erwähnt.[12]

Rheinheimer ist darin beizupflichten, daß die »anderen literarischen Traditionen zugehörigen großen Dichtungen«, v. a. die Texte der ›Rosenroman‹-Tradition, nicht ohne weiteres von den Minnereden getrennt werden können. Es müßte zunächst bestimmt werden, was diese »andere« Tradition grundsätzlich von der Minneredentradition unterscheidet. Dazu äußert sich Brandis nicht. Eine Reihung von *exempla* im Dienst der Minnediskussion wie bei Dirc Potter widerspricht m. E. nicht der Gattung Minnerede. Ähnliches gilt für Hugo von Montfort. Wieso die nicht näher bestimmte »merkwürdige« Verquickung von weltlichen mit geistlichen Themen der Gattung widerspreche, während Brandis durchaus »auch Gedichte über die geistliche Minne« in sein Verzeichnis aufnimmt,[13] wird nicht deutlich.

---

[7] Ausführlicher zum Unterschied Märe-Minnerede v. a. in der Erzählhaltung: Hans-Joachim Ziegeler, Erzählen im Spätmittelalter. Mären im Kontext von Minnereden, Bispeln und Romanen. Diss. Tübingen 1983. München 1985 (MTU 87), S. 57–75 u. ö.

[8] Glier (1971), S. 10–12.

[9] Melitta Rheinheimer, Rheinische Minnereden. Untersuchungen und Edition. Göppingen 1975 (GAG 144).

[10] Vgl. auch Glier (1971), S. 225–235 u. ö.

[11] Brandis, S. 15.

[12] Glier (1971), S. 44–49 u. ö. (›Frauendienst‹) und S. 356–359 (›Theuerdank‹).

[13] Brandis, S. 9.

Die Grenzwerte, welche Brandis für den Umfang einer Minnerede setzt, scheinen willkürlich gewählt: Seine Gattungsdefinition schließt zwar eine Minneallegorie mit 6 000 Versen und einen Liebesgruß von 10 Versen Länge ein, eine 10 000 Verse lange Minneallegorie und einen nur 4 Verse langen Gruß aber nicht mehr. Werden Texte wie der ›Rosenroman‹ oder Dirc Potters ›Der Minnen Loep‹ in das Korpus der Minnereden aufgenommen, entfällt diese fragwürdige Grenze ohnehin.

Was die Prosarede anbelangt, so sollte sie wohl – ähnlich wie der Prosaroman innerhalb der Gattung des mhd. Romans – als eine relativ späte Sonderform der Gattung betrachtet werden.

Das Textkorpus von Brandis mit den Erweiterungen durch Rheinheimer umfaßt nun so unterschiedliche Texte wie die oft nur vier bis zehn Verse langen Liebesgrüße[14] und Heinrics van Aken ›Rose‹, eine 14 412 Verse lange Übersetzung des ›Rosenromans‹,[15] die niederfränkische Prosaübersetzung des ›Bestiaire d'amour‹,[16] eines altfranzösischen Minnebestiariums in Form eines Werbungsgesprächs,[17] Hadamars von Laber Minneallegorie ›Die Jagd‹,[18] Hans Sachs' ›Kampfgespräch von der Liebe‹[19] und das ›Verliebte Tafelgespräch‹[20] der Gruuthuseschen Handschrift, ein dem Fastnachtsspiel nahestehendes fast undurchschaubares Wirrwarr von Stellungnahmen verschiedensten Niveaus zur Minne. – Kann hier noch von einer Gattung gesprochen werden?

---

[14] Vgl. Brandis 81. Robert Priebsch, Aus altdeutschen Handschriften der Königl. Bibliothek zu Brüssel I–IV. ZfdPh 38 (1906), S. 301–333 u. 436–467, S. 448f.; Brandis 82–95n. Priebsch, S. 309–313; Brandis 139. Edward Schröder, Ein gereimter Liebesbrief. ZfdA 63 (1926), S. 224; bei Brandis nicht verzeichnete Briefe und Grüße in: K. Koppmann, Liebesgruß. Nd.Jb. 3 (1877), S. 8; Emil Wilhelmy, Mittelniederländisches. Germ. 29 (1884), S. 401; Edward Schröder, Aus dem Kölner Stadtarchiv. ZfdA 23 (1897), S. 205f.; Franz Joseph Mone, Formeln für Liebe und Leben. AnzKMA 3 (1834), Sp. 290–292, Sp. 290; Hoffmann von Fallersleben, Weimarische Liederhandschrift vom Jahre 1537. Weim.Jb. 1 (1854), S. 101–152, S. 129; Hermann Menhardt, Verzeichnis der altdeutschen literarischen Handschriften der ÖNB, Bd. 2. Berlin 1961 (Dt. Akad. d. Wiss. zu Berlin. Veröffentlichungen d. Inst. für dt. Sprache und Literatur 13), S. 1083.

[15] Heinric van Aken, Die Rose. Hrsg. v. Eelco Verwijs. Den Haag 1868, S. 1–245.

[16] Richard de Fournival, Li bestiaires d'amours. Hrsg. v. Cesare Segre. Mailand/Neapel 1957 (Documenti di Filologia 2).

[17] John Holmberg, (Hrsg.), Eine mittelniederfränkische Übertragung des ›Bestiaire d'amour‹. Uppsala 1925 (Uppsala Universitatis Årsskrift 1925), S. 166–233.

[18] Hadamars von Laber ›Jagd‹. Mit Einl. u. erkl. Kommentar hrsg. v. Karl Stejskal. Wien 1880.

[19] Hans Sachs. Hrsg. v. Adelbert von Keller, Bd. 3 Tübingen 1870 (StLV 104), S. 406–417. Vgl. unten, S. 338f.

[20] K. Deleu, Het achtste Gruuthuse-Gedicht. Spiegel der Letteren 5 (1961), S. 241–299, S. 242–248.

Unter einer »Gattung«[21] ist m. E. kein *a priori* gegebener Regelkanon zu verstehen, der unabänderlich und unbedingt zwingend wäre. Ebensowenig kann von einer »Idee« der Minnerede ausgegangen werden, die das Ziel jedes Minneredenverfassers sein müßte, wie z. B. Homers ›Ilias‹ und ›Odyssee‹ in der deutschen Klassik als die vollkommenen Realisierungen des Epos betrachtet wurden.[22] Eine »Gattung« ist eher eine wandelbare Größe, eine Schreibkonvention, die sich allmählich bildet und stetig Veränderungen unterworfen ist – allerdings keiner evolutionären Entwicklung, wie Brunetière[23] annimmt. – Eine Gattung muß einen Freiraum für Variationen lassen, um lebendig bleiben zu können, sie muß aber in irgendeiner Weise ihre Einheit wahren.

Grundsätzlich konstituieren vier Faktoren die Einheit einer Gattung: Form, Inhalt, Darstellungsweise und Zweck. Der Inhalt einer Minnerede ist die höfische Minne – ihr Wesen und ihre Gesetze. Die Darstellungsweise ist eine Rede, Abhandlung oder Allegorie, d. h. eine Darstellung des Gegenstands, nicht die Erzählung einer Minnehandlung. Meist tritt ein sprechendes Ich in Erscheinung, entweder als direkt Betroffener oder als Beobachter; in einigen Fällen tritt der Sprecher aber auch völlig zurück und stellt den Gegenstand aus quasi-wissenschaftlicher Distanz dar. Der Zweck der Minnerede ist die Unterweisung in Minneangelegenheiten. Vom Rezipienten fordert sie das lernende Aufnehmen der Erkenntnisse über die Minne und der Minneregeln. Der didaktische Ansatz wird selbst in sehr persönlich gehaltenen Minnereden sichtbar: Das Individuelle öffnet sich immer wieder dem Allgemeinen, Regelhaften.[24] Briefe präsentieren sich deutlich als Musterbriefe, die keineswegs nur auf die individuelle Minnesituation des Briefstellers, sondern allgemein anwendbar sind und das Schreiben als vorbildliche Minneübung vorführen.[25]

---

[21] Grundlegend zum Gattungsproblem: Klaus W. Hempfer, Gattungstheorie. München 1973 (Information und Synthese 1).

[22] Vgl. dazu: Gottfried Willems, Das Konzept der literarischen Gattung. Untersuchungen zur klassischen deutschen Gattungstheorie, insbesondere zur Ästhetik F. Th. Vischers. Tübingen 1981 (Hermaea 43).

[23] Ferdinand Brunetière, L'evolution des genres dans l'histoire de la littérature. Paris 51898.

[24] Vgl. v. a. das Pseudo-Hartmannsche ›Zweite Büchlein‹ (Brandis 24). Das Klagebüchlein Hartmanns von Aue und das zweite Büchlein. Hrsg. v. Ludwig Wolff. München 1972 (Altdt. Texte in krit. Ausgaben 4).

[25] Besonders deutlich in: Johanns von Konstanz ›Minnelehre‹ (Brandis 232). Heinzelin von Konstanz. Hrsg. v. Franz Pfeiffer. Leipzig 1852, S. 3–98. [Heinzelin von Konstanz, der Verfasser von ›Von dem Ritter und dem Pfaffen‹ und ›Von den zwei Sanct Johansen‹, ist lange Zeit für identisch mit Johann von Konstanz gehalten worden];

Fraglich bleibt allein die für die Gattung konstitutive Form.[26] Die Minnereden besitzen keine eng umgrenzbare metrische Form; Reimpaare stehen neben Kreuzreimen und Titurelstrophen, daneben als Sonderform die Prosa. Minnereden besitzen auch keinen begrenzbaren Umfang, und von daher ist es auch unmöglich, daß sie eine gemeinsame Struktur besitzen. Es ist aber möglich, einzelne Muster, »Zellen« der Minnerede, zu beschreiben, die entweder einzeln stehenbleiben oder zu komplexeren Gebilden zusammengebaut werden können. Solche Muster sind:

a. Allgemeine, »sachliche« Reden und Darlegungen über die Minne

In den allgemeinen »sachlichen« Reden und Darlegungen über die Minne tritt der Sprecher stark zurück. Er zeigt keine persönliche Betroffenheit, sondern will den Leser oder Hörer unterweisen. Zu dieser Gruppe der Minnereden gehören Formen wie der allgemeine Preis der Frauen und der Minne, das Lob der Minnetugenden und die Schmährede gegen Minnelaster und die damit verbundene Zeitklage. Hierzu gehören auch die an ein allgemeines Publikum gerichteten Lehren und Regelkataloge der Minne, die Behandlung eines Minnekasus, allgemeine Reflexionen über die Minne, Darstellungen ihres Wesens und ihrer Attribute sowie die verschiedenen Formen der Allegorese, v. a. die Tier- und Pflanzen, Stein-, Farb-, Wappen- und Buchstabenallegorese.

b. Monologe

Im Gegensatz zu den »sachlichen« Darlegungen sind die Monologe Reden eines persönlich betroffenen Ichs. Es spricht primär über seine persönliche Liebe, nicht über die Liebe allgemein. Die häufigsten Formen des Minnemonologs sind das Lob der Geliebten, das Liebesgeständnis – meist verbunden mit einer Bitte um Erhörung – und die Klage. Das sprechende Ich beklagt die Strenge, die Ferne oder den Tod

---

Gozolds ›Minnebrief‹ (Brandis 213). Liederbuch der Clara Hätzlerin, hrsg. v. Carl Haltaus. Quedlinburg 1840 (Bibliothek der ges. dt. Nationalliteratur 8), Nachdr. Berlin 1966 (Texte des Mittelalters), S. 145–147; ›Der schwierige Liebesbrief‹ (Brandis 355) (uned.); ›Gespräch mit einem alten Liebhaber‹ (Brandis 205). Haltaus, S. 221–226. Vgl. dazu unten, S. 187.

[26] Schmidt verzichtet auf dieses Kriterium und definiert die Minnerede als einen »Text, der in der Form einer Belehrung von Minne handelt«. Ronald Michael Schmidt, Studien zur deutschen Minnerede. Untersuchungen zu Zilies von Sayn, Johann von Konstanz und Eberhard von Cersne. Göppingen 1982 (GAG 345), S. 3.

der oder des Geliebten oder dessen Fehlverhalten. Hierbei kommt es zu Überschneidungen mit dem allgemeinen Typ der Minnerede, wenn allgemeine Erkenntnisse, Lehren, allgemeiner Frauenpreis oder Zeitklagen in den Monolog aufgenommen werden. In den Totenklagen, die Brandis als Randgruppe der Minnereden aufnimmt,[27] können Fürstenpreis und die Tugendlehre gegenüber der eigentlichen Minnethematik in den Vordergrund treten.

c. Briefe und Grüße

Oft nicht eindeutig zu trennen von Monologen, in denen die Geliebte unmittelbar angesprochen wird, sind Liebesbriefe und -grüße, zumal wenn die Grußformel und die Bitte um Antwort entfallen. Thematisch läßt sich bei den Briefen eine größere Vielfalt feststellen als bei den Monologen. Neben dem Lob der Geliebten und der Liebesbekundung, der Bitte um Erhörung, der Klage, dem Vorwurf oder der Absage finden sich auch die Themen Dank, Trost, Abschied oder Belehrung.[28] Ein besonders charakteristisches Element der Liebesbriefe ist hervorzuheben: Bereits vom späten 12. Jahrhundert an[29] – seit dem ›Heimlichen Boten‹ (Brandis 300) – tritt in den Briefen häufig die Personifikation des Briefs selbst in einen Dialog mit dem Briefsteller oder mit dem Adressaten.

d. Dialoge

Dialogische Minnereden beschreiben oft innere Dialoge des Erzählers, das sind meist Zwiegespräche zwischen *hertze* und *lîp* wie z. B. in Hartmanns von Aue ›Klage‹ (Brandis 48).[30] Zahlreich überliefert sind aber auch Dialoge des Liebhabers mit der Geliebten (Werbe- oder Liebes-

---

[27] Brandis, S. 186–188.

[28] Für eine ausführliche Behandlung der Minnebriefe sei auf die Monographien Jürgen Schulz-Groberts sowie Albert Ritters und Ernst Meyers verwiesen. Jürgen Schulz-Grobert, Deutsche Liebesbriefe in spätmittelalterlichen Handschriften. Untersuchungen zur Überlieferung einer anonymen Kleinform der Reimpaardichtung. Tübingen 1993 (Hermaea 72); Albert Ritter, Altschwäbische Liebesbriefe. Eine Studie zur Geschichte der Liebespoesie. Graz 1898 (Grazer Studien zur dt. Philologie); Ernst Meyer, Die gereimten Liebesbriefe des deutschen Mittelalters. Mit einem Anh. ungedr. Liegesbriefe aus der Dresdener Handschrift M 68. Marburg 1899.

[29] Vgl. im Gegensatz dazu: E. Meyer, S. 66 bemerkt die Rede des personifizierten Briefs erst im 14. Jahrhundert.

[30] Das Klagebüchlein Hartmanns von Aue und das zweite Büchlein. Hrsg. v. Ludwig Wolff. München 1972 (Altdt. Texte in krit. Ausgaben 4).

gespräche) oder Dialoge mit Dritten – auch mit Personifikationen. Zumeist handelt es sich hier um Lehrgespräche und Beratungen. Außerdem gibt es Trost- und Testgespräche oder Streitgespräche zwischen verschiedenartigen Minnenden und Diskussionen eines Minnekasus sowie Frage- und Antwort-Spiele zur Minne,[31] bei denen eine direkte Betroffenheit der Gesprächspartner fehlt. Daneben finden sich Lob- und Klagereden in Form von Wechselgesprächen.

Die vier genannten Redemuster können in einen Erzählrahmen gestellt werden, der selten individuell ausgestaltet ist; meist folgt er einem festen Schema, das selbst bereits als Minneredenmuster aufgefaßt werden kann: Auf einen Traumeingang oder die Beschreibung von Schlaflosigkeit, Gedankenversunkenheit oder einen ähnlichen halbwachen Zustand des Ich-Erzählers folgt ein Spaziergangsmotiv, eine Naturbeschreibung und, an einem *locus amœnus*, eine Begegnung oder Beobachtung des Erzählers. Das sprechende Ich ist hier also meist nicht mehr der Sprecher der Rede, sondern es wird zum Beobachter oder zu einer handelnden Figur, oft einer Nebenfigur des Geschehens. Für den Leser oder Hörer übernimmt der Ich-Erzähler die Rolle des Berichterstatters aus erster Hand und des Interpreten des Geschehens.

Der Erzähleingang besitzt keinerlei Eigenwert als Erzählung. Er dient zu nichts anderem als dazu, eine unwirkliche, traumähnliche Atmosphäre zu schaffen und die Leser oder Hörer auf die dann folgende Rede oder Allegorie vorzubereiten. Dirc Potter z. B. stellt seinen Traktat über die vier Formen der Minne, der sich der verschiedensten wissenschaftlichen Methoden bedient, in einen solchen Erzählrahmen, der in einem deutlichen stilistischen Widerspruch zum Rest des Werks steht und nur einem Zweck dienen kann, der Anbindung des Werks an die Gruppe der erzählenden Minnereden.[32]

Neben den genannten Mustern der Minnerede, die entweder als reine Redeformen oder in einem Erzählrahmen auftreten können, sind zwei weitere Minneredenmuster zu nennen, die ausschließlich als Erzählformen auftreten:

---

[31] Zu den französischen Vorlagen des Minne-Fragespiels vgl.: Alexander Klein, Die altfranzösischen Minnefragen, T. 1. Ausgabe der Texte und Geschichte der Gattung. Marburg 1911 (Marburger Beiträge zur rom. Philol. 1).

[32] Zu Brandis' Einwand dagegen, daß ›Der Minnen Loep‹ zu den Minnereden gezählt werde, siehe oben, S. 125.

e. Minneallegorien und Personifikationshandlungen

In der Minneallegorie kommt dem narrativen Element eine große Bedeutung zu. Die Minnelehre wird hier nicht oder zumindest nicht ausschließlich in einer Rede dargeboten, sondern durch die Handlung vermittelt. Die Handlung ist nicht ein unbedeutender Rahmen einer Rede, sondern die Rede, die auch entfallen kann, ist die Allegorese der Handlung. In weit größerem Maß als die anderen Formen der Minnerede läßt die Minneallegorie daher eine epische Ausgestaltung zu. So entstehen im 14. Jahrhundert Großformen der Minneallegorie, die z. T. romanhafte Züge annehmen. Die Hauptformen der Minneallegorie sind der Hof, das Kloster, die Burg der Minne sowie der Weg des Erzählers zu ihr, ihre Erstürmung und Verteidigung – berühmtestes Beispiel ist die ›Minneburg‹ (Brandis 485)[33] aus dem zweiten Viertel des 14. Jahrhunderts – und die Minnejagd.[34] Letztere Form der Minneallegorie ist – auch formal – maßgeblich beeinflußt durch die in Titurelstrophen verfaßte ›Jagd‹ Hadamars von Laber (Brandis 513)[35] aus dem zweiten Viertel des 14. Jahrhunderts.

An die Minneallegorie grenzen zwei besondere Typen der Personifikationsdichtung: das Minnegericht und der Minnetest. Beim Minnegericht urteilt ein Tribunal von Personifikationen über ein Minnevergehen – entweder das Vergehen einer Person oder der Minne selbst. Der Minnetest beginnt meist mit einer Begegnung des Erzählers mit einer Personifikation (seltener auch einer Person), die ihn mit einem Gegenstand konfrontiert, welcher des Erzählers Minne*tugent* testet. Es schließen sich in der Regel eine Allegorese des Gegenstands und – damit verbunden – eine Minnelehre an.

f. Grenzform der Minnerede: Traum von erfüllter Liebe

Eine recht häufige Form der Minnerede – Brandis zumindest bezeichnet diese Texte als Minnereden – ist der Traum von erfüllter Liebe. Ähnlich wie bei den Minneallegorien tritt hier die Handlung deutlich in den Vordergrund. Sie ist aber nicht allegorisch zu verstehen, sie ist vielmehr reine Minnehandlung, ein in Handlung umgesetztes erfolg-

---

[33] Die Minneburg. Hrsg. v. Hans Pyritz. Berlin 1950 (DTM 43).

[34] Burkhard von Hohenfels nimmt in seinen Minneliedern diese Themen bereits vorweg. Vgl. dazu: Hugo Kuhn Minnesangs Wende. Tübingen ²1967 (Hermaea 1), S. 7–43.

[35] Hadamars von Laber ›Jagd‹ und drei andere Minnegedichte seiner Zeit und Weise: Des Minners Klage, Der Minnenden Zwist und Versöhnung, Der Minne-Falkner. Hrsg. v. J. A. Schmeller. Stuttgart 1850 (StLV 20). Nachdr. Amsterdam 1968.

reiches Werbungsgespräch. Allein die Traumeinleitung unterscheidet diese Texte von einfachen Minneerzählungen und rückt sie in die Nähe der Minnereden. Den Abschluß bildet in der Regel eine Liebesklage des erwachten Erzählers.[36]

Bei den genannten verschiedenen Mustern der Minnerede handelt es sich nicht etwa um ehemalige Einzelgattungen, die in späterer Zeit kombiniert worden wären, sondern von Anfang an stehen komplizierte, verschiedene Muster kombinierende neben einfachen Formen der Minnerede. Bereits eine der frühesten Minnereden, die um 1300 entstandene ›Minnelehre‹ Johanns von Konstanz (Brandis 232),[37] besitzt eine äußerst komplexe Form. Da auf diesen Text im folgenden wiederholt verwiesen wird, soll er hier kurz vorgestellt werden:

Als eine Lehre, *wie man nâch liebe werben sol* (V 11), versteht der Ich-Erzähler seine Rede. Er berichtet, wie sich Frau Minne dafür rächte, daß er ihr eine Absage erteilte: Beim ersten Anblick einer schönen Frau verliebte er sich. Er preist die Geliebte (V 57–76), beschreibt seine Minnekrankheit (V 77–121) und reflektiert über das Wesen der Minne (V 139–155). Dann folgt eine Traumerzählung (V 156–1045): In einem *locus amœnus* erblickt der Erzähler einen Blutsee mit brennenden Ufern und eine goldene Säule, auf der ein blinder nackter Knabe mit rotgoldenen Flügeln sitzt. Dieser trägt auf seinem blonden Haar eine Krone und hält einen Speer und eine brennende Fackel in der Hand.

Den Gruß des Erzählers erwidert der Knabe vorwurfsvoll: *dû hâst mir widerseit* (V 247). Damit identifiziert er sich mit Minne, und tatsächlich trägt in zahlreichen anderen Reden[38] Frau Minne seine Attribute. Als der Erzähler

---

[36] Vgl. ›Der schlaflose Minner‹ (Brandis 33). Laßberg, Bd. III, S. 97–104; ›Der Traum von der Liebe‹ (Brandis 210). Carl Renatus Hausen, Staats-Materialien und hist.-polit. Aufklärungen für das Publikum vorzüglich zur Kenntniß des deutschen Vaterlandes in ältern und gegenwärtigen Zeiten, Bd. 2, 5 u. 6. Dessau 1785, S. 673–687; ›Der Traum‹ (Brandis 247). Haltaus, S. 127–130. ›Das Glück im Traum‹ (Brandis 248). Laßberg, Bd. II, S. 335–340; ›Der glückliche Traum‹ (Brandis 250). Adelbert von Keller (Hrsg.), Erzählungen aus altdeutschen Handschriften. Stuttgart 1855 (StLV 35), S. 646–648; Hans Folz, ›Der Traum‹ (Brandis 252). Hanns Fischer (Hrsg.), Hans Folz. Die Reimpaarsprüche. München 1961 (MTU 1), S. 262–279; ›Traum von erhörter Liebe‹ (Brandis 254). Ernst Ferdinand Kossmann (Hrsg.), die Haager Liederhandschrift. Faksimile des Originals mit Einl. und Transkription, 1.1. Haag 1940, S. 70; ›Von der Liebe‹ (Brandis 314). Franz Pfeiffer, Altdeutsches Uebungsbuch zum Gebrauch an Hochschulen. Wien 1866, S. 169f.; Hugo von Montfort, ›Sehnsuchtsklage‹. Hugo von Montfort II. Die Texte und Melodien der Heidelberger Handschrift cpg 329. Transkription von Franz Viktor Spechtler. Göppingen 1978 (Litterae 57), S. 46–52.

[37] Heinzelin von Konstanz, S. 3–98.

[38] Vgl. u. a.: ›Was ist Liebe?‹ (Brandis 361). Rheinheimer, S. 148; ›Wer nicht weiß, was rechte Lieb sei‹ (Brandis 360). Gustav Ehrismann, Wer nicht weiß was rechte Lieb sei. Germ. 36 (1891), S. 319f.; Elbelin von Eselsberg, ›Das nackte Bild‹ (Brandis 359). Haltaus, S. 264–270; Dirc Potter, ›Der Minnen Loep‹.

ihn nach seinem Namen fragt, gibt er sich zu erkennen als *cunctipotens Amoris filius* (V 269), *der Minne kint* (V 273) Cupido. Er erklärt, er sei *ein gelust der minne* (V 281); er ist also nicht identisch mit Minne, sondern ein Teil derselben. Der Erzähler bittet ihn, ihm seine Attribute zu erklären. Die Flügel, so erfährt er, stehen für das rasche Entstehen des Liebesbegehrens (V 294–314). Mit Speer (V 315–348) und Fackel (V 349–378) verwundet und entflammt Cupido das Herz derer, die sich der Minne widersetzen wollen. Seine Blindheit bedeutet, daß oft unpassende Partner einander lieben (V 379–414); seine Nacktheit weist direkt auf das Liebesspiel hin (V 415–466). Die goldene Säule ist ein Hinweis dafür, daß Liebhaber den Frauen mit Reichtum imponieren sollen (V 467–498). Der flammenumloderte See bezeichnet das von Leid umringte, geplagte Herz des Liebenden (V 499–509); der hohe Sitz des Cupido hingegen steht für die Hochstimmung des glücklich Verliebten (V 510–546). Die Krone bedeutet den Preis, den der treue Diener der Königin Venus verdiene (V 547–567). Im Blutsee schließlich sammelt sich das Blut all derer, die im Kampf gegen ihre Nebenbuhler getötet worden sind (V 568–597).

Nun erscheint Venus in einem prächtigen Wagen. Den Wagen und den Thronsitz der Venus schmücken Inschriften und Abbildungen literarischer Gestalten, welche die Macht der Minne demonstrieren. Auch sich selbst findet der Erzähler dort abgebildet, tief versunken in Liebesschmerz (V 769–779).[39] Minne schießt einen Pfeil in sein Herz ab, und er unterwirft sich ihr sofort und bittet sie um Hilfe. Sie rät ihm, seiner Geliebten einen Brief zu schreiben (V 970–974) und *stæte* zu bewahren.

Der Erzähler erwacht und setzt sofort den Rat der Minne in die Tat um. Es beginnt ein Briefwechsel mit der Geliebten, immer wieder unterbrochen durch Gespräche des Erzählers (V 1133–1185, 1301–1397, 1952–2073) oder der Frau (V 1449–1504) mit Minne und durch einen erfolglosen Werbungsdialog in einem Kräutergarten (V 1603–1951), bis schließlich, nach dem 10. Brief, ein zweites Treffen stattfindet. Hier glückt die Werbung des Erzählers. Er wird von seinem Minneleid erlöst – und wünscht dies im Epilog (V 2532–2550) allen Liebeskranken.

Johanns ›Minnelehre‹ ist weder ein reiner Briefroman noch eine reine Traumerzählung, sondern verbindet die verschiedensten Formen der Minnerede: Im ersten Teil werden allgemein darstellende und monologische Reden gereiht, dann folgt eine Erzählform der Minnerede, die Traumerzählung mit dem zweifachen Lehrgespräch des Erzählers mit den Personifikationen der Liebe. Der dritte Teil besteht aus einer Reihe

---

[39] Ein ähnliches Motiv findet sich in dem mittelbyzantinischen Roman ›Belthandros und Chrysantza‹. Belthandros und Chrysantza. Hrsg. u. übers. v. A. Ellissen. Leipzig 1862 (Analekten der mittel- und neugriechischen Literatur 5): Belthandros sieht in der Erosburg zwei Standbilder, die ihn als Minnesklaven darstellen. Inschriften prophezeien ihm sein Minneschicksal: Seine Liebe zu Chrysantza (V 383–387) und seine Trennung von ihr (V 420–424). Frenzel, S. 12.15 hält ›Belthandros und Chrysantza‹ für eine direkte Vorlage des ›Wilhelm von Österreich‹, nicht zuletzt weil er Johanns Quellenangabe in V 19562–19565 ernst nimmt und eine kleinasiatische Vorlage sucht.

von Briefen, die einen schriftlichen Werbungsdialog bilden, und verschiedenen Dialogen.

Die These, die Gattung Minnerede habe sich aus verschiedenen Einzelgattungen zusammengesetzt, läßt sich nicht nur durch das Vorhandensein solcher früher komplexer Formen widerlegen, sondern auch dadurch, daß gerade auch die dieser These entgegengesetzte Entwicklungstendenz zu beobachten ist: Aus komplexeren Formen der Minnerede werden in der Rezeption z. T. einzelne Elemente herausgenommen und als eigenständige, einfachere Reden überliefert: Die Briefe Johanns von Konstanz z. B. sind, wie Ernst Meyer nachweist,[40] in der Minneredendichtung des 14./15. Jahrhunderts als Formmuster rezipiert worden. Ein weiteres Beispiel ist etwa Walthers von Griven ›Weiberzauber‹ (Brandis 391)[41] aus dem 13. Jahrhundert, der eine Passage aus Hartmanns von Aue ›Klage‹ (Brandis 48), die Beschreibung eines kärlingischen Kräuterzaubers (V 1 269–1 348), herausgreift und in eine eigenständige Rede umgestaltet.

Nicht als ein einheitliches Grundgerüst also läßt sich die Form der Minnerede beschreiben, sondern als ein »Bausatz« von Einzelformen und Mustern, der von Anfang an in seiner vollen Variationsbreite zur Verfügung steht.

Neben einer Einheit in Form, Inhalt, Darstellungsform und Zweck ist noch ein weiterer Faktor essentiell, damit man von einer Gattung sprechen kann: das Gattungsbewußtsein der Verfasser. Dies bedeutet nicht, daß die Verwendung einer einheitlichen Terminologie für eine literarische Gattung erwartet werden könnte; die mittelhochdeutschen Gattungsbezeichnungen sind bekanntlich generell unzuverlässig.[42] Kein Autor aber schreibt in den freien Raum hinein. Wie jedes Mitglied einer Sprachgemeinschaft knüpft auch er an existierende Kommunikationsformen, und d. h. an vorgegebene Textformen an. Wo eine solche Anlehnung oder Auseinandersetzung mit anderen Werken, und nicht nur mit einem Einzeltext, sondern einem Texttypus, welcher der literarischen Gesellschaft seiner Zeit ein Begriff zu sein scheint, in einem Text selbst explizit wird, kann man von einem Gattungsbewußtsein sprechen.

---

[40] E. Meyer, S. 8–41.

[41] Haltaus, S. XXXIV–XXXVII.

[42] Vgl. Hugo Kuhn, Gattungsprobleme der mhd. Literatur, in: Hugo Kuhn, Dichtung und Welt im Mittelalter. Stuttgart 1959, S. 41–61, S. 45; Klaus Düwel, Werkbezeichnungen der mittelhochdeutschen Erzählliteratur (1050–1250). Göttingen 1983 (Palaestra 277).

In einigen der bei Brandis und Rheinheimer aufgeführten Reden kommt ein Bewußtsein, in einer literarischen Tradition zu stehen, zum Ausdruck, jedoch sind es jeweils andersartige Werke, an die sich die Verfasser anlehnen: Für das sprechende Ich in ›Der rote Mund‹ (Brandis 1), einem monologischen Frauenlob aus der Zeit um 1300,[43] ist das Frauenlob in Wolframs Romanen das unerreichte Vorbild, gegen welches es seine Werke als stilistische und inhaltliche »Massenware« absetzt: *Diß ist ein rede als hundert* (V 91). Ebensogut könnte auch sein Publikum das Wort ergreifen: *Wen ir wolt, sô sagt auch ir!* (V 348).[44] Der Verfasser des flämischen ›Lobs der Frauen von drei Papageien‹ (Brandis 282)[45] sieht seine Rede im Rahmen einer ganz anderen literarischen Tradition des Frauenlobs, nämlich der biblischen: *Want ic lese, in der schriftúren, / Dat vrouwen hebben groten prijs.* (V 24f.).[46] Im ›Heimlichen Boten‹ (Brandis 300) schließlich, einem lehrhaften Liebesbrief aus dem späten 12. Jahrhundert, wird die Minnelehre abgebrochen mit dem Verweis auf ein quasi-wissenschaftliches Lehrbuch der Minne, das »Buch *phaset*«[47] (V 15–17).[48]

Solche Verweise darauf, daß des Gesagte auch in anderen Texten verschiedenster Gattungen ausgedrückt ist, scheinen eher dagegen zu sprechen, die Minnerede als eine einheitliche Gattung aufzufassen. Dem widersprechen aber die vielfach belegten Ironisierungen und Parodien von Minneredenmustern, die allein dann wirksam sein können, wenn ein Gattungsbewußtsein vorausgesetzt wird. Meist werden in diesen Texten durch die Wahrung der Form – eines der oben beschriebenen Muster – einer Minnerede gewisse Leser- oder Hörererwartungen erweckt und dann durch einen völlig verkehrten Inhalt gebrochen. Es wird von derber Liebeslust statt höfischer Minne oder von Häßlichkeit statt Schönheit der Frau, von tiefster Verachtung statt liebevoller Sehnsucht erzählt,[49] oder es wird der Zweck der Rede, die Lehre, parodiert,

---

[43] Datierung nach Edward Schröder, Die Minnerede vom roten Munde. ZfdA 68 (1931), S. 195.

[44] Adelbert von Keller (Hrsg.), Die altdeutsche Erzählung vom rothen Munde, in: Verzeichnis der Doctoren, welche die philosophische Facultät in Tübingen im Decanatsjahre 1873 bis 1874 ernannt hat. Beiheft. Tübingen 1874 (Tübinger Universitätsschriften aus dem Jahre 1874), S. 8–20.

[45] Überliefert in einer Handschrift aus dem Jahr 1469.

[46] Belgisch Museum voor de nederdiutsche Tael- en Letterkunde ende Geschiednis des Vaderlands. Hrsg. v. Johan Frans Willems, Bd. 7. Gent 1843, S. 229f.

[47] Einen kurzen Überblick über die Forschungsdiskussion zur Identifizierung des Buchs *phaset* gibt Dietrich Huschenbett in: ›Der heimliche Bote‹, VL² III, Sp. 645–649, Sp. 647f.

[48] Heinrich Meyer-Benfey, Mittelhochdeutsche Übungsstücke. Halle ²1920, S. 30–32.

[49] Vgl. u. a.: ›Ironischer Frauenpreis‹ (Brandis 22). Haltaus, S. LXX–LXXVIII; ›Die

wie etwa in der Graf Gottfried Werner von Zimmern zugeschriebenen[50]
›Minnewerbung‹ (Brandis 241)[51] in der ›Zimmerischen Chronik‹, wo im
Anschluß an eine nur scheinbar erfolgreiche, in ihrem Ablauf gänzlich
typische Minnewerbung der betrogene Liebhaber bekennen muß, daß
seine in Minneliteratur belesenere Geliebte (V 793–795) ihm an Schli-
chen überlegen ist. So kann er dem Leser oder Hörer der Rede nur
folgende »Lehre« anbieten:

> *Wens gelust, der steug mir nach*
> *Und habs so gut, als ich!*
> *Das gun ich im wol fur mich.*
> (V 809–811)

(Wer Lust dazu hat, der möge mir nachfolgen und es so gut haben wie ich!
Das gönne ich ihm gewiß mehr als mir selbst.)

Der Verfasser der ›Minnewerbung‹ beweist, indem er an eine typische
Minnerede diese Persiflage anhängt, ein deutliches Gattungsbewußtsein.[52] Ein solches beweisen auch die Reden, die Muster der Minnerede
– Abhandlung über die Minne, Lehr- und Streitgespräch – benützen,
um argumentativ den Inhalt der Minnerede, die höfische Minne, ab-
zuwerten, so z. B. die Minnereden des Hans Sachs[53] oder die anonyme
Rede ›Frauenminne und Gottesminne‹ (Brandis 309) aus dem späten
13. Jahrhundert.[54]

Graserin‹ (Brandis 23). Adelbert von Keller (Hrsg.), Altdeutsche Gedichte. Tübingen
1846, S. 4–10; ›Liebesgruß‹ (Brandis 95). Priebsch, S. 311; ›Parodie eines Liebesbriefes‹. Johannes Bolte, Ein Augsburger Liederbuch vom Jahre 1454. Alemannia 18
(1890), S. 97–127 u. 203–237, S. 230f.; Hans Folz, ›Werbung im Stall‹ (Brandis 245).
Fischer (1961), S. 112–118; Hermann von Sachsenheim, ›Die Grasmetze‹ (Brandis 246).
Thiele, S. 100–106; ›Lob der guten Fut‹. Rosemarie Leiderer (Hrsg.), Zwölf Minnereden des Cgm 270. Berlin 1972 (Texte des späten MA und der frühen Neuzeit 27),
S. 130f. Ansatzweise auch in dem nur in einem Fragment erhaltenen ›Spottgedicht auf
abenteuerliche Minne‹, ebd., S. 120–130, in dem der Weg des Ich-Erzählers und die
Begegnung mit einer Frau in einen *locus terribilis* beschrieben wird.
[50] Seine Verfasserschaft ist zweifelhaft. Huschenbett, Minnewerbung, in: VL² VI,
Sp. 598f., spricht mit Wilhelm Brauns, Hermann von Sachsenheim und seine Schule.
Diss. Berlin 1937, S. 42–60, von einem unbekannten südfränkischen Autor des 15.
oder 16. Jahrhunderts.
[51] Zimmerische Chronik. Hrsg. v. Karl August Barack, Bd. 4. Freiburg/Tübingen ²1882
(StLV 94), S. 215–233.
[52] Vgl. auch die Lehre des *schreiber untugendhaft* in der ›Ironischen Minnelehre‹ (Brandis
350). Leiderer, S. 108–120. Gänzlich an der Möglichkeit von Minnedidaxe und damit
am Sinn minnedidaktischer Literatur zweifelt das sprechende Ich des Pseudo-Hartmannschen ›Zweiten Büchleins‹ (Brandis 24).
[53] Siehe unten, S. 338f.
[54] Friedrich Heinrich von der Hagen, Alterthumskunde. Aus altdeutschen Handschriften. Germ. 8 (1848), S. 239–315.

Das Gattungsbewußtsein, das in solchen Texten zum Ausdruck kommt, rechtfertigt es, bei den bei Brandis/Rheinheimer verzeichneten Texten, deren innerer Zusammenhang oben umrissen worden ist, von einer Gattung zu sprechen. Es ist eine Gattung, die extrem offen ist für Variationen.

Glier betont, wie schwierig es ist, eine Geschichte dieser Gattung zu schreiben: »Da wir hier im strengen Sinn nicht mit einer Entwicklung rechnen können, die von einfachen zu komplizierteren Formen fortschreitet, sind in vielen Fällen einzelne Werke auch nicht annähernd zu datieren. Zudem ist weitaus die Mehrzahl der Texte anonym und in Sammelhandschriften des 15. Jahrhunderts überliefert, und so sind die Anhaltspunkte für eine genauere zeitliche Einordnung zwischen etwa 1300 und dem Datum der jeweiligen Handschrift oft sehr gering.«[55] Unter diesem Vorbehalt möchte ich versuchen, wenigstens in gröbsten Zügen eine Entwicklung der Gattung Minnerede aufzuzeigen, sofern dies auf der Grundlage einer statistischen Auswertung des überlieferten Textkorpus – ich stütze mich auf die bei Brandis und Rheinheimer genannten edierten Reden – möglich ist.

Aus der Zeit vor 1300 sind nur wenige Zeugen deutschsprachiger Minnereden überliefert, sowohl aus dem hochdeutschen als auch aus dem niederdeutschen Raum. In den Berührungszonen mit der niederländischen, flämischen und französischen Literatur sind sie etwas reicher vertreten als in den anderen Gebieten. Um 1300 beginnt dann eine rasche Verbreitung der Minnerede im gesamten deutschen Sprachgebiet, v. a. im hochdeutschen Raum. Nach einer reichen Blüte im 14. und 15. Jahrhundert geht die Minneredenproduktion im 16. und 17. Jahrhundert jäh zurück.

Die am weitesten verbreitete Form der Minnerede ist zu jeder Zeit der Liebesbrief. Unter den anderen Formen zeichnen sich klare regionale Unterschiede ab: Im hochdeutschen Gebiet wird die Minnerede mit Erzähleinkleidung vorgezogen, darunter im 14. Jahrhundert besonders die Form mit dem Erzähler in der Beobachterrolle. Im niederdeutschen und niederländischen Bereich hingegen werden die schlichteren Formen ohne Einkleidung, v. a. die sachlichen Darlegungen, vorgezogen. – Daneben entsteht allerdings nur im Niederländischen eine ›Rosenroman‹-Übersetzung.

Im 14. Jahrhundert nimmt im niederdeutschen und auch im hochdeutschen Gebiet die Zahl der Minneallegorien überproportional zu.[56]

---

[55] Glier in: Thiele, S. 262.
[56] Vor 1300 machen die Minneallegorien im niederdeutschen und niederländischen Raum

Dies geht einher mit einer generellen Beliebtheit der Allegorie im 14. und 15. Jahrhundert in allen Bereichen der Literatur.[57] Ingeborg Glier bezeichnet das 14. Jahrhundert als das »Jahrhundert der Allegorien«.[58]

Es ist deutlich geworden, daß die mittelhochdeutsche Minnerede des 14. Jahrhunderts durch eine Betonung des narrativen Elements charakterisiert ist: Erzähleinkleidungen und Allegorien sind hier häufiger zu finden als bei Minnereden anderer Zeit oder anderer Regionen. Eine Betonung des narrativen Elements allerdings könnte als eine Annäherung an andere literarische Erzählformen gedeutet werden. Hier interessiert eine mögliche Nähe der mittelhochdeutschen Minnerede zum Roman.

Formal läßt sich die Minnerede ohne allzu große Schwierigkeiten mit dem Roman verbinden: Die metrische Form ist dieselbe. Von der Minnerede her betrachtet kann der Roman als ein erweiterter Erzählrahmen betrachtet werden, vom Roman her gesehen sind die einzelnen Muster der Minnerede, Monolog, Dialog und Brief sowie die allgemeine Darstellung als Exkurs, rein äußerlich betrachtet, leicht zu integrieren. Grundsätzlich widerspricht zwar die Allegorie der Fiktionalität des Romans, aber einzelne allegorische Szenen und *âventiure* oder Allegoresen von Gebäuden oder Gegenständen finden sich durchaus auch in höfischen Romanen. Es sei nur auf die Minnegrotte in Gottfrieds ›Tristan‹, auf den Gralstempel im ›Jüngeren Titurel‹ oder auf die – für die Gattung Roman außergewöhnlich breit angelegten – allegorischen Passagen im ›Prosalancelot‹ verwiesen.

7% der gesamten überlieferten Minnereden, 25% der Minnereden mit Erzählrahmen aus; im 14. Jahrhundert sind es 16% bzw. 36%, und im 15. Jahrhundert liegt der Anteil der Minneallegorien bei 11% bzw. 36%. Im hoch- und mitteldeutschen Raum ist die Entwicklung nicht ganz so deutlich: Einem Minneallegorienanteil von 12% bzw. 27% vor 1300 stehen ein Anteil von 12,5% bzw. 30% im 14. Jahrhundert und ein Anteil von 9% bzw. 21% im 15. Jahrhundert gegenüber.

[57] Eine Erklärung dieses Phänomens versucht u. a. Cramer zu geben: Thomas Cramer, Allegorie und Zeitgeschichte. Thesen zur Begründung des Interesses an der Allegorie im Spätmittelalter, in: Walter Haug (Hrsg.), Formen und Funktionen der Allegorie, DFG-Symposion Wolfenbüttel 1978. Stuttgart 1979, S. 265–276: Umbrüche und Unsicherheiten in der spätmittelalterlichen Gesellschaft seien verantwortlich für ein größeres Bedürfnis nach »ordnungsschaffenden Systemen«. – Zur Entstehung der französischen Minneallegorien vgl. Hans Robert Jauß, Entstehung und Strukturwandel der allegorischen Dichtung, in: ders. (Hrsg.), Grundriß der romanischen Literatur der Mittelalters, Bd. VI,1. Heidelberg 1968, S. 146–244, S. 224–244.

[58] Ingeborg Glier, Allegorien des 14. Jahrhunderts: Normen, Vernunft, Phantasie, in: James F. Poag und Thomas C. Fox (Hrsg.), Entzauberung der Welt. Deutsche Literatur 1200–1500. Tübingen 1989, S. 133–145, S. 133.

Der Inhalt der Minnerede, die höfische Minne, ist dem höfischen Roman ebenfalls nicht fremd, obgleich in der Minnerede das Allgemeine und Theoretische weit schwerer gewichtet wird als im Roman.

Der Hauptunterschied zwischen Roman und Minnerede liegt in der Darstellungsform: Der Erzählung eines aktuellen Einzelfalls steht die Darlegung des Allgemeingültigen gegenüber. Ziegeler sieht diese Opposition nicht als externe Grenze der Minnerede: »Die Grenzlinie zwischen ›Erzählung‹ und ›Rede‹ ... verläuft durch die Gattung Minnerede selbst.« Sie verlaufe zwischen der »Redeform« und der »erzählenden Minnerede«, d. h. der Minnerede mit Erzählrahmen, in der, egal, welche Rolle das Ich einnimmt, dieses zum »wesentlichen Träger einer Handlung« wird.[59] Solange aber nicht die Handlung, sondern die in die Handlung eingeschlossene und durch die Handlung eingeführte Rede Bedeutungsträger des Textes ist, kann m. E. der Darstellungscharakter als Grenze zwischen der Minnerede und dem Roman (oder, in Ziegelers Fall, zwischen Minnerede und Märe) aufrechterhalten werden. Bei der Minneallegorie und der Personifikationsdichtung allerdings ist die Grenze etwas anders gelagert: Hier geht es um die Opposition: Ausdruck des Allgemeinen im Gewand der Allegorie vs. Vorführung eines Individuellen, das eventuell auf ein Allgemeines hin durchsichtig gemacht werden kann.

In der Darstellungsform besteht zwischen Minnerede und Roman noch ein weiterer, deutlicherer Unterschied, die Erzählhaltung: Ziegeler sieht in der Opposition Ich-Erzählhaltung vs. auktoriale (Er-) Erzählhaltung den hauptsächlichen Unterschied zwischen der Minnerede und dem Märe,[60] und diese Opposition läßt sich ohne weiteres auf den Unterschied zwischen Minnerede und Roman übertragen.[61] Der Ich-Erzähler in der Beobachterrolle, den die mittelhochdeutschen Minnereden des 14. Jahrhunderts bevorzugen, kommt dabei dem auktorialen Romanerzähler noch am nächsten.

Im Zweck schließlich und, damit verbunden, in der Art der Sinnvermittlung, unterscheiden sich die streng didaktische Minnerede und der klassische Artusroman, dessen Sinn sich im Nachvollzug ergibt, deutlich; doch im nachklassischen Artusroman ist eine sehr starke didaktisierende Tendenz vorhanden, so daß von dieser Seite her eine Annäherung zwischen den beiden Gattungen möglich ist.

---

[59] Ziegeler, S. 73f.
[60] Ebd., S. 75.
[61] Vgl. ebd., S. 455: »Von der Ich-Erzählhaltung einer Gruppe der Minnereden trennt die Erzählform Märe die auktoriale Erzählhaltung, die sie mit Bispel und Roman verbindet.«

Die Annäherung zwischen Roman und Minnerede geht schließlich – zumindest in einem Fall ist dies belegt – so weit, daß ein Auszug aus einem Roman separat als Minnerede überliefert werden kann: Das ›Lob der Geliebten‹ (Brandis 2) in der Münchener Sammelhandschrift *Cgm 714* aus der Mitte des 15. Jahrhunderts ist dem ›Trojanerkrieg‹ Konrads von Würzburg entnommen (V 19 893–20 054). Diese Tatsache rechtfertigt, daß man nicht nur von der Verwendung von Minneredenmotiven, sondern von einer Existenz von extrahierbaren Minnereden im Roman sprechen kann.

Im folgenden soll untersucht werden, welche Minneredenmuster – allgemeine Darstellungen, Monologe, Briefe, Dialoge und Allegorien – im ›Wilhelm von Österreich‹ erkennbar sind und wo hier mit Leser- oder Hörererwartungen, die aus Gattungskonventionen des Romans oder der Minnerede erwachsen, gespielt wird. Selbstverständlich können die Muster nicht getrennt von Inhalt, Darstellungsform und Intention der Minnerede betrachtet werden. Es wird also v. a. zu untersuchen sein, wie die unterschiedlichen Darstellungsarten von Roman und Minnerede innerhalb dieser Minneredenmuster aufeinander reagieren (3.2.1.). Anschließend soll noch einmal der Erzähler des ›Wilhelm von Österreich‹ ins Zentrum der Betrachtung gerückt werden. In Kapitel 2.2.3 ist er als ein bewußt fingierender Romanerzähler beschrieben worden; damit wäre ein deutlicher Kontrast zur Erzählhaltung einer Minnerede vorhanden (3.2.2.). Thema des letzten Teilkapitels (3.2.3.) ist der letztgenannte Unterschied zwischen Minnerede und Roman, der Zweck und die Sinnvermittlung. Hier soll wie in Kapitel 2.2.4 primär die Struktur des Werks als Sinnvermittlungselement betrachtet werden.

3.2. Minnerede im ›Wilhelm von Österreich‹

Johann von Würzburg schreibt – hierauf hat schon Dietrich Huschenbett hingewiesen – vor dem Hintergrund der Tradition der *Artes Amandi*.[62] Die Ergebnisse des vorausgegangenen Kapitels ermöglichen es, diesen Hintergrund noch zu präzisieren: Als mittelhochdeutscher Autor des 14. Jahrhunderts schreibt Johann v. a. vor dem Hintergrund der Minneallegorie und der erzählenden Minnerede, in welcher der Ich-Erzähler in der Beobachterrolle auftritt, und das sind gerade die For-

---

[62] Huschenbett (1983).

men der Minnerede, die in ihrer Erzählhaltung dem Roman am nächsten stehen. An einigen Stellen wagt Johann den Übergang zwischen den Gattungen und stellt bestimmte Minneredenmuster in den »großen Erzählrahmen« des Romans oder konfrontiert einzelne Minnereden-elemente mit Romanelementen. Sie sollen im folgenden untersucht werden. Dazu wird es immer wieder notwendig sein, Vergleichstexte heranzuziehen. Sie werden typographisch abgesetzt.

3.2.1. Johanns Umgang mit Minneredenmustern

A.   Der *aventúre hauptman* und das Feuergebirge:
     Die Minneallegorie auf dem Weg Wilhelms nach Marokko

Wohl kein anderes Minneredenmuster im ›Wilhelm von Österreich‹ ist so offensichtlich als solches zu erkennen wie die Minneallegorie des Feuergebirges. Sie ist für den Helden wie für den Roman von zentraler Bedeutung. Wilhelm selbst erklärt Aglie:

> *Diu erst tjust die ich ie getet,*
> *an wilder aventúr stet*
> *vor aim gebirge viurin,*
> *zwang ich den ritter Joraffin*
> *daz er an min gnade sich*
> *ergap; dar nach fúrt er mich*
> *in daz gebirge daz da bran.*
> (V 9 541–9 547)

(Die erste Tjost, die ich jemals führte, war, daß ich an einem Ort wunderbarer *áventiure*, vor einem Feuergebirge, den Ritter Joraffin dazu zwang, sich in meine Gnade zu geben. Danach führte er mich in das brennende Gebirge.)

Was der Held als seine erste *áventiure* darstellt, war in Wirklichkeit ein Besuch im allegorischen Reich der Minne. Dies ist ein gebräuchliches Muster der mittelhochdeutschen Minneallegorie.[63]

Als Repräsentant dieser Form sei das ›Kloster der Minne‹ (Brandis 439)[64] vorgestellt, mit dem die Feuerberg*âventiure* in manchen Motiven übereinstimmt:

Auf einem Maienspaziergang im Wald begegnet der Erzähler einer Sendbotin der Minne, welche Frauen, Ritter und Knappen für das Kloster der Minne sucht. Die Botin berichtet dem Erzähler von dem Kloster, in dem

---

[63] Siehe oben, S. 131.
[64] Laßberg, Bd. II, S. 205–264.

Arme und Reiche Tag und Nacht in *fröd manigualt* (V 190) leben. Der Erzähler geht dorthin, beobachtet das fröhliche Treiben der Klosterinsassen, von denen er viele kennt. Diese aber beachten ihn nicht (V 532–534). Schließlich spricht er eine Frau an, die ihm von früher bekannt ist (V 665f.). Sie führt ihn durchs Kloster und erklärt ihm die Ordensregeln (V 859–890). Das oberste Gebot ist der Dienst an der Minne: *Dü min ist über uns alle / Der leben wir ze geualle* (V 861f.).

Sie zeigt ihm auch den Kerker der Minneverbrecher: Dort liegen ein *klaffer* (V 892f.), ein *rümser* (V 970), ein *spotter* (V 1 051), ein *nider* (V 1 051), und ein Wankelmütiger (V 1 055). Dann beobachten sie ein ritterliches Turnier, und sprechen über den Sinn ritterlichen Frauendiensts (V 1 363–1 449). Der Erzähler bittet schließlich darum, die Minne sehen zu dürfen (V 1 510f., 1 571, 1 587), doch anders als z. B. in der ›Minneburg‹ tritt hier keine personifizierte Minne auf: Die Frau erklärt dem Erzähler das Wesen der Minne, die sich nur in ihrer Wirkung offenbare.

Nach einem kurzen Intermezzo in der Zelle der Frau flieht der Erzähler in den Wald zurück. Bald bereut er seine Zagheit (V 1 872) und beschließt, zurückzukehren und in den Orden einzutreten.

Das ›Kloster der Minne‹ ist auf das zweite Viertel des 14. Jahrhunderts zu datieren,[65] ebenso wie die ›Minneburg‹. Ältere Darstellungen eines Besuchs im Reich und Schloß der Minne sind aus dem deutschen Sprachraum nicht bekannt. Allein eine rheinfränkische Minneallegorie aus dem frühen 14. Jahrhundert sei noch erwähnt. Sie ist – mit Ausnahme einer niederdeutschen Nachdichtung desselben Texts aus dem 15. Jahrhundert, der ›Farbentracht‹ (Brandis 436)[66] – die einzige Vertreterin einer dem Besuch im Minnereich verwandten Form der Minneallegorie, des Stationenwegs der Minne. Es handelt sich um die ›Schule der Minne‹ (Brandis 433):[67]

Die ›Schule der Minne‹ erzählt von einer Vision des Erzählers: Minne schickt einen Boten zu ihm und fordert seine Unterwerfung. Nach einem glücklichen Jahr im Dienst der Minne[68] wird er einen »schweren Weg« geführt: Personifikationen in verschiedenfarbigen Kleidern führen ihn von Station zu Station und erteilen ihm jeweils eine Minnelehre. Eine Frau in braunem Gewand, *verswigen yemer mer* (V 54), lehrt ihn Schweigsamkeit (V 20–55) und geleitet ihn zur Frau *der fröden ain beginnen* (V 132) in grünem Kleid. Sie lehrt ihn *stæte* zu Beginn einer Liebesbeziehung (V 92–132). Die nächste

---

[65] Zur Datierung vgl. Glier (1971), S. 178–180; zur Frage nach historischen Bezügen vgl. E. Schaus, Das Kloster der Minne. ZfdA 38 (1894), S. 361–368.

[66] Wilhelm Seelmann (Hrsg.), Farbentracht. Nd. Jb. 28 (1902), S. 118–156, S. 129–156.

[67] Laßberg, Bd. III, S. 575–592; für die in der Liedersaal-Handschrift fehlenden Verse 504–580 zitiere ich Seelmanns Abdruck der Handschrift Berlin *germ. 2°922*: Wilhelm Seelmann, Farbendeutung. Nd. Jb. 8 (1882), S. 73–85.

[68] Vermutlich will der Verfasser hier an die Tannhäusersage erinnern. Vgl. dazu unten, S. 351.

Station ist Frau *hoff für truren* (V 159–244). Diese wiederum führt den Erzähler zur *lieb entzúnt* (V 337) in flammend roten Kleidern. Dort wird ihm die rote Farbe als *der tugent cranz* (V 308) und die Glut der rechten Minne im Herzen gedeutet.[69] Schon lange, so sagt man ihm, habe niemand mehr den Weg hierher gefunden (V 332 f.). Die *lieb entzúnt* führt den Erzähler weiter in das himmelblaue Haus ihrer Tochter, wo ihn alle so freudig begrüßen, daß es ihm vorkommt, als betrete er die Gralsburg (V 359). Die blau gekleidete Herrin der Burg, Frau *wenk niemer nicht* (V 452), lehrt ihn *triuwe* und *stæte*. Als der Erzähler sich bereit erklärt, in ihren Orden einzutreten, läßt sie ihn zum Kaiser krönen (V 456–467) und seine Geliebte auf die Burg holen. Schließlich stürzt eine in Schwarz gekleidete Frau den Erzähler vom Thron und verbannt ihn in die Hölle. Er aber bewahrt die *stæte triuwe* zu seiner Geliebten.

Auf die Stationen und die jeweiligen Farben wird in der ›Schule der Minne‹ weit mehr Wert gelegt als auf eine Beschreibung der Burg am Ziel dieses Wegs. Als Vorlage für Joraffins Palas mit den beiden Sälen und der Schatzkammer kann die ›Schule der Minne‹ daher nicht genügen.

Es bleibt festzuhalten, daß die deutsche Tradition der Minneallegorie bis zum Anfang des 14. Jahrhunderts, sofern sie uns überliefert ist, nicht ausreicht, um Johanns allegorisches Feuergebirge zu erklären. Es steht vermutlich in einer anderen Tradition. Über den Habsburger Hof wäre es leicht möglich, daß Johann mit außerdeutscher – französischer – Literatur vertraut wurde. In Anlehnung an den ›Tractatus de amore‹ des Andreas Capellanus hatte in Frankreich die Minneallegorie des Typs »Besuch in Amors Reich« bereits weite Verbreitung gefunden.

Einen hervorragenden Vertreter dieser Form der Minneallegorie stellt die altfranzösische ›Complainte d'amours‹ dar, ein anonymes Werk aus der zweiten Hälfte des 13. Jahrhunderts.[70] Sie soll hier nicht als Quelle des ›Wilhelm von Österreich‹, sondern als Repräsentantin einer Johanns Roman zugrunde liegenden literarischen Form vorgestellt werden.

Die im Prolog als *petit dit jolif* (V 24) angekündigte Reimpaarerzählung teilt sich in drei Abschnitte. Im ersten Teil (V 29–326) wird die Entstehung der Liebe des Ich-Erzählers beschrieben: Auf einen klassischen Natureingang (V 29–39) folgt die Erzählung von einem überraschenden Angriff Amors auf den Erzähler. Dieser hat stets die Liebeskranken belächelt; nun ändert sich seine Einstellung abrupt (V 40–68). Amor schießt fünf Pfeile auf den Erzäh-

---

[69] In der ›Farbentracht‹ erhält der Erzähler an dieser Station einen Helm mit einem brennenden Kranz und siegt mit diesem in einem Minneturnier (V 608–658).
[70] Barbara Stierle, Untersuchungen zur Formgeschichte der »Kleinen Liebesallegorie«. Die Complainte d'amours aus B. N. 837 und ihre Vorläufer. Diss. Konstanz 1973.

ler ab, die dieser allegorisch deutet als *regart* (Anblick), *pensee* (Gedenken), *biau samblant* (freundliches Gebaren), *souspirs* (Seufzen) und *desir* (Sehnen) – eine Szene, die deutlich an die entsprechenden Verse im ›Rosenroman‹ angelehnt ist, in welchen der Erzähler von zehn Pfeilen Amors (*biautez, simplece, franchise, compaignie, biaus semblanz* und *orguiauz, vilanie, honte, deseperance, noviaus pensers*) getroffen wird und drei Gaben der Linderung (*douz pensers, douz parlers, douz regarz*) erhält (V 904–2 764).[71] Hier ist die Szene stark verkürzt (V 69–144), doch es bleibt die charakteristische Verbindung der tröstlichen und der schmerzlichen Seite der Liebe. In der Form einer Minneklage beschreibt der Erzähler im folgenden die Wechselwirkung der Pfeile. Er vergleicht das schmerzhaft-glückliche Entstehen der Minne mit Wachstum, Blüte und Frucht eines Baumes (V 145–176) und klagt über die *felonie*, die Grausamkeit der Dame, die untrennbar mit ihrer *biaute* (Schönheit) vereint sei,[72] was er als eine Strafe für seine frühere Mißachtung Amors auffaßt (V 177–237). Schließlich aber erkennt er als Ursache der »Krankheit« sein eigenes Schweigen gegenüber der Frau (V 238–260) und beweist argumentativ vor sich selbst ihre Unschuld (V 261–300). Doch auch ein erneuter Versuch, zu ihr zu sprechen, mißlingt (V 301–316). Den Abschluß des ersten Teils bildet eine Bitte an Amor, das Minneleiden zu beenden (V 317–326).

Allegorie, monologische Klage und dialogischer Minnedisput sind hier miteinander verbunden und in einen Erzählrahmen gestellt. Der erste Teil der ›Complainte d'amours‹ bildet so eine in sich geschlossene Minnerede. Teil II und III sind im Gegensatz dazu direkt aufeinander bezogen als Allegorie und Allegorese des Wegs zu Amors Schloß.

Teil II (V 327–1 187) beginnt erneut mit einem minneredentypischen Erzähleingang: einer Naturbeschreibung und einem Spaziergang (V 327–384), in den – dies fällt aus dem Rahmen des Üblichen heraus – ein Minnelied eingeschlossen ist (V 343–369). Der Erzähler gelangt an einen *locus amœnus*, der alles übertreffe, was die Ritter *de la roonde table* (V 377), die Artusritter, jemals gesehen haben.[73] Die nun folgende Beschreibung einer Quelle und eines wundersamen Baums, der gleichzeitig Blüten und Früchte trägt (V 441), leitet aber gerade zu einer Szene aus der Artusdichtung über: zur Brunnen*âventiure* im ›Yvain‹,[74] die der Erzähler nachvollzieht: Wie Calogrenanz und Yvain schöpft er, obgleich er durch eine Inschrift davor gewarnt wird, Wasser aus der Quelle und löst dadurch ein heftiges Unwetter aus (V 442–541). Doch nachdem der Sturm sich gelegt hat und die Vögel zurückgekehrt sind, erscheint nicht etwa wie im ›Yvain‹ ein Ritter, der gegen ihn kämpfen wollte, sondern der Erzähler wird durch den Gesang der Vögel eingeschläfert (V 542–577). Mit dem Schlaf des Erzählers, einem gebräuchlichen Eingangsmotiv allegorischer Dichtung,[75] ist ein neuer Abschnitt des

---

[71] Guillaume de Lorris und Jean de Meun, Der Rosenroman. Hrsg., übers. u. eingel. v. Karl August Ott. München 1976 (Klass. Texte des rom. M. A. 15).

[72] Vgl. die Pfeile *biautez* und *vilanie* im ›Rosenroman‹.

[73] Vgl. das Auftreten eines Artusritters im ›Rosenroman‹, V 1 175–1 190.

[74] Chrestien de Troyes, Yvain. Übers. u. eingel. v. Ilse Nolting-Hauff. München 1962 (Klassische Texte des roman. Mittelalters 3), V 410–477; 800–810.

[75] Siehe oben, S. 130.

Wegs erreicht. Der Erzähler wird entführt, in Blumen gebadet und neu ein-
gekleidet, um so für den weiteren Weg gerüstet zu sein (V 578–645).

Er gelangt zunächst zum Haus der *mesdisant*, der Verleumder der Liebenden (V 649–672), deren Anblick er verachtet, da er sie schon immer haßt und
immer hassen wird: *quar je les haz et ai haï / et harrai tant com je vivrai*
(V 671f.). Daraufhin kommt er zum Graben derer, *qui faussement amoient*, die
Liebe nur vortäuschen, und verurteilt ihre Verlogenheit (V 673–742).

Die nächste Station seines Wegs ist ein Tal, *trop bel et jolif et plesant*
(V 744), das in hellem Licht erstrahlt (V 743–761). Der Held folgt dem Licht
und erblickt ein Schloß, dessen Mauern aus Blumen und Edelsteinen gefertigt sind (V 762–803) und an dessen Graben ein Baum steht, der statt Früch-
ten Vögel trägt, die zum Zeitpunkt ihrer Reife ins Wasser fallen und schwim-
men (V 829–882). Der Erzähler erkennt hieran, daß *Chascune chose par reson /
si doit atendre sa seson* (V 878–879).

Er wendet sich schließlich wieder dem Schloß zu, von dem ihn aber eine
Schwertbrücke wie die des ›Lancelot‹[76] trennt (V 922–977). Getreu dem
Grundsatz, daß alles seinen rechten Augenblick abwarten müsse, verharrt er
vor der Brücke in der Betrachtung des Schloßportals. Dort erblickt er zwei
lebend erscheinende Figuren, die immer wieder aufeinander zugehen, sich
küssen und sich wieder trennen (V 992–1011).[77]

Schließlich öffnet sich die Pforte, die Brücke wird breit und begehbar,
und zwei Vögel kommen und führen den Erzähler ins Schloß, wo er in
einem ersten Hof auf *la vi biaute, la vi richece, la vie cortoisie et noblece*
(V 1042f.), *grant joie* und *grant feste* trifft (V 1024–1081). Dieser erste *estage*
wird vom zweiten noch hunderttausendfach übertroffen, wo die belohnten
Liebenden zusammen mit Amor in äußerstem Glück weilen (V 1082–1161).
Nach einem Anflug von Neid und Schmerz, von dem der Erzähler durch
einen neuerlichen Pfeil Amors befreit wird (V 1162–1187), beginnt der dritte Teil der ›Complainte‹, das Lehrgespräch mit Amor (V 1188–1513).

Der Erzähler legt seine Leidensgeschichte dar und berichtet von seinem
Weg zu Amor (V 1190–1241). Dieser spricht ihm Trost zu: Niemand könne
Liebesfreuden ohne Leid erwerben; so werde sich das Leid des Erzählers in
Freude verwandeln (V 1242–1269). Er selbst habe den Erzähler in sein
Schloß kommen lassen, um ihm seine Geheimnisse zu offenbaren (V 1270–
1273). Amor beginnt nun mit einer Allegorese des Wegs und seiner Stationen als einer *ars amandi*. Die grundlegende Forderung, die hierin zum Ausdruck kommt und die der Erzähler erfüllt hat, ist das treue Ausharren in der
Liebe (V 1290–1465). Die Lehre Amors findet ihren Kristallisationspunkt
im Lob der Turteltaube, die er über alle Vögel schätzt, *Por la turture senefier /
dois les amanz qui leur amors / maintient leaument toz jors* (V 1461–1463): Sie
ist das Sinnbild der ewig treuen Liebenden. Mit einer Zeitklage (V 1466–
1491) und dem Versprechen, daß dem *leaument* Liebenden sein Lohn zuteil
werde (V 1492–1513), endet die Rede Amors.

---

[76] Chrestien de Troyes, Lancelot. Übers. u. eingel. v. Helga Jauß-Meyer. München 1964
(Klassische Texte des roman. Mittelalters 13), V 678ff.
[77] Vgl. die spätere Ausgestaltung dieses Motivs in der ›Minneburg‹.

Im Epilog (V 1 514–1 521) beteuert der Erzähler nochmals seine Treue und wiederholt damit den zentralen Punkt der Lehre.

Die allegorische *âventiure* Wilhelms auf dem Weg nach Marokko weist bemerkenswerte Parallelen zur ›Complainte d'amours‹, besonders zu ihren beiden letzten Teilen, auf. Eine Gegenüberstellung der beiden Texte aber zeigt zugleich, wie unterschiedlich Johann und der Verfasser der ›Complainte‹ mit Roman- und Minneredenelementen umgehen. Letzterer nimmt einige Romanelemente in die allegorische Erzählung auf, wie etwa die romantypische Rüstungs- oder Einkleidungsszene, die Brunnen*âventiure* des ›Yvain‹ und die Schwertbrücke des ›Lancelot‹. Sie alle werden aber allegorisch gedeutet und gehen dadurch in der Minneallegorie auf. Im ›Wilhelm von Österreich‹ hingegen sind Spannungen zwischen Minnereden- und Romanelementen bewußt aufrechterhalten.

Schon Wilhelms Aufbruch nach Marokko verbindet typische Elemente beider Gattungen: Während im Roman der Anstoß zum Aufbruch des Helden stets von außen kommt, sind es in der erzählenden Minnerede stets Gedanken oder Gefühle der Liebe, die den Erzähler zum Spaziergang veranlassen. Im ›Wilhelm‹ ist der Held tief versunken in Gedanken an seine Geliebte, als von außen der Auftrag zur Fahrt nach Marokko gleichsam über ihn hereinbricht (V 3 037–3 093).

Die romantypische Bewaffnungsszene ist, wie oben erwähnt, in der ›Complainte‹ zwar vorhanden, aber dadurch, daß eine Allegorese an sie angehängt wird, vollkommen in Minneallegorie verwandelt. Die mit Vögeln verzierten Gewänder, welche der Ich-Erzähler dort erhält (V 607–631), werden später von Amor als das Anlegen von *cortoisie* und *noblece* gedeutet (V 1 416), dies als eine notwendige Voraussetzung einer Hinwendung zur Liebe. Bei Johann dagegen wird die Rüstung, die Wilhelm erhält, zunächst rein praktisch bestimmt:

> *ein gûtes swert, daȝ vaste snait,*
> *daȝ wart im in die hant gegeben,*
> *und ein helm, der sin leben*
> *vor dem tode scholde vriden.*
> *ein schilt für scharpfer swert sniden*
> *ward im ȝehals gehangen*
> (V 3 082–3 087)

(Ein gutes, scharfes Schwert wurde ihm in die Hand gegeben und ein Helm, der sein Leben vor dem Tod schützen sollte. Ein Schild als Schutz gegen scharfe Schwerter wurde ihm um den Hals gehängt.)

Bemerkenswert ist aber dann die genauere Beschreibung des Schilds und des Helms:

> *ez was vor jaren langen*
> *sin varwe im gar erblichen,*
> *doch wart sit druf gestrichen*
> *ein dürrer ast, wart mir bekant,*
> *auch wart gerait al umme die rant*
> *büchstaben, die taten kunt*
> *den jamer den in hertzen grunt*
> *trüg der vil gehiure,*
> *der edel und der tiure,*
> *der sich ie des besten vlaiz.*
> *Uz silber wiz von Kakumaiz*
> *die büchstaben gaben schin,*
> *die sus kunten sine pin*
> *mit der gestalt ir figur:*
> *›trura, hertze, trur*
> *und leb in jamers gelme!‹*
> *daz zymier uf dem helme*
> *er erdahte riweclich:*
> *ein türteltübelin daz sich*
> *truriclichen stalte.*
>
> (V 3 088–3 107)

(Vor vielen Jahren war ihm seine Farbe völlig verblichen, doch wurde, wie mir bekannt wurde, später ein dürrer Ast darauf gemalt, und rings um den Schildrand herum wurden Buchstaben aufgereiht, die den Schmerz verkündeten, die der Höfische, Edle und Vortreffliche, der sich stets um das Beste bemühte, im Grunde seines Herzens litt. In weißem Silber von Kakumaiz strahlten die Buchstaben, die durch ihre Form seinen Schmerz verkündeten: »Trauere, Herz, trauere, und lebe in lautem Wehklagen!« Die Helmzier hatte er[78] in seiner Trauer ersonnen: eine Turteltaube, die sich traurig zeigte.)

Die Turteltaube wie der dürre Ast, Bilder, die nicht nur in der ›Complainte‹, sondern in zahlreichen Minnereden[79] und besonders in Minnebestiarien zu finden sind, sind äußere Zeichen des Minneleids Wil-

---

[78] Gemeint ist wohl ein bestimmter *edel und tiure* (in V 3 096 noch allgemein formuliert), der einst diese Rüstung hat für sich anfertigen lassen.

[79] Vgl.: Egen von Bamberg, ›Die Klage der Minne‹ (Brandis 28), V 90. Mordhorst, S. 3–10; ›Klage eines verlassenen Liebhabers‹ (Brandis 39), V 5–7. Haltaus, S. 205f.; ›Des Laberers Rat‹ (Brandis 42), V 80. Leiderer, S. 101–108; ›Minnegespräch‹ (Brandis 229), Str. 95,1f. Michael Mareiner, Mittelhochdeutsche Minnereden und Minneallegorien der Wiener HS 2796 und der Heidelberger HS Pal.germ. 348, Band XVI: Frau Minne und die Liebenden. Eine mhd. Minneallegorie. Bern/Frankfurt/New York/Paris 1984 (Europ. Hochschulschriften, Reihe I, Bd. 814); ›Die Maße‹ (Brandis 288), V 181–191. Karl Bartsch (Hrsg.), Diu Mâze. Germ. 8 (1863), S. 97–105; ›Der entflogene Falke‹ (Brandis 503), V 215. Matthaei, Bd. I, S. 92–96.

helms, das zugleich mit dem Leid dessen, *der sich ie des besten vlaiʒ* (V 3 097), gleichgesetzt wird.[80] Sie sind ein Zeichen der *triuwe* und *stæte* Wilhelms, und damit ist der Held schon im Moment des Aufbruchs als der *leaument amanʒ* erkenntlich, der in der ›Complainte d'amours‹ den Weg zu Amor beschreitet.

Wilhelms Weg führt ihn anschließend an einen klassischen *locus amœnus* (V 3 122–3 131),

> *und do er durch die schônen*
> *wunneclichen wisen drabt,*
> *an der selben stat do habt*
> *sich an sin aventûren*
> (V 3 132–3 135)

(Und als er über die schöne, liebliche Wiese ritt, unmittelbar da begann seine *âventiure*)

Aus dem Minneredeneingang also entwickelt sich eine *âventiure*. Diese aber besteht in einer Begegnung mit einer Personifikation und einem Gespräch mit ihr; die *aventûre* entspricht also weniger dem Aventüren- als dem Minneredenschema. Dennoch handelt es sich bei der Personifikation nicht etwa um Minne, sondern um *der aventûr hauptman* (V 3 140), um die personifizierte Aventüre.

Die Physiognomie des *aventûr hauptman* erinnert in vielem an den *waltman* in Hartmanns ›Iwein‹: Während die Extremitäten des *waltman* mit denen eines Auerochsen (V 431), eines Ochsen (V 447) oder eines Ebers (V 456) verglichen werden, ist *der aventûr hauptman* tatsächlich aus Körperteilen verschiedenster Tiere zusammengesetzt. – Wie in der ›Complainte d'amours‹ wird hier also ein Ausschnitt aus dem Artusroman ›Iwein/Yvain‹ in einen Minneredenrahmen gestellt. Während aber in der ›Complainte‹ jeder Teil der Brunnen*âventiure* ausführlich allegorisch ausgelegt wird (V 1 330–1 401), wird hier die Begegnung Iweins mit dem *waltman* umgestaltet in ein breit angelegtes Lehrgespräch zwischen Wilhelm und *der aventûre hauptman*.[81] Das Thema des Gesprächs ist jedoch nicht Minne, sondern *âventiure*, wie es schon im ›Iwein‹ vorgegeben ist: *âventiure? waʒ ist daʒ?* (V 527), so lautet im ›Iwein‹ die Frage des *waltman*. Im ›Wilhelm von Österreich‹ ist dieselbe

---

[80] Vgl. auch die verblichene Farbe und das Silber, die dem durch das Quecksilber farblos und matt gewordenen Gold des Prologs entsprechen.

[81] Das Lehrgespräch, in welchem die einzelnen Körperteile der Personifikation ausgelegt werden, hat Ähnlichkeiten mit dem Gespräch des Erzählers mit Cupido bei Johann von Konstanz, siehe oben, S. 132f. Vgl. dazu: Glier (1971), S. 87, A. 85; Käthe Mertens, Die Konstanzer Minnelehre. Berlin 1935 (Germ. Stud. 159), S. 106.

Frage anders formuliert: *so sage mir / wer du sist* (V 3 182f.), fragt Wilhelm die *ungehûre* Gestalt, die dem Publikum schon als *der aventûre hauptman* vorgestellt ist.

Wilhelm aber erhält als Antwort zunächst keine Ausführung zum Wesen seines Gegenübers, sondern dieses antwortet:

> *ich tûn dir min natur bekant*
> *durch din hochgeborne zuht:*
> *du bist der aventûre fruht,*
> *du bist zu aventûr geborn.*
> (V 3 186–3 189)

(Ich lege dir um deines Adels und deiner feinen Sitte willen meine Natur offen: Du bist das Kind der *âventiure*, du bist zur *âventiure* geboren.)[82]

Ähnlich lautet die Antwort auf Wilhelms Frage nach dem Bracken des *hauptman*, der wiederum nur dem Leser oder Hörer als der *brack Fûrst* (V 3 192) vorgestellt worden ist:

> ›*war nach gerûfet hat din munt?*‹
> *er sprach:* ›*daz wirt dir schier kunt!*
> *sit du so gûtlich vragest mich,*
> *so wil ich gern wizzen dich*
> *lan durch diner tugende maht:*
> *din hertze erkenne ich so geslaht*
> *daz ez nach aventûre strebt*
> *und so wunderlichen lebt*
> *nach allen aventûren.*‹
> (V 3 195–3 203)

(»Wonach hast du gerufen?« Er sagte: »Das erfährst du sofort! Da du mich so höflich fragst, will ich es dich um deiner Vortrefflichkeit willen gerne wissen lassen: Ich erkenne, daß dein Herz so geartet ist, daß es nach *âventiure* strebt und auf diese Weise ein hervorragendes, auf alle *âventiure* ausgerichtetes Leben führt.«)

Auf seine Frage nach dem *hauptman* oder dem Bracken erhält Wilhelm jeweils eine Erläuterung zu seinem eigenen Wesen; er tritt hier gleichsam vor einen Spiegel: Er ist der aus der *âventiure* für die *âventiure* Geborene und begegnet der Personifikation der *âventiure*, das heißt er begegnet seinem eigenen Wesen. Sein nach *âventiure* strebendes Herz spiegelt sich in dem Hund, der später als ein *Âventiuren*spürhund gedeutet wird (V 3 368f.).[83]

---

[82] Vgl.: In ›Vom Mai‹ (Brandis 198) erfährt der Erzähler von einer Jungfrau, daß er zur *âventiure* geboren sei (V 230f.). von Keller (1855), S. 615–623.

[83] Vgl.: In ›Vom Mai‹ folgt der Erzähler einem Hund zu der Jungfrau, die ihm eine Minnelehre erteilt.

Die Beschreibung Wilhelms als eines Sproß und Dieners der *âventiure* aber ist für das Romanpublikum neu. In der Kindheitsgeschichte ist er als der unter dem Stern der Venus geborene (V 581–583) Diener und Schüler (V 662f.) der Venus-Minne dargestellt. So vereinen sich also in der Gestalt Wilhelms selbst *minne und aventiur*, wie dies Johann für seinen Roman postuliert (V 146).[84]

Erst nach erneuter Nachfrage erhält Wilhelm eine Antwort auf seine Frage nach seinem Gegenüber: *Aventûr bin ich genant* (V 3 262). Es folgt hierauf eine Allegorese der Körperteile des *aventûr hauptman*: Seine Krone bedeute den *hohen mût* (V 3 264–3 269), seine brennenden Augen den *mût, der nach tugenden brinnet* (V 3 270–3 273), sein elfenbeinweißer Hals die *sterke* bei Freiheit von *wandel* (V 3 274–3 283); seine Flügel bedeuten:

> *daz ich swebe wol enbor:*
> *ich fliuge durch maniges hertzen tor*
> *der vogel, lûte und tier.*
> (V 3 284–3 287)

(daß ich leicht emporfliege: ich fliege durch das Tor vieler Herzen, seien es Herzen von Vögeln, Menschen oder Tieren.)

Nachdem so die Gegenwart der *âventiure* im Element Luft beschrieben ist, werden die Elemente Wasser und Erde durch die Schuppen (V 3 288–3 291) und die Löwenfüße (V 3 292–3 297) des *hauptman* bezeichnet.[85] Das vierte Element, das Feuer, ist bereits durch die brennenden Augen gegeben.

Was hier über die *âventiure* gesagt wird, könnte – sowohl auf der Bild- wie auch auf der Bedeutungsebene – ebensogut von Minne ausgesagt werden.[86] In der ripuarischen Minnerede ›Was ist Liebe‹ (Brandis 361)[87] beispielsweise wird Minne wie folgt beschrieben:

> *Leffte hait flogele unde ist blynt,*
> *noch tant se alle dinck vorwint.*
> *Se hait krone, strale unde brant.*
> (V 3–5)

---

[84] Die drei Verständnisebenen von *âventiure*, das ritterliches Bewährungsabenteuer, die Erzählung davon und die Gattung höfischer Roman, sind hier bewußt miteinander verwoben: Wilhelm ist ein Produkt der Fiktion, in dem sich die Verbindung von Roman und Minnerede wie die Verbindung von allgemein ritterlicher und Minnetugend zeigen soll, dargestellt auf der Ebene einer *Âventiuren*handlung.

[85] Vgl. Juergens, S. 401: Durch die Flügel (Luft), Schuppen (Wasser) und Löwenfüße (Land) werde die potentielle Allgegenwart der *âventiure* angedeutet.

[86] Vgl. aber die Andeutung einer Allegorese der Körperteile der *âventiure* als Tugenden in Albrechts ›Jüngerem Titurel‹, Str. 65,4: *ir [der âventiure] houbet, ir brust, ir siten, ir fûze die sint mit tugenden gar gemenget.*

[87] Rheinheimer, S. 148.

(Liebe hat Flügel und ist blind, nichts kann sie überwinden. Sie hat eine Krone, Pfeile und eine Fackel.)[88]

Eine Erörterung der vier Elemente findet sich in manchen Minnereden als Erklärung der Entstehung der Minne.[89] Ebenso verhält es sich mit der Diskussion der *complexiones*, die sich in den folgenden Versen anschließt (V 3 298–3 330). In der mittelalterlichen Medizin[90] wie in der Minnerede werden die *complexiones* häufig zur Begründung der Liebe herangezogen.[91]

Auch Wilhelms Replik könnte ebensogut an Minne wie an *Âventiure* gerichtet sein:

> ... bistu ez Aventûre,
> diu manigen bringet umme den lip,
> umme werden rûm durch zartiu wip,
> so kanstu fûgen liep und lait.
> (V 3 332–3 335)

(Bist du die *Âventiure*, die vielen um liebreizender Frauen willen das Leben und edlen Ruhm raubt, dann kannst du Freude und Leid schaffen.)

Das Lehrgespräch mit der personifizierten Aventüre folgt so einem Muster der Minnerede; allerdings ist Frau Minne durch *der aventûre hauptman* ersetzt. – In manchen späten Minnereden, wie z. B. in ›Das Minneturnier‹ (Brandis 427),[92] werden Minne und *Âventiure* als gleichwertig betrachtet, und bei Hermann von Sachsenheim[93] ist die *Âventiure*

---

[88] Für ähnliche, ausführlichere Beschreibungen der personifizierten Minne vgl. oben, S. 132, Anm. 38.

[89] Vgl. v. a. Elbelin von Eselsberg, ›Das nackte Bild‹ (Brandis 359), V 218–353; ›Ein Liebesbrief‹ (Brandis 143), V 4–14. Hans-Friedrich Rosenfeld, Handschriftliche Funde. ZfdA 67 (1930), S. 41–47, S. 41–44.

[90] Vgl. Bernhard D. Haage, *Amor hereos* als medizinischer Terminus technicus in der Antike und im Mittelalter, in: Theo Stemmler (Hrsg.), Liebe als Krankheit. Mannheim 1991, S. 31–73; Adelheid Giedke, Die Liebeskrankheit in der Geschichte der Medizin. Diss. Düsseldorf 1983.

[91] Vgl. Elbelin von Eselsberg, ›Das nackte Bild‹ (Brandis 359), V 277–298; ›Das Fest‹ (Brandis 346), V 445–560. Eelco Verwijs (Hrsg.), Van vrouwen ende van minne, middelnederlandsche Gedichten uit de XIVde en XVde eeuw. Groningen 1871 (Bibl. van mdl. letterkunde 4.5, N. Z. 27), S. 1–33; ›Von einem Schatz‹ (Brandis 392), V 188–200. Michael Mareiner, Mittelhochdeutsche Minnereden und Minneallegorien der Wiener HS 2796 und der Heidelberger HS Pal.germ. 348, Bd. I: Von einem Schatz. Eine mhd. Minneallegorie. Bern/Frankfurt/New York/Paris 1988 (Europ. Hochschulschriften, Reihe I, Bd. 1058); ›Venus, warum tust du das?‹, V 16. Kossmann, S. 18f.; ›Werbungsgespräch‹, V 28–39. Rheinheimer, S. 162–167.

[92] Matthaei, S. 96–113.

[93] ›Des Spiegels Abenteuer‹ (Brandis 465). Hermann von Sachsenheim, Des Spiegels Abenteuer. Hrsg. v. Thomas Kerth. Göppingen 1986 (GAG 451); ›Die Mörin‹ (Brandis 466). Hermann von Sachsenheim, Die Mörin. Hrsg. v. Horst Dieter Schlosser. Wiesbaden 1974 (Dt. Klassiker des M. A., NF 3). Vgl. unten, Kap. 6.3.2.

sogar der Minne überlegen. Fehlen darf die Minne in einer Minnerede aber selbstverständlich nicht.

Das Lehrgespräch mit *der aventûre hauptman* also ist weder eine rein im Bereich des Romans anzusiedelnde Kopie der *waltman*-Szene im ›Iwein‹, noch ist es eine Minnerede mit nur einzelnen Anklängen an diese Szene. Es ist vielmehr eine Minnerede, die durch die Anlehnung an eine Szene aus einem Artusroman ihren eigentlichen Kern verliert, aber durch das beibehaltene Minneredenschema doch noch die ursprüngliche Anwesenheit dieses Kerns, der Rede über das Wesen der Minne, spüren läßt.

Der Bracke *Fürst* weist ebenfalls auf eine Verbindung von *Âventiuren*-roman und Minnerede in dieser Szene hin: Er wird wie folgt beschrieben:

> *zunderrot was alles sin vel,*
> *daz haupt wiz, auch was sin kel*
> *spiegel var, sin oren brait,*
> *swarz als ein mor: im was berait*
> *ain borte rich umme sin keln.*
> *er was der art daz er niht væln*
> *kunde an siner verte*
> (V 3 351–3 357)

(Zunderrot war sein ganzes Fell, das Haupt weiß, auch war sein Hals spiegelfarben; seine Ohren waren breit und schwarz wie ein Mohr. Um den Hals war ihm eine kostbare Borte gelegt worden. Er war so geartet, daß er seine Fährte nicht verfehlen konnte.)

Es handelt sich hier um ein leicht abgewandeltes, gekürztes Zitat aus Albrechts ›Jüngerem Titurel‹. Dort wird der Bracke *Gardiviaz* wie folgt beschrieben:

> *Der bracke was harmblanc gevar   ein clein vor an der stirne,*
> *diu oren lanc, rot als sin har, ...*[94]
>
> *diu halse was ein borte   vil richer stein, von arte manic valde,*
> ...
> *Gardivias so hiez der hund,   daz spricht entiute ›hûte wol der verte‹.*
> (Str. 1184,1–2a; Str. 1190,2.4)

(Der Bracke hatte vorne an der Stirn eine kleine hermelinweiße Stelle; seine Ohren waren lang und rot wie sein Fell. ... Das Halsband war eine Borte, die mit vielerlei sehr wertvollen Edelsteinen besetzt war. ... Der Hund hieß *Gardivias*, das bedeutet auf deutsch »Achte gut auf die Fährte«.)

---

[94] Bei Wolfram fehlt die Beschreibung der Gestalt des Hundes.

Die *art* des Bracken *Fúrst*[95] entspricht dem sprechenden Namen *Gardi-viaz*, er verläßt nie den rechten Pfad. Wie dies zu verstehen ist, erklärt die Brackenseilinschrift im ›Jüngeren Titurel‹: Sie ist nicht etwa, wie es in Wolframs von Eschenbach ›Titurel‹ zu erwarten wäre, eine *âventiure*, sondern eine *rede*, eine mehrfache Auslegung des Namens *Gardiviaz* (Str. 1 882–1 927). *Húte der verte* bedeutet das Einhalten der christli-chen, der ritterlichen und der Minnetugenden.[96]

Wie die Brackenseilinschrift im ›Jüngeren Titurel‹ der Welt und dem Helden *zelere* gereichen soll (Str. 1 881,1), so begehrt auch Wilhelm den Bracken *zu stúr* (V 3 402), damit er *in dienst mines bildes* (V 3 383) auf *âventiure* sterben könne (V 3 381f.) – wie Tschinotulander auf der Suche nach dem Brackenseil. Die Minne- und Tugendlehre verbindet sich so im Motiv des Bracken mit der *âventiure* als deren *stiure*, als Anleitung zur rechten *âventiure*. Mit anderen Worten: Johann verweist, indem er eine Gestalt eines anderen Romans importiert, die dort aufs engste mit einer Minnerede verbunden ist, auf die Verbindung von Minnerede und Romanhandlung in seinem Werk.

Nach der aus dem ›Yvain‹ entlehnten Brunnenszene wird in der ›Complainte d'amours‹ der allegorische Stationenweg des Ich-Erzählers zu Amor durch einen zweiten Minneredeneingang, den Schlaf des Er-zählers, neu eingeleitet und auf einer höheren Stufe fortgesetzt. Auch im ›Wilhelm von Österreich‹ wiederholt sich nach dem Lehrgespräch mit dem *hauptman* das Spaziergangsmotiv: Wilhelm reitet, versunken in Gedanken an sein *bilde* (V 3 430) – Aglie –, in die *wilde*, geleitet von seinem Bracken. Als er diesen auf die Fährte der *âventiure* läßt, fleht Wilhelm zunächst zu Gott, daß dieser ihn nicht aus Sehnsucht nach seinem *bilde* sterben lasse (V 3 444f.); erst später erteilt er dem Bracken

---

[95] Selbst der Name »Bracke Fürst« dürfte auf den ›Jüngeren Titurel‹ zurückgehen, wo die Verbindung des Bracken zum Fürsten Ekunat wiederholt betont wird; er wird eingeführt mit den Worten: *Den bracken liez ein furste* (Str. 1 177,1a). Vgl. dazu auch Juergens, S. 402.

[96] Daß Johann seinen Bracken *Fúrst* vor dem Hintergrund des Albrechtschen und nicht des Wolframschen ›Titurel‹ beschreibt, wird auch deutlich, betrachtet man die Dar-stellung der ritterlichen Tugenden in der Brackenseilinschrift (Str. 1 892–1 900): Sie werden im Bild von Körperteilen verschiedener Tiere beschrieben, ähnlich den Kör-perteilen des *hauptman*. Darunter befinden sich auch die Straußenaugen, die im ›Wil-helm von Österreich‹ kurz erwähnt (V 3 148), später aber (V 3 236) und v. a. bei der Allegorese (V 3 270) durch brennende Augen ersetzt werden, die dem *mút* entspre-chen, der *nach tugenden brinnet* (V 3 272f.). Im ›Jüngeren Titurel‹ stehen die Strau-ßenaugen für das Vermeiden von Schande (Str. 1 894). Zu Roethes Theorie, Albrecht lehne sich hier an Reinmars von Zweter Idealbild eines Mannes an, vgl.: Ernst Her-mann, Die Inschrift des Brackenseils. Wandlungen der höfischen Weltanschauung im Jüngeren Titurel. Diss. Marburg 1939, S. 20–22.

den Auftrag: *wise mich aventúr ban!* (V 3 451). Damit ist deutlich, daß für Wilhelm die Suche nach Trost in der Liebe vor die Suche nach *âventiure* tritt. Dem Minneredeneingang ist der *Âventiuren*eingang untergeordnet.

Der Spaziergang führt den Helden nicht an einen *locus amœnus*, sondern an einen *locus terribilis,* wie er sich zuweilen auch in Minnereden findet, der aber auch an die dem Hof entgegengesetzte *Âventiuren*welt im arthurischen Roman angelehnt ist: In felsiger Landschaft stößt der Held auf ein schmiedeeisernes Tor, das nicht etwa in einen Garten führt, sondern in ein finsteres, von Donnerschlägen erschüttertes Bergland. Als sich das Tor hinter ihm verschließt, ergreift Wilhelm panische Angst – atypisch für einen arthurischen Helden, doch gut denkbar innerhalb der Gattung der erzählenden Minnerede[97] –, und er wirft nun nicht dem Bracken, sondern seinem Herzen vor, ihn fehlgeleitet zu haben:

> ›ey, hertz, wie du nu drangest‹,
> sprach er, ›nach ungewinne!‹
> (V 3 478f.)

(»Ach, Herz«, sprach er, »wie bist du doch jetzt der Verderbnis entgegengeeilt!«)

Hier wird nochmals deutlich, daß der Bracke eine Canifikation von Wilhelms Herz ist.

Wilhelm folgt seinem *Âventiuren*spürhund weiter in ein *schón wunnecliches tal* (V 3 518), das von einem flammenden Gebirge umgeben ist. Im Tal erblickt er viele offene Tore. Der Hund führt ihn durch ein breites Tor, zu einem Fluß. An dessen Gestade sieht Wilhelm ein Rad, an dem ein trauriges und ein fröhliches Bild befestigt sind. Durch das Wasser wird das Rad stetig gedreht.

> *daz selbe wunder ich geschriben*
> *an aventúr búche vant.*
> (V 3 578f.)

(Eben diese wunderbare Erscheinung fand ich in einem *Âventiuren*buch beschrieben.)

Johann spricht nicht vom Buch eben dieser *âventiure*, d. h. von einer Quelle seines Werks; er spricht auch nicht vom Buch aller *âventiure,*

---

[97] Vgl. aber auch Veldekes ›Eneit‹, V 3 201 und V 3 256f., wo der Held Angst hat, als er Cerberus erblickt. Heinrich von Veldeke, Eneasroman. Nach dem Text v. Ludwig Ettmüller hrsg. und übers. v. Dieter Kartschoke. Stuttgart 1986.

sondern ganz allgemein von *aventûr bûche*, einem Buch, in dem sich *Âventiuren*erzählungen finden lassen. Mochten die vielen offenen Tore an den Hof der Minne in Andreas' Capellanus ›De Amore‹[98] erinnern, so wird mit der Nennung des *Âventiuren*buchs der Bezug zum Roman hergestellt. Ein Rad wie das hier beschriebene findet sich auch tatsächlich als Rad der Fortuna oder *Sælde* in nachklassischen Romanen, etwa in Wirnts von Gravenberg ›Wigalois‹ (V 1 037ff.),[99] Heinrichs von dem Türlin ›Crône‹ (V 15 827ff.)[100] oder Heinrichs von Neustadt ›Apollonius von Tyrland‹ (V 8 901 u. ö.).[101] Es scheint hier die typische nachklassische phantastische *Âventiuren*welt beschrieben zu sein. – In der Tat überantwortet der Erzähler in den folgenden Versen Frau *Âventiure* die *stiure* des weiteren Geschehens (V 3 585–3 589), und es folgt die Beschreibung weiterer *wunder*.

Aus dem brennenden Gebirge naht ein goldener Vogel mit vier Häuptern, dem eines Cherubim, dem einer sehr schönen Frau, dem eines alten, leidgeprägten Manns und dem eines Teufels. Auf seine Frage, *sag an, bistu gehûr?* (V 3 625), erhält Wilhelm keine Antwort. Als er versucht, den Vogel, dessen eines Haupt schläft, mit dem Schaft seines Speers zu wecken, eilt der Ritter Joraffin dem Vogel zur Hilfe. Joraffin ist wie das gesamte Gebirge von lodernden Flammen umgeben. Seine Rüstung besteht aus feuerfester Salamanderhaut, sein Schild aus Ebenholz, sein Wappenzeichen ist der Feuersalamander (V 3 657–3 672).

Nach einem langen und erbitterten Kampf, in dessen Mitte beide Ritter zusammenbrechen und von Minne wiedererweckt werden müssen (V 3 730–3 733), besiegt Wilhelm den Ritter Joraffin und wird von diesem auf seine flammenumloderte Burg gebeten:

> ›*ich lazz iuch niht so hinnan varn,*
> *ich tůn iu aventûre kunt.*‹
> (V 3 812f.)

(»Ich lasse Euch nicht so weggehen, ohne daß ich Euch eine Erklärung der *âventiure* gebe.«)

---

[98] Andreas Capellanus, De Amore (On Love). Hrsg. u. übers. v. P. G. Walsh. London 1982 (Duckworth Classical Medieval and Renaissance Editions), I,12. Zur Capellanus-Rezeption vgl. Alfred Karnein, De Amore deutsch. Der Tractatus des Andreas Capellanus in der Übersetzung Johann Hartliebs. München 1970 (MTU 28).
[99] Wirnt von Gravenberg, Wigalois. Hrsg. v. Franz Pfeiffer. Leipzig 1847.
[100] Heinrich von dem Türlin, Diu Crône. Hrsg. v. Gottlob H. F. Scholl. Stuttgart 1852.
[101] Heinrich von Neustadt, Apollonius von Tyrland. Hrsg. v. S. Singer. Berlin 1906 (DTM 7).

Vor den Flammen, so Joraffin, brauche er sich nicht fürchten, sie seien derart, daß sich niemand an ihnen verbrenne. Er werde dies später erklären (V 3 820–3 825).

Der Weg führt durch einen Saal, in dem häßliche Menschen mit großen Bäuchen und weiten Mäulern tanzen. Sie nehmen keinerlei Notiz von Wilhelm. Als dieser seinen Begleiter nach ihnen befragt, wird er wiederum auf später vertröstet (V 3 852–3 855). In einem zweiten Saal begegnet er höfischen Liebespaaren, die ihn herzlich willkommen heißen. Dies sei die Schar, so erklärt Joraffin, *der pflig ich und si dienet mir* (V 3 875).

Joraffin führt Wilhelm weiter in sein Privatgemach und fordert ihn auf, sich dort aus den reichen Schätzen ein Geschenk zu wählen.[102] Wilhelm entscheidet sich für einen Helm, den ein flammenumstrahlter nackter Knabe mit einem Kranz aus Gold und Edelsteinen ziert.[103] Die Steine nennen den Namen des Knaben: CUPIDO. Neben dem Helm hängen ein ebenhölzerner, mit Salamanderhaut bespannter Schild, den ebenfalls der Cupidoknabe ziert, und eine Pferdedecke aus Salamanderhaut.[104]

Die Edelsteine im Helm, so erfährt er von Joraffin, bezeichnen jeweils eine Form der *wirde*. – Es folgt eine Edelsteinexegese.[105] Trägt jemand, der nicht alle diese sechs *wirde* besitzt, d. h. der nicht vollkommen in ritterlicher und höfischer *tugent* ist, den Helm, fallen die Steine aus.[106] Sollte Wilhelm die Tugendprobe des Helms bestehen, will ihm Joraffin den Helm *ze ainer stiur* (V 4 101) geben. – Wilhelm besteht. Damit ist das Geschehen an einem Wendepunkt angelangt. Bislang war Wilhelm durch das Feuergebirge gegangen, ohne die Dinge, die er sah, zu verstehen. Diesem »Begegnungsteil«[107] folgt nun der »Auslegungsteil« der *âventiure* (V 4 143–4 468): Joraffin geht mit dem Helden denselben

---

[102] Vgl. Meister Altswert, ›Der Kittel‹ (Brandis 430). W. Holland und Adelbert von Keller (Hrsg.), Meister Altswert. Stuttgart 1850 (StLV 21), V 1 782–1 829: Der Erzähler verzichtet darauf, sich ein Geschenk aus der Schatzkammer der Venus zu wählen, woraufhin sie ihm ihre Edelsteine schenkt.

[103] Vgl. ›Farbentracht‹, V 608–658, oben, S. 143, Anm. 69.

[104] In V 4 007–4 013 wird der Salamander nach Plinius als ein Tier, das dem Element Feuer angehört, beschrieben; solche Darstellungen finden sich häufig im Zusammenhang der antiken und mittelalterlichen Elementenlehre.

[105] Siehe unten, S. 170f.

[106] Vgl. Meister Altswert, ›Der Tugenden Schatz‹ (Brandis 431), V 106,3–116,4: Der Erzähler erhält eine Krone aus der Schatzkammer im Venusberg, die einen Zinken verliert, wenn der Geliebten des Erzählers eine *tugent* fehlt. Blank, S. 178, weist auf die Ähnlichkeit zum Cupido-Helm im ›Wilhelm von Österreich‹ hin.

[107] Terminologie nach Schnuchel.

Weg, den sie gekommen sind, zurück und deutet alles, was sie dort gesehen haben, allegorisch aus:

Die Gestalten, denen Wilhelm in Joraffins Burg begegnet ist, sind – bei aller Ähnlichkeit mit den bestraften und den belohnten Liebenden in der ›Complainte‹ – weder in der vergänglichen Welt lebende Menschen noch haben sie jemals im endlichen Leben gestanden:

> ... *si hant gelebet hie*
> *in disem leben ie und ie*
> *und lebent auch ane ende*
> (V 4 171–4 173)

(... Sie haben hier in diesem Leben schon immer und ewig gelebt und leben auch endlos).

Auf Wilhelms Frage, *wer si wærn* (V 4 176), erhält er die Antwort:

> *ditz gebirge ist ein ursprinc*
> *dar uz diu welt rinnet:*
> *swaz diu gemainlich minnet,*
> *daz vindet man hie inne.*
> *hie ist aller hande minne;*
> *si sie gut oder arg,*
> *si wirt hie geminnet starg*
> *stæticlichen für sich dar.*
> *also bezaichent disiu schar*
> *die wolgemůten eren wert*
> *der hertze ie ritterschefte gert*
> *und aller tagaldy*
> (V 4 190–4 193)

(Dieses Gebirge ist ein Quell, aus dem die Welt fließt: Was die Welt insgesamt liebt, das findet man hier drinnen. Hier finden sich alle Arten der Minne. Sie sei gut oder übel, sie wird hier fest und standhaft um ihretwillen geliebt. So bezeichnet diese Schar die tugendhaft Gesinnten und Ehrenwerten, deren Innerstes stets nach ritterlicher Tat begehrt hat und nach aller Art höfischen Handelns).

Die andere Schar

> ... *si betůten uns*
> *der welt gitsære*
> (V 4 236f.)

(... sie sind uns ein Zeichen derer, die voll Gier nach den Dingen der Welt sind).

Das Wesen dieser menschlichen Erscheinungen ist ihre Bedeutung; sie *sint* nicht etwas, sondern sie *bezaichent* oder *betůten* etwas; sie sind nicht Teil der vergänglichen Welt, sondern sie sind seit Anbeginn der Welt in diesem Gebirge, das den Ursprung der Welt und zugleich die Gesamtheit der Formen der Minne darstellt. Sie sind somit ewige Vorbilder der Minne: der *guten* wie der *argen*.

Wie aus ihren Reaktionen hervorgeht, kennen beide Scharen den Helden: Die Urbilder der wahren Minne verneigen sich vor ihm, weil er sie geliebt habe (V 4 194–4 199); die Urbilder der falschen Minne aber hassen ihn, weil er sie stets verachtet habe (V 4 242f.). Wilhelm aber kennt, genauer gesagt erkennt sie nicht: Was er geliebt oder gehaßt hat, ist das, was die Gestalten *betúten*: die wahre oder die falsche Minne. Er kennt ihre äußere Gestalt nicht, denn diese ist nur im allegorischen Reich des Feuergebirges sichtbar. Aus demselben Grund ist auch eine echte Interaktion zwischen Wilhelm und den Liebespaaren nicht möglich: Er kann sie nur betrachten.

Der Fluß ist *der welt ursprung* (V 4 328)[108] – man mag an den Fluß der Emanation aus der göttlichen Liebe denken (V 13 681–13 683) –, und das Rad, das er bewegt, ist *der welte lauf* (V 4 332), *der da nymmer niht gestat* (V 4 333). Anders als das Rad der Fortuna oder *Sælde* in den nachklassischen *Áventiuren*romanen stellt es keine Probe für den Helden dar, sondern kann, wie die Urbilder der Minne, von Wilhelm nur betrachtet werden. Auch der Vogel läßt sich nicht auf Wilhelm ein, denn auch er ist eine Allegorie, die ihm ein *bilde*, aber keine Bewährungsprobe sein will: In ihm sind die vier Stufen der Gottes- und Weltminne verbildlicht (V 4 335–4 355).

Was hier vorliegt, ist nicht ein Panorama des Phantastischen, an dem der Held wie Gawain in der ›Crône‹ vorübergeht, sondern es ist ein allegorisches Reich der Minne, in ihrer umfassenden Bedeutung als Gottes- und Frauenminne. Die Nähe zur ›Complainte d'amours‹ oder zu dem durch sie vertretenen Typus der Minne-Weg-Allegorie ist unverkennbar. Hier wie dort wird ein Stationenweg zu Amors Schloß beschrieben, der an der Stätte der falschen Liebenden (die der Held in beiden Texten ausdrücklich haßt) wie dem Saal der wahrhaft Liebenden, die in unmittelbarer Nähe des Schloßherrn weilen, entlangführt.[109] Auf einen ersten allegorischen Teil folgt ein zweiter, in dem nicht nur die Gestalten, sondern auch sämtliche *wunder* auf dem Weg gedeutet werden. Wilhelm wie dem Ich-Erzähler in der ›Complainte‹ dient die Deutung des Wegs als allgemeine *ars amandi* und zugleich als persönlicher Trost und Hilfe zur Erlangung der Geliebten.

---

[108] Nicht so in der Haager und der Gothaer Handschrift; sie ersetzen *der welt* durch *erwelt*; d. h. der Fluß ist dort nicht der Ursprung der Welt, sondern »der auserwählte Ursprung«.

[109] Vgl. ›Kloster der Minne‹, oben, S. 141f.

Am Ausgang des Feuergebirges erfährt Wilhelm, daß, verhinderte es nicht der Teufel, so wie einst viele hierher kämen[110] und hier *bilde nemen* würden:

> *Ez kom maniger mûter barn*
> *zu uns in daz lant gevarn*
> *der von uns bilde nam,*
> *also daz er kam*
> *zu Gotes vronen riche.*
> (V 4 423–4 427)

(Es kamen viele zu uns in dieses Land und nahmen sich uns zum Vorbild, so daß sie in Gottes Königreich gelangten.)

Dieses *bilde*, die Lehre, kann nur in zweierlei bestehen: in der Erkenntnis der *guten* Gottes- und Frauenminne gegenüber der *argen* Weltminne und in der Einsicht in den Lauf der Welt, der nicht angehalten werden kann. Diese beiden Grundeinsichten fordern von dem, der *zu Gotes vronen riche* kommen will, der also nach wahrer Minne strebt, daß er die Tugenden, die der Cupido-Helm versinnbildlicht, treulich bewahrt. So ist der Helm, der Wilhelm *ze ainer stiur* (V 4 101) dienen soll, ein äußeres Zeichen für das *bilde*, das er sich im allegorischen Reich der Minne genommen hat. Der Helm verleiht dem Helden zugleich eine neue Identität: Wilhelm ist von nun an der Ritter mit dem *kindel* oder – wie in V 6 579 – *der mit dem fiur.* Helm und Schild begleiten ihn auf seiner Fahrt, die er im Dienst seines *bildes* (V 3 383) antritt, bis sein Ziel erreicht ist, bis er auf dem Turnier zu Kandia erfährt, daß die Werbung um Aglie geglückt ist (V 14 739–14 748).[111] Er erringt daraufhin den Turnierpreis: eine neue Rüstung (V 15 050f.).

Die Verleihung der Rüstung als äußeres Zeichen für das *bilde nemen* oder die *stiure* durch die Minnelehre korrespondiert mit der Einkleidung des Erzählers in der ›Complainte d'amours‹, sie entspricht aber auch einer Schwertleite des Helden. Helmut Rehbock übersieht dies, wenn er das Fehlen einer (eigentlichen) Schwertleite im ›Wilhelm von Österreich‹ allein als einen »Fortschritt der Idealisierung der Helden gegenüber dem späthöfischen Roman des 13. Jahrhunderts« deutet: »Dort sind die Helden zwar schon entwicklungslose Verkörperungen eines Ritterideals, aber sie müssen das Ritterhandwerk immerhin noch lernen und den Ritterschlag empfangen. Wilhelm braucht beides nicht

---

[110] Vgl. ›Die Schule der Minne‹, V 332f., oben, S. 142f.
[111] Auf den Illustrationen des Volksbuchs behält Wilhelm seine Cupido-Rüstung als Erkennungszeichen bis zum Schluß, sogar bis zur Todesszene, in welcher er im Text gar keine Rüstung trägt. Vgl. unten, Anhang 1, Abb. von 47[v].

mehr.«[112] Die Unterweisung, die *der aventûre kint* (V 3 411) Wilhelm von *der aventûre hauptman* vor Eintritt in das Feuergebirge erhalten hat, entspricht jedoch der Lehre, die der Knappe von seinem Lehrmeister erhält, bevor er zum Ritter geschlagen wird. Wenn nun Wilhelm hier, nach seinem ersten ritterlichen Kampf und der Tugendprobe des Helms, die Cupido-Rüstung verliehen bekommt, so ist dies durchaus als eine Art Schwertleite zu verstehen. Doch Wilhelm wird nicht vor und in der Gesellschaft zum Ritter geschlagen, sondern er erhält im allegorischen Reich der Minne eine Weihe zum Minneritter.[113] Juergens bezeichnet dies als »die höhere Weihe seiner ritterlichen Existenz«.[114]

Nach dieser »Weihe« wird Ryal in den Stall geführt, damit er sich ein Pferd wähle. Eines der Tiere beugt vor ihm die Knie (V 4 282f.) und ehrt ihn damit, als sei er gerade zum König gesalbt worden: So wird die Bedeutung dieser »Weihe« erneut hervorgehoben. Sie geht weit über die Einkleidung in *cortoisie* und *noblece* in der ›Complainte‹ hinaus.

Ein Unterschied zwischen der Feuerberg*âventiure* und einer Minneallegorie des Typs der ›Complainte d'amours‹ darf schließlich nicht übersehen werden: Der Herrscher des Minnereichs, Joraffin, ist nicht die Liebe – diese erscheint hier ebensowenig wie im ›Kloster der Minne‹[115] –, sondern der *Mûtwille* (V 4 363). Er bezeichnet sich auch nicht als Herrscher, sondern als *pfleger* (V 4 368) der Welt.

> *si tragen ûbel oder wol,*
> *dar zu gib ich stiure.*
> *alsus ich in dem viure*
> *ze allen ziten brinne:*
> *swaz mich mint, ich minne*
> *ez offen und stille,*
> *da von haiz ich Mûtwille.*
> (V 4 372–4 378)

(Ob jemand gute oder üble Intentionen hat, ich gebe ihm Anleitung dazu. Daher kommt es, daß ich ewig in dem Feuer brenne: Was mich liebt, das liebe ich sowohl offen als auch heimlich. Deswegen heiße ich *Mûtwille.*)

Wie *der aventûre hauptman* sich denen unterwerfen muß, die *âventiure* suchen, *si sin bôse oder uzerlesen / an tugenden und an werdekait* (V 3 326f.),

---

[112] Rehbock, S. 178.
[113] Die Gießener Handschrift korrigiert dies, indem sie vor V 7 875, d. h. vor den Abschnitt, in welchem es heißt, daß Wilhelm ein Ritter der heidnischen Heerscharen werden sollte (V 7 898f.), die Überschrift setzt: *Wie Wilhelm ritter wart* (6^{rc}, Z. 1). Im gleichen Sinne versteht auch der Prosaredaktor diese Stelle, siehe unten, S. 314.
[114] Juergens, S. 404.
[115] Siehe oben, S. 141f.

hilft auch Joraffin denen, die wahrhaft lieben, wie denen, die *arge minne* pflegen. Der *mûtwille* ist also nicht der Wille, der das Ziel wählt, sondern, wie das *liberum arbitrium* bei Thomas von Aquin, der Wille, der den Weg zum vom Verstand als ein Gut erkannten Ziel sucht und jenem folgt.[116] In der ›Minneburg‹, die nachdrücklich den thomasischen Intellektualismus gegenüber dem Voluntarismus (d. h. der Theorie vom Primat des Willens über den Verstand) des Johannes Duns Scotus[117] vertritt,[118] wird Minne definiert als *ein vernunfticlich / Wirklich wirkunge dez willen* (V 630f.), d. h. die Vernunft gibt das Ziel vor, welches der Wille begehrt, und die *actio* des Willens, das begehrende Streben, ist Minne. – Dem entspricht die Aussage Johanns im Prolog, daß er *minne* und *aventiur* dichten und *tugende* hineinflechten wolle (V 146–148), d. h. daß *minne* und *âventiure* nicht von sich aus notwendig *tugent* enthalten. Minne kann *reht* oder *arg*, sein, je nachdem, ob der *mûtwille* auf *tugent* oder *untugent* gerichtet ist. Das Ziel des *mûtwillen* setzt der Verstand, an den sich die Tugendlehren richten.

Die Feuerberg*âventiure* ist die reinste Form der Minneallegorie, die sich im ›Wilhelm von Österreich‹ findet. *Âventiuren*elemente werden hier in

---

[116] Thomas von Aquin, Summa de Theologia I d.82 q.4 resp.: *et hoc modo intellectus movet voluntatem, quia bonum intellectum est objectum voluntatis, et movet ipsam ut finis.* (und auf diese Weise bewegt der Intellekt den Willen, denn das vom Verstand erkannte Gute ist Objekt des Willens und bewegt diesen als Finalursache); I d.83 q.4 resp.: *eligere autem est appetere aliquid propter alterum consequendum: unde proprie est eorum quae sunt ad finem.* (Wählen aber bedeutet, daß man etwas erstrebt, um etwas anderes zu erreichen; daher ist es dem eigentümlich, was zum Ziel führt [= dem Willen]). Die deutsche Thomas-Ausgabe. Thomas von Aquin, übers. v. Domikanern und Benediktinern Deutschlands und Österreichs, Bd. 1. Graz/Wien/Köln 1982.

[117] Duns Scotus, Opus Oxoniense, In I Sent. dist.25 q.1 n.22: *Dico ergo ad quaestionem quod nihil aliud a voluntate est causa totalis in volutione* (Ich antworte dazu, daß nichts vom Willen Unterschiedliches die Ursache des Strebens im Willen ist). Ioannis Duns Scoti Opera omnia. Hrsg. v. Carolo Balic u. a., Bd. 5. Vatikan 1959. – Zum Streit zwischen Intellektualismus und Voluntarismus in der mittelalterlichen Philosophie vgl.: Heinz Heimsoeth, Die sechs großen Themen der abendländischen Metaphysik und der Ausgang des Mittelalters. Berlin ²1934, S. 279ff.

[118] Vgl. im Gegensatz dazu: Hermann Kreisselmeier, Der Sturm der Minne auf die Burg. Beiträge zur Interpretation der mhd. Allegorie ›Die Minneburg‹. Diss. München. Meisenheim 1957, S. 94. Kreisselmeier sieht die ›Minneburg‹ gerade als Vertreter des scotischen Voluntarismus, da die Minne als freies vernünftiges Wollen nicht der Vernunft entspringe. Im Text heißt es aber ausdrücklich, daß der Vater des Minnekinds die Vernunft, *sines samen eygenheit* (V 617) in die Mutter, d. h. in den Willen, ergießt, die dem Vater keinen Widerstand leistet, sondern ihm mit *wol gevallen* entgegenkommt (V 625). Der Wille, so heißt es weiter oben, kann zwar von niemandem bezwungen werden (V 599), aber er ist blind und bedarf deshalb der Augen der Vernunft (V 602–608).

die Minneallegorie hereingenommen, um die Unterschiede zwischen phantastischer *Âventiuren*welt und Allegorie deutlich zu machen oder (v. a. im Fall der »Schwertleite«) um die Allegorie in die Handlung einzubinden. Der allegorische Charakter der Szene wird dadurch nicht berührt. Die Begegnung mit *der aventûre hauptman* zeigt hingegen deutlichere Spannungen und Brüche zwischen dem der Minnerede nachgebildeten Lehrgespräch und dem *Âventiuren*roman. Dennoch dominiert auch hier letztlich der *rede*-Typus.

Die Minneallegorie des Feuergebirges wird nicht nur zur *stiur* für den Helden, sondern auch zu einem Schlüssel für den Rezipienten. Als eine breit angelegte Auseinandersetzung mit der hochaktuellen Gattung der Minnerede lenkt sie den Blick des Lesers oder Hörers auf die zahlreichen anderen, unauffälligeren Minneredenelemente und -muster, die in den Text Eingang gefunden haben.

B. Allgemeine, »sachliche« Reden über die Minne

Exkurse, in denen der Erzähler über die Minne reflektiert und seinen Lesern oder Hörern Minnelehren oder -ratschläge erteilt, sind in der mittelhochdeutschen Epik keineswegs außergewöhnlich; man denke etwa an die berühmten Minnexkurse in Gottfrieds ›Tristan‹ (V 12 183–12 357, 13 777–13 852, 17 817–18 114). Solche minnedidaktischen Einschübe in die Erzählhandlung sind nicht notwendig auf die Gattung Minnerede zurückzuführen, die sich erst deutlich nach Gottfried in der deutschen Literatur etabliert hat. Gottfried spricht zwar von einer *kurz rede von guoten minnen* (V 12 185), aber Bezeichnungen dieser Art dürfen in der mittelhochdeutschen Literatur generell nicht gattungsterminologisch verstanden werden.

Was einen traditionellen Minnexkurs von einer allgemein darstellenden Minnerede unterscheidet, ist, daß der Minnexkurs aus der Handlung heraus entwickelt und direkt auf sie bezogen ist – als ein Kommentar zum Minnegeschehen. Eine Minnerede hingegen ist grundsätzlich unabhängig von einer Handlung. Die Einsichten und Lehren werden nicht aus einer Erzählung heraus entwickelt. Wenn eine Minnerede mit einer Handlung verbunden ist, dann ist eher diese von der Rede abhängig als umgekehrt: Die Handlung exemplifiziert, beweist oder testet die Aussage der Rede.

Es sollen daher im folgenden nur solche Minnexkurse aus dem Werk herausgegriffen werden, die eine gewisse Eigenständigkeit besitzen und außerdem deutliche Minneredenmerkmale aufweisen oder bestimmten Schemata der Minnerede folgen.

Eine Zwischenform zwischen einem Kommentar des Geschehens und einer Minnerede stellt der Exkurs über die *triuwe* dar, den der Erzähler in seine Schilderung, wie Crispin den Helden empfängt, einfügt (V 12 760–12 828). Den unmittelbaren Kontext der Rede bildet der Test, dem Wilhelms *triuwe* hier unterzogen wird. Wilhelm bleibt standhaft in seiner treuen Liebe zu Aglie, von welcher der Erzähler spricht als

> *von der, der hertz als ein smit*
> *smeltzet saphyr in daz golt.*
> (V 12 768f.)

(von der, deren Herz wie ein Schmied den Saphir in das Gold faßt.)

Von hier an ist nicht mehr von Wilhelms, sondern von Aglies *triuwe* die Rede. Aglie wird durch das Bild vom Saphir in Goldfassung deutlich den Frauen entgegengesetzt, von denen es im ›Parzival‹-Prolog heißt, daß sie dem *safer in dem golde* (3,14), dem blauen Glas in goldener Fassung, entsprechen. Im ›Parzival‹ steht der *safer* für ein *konterfeit*, ein falsches Herz. Hier aber ist von einem echten Saphir die Rede. In den Versen 12 770–12 781 wird das Bild gedeutet: Der Saphir steht – entsprechend der traditionellen Farb- und Edelsteinexegese – für die *triuwe* (V 12 773). Mit dem Gold ist Aglies Herz gemeint (V 12 777), in dessen buchstabenförmige Einkerbungen – wieder auf der Bildebene gesprochen – die Saphire gefaßt werden. Die Buchstaben bilden den Namen »Wilhelm« (V 12 776).

Auf dieses allegorische Bild von der *triuwe* Aglies folgt eine »wissenschaftliche« Erklärung des Phänomens *triuwe* (V 12 781–12 787). Der Name »Wilhelm« stehe in Aglies *memoria* (V 12 783), in ihrer *virtus sensitiva* (V 12 786) und ihrer *imaginatio* (V 12 787). Johann nennt hier die zentralen Begriffe der Erkenntnistheorie des Thomas von Aquin.[119] Thomas unterteilt die menschliche Seele nach ihren Vermögen in drei Teile: die vegetative, die sensitive und die rationale Seele.[120] Letztere ist für die Erkenntnis von Universalien, die sensitive Seele für die Erkenntnis von Einzeldingen zuständig. Die *vis sensitiva, vis memorativa* und *vis imaginativa*, welche Johann nennt, bilden zusammen mit der *vis cogitativa* die vier Seelenkräfte der sensitiven Seele; Thomas nennt sie auch »innere Sinne«.[121] Die *vis sensitiva* nimmt die Sinneseindrücke eines

---

[119] Dies bedeutet selbstverständlich nicht, daß Johann Thomas selbst gelesen haben müßte; seine Psychologie und Erkenntnislehre ist scholastisches Allgemeingut und findet sich u. a. auch bei Burkhard von Hohenfels.
[120] ST I d.76 q.4 u. ö.
[121] ST I d.78 q.4.

Objekts auf, und zwar indem sie die Informationen der fünf äußeren Sinne im *sensus communis* zu einem Gesamteindruck von dem entsprechenden Gegenstand vereint. Die *vis memorativa* speichert diesen Sinneseindruck, die *vis imaginativa* kann ihn jederzeit wieder wachrufen, selbst wenn das Objekt außerhalb der Reichweite der Sinnesorgane ist. Die *vis cogitativa* schließlich ordnet dem Sinneseindruck das Prädikat »nützlich« oder »schädlich« zu. Sie spielt in unserem Zusammenhang eine geringere Rolle, denn über den Wert des Geliebten muß nicht mehr entschieden werden. Wenn also Johann die *triuwe* so definiert, daß der Geliebte in der *memoria, vis sensitiva* und *imaginatio* der Liebenden steht, bedeutet dies, daß er in ihrer gesamten Erkenntnis und ihrem gesamten Denken (von Einzeldingen) gegenwärtig ist, ihre sensitive Seele ununterbrochen beschäftigt.

Es folgt nun eine Klage des Erzählers über die Trennung des Liebespaares (V 12 788–12 814), die – so ist wohl der verderbte V 12 809 zu verstehen[122] – durch das Gewinnstreben anderer (Agrants und Melchinors, V 9 012f.) bedingt sei. *Triuwe* aber helfe stets über Leid hinweg (V 12 811f.).

In V 12 815 wendet sich der Erzähler erneut Wilhelm zu. Aglies Minne, so heißt es, sei schwächer als die seinige, doch müsse man den Frauen die Ehre lassen. Wer Frauen übel nachreden wolle (V 12 819), möge verdammt sein. – Fast wörtlich findet sich eine solche Drohung und zugleich Rechtfertigung der eigenen Rede im ›Lob der Frauen‹ aus dem Liederbuch der Clara Hätzlerin (Brandis 262).[123] – Der allgemeine, topische Frauenpreis wird hier also als Begründung dafür herangezogen, daß der Erzähler seinen Blick vom Helden, der sich in einer aktuellen Testsituation befindet, abwendet und statt dessen von der Frau spricht. Mit einer Lehre an die Männer endet der Exkurs: Es lohne sich, dreißig Jahre auf den Minnelohn einer Frau zu warten (V 12 826–12 828).

Bis V 12 816 steht Wilhelms und Aglies Liebesverhältnis, ihre persönliche *triuwe*, im Mittelpunkt. Durch verschiedene Formen der Darstellung aber, die Allegorie, die wissenschaftliche Beschreibung, die Klage über allgemeine Mißstände[124] und die Rede von der generellen

---

[122] Der Schreiber von Ha ersetzt *werde mir zerstóret* durch *werden wir zerstóret*, und das bedeutet, daß nicht nur die Verbindung zwischen Wilhelm und Aglie, sondern die ganze Welt durch das Gewinnstreben gefährdet sei. In der Liegnitzer Handschrift sind V 12 808f. gänzlich umformuliert: *vnd ein ander minnten für alles gůt / daz das nit werd zů störet.*

[123] Haltaus, S. 113–115.

[124] Besonders deutlich in Ha.

Wirkung der *triuwe*, wird der Blick auf Allgemeines gelenkt: Was für Aglies *triuwe* gilt und sich allegorisch, wissenschaftlich oder als Gesetzmäßigkeit darstellen läßt, gilt für die wahre *triuwe* allgemein. Sowohl die Allegorie als auch die wissenschaftliche Erklärung des Phänomens als auch die Klage sind gebräuchliche Formen der Minnerede. Der Schlußteil sodann, in dem der Perspektivenwechsel vom Mann auf die Frau mit einem allgemeinen Frauenlob begründet wird, ist nur dann verständlich, wenn das Frauenlob als bekannte literarische Form vorausgesetzt werden darf. Die aufgesetzt wirkenden lehrhaften Schlußverse schließlich sind dem didaktischen Charakter der Minnerede verpflichtet.

Zusammenfassend gilt: Die Verse 12 760–12 827 bilden nicht eigentlich eine in den Roman eingeschlossene Minnerede – sie sind hierfür zu eng an den Text gebunden; doch sie gehen über einen traditionellen Minneexkurs hinaus, indem sie Minneredenelemente und verschiedene Typen der Minnerede verbinden und eine Vertrautheit mit der Gattung Minnerede voraussetzen. Der Test, dem Wilhelms *triuwe* bei Crispin unterzogen wird, erhält durch diesen Exkurs eine theoretische Untermauerung, noch bevor sich Wilhelm in der Handlung tatsächlich bewährt (V 13 092ff.).

In der Tradition des allgemeinen Frauenpreises stehen die Verse 17 389–17 411: Direkt vor dem Ausbruch der großen Schlacht bemerkt der Erzähler:

> *ditz geschach als umm ain wip*
> (V 17 178)

(dies geschah alles um einer Frau willen).

Er verbindet hiermit keineswegs – wie man es in einer dem Trojanerkrieg nicht unähnlichen Situation erwarten könnte – eine Kritik des Frauendienstes, sondern ein Frauenlob: Schon immer sei alles Große durch Frauen zustande gekommen (V 17 389f.).

Das Bild der Frau als Beförderin der ritterlichen Tugend ist in der höfischen Literatur keineswegs außergewöhnlich und könnte ohne weiteres zur Legitimierung eines Kampfes dienen. Hier aber wird dieses Lob der Frau erweitert, ohne daß eine funktionale Einbindung in das Geschehen sichtbar wäre. Die Frau wird gepriesen als Quelle der *vröude*, als Mutter der Menschheit und Gegenspielerin Luzifers. In krassem Gegensatz zur Handlung heißt es, daß *wiphait zorn stillet* (V 17 402), aber dann wird – wohl doch mit Rücksicht auf das Geschehen – eingelenkt: *auch fügt si hazzen ane ir schult* (V 17 403). Den Frauen, so heißt es resümierend, dürfe man in keiner Weise übel nachreden, denn: *si sint uns irdisch engel hie* (V 17 411).

Allein als ein Kommentar des Geschehens läßt sich dieses breit angelegte Frauenlob nicht erklären. Johann folgt hier den Konventionen des Minneredentypus allgemeines Frauenlob. Zum Vergleich sei auf zwei Vertreter dieses Typus verwiesen:

Das flämische ›Lob der Frauen von drei Papageien‹ ist oben bereits erwähnt worden.[125] Die Rahmenerzählung ist außergewöhnlich: Der Erzähler belauscht drei Papageien bei einem Gespräch. Der Inhalt des Gesprächs hingegen bleibt gänzlich im Rahmen des Üblichen: Die Papageien – in den Streitgedichten der ›Phyllis und Flora‹-Tradition[126] die Vertreter der ritterlichen Minne im Gegensatz zur Minne des *clericus* – loben *reine vrouwen onde goede wijf* (V 1–14) und heben den Wert der Frauen für den Hof und die höfische Kultur hervor. Der Erzähler stimmt daraufhin seinerseits eine Lobrede auf die Frauen an (V 15–44). Auch er lobt sie zunächst als Beförderinnen der ritterlichen Werte, dann aber auch als Spenderinnen von Trost und Versöhnung, als Verkörperungen der Güte. Schließlich preist er – in deutlichem Widerspruch zum rein ritterlichen Frauenlob der Papageien – die höchste Vertreterin des weiblichen Geschlechts, Maria, die die Menschheit vom Teufel erlöst hat, und beruft sich auf die biblische Tradition des Frauenlobs.

Ebenfalls schon erwähnt wurde das ›Lob der Frauen‹ (Brandis 262).[127] Auch hier werden die Frauen als Trägerinnen der *vröude* (V 1–5) bezeichnet. Adams lobende Worte über Eva (V 6–51) und Christi Schutz für die Ehebrecherin (V 52–90) werden als *bîspel* rechten Verhaltens gegenüber Frauen gelobt, während das sprechende Ich jedem, der Frauen übel nachredet, mit der Höllenstrafe droht (V 91–115). Die Welt, so endet seine Rede, wäre ohne Frauen leer und trostlos; die Frau verdiene Ehrerbietung als Mutter und Geliebte (V 116–214).

Der Inhalt der »Minnerede« Johanns weicht in keiner Weise von der Gattungsnorm ab. Ihr Erzählrahmen hingegen, die Schilderung der großen Schlacht, folgt der Romantradition, v. a. dem Vorbild des ›Jüngeren Titurels‹ mit seinen großen Schlachtenbeschreibungen. Die unwirkliche Atmosphäre der erzählenden Minnerede ist hier ersetzt durch das oben[128] beschriebene Schillern zwischen Historie und Fiktion. Die unwirkliche Handlung wiederum wird durch die Minnerede interpretiert – als ein Kampf um die wahre Minne. Dies soll unten[129] verdeutlicht werden.

---

[125] Siehe S. 135.
[126] Vgl. unten, S. 206.
[127] Siehe S. 164.
[128] Siehe S. 72–75.
[129] Siehe S. 231.

An anderer, ebenfalls entscheidender Stelle schiebt Johann ein kürzeres Lob der Frauen ein: Während Agrant die Vorbereitungen zur Hochzeit Aglies mit »dem Sohn des Sultans« Wilhelm trifft, werden die *hohen wibe* des Hofstaats erwähnt,

> *die werdes mannes libe*
> *kunden hertz uf rucken:*
> *ir wipliches smucken*
> *werdiu hertze müten kan,*
> *daz dick wænet ain man*
> *daz er in lüften swaim.*
> *swelch hertz sich zu aim*
> *rainen wibe gesellet,*
> *des sel wirt niht gehellet,*
> *daz waiz ich ane zwivel:*
> *ein raines wip der tievel*
> *vliuhet von der werdekait*
> *die Got hat an si gelait.*
> (V 15 302–15 314)

(die eines *werden* Mannes Herz erheben konnten: Die Umarmung einer solchen Frau kann *werde* Herzen in so hohe Stimmung versetzen, daß ein Mann sicher meint, daß er in der Luft schwebe. Wer immer sein Herz einer reinen Frau hingibt, dessen Seele gelangt nicht in die Hölle, das weiß ich sicher: Der Teufel flieht eine reine Frau wegen der *werdekait*, die Gott ihr geschenkt hat).

Es handelt sich hier nicht um das in Romanen übliche Lob der Frauenschönheit am Hof, bei dem die Frauen einen Teil der Hofpracht ausmachen; die Frauen werden vielmehr – wie in vielen Minnereden – als Beförderinnen nicht nur des höfischen *hôhen muot*, sondern v. a. auch des Seelenheils, als Beschützerinnen der Menschheit gegen den Teufel, und das heißt als Stellvertreterinnen Marias, gepriesen. Eine Verbindung zwischen diesem doppelten Lob der Frau und der Romanhandlung ist zunächst nicht ersichtlich; die Verknüpfung von höfischem und religiösem Frauenpreis scheint eher den Konventionen der Gattung Minnerede, genauer des Typus Frauenpreis, zu folgen als in irgendeiner Weise aus dem Text heraus entwickelt zu sein.

Erst in den folgenden Versen wird eine Brücke zur Handlung geschlagen:

> *du küschiu Agly, ditz lit an dir.*
> *da von din rainiu gir*
> *gert irs genozzen:*
> *würdestu des verstozzen,*
> *so wær unnütze min getihte.*
> (V 15 315–15 319)

(Du, keusche Aglie, besitzt dies [diese *werdekait*]. Daher ist dein reines Streben auf Seinesgleichen gerichtet. Würdest du davon [von deinem reinen Streben] abgebracht werden, wäre meine Dichtung unnütz.)

Aglie also ist eines der *rainen wip*, die durch ihre *werdekait* ihre Liebhaber vom Teufel erlösen. Der Sinn des Werks hängt von Aglies Vortrefflichkeit ab: Gibt sie ihr reines Streben auf und verliert damit ihre Erlöserrolle, geht er verloren. Das Ziel des ›Wilhelm von Österreich‹ scheint somit in der Demonstration der erlösenden Funktion der Minne zu bestehen, in der Umsetzung der hier in einem kurzen Exkurs beschriebenen Liebestheorie in der Handlung.

Neben dem Frauenpreis finden sich im Werk auch andere Formen der allgemeinen darstellenden Form der Minnerede: die Beschreibung des Wesens der Minne sowie die Auflistung von Minnetugenden und -regeln. Als Aglie mit Walwan vermählt werden soll, fragt der Erzähler:

> *Ist minne noch diu si ie was?*
> *ja, si ist ein spiegel glas*
> (V 2 669f.)

(Ist Minne noch dieselbe, die sie immer war? – Ja, sie ist ein Spiegel.)

Das allegorische Bild des Spiegels wird in doppeltem Anlauf gedeutet: Der Erzähler geht zunächst von der Eigenschaft des Spiegels aus, daß er ein genaues Abbild des Betrachters liefert. Damit werde die Einheit zwischen den Minnepartnern (V 2 671–2 695) bezeichnet. Nun wendet sich der Erzähler an den *tugenthaften man* und ermahnt ihn, in den Spiegel zu blicken, um sich die Vortrefflichkeit der Frauen zum Vorbild zu nehmen und zu eigen zu machen (V 2 696–2 707).

Nach dieser ersten Auslegung des Spiegels kündet der Erzähler erneut eine *glose* an, die jungen Männern und Frauen zur Lehre dienen solle. Sie sollen in dreierlei Spiegel schauen (V 2 708–2 716): Der erste Spiegel ist der gegenständliche Spiegel, d. h. man solle auf sein Äußeres achten (V 2 717–2 723); der zweite Spiegel steht für die Gegenseitigkeit der Liebe (V 2 724–2 729); der dritte bedeutet, daß man sich die Taten der anderen Menschen zum positiven oder negativen Vorbild nehmen solle (V 2 730–2 739).

Noch einmal betont der Erzähler in den folgenden Versen seine didaktische Absicht:

> *sus sich nach minem rat*
> *in dise glantz spiegel dri,*
> *so wirt din leben wandels vri!*

Dirre sage ich niht enbern
moht, wan ich lerte gern
die jungen, die sich haltent
in tugenden und ir waltent
in hertzen stætlichen.
ir werden tugentrichen,
ich han durch iwer ere
die dri spiegel here
iuch bewiset aigenlich
(V 2 740–2 751)

(So schau nach meinem Rat in diese drei glänzenden Spiegel, dann wird dein Leben von jedem Makel befreit. Ich wollte diese Rede nicht unterlassen, denn ich belehrte gerne die jungen Menschen, die sich an die *tugent* halten und sie standhaft im Herzen pflegen. Ihr Edlen, Vortrefflichen, um eurer Ehre willen habe ich euch speziell diese drei auserlesenen Spiegel gedeutet.)

Die Spiegelallegorie ist ein in sich geschlossener Text, eine Darstellung der Minne, die sich der in der Gattung der Minnerede gebräuchlichen Methode der Allegorese bedient. Die Didaxe, nicht die Kommentierung des Geschehens, steht im Mittelpunkt der Rede. Eine direkte Verbindung zur Handlung besteht nicht. Die Beschreibung der Minnebindung als einer Abbildung des einen Partners im Spiegel des anderen steht hier gerade im Gegensatz zur aktuellen Situation Aglies, die mit einem ungeliebten Mann vermählt werden soll. Die anderen beiden Bedeutungen des Spiegels finden keinerlei, nicht einmal ein negatives, Gegenstück in der Handlung. – Erst später wird das Bild des Spiegels direkt aufgegriffen: Wilhelm wird in der Feuerberg*âventiure* als *ein spigel vaz / dar inne man vil prises siht* (V. 4 240f.) bezeichnet. Er ist ein Spiegel der dritten Art: ein Mensch, dessen Lebenswandel andere betrachten, den *prîs* darin erkennen und sich zum Vorbild nehmen sollen. Wilhelms exemplarische Bedeutung wird so durch die Spiegelallegorie unterstrichen.

Wieder ist an entscheidender Stelle der Handlung eine Minnerede eingefügt, die zunächst nichts oder nur sehr wenig mit dem Geschehen verbindet, die aber eine interpretative Funktion für den Gesamtroman besitzt.

Regel- und Tugendkataloge sind in Minnereden häufig in der Form einer Stein-, Tier-, Farb- oder Pflanzenallegorese dargeboten, wie z. B. in dem mittelniederländischen Reimpaargedicht ›Den Prijs van Vrouwe, op drie Stene‹ oder ›Drei Edelsteine‹ (Brandis 370)[130] aus dem 13./14. Jahrhundert.

[130] C. P. Serrure (Hrsg.), Vaderlandsch Museum voor nederduitsche letterkunde, oudheid

Drei Edelsteine werden genannt, die alle anderen übertreffen: der Diamant, der *myrande* und der Rubin. Sie stehen für Härte (V 7–19), Reinheit (V 20–29) und Stärke (V 30–37). Die reinen, *werden* Frauen, fordert der Erzähler, sollten diese drei Steine in ihrer Tugend noch übertreffen und ein Spiegel der *werde* sein (V. 38–113).

Im ›Wilhelm von Österreich‹ findet sich an zentraler Stelle eine Minnetugendlehre in Form einer Edelsteinallegorese: In der allegorischen Feuerberg*âventiure* erwirbt Wilhelm den oben[131] erwähnten Cupido-Helm, den ein flammenumstrahlter nackter Knabe mit einem Edelsteinkranz ziert. Die Steine sind buchstabenförmig zugeschliffen: ein »C« aus Rubin, ein »U« aus Karfunkel, ein »P« aus Türkis, ein »I« aus Diamant *(diamant)*, ein »D« aus Diamant *(adamas)* und ein »O« aus Chrysolith: »Cupido« (V 3 948–3 975). Wer den Helm tragen will, muß – auch dies ist bereits erwähnt worden[132] – die sechs Eigenschaften besitzen, die durch die Steine versinnbildlicht werden, anderenfalls fallen die entsprechenden Steine aus (V 4 055–4 069). Die Steine werden wie folgt gedeutet:

> *der erste stain ist ain rubin,*
> *gepoliert wol mit gůt:*
> *er můz ain rich gemůt*
> *han und wesen tugende vol*
> *der den helm fůren schol.*
> *auch můz sin hertze brinnen*
> *nach lobrichen sinnen,*
> *als der karfunkel brinnet.*
> *auch můz er sin besinnet*
> *mit stæten sinnen wise*
> *gelich dem turckise.*
> *auch můz er ane schant*
> *gelich dem dyamant*
> *sin an rehter kůschekait*
> *und auch on alles gunderphait.*
> *er můz auch veste, wizzet daz,*
> *wesen als der adamas,*
> *dem kain wafen mag geschaden.*
> *er můz mit schöne auch sin geladen,*
> *als der crisolitus sich hat*
> (V 4 078–4 097)

---

en geschiedenis, D. 1–5. Gent 1855–63. D.1: Kleine Gedichten uit de dertiende en viertiende eeuwen. Gent 1855, S. 394–397.
[131] Siehe S. 156.
[132] Siehe S. 156.

(Der erste Stein ist ein Rubin, der mit Güte bestens poliert ist: Wer den Helm trägt, muß von edler Gesinnung und reich an vortrefflichen Eigenschaften sein; auch muß er ein brennendes Streben nach Ehre besitzen, so wie der Karfunkel lodert. Zugleich muß er im Geiste beständig und weise sein wie der Türkis. Ferner muß er gleich dem Diamanten tadellos sein in seiner sittlichen Reinheit und ohne jede Verunreinigung. Ihr sollt wissen, daß er auch standhaft sein muß wie der Diamant, dem keine Waffe schaden kann. Er muß auch Schönheit besitzen wie der Chrysolith.)

Die Deutung der Steine am Cupido-Helm als Minnetugenden hält sich im Rahmen des Üblichen. Auffallend ist allein, daß der Diamant zweimal vertreten ist, als reiner *dyamant* und als fester *adamant*.[133] Die beiden Namen korrespondieren traditionell mit den beiden Eigenschaften des Steins.[134] Johann scheint die Bedeutungsebene weit wichtiger zu sein als die Bildebene, und daher stört es ihn nicht, zweimal denselben Stein, nur unter unterschiedlichem Aspekt, einzusetzen. Der Tugendkatalog ist ihm wichtig, nicht das bildliche Aussehen des Edelsteinkranzes.

Der Helm wird, wie erwähnt,[135] Wilhelm *ze ainer stiur* (V 4 101) gegeben. Er ist damit nicht nur Tugendprobe, sondern zugleich Minnelehre; die in ihm dargestellten Minnetugenden weisen Wilhelm den Weg zu seiner Geliebten.

Als Wilhelms Ziel erreicht, die Werbung um Aglie geglückt ist (V 14 739–14 748), gewinnt er auf dem Turnier zu Kandia eine neue Rüstung.[136] Der Helm ist aus *zynaton* gefertigt, einem Edelstein, der rotes Licht verströmt. Die Helmzier ist die Büste einer jungen Frau, die den *eren krantz* (V 13 916), einen goldenen Kranz mit Edelstein-Buchstaben, trägt. Wenn ein Luftstrom den Helm berührt, ertönt aus dem Kranz der Ruf: *hurta! wer dient eren krantz?* (V 14 011).

Die Beschreibung des *eren krantz* entspricht nicht der in Romanen üblichen Darstellung phantastischer Gegenstände, sondern sie versteht sich ausdrücklich als eine Lehre an das Publikum:

> *ieglicher buchstab was ain stain:*
> *nu merk, edel hertz rain,*

---

[133] Die Hss H, Da und S beheben diese Doppelung, indem sie den *dyamant* durch einen Smaragd ersetzen. Der Smaragd gilt in mittelalterlichen Lapidarien als der klarste Edelstein; seine Farbe könne weder durch die Sonne noch durch den Schatten getrübt werden. Vgl. dazu: Léopold Pannier (Hrsg.), Les Lapidaires français du moyen âge des XIIᵉ, XIIIᵉ et XIVᵉ siècles. Genf 1973.

[134] Der *adamas* (wörtlich: »der Harte«) wird im Lateinischen oft auch mit dem Magnetstein gleichgesetzt. Vgl. R. E. Latham, Revised Medieval Latin word-list. Oxford 1965, repr. 1989, S. 6.

[135] Siehe S. 156.

[136] Vgl. auch unten, S. 305.

waz si dir hie kůnden:
ez hůtet diner sunden!
(V 13 921–13 924)

(Jeder Buchstabe war ein Edelstein: Beachte, du edel Gesinnter mit reinem Herzen, was die Buchstaben dir verkünden: Es bewahrt dich vor Sünde.)

Die Edelsteine werden hier nicht wie beim Cupido-Helm jeweils auf eine Minnetugend oder Minnelehre hin ausgedeutet, sondern die Lehrsätze des Ehrenkranzes sind vollständig in Edelsteinbuchstaben geschrieben. Die Steine selbst werden gar nicht benannt, allein ihre Farbe: Eine grüne Schrift mahnt zur Gottesliebe (V 13 925–13 936), eine weiße ruft dazu auf, die Frauen um der Engel willen zu ehren (V 13 937–13 945); in roter Farbe wird zur *tugent* aufgefordert (V 13 946–13 951), in gelber zur *triuwe* (V 13 952–13 958) und in himmelblauer Farbe zur *milte* (V 13 959–13 970). Die Lehren gipfeln in einem Lob der *triuwe* in schwarzer Farbe (V 13 971–13 988): Wie die schwarze Farbe die Krone aller Farben sei, so sei *triwe aller tugent kron* (V 13 975): *triwe ist reht minne* (V 13 981).

Nur bei dieser letzten Lehre wird ein Bezug zwischen der Farbe und der Lehre hergestellt. Johanns Deutung der Farbe Schwarz aber weicht deutlich von der Tradition ab. In den Minnereden gilt Schwarz in der Regel als Farbe der Trauer und des Todes[137] oder der Demut und Hinwendung zu Gott in Witwenschaft und Alter.[138] Es gilt zuweilen auch als Farbe des Zorns[139] und der *unminne*, des Zwangs[140] oder aber als Farbe der Heimlichkeit, Verborgenheit der Liebe.[141] All diese Auslegungen der Farbe Schwarz beruhen auf ihrer Eigenschaft, der Dunkel-

---

[137] Vgl.: ›Die Schule der Minne‹ (Brandis 433); ›Farbentracht‹ (Brandis 436); ›Liebesbrief‹ (Brandis 185). Fedor Bech, Ein mitteldeutscher Liebesbrief. ZfdPh 6 (1875), S. 443–445; ›Die acht Farben‹ (Brandis 377). Haltaus, S. 165f.; ›Die thronende Minne‹ (Brandis 458a). Friedrich von der Leyen und Adolf Spamer, Die altd. Wandteppiche im Regensburger Rathause, in: Das Rathaus zu Regensburg. Regensburg 1910, S. 71–118, S. 84–87.

[138] Vgl. ›Die sechs Farben und zwölf Lebensalter‹ (Brandis 374). Willem Bilderdijk, Nieuwe taal- en dichtkundige Verscheidenheden, D. 4. Rotterdam 1825, S. 65–116: De Kleuren. Uit een handschrift van de 15. eeuw, S. 84–90. Auch in: Phil. M. Blommaert (Hrsg.), Oudvlaemsche Gedichten der XIIᵉ, XIIIᵉ en IVᵉ eeuwen, D. 3. Gent 1851, S. 124–127; ›Bedeutung der acht Farben‹ (Brandis 378). Joseph Maria Wagner, Mittheilungen aus und über Klosterneuburger Handschriften III. AnzKV, NF 8 (1861), S. 232–235, S. 233.

[139] Vgl. ›Farbentracht‹ (Brandis 436) ; ›Von den Farben‹ (Brandis 375). Laßberg, Bd. I, S. 151–158; ›Deutung der neun Farben‹ (Brandis 379). Franz Stark, Zur Farbensymbolik. Germ. 9 (1864), S. 455f.

[140] Vgl. ›Farbentracht‹ (Brandis 436) .

[141] Vgl. ›Farbentracht‹ (Brandis 436) ; ›Von einem Jäger‹ (Brandis 384). Kossmann, S. 72f.

heit. Auch Johann spricht von der schwarzen Farbe als der Farbe, die anderen den Glanz benimmt, das bedeutet aber für ihn, daß sie die anderen überdauert: *triwe ist ein hort der niht zergat* (V 13 985). Seine eigentliche Deutung der Farbe Schwarz aber beruht auf ihrer Definition als der Mischung aller anderen Farben. In ihr sind alle Tugenden vereint; sie steht für die Krone aller Tugenden, die *triuwe*.

Während also die ersten fünf Lehren willkürlich einer Farbe zugeordnet sind, folgt Johann bei der letzten der traditionellen Methode der Farbexegese, indem er eine Eigenschaft der Farbe zu einer Tugend in Beziehung setzt. Inhaltlich aber widerspricht er der Tradition. Die schwarze Farbe, die hier wie in fast allen farbexegetischen Minnereden am Ende der Farbenreihe steht, bedeutet nicht den Tod oder den Untergang der Minne, sondern die *triuwe* als den Gipfel der Liebe, als die eigentliche Minne. – Im Tod allerdings, dies wird in der Schlußszene des ›Wilhelm von Österreich‹ deutlich werden, wird erst der Gipfel der *triuwen* Minne erreicht.[142] Wieder also geht die Lehre der Handlung voraus.

Johanns Darstellung des *eren kranz* folgt auch einer Vorlage aus der Romantradition: dem ›Jüngeren Titurel‹ Albrechts. *Triwe ist rehte minne, so ist ouch minne triwe* (Str. 1 906,1), heißt es dort auf dem mit Edelsteinbuchstaben besetzten Brackenseil. Oben war bereits von ihm die Rede.[143] Hier sei die Brackenseilinschrift kurz zusammengefaßt.

Sie beginnt nach einem Gruß Claudittes an Ekunat und einem Preis Ekunats (Str. 1 874–1 881) mit einer Lehre an die *werlt*:

nicht wan daz ich zelere   wil diner blůmen vruht der werlde wisen,
daz si bi dir hie nemen gelichez bilde
und sich den tugenden nahen   und aller missewende werden wilde.
(Str. 1 881,2–4)

(Ich will nichts anderes als den Menschen die Frucht Deiner Vortrefflichkeit zeigen, damit sie sich bei Dir ein Vorbild nehmen und sich den Tugenden zuwenden und sich von jedem üblen Lebenswandel abkehren.)

Es folgt nun die Exegese des Namens *Gardivias*, zu deutsch: *hůte der verte*. Zuerst wird das Gebot der Gottesminne (Str. 1 884–1 889) und Nächstenliebe (Str. 1 890f.) erörtert, dann werden die ritterlichen (Str. 1 892–1 900) und Minnetugenden (Str. 1 901–1 908) aufgezählt, an deren Spitze die *triuwe* steht (Str. 1 906,1). Frauen und Priestern, heißt es schließlich, sei in gleicher Weise Ehre zu erweisen (Str. 1 909f.). Zusammenfassend wird dann der Kranz der 12 Tugendblumen beschrieben: *belde, küsche, milte, triwe, maze, sorge, scham,*

---

[142] Siehe unten, S. 238.
[143] Siehe S. 153.

bescheiden, stæte, diemüte, gedulde, minne (Str. 1 911–1 925). Mit einer Warnung vor dem *verligen* und dem *vervaren* (Str. 1 926f.), den beiden Verfehlungen Erecs und Iweins, schließt die Inschrift.

Johann hat seinen in Edelsteinbuchstaben geschriebenen *eren krantz*, von dem der Erzähler sagt, *ez hütet diner sunden* (V 13 924), offensichtlich vor dem Hintergrund des Albrechtschen Brackenseils entworfen. Es kann kein Zufall sein, daß er dieses nur wenige Verse später, noch im Zusammenhang des Turniers zu Kandia, erwähnt (V 14 520f.). Johann beläßt es aber nicht bei dieser Anlehnung an die Minnelehre des ›Jüngeren Titurels‹, d. h. an einen minnedidaktischen Exkurs eines Romans, sondern er steigert das Lehrhafte noch, indem er eine Farballegorese hinzufügt. Damit bindet er die Tugendlehre Albrechts stärker an die Gattung der Minnerede zurück.

Die Lehre des *eren krantz* ist – wie schon die Tugendlehre des Cupido-Helms – nicht nur an das Publikum gerichtet, sondern auch auf die nachfolgende Handlung bezogen, in der sie sich auch erfüllt: Der Helm und die Rüstung, welche Wilhelm in Kandia erhält, sind offenkundig die Waffen eines Minneritters, der sein Ziel, seine *vrauwe*, errungen hat und dessen Haupttugend nun *triuwe* sein muß.

Während die Beschreibung der beiden letzten Rüstungen Wilhelms der Tradition der Minnerede folgt, weist die erste Rüstung des Helden nur ein Motiv aus den Minnebestiarien auf: die Turteltaube (V 3 106f.) als Zeichen der Treue und des Liebesleids.[144] Wilhelm erhält diese Rüstung von Walwan bei seinem Aufbruch von Marokko und trägt sie, bis er die Cupido-Rüstung erlangt. Erst als er Wildomis im Turnier entgegentritt, legt er in seiner aussichtslos erscheinenden Lage wiederum eine Rüstung mit einer Turteltaube an.

Wie die Minnelehren und Minnedarstellungen der Rüstungen und Helme Wilhelms, so sind auch die anderen Muster allgemein darstellender Minnereden in Johanns ›Wilhelm‹ stets an entscheidenden Wendepunkten des Geschehens eingefügt. Sie interpretieren durch ihre Position im Roman die Handlung als eine Demonstration der Minnetheorie. Es handelt sich bei ihnen nicht um Reflexionen des Erzählers über die Handlung, sondern die Verbindung zur Handlung wird meist erst später hergestellt; die Theorie geht der Handlung voraus.

---

[144] Siehe oben, S. 145.

C. Monologe

Monologe, v. a. Minneklagen der handelnden Personen, sind traditionelle Elemente des Romans. Charakteristisch für Minnereden ist die Verbindung der persönlichen Minneklage mit einem allgemeinen didaktischen Anspruch, oder die Situierung der Klage oder des Monologs innerhalb einer Personifikationsdichtung oder Allegorie.

Im ›Wilhelm von Österreich‹ finden sich zahlreiche Minneklagen der Protagonisten, im Kontext der *hûte* in Twingen, des Aufenthalts am Hof Melchinors von Marroch und v. a. im Zusammenhang der Geschehnisse in Smyrna, d. h. der Belagerung der Burg Frien, der Hochzeitsvorbereitungen und der Anklage gegen Wilhelm. Die Klagen sind zumeist an den abwesenden Partner, zuweilen auch an das eigene *hertze* oder den *muot* gerichtet, oder auch an den Tod, an Gott, an Frau Minne. Die Minneklagen der Protagonisten bleiben aber, selbst wenn sie vereinzelt Minneredenelemente aufweisen, fest an die Handlung gebunden; sie zeigen keine Selbständigkeit als allgemeingültige minnedidaktische Texte. Die einzige Leseanleitung, die dem Publikum im Zusammenhang eines solchen Monologs gegeben wird, ist gerade nicht eine Aufforderung, sich an den Helden ein Beispiel, ein *bilde,* zu nehmen, sondern ein Aufruf zum Mitleid (V 10 616–10 620), und Aglies Anklage an Frau Minne (V 7 338–7 353) zielt nicht – wie es in einer Minnerede der Fall wäre – auf die generelle Grausamkeit der Frau Minne, sondern darauf, daß sie die Handlung nicht sicher genug leite und beinahe zugelassen hätte, daß Aglie, als sie von der Burg Frien zu Wilhelm hinab blickte, in den Tod gestürzt und damit der Fortgang der Minnehandlung vereitelt worden wäre.

Anders verhält es sich mit einer Anklage des Erzählers an Minne (V 839–883) bei der heimlichen Abreise des Knaben Wilhelm aus Wien. Der Erzähler tadelt Minne wegen ihrer Härte gegenüber dem Knaben, doch ist Wilhelm hier ausdrücklich nur ein Beispiel für ihre zahlreichen Opfer:

> *Ey aller hertzen maisterin!*
> *nu maht eht du der tücke din*
> *aber niht gelazen,*
> *du maht dich niht gemazen,*
> *swa du erkennest hertzen wert*
> ...
> *din flammen maniges hertzen brust*
> *enzündent mit ir süzzekeit.*
> ...

> *in hat din sůzzekeit entwert*
> *vater, mûter, mage, gůt,*
> *als ez noch werden mannen tůt*
> *und vrawen die da triwen pflegen.*
> *din kraft kan nieman wider wegen,*
> *swenne si nach wirde rihtet sich.*
> (V 839–843, 850f., 856–861)

(Herrin aller Herzen, du kannst hier wiederum deine Tücke nicht unterlassen. Du kannst dich nicht mäßigen, wenn du *werde* Herzen erkennst ... Deine Flammen entzünden mit ihrem Liebreiz vieler Menschen Innerstes. ... Dein Liebreiz hat ihm [Wilhelm] Vater, Mutter, Verwandte und Besitz geraubt und tut dies auch heute noch *werden* Männern und Frauen, die *triuwe* wahren. Deiner Kraft kann sich niemand widersetzen, wenn sie sich auf *wirde* richtet.)

Die *manigen*, das *noch* ist hier mindestens so wichtig wie das *nu* des aktuellen Falls. Der Minne Kraft wird nicht primär auf das Geschehen bezogen, nicht in der Vergangenheit situiert, sondern in der Gegenwart. Schließlich geht der Erzähler zu einer allgemeinen Reflexion über Liebende über (V 862–883), in welcher Wilhelm und Aglie unerwähnt bleiben. Zwei Arten von Liebenden werden unterschieden: Die *hohen minnenden hertzen*, welche von dem *gedinge*, der Hoffnung, leben, stehen den *swachen* gegenüber, die allein auf das *gelingen*, die Erfüllung, blicken und keine *stæte triwe* kennen. Für diese zweite Gruppe der Liebenden bedeutet Minne eine Art Handel, nach dem Grundsatz:

> ›*nim du mich, so nim ich dich,*
> *hastu pfennige, bist iht rich!*‹
> (V 870f.)

(Wenn du mich nimmst, dann nehme ich dich, wenn du Geld hast, reich bist.)

Eine große Kluft klafft zwischen den Vertretern der hier beschriebenen Minne und den *hohen minnenden hertzen* auf:

> *ach, sóln den di sin gelich*
> *der hertz in sólhem triwen stat*
> *daz alles daz diu welt hat*
> *si möhte niht geschaiden?*
> (V 872–875)

(Ach, sollen denen diejenigen gleichen, deren Herz so *triuwe* ist, daß aller Reichtum der Welt sie nicht trennen könnte?)

Zweierlei Liebende sind auf der Handlungsebene noch lange nicht aufgetreten, doch sicherlich kann Wilhelm, der einige Verse zuvor erklärt hat, er schätze *erbe und aigen* gering im Vergleich zu seinem *bilde* (V 792–

799), als Vertreter der *hohen minnenden hertzen* verstanden werden. In den folgenden Versen wird der Bezug zu ihm endlich explizit hergestellt:

> *schriba, schriber! ymmer schrip,*
> *swaz müge der minne gelichen,*
> *sit si Wildehelmen, den richen*
> *jungen hetzogen zart,*
> *uf wan in schicket dise vart.*
> (V 884–888)

(Schreibe, Schreiber, schreibe immerzu! Was könnte der Minne gleichen, da sie Wilhelm, den hochgeborenen Herzog in seiner zarten Jugend, in Liebessehnsucht auf diese Reise schickt.)

Der junge Wilhelm ist ein Beispiel, an dem sich die unvergleichliche Macht der wahren Minne offenbart, und als Beispiel verdient seine Geschichte aufgezeichnet zu werden. Angesprochen wird hier ein *schriber* (V 884).[145] Manfred Scholz sieht hierin eine Anrede der *Âventiure* an den Erzähler, mit der Begründung: »Es wäre unsinnig anzunehmen, der Erzähler, der sich eben noch heftig gegen die Tücke der Minne aufgelehnt hat, habe plötzlich resigniert und feuere seinerseits einen Schreiber an, seines Amtes dem Wesen der Minne gemäß zu walten«.[146] Der unmittelbare Kontext ist aber gerade nicht die Anklage an Minne, sondern die Unvergleichbarkeit der beiden Formen der Minne: Die rhetorische Frage in V 872, *ach, soln den die sin gelich*, wiederholt sich in der Anrede an den Schreiber, V 885: *swaz müge der minne gelichen*. Es besteht keine Veranlassung, einen Dialog mit der erst später eingeführten *Âventiure* zu konstruieren; die Verse 884–888 sind Teil einer monologischen Minnerede des Erzählers. Erst im Anschluß an diese wendet sich der Erzähler an *Âventiure* und fordert sie auf, dem Helden Beistand zu leisten (V 889–895).

Der Monolog des Erzählers geht also von einer Anklage gegen Minne wegen ihrer grausamen Macht, die sich am Helden exemplarisch zeige, über zu einer lehrhaften Rede über die verschiedenen Arten von Liebenden. Im Anschluß an diese Lehre wird verdeutlicht, wie wichtig es sei, die Liebe Wilhelms als Exempel schriftlich festzuhalten. Zuletzt wird ein Ausblick auf das weitere Geschehen gegeben, und damit wird die Minnerede fest in die Minnehandlung integriert. – Inhaltlich aber bleibt der Bezug zwischen der Minnerede und der Handlung noch im unklaren: Die Gegenüberstellung von wahrer *triuwe* und käuflicher

---

[145] Vgl. oben, S. 98.
[146] Scholz (1987), S. 15.

Minne wird erst später zum zentralen Thema des Romans. Die Minnetheorie geht ihrer Demonstration in der Handlung voraus. Sie ist damit eigenständige Theorie und darf nicht als ein reflektierender Exkurs verstanden werden, der aus der Handlung entspringt.

Nicht der klassische Exkurs eines Romans also, sondern die Minnerede bildet den Gattungshintergrund für diesen Monolog des Erzählers. Dennoch ist ein direktes Vorbild aus der Gattung Roman nicht abzuleugnen: Im ›Jüngeren Titurel‹ klagt der Erzähler Minne an, als sie die beiden Kinder Tschinotulander und Sigune in ihren Bann schlägt, daß sie ihre Kraft grausam an den schwachen Kindern auslasse. Daraufhin leitet er unmittelbar über zu einer Reflexion über die Vielfalt der Minne:

Ey minne, diner krefte rat,   waz toug der under kinder?
wan einer, der nicht ougen hat,   mocht dich spuren, gieng er also blinder.
minne, du bist also maniger slachte.
alle schriber nicht volschriben   mohten al din art und ouch din achte
(Str. 712)

(Ach Minne, was soll der große Aufwand deiner Kräfte gegenüber Kindern? Denn einer, der keine Augen hat, würde dich, blind wie er ist, wahrnehmen. Minne, du bist so vielfältig. Die Gesamtheit aller Dichter könnte nicht ganz deine Art und Weise vollständig aufschreiben.)

Albrecht fährt fort, indem er die geistige und die ritterliche Minne nennt, dann aber wieder zur Kinderminne zurückkehrt. Den Übergang von der Klage über die ungerechte Machtdemonstration der Minne gegenüber Kindern zur Beschreibung ihrer verschiedenen Formen, den Albrecht in Str. 712 vollzieht, hat Johann ausgebaut zu einer differenzierten Minnedarstellung und einer Minnelehre. – Ein solcher Umgang Johanns mit minneredenähnlichen Elementen aus dem ›Jüngeren Titurel‹ hat sich oben[147] schon im Zusammenhang mit der Inschrift des Brackenseils gezeigt: Johann bindet sie an die Gattung Minnerede zurück.

Eine besondere Form der monologischen Minnerede ist, dies ist oben[148] bereits erwähnt worden, die Totenklage, in der nicht nur der Tod einer bestimmten Person beklagt wird, sondern zugleich der Untergang einer Minnetugend. Ein Beispiel dieses Minneredentypus ist die ›Klage um Werner von Homberg‹ (Brandis 475),[149] den 1320 gestorbenen Minne-

---

[147] Siehe S. 174.
[148] Siehe S. 129.
[149] Laßberg, Bd. II, S. 316–326.

178

sänger Werner von Hohenberg, den Neffen Burkhards und Albrechts von Hohenberg und Stiefsohn Rudolfs von Habsburg.

Die Rede beginnt mit dem klassischen Minneredeneingang, einem Spaziergang des Erzählers. Auf einer Wiese begegnet er drei Personifikationen: Frau *Manheit*, Frau Minne und Frau Ehre. Eine nach der anderen klagt ihm ihr schwerstes Leid: Werner von Hohenberg, ihr aller Ritter, sei gestorben. Die Personifikationen loben jeweils Werners Vortrefflichkeit und beklagen seinen Tod als einen persönlichen Verlust. Ihre Klagen dienen nicht nur dem Fürstenlob, sie sollen zugleich eine Tugendlehre für das Publikum sein.

An zwei entscheidenden Stellen im Werk stehen Totenklagen: nach dem Tod Wilhelms und Aglies (V 19 256–19 388) und schon zuvor nach dem Tod Alyants und Elenes (V 8 577–8 609, 8 635–8 689).

Der *tugenthafte Schriber*, der nach dem Tod der beiden Protagonisten eine Totenrede hält, ist in V 18 536, beim Abschied Wilhelms von Aglie nach der Hochzeit, erstmals erwähnt, als einer der liebsten Gefolgsleute Liupolts, der bei Aglie zurückgelassen wird. Weiteres über diesen *Schriber* erfährt der Leser nicht. Er scheint nur eingeführt zu sein, um die Totenrede zu halten – ähnlich wie der *tugenthafte Schrîber* im ›Wartburgkrieg‹, der dort im ersten Teil, dem Dichterstreit mit Heinrich von Ofterdingen, nur kurz auftritt, um Hermann von Thüringen zu loben, dann aber im 5. Teil, bei der Totenfeier des Landgrafen, die Hauptrolle übernimmt und die Totenrede hält.[150]

In auffallend geblümtem Stil beklagt der *Schriber* im ›Wilhelm von Österreich‹ den Verlust für die Ritterschaft und für Österreich (V 19 268) ebenso wie für die Minne: *wer sol daz megtlich zymier rich / gefúrn?* (V 19 274f.); *wa stúnd in hant ie liebe wapen baz?* (V 19 281). Nach einer Reihe rhetorischer Fragen dieser Art geht er über zu einer Darstellung seines persönlichen Schmerzes:

> *owe der bittern gallen*
> *da mit wir sin getrenket!*
> *mir hat daz loz gewenket*
> *daz ich wil nimer leben:*
> *der welt wil ich geben*
> *mit jamer hiut ain urlaup.*
> *owe, du grozzer verlústic raup,*
> *wie hastu hie durch bitzt!*
> *von dir bin ich entwitzt:*
> *mir ist smæhe als werdekait,*
> *mir ist liep hertzenlait,*
> *mir ist erme als rich*

---

[150] Der Wartburgkrieg. Hrsg. v. Karl Simrock. Stuttgart/Augsburg 1858, S. 173–183.

> *krump sleht als glich,*
> *mir ist waʒʒer als win,*
> *ælliu wirtschaft ist mir pin.*
> *mir ist vræude unvræude,*
> *mir ist ælliu beschæude*
> *unmær diu ʒe vræuden stat,*
> *mir ist liep daʒ mich laid an gat,*
> *mir ist unere als ere.*
> *auch wil ich nymmer mer*
> *bliben bi den lůten.*
> *mir ist unminne als trůten,*
> *mir ist ungemach als gemach.*
> (V 19 294–19 317)

(Weh der bitteren Galle, die uns zu trinken gegeben worden ist! Das Schicksal hat sich mir so gewendet, daß ich nicht mehr leben will: Ich will der Welt heute mit Wehklagen den Abschied geben. Oh weh, du großer Verlust, wie hast du hier schrecklich zugeschlagen! Du hast mir den Verstand geraubt: Schmach und würdiges Ansehen sind mir gleichbedeutend, Freude bedeutet mir innerstes Leid, ich sehe keinen Unterschied zwischen Armut und Reichtum; das Krumme und das Gerade scheinen mir gleich zu sein; Wasser und Wein sind für mich dasselbe; jede Erquickung bedeutet mir Pein. Für mich ist Freude Leid; jeder freudige Anblick ist mir leid; was mir Schmerz bereitet, ist mir lieb; Unehre und Ehre sind für mich identisch. Ich will auch nicht mehr länger unter den Leuten bleiben. Ich sehe keinen Unterschied zwischen Haß und Liebkosung, noch zwischen Unannehmlichkeit und Wohlbehagen.)

Der *Schriber* klagt, als habe ein innigstes Liebesverhältnis zwischen ihm und dem oder den Verstorbenen bestanden. Er verabschiedet sich von der Welt, ohne daß er eigentlich in sie, d. h. in die Romanhandlung, eingeführt gewesen wäre. Eine solche persönliche Anteilnahme einer außenstehenden, dem Leser gänzlich unbekannten Figur erscheint im Roman ungewöhnlich – nicht allerdings in einer Minnerede des Typus Totenrede, in welcher der Sprecher – meist eine Personifikation oder der Ich-Erzähler – stets über eine enge Verbindung zum Toten verfügt. Der *Schriber*, der sicher nicht unbeabsichtigt anonym bleibt, übernimmt hier beinahe die Rolle des Erzählers, der sich in V 13 228 *der tugent schribær* nennt und der nun seinerseits eine Klage anschließt (V 19 327–19 388): eine Schmährede gegen die *unstæte werlt*, die schließlich in die Lehre an das Publikum mündet (V 19 370–19 388), durch *lieb* einen ewigen Schatz im Himmel statt eines vergänglichen Reichtums auf der Erde zu erwerben. Die Totenklage endet somit hier – wie in zahlreichen Minnereden – als eine Minnelehre und eine Mahnung zur Minne, zur Gottes- und Frauenminne.

Es wäre für Johann ein leichtes gewesen, die gesamte Klage dem Erzähler in den Mund zu legen. Indem er aber die schillernde Figur des *Schriber* einführt, macht er die Bruchstellen zwischen Roman und Minnerede um so deutlicher. Hier ist es unleugbar, daß die Gattungsmischung einem Plan des Verfassers entspringt und auch dem Leser oder Hörer bewußt werden soll. Die Totenklage ist offensichtlich nicht aus der Handlung heraus entwickelt, sondern in sie importiert, als eigenständige literarische Form.

Die Tötung Alyants durch Wilhelm und der Liebestod Elenes während der Schlacht in Smyrna nehmen, wie bereits erwähnt,[151] den Tod der beiden Protagonisten vorweg. In gleicher Weise stehen auch die beiden Totenklagen zueinander in Beziehung.

Die Klage um Alyant und Elene ist in zwei Teile geteilt, die beide vom Erzähler gesprochen werden. Während die Totenklage um Wilhelm und Aglie auf eine Verurteilung der *unstæte* der Welt zielt, geht es in der Klage um Alyant letztlich um eine Rechtfertigung seiner Tötung. Alyant wird beschrieben als ein Minneritter, der im Dienste seiner *vrouwe* gestorben ist (V 8 572–8 575). Die Herrscherrolle des *werden kûnc* (V 8 449), dessen Reich aber nirgends genannt ist, bleibt unbeachtet.[152] Der Erzähler preist Alyant überschwenglich:

> *swer siner lid ains rert*
> *in als daz zucker daz ie ror*
> *getrůc, sin sůzzer minnen tror*
> *verswaintz mit über sůzze.*
> *der gallen bitter tuzze*
> *mischet mit, man moht sie*
> *fůr zucker sůzze niezzen!...*
> (V 8 586–8 592)

(Wenn jemand eines seiner Glieder anfassen würde, würde ihn sein süßer Minnentau wie aller Zucker, den je ein Zuckerrohr trug, mit übergroßer Süße überziehen. Wenn man heimlich bittere Galle daruntermischte, könnte man diese als Zuckersüße genießen!)

Dieser Lobpreis lehnt sich deutlich an ein literarisches Vorbild an, an Wolframs ›Willehalm‹. Dort[153] preist Willehalm den in Alischanz gefallenen Vivianz mit den Worten:

---

[151] Siehe S. 119.
[152] Vgl. im Gegensatz dazu die Klage des *Schriber*, V 19 268f.: *wer sol daz wapen ze Österrich / so verre gefůrn ymmer me?*
[153] Wolfram von Eschenbach. Hrsg. v. Albert Leitzmann, Heft IV–V. Tübingen ⁷1963 (ATB 16–17).

181

solh süeze an dînem lîbe lac:
des breiten mers salzes smac
müeste al zuckermæzec sîn,
der dîn ein zêhen würfe drîn.
(V 62,11–14)

(Dein Leib besaß solche Süße: Der Salzgeschmack des weiten Ozeans würde ganz zuckersüß werden, wenn jemand auch nur einen Zehen von dir hinein würfe.)

Die Namensähnlichkeit zwischen Alyant und dem Sterbeort des Vivianz, Alischanz, ist sicher nicht zufällig. Die Anlehnung an den ›Willehalm‹ unterstreicht hier die Heiden-Christen-Problematik, die im ›Wilhelm von Österreich‹ – beim Turnier zu Kandia und der großen Schlacht in Belgalgan wird dies um so deutlicher – stets mit dem Minnekonflikt verbunden ist.[154] Vivianz ist Willehalms Neffe. Alyant ist nicht mit Wilhelm verwandt; er ist ein Heide, doch er ist Wilhelm in vielem ähnlich: Er ist das heidnische Abbild Wilhelms. Während der *schrîber* Wilhelm lobt, *du ertest Got und wiplich art* (V 19 266), bezeichnet der Erzähler Alyant als den vortrefflichsten Minneritter der Heiden, welcher *ir* [der Heidenschaft] *namen ert* (V 8 585). Wenn der edelste Minneritter der Heiden von seinem christlichen Spiegelbild Wilhelm getötet wird, dann gibt es hierfür nur eine Erklärung:

sagt ich[155] *was an im ræche*
hertzoge Wildehelm von Österrich,
so wölt ich selbe triegen mich:
in zwank me Minnen not denn disn
(V 8 602–8 605)

(Wollte ich von irgend etwas behaupten, Herzog Wilhelm von Österreich räche es an ihm, würde ich mich selbst betrügen: Ihn [Wilhelm] drängte die Not der Minne stärker als jenen.)

Wilhelms Minne steht auf einer höheren Stufe als die Minne des Heiden Alyant, die nicht zuletzt auch der Gottesminne entbehrt. Die Überlegenheit der Minne Wilhelms rechtfertigt die Tötung Alyants. Es scheint hier ein symbolischer Kampf zwischen zwei Formen, besser zwei Stufen, der Minne ausgetragen worden zu sein.[156]

---

[154] Der Name »Elene«, Helena, deutet auf die Problematik des Trojanerkriegs hin, vgl. oben, S. 165.

[155] Ich schließe mich hier entgegen der Ausgabe Regels der Lesart an, die sich in den Handschriften H, Gi und, leicht abgewandelt, in Wb (*sprech ich*) findet.

[156] Siehe unten, S. 209.

In den folgenden Versen (V 8 610–8 634) beschreibt der Erzähler Elenes Klage und Liebestod, wiederholt unterbrochen durch eigene Klagen des Erzählers. Der zweite Teil der Totenklage, die Klage um Elene (V 8 635–8 689), schließlich ist an die *rainen wip* (V 8 635) gerichtet, denen Elene ein Vorbild der *triuwe* sein solle. Der Erzähler stellt Elene den Frauen gegenüber,

> *swelch umme gůt ir lip*
> *so læsterlich verkauffen.*
> (V 8 668f.)

(Welche sich für Besitz so schändlich verkaufen.)

An die Stelle einer Totenrede tritt eine lange Schmährede wider die käufliche Minne (V 8 644–8 689), eine Minnelehre. In Ansätzen wiederholt sich dies nach dem Tod Aglies, wenn der Erzähler noch vor der Totenrede des *Schriber* eine Klage über die *valsche triwe* führt (V 19 210–19 222).

Die drei monologischen Minnereden, die Anklage des Erzählers an Minne und die beiden Totenklagen, bieten am Anfang, am Ende und an einem zentralen, auf das Ende vorausweisenden Punkt der Minnehandlung eine Minnelehre. Der Kern der Lehre besteht jeweils in der Gegenüberstellung von käuflicher Minne und wahrer, *triuwer* Minne. Dies entspricht den beiden Gruppen der personifizierten Formen der Minne im Feuergebirge. – Wie es schon bei den allgemeinen Darlegungen über Minne zu beobachten war, ist der unmittelbare Zusammenhang zwischen den in den Minnemonologen enthaltenen Lehren und der aktuellen Handlung oft nicht direkt ersichtlich, doch bieten die Lehren einen Interpretationsschlüssel für die gesamte Minnehandlung.

D. Briefe

Die Liebesbriefe im ›Wilhelm von Österreich‹ werden, wie oben[157] gezeigt worden ist, als Fiktion in der Fiktion begriffen. Sie setzen sich von der Handlungsebene ab und schaffen einen der »Realität« der Handlung entgegengesetzten, fiktiven Raum eigener Art, in welchem die Minne der beiden Protagonisten Bestand haben kann. So besitzen die Liebesbriefe einen gewissen Grad an Eigenständigkeit, wie dies in den Handschriften auch äußerlich hervorgehoben ist.[158]

---

[157] Siehe S. 83–91.
[158] Siehe oben, S. 82.

Auf die kritische Haltung der älteren Forschung gegenüber den mangelhaft in die Handlung integrierten Briefen ist oben[159] schon eingegangen worden, ebenso auf Helmut Brackerts Einwand, daß eine epische Funktion der Briefe gar nicht intendiert sei.[160] Damit aber stellt sich die Frage nach der Funktion der Briefe im Roman neu. Brackerts Antwort ist: »Der einzige Zweck dieser Briefe ... besteht darin, das Zentralthema *minne* über die Erfordernisse des epischen Vorgangs hinaus fortzusetzen.«[161] Für die Handlung bedeute dies eine »lyrische Verhaltung«, ein retardierendes Moment.[162] Schuchel erklärt: »grundsätzlich dienen beide Briefreihen der Ausschmückung des Romans, das ist ihre eigentliche Aufgabe.«[163] Rehbock und Juergens schließlich sehen den Sinn der Briefe gerade in der Bewährung der *constantia* und der Minne gegenüber der Handlung und der Welt.[164] Die Briefe besitzen nach Juergens die Funktion moralischer *exempla,* und zugleich dienen sie zur »Vorführung einer höfischen *ars*«, der *ars amandi.*[165]

Akzeptiert man die Eigenständigkeit der Briefe als literarische Werke im ›Wilhelm von Österreich‹, kann man sie nicht allein vor dem Hintergrund der Tradition der Briefe in mittelhochdeutschen Romanen betrachten. Es ist vielmehr anzunehmen, daß sie ihren eigenen Gattungskonventionen folgen. Die Verknüpfung der Liebesbriefe Johanns mit anderen Formen der Minnerede, oft auch einem Lehrgespräch mit Frau Minne, in welchem sie zum Briefeschreiben rät, und das wiederholte Auftreten minneredentypischer Erzähleingänge legen es nahe, die Briefe als Minnereden zu betrachten. Schließlich findet sich auch die für die Briefe Johanns charakteristische Eingangsformel, die direkte Rede des Briefs oder der Auftrag an den Brief, nicht in anderen Romanen – auch nicht bei Rudolf von Ems,[166] der häufig als Johanns Vorbild zitiert wird –, wohl aber in der Minnerede – schon ab dem 12. Jahrhundert.[167]

Ich behandle daher im folgenden die Briefe ein zweites Mal, aus dem Blickwinkel ihrer Zugehörigkeit zur Gattung Minnerede.

---

[159] Siehe S. 83f.
[160] Brackert, S. 11.
[161] Ebd., S. 15.
[162] Ebd., S. 13.
[163] Schnuchel, S. 91.
[164] Rehbock, S. 40; Juergens, S. 390.
[165] Juergens, S. 390.
[166] Rudolf von Ems, Willehalm von Orlens. Hrsg. v. Victor Junk. Berlin 1905 (DTM 2).
[167] Siehe oben, S. 85f.

Auf einen Dialog des Erzählers mit Minne, in welchem diese rät, der Knabe Wilhelm solle die *hûte* Agrants umgehen, indem er an Aglie Briefe schreibe (V 1 815–1 837), folgt ein klassischer Minneredeneingang (V 1 838–1 873): eine Naturbeschreibung – eine Maienlandschaft –, eine Reflexion über das Verhalten von Mensch und Tier im Mai, ein Spaziergang der Helden *in des sůzzen mayen hus* (V 1 862) und eine erneute Beschreibung des *locus amœnus*. Hier nun wird die Erzählung fortgesetzt mit einer Darstellung der höfischen *vröude*, wie sie v. a. aus der Lyrik bekannt ist: mit einem Ballspiel.[168] Die höfische *vröude* ist aber überschattet von der *hûte*, und das heißt dem Sprechverbot der Kinder.

Ein weiteres Minneredenmodell wird eingeschoben, die Beratung unter Personifikationen: Minne verspricht der Natur Hilfe, indem sie den Briefwechsel unter den Liebenden initiiert und ermöglicht (V 1 889–1 909). Wilhelm und Aglie folgen beide der Weisung der Minne und nähen, ohne sich in irgendeiner Weise darüber verständigen zu müssen, Briefe in den Ball ein. Es liegt nicht das typische »Szenenmuster«, der höfische Empfang eines Boten, vor, wie es Brackert für die Minnebriefe im Roman herausarbeitet,[169] sondern Minne selbst ist für die Übermittlung zuständig. Die Rahmenhandlung der Briefe ist also gleichsam eine Personifikationsdichtung – nicht eine Romanhandlung.

Die ersten drei Briefe wiederholen, unter dem Einfluß der *Melde* (V 1 956, 2 021), die Minnewerbung, welche im Gespräch schon erfolgt

---

[168] Vgl. Neidhart, Sommerlied 17 (19,7), Str. 2, zit. nach: Die Lieder Neidharts. Hrsg. v. Edmund Wiessner, rev. v. Paul Sappler, mit einem Melodienanhang v. Helmut Lomnitzer. Tübingen ⁴1984 (ATB 44):

> *Hei, sumer, waz herzen gegen dîner kunft erlachet!*
> *die vogele, die der winder trûric het gemachet,*
> *die singent wünniclîchen*
> *ir gesanc,*
> *welnt in aber tîchen*
> *den sumer lanc.*
> *schalles*
> *pflegent sî des morgens:*
> *gein âbent*
> *sô spil wir kint des balles.*

(Ei, Sommer, wie viele Herzen deinem Kommen entgegenlachen! Die Vögel, die der Winter traurig gestimmt hat, singen freudig ihren Gesang und wollen ihn den Sommer lang immer wieder treiben. Morgens singen sie, gegen Abend spielen wir Kinder Ball.)
Vgl. auch Neidhart 25,8; 29,23; 50,29; Walther von der Vogelweide 39,4f. Die Lieder Walthers von der Vogelweide. Hrsg. v. Friedrich Maurer, Bd. II: Die Liebeslieder. Tübingen ³1969 (ATB 47).

[169] Brackert, S. 3.

ist:[170] Auf Wilhelms ersten Brief (V 1 933–1 976), *von holder minne / gůtiu red* (V 1 930f.), eine klassische Liebeswerbung, folgt Aglyes *sůse rede* (V 1 999), ihr Liebesgeständnis (V 2 003–2 041), und schließlich ein überhöhtes und wenig individuelles Lob der Geliebten in Wilhelms Antwortbrief (V 2 095–2 133).

Der Liebeswerbung in den Briefen wird eine Werbung auf der Handlungsebene gegenübergestellt: König Walwan läßt durch Boten um Aglies Hand werben. Kurzerhand wird die Hochzeit *versigelt und verschriben* (V 2 188). Die Vorbereitung zum Fest entspricht den üblichen Darstellungen höfischen Zeremoniells; allein bei Walwans Ankunft in Zyzia brechen Minneredenmotive in die Handlung ein: Der von Minne[171] gejagte (V 2 255) Walwan gelangt vor Twingen *in des liehten mayen zier* (V 2 267) in einen *locus amœnus*, wo er eine Nacht verbringt (V 2 268–2 285).[172] Danach aber setzt sich das gewohnte Zeremoniell fort. Die höfische *vröude* jedoch wird immer wieder durchbrochen durch die Klagen Wilhelms und Aglies.

Die *kunst* der Minne (V 2 518f.) ermöglicht den nächsten Briefwechsel: eine *sende rede* (V 2 583), eine Abschiedsklage Wilhelms (V 2 547–2 582) und Aglies *trost*, ein vorbildliches Treuegelöbnis (V 2 595–2 622). Wiederum wird der vorbildlichen Trennung der Liebenden in den Briefen eine Trennung auf der Handlungsebene gegenübergestellt. Ihr geht ein lehrhafter Exkurs über die Minne, die Spiegelallegorie,[173] voraus, wodurch der Kontrast zwischen Ideal und Wirklichkeit besonders hervorgehoben wird: Walwan geht wortlos von Aglie weg, und sie ist erfreut darüber (V 2 830f.). Nachdem es nun auch zu einer physischen Trennung der Liebenden, Wilhelms und Aglies, kommt, wird der letzte Briefwechsel wiederholt: Abschiedsklage Wilhelms (V 2 876–2 916) und Trost und Liebesbeteuerung Aglies (V 2 993–3 035). In den letzten Brief finden durchaus auch Aventürenelemente Eingang: Aglie sendet Wilhelm einen Ring; er fährt aus als ihr Ritter. Zugleich aber greift Aglie auch ein Motiv der erzählenden Minnerede auf: Sie spricht von der Ratsversammlung der Minne, der Venus, Amors und Cupidos

---

[170] Siehe unten, S. 193–199.

[171] In Wg ist, wo immer der Reim es zuläßt, *minn* durch *liebe* ersetzt, hier aber nicht. Dies deutet darauf hin, daß *minn* hier als Name verstanden wird, d. h. von der personifizierten Minne gesprochen wird.

[172] Huschenbett (1983), S. 243 macht darauf aufmerksam, daß gerade hier und in der Szene des Briefwechsels vor Frien ein minneredentypischer Natureingang verwendet wird: »Es hat den Anschein, als ob der Natureingang bei allen den *Artes amandi* entsprechenden Minneepisoden zu verwenden war, bei den anderen nicht.«

[173] Siehe oben, S. 168f.

(V 3 017–3 023). Auch die Übermittlung dieses letzten Briefs in dieser Sequenz trotzt nochmals demonstrativ dem üblichen Szenenmuster: Minne wirkt ein Wunder, damit der Ball mit Aglies Brief ungesehen zu Wilhelm gelangen kann (V 2 946–2 949).

Noch deutlicher als der ersten ist der zweiten Briefsequenz ein Minneredeneingang vorangestellt: An die Stelle einer romantypischen Übermittlung des Briefs durch einen Boten ist eine Abwandlung des Minneredentypus »Begegnung im Wald und Minnerat durch einen Fremden« getreten, wie sie z. B. durch das ›Gespräch mit einem alten Liebhaber‹ (Brandis 205) aus der Zeit um 1400 vertreten wird.

Dort geht der Ich-Erzähler mit seinem Sperber jagen, um seinen *unmuot* zu vertreiben: Er hat die Gunst seiner Geliebten verloren. Sein Sperber entfliegt ihm, der Erzähler sucht nach ihm und verirrt sich im Wald. Schließlich trifft er auf einen alten Mann, der, wie er erklärt, vor 30 Jahren von seiner *vrouwe*, der Minne, ausgesandt worden ist, um *stæte* zu suchen. Er erklärt dem Erzähler die Attribute und das Wesen der Minne und *stæte*. Auf dieses erste, allgemein gehaltene Lehrgespräch über die Minne folgt bald ein zweites, auf die unmittelbare Situation des Erzählers bezogenes: Der Erzähler eilt dem Alten nach und bittet ihn um Minnerat. Der Alte fordert ihn auf, der Geliebten die Liebe zu gestehen, und schreibt, als dem Liebenden dies nicht gelingt, für ihn einen Liebesbrief (V 327–378). Der Erzähler bittet den Alten, sein Bote zu sein, und verspricht ihm dafür, daß er in ihm *stæte* finden werde.

Nachdem Wilhelm von der Anwesenheit Aglies auf der Burg Frien erfahren und den ersten Brief an sie verfaßt hat (Brief 8), läßt er sich sein Pferd bringen und reitet früh morgens auf die Burg zu:

> *uf aventur gelingen*
> *vor tage ain wenig des morgens frŭ*
> *hainlich der bŭrge ʒuo*
> *rait er under ainen hag*
> *dar uʒ maniger brunnen wag*
> *siner kalten runsen fluʒ.*
> *der may hat da sinen guʒ*
> *in manig rosen gegoʒʒen,*
> *diu haide was entslozzen*
> *mit manigem krut wilde*
> (V 6 790–6 799)

(Früh morgens, kurz vor Tagesanbruch, ritt er heimlich auf die Burg zu, um das Glück der *âventiure* zu suchen. Er ritt in ein Wäldchen, wo sich aus dem Buschwerk zahlreiche Quellen in kalte Bäche ergossen. Der Mai hatte sich dort in vielen Rosen ausgegossen, die Wiese war umschlossen von vielerlei wild wachsenden Blumen und Kräutern.)

Der morgendliche Ausritt des Helden in Liebessehnsucht und die Beschreibung der *amœnen* Maienlandschaft entsprechen ganz dem Schema eines Minneredeneingangs. Der Held vergleicht die Rosen mit seiner Geliebten (V 6 802–6 808), pflückt einen Rosenstrauß und verbirgt darin seinen Brief (V 6 809–6 813). Der Anblick der Rosen schließlich erinnert ihn so stark an Aglie, daß er sechsmal in Ohnmacht fällt (V 6 814–6 829). Diese enge Verbindung zwischen der Rose und der Geliebten erinnert an den ›Rosenroman‹ und ähnliche Texte; das übersteigerte Motiv der Ohnmacht des Ritters aber scheint zugleich an den ›Lancelot‹ angelehnt zu sein.

Wilhelm begegnet schließlich einem Jäger, der, um Aglie zu trösten, für sie einen Ara gefangen hat. Der Jäger preist Aglie, woraufhin ihn Wilhelm bittet, sein Bote zu sein, und ihm die Rosen mit dem versteckten Brief gibt. Diese Begegnung des Helden mit dem Jäger ist ein deutliches Zitat des oben genannten Typus der Minnerede, in welchem der unglücklich Liebende bei seinem Spaziergang im Wald auf einen Fremden stößt, der ihm Minnerat erteilt und sein Bote zur Geliebten wird. Johann aber variiert das Schema, indem er den Fremden – atypisch – als unwissend zeichnet. Der Jäger weiß auch nicht, wem er die Schönheit Aglies preist. Mit einer gewissen Ironie gibt der Erzähler die Worte des Jägers wieder:

> *und wær iu kunt sin kosen,*
> *ir mŭst ymmer von ir*[174] *sagen:*
> *›man siht an irm libe tragen*
> *aller gelŭst glesten.‹*
> (V 6 884–6 887)

(Und wüßtet Ihr, wie lieblich er [Aglies Mund] spricht, müßtet Ihr immer von ihr sagen: »Man sieht sie an sich den Glanz aller Freuden tragen.«)

Der unwissende Fremde erteilt keinen Minnerat, doch das Motiv der Hilfe durch einen Fremden bleibt erhalten. Er wird zum Boten, ohne zu wissen, daß er einen Brief überbringt.

Die zweite Begegnung mit dem Jäger (V 7 146–7 258) weist im Gegensatz zur ersten keinerlei Minneredenmerkmale auf. Wilhelm ist zwar wiederum *in den rosen* (V 7 155), als der Jäger auf ihn zukommt und seine Botschaft ausrichtet, doch das Spaziergangsmotiv ist ebenso ausgespart wie die Beschreibung des *locus amœnus*; auch hat die Begegnung nichts Überraschendes mehr an sich. Der Bote ist kein zufällig gefundener Helfer in Liebesnot, sondern ein Diener, der ordnungsgemäß

---

[174] im] ir H, Da, S.

seinen Botenlohn erhält (V 7 231f.). Hier folgt also Johann dem romantypischen Szenenmuster von der Übermittlung eines Briefs durch einen Boten.

Ähnlich wie in der ersten Sequenz ist Wilhelms erster Brief (V 6 697– 6 770) wiederum eine Liebeswerbung. Er preist die Geliebte mit überhöhten Formeln, die zum Teil der Tradition des Marien- und Gotteslobs entnommen sind, *du hymelisches bilde* (V 6 716), *du hailes baum! du balsam tron* (V 6 719), *du an begin!* (V 6 723), und bittet um Lohn und Gnade: *gnade, liep gnade!* (V 6 762). Die Werbung ist der Situation in Smyrna noch weniger angemessen als sie es bei Wilhelms erstem Brief in Twingen war. Es besteht allein ein äußeres Werbungshindernis; Aglies Minne muß nicht mehr erworben werden. Nicht die Situation also, sondern der zugrunde liegende literarische Typus bestimmt die Gestalt des Briefs.

Aglies Antwort (V 7 007–7 088) hingegen nimmt Bezug auf die Situation (V 7 018f.). Wie in ihrem ersten Brief in Twingen versichert sie Wilhelm ihrer Liebe, und sie bittet nun ihrerseits um seine Gnade. Ihr Liebesgeständnis ist – wie Wilhelms Brief – rhetorisch weit elaborierter als beim ersten Briefwechsel. Sie preist den Geliebten in einer anaphorischen Reihe von Bildern (V 7 061–7 071) – ein Stilmittel, wie es sich z. B. auch im vierten der Mattseer Liebesbriefe (Brandis 158) findet.[175]

Nach den beiden ersten Briefen – Minnewerbung und Liebesgeständnis – wechselt der Bote: Statt des Jägers ist es nun ein Falke, – und damit wird die Jagdmetaphorik, traditionelles Bild für die Minnewerbung, um so stärker betont.[176] Die nächsten beiden Briefe wiederholen das Thema der ersten zwei: Wiederum sendet Wilhelm eine Liebeswerbung und -klage (V 7 423–7 493). Er preist Aglie und bittet um Minnelohn: *lona, liebiu, lone!* (V 7 466), und Aglie beteuert in einem Trostschreiben (V 7 539–7 629) ihre Liebe und Treue. Als ein neues Motiv wird ihr Zweifel an der Richtigkeit der Liebesliteratur (V 7 576f.) eingeführt.[177] Trotz dieses Zweifels aber handelt Aglie selbst nach dem

[175] Franz Pomezny und Armin Tille, Vier gereimte Liebesbriefe aus Mattsee. ZfdA 36 (1892), S. 356–364; vgl. auch: ›Minneklage‹ (Brandis 27), V 263–368. Karl Bartsch (Hrsg.), Mitteldeutsche Gedichte. Stuttgart 1860 (StLV 53), S. 73–83; ›Das Wesen der Minne‹ (Brandis 284), V 21–56. Thiele, S. 1f.

[176] Ich widerspreche hier Wallner, der annimmt, daß die Falkenpost im ›Wilhelm von Österreich‹ ein Vorbild im wirklichen Leben hatte: Anton Wallner, Kürnbergs Falkenlied. ZfdA 50 (1908), S. 206–214, S. 208f.

[177] Vgl. die ähnlichen Zweifel des sprechenden Ich im ›Zweiten Büchlein‹, vgl. unten, S. 228f.

Schema der Minneromane, indem sie Wilhelm nicht nur wie beim Briefwechsel in Twingen ein Minnezeichen (dort einen Ring, hier den Vogel
aravis) sendet, sondern explizit ritterlichen Dienst fordert: *la dich in
ritterschefte sehen!* (V 7 623). – Damit folgen nicht nur Wilhelms Briefe,
die der Situation in Smyrna widersprechen, literarischen Vorgaben,
nämlich dem Werbungsbrief, sondern auch Aglie lehnt sich entgegen
den tatsächlichen Gegebenheiten an ein literarisches Vorbild an: Ihr
Brief enthält die klassische Dienstforderung der Minnedame im höfischen Roman.

Hier wird die Romanhandlung fortgesetzt. Als Aglies Ritter geht
Wilhelm in den Kampf. Johann spielt dabei mit einem Motiv des klassischen Artusromans: Im ›Erec‹, im ›Iwein‹ und im ›Parzival‹ kämpft
jeweils der Held an einem entscheidenden Punkt der Handlung mit
Gawan/Walwan als dem Vertreter des Artushofs und dem »Gradmesser«
ritterlicher Vollkommenheit und beweist dabei seine Ebenbürtigkeit
oder gar Überlegenheit gegenüber diesem.[178] Hier tritt der Held gegen
Walwan an, einen Heiden, einen Verräter und einen Vertreter der falschen Minne. Wilhelm beweist nicht nur seine Überlegenheit, er siegt
nicht nur über Walwan, sondern tötet ihn.

Der Bewährungskampf gegen Walwan, aber auch der Sieg über
Alyant und Agrant, ist ritterlicher Minnedienst und dient zugleich der
Eroberung von Stadt, Burg und Geliebter. Hier liegt eine in Handlung
umgesetzte Minnewerbung vor, die mit den Briefen korrespondiert.
Sogleich setzt aber, wie schon beim ersten Briefwechsel, eine Gegenhandlung ein: Wieder findet eine Werbung und Eheverhandlung durch
Unterhändler statt. Auf Anraten des Königs von Thrakien wird die
Heirat Wildomis' und Aglies beschlossen – aus machtpolitischen Gründen. Wiederum steht die *vröude* der Hofgesellschaft der geheimen Minneklage Wilhelms und Aglies gegenüber (bes. V 9 758–9 760), und wieder ermöglicht es die *kunst* der Minne (V 9 185), daß ein Briefwechsel
zwischen den Liebenden zustande kommt.

Wilhelm wird als Brautführer zu Aglie gesandt und hat dabei nicht
nur die Gelegenheit, mit ihr Briefe zu tauschen, sondern auch mit ihr
zu sprechen. Wie oben[179] bereits erwähnt, berührt das Gespräch zwischen Wilhelm und Aglie v. a. die aktuelle Situation und den vorausgegangenen Weg Wilhelms. Es handelt sich somit nicht um eine Minnerede, sondern um einen Teil der Handlung. Die beiden Briefe hin-

---

[178] Vgl. Keith Busby, Gauvain in Old French Literature. Amsterdam 1980, S. 53 u. ö.
[179] Siehe S. 89.

gegen, welche sich die Liebenden während des Gesprächs gegenseitig zuschieben, besitzen als Minneklagen geradezu Modellcharakter: Der Erzähler bezeichnet Wilhelms Brief (V 9 989–10 076) als *den jæmerlichsten brief / der ie uf erden geschriben wart* (V 9 202f.), während er von Aglies Brief (V 9 795–9 870) sagt, *daz nie wart clæglicher clage* (V 9 267). Bei beiden Briefen handelt es sich um rhetorisch ausgefeilte, bildreiche Minneklagen. Sie bringen die Todessehnsucht der unglücklich Liebenden zum Ausdruck. Die aktuelle Situation wird dabei in nur sehr allgemeiner Formulierung erwähnt:

> *schŏlt ich nu aber aim andern man*
> *werden? ...*
> (V 9 812f.)

(Sollte mich nun abermals ein anderer Mann bekommen?)

> *... sit daz din schŏn gezymmer*
> *schol ain anderr trŭten*
> (V 10 036f.)

(... da ein anderer Deinen schönen Leib liebkosen soll).

Damit bewahren die Briefe im Gegensatz zu dem vorausgehenden Gespräch eine gewisse Allgemeingültigkeit. Sie sind eine vorbildliche Demonstration der *triuwe* und bieten außerdem Einsicht in das Wesen der Minne. Aglie bekennt:

> *ich bin erst nu inr*
> *worden was diu Minne tŭt*
> (V 9 836f.)

(Ich habe erst jetzt erkannt, was Minne bewirkt.)

Sie knüpft damit an den Minnedialog in Twingen an, in welchem sie nach Wesen und Wirken der Minne gefragt hat.[180]

Dem vorbildlich-schmerzlichen Abschied der Liebenden ist wieder, wie schon bei der ersten Briefsequenz, die freudig begrüßte Trennung Aglies von ihrem Verlobten – hier sogar dessen Tötung – gegenübergestellt. Darauf folgt auch hier die physische Trennung vom Geliebten: Wilhelm muß mit Parklise ins Ungewisse reiten.

Beide Briefsequenzen führen eine ideale Minnewerbung und ein vorbildliches Verhalten bei der Trennung Liebender vor. Die aktuelle Situation der Protagonisten wird dabei teilweise übergangen, teilweise wird ihr sogar widersprochen, um Minneredenmustern zu folgen. Es

---

[180] Siehe unten, S. 193–195.

ergibt sich so eine allgemeingültige Minnelehre. Ihr ist die Handlung als negatives Exempel gegenübergestellt. Auch dort finden jeweils Brautwerbung und Trennung statt, jedoch wider die Minne.

E. Dialoge

Dialoge, die einem Minneredenmuster folgen, finden sich im ›Wilhelm von Österreich‹ sowohl unter handelnden Personen als auch zwischen diesen und der Minne oder zwischen dem Erzähler und Minne, als auch unter Personifikationen (Minne und Natur). Die Dialoge stehen selten für sich allein; meist sind sie untereinander und mit anderen Minnereden, v. a. mit Briefen, verbunden.

Die längste Dialogsequenz steht in direktem Zusammenhang mit der ersten Reihe der Liebesbriefe. Der Erzähler leitet sie ein mit dem bereits erwähnten Bekenntnis zur geblümten Rede:

> *ich wil von grozer triwe*
> *klůge rede niwe*
> *velden und visieren,*
> *blůmen und florieren*
> *mit wilder rede sprůchen,*
> *die sunder valsches brůchen*
> *sich ze rimen sliezzen.*
> (V 1 451–1 457)

(Ich will eine neue, kluge Rede von großer *triuwe* in Felder einteilen und modellieren, blümen und geblümt formulieren mit Ausdrücken *wilder* Rede, die sich ohne falsche Brüche zu Reimen verbinden.)

Ein Gattungshinweis ist mit dem Bekenntnis zum Blümen nicht gegeben[181] – aber ein Hinweis auf das Publikum, an welches sich Johann richtet. Die geblümte Rede verlangt einen elitären, kunstbewanderten Kreis von Lesern und Hörern. Ein solches erlesenes Publikum fordert Johann wiederholt für sein Werk. So fährt er auch hier nach seinem Programm der geblümten Rede fort mit den Worten:

> *swen nu niht verdriezzen*
> *der rede welle, der biete dar*
> *sin or ...*
> (V 1 458–1 460)

(Wem nun die Rede nicht lästig erscheint, der höre zu ...)

---

[181] Mordhorst, S. 72 hat versucht, den geblümten Stil mit der Gattung der *rede* in Verbindung zu bringen. Kurt Nyholm, Studien zum sog. geblümten Stil. Åbo 1971 (Acta Academiae Aboensis, A: Humaniora, Bd. 39, Nr. 4), S. 8 hat im Gegensatz dazu den geblümten Stil in fast allen Gattungen nachweisen können.

Ein gewisser Anteil der möglichen Zuschauer wird demnach abge-
schreckt; für ihn ist der hochliterarische Stil ein Hindernis. Jeder andere
aber soll zuhören,

> *... so wirt er gewar*
> *des siten dirre werlde,*
> *und waz diu vaige Melde*
> *liebes mag entrennen*
> (V 1 460–1 463)

(... dann erkennt er die Gewohnheit dieser Welt, und wie sehr die üble *Melde*
Liebesbindungen trennen kann).

Der Zuhörer also, den der hochliterarische Stil nicht schreckt, soll eine
Minnelehre erhalten: Ihm soll die negative Wirkung der *Melde* demonstriert werden. Hierfür erscheinen dem Erzähler Wilhelm und Aglie als ein gutes Beispiel:

> *daz git mir zerkennen*
> *Agly und Ryal*
> (V 1 464f.)

(Das erkenne ich an Aglie und Ryal.)

Nach einem kurzen Blick auf die Handlungsebene, wo Wilhelm und
Aglie den ersten Kuß tauschen und Minne ihren Zunder in ihnen entzündet (V 1 468–1 483), kündet der Erzähler eine *minne rede* (V 1 485),
einen Minnedialog zwischen den Liebenden, an. Noch einmal schiebt er
literaturtheoretische Überlegungen ein. Er spricht – oben ist die Stelle
schon erwähnt worden[182] – von seinem Dichten als dem Werk eines
stupfelman (V 1 488–1 514), eine für die geblümte Rede typische Unfähigkeitsbekundung. Johann stellt sich damit ausdrücklich in eine literarische Tradition – und das unmittelbar nachdem er eine *minne rede*
angekündigt hat. Nachdem Johann von seinem Publikum ausdrücklich
Literaturkenntnis verlangt hat, ist dies nun als Signal zu werten, die
nachfolgende *rede* vor dem Hintergrund literarischer Tradition, genauer
der Tradition literarischer Ausformungen eines Minnegesprächs, zu betrachten.

Nach dieser langen Vorrede beginnt ein kindlicher Minnedialog zwischen Wilhelm und Aglie, der stilistisch und inhaltlich demselben Vorbild verpflichtet ist: dem ›Jüngeren Titurel‹. In beiden Texten fragt das
Mädchen, nachdem der Knabe ihm seine Liebe gestanden hat, was
Minne sei.

---

[182] Siehe S. 109.

Agly sprach: ›bewise mich,
lieber bůl, waz minne si!
sag an, ist si den liuten bi
oder ist si wilde?
wie ist gestalt ir bilde?
fliugt si oder kan si gan?
ist si wip oder man?
wa ist si gesezzen?
ist si iht gůt ze ezzen?
birt si baum oder erden fruht?
hertzen liep, durch din zuht
sage mir, waz ist minne:
ez wundert mine sinne!‹
(V 1 528–1 540)

(Aglie sagte: »Erkläre mir, lieber Freund, was Minne ist. Sage mir, wohnt sie
unter den Leuten oder ist sie wild? Wie sieht sie aus? Fliegt sie oder kann sie
gehen? Ist sie eine Frau oder ein Mann? Wo hat sie ihren Sitz? Kann man sie
essen? Trägt sie Früchte, die auf Bäumen oder in der Erde wachsen? Lieb-
ster, bei deiner adeligen Erziehung, sage mir, was ist Minne: ich frage mich
das!«)

Sigune hingegen fragt:

›Ist minne ein si oder ein er?   mahtu mir minne bedůten?
und sag mir, wes diu minne ger.   ob si mir kumt, wie sol ich si getrůten?
můz ich si behalten bi den tocken?
und vlůget minne zu handen   oder ist si wilde? ich kan si wol gelocken?‹
(Str. 731)

(»Ist Minne eine Sie oder ein Er? Kannst du mir Minne erklären? Und sage
mir, was Minne will. Wenn sie zu mir kommt, wie soll ich sie umhegen? Soll
ich sie bei den Puppen halten? Fliegt Minne auf die Hand oder ist sie wild?
Kann ich sie gut heranlocken?«)

Die Fragen der beiden Mädchen sind sehr ähnlich, doch die Antworten
unterscheiden sich deutlich. Tschinotulander, geschult durch Gahmurets Liebesbeziehung zu Amflise, stellt ausführlich das vielfältige Wesen
und die Allmacht von Amor-Minne dar (Str. 732–734, 736–739) – noch
weit ausführlicher als Wolframs Schionatulander (Str. 65f.).[183] Wilhelm
hingegen ist so unwissend wie Aglie:

---

[183] Gerade deswegen nimmt Classen (1993) an, Johann stütze sich nicht auf Albrechts
›Jüngeren Titurel‹, sondern auf Wolframs ›Titurel‹-Fragmente. – Für eine noch brei-
tere Darstellung der Amor-Minne in einem Minnedialog hingegen vgl.: ›Was ist Minne‹ (Brandis 337). Herbert Thoma, Bruchstück aus einer unbekannten Minneallegorie.
ZfdA 73 (1936), S. 105–108, S. 105.

Rial sprach: ›des enwaiz ich niht,
iedoch also min hertze giht
sie krenck und gebe sterke:
hie bi ich brúf und merke,
si fúgt lieb und lait.
so ist mir dicke vor gesait
daz súze si diu minne
und daz si vil gewinne
den geb die si trúten;
het ich si von den lúten
da ich mich chrieges schamte niht,
fúr war, waz man ir gútes giht,
daz múste si erzeigen mir!‹
(V 1 541–1 553)

(Ryal sage: »Das weiß ich nicht, doch demnach, was mein Herz sagt,
schwächt sie und verleiht sie Stärke: Daran erkenne ich sicher, daß sie Freude und Leid stiftet. Man hat mir oft gesagt, daß Minne lieblich sei und daß
sie denen, die sie lieben, viele Vorteile verschaffe. Könnte ich sie in ehrlichem
Kampf, für den ich mich nicht schämen müßte, von den Leuten erwerben,
fürwahr, sie müßte mir beweisen, was man von ihr Gutes sagt!«)

Wilhelm erteilt seiner Geliebten nicht wie Tschinotulander eine Minnelehre, er spricht vielmehr über seine Ahnungen und Gefühle bezüglich der Minne und über das, was er gehört hat und gerne erfahren
möchte. Das Motiv der kindlich unwissenden Minne ist so gegenüber
Albrecht weit gesteigert[184] – bis ins Komische: Wilhelm betrachtet die
Minne als ein Gut, das in ritterlichem Kampf von *den liuten* erworben
werden könne, und beklagt, daß Aglie ihm ihre Minne nicht gewähre,
woraufhin sie ihn auffordert, sich ihre Minne zu nehmen. Er aber erklärt, er könne diese nirgends finden (V 1 554–1 609). Schließlich greift
Wilhelm statt zu ihrer Minne zu einem Apfel (V 1 611), ein Zeichen
kindlicher Naivität, aber zugleich ein motivlicher Anklang an den Sün-
denfall. Die Diskrepanz zwischen dem Horizont der Kinder und dem
eigentlichen Gehalt ihrer Aussagen macht den besonderen Reiz des
Minnegesprächs aus. Die unbeantworteten oder nur vage, aus dem Gefühl oder dem Hörensagen heraus, beantworteten Fragen verdeutlichen
die Notwendigkeit einer Minnelehre, die hier versagt bleibt. Die naive
Unschuld der Kinder weist auf den Bedarf einer Unterweisung in *bonum
et malum* hin.

---

[184] Auch Aglie ist weit davon entfernt, wie Sigune einen ritterlichen Minnedienst zu
fordern.

Mit V 1 620 tritt der Erzähler wieder in Erscheinung: Minne und
Natur, so sagt er, hätten ihn gebeten, von ihren *kůnsten* zu berichten.
Wie in zahlreichen Minnereden[185] ist auch hier der Schreibauftrag an
den Erzähler verbunden mit einer Leseanleitung für das Publikum:

> *Nu dar! swes hertze hugende*
> *minne, aventůr, tugende*
> *von natur trůte,*
> *der biet her daz or sin,*
> *so hôrt er die zungen min*
> *visieren uf der tugent slat,*
> *als Natur mich gebeten hat*
> *und auch diu Minne andæhtic.*
> (V 1 623–1 631)

(Nur zu! wer von Natur aus Minne, *âventiure* und *tugent* freudig und von
Herzen liebt, der biete mir sein Ohr, dann hört er, wie meine Zunge im
Schmelzofen der *tugent* [den Text] formt, wie mich die Natur gebeten hat und
auch die ehrenwerte Minne.)

Die Darstellung der *kůnste* von Minne und Natur ist ein Ausdruck der
tugent, und die Erzählung ist denen gewidmet, die die *tugent* lieben; sie
ist eine Lehre für diejenigen, die nach Vollkommenheit streben.

Nach einer weiteren Unfähigkeitsbekundung (V 1 634) erwähnt der
Erzähler einen Dialog zwischen seinen beiden Auftraggeberinnen, Minne und Natur, den er *in dem sinne sach* (V 1 636), im Geiste gesehen hat:
Die beiden Personifikationen haben beraten, wie den Kindern Wilhelm
und Aglie die Bürde der Minne erleichtert werden könnte – durch
natůrlich minne (V 1 636–1 645). Der Dialog selbst wird nicht wiedergegeben, dafür aber, was er bewirkt: In den folgenden Versen beschreibt der Erzähler die Entstehung der Minne und der *natůrlich minne*.
Dabei wird die Liebesbeziehung zwischen Wilhelm und Aglie stets vor
dem Hintergrund der allgemeinen – den Kindern z. T. unbekannten –
Gesetzmäßigkeit der Minne betrachtet: Die Minnehandlung spielt sich
vor der Folie der Minnetheorie ab.

Durch einen erneuten Appell an das Publikum wird die Rede unterbrochen:

> *Tůt uf die orn gůten,*
> *tugentlich gemůten,*
> *gestalten zu der minne,*
> *erwelten an dem sinne,*
> *gepristen von ursprunge!*

---

[185] Vgl. oben, S. 105, Anm. 125.

196

> *vernemt, ob min zunge*
> *kain aventúr betiht*
> *diu mich wise und riht*
> *ze vræuden und ze tagaldi!*
> (V 1 669–1 677)

(Öffnet eure Ohren, ihr vortrefflich Gesinnten, für die Liebe Geschaffenen, ihr Auserwählten, was den Geist anbelangt, ihr von Anbeginn an Gepriesenen! Hört, ob meine Zunge nicht eine Erzählung dichtet, die mich auf den Pfad der Freude und des Vergnügens leitet.)

Hier gibt der Erzähler plötzlich vor, nicht eine lehrhafte Rede, sondern eine *aventúr* dichten zu wollen, die *ze vræude und ze tagaldi* führen solle. – Sie soll aber nicht das Publikum dorthin führen, sondern ihn.[186] Oben ist bereits erwähnt worden, daß Johann den Erzählvorgang zuweilen metaphorisch als eine Jagd oder als das Folgen einer Fährte darstellt.[187] In diesem Sinne muß die hier vorliegende Formulierung verstanden werden: Er will *vræude* und *tagaldi* aufspüren und von ihnen berichten. Damit ist nicht die didaktische Intention des Werks widerlegt, sondern es ist ein Übergang von der *rede* zur Handlung geschaffen, die mit V 1 692 wieder einsetzt.

Was in den folgenden Versen beschrieben wird, ist jedoch die verkürzte Rahmenhandlung einer dialogischen Minnerede: Die Liebenden sind in ein scheinbar heimliches Gespräch verwickelt (V 1 692–1 695); ein Dritter belauscht sie (V 1 696–1 699). Während es sich in Minnereden bei diesem Dritten in der Regel um den Erzähler handelt, ist es hier – etwa wie im ›Tristan‹ – ein Gegner der Minne, Agrant. Dies gibt dem Erzähler Anlaß für einen erneuten Exkurs, eine Klage über die *melde*, verbunden mit einem Rat an das Publikum, die Liebe vor der *melde* und der *welt* zu verbergen (V 1 700–1 717).

Nun endlich folgt der zweite Teil des Minnedialogs zwischen Wilhelm und Aglie (V 1 718–1 770). Die Minnewerbung wird jetzt unter dem Einfluß der *natúrlich minne* fortgesetzt. Die Werbung ist erfolgreich, doch endet sie – wie in den meisten Minnereden – nicht mit der Erfüllung der Liebe, sondern mit einem Abschiedskuß, sie mündet also nicht in eine Minnehandlung, sondern bleibt im Bereich der Rede.

Betrachtet man die beiden Teile des Minnedialogs gemeinsam, ergibt sich – gemäß dem Auftrag, der dem Erzähler von Minne und Natur erteilt worden ist (V 1 630f.), – eine Demonstration der *kúnste* von Minne und Natur: Die beiden Kinder erfahren zuerst Minne und fragen

---

[186] Die Handschriften H, Da und S ersetzen in V 1 676 *mich* durch *iuch.*
[187] Siehe S. 95.

nach ihrem Wesen, das sie bisher nur erahnen oder dem Hörensagen entnehmen können; dann geraten sie unter den Einfluß der Natur, und das Gespräch wird zu einer Werbung um *natúrlich minne.* Die anfängliche Frage Aglies, *waz minne si* (V 1 529), wird so in zwei Stufen beantwortet.

Die Ausgangsfrage des Erzählers ist aber gewesen, *waz die vaige Melde / liebes mag entrennen* (V 1 462f.), und daher muß sich an das gelungene Werbungsgespräch noch eine Anti-Minnerede anschließen. Auch sie ist wiederum als Dialog gestaltet. Während in der typischen Minnerede der Beobachter des Minnedialogs, der Erzähler, das Gespräch einem Publikum mitteilt, welches die Rede als Lehre aufnimmt, berichtet hier der der Minne feindlich gesinnte Beobachter, Agrant, seiner Frau über das belauschte Minnegespräch. Er steht für die *vaige Melde.*

> unser schónes tóchterlin
> ist edel von geslæht
> und rich an gûtes mæht;
> so weistu niht von welher habe
> ist geborn der knabe
> oder wie ez umme sin adel stat.
> (V 1 788–1 793)

(Unser schönes Töchterlein ist von adeliger Herkunft und reich an Besitz. Du weißt hingegen nicht, aus welchen Besitzverhältnissen der Knabe stammt oder wie es um seine adelige Geburt steht.)

Dieser Einwand der Königin macht sie zur Vertreterin des *werltlîch gît,* der Minne zu Besitz und Macht, der schon bei der Ausfahrt Wilhelms aus Wien und danach immer wieder der reinen Minne entgegengestellt ist. Minne und Natur werden nicht in ihrem Recht belassen. Die *tugent* und die Liebe Wilhelms interessieren die Königin nicht, sondern allein seine Herkunft, sein Stand und sein Reichtum.

Die *hûte* soll die Liebesverbindung, die einer Heiratspolitik entgegensteht, unterbinden. Da Worte Wahrheit konstituieren, da also die *minne rede* die Gegenwart der Minne schafft,[188] wird den beiden Kindern das Gespräch verboten, nicht der Blickkontakt.

Noch aber ist die Sequenz der dialogischen Minnereden nicht beendet: Das Werbungsgespräch der Liebenden ist durch eine Beratung zwischen den Personifikationen Minne und Natur unterbrochen und auf eine zweite Stufe gehoben worden. Durch eine Beratung zwischen den Gegnern der wahren Minne ist es schließlich abgebrochen worden.

---

[188] Vgl. oben, S. 85.

Nun findet ein erneutes Gespräch der Befürworter der Minne statt: Der Erzähler bittet Minne um Rat und Hilfe (V 1 815–1 829). Er bittet nicht direkt für Wilhelm und Aglie, sondern für die Natur, die durch die *hûte* bedrängt sei. Dadurch erhalten seine Bitte und der darauffolgende Rat der Minne einen allgemeinen Aspekt:

> *dar uf kan ich ainen sin‹,*
> *sprach diu Minne wise,*
> *›daz hainlich und lise*
> *kůndent mine boten dar*
> *beidiu ir hertz, ir willen gar*
> *und wie ir gemůte stat!‹*
> (V 1 830–1 835)

(»Hierfür weiß ich eine Lösung«, sagte die weise Minne, »daß nämlich meine Boten heimlich und leise ihnen sowohl ihre Gefühle als auch ihren Willen und ihre Gesinnung mitteilen.«)

Minne rät zum Briefeschreiben – ein Rat, wie sie ihn etwa auch in Johanns von Konstanz ›Minnelehre‹[189] erteilt. Der Erzähler befürwortet den Rat enthusiastisch (V 1 836f.), und damit beginnt – ähnlich wie bei Johann von Konstanz – die erste Sequenz der Liebesbriefe.[190] So löst eine Sequenz von Minnereden (die Briefe) die andere (die Dialoge) ab. Die eigentliche Romanhandlung ist von V 1 449 an bis zum Ende der ersten Briefreihe (V 3 036), und d. h. bis zum Aufbruch Wilhelms nach Marokko, auf ein Minimum reduziert; der Fortgang des Geschehens ergibt sich aus der Aneinanderreihung von Minnereden.

Die zweite Minnedialogsequenz steht wiederum in unmittelbarer Nähe zu den Minnebriefen, im Kontext der Geschehnisse in Smyrna. Als die Heirat zwischen Wildomis und Aglie beschlossen ist, klagt der Erzähler vor Gott,

> *daz liep liebe so kume wirt,*
> *und daz aller lieb enbirt,*
> *dem wirt gefüget lieben!*
> (V 9 063–9 065)

(daß doch Liebende einander so selten erhalten und demjenigen, dem jegliche Liebe fehlt, Liebe ermöglicht wird!)

Der Erzähler droht aufgrund seiner Enttäuschung Minne seine ewige Feindschaft an: Niemand solle Minne noch Gefolgschaft leisten, wenn

---

[189] Siehe oben, S. 133.
[190] Siehe oben, S. 84–90.

sie die beiden Protagonisten trenne (V 9 094–9 096). Diese Klage entspricht der Klage, die in einigen Minnereden gegen Minne vorgebracht wird, z. B. in ›Die Minne vor Gericht‹ (Brandis 455).[191]

Dort wird beschrieben, wie der Ich-Erzähler auf einem Spaziergang zu einem umzäunten Garten gelangt, in welchem die Gerechtigkeit gerade über Minne Gericht hält. Der Ich-Erzähler springt als Verteidiger für die Minne ein, die ihre Unschuld beteuert: *kain schuld han ich daran / Ob ain fro oder ain man / An sinem lib übel tut / Oder ainer der falschen mut / Hat vnd im lieb von frowen beschicht / Daz ist doch mein schuld nit* (V 223–228). Dem Erzähler gelingt es, das Gericht zu überzeugen, daß nicht Minne, sondern die *Unminne* die Schuld an den Mißständen trage. Sie wird freigesprochen und verspricht ihm Hilfe in seiner Liebschaft.

Im ›Wilhelm von Österreich‹ wird die Minne zwar nicht wie in ›Die Minne vor Gericht‹ (V 99f.) in Eisenbanden vor die Richterin geschleppt, doch sie verteidigt sich auch hier im Ton einer Angeklagten vor Gericht:

> *Die Minn sprach: ›wes zihstu mich?*
> *lieber Diepreht, wie schol ich*
> *hie die grozzen clage erwern?*
> *waz mag ich daz die lüte swern*
> *ir kinder hin ze geben,*
> *und daz der baider leben*
> *sus an ain ander hörnt niht?*
> *an der selben geschiht*
> *han ich kain schulde,*
> *diu trutschaft miner hulde*
> *wirt in erzaiget nymmer.‹*
> (V 9 097–9 107)

(Die Minne sagte: »Wessen beschuldigst du mich, lieber Dieprecht? Wie soll ich mich hier gegen diese schwere Klage wehren? Was kann ich dafür, daß die Leute die Heirat ihrer Kinder vertraglich vereinbaren und daß daher die Leben der beiden nicht zusammengehören? Ich trage an dieser Sache keine Schuld. In die Gunst meiner Huld werden sie niemals kommen.«)

Wenngleich die beiden Könige die Vereinigung zwischen Wildomis und Aglie geschworen haben,

---

[191] Laßberg, Bd. I, S. 195–208. Vgl. auch ›Der Minner im Garten‹ (Brandis 424). Matthaei, S. 59–65; Peter Suchenwirt, ›Die Minne vor Gericht‹ (Brandis 453). Alois Primisser (Hrsg.), Peter Suchenwirt's Werke aus dem 14. Jahrhundert. Ein Beytrag zur Zeit- und Sittengeschichte. Wien 1827, Nachdr. Wien 1961, S. 76–80; ›Die Minne und die Ehre‹ (Brandis 456). Laßberg, Bd. III, S. 241–247.

> *ez muste zwair rosse sprunge*
> *mit ainer tyost wenden!*
> (V 9 116f.)

(der Sprung zweier Rosse bei einer Tjost müßte es abwenden).

Minne erklärt, sie werde noch *manigen funt* (V 9 121) finden, um die unselige Verbindung zu vereiteln. Mangle es ihr dazu an Kraft, so sei sie es nicht mehr wert, Minne genannt zu werden (V 9 127–9 130).

Nicht nur Minne nimmt hier eine Rolle an, die Rolle der Angeklagten vor Gericht, sondern auch der Erzähler. Er wird nicht mit dem Namen des Dichters, sondern mit einem eigenen Namen angesprochen: *Diepreht*.[192] – Die Forschungsdiskussion, die dieser Name ausgelöst hat, ist oben referiert worden.[193] – Durch diesen Namenswechsel des Erzählers wird unterstrichen, was durch die Verwendung des Präteritums ohnehin schon angedeutet ist: Hier wie in anderen Dialogen mit Minne steht das Präteritum, anders als in den Dialogen zwischen Erzähler und *Âventiure*, in denen es allein um den Fortgang des Geschehens oder des Erzählens geht. Das im Präteritum wiedergegebene Gespräch ist demnach keine Erzählerreflexion, sondern eine in die Handlung eingeschobene Ich-Erzählung.[194] Diese folgt dem Vorbild der Minnereden des Typus Minnegericht. Es fehlt nur der entsprechende Erzählrahmen, die Gerichtsszenerie.

In ihrer Verteidigungsrede weist Minne die Schuld zurück und stellt sich selbst auf die Seite der Kläger. Angeklagt wird die Heiratspolitik, und das heißt letztlich die gewinnorientierte Minne, von der schon wiederholt die Rede war. Frau Minne will gegen diese einschreiten, und so wird das Minnegericht, das zunächst der Unterweisung des Publikums über den Unterschied zwischen Minne und Heiratspolitik dient,

---

[192] Der Erzähler wird von einer Person beim Namen genannt in: Ruscharts ›Liebesstreit‹ (Brandis 234), V 322.720 [1. Hf. 14. Jh.]. Laßberg, Bd. I, S. 173–194; von einer Personifikation in: Erhard Wameshafts ›Liebe und Glück‹ (Brandis 482), V 44. Adolf Bach, Eine Minneallegorie Erhard Wameshafts (Waneshafts?) verfaßt um 1470 in Königstein im Taunus, in: Adolf Bach, Germanistisch-historische Studien. Gesammelte Abhandlungen. Hrsg. v. Heinrich M. Heinrichs und Rudolf Schützeichel. Bonn 1964, S. 442–456. Von einer Personifikation (*Triuwe*) nach seinem Namen gefragt wird der Erzähler in Ulrich Höpps ›Klage der Treue‹ (Brandis 473), V 249. Sbr. Weber, Abschrift zweier Gedichte aus dem 15. Jahrhundert, wahrscheinlich von Ulrich Höpp verfaßt und von M. Schüttenhelm abgeschrieben. Archiv für das Studium der neueren Sprachen und Literaturen 37 (1865), S. 203–217, S. 203–209.
[193] Siehe S. 44f.
[194] Vgl. V. Mertens, S. 90f. deutet die fiktive Erzählerrolle »Dieprecht« als eine Distanzierung Johanns von der hier angekündigten Tat des Helden und als Signal für den Leser oder Hörer, hier die Diskrepanz zwischen dem Tugendprogramm und der Erzählung selbst zu erkennen.

auch auf der Handlungsebene wirksam. Die Aussage, *ez můste zwair rosse sprunge / mit ainer tyust wenden* (V 9 116f.), ist eine klare Vorausdeutung auf das kommende Geschehen.

In den folgenden Versen (V 9 131–9 157) werden die Hochzeitsvorbereitungen beschrieben. Das hochzeitliche Turnier beginnt. Hier appelliert der Erzähler an Wilhelm (V 9 158–9 167), und dieser antwortet auf die Worte des Erzählers mit einer Minneklage und der Bitte an Minne, ihm, der *uf jamers rost* (V 9 178) gelegt sei, eine Überlebenshilfe zu geben (V 9 168–9 183). Es bleibt nicht bei einer monologischen Liebesklage: Minne läßt sich auf einen Dialog mit dem Helden ein.

> *si sprach: ›du scholt behenden*
> *ain brievelin, so můz min kunst*
> *irz fůgen schier nach diner gunst‹*
> (V 9 184–9 186)

(Sie sagte: »Du sollst ein Brieflein anfertigen. Meine Geschicklichkeit wird es ihr bald zukommen lassen – wenn du es willst.«)

Wieder, wie in V 1 830–1 835, rät Minne, Liebesbriefe zu schreiben. Zugleich tröstet sie Wilhelm mit ihrer generellen Regel:

> *man můzz nach süzz suren slac*
> *empfahen etteswenne.*
> (V 9 190f.)

(Man muß zuweilen nach dem Angenehmen einen bitteren Rückschlag hinnehmen.)

Der Minnerat und die Unterweisung der personifizierten Minne an den Helden weisen deutlich auf ein der Szene zugrunde liegendes Minneredenmuster hin; in der aktuellen Situation erscheinen sie sehr fraglich. Der »Trost« besteht in der Forderung, daß man das Wesen der Minne, welches *lieb* und *leit* verbindet, als solches hinnehme. – Dieselbe Erklärung gibt Minne auch dem Erzähler, als er ihr vorwirft, daß sie Aglie unnötig quäle:

> *›ane blůge lute*
> *sag ich dir, swer liep wil han,*
> *da můz auch laid under gan.‹*
> (V 6 530–6 532)

(»Ich sage dir laut und ohne zu zögern: Wer Freude haben will, muß auch Leid durchstehen.«)

Der Rat der Minne, Wilhelm solle Briefe an Aglie verfassen, ist ein Standardratschlag, welcher der aktuellen Situation wenig angemessen erscheint. Die Briefe, welche Wilhelm und Aglie auf der Burg austauschen, verdeutlichen auch die Ohnmacht der Liebenden gegenüber der aktuellen Situation und die Trennung zwischen Handlung und Minnerede.[195] Es geht hier um die Demonstration der Minne der Helden gegenüber einem Geschehen, welches den Regeln der Minne zuwiderläuft und in welchem nur zu hoffen ist, daß *gelingen*, das Glück, dem Helden die *stiur* gibt (V 9 194).

Minnedialoge finden sich im ›Wilhelm von Österreich‹ nicht nur in Verbindung mit Liebesbriefen. Ein wichtiges Lehrgespräch zwischen Erzähler und Minne steht im Zusammenhang mit Wilhelms Verurteilung in Aurimont, wo keinerlei brieflicher oder sonstiger Kontakt zwischen den Liebenden besteht.

Der Erzähler beschreibt eine allgemeine Beobachtung über Liebende, wofür er Natur gerne um eine Bestätigung bitten würde (V 5 377–5 381).

> *swa beide mût und sin*
> *an zwain sich hat verainet*
> *und ietwederz mainet*
> *daz ander und nieman me,*
> *ob Got dem ainen fûget we*
> *daz ez daz ander niender siht*
> *und sie diu Melde von geschiht*
> *ainander baide hat entwert,*
> *ob des gemût iht werd versert*
> *des hertzen liep in kummer lit?*
> (V 5 382–5 391)

(Wenn sich zweier Gefühl und Verstand vereint haben und jeder den anderen und niemanden mehr als diesen liebt, wenn da Gott dem einen Leid zufügt, so, daß es der andere nicht sieht und die *Melde* sie zufällig voneinander getrennt hat, ob dann derjenige, dessen Geliebter Not leidet, in seinem Herz irgendwie verletzt wird?)

Nicht Natur aber, welche eine Telepathie ermöglichen könnte, sondern Minne, welche diese verursacht, hat ihm seine (rhetorische) Frage schon beantwortet: Tatsächlich teile das Herz eines wahrhaft Liebenden ihm mit, wenn der Geliebte leide (V 5 392–5 401). Dies werde durch Aglie bezeugt (V 5 402–5 404).

Bis hierher liegt kein Dialog, sondern eine allgemein darstellende Minnerede vor. Die generellen Beobachtungen des Erzählers werden

---

[195] Siehe oben, S. 89.

gestützt durch die Autorität der Minne und das Beispiel Aglies. Nun aber spricht der Erzähler Minne direkt an und bittet sie, ihm zu

> *kúnden von der grozzen clage*
> *die liep nach liebe hat getan*
> *ane wizzen uf den wan*
> (V 5 408–5 410)

(berichten von der schweren Klage, welche die Liebende um des Geliebten willen geführt hat, ohne Wissen, auf bloße Ahnung hin).

Minne erklärt sich dazu bereit und erteilt dem Erzähler den Auftrag, ihre Erzählung in der Welt zu verbreiten (V 5 412–5 414).[196] Daraufhin beginnt sie, von einem beispielhaften Liebespaar zu erzählen: von Aglie und *ainem den man Wildehelme / namet* (V 5 424f.).

Übernimmt man Regels Interpunktion, endet der Minne Rede mit der *expositio* der Erzählung (V 5 429); die in der Mehrzahl der Handschriften vertretene Lesart aber, nach welcher die Verse 5 429f. entfallen,[197] legt es nahe, auch die nun folgende Klagerede Aglies (V 5 432–5 499) als einen Teil der Erzählung der Minne aufzufassen. Aglie beklagt, abwechselnd an ihr *hertze* (V 5 432), an Wilhelm (V 5 438, 5 458), an *Tot* (V 5 446) und Minne (V 5 450) gerichtet, Wilhelms Leid und ihren Verlust des Geliebten. Sie versichert ihre Treue zu Wilhelm und ihre Feindschaft gegen Walwan. In ihrer Klagerede fehlt ein allgemeingültiger, didaktischer Ansatz, doch als exemplarischer Beleg der oben genannten These besitzt ihre Klage minneredenähnlichen Charakter.

Nach Ende der Klage Aglies wird die Handlung in Aurimont fortgesetzt. Die Klage und der Dialog zwischen Erzähler und Minne bilden zusammen einen Exkurs, der die minnetheoretische Frage beantwortet, ob Liebende ein Leid der Partner fühlen, selbst wenn sie keinerlei Nachricht voneinander erhalten. Minne scheint geradezu zufällig Aglie als Beispiel gewählt zu haben, spricht sie doch von Wilhelm wie von einer fremden Gestalt. Damit gelingt Johann hier ein außergewöhnliches Spiel mit den Gattungen: Der Erzähler unterbricht seinen Roman für eine Minnerede, innerhalb derer ein minneredenähnlicher Teil der Romanhandlung, nämlich eine Minneklage, als Beleg für eine These der Minnerede herangezogen wird.

Johanns Minnedialoge illustrieren verschiedene Weisen, wie die Romanhandlung der Minnerede untergeordnet werden kann: In der Dialogsequenz in Twingen, einer Minnewerbung, unterbrochen durch Be-

---

[196] Vgl. oben, S. 105, Anm. 125.
[197] V 5 429f. stehen nur in H, Da, S und Wb.

ratungsgespräche und fortgesetzt durch eine Minnewerbung in Liebesbriefen, tritt die Handlung deutlich in den Hintergrund; die Minnehandlung zwischen den Liebenden wird auf einen Erzählrahmen der Reden reduziert; die Aktionen der anderen Figuren werden zu einer Negativfolie der Minnereden. Die Dialoge in Smyrna hingegen nehmen ihren Ausgang von der Romanhandlung: Sie wird zum Anklagepunkt in einem Minnegericht. Als Casus wird sie verallgemeinert, verliert ihren individuellen Charakter, und so sind auch die Ratschläge der Frau Minne an Wilhelm sehr allgemein. Beim Dialog in Aurimont schließlich verfährt Johann umgekehrt: Die Handlung wird als Beleg für eine allgemeingültige These herangezogen.

F. Minneallegorie und Personifikationshandlung

In der Minneallegorie tritt, wie bereits[198] erwähnt, das narrative Element stark in den Vordergrund. Die großen Minneallegorien des 14. Jahrhunderts zeigen eine Tendenz zum Romanhaften. Selten, aber dennoch möglich ist auch der umgekehrte Gang, die Allegorisierung der *Âventiuren*handlung im Roman: Die Gral-Queste im ›Prosalancelot‹ steht hier allein. Grundsätzlich aber birgt die Minneallegorie die Möglichkeit in sich, anders als jede andere Form der Minnerede, wenn sie in einen Roman aufgenommen wird, kein Exkurs zu bleiben, sondern zu einem Teil der Handlung zu werden.

So ist der Besuch Wilhelms im Reich der Minne nicht nur eine Allegorie, sondern auch die erste *âventiure* des Helden. Zugleich aber bleibt in der Feuerberg*âventiure* der *rede*-Charakter erhalten.[199] Anders verhält es sich bei zahlreichen weiteren minneallegorischen Motiven, die im ›Wilhelm von Österreich‹ aufgegriffen und in *âventiure* umgestaltet worden sind.

Schon die Feuerbergallegorie hat auf eine Bekanntschaft Johanns mit außerdeutscher Literatur schließen lassen. Eine zweite in Deutschland seltene Form der Minneallegorie findet an anderer Stelle Eingang ins Werk: die Darstellung eines Minnestreitfalls als Turnierkampf zwischen Personifikationen. In der lateinischen und französischen Literatur gibt es für diese Form der Minnerede einige Beispiele. Der am häufigsten so dargestellte *casus* ist die Frage nach dem Vorrang der höfischen Ritterminne oder der *amicitia* eines Priesters.[200]

---

[198] Siehe S. 131.
[199] Vgl. oben, S. 141–162.
[200] Vgl. Charles Oulmont, Les débats du clerc et du chevalier dans la littérature poétique du moyen-âge. Paris 1911.

Eine frühe Formulierung findet dieser Streitfall in dem lateinischen Gedicht vom ›Liebeskonzil von Remiremont‹[201] aus der Zeit um 1150. Weite Verbreitung erlangt der Stoff dann von der zweiten Hälfte des 12. Jahrhunderts an in der Fassung des lateinischen Vagantenlieds ›Phyllis et Flora‹.[202] In der ersten Hälfte des 13. Jahrhunderts wird es in Nord- und Ostfrankreich wie auch in England breit rezipiert. Die meisten französischen und anglonormannischen Fassungen des Streitgedichts folgen demselben Schema: In amœner Landschaft diskutieren zwei Frauen den Vorrang der Liebe des *miles* oder *clericus*. Nachdem sie sich nicht einigen können, bringen die Frauen den Fall vor Amor, der wiederum Vögel beauftragt, das Urteil zu finden. Ein Papagei übernimmt die Partei des Ritters, eine Lerche oder Nachtigall die des Klerikers. Die Vögel tragen einen Turnierkampf aus, aus dem der *clericus* als Sieger hervorgeht. Die einzige Ausnahme bildet die anglonormannische ›Geste de Blancheflour et de Florence‹,[203] in welcher der Papagei für den Ritter den Sieg erringt.[204]

In den französischen Großformen des Streitgedichts, ›Le Fablel dou Dieu d'Amors‹[205] und ›De Venus la deesse d'amor‹[206] aus dem zweiten Viertel des 13. Jahrhunderts tritt neben den *clerc* und den *chevalier* eine dritte Partei, der *vilain*. In beiden Texten setzt sich die *courtoisie* des *clerc* und des *chevalier* gegen den *vilain* durch. Mit dieser neuen Konstellation ist eine weitere Entwicklung des *débat* eingeleitet, die schließlich zu einer Gegenüberstellung von Bürgerlichem und Ritter, d. h. von Geld und Adel oder Geld und Minne führt, wie sie sich in den späten französischen und den mittelhochdeutschen Fassungen des Streitgedichts findet. Die deutschen Dichter gehen, sofern sie zur Diskussion der – sehr beliebten[207] – Frage von Minne und Reichtum überhaupt auf das

---

[201] Das Liebesconcil. Hrsg. v. G. Waitz. ZfdA 7 (1849), S. 160–167.

[202] Das Vagantenlied von Phyllis und Flora. Nach einer Niederschrift des ausgehenden 12. Jahrhunderts hrsg. v. A. Bömer. ZfdA 56 (1919), S. 217–239.

[203] La geste de Blancheflour et de Florence. Hrsg. v. Paul Meyer. Romania 37 (1908), S. 221–239.

[204] Eine Sonderstellung nimmt die anglonormannische ›Florence de Cheltenham‹ ein, in der die Nachtigall für den Ritter eintritt und siegt – gegen die Drossel des Klerikers. Vgl. Oulmont, S. 15.

[205] Le Fablel dou Dieu d'Amors. Hrsg. v. J. C. Lecompte. Modern Philology 8 (1910/11), S. 63–86.

[206] De Venus la deesse d'amor. Altfranzösisches Minnegedicht aus dem XIII. Jahrhundert. Hrsg. v. Wendelin Foerster. Bonn 1880.

[207] Vgl. ›Minne und Pfennig‹ (Brandis 342). Friedrich Heinrich von der Hagen, Minnelieder. Germ. 7 (1846), S. 326–348, S. 327f.; ›Wahre und falsche Liebe‹ (Brandis 404). Haltaus, S. 230–234; Elender Knabe, ›Minne und Pfennig‹ (Brandis 450); ›Die thronende Minne‹ (Brandis 458a).

Erzählschema des *débat* zurückgreifen, sehr frei mit ihm um. Ein Vogel-kampf findet sich nirgends; entweder kämpfen die Personifikationen Minne und Pfennig direkt gegen einander, oder der Streit zwischen den Frauen wird unmittelbar von Venus geschlichtet, wie in dem in fünf Handschriften des 15. und 16. Jahrhunderts überlieferten Streitgedicht ›Die beiden Schwestern‹ (Brandis 414).[208]

> Ein greiser, frommer Ritter zieht sich mit seinen zwei Töchtern in die Ein-samkeit des Waldes zurück (V 1–5). Im Mai kommen die jungen Männer in den Wald, und die Schwestern unterhalten sich über die Minne. Die ältere liebt einen Bürgerlichen, die jüngere einen Ritter. Nachdem beide lange Zeit miteinander gestritten haben, welche sich richtig entschieden habe (V 6–128), kommt Frau Minne, *der lieb schulmaistrin* (V 140), zu ihnen und züchtigt die ältere Schwester für ihre falsche, an Besitzstreben orientierte Minne.

Die einzige mittelhochdeutsche Minnerede, in welcher der *miles-clericus*-Konflikt dargestellt ist, Heinzelins von Konstanz ›Von dem Ritter und dem Pfaffen‹ (Brandis 415),[209] folgt dem Schema getreu bis zu dem Punkt, an dem die Frauen zu Amor gehen wollen. Hier bricht der Erzähler ab. Das Urteil bleibt ungewiß. Heinzelin aber definiert den Pfaffen als den, *der pfeflich gelt hat* (V 316); es geht also auch bei ihm letztlich nicht um den Konflikt zwischen geistlich-philosophischer *ami-citia* und höfischer Minne, sondern zwischen wahrer, ritterlicher und falscher, besitzorientierter Minne. Die Sympathie ist daher deutlich auf der Seite des Ritters. Heinzelin steht so am Übergang zwischen der traditionellen Gestaltung des Streitgedichts, wie sie sich in Frankreich findet, und der jüngeren, auch in Deutschland verbreiteten Form. Er ist offenbar mit der französischen Tradition vertraut. Heinzelin schreibt am Hof Albrechts V. von Haigerloch, des Enkels von Albrecht II., den Johann von Würzburg als seinen verstorbenen Förderer preist. Einige Zeit vor Heinzelin rezipiert Johann das traditionelle Muster des *miles-clericus*-Streitgedichts.

Auf die Dichte der Minneredenmuster und -elemente im Kontext der Geschehnisse in Smyrna ist oben schon wiederholt hingewiesen wor-den. Ein auffälliges Motiv ist aber in diesem Zusammenhang bisher unbeachtet geblieben: der *aravis*, der Papagei, den Aglie dem Helden direkt vor der Schlacht sendet, damit er ihn während der Schlacht sei-nem Streitroß auf den Kopfschutz binde, *daz ich dich / erkenne da bi* (V 7628f.). Als Liebeszeichen statt des üblichen Rings oder Schleiers

---

[208] Haltaus, S. 163–165.
[209] Heinzelin von Konstanz, S. 101–112.

mag ein Papagei etwas exzentrisch erscheinen, als Erkennungszeichen in der Schlacht aber ist er völlig unmotiviert, da Wilhelm mit seiner flammenden Cupido-Rüstung genügend aus der Masse heraussticht. Das Mitführen des Papageis in der Schlacht läßt sich nur dann verstehen, wenn der Papagei als ein Zitat des allegorischen Kampfs zwischen den zwei Formen der Minne aufgefaßt wird: Wilhelm, der Vertreter der ritterlichen Minne, kämpft gegen Walwan, den Vertreter von *der welt gitsære*, den *pfafen* nach Heinzelins Definition. Obgleich der Vogel nicht der Kämpe für den Ritter, sondern nur der Begleiter des Ritters im Kampf ist, lassen sich doch Anzeichen eines Vogelkampfs entdecken: Der Papagei ist fest an das Pferd gebunden, doch als die Schlacht beginnt, heißt es, daß er hoch auf in die Luft fliege (V 7 800) – eine Fluchtbewegung, wie der Erzähler es deutet (V 7 801), oder doch eher eine Angriffspose, wie sie zum Beispiel in der ›Geste de Blancheflour et de Florence‹ beschrieben wird?

> *Mès l'alowe sailli plus haut:*
> *Le papegai a cel assaut*
> *La ad pris e la ad jeus gette*
> *A terre baas ...*
> (Str. 67f., V 401–403)

(Aber die Lerche flog weiter hoch: Der Papagei ergriff sie bei diesem Ansturm und warf sie auf die Erde nieder ...)

Während der Schlacht gerät der Papagei in Vergessenheit. Er ist in V 8 108f. noch einmal kurz erwähnt, dann nicht mehr. Nach der Tötung Walwans aber wird das Motiv des Vogelkampfs neu aufgegriffen: Wilhelm tritt gegen Alyant an, einen Minneritter, dessen Helm ein Greif ziert, mit dem Wappenspruch ›*lona, vrawe, lone!*‹ (V 8 464).

Der Greif steht in gleicher Weise für Alyants Minne wie der Papagei für die Wilhelms, und der Kampf endet damit, daß Wilhelm seinem Gegner, als er diesen tötet, den Greifen vom Helm schlägt (V 8 562). Oben ist schon deutlich geworden, daß der Kampf zwischen den beiden Rittern ein Kampf um die überlegene Form der Minne ist.[210] Es siegt derjenige, den *zwank me Minnen not* (V 8 605). Dabei ist der allegorische Vogelkampf des *débat* ersetzt durch einen ritterlichen Zweikampf mit Vögeln als Attributen der Ritter.

Wie Florence in ›Le Jugement d'amours‹,[211] so stirbt auch Elene, nachdem ihr Fürstreiter gefallen ist, den Liebestod. Hier nun schließt

---

[210] Siehe S. 119.182.
[211] Oulmont, S. 122–142; (Fassung D) S. 142–154.

der Erzähler seine Klagerede[212] an, in welcher er die wahre *triuwe* der käuflichen Minne gegenüberstellt. Vor dem Hintergrund des *miles-clericus*-Konflikts, v. a. in seiner Deutung durch Heinzelin, bilden das Vogelkampf-Motiv und das Minne-Pfennig-Thema eine Einheit; sie begründen sich gegenseitig als Teile einer Minneallegorie. Sie fügen sich aber nicht vollständig in die Romanhandlung ein: In der Schlacht zu Smyrna insgesamt, und d. h. im Krieg gegen Walwan, tritt Wilhelm durchaus gegen die käufliche Minne für die ritterliche Minne ein, dort aber, wo die Vogelkampfmotivik am deutlichsten hervortritt, beim Zweikampf gegen Alyant, ist diese Deutung nicht angebracht. Alyant vertritt zwar eine unvollkommenere, doch eine ebenso ritterliche Minne wie Wilhelm.

Eine zweite – auch in der deutschen Literatur weit verbreitete – Darstellungsform eines Minnestreitfalls ist das Minnegericht. Vor dem Minnegericht wird, wie bereits erwähnt, entweder Minne selbst angeklagt,[213] oder eine Figur wird eines Vergehens gegen die Minne beschuldigt. Wilhelm steht zweimal vor Gericht und wird zweimal zum Tode verurteilt.

Die erste Verurteilung findet in Aurimunt statt. Der Held gelangt bei Einbruch der Dunkelheit zu einer Quelle bei einer Linde, unter welcher wilde Kräuter wachsen (V 4 910–4 931). Die Darstellung folgt dem klassischen Erzähleingang einer Minnerede: ein Spaziergang, der zu einem *locus amœnus* führt. Unter der Linde befindet sich ein Gestühl, welches Vergil als Tugendprobe errichtet hat (V 4 932–5 001). Es handelt sich aber nicht, wie nach dieser Einleitung zu erwarten wäre, um eine Probe von Minnetugenden. Es geht darum, den zu bestimmen, *der maister was in eren schůl* (V 4 985): Es geht also nicht um den *maister* der Minne. Die Tugendprobe, welche Wilhelm hier besteht, ist nicht eine Wiederholung, sondern eine Ergänzung der Tugendprobe des Cupido-Helms. Die Minnethematik tritt deutlich in den Hintergrund, und sie spielt auch im folgenden Gerichtsverfahren keine Rolle. Wilhelm wird als Botschafter von Melchinors politischem Gegner verurteilt und wegen seiner allgemeinen Vortrefflichkeit begnadigt. Das Muster des Minnegerichts ist nur anzitiert, bei weitem nicht erfüllt.

Anders verhält es sich beim zweiten Gerichtsverfahren gegen Wilhelm. Es steht wiederum im Kontext der Geschehnisse in Smyrna. Nachdem Melchinors und Wilhelms Heer in der Schlacht um Smyrna

---

[212] Vgl. oben, S. 183.
[213] Vgl. Dialog Erzähler-Minne, oben, S. 200–202.

gesiegt hat, wird zur Versöhnung Agrants und Melchinors beschlossen, Aglie mit Wildomis zu verheiraten. Dies ist aber keineswegs nur eine friedenspolitische Entscheidung, sondern mindestens in gleichem Maße auch eine machtpolitische. Der König von Thrakien rät Melchinor:

> er hat me riche denne ir hant:
> wûrd daz in haidenscheft erkant
> daz ir in hie erslûget,
> da von ir lûtzel trûget
> ern oder rûmes.
> daz ir in sins richtûmes
> beschatzet, daz stûnd iu niht wol. ...
> wir schûln ze samen horden
> den grôsten hort der ie wart:
> daz ist der minnecliche zart
> Agly und Wildomis iur sun,
> so ist in aller haiden tûn
> so mæhtic nieman als ir sint.
> (V 8 993–8 999, 9 012–9 017)

(Er besitzt mehr Länder als Ihr: Würde es in der Heidenschaft bekannt, daß Ihr ihn hier erschlagen habt, würdet Ihr dadurch weder Ehre noch Ruhm erringen. Es stünde Euch nicht wohl an, ihn seines Reichtums zu berauben. ... Laßt uns den größten Schatz, den es jemals gab, vereinen, nämlich die zarte, liebreizende Aglie und Euren Sohn Wildomis, dann ist in der gesamten heidnischen Welt niemand so mächtig wie Ihr.)

Wilhelm, den Agrant einst als Generalerben für seine Besitztümer eingesetzt hat (V 1 336–1 358), wird hier enterbt (V 9 025f.). Dies aber spielt in der folgenden Handlung keine Rolle; für Wilhelm besteht ausschließlich ein Minnekonflikt, kein wirtschaftlicher. Als der wahrhaft Liebende steht er *der welt gitsære* gegenüber. Diese Konfrontation von Geld und Minne ist so stark, daß der zweite, schwierigere Konflikt, der damit verbunden ist, fast in den Hintergrund tritt: der Konflikt zwischen Freundesminne und Frauenminne. Minne jedenfalls nimmt in ihrem Dialog mit dem Erzähler (V 9 060–9 130)[214] allein zum Problem der Heiratspolitik Stellung. Sie verspricht eine Lösung des Problems durch eine Tjost (V 9 117), und man mag hierbei durchaus wieder an das Erzählschema des Minneturniers denken.

Bevor es zu diesem Turnier kommt, beschreibt der Erzähler breit und in vielfältigen Formen das Minneleid Wilhelms und Aglies: im Dialog Wilhelms mit Minne (V 9 168–9 196), im Gespräch und Briefwechsel Wilhelms und Aglies und in dazwischen eingeschobenen Kla-

---

[214] Siehe oben, S. 200–202.

gen der Protagonisten. Wilhelm vergleicht sich mit dem Wild in der Falle, *daz durch sin wilthait stirbet / swenne ez niht erwirbet / daz sin ger gemainet hat* (V 9 883–9 885), während der Erzähler Aglie mit einem Hirsch vergleicht, *der sich vor hunden senket / und in dem wage ertrenket* (V 9 925f.), oder mit einem Hasen, der von Jagdhunden gehetzt wird (V 9 930f.). Die Jagdmetaphorik steht hier nicht etwa wie traditionell in Minneallegorien für ein Liebeswerben, sondern für einen unausweichlichen Minnekonflikt.

Als das hochzeitliche Turnier endlich beginnt, wird Wilhelm genau in der Rolle des Wilds, *daz durch sin wilthait stirbet / swenne ez niht erwirbet / daz sin ger gemainet hat*, gezeichnet: Er zieht sich in den Wald zurück und bereitet sich zur Tjost:

> *den tod er wolt mit gelust*
> *da holn oder frien.*
> (V 10 218f.)

(Den Tod wollte er freudig erringen oder austeilen.)

Welf von Indien gibt Wilhelm eine unzerbrechliche, vergiftete Lanze (V 10 221–10 226), und damit er nicht erkannt werde, trägt der Held nicht die flammende Rüstung des Cupido, sondern ein grünes Waffenkleid mit einem dürren Zweig als Wappenzeichen (V 10 227–10 231). So reitet er *verwegenlich* (V 10 233) in den Ring. Die Heimlichkeit seiner Aktionen und das Gift auf seiner Lanze lassen Wilhelm wie einen Verbrecher erscheinen.[215] Die grüne Rüstung dient jedoch nicht nur der Anonymität Wilhelms, sie ist vor allem auch Ausdruck seiner Situation. Er trägt das gleiche Wappen wie auf seiner Fahrt nach Marokko; wieder bezeichnet die grüne Rüstung mit dem dürren Zweig das *trûren*, das Minneleid.[216] Die Hofgesellschaft erkennt dies:

---

[215] Zur Frage der Schuld Wilhelms vgl. Scholz (1987), S. 88–90; V. Mertens, S. 91; Melzer, S. 61: »Hinterhältig tötet er den Sohn seines Gönners mit einem vergifteten Speer«; der Vorwurf der Untreue gegenüber Melchinor sei durchaus berechtigt. »Aus dem Zymier des Helmes; den nur der sittlich vollkommene Ritter mit Ehre tragen kann, springt bei dem Mord jedoch kein Stein, der eine Verfehlung des Helden angezeigt hätte. An die Stelle objektiver sittlicher Maßstäbe tritt hier in der Sicht des Erzählers und in der dargestellten Handlung als einzig relevantes Kriterium die Behauptung der Minne und die Vereinigung der Liebenden.« Melzer übersieht hier zwar, daß Wilhelm im Moment des Mords nicht seinen Helm trägt, aber seine Beobachtung, daß der Held auch hinterher den Helm unbeschadet tragen kann, ist durchaus richtig. Dies weist aber gerade darauf hin, daß die Entschuldigung Wilhelms nicht nur durch das praktische Ziel, die Vereinigung der Liebenden, gegeben ist, sondern auch theoretisch fundiert sein muß. Vgl. auch unten, S. 237.
[216] Siehe oben, S. 147f.

> *hat ieman werdekait benomen*
> *im, daz wil er anden.*
> (V 10 244f.)

(Hat ihm jemand seine *werdekait* geraubt, so will er das rächen.)

Schon in seinem Abschiedsbrief an Aglie hatte Wilhelm geklagt: *wer schol mir gebn / in diser welt werdekait?* (V 10 004f.). In V 10 311f. werden *werdekait* und *lait* als Gegensätze verwendet. Der Verlust der *werdekait* bedeutet tiefstes Leid; noch mehr: Mit Aglie verliert Wilhelm das, wofür Gott ihn geschaffen hat (V 10 517–10 525), seine *werdekait* und damit sein Wesen.

Wilhelm tötet Wildomis. Nach diesem Kampf, den eigentlich nicht Wilhelm, sondern Minne führt und der in manchem einem allegorischen Minneturnier nachgebildet scheint, kommt es zur Gerichtsverhandlung gegen Wilhelm und gegen die Minne. Die Verfahrensregeln werden streng eingehalten. Zuerst halten die beiden Ankläger Melchinor und Agrant ihre Plädoyers (V 10 315–10 339 und 10 340–10 368). Ihr Hauptanklagepunkt ist die *untriuwe* Wilhelms. Es folgt Wilhelms Verteidigung:

> *kainen mort man mich sehn*
> *bi miner zit nie hat getan:*
> *ich slůg den kůnc Walwan,*
> *der mich verriet mortlichen;*
> *auch han ich hie den richen*
> *Wildomisen niht ermort:*
> *mich twanc des miner vræuden hort,*
> *daz ich ir hainlich dient,*
> *wan mir ir minne grient*
> *in hertzen und in sinnen.*
> *durch daz man mich beginnen*
> *sach hainlich ainer tyost:*
> *ich wolt niht richer kost*
> *fůrn zu der punder,*
> *da von man mich niht under*
> *minem helm rennen sach.*
> *kůnftic was daz da geschach*
> *als wol mir als im:*
> *uf min warhait ich daz nim.*
> *wær er gewest min vater,*
> *zu sólchem schimpf hater*
> *minr ern ihts in gelait,*
> *daz mir wær noch und ymmer lait.*
> (V 10 372–10 394)

(Man hat mich, solange ich lebe, keinen Mord begehen sehen: Ich habe
König Walwan getötet, der mich in der Absicht des Mordes verraten hat.
Auch habe ich hier den edlen Wildomis nicht ermordet: Der Inbegriff, der
»Schatz« meiner Freude, hat mich innerlich dazu gezwungen, ihm – d. h. ihr
– heimlich zu dienen, denn ihre Liebe glüht mir im Herzen und im Geist. Ich
habe aus folgendem Grund heimlich die Tjost geführt: Ich wollte nicht mit
prunkvoller Ausrüstung in den Kampf gehen, damit man nicht mich unter
meinem Helm reiten sehe. Was geschah, hätte ebensogut mir widerfahren
können wie ihm, das schwöre ich. Er [Agrant?] hat meine Ehre so gemindert, daß, wäre er mein Vater gewesen, mir das jetzt und immer leid wäre.)

Wilhelm weist zum einen die Mordanklage mit juristischen Argumen-
ten zurück: Es war kein Mord, sondern ein fairer Kampf. Zum anderen
aber deutet er mit den Worten *da von man mich niht under / minem helm
rennen sach*, während sein *vræuden hort* ihn zu seinen Taten gezwungen
habe, an, daß nicht eigentlich er, sondern Minne unter seinem Helm
gekämpft habe. Nicht Wilhelm steht damit vor Gericht, sondern Minne.

Nach Wilhelms Verteidigungsrede ist der erste Gerichtstag abgeschlossen (V 10 405). Der Erzähler schiebt ein langes Gebet ein
(V 10 424–10 537), welches vor allem auch eine Bitte für seine eigene
Dichtung einschließt (V 10 466–10 510): Sie möge richtig, als Anleitung zur *tugent* verstanden werden, und sollte irgend etwas, das er sagt,
irgend jemanden zur Sünde verführen, so möge ihm Maria diese Ver-
letzung seiner Erzählerpflicht vergeben.[217] – Gerade hier, nach einer
moralisch fraglichen Tat des Helden, hebt der Erzähler seine didaktische Intention und die Wichtigkeit der richtigen Interpretation seines
Werks hervor. Das heißt, Wilhelm soll nicht ein *bispel* des Freundes-
mords sein, sondern der *triuwe* und *stæte*, der uneingeschränkten Gefolgschaft der Minne. Der Erzähler bittet Gott um Hilfe für Wilhelm,
denn in seiner Person sind *zuht und tugent ... / uf den tot gevangen*
(V 10 512f.).

Die Verhandlungen des zweiten Gerichtstags werden nur sehr kurz
zusammengefaßt (V 10 551–10 565); ein Disput über die Minne, wie er
zu erwarten wäre, bleibt aus. Wilhelm wird des Mordes für schuldig
befunden; sein Verteidiger Welf erinnert vergeblich an Wilhelms gewis-
senhafte Erfüllung seines Amts als Verwalter der Stadt (V 10 558f.).

Der kurzen Gerichtsszene schließen sich lange Klagemonologe Wilhelms (V 10 580–10 606) und Aglies (V 10 607–10 719) an, sowie ein
Dialog Aglies mit ihrer Mutter, welche Aglie von ihrer *vremden minne*

---

[217] Siehe unten, S. 223.

(V 10 753) abzubringen sucht.[218] Aglie betont wiederholt, daß Wilhelm keinen Mord begangen (V 10 632f., 10 640f., 10 706–10 713), sondern *triwe stæt* (V 10 689) bewiesen habe.

Der Erzähler wirft einen kurzen Blick auf den Fortgang der Handlung (V 10 780–10 792), unterbricht diese aber sogleich wieder – für den oben[219] als »zweiten Prolog« bezeichneten Exkurs über seine didaktische Intention (V 10 793–10 860). Hierauf tritt schließlich der *Deus ex machina*, Parklise,[220] auf und rettet Wilhelm durch den gefälschten Brief Mahmets.[221] Auch in diesem Brief wird das Argument *just gein tjost mûrdet niht* (V 11 067) angeführt. Dennoch wird der Held nicht freigesprochen, sondern durch einen Trick gerettet. An die Stelle einer Personifikation, die das endgültige Urteil im Minnegericht fällt, ist eine zauberkundige Frau getreten, die eine Entscheidung von höherer Autorität vorgaukelt. Dieselbe Figur gleicht – oberflächlich – der Provokateurin im klassischen Artusroman.[222] Der Abschluß der Minnerede ist somit ersetzt durch einen typischen Wendepunkt eines Romans; die Entscheidung des Minnekasus bleibt aus. Das Urteil des Erzählers steht jedoch fest, und er legt großen Wert darauf, daß man es richtig verstehe: Wilhelm ist der Inbegriff der *zuht und tugent*. Die Tjost hat nicht eigentlich er geführt, sondern Minne, die ihren Namen, ihre *werdekait*, gegen die Heiratspolitik verteidigen mußte. Damit hat gleichzeitig Wilhelm als das Vorbild *triuver, stæter* Minne seine *werdekait* wiedererlangt, und deshalb erhält er, als er mit Parklise reitet, seine Cupido-Rüstung zurück.

Dem wiederholten Minneturnier und dem Minnegericht in Smyrna geht eine weitere Minneallegorie voraus, die zumindest angedeutet wird: die Eroberung der Minneburg. Die Belagerung und Eroberung einer Burg, auf der sich die Geliebte befindet, könnte in gleicher Weise als eine *âventiure* wie als eine Allegorie verstanden werden. Auch der Name der Burg ist zweideutig: *Frien*. Dies könnte sowohl auf die Be-

---

[218] Vgl. Minnereden des Typus »falscher Rat der Mutter an die Tochter«: ›Stiefmutter und Tochter‹ (Brandis 351). Haltaus, S. 305–308; ›Der Spalt in der Wand‹ (Brandis 352). Laßberg, Bd. III, S. 537–547.

[219] Siehe S. 105.

[220] Juergens, S. 24 weist darauf hin, daß der Name »Parklise« sie als »Paraklet«, als Trösterin auszeichne. Außerdem verstehe man im griechischen Gerichtswesen unter *parakletoi* Frauen und Kinder, die in riskanten Gerichtsverfahren zur Beeinflussung des Urteils im Sinne des Angeklagten herangezogen worden seien.

[221] Siehe oben, S. 91–93.

[222] Vgl. oben, S. 112.

freiung Aglies, also eine klassische *âventiure*, hindeuten, als auch auf das Freien, die Werbung um Aglie. Nimmt man aber die anderen sprechenden Ortsnamen hinzu, wird deutlich, wie *frien* hier verstanden werden muß: In *Twingen* erfahren die Kinder die Gewalt der Minne und werden von ihr gefesselt, in *Solia* findet das Beilager statt. Dazwischen steht *Frien* – die Liebeswerbung.

Das Muster der Minneburg-Allegorie ist hier jedoch verkehrt. Die Burg wird bereits belagert, als Wilhelm erfährt, daß sich Aglie dort befindet (V 6 604–6 644). Auch geht es nicht darum, die Liebe der Frau zu gewinnen, sondern äußere Widerstände zu überwinden. Dennoch ist die Burg von typischen Minneredenmotiven umgeben: dem Rosenhain und dem *locus amœnus*, von welchen oben[223] schon die Rede war. In der gegebenen Konstellation dürfen sie als Gattungsmerkmale gewertet werden. Auch der Briefwechsel vor der Eroberung der Stadt ist ja eine Minnewerbung.[224] Während der Belagerung der Burg wird dann die zweite wichtige Form der Minneallegorie, die Jagd, wiederholt anzitiert. Besonders deutlich wird die Bildlichkeit der Minnejagd, wenn Wilhelms Falke *Súse* Aglies Turteltaube schlägt und auch Aglie selbst verletzt, welche sich direkt darauf als Wilhelms *wip* bezeichnet (V 7 364–7 414). Nach der Schlacht, in welcher Wilhelm seine Überlegenheit in der Minne bewiesen hat, ist die Burg erobert, und Wilhelm gelangt als Verwalter der Stadt und Burg zu Aglie. Ein letzter Hinweis auf ein dieser Szene zugrunde liegendes allegorisches Muster ist der Name der alten Hofdame *Witze* (V 9 442): Auf der Burg befindet sich die Personifikation des Verstands! Sie ist nicht, wie *Raison* im ›Rosenroman‹, als Gegnerin der Minne zu verstehen, sondern, da Wilhelms Helfer Welf bei ihr sitzt, steht sie wohl eher wie dieser auf der Seite der Minne – wie *Wysheit* in der ›Minneburg‹, die dem Minnekind wichtigen Rat für die Erstürmung der Burg erteilt und die Tore aufschließt (V 3 693–3 783). – Doch obgleich Wilhelm die Burg erobert hat, hat er Aglie nicht gewonnen. *Der welt gitsære* vereiteln den »normalen« Ausgang der Minneallegorie, die von Anfang an den Gattungskonventionen widersprochen hat.

---

[223] Siehe S. 188.
[224] Siehe oben, S. 189.

Zusammenfassung

Die Verteilung der Minnereden im ›Wilhelm von Österreich‹ weist deutliche Schwerpunkte auf: Twingen, das Feuergebirge und Smyrna.

Nach der ersten Begegnung zwischen den Liebenden in Twingen wird die Romanhandlung in den Hintergrund gedrängt. Minnedialoge, die Spiegelallegorie und Minnebriefe verbinden sich zu einer Einheit minnedidaktischer Texte, die das Wesen und die Entstehung der Minne illustrieren und die *triuwe* der wahren Liebenden vor der Negativfolie des Besitz- und Machtstrebens von *der welt gitsœre*, wie es auf der Handlungsebene vorgeführt wird, präsentieren. Die Romanhandlung wird hier der Minnerede unterworfen.

An das Ende des Briefwechsels in Twingen schließt sich die erste *âventiure* des Helden an, der Ausritt nach Marokko. Die ersten beiden Stationen des *Âventiuren*wegs aber sind erzählende Minnereden: ein Lehrgespräch mit einer Personifikation und eine Minneallegorie. Minnelehre und Ritterlehre, Allegorie und phantastische *Âventiuren*welt durchdringen einander hier besonders stark. Die Minnerede ist zugleich *âventiure*, die *âventiure* ist zugleich und in besonderem Maße *rede*. In ihr werden die zwei Formen der Minne, die falsche Liebe von *der welt gitsœre* und die wahre, *triuwe* Minne in ihren Urbildern präsentiert – als *stiur* für den Helden und als Interpretationsschlüssel für den Rezipienten des Romans. Die Unterscheidung dieser beiden Formen der Minne ist der Kern der meisten Minnereden in Johanns ›Wilhelm‹.

Die Geschehnisse in Smyrna verbinden verschiedenste Formen der Minnerede, allegorische wie nichtallegorische (Monologe, Briefe, Dialoge), mit einer Romanhandlung, die den Minneredenmustern immer wieder trotzt. Gegenüber den Briefen dient die Handlung wieder als Negativfolie, den allegorischen Mustern aber folgt sie weitgehend, um dann den erwarteten Ausgang der Minneallegorie zu verhindern. Durch solche Abwandlungen der Minneredenmuster wird die didaktische Aussage der Rede allerdings nicht in Frage gestellt. Am deutlichsten wird dies beim Minnegericht gegen Wilhelm oder die Minne, welches trotz allen Aufwands einer minnetheoretischen Verteidigung des Angeklagten durch eine Entlehnung aus dem Strukturschema des klassischen Artusromans, die Provokateurin, gelöst (oder besser: aufgelöst) wird. Dennoch wird an der Unschuld des Helden nicht gezweifelt.

Abgewandelte und gebrochene Roman- und Minneredenstrukturen – ist das also das »breite[...] Spektrum widersprüchlicher Erscheinungen«, der Mangel an Einheitlichkeit, von dem bei Cieslik[225] die Rede ist?

[225] Siehe S. 7.

Ähnlich wie im Fall der paradoxen Additionen zur Genealogie des Artus- und Gralsgeschlechts, die Johann offensichtlich aus dem ›Jüngeren Titurel‹ genau bekannt ist, darf wohl auch hier argumentiert werden: Johann kennt so zahlreiche Minneredenmuster – auch solche, die uns aus dieser Zeit aus Deutschland noch gar nicht überliefert sind –, daß angenommen werden muß, daß er nicht aus Unkenntnis, sondern durchaus planvoll die Erwartungen seiner Hörer oder Leser immer wieder enttäuscht und verschiedene Muster gegeneinander ausspielt. Die Einführung des *tugenthaft Schriber* hat auch gezeigt, daß der Verfasser komplizierte Wege, die als absichtlich gesuchte Wege verstanden werden müssen, geht, um auf die Gattungsbrüche aufmerksam zu machen.[226] Die Verteilung der Redenelemente schließlich weist gleichfalls auf einen Plan des Verfassers hin.

Die drei Schwerpunkte der Minnereden im ›Wilhelm von Österreich‹ liegen sämtlich in der ersten Hälfte des Romans. Dies bedeutet keineswegs, daß sich die Handlung anschließend einem anderen Thema zuwende,[227] sondern Johann bedient sich im zweiten Teil anderer Formen der Darstellung. Der »theoretische« erste Teil hat eine praktische Entsprechung im zweiten Teil.[228] Doch finden sich auch im zweiten Teil immer wieder minnetheoretische Exkurse, welche an die Lehren im ersten Teil (v. a. die Unterscheidung von besitzorientierter und *triuwer* Minne) erinnern.

3.2.2. Die Erzählerrolle

Ein Hauptunterschied zwischen der Minnerede und dem Roman besteht, wie erwähnt,[229] in der Erzählerrolle. Mit der Ausnahme einiger reiner Redeformen findet sich in Minnereden stets ein Ich-Erzähler – als Liebender oder Berater der Liebenden oder als Beobachter. Das Beobachtete oder Erfahrene will er dem Leser als Lehre weitergeben. Dieser Erzählerrolle widerspricht die auktoriale Erzählhaltung in Romanen, und v. a. die ausgesprochen souveräne Haltung des Erzählers im ›Wilhelm von Österreich‹, in dessen Hand die Erzählung wie die Schicksale der Figuren liegen.[230]

---

[226] Siehe S. 179–181.
[227] Vgl. Brackert, S. 15.
[228] Siehe, S. 114–117.
[229] Siehe oben, S. 139.
[230] Siehe oben, S. 96.

Johanns Erzähler spielt aber noch eine zweite Rolle. Rehbock weist darauf hin, daß im Werk nur selten und nur für in naher Zukunft eintreffende Ereignisse Vorausdeutungen gegeben werden.[231] Der Erzähler scheint nicht viel mehr über den Verlauf der Handlung zu wissen als die handelnden Figuren selbst. Deshalb kann er auch ihre Überraschung und ihren Schrecken teilen. Mit ständig wiederkehrenden Ausrufen wie *Wafen!*, *Owe!*, *Ey!*, *Ahy!*, *Ach!*, *Hurta!*, *Nu dar!* etc. gibt er seiner Erregung Ausdruck. Es scheint, als spiele sich die Handlung direkt vor seinen Augen ab.

Der Eindruck, daß der Erzähler gemeinsam mit den handelnden Figuren im Geschehen stehe, wird beim Leser oder Hörer dadurch verstärkt, daß der Erzähler sich wiederholt direkt an die Figuren wendet: Er drückt ihnen sein Mitgefühl aus, so z. B. als Ryal im Kampf mit Merlin das Bewußtsein verloren hat:

> *daz dir hie nieman bûtet*
> *trost in dinen nôten!*
> *schol dich der tiuvel tôten?*
> *hey, Agly! we dir, we!*
> *scholtu gesehen nymmer me,*
> *der dich fúr sin sel hat?*
> (V 12 104–12 109)

(Daß dir niemand in deiner Not zu Hilfe kommt! Soll dich der Teufel töten? Weh, Aglie! Sollst du nie wieder den sehen, für den du seine Seele bedeutest?)[232]

Ebenso teilt er ihren Stolz und ihre Freude: Er gönnt z. B. Wilhelm um seiner *werde* willen, daß Parklise ihn rettet (V 11 629–11 635), er freut sich auch mit Nobelterre und seinen Einwohnern, als Wilhelm es von Merlin befreit hat (V 12 691–12 693), und er teilt den Stolz der Stadt Solia während der Hochzeitsvorbereitungen Wilhelms (V 15 367–15 373).

Mit der Freude an Wilhelms und Aglies Glück in Mons Salvia verbindet der Erzähler einen Rat an die Protagonisten:

> *ach, Wildhelm und Agly,*
> *erliebet iuch! daz ist min rat:*
> *laider liep mit laide zergat*
> (V 18 802–18 804)

---

[231] Rehbock, S. 142.
[232] Vgl. auch V 19 395–19 403.

(Ach, Wilhelm und Aglie, genießt eure Liebesfreude, das rate ich euch:
Denn leider löst sich Freude in Leid auf.)

So steht ihnen der Erzähler vielerorts aufmunternd (V 15 290–15 298),
beratend, tadelnd (V 15 062–15 067) oder warnend zur Seite, nicht aber
als allwissender Erzähler, sondern eher als der Erfahrenere und als der
Beobachter, der aus der leichten Distanz einen weiteren und klareren
Überblick über das Geschehen hat. In diesem Sinne warnt er z. B. auch
Aglie und Elene beim Kampf Wilhelms gegen Alyant in der Schlacht
vor Smyrna:

> *Ey Agly und Elene!*
> *ir wellt die zwene*
> *ritter an ain ander weten?*
> *fûr war! so wil ich iu stæten*
> *daz iuwer ainiu witwe wirt,*
> *sit ir manhait niht verbirt*
> *ze sterben durch die minne.*
> *ich wolt die gewinne*
> *wûrden ze baider sit verborn.*
> (V 8 485–8 493)

(Oh weh, Aglie und Elene! Ihr wollt die zwei Ritter aufeinander hetzen?
Wahrlich, so versichere ich euch, daß eine von euch Witwe wird, da ihre
[Wilhelms und Alyants] Kühnheit sie bereit sein läßt, um der Minne willen
zu sterben. Mir wäre lieb, wenn auf beiden Seiten auf den Sieg verzichtet
werden würde.)

Der Erzähler scheint hier nicht zu wissen, wer siegen wird. Er schätzt
nur aus seiner Erfahrung heraus die Situation so ein, daß einer von
ihnen sterben muß.

Der beobachtende Erzähler macht die handelnden Personen auch auf
ihre Pflichten aufmerksam (V 8 572–8 576) und spornt sie an, v. a. in
Kampfszenen und bei den Heerfahrten, so erinnert er z. B. in der
Schlacht vor Smyrna den König von Thrakien an eine alte Schuld
gegenüber Agrant (V 7 703–7 708), und beim Turnier zu Kandia mahnt
er Wilhelm und Gaylet:

> *du werder Wildhelm, wa nu?*
> *wol her mænlich! wildu*
> *gût und ere hie bejagen,*
> *wildu fûrn und tragen*
> *daz harnasch und daz zymier rich,*
> *fûrwar, so mûstu regen dich,*
> *du und din gesellen,*
> *die dir mit triwen wellen*
> *bi gestan in drangen.*

> *wa nu, her kûnc von Spangen,*
> *mit iurm struzz, her Gaylet?*
> *sit iuwer lip ie triwe het,*
> *daz vollefûrt an dirre tat,*
> *sit iuch daz gelûcke hat*
> *braht zu iurm magen.*
> (V 14 049–14 063)

(Was ist, tapferer Wilhelm? Tritt mannhaft heran! Wenn du hier Preis und
Ehre erwerben willst, wenn du den Harnisch und den herrlichen
Waffenschmuck tragen willst, wahrlich, dann mußt du dich rühren, du und
deine Gesellen, die dir in der Bedrängnis des Kampfes treu zu Seite stehen
wollen. – Was ist, Herr König von Spanien, Ihr mit Eurem Strauß, Herr
Gaylet? Auf Euch war bisher immer Verlaß. Das bestätigt nun in Eurem
Handeln, nachdem Euch das Glück zu Eurem Verwandten geführt hat!)[233]

Wenn der Erzähler Aglie auffordert, Wilhelm beizustehen, ruft er unter
ihrem Namen zugleich auch Minne an. Als Wilhelm im Kampf gegen
Merlin das Bewußtsein verloren hat, ruft er:

> *owe! ich erschricke*
> *daz Wildhelm so lange lit:*
> *hilf uf, Agly, des ist zit.*
> *Vrau Minne, nu schicket etwaz,*
> *oder ich trag iu ymmer haz,*
> *daz der junge fûrste her*
> *sus verlies iht lib und ere!*
> (V 12 120–12 126)

(Oh weh! Mich erschreckt, daß Wilhelm so lange daliegt: Hilf ihm auf,
Aglie, es ist Zeit! – Frau Minne, unternehmt etwas, oder ich bin Euch ewig
feind dafür, daß der stolze junge Fürst so seiner Ehre und seines Lebens
verlustig gegangen ist.)[234]

Wiederholt fordert er Minne,[235] *Âventiure*,[236] Gott und Maria,[237] auch
seinen Namenspatron Johannes den Evangelisten[238] und Frau *Sælde*[239]
auf, ins Geschehen einzugreifen, den handelnden Figuren Hilfe, Rat,
stiur zu schenken.

---

[233] Ähnliche Anfeuerungen auch in: V 6 225–6 260, 11 773f., 14 358–14 365, 14 776–
14 781, 14 972–14 975, 14 888–14 891, 16 138–16 165 (an Wilhelm); V 8 331–8 343 (an
Wilhelm und Walwan); V 7 955–7 961 (an Agrant und Walwan); V 14 892–14 897 (an
Gaylet); V 8 781–8 785, 16 953–16 957 (an das Heer); V 14 783–14 787 (an Musikin-
strumente).

[234] Ähnlich auch: V 13 025–13 033, 15 315–15 329.

[235] V 2 666–2 668, 2 942–2 945, 3 724–3 729, 6 398–6 403, 9 236f.

[236] V 3 724–3 729, 7 761–7 765, 15 671–15 675.

[237] V 931–941, 1 095–1 115, 3 113–3 119, 9 060–9 065, 10 205–10 211, 10 511–10 537,
16 485–16 493, 17 209–17 221, 17 495–17 466.

[238] V 256–263.

[239] V 17 584f.

In all diesen Erzählereingriffen stellt sich der Erzähler als unwissend, vom beobachteten Geschehen bewegt dar. Er versucht, durch Anrufe an die handelnden Figuren oder an die über dem Geschehen stehenden Lenker desselben (Gott, *Âventiure*, Minne etc.) Einfluß auf den Handlungsgang zu nehmen. Im Gegensatz zu dem souveränen Herrn über die Erzählung, als welchen er sich anderenorts präsentiert, hat er hier keinerlei direkten Einfluß auf das Geschehen. – Muß man hier also von einer Inkonsistenz der Erzählhaltung sprechen, oder darf man eine Verfasserabsicht dahinter vermuten?

Eine ähnliche Erzählhaltung findet sich auch bei Wolfram von Eschenbach. Um die Handlung zu vergegenwärtigen, gibt der Erzähler »die umfassende Perspektive preis und fingiert Unwissenheit über den Verlauf der Handlung. Er äußert sich besorgt über das Schicksal seiner Helden, wünscht die Hilfe Gottes – oder des Glücks – herbei, spornt die Protagonisten durch Zurufe an und fordert Personifikationen (Frau Minne) und leibhaftige Zeitgenossen (Hartmann von Aue) zum Eingreifen auf.«[240] Johann aber wendet diese Technik Wolframs weit häufiger an als dieser, und während bei Wolfram die Anreden und Appelle des Erzählers unbeantwortet bleiben, sich nur im Handlungsverlauf eventuell als erfolgreich erweisen und nur an einer Stelle im ›Parzival‹ ein Gespräch des Erzählers mit einer Personifikation zustande kommt,[241] treten bei Johann wiederholt die handelnden Figuren ebenso wie die Personifikationen mit dem Erzähler in einen Dialog – einen Minnedialog. Oben[242] sind einige Beispiele hierfür genannt worden.

Gegen die Annahme, der Wechsel in der Erzählhaltung sei planlos, Ausdruck einer künstlerischen Schwäche des Verfassers, spricht v. a. eine Beobachtung, die oben[243] schon gemacht worden ist: Während die Gespräche des Erzählers mit *Âventiure* über den Fortgang des Geschehens und den Erzählprozeß im Präsens wiedergegeben werden, stehen alle Dialoge des Erzählers (oder der Figuren) mit Minne im Präteritum (V 5 412, 8 534, 9 097, 9 184, 15 628). Die Minnedialoge sind damit Teil des erzählten Geschehens, und so steht der Erzähler an diesen Stellen explizit in der Erzählung, er übernimmt die Rolle des Ich-Erzählers in Minnereden.

---

[240] Eberhard Nellmann, Wolframs Erzähltechnik. Untersuchungen zur Funktion des Erzählers. Wiesbaden 1973, S. 152.

[241] Am Anfang des neunten Buches tritt Frau *âventiure* an den Erzähler heran und fordert Einlaß in sein Herz, woraus sich ein Dialog zwischen ihr und ihm entwickelt: ›Parzival‹, V 442,1–434,10.

[242] Siehe oben, Kap. 3.2.1.E.

[243] Vgl., S. 201.

Im ›Wilhelm von Österreich‹ stehen nicht nur zwei Erzählerrollen nebeneinander, sondern auch zwei Verfasser- oder Erzählernamen, und davon bezeichnet nicht etwa wie in Albrechts ›Jüngerem Titurel‹ die eine den Verfasser (Albrecht) und die andere eine nachgeeiferte Autorität (Wolfram), für die sich der Verfasser eine Zeit lang ausgibt. Es ist zu vermuten, daß der Verfasser einen gewissen Zweck mit dieser Spaltung der Erzählerrolle verfolgt. Johann sagt, Dieprecht *habe* ihm die Geschichte geschrieben (V 13 271). Die Tätigkeit der beiden scheint also nicht auf derselben Zeitebene zu liegen. Nun wird der Erzähler gerade in einem der im Präteritum wiedergegebenen Minnedialoge als »Dieprecht« angesprochen. Johann hingegen nennt sich gerade dort, wo er als der selbstbewußt fingierende Erzähler und der Verfasser des Gesamtwerks in Erscheinung tritt. Darf man also den dem Verfasser nahestehenden Johann mit dem auktorialen Romanerzähler und den beobachtenden, fragenden und beratenden Ich-Erzähler einer Minnerede mit der – wie anzunehmen ist, fingierten – Gestalt Dieprecht identifizieren? Die Minneredenerzähler sind oft weit vom eigentlichen Verfasser entfernt. In der Regel bleiben sie anonym; zuweilen geben sie sich sprechende Namen, die allzu sehr ihrer Rolle entsprechen, als daß sie glaubhaft als Verfassernamen gelten könnten, wie z. B. *Waneshaft* und *Altswert*. Sicherlich sind auch nicht alle Verfasser der 12 deutschen und niederländischen Minnereden, deren Erzähler oder Sprecher eine Frau ist,[244] tatsächlich Frauen. Extrem fallen schließlich Ich-Erzähler und Verfasser in der anonymen Minnerede ›Glückliche Werbung‹ (Brandis 231) aus der Zeit um 1400 auseinander: Dort ist der Ich-Erzähler das personifizierte Glück. Kurz: Eine fingierte Erzählergestalt ist in einer Minnerede leichter denkbar als in einem Roman.

Nicht nur der (fingierte) Ich-Erzähler, auch eine ausgeprägte Didaxe widerspricht der Darstellungsweise eines klassischen Romans. Johann will ausdrücklich eine Lehre erteilen. Dies ist oben wiederholt gezeigt

---

[244] ›Liebesklage einer Frau‹ (Brandis 44). Thiele, S. 2–5; ›Sehnsuchtsklage einer Frau‹ (Brandis 45). Haltaus, S. 215–217; ›Sehnsucht nach dem Geliebten‹ (Brandis 46). Adelbert von Keller (Hrsg.), Fastnachtspiele aus dem 15. Jahrhundert, T. 3. Stuttgart 1853 (StLV 30), S. 1 404–1 407; ›Liebesklage‹ (Brandis 47). Kossmann, S. 102f.; ›Klage einer Liebenden‹ (Brandis 64). Thiele, S. 150–154; ›Liebesbrief eines Mädchens‹. Bolte, S. 229f.; ›Die versuchte Treue‹ (Brandis 194 = 195). Haltaus, S. 206–210; ›Rat der Einsiedlerin‹ (Brandis 217) [nicht ed.]; ›Klage einer älteren Frau‹ (Brandis 220). Keller (1853), T. 3, S. 1 399–1 403; ›Das Zauberkraut‹ (Brandis 407). Thiele, S. 87–97; ›Die alte und die neue Minne‹ (Brandis 451). Laßberg, Bd. III, S. 81–95; ›Bestrafte Untreue‹ (Brandis 463). Matthaei, S. 113–119.

worden: Die in die Romanhandlung eingefügten Minnereden erörtern allgemeingültig, vom Kontext gelöst, Minnefragen, meist in lehrhaftem Ton. Im Prolog macht der Erzähler außerdem deutlich, daß er sein Werk als einen Beitrag im Kampf der Tugenden und Laster verstanden wissen will – und als eine Anleitung zum Besseren für *ain ieglichs daz sich verstat* (V 19 508), d. h. für alle *werden*, die der *tugenthaften* Literatur zugeneigt und zu einem *tugenthaften* Leben fähig sind.

Johanns wiederholt geäußerte Bedenken, man könne sein Werk mißinterpretieren, besagen, daß er nicht nur klar formulierte Lehrsätze darbieten will. Die Didaxe beruht, wie u. a. auch in der Spiegelallegorie[245] deutlich wird, auf der Vorbildlichkeit, dem *exemplum* Wilhelms, der die Minnetugenden in Handlung umsetzt. Es werden dabei individuelle Situationen durchgespielt, welche eine allgemeine Regel nicht behandeln kann: Wilhelm ist nicht die Personifikation, sondern eine individuelle Ausformung des wahren Liebenden. Dadurch stellt sich das Problem, daß die Taten Wilhelms richtig interpretiert werden müssen. Wie dringend notwendig eine richtige Interpretation des *exemplum* ist, macht der Erzähler deutlich, als Wilhelm Wildomis tötet.[246]

In einem Gebet an Maria nach der Tötung des Wildomis äußert sich der Erzähler explizit zur exemplarischen Funktion der Literatur im allgemeinen und seines Werks im speziellen:

> *wan ichz den lüten tün durch gůt,*
> *daz zühtigiu hertz werden můt*
> *gewinnen uf die tugende.*
> *swaz höret in der jugende*
> *gůtiu bispel vor im sagen,*
> *ez mag sich in dem alter tragen*
> *deste baz und wil ez wol.*
> *da von ich daz getihte hol*
> *in der orn die ez verstant,*
> *dar umm irz ane zorn lant:*
> *ich denk daz tugent da von komen*
> (V 10 485–10 495)

(Denn ich dichte es für die Leute, um ihnen zu nützen, damit nämlich die Wohlerzogenen ein *werdes* Begehren nach Vortrefflichkeit gewinnen. Wenn jemand in der Jugend gute *bispel* erzählt bekommt, kann er sich im Alter um so besser benehmen und will das auch. Daher »schleudere« ich die Dichtung denen in die Ohren, die sie verstehen. Deshalb sollt Ihr mir nicht zürnen: Ich denke, daß daraus [aus meiner Dichtung] *tugent* hervorgehen.)

---

[245] Siehe oben, S. 168f.
[246] Siehe oben, S. 213.

Johanns Grundgedanke ist nicht unähnlich dem des Plato in der ›Politeia‹: Plato fordert für die Ausbildung der jungen Philosophen und zukünftigen Hüter seines idealen Staats eine Dichtung, die *virtus* vermittle. Eine erlogene, unmoralische Dichtung wie die Homers verwirft er, denn »was er [der Jüngling] in diesen Jahren in seine Vorstellung aufnimmt, das pflegt schwer auszuwaschen und umzuändern zu sein. Weshalb eben dies fast für alles zu rechnen ist, daß das, was sie zuerst hören, auf das sorgfältigste mit Bezug auf die Tugend erzählt sei.«[247] Literatur soll in der Erziehungsphase der Menschen positive Vorbilder, *bîspel*, liefern und Werte vermitteln. Im Gegensatz zu Plato verbindet Johann *tugent* nicht notwendig mit faktischer Wahrheit. Wie im Epilog deutlich wird, schätzt er fiktive *exempla* ebenso wie wahre.

Reduziert Johann die fiktionale Literatur, den Roman, auf eine Jugendlektüre wie etwa Thomasin von Zerklære im ›Wälschen Gast‹?[248] – In einem Abschnitt über die Erziehung Jugendlicher listet Thomasin auf, was junge Menschen lesen und welche literarischen Figuren, sei es aus dem arthurischen Roman, dem Antikenroman oder der Heldenepik, sie sich zum Vorbild nehmen sollten (V 1026–1080). Er warnt allerdings vor einer Fehlinterpretation dieser beispielhaften Erzählungen: Es sei darauf zu achten, daß man sich an Parzival und nicht an Key *nemen müge ... bilde und guote lêre* (V 1030f.; 1059ff.). Anschließend geht Thomasin zum erwachsenen Menschen über: Wessen Geist nicht weiter reiche als der eines Jugendlichen, der möge bei der Poesie bleiben, die durch das Bild Wahrheit vermittle. Den anderen aber empfiehlt er, sich von den Bildern zu lösen und den direkten Weg zur Wahrheit einzuschlagen (V 1081–1134). Wie erwähnt, mindert für Thomasin der fiktive Charakter eines Werks seinen moralischen Wert.

Johann, der sich offen zur Fiktivität seines Werks bekennt, zeigt ein Literaturverständnis, welches merklich von dem Thomasins oder Platos abweicht: Das *bîspel* – v. a. auch das fiktive – ist bei ihm keineswegs ein minderer, nur für die Kinder und *incipientes* brauchbarer Weg zur Erkenntnis, sondern es richtet sich an den erlesenen Kreis der *werden*, die durch die beispielhafte Erzählung gebessert werden sollen. Johann stellt seine Dichtung, wie oben[249] dargelegt worden ist, auf eine Ebene mit der Philosophie. Er vergleicht auch die (verkannten) Dichter mit den Propheten (V 10 813–10 815).

[247] Plato, Politeia II,378d-e. Zit. nach: Platon, Sämtliche Werke. In der Übersetzung von Friedrich Schleiermacher mit der Stephanus-Numerierung hrsg. v. Walter F. Otto (†), Ernesto Grassi und Gert Plamböck, Bd. 3. Reinbek ⁸1963.
[248] Vgl. oben, S. 62f.
[249] Siehe S. 109–111.

Johanns hohe Bewertung der beispielhaften fiktionalen Literatur beruht nicht zuletzt darauf, daß er den Begriff *bîspel* weiter faßt als etwa Thomasin. Johann kennt nicht den Unterschied zwischen *âventiure mære* und *der zuht lêre*, welchen Thomasin seinem Aufstiegskonzept von der Anfängerlektüre zur Literatur der Fortgeschrittenen zugrunde legt (V 1 115f.):

> *swenner vürbaz verstên mac,*
> *sô verlies nicht sînen tac*
> *an der âventiure mære.*
> *er sol volgen der zuht lêre*
> *und sinne unde wârheit.*
> (W. G., V 1 113–1 117)

(Wenn er Höheres verstehen kann, soll er seine Zeit nicht mit *Âventiuren*romanen verschwenden. Er soll der moralischen Unterweisung und der Weisheit und Wahrheit folgen.)

Johann verbindet vielmehr *âventiure* und *zuht lêre*; – er *pflihtet tugende in minne und aventiur* (V 146f.).[250] Die Außerordentlichkeit der Minne Wilhelms rechtfertigt für ihn die Niederschrift der *âventiure* (V 884–888), die den Hörer oder Leser zur *tugent* anspornen soll.[251]

Gerade als Wilhelm in das Feuergebirge reitet, greift Johann das Bild von der Silbervergoldung aus dem Prolog wieder auf:

> *min zunge lihte bilte*
> *uz hertem sinne die gnaizten*
> *die iuch uf tugent raizten*
> (V 3 538–3 540)

(Meine Zunge könnte wohl aus festem Verstand die Funken schlagen, die Euch zur *tugent* antreiben würden.)

Im Prolog vertreibt das von der *beschaidenhait* aus *der tugende spachen* (V 115) entfachte Feuer das Quecksilber der *untugent* und führt das Silber zur *wirde*. Hier schlägt der Erzähler aus dem »Feuerstein« des *sinne* dieses *tugent*-Feuer, während der Held im flammenden Gebirge seine Vollkommenheit beweist und einen Einblick in das Wesen der Minne – die zentrale Lehre des Romans – erhält: Johann zielt nicht nur auf ein bloßes Nachahmen seines Helden; er will die *beschaidenhait* im Hörer oder Leser ansprechen. Daher bemüht er sich um *sôlche aventûr*,

---

[250] Vgl. oben, S. 103f.
[251] Vgl. V 12 355–12 357.

diu gûter lere stûr
geb allen den mit sinnen
die triwe und ere minnen.
swaz der welt wirt gesait
abentûrlicher werdekait,
daz geschiht durch daz
daz die lûte dester baz
wizzen waz si wirde:
erlich begirde
tiurent vrawen und man.
swer niht waiz waz wirde kan
gewûrken an den lûten,
der merke bûch betûten!
wie sol der wird und er began
der si niht kan verstan
oder nie si gehort?
(V 11 604–11 619)

(die all jenen, welche *triuwe* und Ehre lieben, die Anweisung einer guten
Lehre gebe. Was immer man in der Welt an *wirde* in *âventiure* erzählt, das
dient dem Zweck, daß die Menschen besser erkennen, was *wirde* sei: Ehrenvolle Ziele veredeln Frauen und Männer. Wer nicht weiß, was *wirde* an den
Menschen bewirken kann, der achte darauf, was Bücher ihm explizieren! Wie
soll jemand in seinen Handlungen *wirde* und Ehre zeigen, der sie nicht versteht oder nie von ihnen gehört hat?)

Die *âventiure* soll nicht nur *wirde* vorführen, sondern sie *betûten*, d. h.
interpretieren, damit ihr Wesen verstanden werden kann. Damit wird
die Dichtung zur *stiur* nicht nur, indem sie Vorbilder liefert, sondern
indem sie eine allgemeine Lehre erteilt. Das Idealbild eines Dichters ist
für Johann daher derjenige, den *beschaidenhait* dazu anleitet und dem
Ehre befiehlt,

daz er mit tihtens underbint
beschaidet die sin wert sint
mit clûger rede lere
(V 10 809–10 811)

(daß er in dichterischem *underbint* denen, welche es wert sind, mit kluger
Rede eine Lehre erteilt).

Mit *underbint*, wörtlich »Unterschied«, übersetzt Johann hier den lateinischen Fachbegriff *distinctio*, das unterscheidende Darlegen, die Analyse. Mit *tihtens underbint*, also mit einer in Dichtung gefaßten (pseudo-)
wissenschaftlichen Darlegung sollen die, die es verdienen, unterrichtet
werden. Eine solche *clûge rede* ist weit mehr als eine beispielhafte Erzählung, mehr als das literarische Vorbild für Kinder im Gegensatz zur
zuht lêre.

Daß und in welcher Weise Johann *bîspel* und *lêre* verbindet, zeigt sich besonders deutlich in einem Erzählereinwurf während des Turniers zu Kandia, als die Christen eine Messe zelebrieren:

> *Nu merke, werder wiser man,*
> *was dir hie sælde fügen kan!*
> *wir lesen an den bûchen:*
> *›von alrerst sûchen*
> *sol man Gots rich,*
> *mit triwen demûticlich*
> *bevelhen sich Got und der magt,*
> *diu hie und dort unhail verjagt.‹*
> *ditz merk ain ieglich cristen man:*
> *swaz man der nach grifet an,*
> *daz wirt dester baz verendet.*
> *des tages nieman geschendet*
> *wirt der ain messe hôrt:*
> *ungelück ez stôrt*
> *baidiu hie und dort.*
> (V 14 185–14 199)

(Nun höre, *werder* Verständiger, was dir ein glückliches Schicksal bereiten kann: Wir lesen in den Büchern: »Man soll an erster Stelle Gottes Reich erstreben und demütig und treu sich Gott und der heiligen Jungfrau anvertrauen, die in diesem Leben und im Jenseits Unheil vertreibt.« Jeder Christ möge dies beachten: Was man danach [d. h. nach der Anrufung Gottes und Marias] beginnt, das wird zu einem um so besseren Ende gebracht. An dem Tag, an dem er eine Messe hört, fällt niemand in Schande: Es [der Besuch einer Messe] wehrt sowohl im Diesseits wie im Jenseits Unglück ab.)

Die Christen siegen anschließend im Turnier. Die Lehre wird also an der Handlung exemplifiziert. Immer wieder ruft der Erzähler sein Publikum dazu auf, zu *merken, prüfen, spehen*, wie sich allgemeine Lehrsätze und Regeln in der Handlung beweisen.[252] So leitet er z. B. auch die Werbung Walwans mit den Worten ein:

> *Swer nu prüven und spehen*
> *ze reht kan, der mag wol sehen*
> *daz liep gat nach laide*
> *und lait nach liebe, diu baide.*
> (V 2 137–2 140)

(Wer jetzt recht nachprüfen und erkennen kann, der kann wohl sehen, daß sowohl Freude auf Leid als auch Leid auf Freude folgt.)

---

[252] Vgl. u. a. V 1 700–1 717, 17 305–17 335, 19 327–19 388.

Diese Beispiele zeigen, daß Johann unter einem *bîspel* nicht nur ein nachzuahmendes Vorbild versteht, sondern einen individuellen Beleg einer universellen Regel, die dem Beleg meist vorangestellt ist. Johanns Didaxe entspricht weder der Sinnvermittlung im höfischen Roman noch der Art von Didaxe, welche Thomasin in den höfischen Roman hineinprojiziert. Johanns Verständnis von *bîspel* macht den Roman aber auch nicht zur Allegorie oder zum Integumentum, denn die Handlung bedeutet nicht die Lehre, sondern bezeugt sie. Das Lehrhafte im ›Wilhelm‹ entspricht einer Form der Didaxe, wie sie sich in einigen Minnereden, zum Beispiel im Pseudo-Hartmannschen ›Zweiten Büchlein‹ (Brandis 24), findet: Minnetheorie und »Wirklichkeit«, d. h. die konkrete Situation der Figuren, werden einander gegenübergestellt.

Das im ›Ambraser Heldenbuch‹ in direktem Anschluß an Hartmanns von Aue ›Klage‹ überlieferte ›Zweite Büchlein‹ (Brandis 24) aus der Zeit um 1230[253] beschreibt die Liebesklage eines sprechenden Ichs, das durch die *huote* von seiner Geliebten getrennt worden ist. Dabei bleibt das Werk stets in der »Schwebe von privatem und allgemeinem Anspruch«;[254] die private Klage ist Ausdruck eines allgemeinen Phänomens und richtet sich an ein größeres Publikum.

Im Prolog (V 1–52) beklagt das sprechende Ich zunächst die *vil swære gewonheit* (V 9), daß *herzeliebe* zu so großem *herzenleit* führe. Sein Leid entspringt also einem allgemeinen Gesetz. Zugleich aber überschreitet die subjektive Erfahrung alles gesetzmäßig Erfaßbare und damit auch alles Lehrbare: *Dise wîpliche klage / wîzet mir dehein man* (V 14f.).

Im Hauptteil des ›Büchleins‹ werden dann allgemeine Minne-Lehrsätze aufgereiht und den persönlichen Erfahrungen des Ichs gegenübergestellt: Die *wîsen*, so beginnt der Liebende, bezeichnen vollkommene *minne* als höchstes Glücksgut (V 53–59). Er aber habe das Minneglück durch *huote* verloren und sei deshalb zu der Erkenntnis gekommen, daß nur der glücklich sei, der niemals Glück – und damit niemals *minne* – erfahren habe und auch nicht danach strebe (V 121–130). Zweitens sage man, *triuwe* und *stæte* seien eine Gewähr des Minneglücks (V 136–144). Sein Schmerz aber rühre gerade von der *triuwe* her (V 145–148). Die *tôren*, die sich nicht um *triuwe* bemühten, müsse er feststellen, lebten glücklicher als die *fruoten* (V 171–174). Weitere Lehren und Ratschläge folgen (304–312, 429–431, 477–481, 512f., 555, 589f., 615f., 673, 681, 686f.).

Seine Erfahrung läßt den Liebenden an der generellen Möglichkeit von Minnedidaxe zweifeln: *ezn weiz hiure dehein man / waz im sî schade ode guot, / wâ er rehte od unrehte tuot, / wan als in gelücke treit.* (V 640–643). Seinem Leser kann er nur anbieten: *ich kan wol gnâde lêren / ze ungemache kêren* (V 33f.), und

[253] Zur Datierung und zur Frage der Verfasserschaft vgl. Carl von Kraus, Das sog. 2. Büchlein, in: Fs R. Heinzel. Halle/S. 1898, S. 111–172; F. Saran, Über Hartmann von Aue (Fortsetzung). Das sog. 2. Büchlein. PBB 24 (1899), S. 1–71.
[254] Glier (1971), S. 49.

dennoch bleibt seine Hoffnung bestehen, daß die Rede der Geliebten eine Mahnung und Lehre sei (V 797–800). Lehre kann also nicht in allgemeinen Lehrsätzen vermittelt werden, sondern nur in der Gegenüberstellung von Lehrsätzen und persönlicher Erfahrung eines einzelnen.

Zusammenfassung

Es hat sich gezeigt, daß es nicht *eine* Erzählhaltung im ›Wilhelm von Österreich‹ gibt, sondern daß der Erzähler zwei verschiedene Rollen spielt: die eines selbstbewußten, über die Handlung herrschenden und die Fiktivität des Dargestellten offen bekennenden Romanerzählers und die eines (wie in der Minnerede) als Beobachter und Berater der Figuren auf der Handlungsebene stehenden Ich-Erzählers, der die Handlung vor den Hintergrund allgemeiner Lehrsätze stellt und diese mit jener belegt. Den beiden Rollen entsprechend, hat er zwei Namen: Johann und Dieprecht. Ersterer, der Romanerzähler, steht während des Schreibvorgangs im Gespräch mit *Âventiure*, – der Dialog wird im Präsens geschildert –, letzterer spricht auf der Handlungsebene mit Minne und gibt seine Gespräche mit ihr in der Vergangenheitsform wieder. Er ist von *Âventiure* beauftragt, die *âventiure* niederzuschreiben – als Lehre für die anderen: ein Minneredenmotiv. Die zwei Erzählerrollen zeigen somit deutlich das Ineinander der beiden Gattungen Minnerede und Roman, das offensichtlich geplant ist und nicht etwa einer darstellerischen Schwäche Johanns entspringt.

3.2.3. »Minneredenstruktur« im ›Wilhelm von Österreich‹? Der Schluß

In Kapitel 2.2.3. ist nach der Existenz einer Romanstruktur im ›Wilhelm von Österreich‹ gefragt worden, und das heißt danach, ob in Johanns Roman das Sinndefizit, das durch die Abkehr von der historischen Wahrheit entsteht, wie im klassischen Artusroman durch eine Symbolstruktur ausgeglichen wird. Es hat sich gezeigt, daß das Werk nicht dem Strukturmodell des klassischen Artusromans folgt. Es liegt vielmehr eine nur grob und rein äußerlich an das arthurische Modell angelehnte Struktur der Doppelungen und Parallelen vor, die *Âventiurenteile* auf minnedidaktische Teile bezieht und der Handlung damit Sinn verleiht. Aus den Doppelungen, wechselseitigen Beziehungen und Wiederholungen aber ergibt sich noch kein Handlungsverlauf. Deshalb ist jetzt, nachdem die minnedidaktischen Elemente des Romans vorgestellt worden sind, noch einmal nach seiner Struktur zu fragen. Es gilt zu untersuchen, inwiefern die Minnedidaxe nicht nur die *âventiure* interpretiert, sondern auch den Handlungsgang, und das heißt v. a. Anfang und Ende des Werks, bestimmt. Parallel zu Kapitel 2.2.3. möchte ich nach der »Minneredenstruktur« im ›Wilhelm von Österreich‹ fragen – ein Begriff, der selbstverständlich nicht gänzlich analog zum Begriff »Romanstruktur« verstanden werden darf. Er bezeichnet nicht eine für die Gattung Minnerede konstitutive Struktur – eine solche gibt es, wie oben[255] gezeigt worden ist, nicht. »Minneredenstruktur« meint vielmehr eine Struktur, die dem Zweck der Minnerede dient und durch ihn geprägt ist.

Noch einmal sei der Ausgangspunkt für die erneute Betrachtung der Struktur des Werks genannt: Es liegt keine arthurische Doppelwegstruktur vor. Dennoch erinnert Johann seine Leser oder Hörer wiederholt an dieses Modell. So führt er z. B. an der – oberflächlich – der Struktur des Artusromans entsprechenden Stelle die »Provokateurin« Parklise ein, die aber die Aufgabe, welche jener im klassischen arthurischen Roman zufällt, gerade nicht erfüllt.[256] Ebenso spricht der Erzähler am Ende des Brautwerbungsgeschehens, nach der Hochzeit Wilhelms und Aglies, die Erwartungen eines Romanpublikums an:

> *der abentûr ich geben*
> *wolt ain ende:*
> *so ist si so behende*
> *daz si da von lazzet niht.*
> *doch wil ich jagen sie die riht,*
> *so ich aller snelste mac.*
> (V 16 034–16 039)

(Ich wollte die *âventiure* beenden, doch sie ist so rasch, daß sie nicht davon [von ihrem Lauf] ablassen will. Ich will ihr aber so schnell ich nur kann auf ihrem Weg nachjagen.)

Während ein klassischer Roman mit dem höfischen Fest am Ende der zweiteiligen *Âventiuren*handlung abgeschlossen wäre, drängt Johanns Erzählung über den Endpunkt eines Romanschemas hinaus – allerdings nicht ganz unerwartet, da der Erzähler bereits in V 15 361–15 363 eine Entscheidungsschlacht ankündigt, zu welcher in V 15 970–15 985 die Vorbereitungen getroffen werden. Der Bruch des Strukturschemas ist also von vornherein geplant, und die Behauptung des Erzählers, daß er nicht weitererzählen wolle, hat nur die Funktion, auf jenen aufmerksam zu machen.

[255] Siehe S. 128.
[256] Siehe oben, S. 112.

Hie wildent sich diu mær (V 16 049): Die Handlung setzt neu wieder ein mit *wilden mæren*, die den Lesererwartungen in keiner Weise entsprechen wollen. Ähnlich leitet auch Wolfram die *Schastel Marveile*-Aventüre im ›Parzival‹ ein, nachdem Gawans Aufgabe bereits erfüllt zu sein scheint: *Ez næhet nû wilden mæren* (V 503,1). Eine dem Abschluß der Haupthandlung nachgestellte *âventiure* braucht jedoch dem Strukturschema des klassischen *Âventiuren*romans nicht generell zu widersprechen – nicht, wenn sie auf die vorausgehende Handlung bezogen ist, wenn sich in ihr die Errungenschaften der Haupthandlung bewähren, wie etwa in der *Joie de la curt*-Episode des ›Erec‹.

Im ›Wilhelm von Österreich‹ dient die nun folgende Episode, der große Heiden-Christen-Kampf, dazu, den Konflikt mit Agrant zu bereinigen und das Ergebnis der vorausgegangenen Handlung, die Ehe zwischen Wilhelm und Aglie, zu sichern.

Ditz geschach als umm ain wip (V 17 178), so begründet der Erzähler, wie bereits erwähnt,[257] die Schlacht. Wie die anschließende Minnerede (V 17 389–17 411), ein allgemeines Frauenlob, zeigt, ist Aglie als Vertreterin des Frauengeschlechts aufzufassen und der Kampf um sie als ein Kampf um die Minne: In der Schlacht zu Belgalgan verteidigt Wilhelm den Anspruch der wahren Minne gegen *der welt gitsære* (V 4 237), vertreten durch das Heer Agrants, der seine Tochter dreimal (V 2 338–2 341, V 9 012–9 029, V 13 410–13 417) aus machtpolitischen Erwägungen, ohne Rücksicht auf die Minne, verlobt hat.

Wieder aber zeigt sich, wie es schon öfter der Fall war, daß Wilhelm als der ideale Minneritter keineswegs nur mit Vertretern einer konträren Minneauffassung konfrontiert wird, sondern auch mit Minnerittern, die ein abgeschwächtes Abbild seiner selbst darstellen.[258] Auf der Seite der Heiden kämpft hier der *kúnc von der Wilde*, der ebenso wie *Wild*helm *ainr vrawen bilde* als Helmzier trägt (V 16 447f.). Niemand anderes als Wilhelm scheint ihn besiegen zu können (V 17 968–17 977, 18 037–18 046). Der Erzähler zeigt deutliche Sympathie für den *werden haiden* (V 18 045), ohne jedoch seine Tötung durch Wilhelm zu kritisieren. Wilhelm siegt gegen den König *von der Wilde* mit derselben Berechtigung, mit der er auch Alyant geschlagen hat: Er besitzt die vollkommenere Liebe. Hierzu gehört auch, das ist oben[259] bereits erwähnt worden, die Gottesminne, die einem noch so *werden* Heiden fehlt. Johann verbindet – wie dies auch bei zahlreichen Minnereden zu beobachten ist – Frauenminne stets

---

[257] Siehe S. 165.
[258] Siehe oben, S. 118–120.
[259] Siehe S. 182.

mit Gottesminne. Der Minnekampf ist nicht zuletzt aus diesem Grund als ein Heiden-Christen-Kampf dargestellt. Am Ende der Schlacht entbrennt Agrants Seele *in gótlich war minne* (V 18 177); die Taufe der Heiden steht neben der Minnevereinigung der beiden Liebespaare Crispin und Gaylet sowie Wilhelm und Aglie. Damit ist der Sieg der wahren Minne doppelt besiegelt.

Mit dem höfischen Fest und der Zeugung Friedrichs als Kind der Minne wäre nun endgültig der Schluß des Romans zu erwarten, und tatsächlich schließt die Stuttgarter Handschrift hier ab.[260] In allen anderen Handschriften aber setzt die Handlung wieder neu ein – in G mit einer doppelt großen Initiale – mit den Worten:

> *Altissimus der schůf dis so:*
> *ietz laide und denne vro,*
> *also stet der welt lauf.*
> (V 18 403–18 405)

(Der Allmächtige hat es so eingerichtet: jetzt Leid, dann Freude, so ist der Lauf der Welt.)

Hier bricht Johann ein für allemal mit der Struktur des *Âventiuren*romans. Das sich kontinuierlich drehende Fortuna-Rad aus dem Feuergebirge (V 4 332) wird als strukturierendes Element des Werks erkenntbar. Vor Wilhelm macht das Rad nicht halt wie das Rad der *Sælde* vor Gâwein in Heinrichs von dem Türlin ›Crône‹ (V 870f.), sondern Minne zeigt gerade an ihrem hervorragenden Vertreter, wie sich in ihr *hertzen vröude* und *hertzen leit* (V 18 421) abwechseln.[261]

> *swer nu hórn welle*
> *die abentůr fůrbaz,*
> *der sol daz lazen ane haz*
> *daz ich in haizze merken*
> *waz lit an minne sterken,*
> *als iu betůt dis mær.*
> (V 18 414–18 419)

(Wer die Erzählung weiter hören möchte, der soll es mir nicht übelnehmen, daß ich ihn erkennen lasse, welche Gewalt Minne besitzt, wie euch diese Geschichte zeigen wird.)

Die Gewalt der Minne, die auf Freude stets Leid folgen läßt, erlaubt es nicht, die Erzählung im Moment der höfischen *vröude*, der den End-

---

[260] Zur Erörterung der Vollständigkeit von S siehe unten, S. 292.
[261] Vgl. V 15 290f.: *schůt uf, du werder Osterman! / gelůckes rad la lauffen!* Johann modifiziert hier das Rad der Fortuna zum Mühlrad in der Mühle der *vröude*.

punkt des klassischen Artusromans bildet, enden zu lassen. Wenn aber das Rad der Fortuna sich unaufhaltsam weiterdreht, kann die Erzählung an keinem früheren Zeitpunkt zum Stillstand kommen als im Tod des Helden. Auf diesen zielt die Erzählung von diesem Punkt an hin.

Gleichsam als Zwischenspiel wird der klassische Iwein-Konflikt anzitiert: Wilhelm kehrt mit seinem Vater nach Österreich heim. Die Abmachung aber, die Wilhelm mit Aglie trifft, ist weit persönlicher und flexibler als die Iweins mit Laudine: Statt eines festen Rückkehrtermins vereinbart Wilhelm mit Aglie, daß er sofort zurückkehren werde,

> *... swenne mir kæm daz mær*
> *daz du niht lenger wôltest mich*
> *lazen sin in Österrich*
> (V 18 472–18 474)

(wenn ich hörte, daß du mich nicht länger in Österreich lassen wolltest).

Aglies Mahnung, die sie Wilhelm mit der Nachricht von der Geburt des Sohnes Friedrich sendet, entspricht damit bei weitem nicht der Verdammung Iweins durch Laudine; ein Konflikt bleibt aus. Wilhelm bleibt somit auch hier der ideale Minneritter. Seine überstürzte Abreise zu Aglie spiegelt seine heimliche Ausfahrt auf der Suche nach der fernen Geliebten zu Beginn des Romans wider.

Die *queste* des Anfangs wiederholt sich nicht direkt – Wilhelm kennt den Weg nach Zyzia –, sie wird aber anzitiert im Namen des Berges, auf dem Aglies Schloß erbaut ist: *Mons Salvia* (V 18 763), das ist Wolframs von Eschenbach *Munsalvæsche*, der Gralsberg. Ohne daß es direkt ausgesprochen wäre, wird Wilhelm so mit Parzival verglichen, sein Weg zu Aglie mit Parzivals Suche nach dem Gral. – In der Gattung der Minnerede findet sich nicht selten ein Vergleich der Geliebten mit dem Gral.[262] – Durch ihn wird wiederum, zumindest auf der Bildebene, eine Verbindung hergestellt zwischen Gottesminne und Frauenminne, wie sie schon in der großen Entscheidungsschlacht sichtbar war.

Wilhelm wird freudig empfangen; sein Sohn Friedrich, der spätere Herrscher Österreichs (V 18 772f.), wird getauft; Agrant überträgt Wilhelm die Herrschaft über Zyzia (V 18 821–18 828). Auch diese Vorgän-

---

[262] ›Von einem Schatz‹ (Brandis 392); ›Die Schule der Minne‹ (Brandis 433); ›Der Weg zur Burg der Tugenden‹ (›Der Liebende und die Burg der Ehre‹) (Brandis 487). Michael Mareiner, Mittelhochdeutsche Minnereden und Minneallegorien der Wiener HS 2796 und der Heidelberger HS Pal.germ. 348, Band X: Der Liebende und die Burg der Ehre. Eine mhd. Minneallegorie. Bern/Frankfurt/New York/Paris 1986 (Europ. Hochschulschriften, Reihe I, Bd. 922); ›Das Kreuz in der Luft‹ (Brandis 13). Laßberg, Bd. II, S. 377–381.

ge, wenngleich sie sehr verkürzt dargestellt sind, erinnern an die Vorgänge in der Gralsburg im Schlußteil des ›Parzival‹, den Empfang Parzivals, das Wiedersehen mit Kondwiramurs, die Taufe des Feirefiz und die Übertragung der Gralsherrschaft von Anfortas auf Parzival. – Man scheint an einem Gipfel der Frauen- und Gottesminne und der *vröude* angekommen zu sein. Auch dieser scheinbare Endzustand aber bleibt bei Johann nur ein Zwischenspiel, denn, so warnt der Erzähler seine Protagonisten bei ihrer Wiedersehensfreude, *laider liep mit laide zergat* (V 18 804).

Krisen und Schlußpositionen klassischer Artusromane werden im ›Wilhelm von Österreich‹ nachempfunden und gebrochen, und dabei wird deutlich, daß hier nicht eine innere Wandlung des Helden stattfindet und in der Struktur des Romans zum Ausdruck gebracht wird, sondern daß allein das Fortuna-Rad den Fortgang der Handlung bestimmt.

Mit V 18 841 f. beginnt der eigentliche Schlußteil:

> *Nu wellent sich diu mær*
> *enden mit iamers swær.*

(Jetzt will die Erzählung mit schwerem Leid zu einem Schluß kommen.)

Johann zitiert hier nochmals ein Strukturelement des klassischen Artusromans, indem er einen »Provokateur« am Hof auftreten läßt: Ein Jäger erscheint und berichtet von einem Einhorn, das im Wald gesehen worden sei. Wilhelm nimmt die *âventiure* sofort an. Er will das Tier jagen, um sagen zu können, daß auch er ein solches gesehen habe (V 18 865 f.). Gisela Vollmann-Profe weist zu Recht darauf hin, daß die auf diese Weise motivierte Einhornjagd Wilhelms Suche nach seinem *bilde* zu Beginn des Romans rekapituliert. In beiden Fällen gehe es darum, ein *bilde*, das er bisher nur in seinem Inneren gehegt habe, in der Realität zu sehen. Nicht zuzustimmen ist Vollmann-Profe m. E. aber, wenn sie erklärt, daß Wilhelm, »der während des gesamten Handlungsverlaufs immer wieder die Liebe als Movens seiner Taten angeführt hatte, am Ende ein Verhalten an den Tag legt, das diesen Beteuerungen widerspricht.«[263] Als der Leichnam Wilhelms zu Aglie gebracht wird, klagt Belfant ihr:

> *din liebe hat dich sin entwert:*
> *von dinn wegen tot er ist,*
> *swie gar du sin unschuldic bist.*
> (V 19 122–19 124)

---

[263] Vollmann-Profe, S. 129.

(Die Liebe zu dir hat dir ihn geraubt: Er ist deinetwegen tot, wie sehr du auch ihm gegenüber unschuldig bist.)

Der Tod des Helden während der Einhornjagd wird als ein Sterben im Dienst der Minne interpretiert. Die Einhornjagd bedeutet keineswegs einen Verstoß gegen Wilhelms Liebesbeteuerungen. Aglie ist zwar *sin unschuldic*, sie hat seinen Tod nicht verschuldet wie etwa Sigune den Tod Tschinotulanders, sie hat vielmehr versucht, Wilhelm zurückzuhalten, und dennoch bezeichnet der Erzähler die Jagd als eine *kúrtzwile*, die auch Aglie erfreuen würde (V 18 946f.). Auch diese Aussage ist nicht anders zu verstehen, als daß es sich bei der Jagd um einen Minnedienst handelt.

Die Beschreibung des Einhorns und seiner Eigenschaften durch den Jäger (V 18 846–18 857) folgt getreu der Tradition des ›Physiologus‹:[264]

> *daz tier in den tugenden schain*
> *daz ez sich anders vahen niht*
> *lazt denn swenne ez ersiht*
> *die kúschen magt, so ist sin art*
> *daz ez sich zů ir kúsche zart*
> *naiget denne in ir schoz.*
> (V 18 852–18 857)

(Das Tier hat die Eigenart, daß es sich nicht anders fangen läßt als folgendermaßen: Wenn es die keusche Jungfrau sieht, dann verhält es sich so, daß es sein Haupt in den reinen Schoß der Keuschen legt.)

Im ›Physiologus‹ steht die Jungfrau für Maria, das Einhorn für Christus, die Jagd für die Inkarnation und Christi Erlösungstod, seine aufopfernde Liebe.

In der Literatur und bildenden Kunst des 13./14. Jahrhunderts wird die Allegorie des Einhorns wiederholt auch säkularisiert.[265] So steht, um nur wenige Beispiele zu nennen, das Einhorn auf dem Freiburger Malererteppich des frühen 14. Jahrhunderts am Ende der Reihe der Minnesklaven Samson, Aristoteles, Vergil, Iwein. In Burkhards von Hohenfels Lied II. heißt es, daß »Er« wie das Einhorn durch die *kiusche* der Frau verdorben werde (Str. 5).[266] Ähnlich beklagt Orgeluse in Wolframs ›Parzival‹ den Tod ihres Geliebten Zidegast mit den Worten:

---

[264] Vgl. Der altdeutsche Physiologus. Die Millstätter Reimfassung und die Wiener Prosa (nebst dem lateinischen Text und dem althochdeutschen Physiologus). Hrsg. v. Friedrich Maurer. Tübingen 1967 (ATB 67), S. 11.77.92.

[265] Vgl. dazu: Jürgen W. Einhorn, *Spiritalis unicornis*. Das Einhorn als Bedeutungsträger in Literatur und Kunst des Mittelalters. München 1976 (MMS 13).

[266] Kuhn (1967), S. 33.

der triuwe ein monîzirus,
sît ich die wârheit sprechen kan,
sus was mîn erwünschet man.
daz tier die megede solden klagen:
ez wirt durch reinekeit erslagen.
ich was sîn herze, er was mîn lîp.
den verlôs ich vlüstebærez wîp.
in sluoc der künec Gramoflanz.
(V 613,22–29)

(Der Mann, den ich mir auserkoren hatte, war, sofern ich die Wahrheit ausdrücken kann, ein Einhorn der *triuwe*. Dieses Tier sollen alle Jungfrauen beklagen: Es wird um der reinen keuschen Minne willen erschlagen. Ich war sein Herz, er war mein Leib. Diesen habe ich bestohlene Frau verloren. Ihn hat der König Gramoflanz erschlagen.)

Das Einhorn steht für die höchste *triuwe*, die selbstlose, aufopfernde Liebe. In seinem Tod beweist es seine Vortrefflichkeit, die der Ruchlosigkeit seiner Mörder gegenübergestellt wird.

Im ›Wilhelm von Österreich‹ wird das Einhorn selbst weder gefangen noch getötet. Damit ist eine traditionelle theologische Deutung des Tieres ausgeschlossen. Auch die Worte des Jägers, daß es sich um ein außerordentlich großes Exemplar seiner Gattung handle (V 18 858f.), lassen eine Allegorese des Einhorns als *signum Christi* eher unangebracht erscheinen, denn sie geben zu verstehen, daß es sich nicht um etwas Besonderes oder Einmaliges handle, sondern nur um ein Tier von vielen seiner Gattung. Die allegorische Bedeutung würde die Größe des Tiers (sofern sie denn der Deutung des laut ›Physiologus‹ kleinen Tiers nicht zuwiderläuft) als gänzlich unbedeutend erscheinen lassen. Auch Aglie betrachtet das Einhorn als nichts anderes als ein wildes Tier. Dies bringt sie in ihrer Warnung an Belfant deutlich zum Ausdruck:

... wiltu ain tier dich
lan ertôten daz sich
niht verstat umm sache kain?
(V 18 891–18 893)

(Willst du dich von einem wilden Tier, das gänzlich ohne Verstand ist, töten lassen?)

Die aus dem ›Physiologus‹ entnommene Beschreibung des Tieres und der Ort des Geschehens, der Wald vor Mons Salvia, erwecken beim Leser oder Hörer die Erwartung, daß das Jagdgeschehen eine religiöse Bedeutung habe; der Fortgang der Handlung aber und die hier genannten weiteren Ausführungen zum Einhorn, in welchen dieses zu einem bedeutungslosen exotischen Tier herabgestuft wird, widersprechen dieser Lesererwartung. Die Spannung, die hierdurch entsteht, wird gelöst, als Wilhelm getötet wird. Er übernimmt die Rolle des Einhorns: Durch einen heidnisch gebliebenen Verwandten Aglies wird er, das Idealbild der *triuwe* und Minne, erschlagen. Wie Zidegast wird Wilhelm damit zum höchsten Bild vollkommener, aufopfernder Liebe stilisiert. Die Nähe zur »Gralsburg« Mons Salvia weist auf die Verbindung von Gottes- und Frauenminne hin, welche in Johanns ›Wilhelm‹ schon wiederholt hervorgehoben worden ist.[267]

Wilhelms Sterben bedeutet nicht ein Scheitern des Helden, es demonstriert nicht die »(selbst-)zerstörerische[n] Konsequenzen« einer »selbstsüchtigen Marotte«,[268] sondern es steht für das Erlangen der höchsten und letzten Stufe der Minne. Die Edelsteinschrift auf dem Helm, den Wilhelm in Kandia erworben hat, deutet ja bereits die traditionelle Todesfarbe Schwarz als Zeichen der *triuwe aller tugent kron* (V 13 975).[269] Die Tötung des Helden mit einer vergifteten Lanze – ebenso, wie er Wildomis getötet hat, – weist m. E. auch nicht auf eine Verfehlung Wilhelms hin.[270] Die Parallelität der beiden Tötungsszenen soll vielmehr den Unterschied zwischen Wilhelms Verzweiflungstat, die er als Werkzeug der Minne und als *der man der ware triwe halten kan* (V 13 391f.) in offenem Kampf verübt, und Graveas' hinterhältigem Mord hervorheben. Graveas tötet aus *unminne*; seine Tat entspricht nicht der des Helden, sondern eher der ungerechten Klage, welche im Minnegericht[271] nach Wildomis' Tod gegen Wilhelm und die Minne geführt wird. Nicht zufällig wird daher Graveas getötet, während Wilhelm in Smyrna durch Gottes Beistand gerettet wird.

---

[267] Einhorn, S. 163 warnt vor einer Überinterpretation der Einhorn-Szene im ›Wilhelm von Österreich‹: »Als Dichter der späthöfischen Zeit hat Johann von Würzburg eine Fabel mit reicher Vergangenheit aufgegriffen, aber sie ist unter seinen Händen in Teile zerfallen: die Hochschätzung der Jungfräulichkeit bleibt erhalten, aber dem Tier werden keine edlen Gedanken mehr zugetraut; die Jagd wird überhaupt aus Neugier begonnen und aus äußeren Umständen nicht zu Ende gebracht. Die Physiologus-Allegorese ist ›entmythologisiert‹.« Weiter unten allerdings weist Einhorn auf eine Illustration im Losbuch D66C der Münchener Sammelhandschrift *Cgm 312* hin, welche Aglie auf einem Hirsch zeigt, analog zahlreichen anderen Darstellungen von der Jungfrau auf dem Einhorn. Dies widerlegt seine These und bekräftigt mich darin, die Einhornjagd nicht als aus zufälligen äußeren Gründen abgebrochen zu verstehen, sondern auf das Liebesverhältnis von Wilhelm und Aglie zu beziehen.

[268] Vollmann-Profe, S. 131.

[269] Vgl. oben, S. 172.

[270] Scholz (1987), S. 88–90; Melzer, S. 61; Juergens, S. 19 u. ö.; dagegen Bastert in seiner Rezension, S. 176. Vgl. auch V. Mertens, S. 91: Wilhelms Verschulden und Tod seien exemplarisch zu verstehen: »Liebe ist mit ethischer Sinngebung nur bedingt vermittelbar, es bleibt eine unauflösbare Spannung, die das Individuum vernichtet.«

[271] Siehe oben, S. 213.

Aglies Liebestod – auch er ist in der Minnegericht-Szene in Smyrna schon vorweggenommen (V 10716–10719) – ist ebenso wie Wilhelms Tod eine Demonstration höchster *triuwe*. Der Erzähler verbindet ihr Lob mit einer Zeitklage und einer an ein allgemeines Publikum gerichteten Minnedidaxe:

> *durch liebe nieman nu den tot*
> *lidet: daʒ wil ich Got clagen*
> *daʒ man von valscher triwe sagen*
> *nu mûʒ, der diu welt pfligt.*
> *sôlchiu triwe nider ligt*
> *der disiu ʒwai gepflegen habn.*
> (V 19210–19215)

(Heute erleidet niemand den Tod um der Liebe willen: Das will ich Gott klagen, daß man heute von verlogener *triuwe* sprechen muß, welche die Menschen an den Tag legen. Solche treue Liebe wie diese beiden sie besessen haben, liegt darnieder.)

Am Ende der Minnehandlung des ›Wilhelm von Österreich‹ steht die Totenrede des *tugenthaft Schriber* (V 19256–19317)[272] und der Klagemonolog des Erzählers, in welchem die *unstæte welt* und das Streben nach vergänglichem Reichtum der Liebe, welche einen ewigen Schatz im Himmel erwirbt, gegenübergestellt wird.[273] Zwei Minnereden also bilden den Abschluß der Minnehandlung.

Noch ein kleines Stück treibt aber auch hier das Rad der Fortuna weiter, und so will der Erzähler die *âventiure* noch *voll ʒe ende jagen* lassen (V 19389–19394). Friedrich wird nach Österreich gebracht, wo Wilhelms Eltern ebenfalls aus Kummer über den Tod des Helden sterben. Der Knabe bleibt als einziger Erbe des Reichs und Hoffnung des Adels zurück:

> *si sprachen: ›sit daʒ Got uns lait*
> *gab von todes geschiht,*
> *do tet er wol daʒ er uns niht*
> *ane herren hat gelan.‹*
> (V 19458–19461)

(Sie sagten: »Nachdem uns Gott Leid durch den Tod gegeben hat, so handelte er doch gut daran, daß er uns nicht ohne einen Herren gelassen hat.«)

So wird auch am Schluß nochmals der Wechsel zwischen Freude und Leid hervorgehoben. Von höfischer *vröude* kann keine Rede sein, aber

---

[272] Siehe oben, S. 179f.
[273] Siehe oben, S. 180.

von einem gewissen Trost, den Fortunas sich ewig drehendes Rad stets bereithält.

Im Rückblick wird damit Aglies anfängliche Frage beantwortet:

> ›sage mir, waʒ ist minne
> ...‹
>
> ... ›deʒ enwaiʒ ich niht,
> iedoch also min hertʒe giht
> ...
> si fůgt lieb und lait.‹
> (V 1 539, 1 541f., 1 545)

(»Sage mir: Was ist Minne? ...« ... »Das weiß ich nicht, aber demnach, was mein Herz mir sagt, ... bringt sie Freude und Leid.«)

Zum Wesen der Minne gehört der von ihr verursachte stete Wechsel von Freude und Leid. Er ist zum Strukturprinzip des Romans geworden, versinnbildlicht im Rad der Fortuna. Im Schlußteil des Romans wird dies besonders deutlich, durch Erzählereinwürfe und durch die wiederholte Gegenüberstellung mit dem Strukturmodell des klassischen arthurischen Romans. Dennoch durchzieht der Wechsel von *liep* und *leit* nicht nur den Schlußteil, sondern das gesamte Werk.

Rehbock bezeichnet die Welt des ›Wilhelm von Österreich‹ als »ein Rad, dessen Bewegung immer heftiger wird und über immer größere Höhen zur Katastrophe treibt«,[274] während sich Minne als ein statischer Wert gegen diese veränderliche Welt bewähre. Er spricht von einem »im Tode erlittenen Sieg« der Liebe über die *unstæte* der Welt.[275] Tatsächlich steht aber der Wechsel von *liep* und *leit* der Minne nicht gegenüber, sondern er gehört zu ihrem Wesen. Das Rad der Fortuna steht im allegorischen Reich der Minne, und seine unaufhaltsame Bewegung führt nicht etwa über beliebige Peripetien in die Katastrophe, sondern es zeichnet die verschiedenen Phasen der Minne von ihrer Entstehung bis zum überhöhten Ende im Tod der Liebenden:[276] Nach dem Traum von der Geliebten und der Ausfahrt aus Wien und der Irrfahrt am Übergang von realer zu fiktiver Geographie, d. h. nach einem Minneredeneingang, gelangt der Held an verschiedene fiktive Orte, welche sprechende Namen besitzen: *Twingen – Frien – Solia – Mons Salvia.*[277]

---

[274] Rehbock, S. 29.
[275] Ebd., S. 30.
[276] Zahlreiche Minnereden, v. a. farbexegetische Reden, beschreiben die Entwicklung der Minne vom Anfang bis zum Tod in verschiedenen Phasen. Vgl.: ›Die sechs Farben und zwölf Lebensalter‹ (Brandis 374); ›Von den Farben‹ (Brandis 375); ›Die acht Farben‹ (Brandis 377); ›Die Schule der Minne‹ (Brandis 433); ›Farbentracht‹ (Brandis 436).
[277] Vgl. oben, S. 215.

Diese Orte bezeichnen die Phasen der Minne: *Twingen* steht für das Bezwungen-, Gefesseltwerden durch die Minne, *Frien* für die Minnewerbung, *Solia* für das heimliche Beilager. In *Mons Salvia* schließlich wird die weltliche Minne geistlich überhöht. Nach dem Tod Wilhelms kehrt die Handlung an ihren Ausgangspunkt zurück, in den geographisch lokalisierbaren Raum und zu historisch datierbarem Personal. Damit ist der Minneredenrahmen geschlossen.

In Johanns Roman wird nicht nur ein minneredentypischer Erzählrahmen in der Vorgeschichte und im Schlußteil angedeutet, es wird v. a. der eigentliche Gegenstand einer Minnerede, nämlich eine Wesensbestimmung der Minne (der Wechsel von *liep* und *leit* sowie die vier Phasen der Minne), zum Strukturprinzip des Werks erhoben. In diesem Sinne kann von einer »Minneredenstruktur« im ›Wilhelm von Österreich‹ gesprochen werden. Auch nach dem Abschluß der Minnehandlung hat Johann, wie die Verse 19 458–19 461 verdeutlichen, das aus der Erkenntnis des Wesens der Minne, des Wechsels von *liep* und *leit*, entnommene Strukturprinzip beibehalten. Hierin erweist sich seine selbst über die aktuellen Bezugspunkte hinausreichende Synthese von Minnerede und Roman.[278]

Die »Minneredenstruktur« überlagert sich mit der oben[279] beschriebenen Struktur der Symmetrie und Doppelung, welche ebenfalls der Verdeutlichung des minnetheoretischen Gehalts des Romans dient.

3.2.4. Zusammenfassung

Die Verbindung von Minnerede und Roman im ›Wilhelm von Österreich‹ bedeutet nicht nur, daß bestimmte Elemente oder Merkmale einer Gattung in die andere übernommen werden, sondern sie geht bis in die Konstituenten der Gattung: Der Inhalt ist dem Roman und der Minnerede gemeinsam: höfische Minne. Die Form im kleinen, die Reimpaare, sind ebenfalls beiden Gattungen gemein; die Form im großen, die Struktur des Werks, hingegen ist grundsätzlich eine zweiteilige Romanstruktur, an die Struktur eines klassischen Artusromans oberflächlich angelehnt, aber modifiziert, um dem Zweck, der Minnedidaxe, – und das ist der Zweck der Minnerede, nicht unähnlich dem des spät-

---

[278] Luise Lerner mißversteht das Werk, wenn sie von einem »unorganischen Ausklang der Dichtung« spricht, der beweise, daß Johann die Form nicht mehr verstehe, welche er von Gottfried entlehnt habe. Luise Lerner, Studien zur Komposition des höfischen Romans. Münster 1936 (Forschungen zur dt. Sprache und Dichtung 7), S. 52f.

[279] Siehe Kap. 2.2.4.

höfischen Romans – zu dienen. Die Darstellungsweise schwankt – so muß man annehmen – bewußt zwischen der eines Romans und der einer Rede. Durch sie wird der Effekt unterstrichen, den die oft den Leser oder Hörer erstaunende Konfrontation von Minnereden- und Romanelementen bereits erzielt: Der literarisch versierte Leser oder Hörer – und an einen solchen richtet sich Johann, wie aus seinen zahlreichen Andeutungen ersichtlich wird – erkennt die Gattungsmischung als solche. Mir erscheint es unwahrscheinlich, daß dies nicht beabsichtigt sein sollte. Das Bewußtmachen der Gattungsmischung darf wohl parallel gesehen werden zur Selbstanzeige der Fiktionalität, von der in Kapitel 2 die Rede war.

4. Minnerede und *historia*

Nachdem in Kapitel 2 das Verhältnis von Roman und *historia* und im dritten Kapitel das von Minnerede und Roman beschrieben worden ist, soll nun das dritte Begriffspaar, Minnerede und *historia*, in den Mittelpunkt gerückt werden. Es hat sich gezeigt, daß Johann historische Fakten und Personen in sein Werk integriert, aber dabei die wahrheitsstiftende Ordnung der *historia* bricht und das Historische in den Dienst des Fiktiven stellt. Den Roman wiederum und seine sinnstiftende Struktur modifiziert er so, daß er dem Zweck der Minnerede dient. Man möchte nun annehmen, daß auch die *historia* der *ars amandi* unterworfen sei. Dies soll im folgenden überprüft werden.

Zuerst wird wiederum allgemein nach der Möglichkeit einer Verbindung von Minnerede und *historia* gefragt (4.1.), dann nach der spezifischen Erscheinungsform dieser Verbindung im ›Wilhelm von Österreich‹ (4.2.).

4.1. Die Minnerede als Fürstenpreis

Der Traum und der irreale, topische *locus amœnus*, eine zeit- und raumlose Atmosphäre, bilden den typischen Rahmen einer Minnerede. Eine Verbindung mit der *historia* scheint daher zunächst ausgeschlossen. In einer geringen Zahl von rheinischen Minnereden aus der Zeit um 1300 aber wird die Zeitlosigkeit des Erzählrahmens durchbrochen, es treten historisch bezeugte Personen auf,[1] ohne daß dabei Form und Darstellungsweise der Rede gestört werden würden. Die Funktion des Textes muß sich zwangsläufig mit dem Inhalt ändern: Noch immer zwar besitzen sie eine didaktische Funktion, noch immer dienen sie nicht der Dokumentation von historischen Ereignissen, aber Ziel der Texte ist nicht mehr die Unterweisung allein in Minnefragen, sondern zumindest

---

[1] Vgl. im Gegensatz dazu: Mikhail Bakhtine, Esthétique et théorie du Roman (Moskau 1975). Übers. v. Daria Olivier. Paris 1978, S. 303: Bakhtine sieht ein solches »Spiel mit der vertikalen Ebene dieser Welt« in einer Sphäre außerhalb der Welt erst in Dantes ›Göttlicher Komödie‹ verwirklicht.

auch, wenn nicht gar vornehmlich, eine allgemeine ritterliche Tugendlehre und der Fürstenpreis.

Es handelt sich bei diesen rheinischen Reden um so wenige Texte,
daß sie unten sämtlich genannt werden können. Es wird daher eine
etwas ausführlichere Darstellung von Vergleichsmaterial folgen als in
den vorausgegangenen Kapiteln. Zunächst aber sei der Hintergrund
umrissen, der für die Entwicklung dieser literarischen Sonderform im
Rheinland verantwortlich sein könnte.

Ingeborg Glier führt gänzlich überzeugend das Auftreten historischen Personals in den rheinischen Minnereden des frühen 14. Jahrhunderts auf einen Einfluß französischer Literatur zurück.[2] In der Romania
war die Einbindung von historischem Personal in minnedidaktische
Dichtung bereits bekannt. Zu verweisen ist etwa auf Raimbauts de
Vaqueiras *carros* ›Truan, mala guerra‹[3] von 1200/1201:

> Raimbaut beschreibt, wie die Edelfrauen der Provence und Italiens – viele
> sind namentlich genannt – einen Feldzug gegen Béatrice von Monferrat (die
> Tochter seines Mäzens) führen, um von ihr *beutat e cortezia, / pretz e joven*
> (V 89f.) zu fordern, genau die Qualitäten, in denen Béatrice die anderen
> überrage: Schönheit, höfisches Benehmen, Ehre und Jugend. Béatrice tritt
> den Streitwagen der Frauen ohne Harnisch, allein bewaffnet mit *pretz*, Ehre,
> entgegen und besiegt sie alle.

Wie zahlreiche andere *Tournoiements des dames*, welche in Italien und
Frankreich im 12./13. Jahrhundert teils in epischer, teils in lyrischer
Form entstanden sind, dient Raimbauts *carros* dem Lob einer historisch
bezeugten Frau aus dem direkten Umkreis des Dichters und zugleich
der Gegenüberstellung von wahrer und falscher Frauen- oder Minnetugend in einer allegorischen Handlung.[4] Aber nicht nur in Minneallegorien treten historisch bezeugte Personen auf, sondern auch in Min-
nedialogen. Ein Beispiel hierfür ist die anonyme Prosarede ›Puissance
d'amour‹ (um 1260), in welcher der Ich-Erzähler mit Herzog Heinrich III. von Brabant – dem die Rede gewidmet ist – ein quasi scholastisches Lehrgespräch über die Minne führt.[5]

---

[2] Glier (1971), S. 71.
[3] Joseph Linskill (Hrsg.), The Poems of the Troubadour Raimbaut de Vaqueiras. Den
Haag 1964, S. 204–215.
[4] Vgl. Alfred Jeanroy, Notes sur les tournoiements des dames. Romania 28 (1899),
S. 232–244.
[5] Hans Robert Jauß (Hrsg.), La littérature didactique, allégorique et satirique. GRLMA
VI, 2. Heidelberg 1970, S. 166.

Vier der genannten rheinischen Minnereden stammen von demselben Verfasser. Adolf Bach[6] hat versucht, sie dem in der Jenaer Liederhandschrift[7] genannten *Meister Zilies von Seyne* zuzuschreiben, doch ist dies in der Forschung umstritten. Der Verfasser, im folgenden Ps-Zilies von Seyn genannt, war vermutlich ein Verwaltungsbeamter oder Ministeriale am Hof des Grafen Wilhelm I. von Katzenelnbogen.[8] Ps-Zilies hat nicht nur Minnereden verfaßt, sondern auch zwei historische Kleindichtungen, ›Die Böhmenschlacht‹,[9] eine verherrlichende Darstellung des Siegs Rudolfs von Habsburg über Ottokar von Böhmen bei der Schlacht auf dem Marchfeld 1278, und ›Die Schlacht bei Göllheim‹,[10] eine Apotheose König Adolfs, der 1298 bei Göllheim gefallen ist, und ein Lobpreis seiner Anhänger, unter denen sich auch Eberhard und Wilhelm von Katzenelnbogen befinden. – Adolf von Nassau ist der Neffe Eberhards und Vetter Wilhelms von Katzenelnbogen.

Die vier anderen Werke des Ps-Zilies von Seyn sind nicht direkt auf ein historisches Ereignis bezogen. Brandis nimmt sie in seine Sammlung der Minnereden auf als »höfische Minne- und Tugendlehren«. Das menschliche Personal – in drei von den vier Werken treten Personifikationen auf – stimmt zu großen Teilen mit dem der historischen Dichtungen des Ps-Zilies überein, es sind rheinische Fürsten aus dem Umkreis der Nassauer und der Grafen von Katzenelnbogen.[11]

Im ›Turnier‹ (Brandis 468)[12] erkundigt sich eine Frau beim Erzähler nach einem Ritter, der sich in einem Turnier besonders hervortut. Der Erzähler preist ihn als vorbildlichen, fehllosen Helden, der auch den Frauen niemals seinen Beistand versage, und nennt schließlich den Namen des Ritters: Adolf von Windhövel.

Der ›Ritterpreis‹ (Brandis 467)[13] setzt sich aus drei Teilen zusammen: In Teil I zeichnet eine nicht namentlich genannte weibliche Personifikation, gekleidet in *kuesche* und *schame*, – vermutlich Frau Ehre oder Zucht[14] –

---

[6] Adolf Bach (1930), Die Werke des Verfassers der Schlacht von Göllheim (Meister Zilies von Seine?). Bonn 1930 (Rhein. Archiv 11).

[7] Georg Holz (Hrsg.), Die Jenaer Liederhandschrift, Bd. I. Hildesheim 1966, S. 38–40.

[8] Vgl. Glier (1971), S. 58; dies., ›Schlacht bei Göllheim‹ (und verwandte Denkmäler), in: VL² VIII, Sp. 685–690, Sp. 685f.

[9] Bach (1930), S. 210–219.

[10] Ebd., S. 193–209.

[11] Zu den einzelnen erwähnten rheinischen Fürsten vgl. Walter Ribbeck, Bruchstücke mittelrheinischer Hofdichtung. ZfdA 36 (1892), S. 204–225.

[12] Bach (1930), S. 227–229.

[13] Ebd., S. 234–254.

[14] Vgl. Emil Schmidt, Die Frage nach der Zusammengehörigkeit der Fragmente von dem Minnehof, der Böhmenschlacht, der Göllheimer Schlacht und dem Ritterpreis. Diss. Marburg 1908, S. 21f.

zwölf[15] historisch bezeugte rheinische Ritter für ihre ritterlichen Heldentaten und ihre Vorbildlichkeit aus. Als Ritterpreis erhalten sie alle je ein (aus der Heldenepik bekanntes) Schwert. Dieselbe Personifikation verleiht in Teil II auf Anraten des Ich-Erzählers dem rheinischen Fürsten Rüdiger von der Werde den Kranz Penthesileas, dessen Diamant ausfallen würde, wäre der Träger des Kranzes nicht *veste* und *gut*. In Teil III schließlich beklagt sie den Tod Wilhelms von Landere und Arnolds von Heemskerk. Der Ring des besten Ritters ist nun verwaist. Der Erzähler rät der Frau, ihn Heinrich von Montabaur zu geben. Wie schon der Kranz der Penthesilea, so bedeutet auch der Ring eine Auszeichnung und Tugendprobe zugleich: Sein Topas würde ausfallen, trüge ihn ein anderer als der beste Mensch.

Das ›Turnier‹ und der ›Ritterpreis‹ sind Lobgedichte auf rheinische Ritter und Fürsten im Umkreis der Grafen von Katzenelnbogen. Der Frauendienst wird in beiden Texten zwar als ein Teil der ritterlichen Aufgabe und Perfektion erwähnt, doch weder kommt ihm eine bedeutende Rolle zu, noch werden spezifische Minnetugenden genannt. Von Minnereden im eigentlichen Sinn kann bei diesen beiden Texten nicht gesprochen werden, auch wenn die Erzählerrolle des Beobachters und Beraters sowie im ›Ritterpreis‹ die Personifikationsdichtung und die Tugendprobe des Edelsteinkranzes und -rings sehr an eine Minnerede erinnern.[16] Unter den Werken des Ps-Zilies von Seyn können nur ›Der Minnehof‹ und ›Die Ritterfahrt‹ tatsächlich als Minnereden bezeichnet werden; in ihnen tritt auch Minne selbst auf.

Der ›Minnehof‹ (Brandis 484)[17] beschreibt einen Minnekasus: Eine Frau bittet den Erzähler um Rat, wie sie auf die Lohnforderungen ihres Liebhabers reagieren solle, um ihre Ehre und sein Leben zu bewahren. Der Erzähler bringt diesen Fall vor das Minnegericht. Frau Minne und verschiedene rheinische Fürsten geben ihr Votum ab, und unter Berufung auf Ovid wird beschlossen, daß die Frau ihren Liebhaber belohnen solle. Die Frau nimmt das Urteil freudig an. Den Abschluß des ›Minnehofs‹ bildet ein Minnemonolog der Frau.

Im ›Minnehof‹ werden in das Minneredenmodell des Minnegerichts zeitgenössische Personen aus dem direkten Umkreis des Verfassers gestellt. Damit wird nicht wie in den oben genannten Werken des Ps-Zilies ein traditioneller Fürstenpreis durch Minneredenelemente und einen Minneredenrahmen ausgeschmückt und überhöht, sondern in einer Minnerede wird das Personal erweitert durch zeitgenössische Fürsten. Diese treten als Autoritäten in Minnefragen neben die personifi-

---

[15] Das Fragment beginnt erst beim zweiten Ritter.
[16] Vgl. Glier (1971), S. 59.
[17] Bach (1930), S. 220–226.

zierte Minne. Über seine zentrale minnedidaktische Aussage hinaus enthält der Text so ein nicht direkt ausgesprochenes Fürstenlob: Höchste Kompetenz in Fragen der Minne ersetzt die in den anderen Texten gelobte ritterliche Vollkommenheit.

Das Modell des Minnegerichts mit zeitgenössischen Personal findet in Frankreich im 14. Jahrhundert zunehmend Verbreitung.[18] So verwendet es zum Beispiel auch Guillaume de Machaut – ca. 40 Jahre nach Ps-Zilies –, um seine Gönner zu preisen. Er geht noch weiter als Ps-Zilies und ersetzt die Richterin Minne selbst durch zeitgenössische Fürsten – durch den König von Böhmen in ›Le Jugement dou Roy de Behaigne‹[19] (vor 1340)[20] und durch den Gönner des Dichters, den König von Navarra, in ›Le Jugement dou Roy de Navarre‹[21] (1349). Beraten durch einen Stab aus personifizierten Tugenden, entscheidet der jeweilige König über einen Minnekasus. Sowohl die höchste richterliche Gewalt, welche der der Frau Minne entspricht, als auch der personifizierte Rat des Königs dient zu dessen Preis.

In des Ps-Zilies ›Ritterfahrt‹ (Brandis 483)[22] findet sich eine Variante des Minnegerichtmodells:

Eine Frau – gemeint ist vermutlich Uda von Ravensberg[23] – hat gegen das Gesetz der Minne verstoßen, denn sie liebt keinen Ritter, sondern einen Priester (V 14–20). Der zugrunde liegende Minnekasus ist die Frage um den Vorrang von *miles* oder *clericus*, der zur Zeit des Ps-Zilies v. a. in der französischen Literatur weite Verbreitung gefunden hatte.[24] Das Urteil ist hier offenbar entgegen der französischen Tradition für die ritterliche Minne und gegen die Liebe des Priesters gefällt worden. Der Minnekasus selbst und das Minnegericht werden in der ›Ritterfahrt‹ nicht thematisiert; es geht nicht um die Entscheidung einer generellen Streitfrage, sondern um die Ahndung des Minnevergehens in einem aktuellen Fall. Frau Minne beauftragt durch ihren Sohn, den Liebesgott (V 2), Irmgart von Rheinfels, die Frau Graf Wilhelms I. von Katzenelnbogen, mit einem Straffeldzug gegen die Minnever-

---

[18] Zur Frage der historischen Existenz der Minnegerichtshöfe in Frankreich und Deutschland vgl. Glier (1971), S. 64 und die dort aufgeführte Forschungsliteratur.

[19] James I. Wimsatt, William W. Kibler (Hrsg.), Guillaume de Machaut, ›Le Jugement du roy de Behaigne‹ and ›Remedie de Fortune‹. Athen/London 1988, S. 59–165.

[20] Datierungen nach Günter Sonnemann, Die *Dit*dichtung des Guillaume de Machaut. Diss. Göttingen 1969.

[21] R. Barton Palmer (Hrsg.), Guillaume de Machaut, The Judgement of the King of Navarre. New York/London 1988 (Garland Library of Medieval Literature, A 45).

[22] Bach (1930), S. 230–233.

[23] Glier (1971), S. 68, A. 40; R. M. Schmidt, S. 76; Bach (1930), S. 20. Zum weiteren Personal der ›Ritterfahrt‹ vgl. Adolf Bach, Ein neues Bruchstück der ›Ritterfahrt‹. ZfdA 69 (1932), S. 90–96, S. 94–96 und Adolf Bach, Zur ›Ritterfahrt‹. ZfdA 71 (1934), S. 180.

[24] Siehe oben, S. 205f.

brecherin, welche sich auf einer *burch ungenant* (V 10) verschanzt. Mitten im Kriegerkatalog, der aus historisch bezeugten Personen, Männern und Frauen aus dem Umkreis Wilhelms von Katzenelnbogen, zusammengesetzt ist (V 21–114), bricht das Fragment ab.

Das Minneredenmodell »Erstürmung einer Burg« wird in der deutschen Literatur in der Regel zur Beschreibung einer Minnewerbung eingesetzt; die Verwendung des Modells im Kontext eines Straffeldzugs der Minne ist singulär. In dem erhaltenen Bruchstück der ›Ritterfahrt‹ fehlt zwar die Erstürmung und Eroberung der Burg selbst, doch ist anzunehmen, daß die Schlachtdarstellung den Charakter einer Masseninszenierung eines Minneturniers, eines Kampfes der rechten gegen die falsche Minne, hatte, ähnlich den oben erwähnten *Tournoiements des dames*.

Werden in ›Der Minnehof‹ zeitgenössische Fürsten als Autoritäten in Minnefragen gepriesen, so werden sie hier zu Verfechtern der wahren Minne gegen die politischen Gegner, welche für den Verstoß gegen die Liebesgesetze stehen. Minne wird so zum Politikum und zum Kennzeichen ritterlicher Exzellenz. Minnerede und Fürstenpreis können daher eine enge Verbindung eingehen.

Die sechs Werke des Ps-Zilies präsentieren verschiedene Möglichkeiten einer Verbindung von Fürstenpreis und Minnerede: reiner Fürstenpreis (›Die Böhmenschlacht‹ und ›Die Schlacht bei Göllheim‹), durch Minneredenelemente überhöhter Fürstenpreis (›Turnier‹ und ›Ritterpreis‹) und Minnerede als Fürstenpreis (›Minnehof‹ und ›Ritterfahrt‹). Vor allem in den beiden letztgenannten Werken wird die Minne als Gipfel und Inbegriff der Adelstugenden aufgefaßt. Dies zeigt sich auch in den Werken der anderen deutschen Verfasser, welche Minnerede und Fürstenpreis verbinden.

In der ›Schlacht bei Göllheim‹, V 132–134 beklagt Ps-Zilies den Tod Wilhelms von Cronenberg, der auf der Seite Adolfs von Nassau kämpfte. Derselbe Cronenberger sollte vermutlich in einer fragmentarisch überlieferten Minnerede gepriesen werden, die in der Handschrift die Überschrift trägt: *Carmen de Cronenberg et nominatur virtutes.* Brandis nimmt sie in sein Verzeichnis auf unter dem Titel ›Die Rittertugenden des Herrn von Kronberg‹ (Brandis 469).[25]

Nach einem klassischen Spaziergangs- und Natureingang (V 1–26) wird beschrieben, wie ein Knappe zum Erzähler kommt und ihm eine *âventiure* erzählt, die er den Erzähler aufzuschreiben bittet: Der Knappe wurde einst

---

[25] Edmund E. Stengel, Friedrich Vogt, Zwölf mittelhochdeutsche Minnelieder und Reimreden. Aus den Sammlungen des Rudolf Losse von Eisenach. Archiv für Kulturgeschichte 38 (1956), S. 174–217, S. 206–216.

von Amor und Venus auf *der minnen straze* in einen paradiesähnlichen Wald geführt, wo er der Königin *Adeldugint* (V 170) und ihrem Hofstaat begegnete. Zuerst wurden ihm die einzelnen Personifikationen vorgestellt, dann empfing ihn die Königin. Inmitten des Gesprächs zwischen dem Knappen und der Königin bricht das Fragment ab.

Der Fürstenpreis selbst fehlt; der Fürst wird in dem erhaltenen Bruchstück nicht einmal erwähnt. Das erhaltene Bruchstück läßt aber deutlich erkennen, wie der Verfasser Minnerede und Fürstenpreis verbinden wollte: Der Erzähleingang und das Handlungsmodell, der Weg auf *der minnen straze* in ein allegorisches Reich, entsprechen gänzlich der Gattung der Minnerede. Die Königin des Reichs ist aber nicht Frau Minne, sondern *Adeldugint*. Die Tugenden, welche der Hofstaat personifiziert, sind teils Minnetugenden (z. B. *kuscheit* (V 192), *zucht* (V 194), *schemde* (V 212), *stedekeit* (V 216)), teils Herrscher- und Rittertugenden (z. B. *gerechheit* (V 178), *mildekeit* (V 180), *barmhertzkeit* (V 181), *ere* (V 184)). Die verschiedenen Tugenden bilden eine Einheit; Minne ist der Weg zu ihnen, zu adeliger Vollkommenheit. Der noch ausstehende Fürstenpreis sollte ein zeitgenössisches Exempel dieser Vollkommenheit bieten: Der ideale Fürst kann, gerade da Minne als der Weg zu adeliger Perfektion gilt, durch eine Minnerede in höchster Form gepriesen werden.

Während Brandis die ›Rittertugenden‹ auf ca. 1290 datiert, nimmt Rheinheimer an, daß das Preisgedicht nach dem Tod Wilhelms von Cronenberg 1298 verfaßt worden sei.[26] Eine Verbindung von Minnerede und Preis eines verstorbenen Fürsten findet sich in der ersten Hälfte des 14. Jahrhunderts wiederholt: am Niederrhein die Klagen um Graf Wilhelm III. von Holland [† 1337] (Brandis 477)[27] und Graf Wilhelm IV. von Holland [† 1345],[28] um Adam von Mabbertingen [† 1345][29] und Herzog Johann von Lippurg und Brabant [† 1347] (Brandis 474), in Tirol die ›Klage um eine edle Herzogin‹ (Brandis 476)[30] – Beatrix von Tirol [† 1331] – und im schwäbischen

---

[26] Rheinheimer, S. 10.

[27] Friedrich Heinrich von der Hagen (Hrsg.), Graf Wilhelm von Holland. Aus der Berliner Handschrift von Gottfrieds Tristan. Germ. 6 (1844), S. 251–271.

[28] Kossmann, S. 53–60. Vgl. Jean de Condés ›Dit duo boin conte Willaume‹ Simonetta Mazzoni Peruzzi (Hrsg.), Jean de Condé, Opera, Bd. I. Florenz 1990 (Academia Toscane di Scienze e Lettere ‹La Colombaria›, Studi 94), S. 365–373: Condé stellt das Lob Wilhelms IV. von Holland nicht in einen Minneredenrahmen, sondern einen Gebetsrahmen.

[29] Karl Regel, Ein Fragment einer unbekannten Handschrift von Gelres Wapenboek. TNTL 5 (1885), S. 17–48, S. 24–26.

[30] Laßberg, Bd. II, S. 265–287.

Raum die Klage um Graf Werner von Hohenberg [† 1320] (Brandis 475).

Graf Werner von Hohenberg wird auch im ›Lob der ritterlichen Minne‹ (Brandis 472),[31] einer Zeit- und Totenklage aus der Zeit um 1330–1350, erwähnt:

> Der Ich-Erzähler trifft auf der Jagd einen Einsiedler, welcher ihm rät, das Jagen zu unterlassen und durch Rittertaten um Frauen zu werben. Die Minneredenschemata »Minnejagd« und »Rat eines Fremden« werden hier zitiert, doch die Antwort des Erzählers widerspricht den Erwartungen des Lesers: Er weist den Rat des Einsiedlers zurück und schildert ihm – ein weiteres Minneredenmodell –, wie die Unsitten der *nûwen minne* die hohe Minne verdrängt haben. Seine Zeitklage verbindet er mit einem Lob verstorbener Minneritter, darunter Graf *Rudolf* (gemeint ist wohl Ruprecht) von Nassau [† 1304] (V 194), Werner von Hohenberg [† 1320] (V 261), Johannes von Brabant [† 1294] (V 313) und Johann von Sponheim [† 1323] (V 317). Das Gespräch endet mit einem Schreibauftrag des Einsiedlers: Der Erzähler solle den Frauen sagen, daß sie *zu trost der ritterschaft* und nicht *den tummen affen* zum Trost (V 4012–4014) geschaffen seien.

Der Fürstenpreis ist hier mit einer direkten Minnelehre an das Publikum verbunden; den Minneredenelementen kommt daher entschieden mehr Bedeutung zu als in des Ps-Zilies ›Turnier‹ und ›Ritterpreis‹. Das Personal aber ist weitgehend dasselbe wie bei Ps-Zilies und dem Verfasser der ›Rittertugenden des Herrn von Kronberg‹: der Adel im Umkreis der Nassauer.

Noch zwei weitere Minnereden aus der ersten Hälfte des 14. Jahrhunderts mit historisch bezeugtem Personal sind zu erwähnen: ›Minne und Gesellschaft‹ (um 1325) und ›Die Schule der Ehre‹ (zwischen 1331 und 1340). In ›Minne und Gesellschaft‹ (Brandis 480)[32] werden ähnlich wie in Ps-Zilies' ›Minnehof‹ rheinische Fürsten in einem Minnekasus befragt, in der Frage um den Vorrang von Liebe oder Geselligkeit. In der ›Schule der Ehre‹ (Brandis 481)[33] lobt Frau Ehre ihre ehemaligen Schüler, darunter wiederum Graf Wilhelm von Holland (V 121), Graf Ruprecht von Nassau (V 143) und Graf Johann von Sponheim (V 151). Der Erzähler entgegnet ihr mit einem Preis zeitgenössischer Fürsten, unter denen sich auch der junge Johann von Katzenelnbogen befindet (V 396). Ähnlich wie im ›Ritterpreis‹ wird hier der Fürstenpreis mit

---

[31] Friedrich Heinrich von der Hagen (Hrsg.), Klagelied auf Johannes von Brabant (Lob der ritterlichen Tugend). Aus der Würzburger Handschrift. Germ. 3 (1839), S. 116–130.
[32] Matthaei, S. 65–73.
[33] Thiele, S. 171–184.

einer Tugendlehre verbunden, welche Ritter-, Herrschafts-, Minnetugenden und christliche Tugenden vereint (V 586–817), und in eine an
Erzählformen der Minnerede angelehnte Personifikationsdichtung gestellt.

Der Fürstenpreis in einem an Minnereden erinnernden Rahmen –
ohne einen direkten inhaltlichen Bezug zur Minnerede – findet sich
vereinzelt auch in späterer Zeit: Aus der Mitte des 14. Jahrhunderts
stammt das ›Gedicht auf Kaiser Ludwig den Baiern‹ (Brandis 471),[34]
aus der Zeit um 1400–1480 Ulrich Höpps ›Klage der Treue‹ (Brandis
473), in welcher Frau *Triuwe* den Sieg der *Untriuwe* und den Tod aller
triuwen Kaiser und Könige beklagt; ihre einzige Hoffnung sei *Friderich*
(V 228.240) – der Habsburger Friedrich III.[35]

Eine neue Form der Verbindung von Minnerede und Fürstenpreis,
nämlich die Minnerede als eine Art Schlüsselroman, vertritt ›Das Minneturnier‹ (Brandis 427),[36] vermutlich das Werk eines Schülers Hermanns von Sachsenheim.[37]

Erzählt wird von einem Traum des Ich-Erzählers: Auf einem Spaziergang
gelangt er zum Venusberg. Vor diesem haben Venus und *Âventiure* ihre Zelte
aufgeschlagen und bereiten sich auf ihr alljährliches Mai-Turnier vor. Auf
der Seite der Venus erlebt der Erzähler das Turnier mit, an dem auch einige
Artusritter teilnehmen. Als er schließlich den Turnierpreis vergeben soll,
entscheidet sich der Erzähler für einen Ritter mit rot-schwarz-weißem Wappen (V 651), von dem ihm Venus schließlich erklärt, daß er ihr Lieblingssohn
sei (V 715). Er sei *sanguinibus* (V 717) und unter dem Stern der Venus geboren (V 718f.), von höchster Abstammung im Römischen Reich (V 729).
Sie lobt ihn und berichtet von einem Lehrgespräch über die Minne, welches
sie einst mit ihm geführt habe. Unter anderem habe sie ihn ermahnt, sich
dem Glücksrad anzuvertrauen (V 1082f.) und den Artusrittern nachzufolgen
(V 1086f.). In seiner Herrscherrolle wird ihm Artus (V 1092–1095), in seiner Rolle als Minneritter werden ihm Parzival (V 1106), Lancelot (V 1109),
Schionatulander (V 1112) und Willehalm (V 1121) als Vorbilder genannt.
Noch während seines Gesprächs mit Venus wird der Erzähler geweckt.

---

[34] Franz Pfeiffer, Bruchstücke eines Gedichts auf Ludwig den Baier, in: ders., Forschung
und Kritik auf dem Gebiete des deutschen Altertums, Bd. I. Wien 1862, S. 45–84
(= Sitzungsberichte der phil. hist. Klasse der k. Akademie der Wissenschaften, Wien
41 (1863), S. 328–367); Englert, Zwei neue Bruchstücke des Gedichtes auf K. Ludwig
den Baier. ZfdA 30 (1886), S. 71–75, S. 73–75; Herbert Thoma, Ein neues Bruchstück
des Gedichtes auf Kaiser Ludwig den Baiern. ZfdA 58 (1921), S. 87–92, S. 91f.

[35] Vgl. Ulrich Höpps ›Gedicht an Friedrich III.‹, das die Wahl, Krönung und Hochzeit
Friedrichs schildert. Weber, S. 209–217.

[36] Matthaei, S. 96–113.

[37] Zur Diskussion der Verfasserschaft Hermanns von Sachsenheim vgl. Dietrich Huschenbett, Das Minneturnier, in: VL² VI, Sp. 596–598, Sp. 597.

Anders als in den rheinischen Minnereden des 14. Jahrhunderts wird hier der gepriesene Ritter nicht beim Namen genannt; doch es liegt nahe, seine betont hohe Abstammung dahingehend zu deuten, daß es sich um einen deutschen König oder noch eher einen römischen Kaiser handle. Huschenbett identifiziert ihn, nicht zuletzt, da er von der Autorschaft Hermanns von Sachsenheim ausgeht, mit Albrecht VI. von Österreich.[38] Es ist aber eher anzunehmen, daß nicht der österreichische Herzog, sondern sein Bruder, der oben bereits erwähnte Kaiser Friedrich III., gemeint ist.[39] Friedrich wurde 1452 zum Kaiser gesalbt, und etwa um diese Zeit dürfte das ›Minneturnier‹ entstanden sein. Diente schon im 14. Jahrhundert die Minnerede dem Fürstenpreis, da die Exzellenz in der Minne zugleich für die höchste *adeldugint* steht, so ist hier der Preis des Fürsten durch Minne offensichtlich zu einem Mittel der Herrschaftslegitimierung geworden.

Die Minnerede als Fürstenpreis und die zweite Spielart dieser Verbindung, der Fürstenpreis im (ausgehöhlten) Minneredenrahmen, weisen beide zwei lokale Schwerpunkte auf: das Rheinland, genauer den Umkreis der Herzöge von Nassau und der Grafen von Katzenelnbogen, und Österreich. Eine Verbindung der beiden Zentren ist bereits bei Ps-Zilies sichtbar, der in seinen historischen Kleindichtungen sowohl die Nassauer (›Die Schlacht bei Göllheim‹) als auch die Habsburger (›Die Böhmenschlacht‹) preist. Die Grafen von Katzenelnbogen standen in engem Kontakt mit beiden Herzoghäusern. Eberhard I. von Katzenelnbogen trat 1275 in die Dienste Rudolfs von Habsburg und wurde bald einer seiner engsten Vertrauten.[40] Er war ebenso ein bedeutender Berater König Adolfs von Nassau und auch König Albrechts I.

Als Vertrauter König Rudolfs stand Eberhard von Katzenelnbogen nicht zuletzt auch in Kontakt mit den Grafen von Hohenberg-Haigerloch. Eberhard von Katzenelnbogen und Albert und Burkhard von Hohenberg werden in einigen Urkunden aus der Zeit Rudolfs gemeinsam erwähnt, als Begleiter, Berater oder Gesandte des Königs.[41] Werner von Hohenberg schließlich, der Neffe Burkhards und Alberts von Hohenberg und Stiefsohn Rudolfs von Habsburg, wird, wie oben erwähnt,

---

[38] Dietrich Huschenbett, Hermann von Sachsenheim. Ein Beitrag zur Literaturgeschichte des 15. Jahrhunderts. Berlin 1962 (Philol. Studien und Quellen 12), S. 106.

[39] Vgl. auch Glier (1971), S. 337.

[40] Schmid, S. 92; Karl E. Demandt, Geschichte des Landes Hessen. Kassel/Basel 1959, S. 167f.

[41] Schmid, S. 85. 92. 122f.; Monumenta Hohenbergia, Urkunde Nr. 80, S. 55f.

im ›Lob der ritterlichen Minne‹ gemeinsam mit Ruprecht von Nassau und anderen rheinischen Fürsten gelobt. – Es ist wahrscheinlich, daß Johann von Würzburg die Werke des Ps-Zilies von Seyn kannte, d. h. daß er mit der in Deutschland seltenen Verbindung von Minnerede und Fürstenpreis, die auf einem Verständnis von Minne als höchster Adelstugend beruht, vertraut war. Wie sich dies im Text selbst auswirkt, soll im folgenden gezeigt werden.

4.2. Historisches und Politisches im Schlußteil

Um das Verhältnis von Minnerede und *historia* oder Fürstenpreis im ›Wilhelm von Österreich‹ zu bestimmten, müssen die Stellen noch einmal betrachtet werden, in denen dezidiert Historisches in Erscheinung tritt: die Schlußszenen.

Als mit der Hochzeit Wilhelms und Aglies das Romanschema erfüllt zu sein scheint, setzt der Erzähler neu wieder ein mit einer Schlachtbeschreibung, dem Entscheidungskampf zwischen Agrant und Wilhelm in Belgalgan. Die Schlacht erscheint als ein Kampf der *triuwen* Minne Wilhelms, welche auch die Gottesminne mit einschließt, gegen *der welt gitsære*,[42] und die Szene dient zugleich dazu, die *historia* in das Geschehen hereinzunehmen – und sie zu widerlegen.[43] Es handelt sich also, um es mit anderen Worten auszudrücken, um einen fiktiven Entscheidungskampf in Minnefragen mit historischem und zeitgenössischem Personal – inklusive eines Vorfahren der Haigerlocher Grafen (V 16 653–16 657): In ihrem Ansatz steht diese Szene der ›Ritterfahrt‹ des Ps-Zilies von Seyn nahe.

Man beachte auch, wen Johann als Führer der einzelnen Heerscharen des christlichen Heers auswählt: Die Anführer der ersten, zweiten, dritten und fünften Schar, Leopold von Österreich (V 16 511f.), Friedrich von Schwaben (V 16 614f.), Richard Löwenherz (V 16 793) und Philipp Augustus (V 16 940f.), stehen in direkter Beziehung zum Kreuzzugsgeschehen, so auch die Könige der Kreuzfahrerstaaten, der König von Zypern (V 17 093) und der König von Jerusalem (V 17 139), die Hauptleute der siebten und achten Schar. Der sechsten Heeresabteilung steht Gaylet vor (V 17 037), auch dies mag wenig verwundern. Die fünfte Heerschar aber leitet Herzog Johann von Brabant (V 16 871), der zur

---

[42] Siehe oben, S. 231f.
[43] Siehe oben, S. 72–75.

Zeit des vierten Kreuzzugs noch nicht einmal geboren war. – Johann von Brabant ist uns bereits bekannt aus dem ›Lob der ritterlichen Minne‹ (Brandis 472), in dem sein Tod neben dem des Ruprecht von Nassau, Werner von Hohenberg und Johann von Sponheim beklagt wird.[44] Auch in des Ps-Zilies ›Ritterpreis‹ wird er erwähnt (V 75). Unter seiner Führung kämpfen in der Schlacht zu Belgalgan unter anderem Wilhelm von Holland (V 16 876f.),[45] der Graf von Jülich (V 16 897),[46] der Graf von der Mark (V 16 899),[47] der Graf von Saarbrücken (V 16 907)[48] und – wie in der ›Schlacht bei Göllheim‹ (V 63) gemeinsam genannt – die Grafen von Leiningen und Zweibrücken (V 16 909f.), ausdrücklich ohne ihre Gegner aus der ›Schlacht bei Göllheim‹ (V 67), den Rau- und den Wildgrafen (V 16 911). Außerdem befinden sich in dieser Heerschar der Graf von Sponheim (V 16 912),[49] die Grafen von Seyn und Katzenelnbogen (V 16 913), Adolf von Nassau (V 16 916f.), auf dessen ritterlichen Tod (bei Göllheim) Johann ausdrücklich hinweist (V 16 918f.), und die Grafen von Isenburg und Waldeck (V 16 930), welche in der ›Ritterfahrt‹ gemeinsam auftreten (V 91–94).

Das Personal der ›Schlacht bei Göllheim‹ des Ps-Zilies von Seyn, welche Johann offensichtlich kennt, und anderer rheinischer Minnereden – Fürsten, die mit den Haigerlochern und Habsburgern nachweislich in Verbindung standen[50] – tritt hier zwischen die Reihen der Kreuzritter, und das bei einem Kampf, der ganz *umm ain wip* (V 17 388) stattfindet. Ein Leser oder Hörer, der mit der Dichtung des Ps-Zilies vertraut ist, wird hier darauf vorbereitet, daß sich Minnerede und Fürstenpreis im Schlußteil des Romans verbinden, und zwar weitergehend als dies durch die Wahl eines österreichischen Helden bereits geschehen war.[51]

Am Ende der Romanhandlung, nach dem Tod Wilhelms und Aglies, Leopolds und seiner Frau interessiert nur noch eines: die Kontinuität der Herrschaft. Friedrich ist die Hoffnung des österreichischen Adels (V 19 460f.). Diese Schlußwendung widerspricht einem rein minnedi-

---

[44] Siehe oben, S. 250.
[45] Regel deutet ihn als Wilhelm I.; wahrscheinlicher ist aber, daß Johann Wilhelm III. meint, den Zeitgenossen der um ihn gruppierten Fürsten. Vgl. ›Schule der Ehre‹, V 121.
[46] Vgl. ›Minnehof‹, V 149. Gerhard V. von Jülich ist der Schwager Diethers III. und Onkel Wilhelms I. von Katzenelnbogen
[47] Vgl. ›Schule der Ehre‹, V 377.
[48] Ebd., V 125.
[49] Vgl. ›Minnehof‹, V 151; ›Schule der Ehre‹, V 151; ›Lob der ritterlichen Minne‹, V 315.
[50] Siehe oben, S. 252.
[51] Siehe oben, S. 71f.

daktischen Verständnis von Johanns Werk, sie zeigt ein deutliches politisches Interesse.

Der Roman ist nach Angaben des Verfassers (V 19 576–19 579) in der Kreuzwoche des Jahres 1314 vollendet, d. h. nur wenige Monate nach dem Tod König Heinrichs († 14.8.1313), in der Zeit der Unsicherheit und des Streits um seine Nachfolge auf dem römischen Thron – ein Streit, der am 19./20. September 1314 zur Doppelwahl Friedrichs des Schönen von Österreich und Ludwigs von Oberbayern führen sollte. Friedrich dem Schönen und seinem Bruder Leopold ist das Werk in V 18 630ff. gewidmet.

Ihr Vater, König Albrecht I., ist wenige Jahre vor Abschluß des ›Wilhelm von Österreich‹, am 1.5.1308, von seinem Neffen Johannes Parricida und dessen Vertrauten, Rudolf von Balm, Rudolf von Wart und Walter von Eschenbach, ermordet worden. Johannes Parricida, der sich in alten finanziellen Ansprüchen von Albrecht betrogen sah, nutzte die Gelegenheit, als der unbewaffnete König allein mit ihm und seinen Verbündeten auf einem Floß über die Neiß zu seiner Frau Elisabeth übersetzte, um ihn hinterrücks zu erstechen. Die österreichischen Chroniken, allen voran Ottokars ›Österreichische Reimchronik‹,[52] gestalten den Verrat des Johannes als Judas- oder Kainstat breit aus, ebenso Elisabeths Klage. Doch nicht nur aus der zeitgenössischen Literatur, die gleichzeitig oder z. T. erst nach Johanns Werk entstand, dürfte Johann von Würzburg die Szene von der Ermordung Albrechts bekannt gewesen sein; sie spiegelt nur die Sicht wieder, welche der Wiener Hof und die mit ihm verbundenen Häuser wohl von den Vorgängen hatten. Aus eben dieser Perspektive hat voraussichtlich auch Johann seine Informationen enthalten: Burkhard von Hohenberg war Augenzeuge des Mords und hat Albrechts Sohn Leopold sofort vor den Mördern in Sicherheit gebracht. – Der Mord an einem österreichischen Herzog, der unbewaffnet und arglos unterwegs ist, ein sinnloser Racheakt eines enttäuschten Verwandten, die übermäßige Klage der Witwe, die nur wenige Meilen vom Tatort entfernt gewesen ist, das heimliche Wegbringen des Sohnes durch einen Getreuen, – diese Parallelen zwischen der Historie und der Schlußszene des Romans sind zu groß, als daß sie zufällig zustande gekommen sein könnten, an einem unmittelbar betroffenen Hof und nur sechs Jahre nach der Ermordung Albrechts.

Durch seine Darstellung der Ermordung Wilhelms klagt Johann von Würzburg die Mörder König Albrechts an. Gleichzeitig erfährt in die-

---

[52] Vgl. auch die jüngere ›Österreichische Chronik von den 95 Herrschaften‹, S. 185f.

ser Szene *Fridrich*, der Sohn des Ermordeten, eine Umdeutung: Aus dem Babenberger[53] wird der Sohn Albrechts, Friedrich der Schöne von Habsburg.[54] Da Wilhelm von Anfang an außerhalb der historischen Chronologie steht, ist eine solche Umdeutung seines Sohnes problemlos möglich. Damit wird Wilhelm zum Bindeglied zwischen den Habsburgern und den Babenbergern (sowie zwischen dem Haus Habsburg und dem Grals- und Artusgeschlecht), und so wird dem politischen Anliegen der Habsburger, ihren Herrschaftsanspruch zu untermauern, das zuvor schon vorhanden war, in der aktuellen Situation aber verschärft ist, nachdrücklicher gedient. Friedrichs des Schönen Anspruch auf die römische Krone wird unterstützt – nicht durch eine glaubhafte Geschichtsdarstellung, sondern dadurch, daß eine Idealgestalt, die bislang als fingierte Zutat zur Geschichte erkenntlich war, plötzlich auf eine reale zeitgenössische Person hin durchsichtig wird und damit die Kontinuität des Ideals von der (babenbergischen) Geschichte auf die (habsburgische) Gegenwart beansprucht wird.

Mit anderen Worten: Aktuelle Umstände haben Johann zu einer stärker politischen Ausrichtung seines Schlußteils bewegt, doch ginge es zu weit, wollte man wie Juergens den Gesamttext als eine *historia poetica* auffassen. Bis zur großen Entscheidungsschlacht bleibt die *historia*, wofern sie nicht nur dazu dient, das Fiktionale als solches kenntlich zu machen, fast völlig ausgeblendet; und in der Schlacht selbst tritt die *historia* nicht an die Stelle der Minnedidaxe, sondern verbindet sich mit ihr nach rheinischem Vorbild zu einer Minnerede als Fürstenpreis. Johann bleibt seinem im Prolog geäußerten Programm treu,

> *daz minne und aventûr*
> *von mir würde getihtet*
> *und tugende dar in gepflihtet.*
> (V 146–148)

(daß ich von Minne und *âventiure* dichte und *tugent* – Anweisung zum rechten Handeln – damit verbinde.)

So hat ja auch die Todesszene Wilhelms nicht nur die genannte politische Bedeutung, sondern ist auch, verbunden mit dem Motiv der Einhornjagd, eine Manifestation der höchsten Minne.[55]

Wilhelm zeichnet sich nicht etwa durch politische Qualitäten aus, sondern allein durch seine Vortrefflichkeit in der Minne. Er kämpft

---

[53] Siehe oben, S. 71.
[54] Vgl. Juergens, S. 46.
[55] Siehe oben, S. 234–237.

ausschließlich für die Minne und äußert sogar wiederholt, daß er auf Österreich gerne verzichten wollte zugunsten seines *bilde* (V 792–799, V 1 255–1 261, V 18 467–18 469). Dennoch beklagt der *tugenthafte Schreiber* seinen Tod als einen Verlust für Österreich wie für die Minne. Hier zeigt sich dasselbe Verständnis von Minne wie in den rheinischen Minnereden, wo das Fürstenlob z. T. allein auf der Exzellenz und Kompetenz in der Minne beruht, – besonders deutlich ist dies im ›Minnehof‹. Minne bleibt nicht auf eine private Ebene beschränkt, sondern versteht sich als Ausweis und Inbegriff der *adeltugent.* Sie erhebt selbst Heilsanspruch: Der wahrhaft Liebende kommt *zu Gotes vronen riche* (V 4 427). Minnerede und Fürstenlob, Minnelehre und Fürstenlehre verschmelzen.

Im Epilog bringt Johann diese umfassende Konzeption der Minnedidaxe als einer allgemeinen Tugendlehre für die *werden* nochmals deutlich zum Ausdruck:

> *ich han den werden vorgesait*
> *dits durch bezzerunge,*
> *si sin alt oder junge,*
> *die gern hörn werdekait:*
> *ez si lüge oder warhait,*
> *sagt auch ez von eren tat,*
> *ein ieglichs daz sich verstat,*
> *bezzerunge nimt da von:*
> *wiser müt ist des gewon.*
> *da von ich bit der uns geschüf*
> *durch sinen götlichen rüf,*
> *daz er mir welle vergeben,*
> *ob ich suntliches leben*
> *iht hab gesterkt dar inne,*
> *daz mir sin götlich minne*
> *daz an der sel tylje.*
> (V 19 502 – 19 517)

(Ich habe dies den *werden* erzählt, um sie dadurch zu bessern: denen, sie seien jung oder alt, die gerne von *werdekait* erzählen hören. Sei es eine erfundene oder eine wahre Geschichte, wenn in ihr eine ehrenhafte Tat geschildert wird, dann bessert sich an ihr jeder, der es vermag: Der Verständige ist dies gewohnt. Daher bitte ich unseren Schöpfer bei seiner göttlichen Würde, daß er mir vergeben möge, falls ich in irgendeiner Weise sündhaftes Leben durch meine Erzählung bestärkt habe. Ich bitte, daß mir seine göttliche Liebe diesen Fleck an der Seele auslösche.)

Die *werden* sollen durch die Demonstration einer durchaus fiktiven *eren tat* gebessert, d. h. in der *tugent* unterwiesen werden. Die *eren tat* besteht aber in nichts anderem als in der Minnehandlung. Daneben mußte Johann aber auch die Gegenseite, die falsche Minne, darstellen, und er hofft damit nicht ein *suntliches leben* bestärkt zu haben. Ehre und Minne stehen so Sünde und Unminne gegenüber, d. h. Minne hat einen gesellschaftlichen (Ehre) und einen religiös-moralischen Aspekt.

Der Erzähler ruft hier die *zuckersüzziu lylye* (V 19 518) Maria an und lobt die erlösende Kraft ihrer Liebe, die vor dem *tiuvel mit den ræten sin* (V 19 531) bewahrt. Gott, so bittet er, möge die *bösen und die swachen* mit *schanden flûch* (V 19 558f.) bestrafen und allen helfen, *di mût / hant ze gûten sachen* (V 19 556f.). – Liebe ist identisch mit den *gûten sachen* und ist heilsrelevant.

Johann beschließt sein Buch mit der Nennung seines Namens (V 19 561), seiner Quelle – einer offensichtlichen Fiktion –, seiner Adressaten und seiner Intention:

> *von Zyzya künc Agrant*
> *hiez si also beschriben.*
> *mannen und wiben*
> *die eren walten, den ichs han*
> *getûtschet, durch daz si verstan*
> *waz triwe und werdes leben si.*
> (V 19 564–19 569)

(König Agrant von Zyzya ließ sie so aufschreiben. Für Männer und Frauen, die sich um Ehre bemühen, habe ich die Geschichte ins Deutsche übersetzt, damit sie verstehen, was *triuwe* und *werdes leben* sei.)

In fiktionalem Rahmen soll *triuwe* und *werdes leben* vermittelt werden, und das heißt eine Minnelehre und zugleich eine umfassende Anleitung für ein dem Adel entsprechendes Leben.

Auch hier folgt noch einmal eine Wendung ins Politische: Johann nennt die beiden Widmungsträger, die *fürsten* Leopold und Friedrich von Österreich (V 19 572f.) und – völlig ungewöhnlich für einen Roman – das Datum des Abschlusses seiner Arbeit: die Kreuzwoche 1314 (V 19 574–19 580). Welche politischen Implikationen dieses Datum mit sich bringt, ist oben dargelegt worden.

Zugleich wird in den Handschriften G, L und Ha auf den fast gleichzeitigen Sieg der Schwaben gegen Württemberg am Asperg verwiesen.[56] Im Lob der schwäbischen Fürsten und Reichsstädte zeigt sich dasselbe Phänomen wie bei der Verherrlichung der Österreicher: Minnedichtung wird zum Instrument der Behauptung politischer Superiorität, denn sie demonstriert moralische Exzellenz.

---

[56] Siehe oben, S. 54.

5. Fazit: Johanns Umgang mit literarischen Gattungen

5.1. Zusammenfassung

Die Analyse des ›Wilhelm von Österreich‹ hat gezeigt, daß Johann von Würzburg das traditionelle Romanschema ebenso nur anzitiert, um es zu brechen, wie die Historie. Aus den Bruchstücken beider bildet er, in Verbindung mit den verschiedensten Minneredenelementen und -mustern, eine neue Form des Romans. Er beweist in verschiedenen literarischen Gattungen eine so breite und oft auch sehr genaue Textkenntnis (ich erinnere beispielsweise an die engen Anklänge an den ›Jüngeren Titurel‹, die ›Schlacht bei Göllheim‹), daß man annehmen darf, daß er nicht aus Unwissenheit, sondern in der Regel tatsächlich bewußt die verschiedenen Muster bricht.

Johann setzt seinem Werk dasselbe Ziel wie einer Minnerede: Minnedidaxe. Dennoch kann der ›Wilhelm‹ nicht als eine Minnerede bezeichnet werden: Er ist weder eine Allegorie, noch ist die Handlung auf einen standardisierten Rahmen um eine oder mehrere Reden reduziert. Die Reden und die Allegorie sind vielmehr neben (d. h. in der Regel vor) eine bewußt fiktive Handlung – nicht eine Sammlung von historischen *exempla* – gestellt, die das Allgemeine, welches die *rede* und die Allegorie zum Ausdruck bringen, im Einzelfall durchspielt und den Helden, welcher der Idee eines idealen Liebenden näher kommt als andere Gestalten, als *bilde* oder *spiegel vaz* der *tugent* präsentiert, damit der *werde* Leser oder Hörer von seinem Anblick lerne, was *werdes leben* ist.

Wie in den rheinischen Minnereden aus dem Umkreis der Herzöge von Nassau und Grafen von Katzenelnbogen werden historische Figuren in die Erzählung integriert und wird die Minnelehre mit einem Fürstenpreis verbunden; doch der Held selbst ist bei Johann gerade keine historische Gestalt, sondern er ist offensichtlich fiktiv. Die historischen Bezüge im Werk widersprechen sich und betonen gerade die Fiktionalität der Erzählung. Erst im Schlußteil zeigt sich ein deutliches zeithistorisch-politisches Interesse Johanns. Aber auch hier bleibt die Exzellenz in der Minne die entscheidende Qualität eines Herrschers: Sie ist Ausweis der *adeltugent*.

Der ›Wilhelm von Österreich‹ ist auch nicht wie alle (erzählenden) Minnereden eine Ich-Erzählung. Die Erzählhaltung nähert sich zwar oft der eines Ich-Erzählers an, doch steht neben dieser Erzählerrolle stets auch die ihr entgegengesetzte, die Rolle des selbstbewußt fingierenden Schöpfers und Herrschers der *âventiure*. Der Wechsel zwischen den Erzählerrollen weist den Leser oder Hörer auf das Neben- und Ineinander der verschiedenen literarischen Gattungen im Text hin, und die doppelte Erzählerrolle rückt das Werk nochmals deutlich von der Geschichtsschreibung ab, in welcher der Erzähler sich weitgehend zurückhält.

Charakteristisch für einen Roman – bereits den frühhöfischen – ist die zweigliedrige Struktur, die hier besonders deutlich sichtbar ist. Johann zitiert zwar auch Strukturmerkmale des Artusromans, doch bleiben diese Zitate sehr oberflächlich; der ›Wilhelm‹ hat keine arthurische Symbolstruktur. Dennoch kann von einer Art »Symbolstruktur« gesprochen werden, insofern jede *âventiure* durch ihre Position in der Struktur des Romans ihren Sinn erhält: Der symmetrische Aufbau des Werks ordnet den *âventiure* minnedidaktischen Passagen zu, die sie als praktische Umsetzungen einer Minnelehre deuten. Die symmetrische Struktur, die auf diese Weise Romanstruktur und Minnerede verbindet, ist überlagert von einem Wegschema, einem Stationenweg der Minne, der von ihrer Entstehung bis zu ihrer höchsten Erfüllung im Tod führt, gekennzeichnet durch den steten Wechsel von *lieb* und *leit*, der im Wesen der Minne selbst liegt. Der ›Wilhelm von Österreich‹ präsentiert sich damit als ein Versuch, den Zweck der Minnerede in einer eigenen, einer neuen Romanstruktur zu verfolgen.

Wenn Johann erklärt, daß er *minne und aventiur* gedichtet und *tugende dar in gepflihtet* (V 146f.) habe, bedeutet dies also weit mehr als nur das Einfügen einiger Exkurse in einen Minne- und Abenteuerroman: Die *tugent* als Zweck der Dichtung geht bei ihm in den Inhalt, d. h. die Handlung ebenso ein wie in die Darbietungsform (die Erzählhaltung) und in die Form, d. h. die Struktur des Texts. Ihm ist so eine weitgehende Synthese der Gattungen Roman und Minnerede gelungen. Zugleich setzt er sich auch mit der *historia* auseinander – als einem Inhalt, der eine eigene Darbietungsform verlangt, und als einem alternativen Sinnangebot.

5.2. Literarhistorischer Kontext

Als Gattungsmischung steht der ›Wilhelm von Österreich‹ im literarhistorischen Kontext keineswegs allein. Nicht die Tatsache, daß Johann – wie Huschenbett bereits bemerkt hat[1] – Minneredenelemente in einen Roman integriert, oder daß er historische Elemente in eine fiktive Handlung aufnimmt – Juergens spricht von einer *historia poetica*, Ebenbauer von referentieller Illusion –, sondern der hohe Grad, in welchem die verschiedenen Gattungen sich durchdringen, und die Technik, mit der Johann sie miteinander verknüpft, machen die Andersartigkeit des Werks aus. Ein Vergleich mit anderen, ähnlichen Gattungshybriden der mittelhochdeutschen höfischen Dichtung, dem ›Frauendienst‹ Ulrichs von Liechtenstein (5.2.1.), dem ›Jüngeren Titurel‹ (5.2.2.) und dem ›Reinfrid von Braunschweig‹ (5.2.3.), soll den Charakter der Gattungssynthese Johanns verdeutlichen. – Da es sich hier um bekannte Texte handelt, verzichte ich jeweils auf eine Inhaltsangabe.

5.2.1. Ulrichs von Liechtenstein ›Frauendienst‹

Jan-Dirk Müller charakterisiert den ›Frauendienst‹[2] Ulrichs von Liechtenstein als einen Text, »der ausdrücklich Daten einer identifizierbaren historischen Realität und Elemente höfischer Literatur (Motive, Handlungsmuster, Strukturtypen) aufeinander bezieht und beides zum narrativen bzw. kommentierenden Rahmen von Minneliedern zusammenschließt«.[3] Nicht nur Minnelieder, auch Minnereden sind bei Ulrich in eine fiktive Minne-*Âventiuren*erzählung mit z. T. historischem Personal eingebettet, die einen Ich-Erzähler und – oberflächlich – die Struktur eines *Âventiuren*romans besitzt und in streng didaktischem Ton endet.

So betrachtet, erscheint der ›Frauendienst‹ geradezu als ein Vorbild der Gattungsmischung im ›Wilhelm von Österreich‹. Es lohnt sich, die einzelnen Aspekte der Gattungsmischung bei Ulrich, das Verhältnis zwischen *historia* und *fabula* (A.), die Verknüpfung von Lied, Rede und *Âventiuren*handlung (B.), die Erzählhaltung und Didaxe (C.) und die Struktur des ›Frauendienst‹ (D.), genauer zu betrachten.

---

[1] Huschenbett (1983).

[2] Ulrich von Liechtenstein, Frauendienst. Hrsg. v. Franz Viktor Spechtler. Göppingen 1987 (GAG 485).

[3] Jan-Dirk Müller, Lachen – Spiel – Fiktion. Zum Verhältnis von literarischem Diskurs und historischer Realität im ›Frauendienst‹ Ulrichs von Lichtenstein. DVjs 58 (1984), S. 38–73, S. 42.

A. *Historia* und Fiktion im ›Frauendienst‹

Johanns Held ist bereits durch seinen Namen als ahistorische Gestalt erkenntlich. Wenn dann Wilhelms und seiner Geliebten Abstammung beschrieben werden, voller Widersprüche zu bekannten chronologischen und genealogischen Strukturen aus Geschichte und Literatur, ist kein Zweifel mehr an seiner Fiktivität gelassen. Der Ich-Erzähler im ›Frauendienst‹ hingegen nennt sich *Uolrich von Liechtenstein* (Str. 44), und tatsächlich stimmen die wichtigsten biographischen Daten des Ich-Erzählers mit denen des Verfassers überein. Die Frage, inwieweit der »minnebesessene Diener zweier Herrinnen« mit dem »geachteten, überlegenen Politiker«[4] tatsächlich identisch ist, hat die germanistische Forschung stets beschäftigt. Erst in neuerer Zeit wird immer häufiger, v. a. unter Berufung auf Touber,[5] der fiktive Charakter des ›Frauendiensts‹ hervorgehoben.[6] Nicht der Name, nicht die biographischen Daten oder die Abstammung des Helden widerspricht der historischen Wahrheit, allein die Art, in der er sich in seiner Erzählung stilisiert, und die *âventiure*, die er beschreibt, sind zuweilen fernab von der Realität, überspitzt und unglaubwürdig, deutlich an Mustern der literarischen Tradition ausgerichtet.

Die historischen Personen, die im ›Frauendienst‹ auftreten, sind tatsächlich Zeitgenossen des Dichters, und die historischen Daten und Ereignisse, die hier erwähnt werden, widersprechen sich auch nicht und schaffen dadurch nicht wie im ›Wilhelm von Österreich‹ einen fiktionalen Raum, sondern sie brechen immer wieder in das Maskenspiel des Erzählers, der in verschiedene literarische Rollen schlüpft, ein und machen den Widerspruch zwischen gelebter Literatur und historisch/politischer Realität sichtbar. Besonders deutlich wird dies bei Ulrichs letzter *âventiure*, der Artusfahrt: Im Gewand des Königs Artus zieht er aus, um gegen andere Ritter zu turnieren, die ebenfalls die Namen arthurischer Helden führen.[7] Der Widerspruch zwischen der Artus-Rolle und

---

[4] Ingeborg Glier, Diener zweier Herrinnen: Zu Ulrichs von Lichtenstein *Frauendienst*, in: Harald Scholler (Hrsg.), The Epic in Medieval Society. Aesthetic and Moral Values. Tübingen 1977, S. 290–306, S. 294.

[5] A. H. Touber, Der literarische Charakter von Ulrich von Lichtensteins ›Frauendienst‹. Neophil. 51 (1967), S. 253–262.

[6] Vgl. dazu Renate Hausners umstrittene Auffassung, der ›Frauendienst‹ sei weder als Biographie Ulrichs noch als Fiktion zu verstehen, sondern als Allegorie für Ulrichs von Liechtenstein Dienst an zwei Herrscherhäusern: Babenberg (erste *vrouwe*) und Hohenstaufen (zweite *vrouwe*): Renate Hausner, Ulrichs von Liechtenstein ›Frauendienst‹. Eine steirisch-österreichische Adaptation des Artusromans. Überlegungen zur Struktur, in: Fs Adalbert Schmidt. Stuttgart 1976, S. 121–192, S. 160–168.

[7] Die Inszenierung von Artusrunden und Artusturnieren gehörte ab dem 13./14. Jahr-

der Ulrich-Rolle wird zuerst lachend hingenommen (Str. 1 461,1), führt dann aber zur Auflösung des Spiels: Der Tod Friedrichs II. und die Gefangennahme Ulrichs durch Ottokar von Böhmen bereiten der arthurischen *vreude* ein jähes Ende – und nicht nur ihr: Mit diesem Einbruch der *historia* in die *Âventiuren*handlung endet die gesamte Erzählhandlung des ›Frauendienst‹; es folgen nur noch Lieder und Reden.

Das heißt, daß die *historia* im ›Frauendienst‹ als Ernst dem nichtigen literarischen Spiel entgegengesetzt ist, während sie im ›Wilhelm‹ gerade dazu dient, darauf hinzuweisen, daß außerhalb der historischen Wahrheit Sinn vermittelt werden soll.

B. Lied, Rede und *Âventiuren*handlung

Der Haupttext des ›Frauendienst‹ ist in Reimpaarstrophen zu je acht Versen verfaßt. In den strophischen Rahmen sind kürzere Texte eingefügt: 58 Lieder,[8] zwei Prosa- und vier Reimpaarbriefe und drei in Reimpaaren verfaßte »Büchlein« – Minnereden. Die Reden, Briefe und v. a. die Lieder heben sich vom Rahmentext bereits durch ihre Form ab und sind in der Handschrift[9] noch zusätzlich durch Überschriften kenntlich gemacht und durchnumeriert. Grundsätzlich betrachtet Ulrich sein Werk als offen für die Aufnahme weiterer Lieder:

> *noch wil ich vrowen lop niht lan,*
> *ich wil si gern loben me;*
> *swer welle, daz ez hier an ste,*
> *swenne ichz gesinge, der schribe ez dran.*
> (Str. 1 847,4–7)

(Ich will noch nicht damit aufhören, die Frauen zu preisen und will sie gerne noch weiter loben. Wer will, daß es hierin stehe, der schreibe es, wenn ich es singe, hier hinein.)

---

hundert zur beliebten höfischen Unterhaltung des europäischen Adels. Vgl. dazu Ursula Peters, Frauendienst. Untersuchungen zu Ulrich von Lichtenstein und zum Wirklichkeitsgehalt der Minnedichtung. Diss. Berlin 1970. Göppingen 1971 (GAG 46), S. 173–205. Die Frage, ob Ulrich von Liechtenstein tatsächlich eine Artusfahrt veranstaltet hat, ist in der Literatur häufig diskutiert. Textintern jedoch unterscheidet sich die Artusfahrt als eine Inszenierung von Literatur nicht von den vorangegangenen Aventüren Ulrichs.

[8] Zu den verschiedenen Formen der Lieder und den in der Handschrift verwendeten Gattungsbezeichnungen vgl. Hubert Heinen, Ulrich von Liechtenstein's Sense of Genre, in: Hubert Heinen und Ingeborg Henderson (Hrsg.), Genres in Medieval Literature. Göppingen 1986 (GAG 439), S. 19–29.

[9] Der ›Frauendienst‹ ist, abgesehen von zwei Fragmenten (Augsburg, Stadtbibl., *fragm. germ. 10*: Str. 560,5–574,4 und Stadtarchiv Landshut: Str. 849–894) nur in einer Handschrift überliefert: München, Bayerische Staatsbibliothek *Cgm. 44*.

Die Lieder können also, dies wird hier deutlich, auch außerhalb des
›Frauendiensts‹ bestehen, und sie sind auch tatsächlich als eigenständige
Texte überliefert.[10] Es wird allgemein angenommen, daß Ulrich den
›Frauendienst‹ um die bereits bestehenden Lieder herum gedichtet ha-
be,[11] ähnlich wie die provenzalischen *vidas* und *razos*.[12]

In einigen Handschriften des ›Wilhelm von Österreich‹ sind die Briefe ebenso durchnumeriert oder durch Überschriften kenntlich gemacht[13] wie die Lieder in der Münchener ›Frauendienst‹-Handschrift,
doch sind sie keineswegs so selbständig wie die Lieder Ulrichs; sie sind
vielmehr stets mit anderen Minnereden verbunden, die nicht in dieser
Weise vom Text abgesetzt sind, und direkt kontrastierend auf die Handlung bezogen. Es ist schwerlich denkbar, daß Johann seinen Roman um
die Briefe herum verfaßt haben sollte wie Ulrich den ›Frauendienst‹ um
seine Lieder herum, und noch schwerer denkbar ist, daß weitere Briefe
oder Reden in den ›Wilhelm‹ nachträglich aufgenommen werden könnten, wie Ulrich das für sein Werk vorsieht. *Rede* und *âventure* erhalten ja
bei Johann gerade aus ihrem Aufeinanderbezogensein ihren Sinn.

Zur engen Verbindung zwischen Minnerede und Handlung gehört
im ›Wilhelm von Österreich‹ auch maßgeblich die Umsetzung von Minneredenmustern in Handlung, oft verbunden mit Minneredensymbolik
in den Wappenbeschreibungen. Eine solche findet sich auch im ›Frauendienst‹:

In Freisach tritt Ulrich als personifizierter Mai in grünem Gewand[14]
auf. Die Farbe Grün bezeichnet gemäß der klassischen Minnefarben-

---

[10] In der Manessischen Liederhandschrift (237ʳ–247ʳ) sind sie fast vollständig, in unver-
änderter Reihenfolge überliefert. Es fehlen nur: Lied 22, Str. 6f.; Lied 23, Str. 6f.;
Lied 25; Lied 49, Str. 5,5f. u. Str. 6f.; Lied 51, Str. 1; Lied 56, Str. 6f. Teile der Lieder
22 und 40 finden sich außerdem in der Kleinen Heidelberger Liederhandschrift. Vgl.
Ulrich von Lichtenstein, Frauendienst (»Jugendgeschichte«). Hrsg. v. Ursula Peters.
Göppingen 1973 (Litterae 17), S. 2f.

[11] Ingeborg Glier (1977), S. 303f. spricht von einem »Roman zum eigenen Werk« und
nimmt dabei an, daß das zuvor schon bestehende Werk Ulrichs nicht nur aus den
Liedern und den Büchlein bestanden habe, sondern auch aus den Wappendichtungen
Freisacher Turnier, Venus- und Artusfahrt.

[12] Vgl. dazu: Ludwig Uhland, Schriften zur Geschichte der Dichtung und Sage, Bd. 5.
Stuttgart 1870, S. 221, A. 1.; Martha Schlereth, Studien zu Ulrich von Lichtenstein.
Diss. (masch.) Würzburg 1949; Kurt Ruh, Dichterliebe im europäischen Minnesang,
in: Deutsche Literatur im Mittelalter, Kontakte und Perspektiven. Hugo Kuhn zum
Gedenken. Hrsg. v. Christoph Cormeau. Stuttgart 1979, S. 160–183; A. H. Touber,
Ulrichs von Lichtenstein ›Frauendienst‹ und die Vidas und Razos der Troubadours.
ZfdPh 107 (1988), S. 431–444.

[13] Vgl. oben, S. 82.

[14] Vgl. J. W. Thomas, The Minnesong Structure of Ulrich von Liechtenstein's ›Frauendienst‹. ZfdA 102 (1973), S. 195–203, S. 296f. sieht im Turnier zu Freisach den ersten

264

lehre den Anfang der Minne. In seiner Liebeshoffnung ist Ulrich *ge-lücklich und sighaft*, wie es in der Minnerede ›Von der grünen Farbe‹ (Brandis 382) heißt (V 114).[15] Auf seiner Venusfahrt dann trägt er Weiß, die Farbe der Minnehoffnung und des liebevollen Gedenkens.[16] Für die Frau ist gemäß der Minnerede ›Bedeutung der Farben‹ (Brandis 371) die Farbe Weiß verbunden mit der Lehre, den *triuwen dienstman* zu lieben.[17] – Hier wie da aber werden Ulrichs Hoffnungen enttäuscht, die Abfolge der Minnefarben in seiner Kleidung korrespondiert nicht mit einer tatsächlichen Entwicklung seines Minneverhältnisses.

Zwei Kämpfe Ulrichs auf der Venusfahrt sind besonders hervorzuheben: der Kampf gegen einen »Mönch« – den Sänger Zachäus von Himmelsberg in Mönchskleidern – (Str. 616–619 u. 636–641) und der Kampf gegen »Frau *Triuwe*«, einen Ritter in blauen Frauenkleidern (Str. 695f.). Diese zwei Kämpfe lehnen sich an zwei traditionelle Minnekasus an: an die Frage nach dem Vorrang von der Liebe des *miles* oder des *clericus* und an die Frage nach dem Verhältnis zwischen *minne* und *triuwe*. Im ersten Kasus tritt an die Stelle des *miles* die »Venus« selbst. Sie (d. h. Ulrich) lehnt zunächst den Kampf gegen den Mönch, der kein Ritter und d. h. kein angemessener Gegner für Venus sei (Str. 619,5), ab. Ulrich versteht den Zweikampf also nicht als ein Kräftemessen zwischen zwei verschiedenen Formen der Minne; es geht ihm allein um die ritterliche Minne. Der »Mönch« besteht auf den Kampf und wird sofort besiegt. Der Kampf zwischen *Triuwe* und *Venus-Minne* dagegen geht unentschieden aus: Sie sind gleichwertig, wie sie auch in minnetheoretischen Texten oft gleichgesetzt werden: *triuwe ist rehte minne*.[18]

Die Venusfahrt als in Szene gesetzte, z. T. nur halb verstandene, Minnetheorie ist besonders geprägt durch den Spielcharakter des Geschehens, der immer wieder hervorgehoben wird: durch Kostümierungsszenen und Enthüllungsszenen, letztere meist verbunden mit einem Lachen (Str. 538,1f. u. ö.), welches die Differenz zwischen der gespielten Rolle und der Alltagsrolle Ulrichs im ›Frauendienst‹ überbrückt.[19]

Teil eines Maienlieds und deutet Ulrich als *Sir May*, die 12 Ritter als Personifikationen der 12 Monate, die vier Tjoste als Allegorie der vier Jahreszeiten.

[15] Haltaus, S. 166–168.

[16] Vgl. ›Von den Farben‹ (Brandis 375), V 65–102; ›Die acht Farben‹ (Brandis 377), V 13f.; ›Deutung der neun Farben‹ (Brandis 379), Str. 2; ›Die Schule der Minne‹ (Brandis 433), V 159–244; ›Farbentracht‹ (Brandis 436), V 336–471.

[17] ›Bedeutung der Farben‹ (Brandis 371), V 22–27. Hadamar (ed. Stejskal), S. 198f.

[18] ›Wilhelm von Österreich‹, V 13 981; ›Jüngerer Titurel‹, Str. 1 906,1.

[19] Zum Lachen im ›Frauendienst‹ vgl. v. a. Ingo Reiffenstein, Rollenspiel und Rollenent-

Auch die Aussätzigenszene, auf deren Nähe zu Eilharts ›Tristrant‹ in der Literatur wiederholt hingewiesen worden ist, ist nicht nur eine Romannachfolge; auch sie verbindet Maskenspiel und inszenierte Minnerede: Ulrichs Maskerade, die ihm ironischerweise von seiner Minnedame aufgetragen worden ist, verbildlicht seine Minnekrankheit. Ebenso ist die sich hieran anschließende Szene, in der Ulrich – nach einer gefährlichen Berg- und Talfahrt – in einem Leintuch über die Mauern zur Geliebten gehoben wird, eine komisch verzerrte Inszenierung von Minneliteratur: Ulrich übernimmt hier die Rolle des Minnesklaven Vergil im Korb.

Diese Beispiele zeigen, daß die in Handlung umgesetzten Minneredenmuster im ›Frauendienst‹ nicht wie im ›Wilhelm von Österreich‹ als ein praktisches Durchspielen und Vorführen von Minnedidaxe im fiktiven Raum zu verstehen sind, sondern als ein ironisch dargebotenes Rollenspiel, in dem der Ich-Erzähler scheitert, weil er die literarischen Muster mißversteht oder ihre Differenz zur Realität verkennt.

C. Die Erzählhaltung und Didaxe Ulrichs

Der ›Frauendienst‹ besitzt einen Ich-Erzähler und steht von daher der Minnerede zunächst näher als der ›Wilhelm‹. Dies bedeutet aber auch, daß die Doppelrolle des Erzählers entfällt, welche die Gattungsmischung bewußt macht. Darüber hinaus aber unterscheidet sich Ulrichs Erzähler auch deutlich vom Minneredenerzähler bei Johann: Er beobachtet nicht, um das Beobachtete auf eine Lehre zu beziehen, sondern er erlebt – und ironisiert sich dabei selbst. Die Didaxe am Schluß des ›Frauendienst‹ ist so auch nicht Ertrag des Geschehens, sondern Ausdruck der Resignation. Nachdem der Versuch gescheitert ist, Leben und (aus der Literatur entnommene) Lehre zu verbinden, entscheidet Ulrich sich dazu, die beiden gänzlich zu trennen.

D. Die Struktur des ›Frauendienst‹

Der ›Frauendienst‹ gliedert sich in zwei Teile, entsprechend den beiden Minneverhältnissen des Erzählers. Man hat wiederholt versucht, diese Zweiteiligkeit mit der arthurischen Doppelwegstruktur gleichzusetzen,[20] obgleich der Held, ähnlich wie Veldekes Äneas, in den zwei Tei-

---

larvung im ›Frauendienst‹ Ulrichs von Liechtenstein, in: Fs Adalbert Schmidt. Stuttgart 1976; J. D. Müller.
[20] Vgl. u. a. Hausner, S. 140f.; Urs Herzog, Minneideal und Wirklichkeit. Zum ›Frauendienst‹ des Ulrich von Lichtenstein. DVjs 49 (1975), S. 502–519.

len des Romans zwei verschiedenen Damen dient.[21] Ferner verliert der Held seine erste Dame nicht durch eine Verfehlung seinerseits, sondern die Frau begeht eine *untat*; von einer Krise des Helden und deren Bewältigung durch einen zweiten Durchgang kann daher nicht die Rede sein. Des weiteren fehlt ein Hof als fester Bezugspunkt, es fehlt die außerhöfische Gegenwelt der *âventiure* – Ulrichs sog. *âventiure* sind Turniere –; es fehlt auch das höfische Fest: Ulrich ist bereits verheiratet. Sein Minnedienst kann nicht mit einem Hochzeitsfest gekrönt werden. Hinter der Struktur des ›Frauendiensts‹ steht m. E. nicht die arthurische Symbolstruktur, sondern – ähnlich wie im ›Wilhelm von Österreich‹ – eine wenig spezifische zweigliedrige Romanstruktur, die höchstens an einzelnen Punkten Strukturelemente des Artusromans anzitiert, – nur, um ihnen zu widersprechen.

Besonders deutlich ist dies bei der Venusfahrt. Inmitten dieser *âventiure* kehrt Ulrich an einem Hof ein. Es ist aber nicht die typische Zwischeneinkehr am Artushof, sondern Ulrich besucht seine – bisher nicht erwähnte – Ehefrau (Str. 707–709). Drei Tage lang tritt er aus der Rolle der Venus, aber auch aus der Rolle des Minneritters und werbenden Trobadors, heraus und verweilt im »wirklichen« Leben. Anschließend führt er das Spiel zu Ende. – Man vergleiche dies etwa mit der Parklise-Episode bei Johann, in der das Strukturmerkmal der Provokateurin mit dem Minneredenmuster Minnegericht konfrontiert wird.

Eine Gegenüberstellung der Schlußteile der beiden Romane zeigt den Unterschied zwischen Johanns und Ulrichs Umgang mit dem arthurischen Strukturmodell noch offensichtlicher: Ulrichs *Âventiuren*handlung – bezeichnenderweise in diesem Moment eine Artushandlung – zerbricht am Eindringen der historischen Realität; Johanns *Âventiuren*handlung wird über ihr eigentliches Ende hinaus weitergetrieben, um dem Zweck einer Minnerede zu dienen. Nicht mit der Minnerede also wie in Johanns ›Wilhelm‹ wird die klassische Romanstruktur bei Ulrich konfrontiert, sondern mir der Welt außerhalb der literarischen Muster, den tatsächlich autobiographischen Elementen des ›Frauendiensts‹.

---

[21] Vgl. Fromm. Über diesen Einwurf meint Michael Pieper mit dem Argument hinweggehen zu können, daß die zweite Dame nicht *in persona* auftrete, es gehe daher mehr um die innere Qualität der Minne des Helden als um das äußere Ziel derselben. Michael Pieper, Die Funktionen der Kommentierung im ›Frauendienst‹ Ulrichs von Liechtenstein. Diss. Münster 1980. Göppingen 1982 (GAG 351), S. 208, A. 1.

Insgesamt könnte man den ›Frauendienst‹ eher als die Präsentation einer gescheiterten Synthese von Roman, Rede und *historia* bezeichnen denn als eine Gattungsmischung im Sinne des ›Wilhelm von Österreich‹.

5.2.2. Albrechts ›Jüngerer Titurel‹

Albrechts ›Jüngerer Titurel‹ ist schon wiederholt erwähnt worden. Er ist ein Artusroman, der sich im Prolog vom klassischen Artusroman – speziell dem ›Parzival‹, den er paraphrasierend »korrigiert«, – absetzt: Albrecht fordert von seinem Publikum nicht einen – nur einem begrenzten Kreis von Rezipienten möglichen – Nachvollzug des Erkenntnisprozesses des Helden, sondern will eine allen verständliche, unverhüllte Lehre darbieten. In das Zentrum seines Romans stellt er daher einen didaktischen Minnebrief, die Brackenseilinschrift, und streut weitere Minnelehren in den Text ein.

Johann von Würzburg hat den ›Jüngeren Titurel‹ zweifellos gelesen, und gerade auch bei der Verwendung mancher Minneredenelemente lehnt er sich an ihn an.[22] Der Bracke *Fürst*, der den Weg zum allegorischen Feuergebirge und damit zur zentralen Minnelehre des ›Wilhelm von Österreich‹ weist, ist Albrechts Bracken *Gardiviaz* nachgebildet.[23] Es ist daher zu untersuchen, inwieweit Johann nicht nur einzelne Elemente, sondern auch die Gattungsmischung als solche von Albrecht übernommen haben könnte. Es sollen dieselben Gesichtspunkte wie oben, bei Ulrich, beachtet werden.

A. Die Rolle des Historischen und die Zeitstruktur

Die Helden des ›Jüngeren Titurel‹ sind fiktive Gestalten, weitgehend aus Wolframs ›Parzival‹ und ›Titurel‹ bekannt. Wo Albrecht neue Gestalten hinzufügt, paßt er sie äußerst bedacht in den vorgegebenen Rahmen und Wolframs komplizierte Genealogie ein. Die einzige historische Gestalt, die im ›Jüngeren Titurel‹ auftritt, ist Kaiser Vespasian. Wie oben[24] bereits erwähnt, heißt es, das Gralsgeschlecht werde zur Zeit der Belagerung Jerusalems durch Vespasian, d. h. 70 n. Chr., getauft (Str. 109). Die zeitliche Spanne von Vespasian, dem Großvater Titorisons,

---

[22] Vgl. oben, S. 152f.173f.178.193–195.
[23] Vgl. oben, S. 152.
[24] Siehe S. 80.

zur Zeit des Artus und des Priesterkönigs Johannes überbrückt Albrecht durch ein biblisch hohes Lebensalter der frühen Gralskönige. Die Haupthandlung des ›Jüngeren Titurel‹ spielt sich dann innerhalb von 100 Jahren ab[25] und umschließt vier Generationen von Rittern. Dies zeigt, wie sehr Albrecht darauf bedacht ist, durch Bezüge zur Geschichte und die Erweiterung der Genealogie der Helden gerade keine Widersprüche zu schaffen, sondern eher das bekannte Grals- und Artusgeschehen auch zeitlich exakt zu fassen und in der Geschichte zu verankern.

Der geschichtliche Rahmen, in den das gesamte Geschehen gestellt ist, ist die Geschichte des Grals, vom Leiden und Tod Christi, von dem Titurel in seiner Abschlußrede berichtet, bis zum endzeitlichen Reich des Priesterkönigs Johannes. Damit ist das fiktive Romangeschehen in einen heilsgeschichtlichen Kontext gestellt, der ihm Sinn verleiht.

Johanns Werk hingegen lehnt durch seine betonte Fiktionalität gerade jedes vorgegebene historische oder heilsgeschichtliche Sinnsystem ab. Damit kommt der Minnerede als sinnstiftender Instanz bei Johann weit größere Bedeutung zu als bei Albrecht.

B. Minnerede und *âventiure*

Schlüssel der Interpretation, wie dies im Prolog zu verstehen gegeben wird, und zugleich Leitmotiv des Romans ist das Brackenseil, das eine Minnerede trägt.[26] Von seiner ersten Erwähnung (Str. 1 176) bis zu seiner Zerstörung (Str. 5 896) bleibt es der Gegenstand ständiger Suche und wiederholter Kämpfe. Linda B. Parshall vergleicht seine Bedeutung für die Handlung zu Recht mit der des Grals im ›Parzival‹.[27]

In seiner Verbindung von Minnelehre und Romanhandlung allerdings geht Albrecht nicht so weit wie Johann. Die zentrale Manifestation der Minnelehre im ›Wilhelm von Österreich‹ ist in *Âventiuren*handlung umgesetzte Allegorie, die Brackenseilinschrift dagegen bleibt ein eigenständiger Text. Während im ›Jüngeren Titurel‹ das Ziel der Handlung darin besteht, die Minnelehre des Seils zu finden und zu besitzen, präsentiert bei Johann die Handlung bereits die Lehre.

---

[25] Titurel heiratet nach 400 Jahren Ritterschaft (Str. 440); als er stirbt, kann er auf 500 Jahre Dienst am Gral zurückblicken (Str. 6 297).
[26] Vgl. oben, S. 173f.
[27] Linda B. Parshall, The Art of Narration in Wolfram's *Parzival* and Albrecht's *Jüngerer Titurel*. Cambridge / London / New York / New Rochelle / Melbourne / Sydney 1981, S. 136ff.

Ähnliches gilt auch für die anderen Minneredenmuster und -elemente im ›Jüngeren Titurel‹: Johann setzt wiederholt Minneredenmuster in Handlung um, bei Albrecht bewahrt die Minnelehre stets einen Redecharakter und bleibt vom Geschehen isoliert. In der Regel gestaltet Albrecht sie als – oft sehr kurze – Einwürfe des Erzählers, zuweilen aber auch als Dialoge, zwischen Erzähler und Frau *Âventiure* oder zwischen handelnden Figuren.

Auch inhaltlich unterscheidet sich die Minnelehre im ›Wilhelm von Österreich‹ deutlich von der des ›Jüngeren Titurel‹. Oben ist bereits gezeigt worden, daß Johann, wo er Redenmuster Albrechts übernimmt, das Minneredentypische wieder stärker betont, gegenüber Albrechts Tendenz zu einer allgemeinen christlichen Tugendlehre.[28] Auch auf dem Brackenseil ist ja die höfische Minne nur ein Teil der wahren Minne, neben, oder besser gesagt unter der Gottes- und Nächstenliebe. Nicht übernehmen konnte Johann solche Minnelehren Albrechts, die sich direkt gegen die höfische Minne wenden. Als Beispiel sei das Lehrgespräch zwischen Titurel und seinem Lehrmeister[29] erwähnt: Auf die Frage, *waz diu minne wære* (Str. 186,1b), erhält Titurel von seinem Lehrmeister die Erklärung, daß es zwei Arten der Minne gebe, von denen die eine *paradisen* könne, die andere die Seele verderbe (Str. 197,2f.). Die erstere sei die Gottesminne, die durch das höchste Gebot gefordert werde, die andere die sinnliche Minne, von der Ovid spreche (Str. 190). – Albrecht äußert wiederholt seine Ablehnung gegen *Ovidium den lecker* (Str. 263,1b)[30] und fordert im Gegensatz zu einer *ars amatoria* Gottesminne und *kúsche*.

Wo bei Albrecht minneallegorische Elemente in die Wappenbeschreibungen eingehen, dient dies nicht zuletzt auch der Entblößung falscher heidnischer Minne, wie z. B. die Wappenzeichen des Königs von Kardibalse:

> *Der fúrte daz einhurne,   durch daz in vienc di minne,*
> *noch baz danne alle turne.   iedoch bekant er niht der hôhsten sinne,*
> *waz der megde vahen kan entsliezen.*
> *swer daz zerecht erkennet,   der mac des ewiclichen wol geniezen.*
> (Str. 4 034)

(der führte als Wappenzeichen das Einhorn, weil ihn die Minne gefangen hielt, sicherer als in jedem Turm. Jedoch wußte er nichts von der höchsten

---

[28] Siehe oben, S. 173f.178.193–195.
[29] Vgl. u. a. auch den Dialog zwischen *âventiure* und dem Erzähler über wahre und falsche Minne, Str. 4 024–4 029.
[30] Vgl. auch Str. 5 152.

Bedeutung, die es hat, daß das Einhorn durch die Jungfrau gefangen wird. Wer diesen Sinn richtig erkennt, der wird dafür ewig belohnt werden.)

Als Heide versteht der König von Kardibalse die allegorische Bedeutung des Einhorns nicht. Für ihn ist es nur ein Zeichen der Gefangenschaft in profaner Minne. Seine Blindheit für die wahre Bedeutung des Einhorns wird durch seine Herkunft und die seiner Begleiter – der Könige von Saba und Tarsit – unterstrichen: Ihre Reiche sind die der Heiligen Drei Könige.[31]

Rechte Minne ist für Albrecht Gottesminne,[32] und so steht schließlich am Ende der Minnehandlung zwischen Sigune und Tschinotulander der Bau einer Klause für Sigune. Die Fresken, mit denen jene ausgeschmückt wird, stellen die Inkarnation und Passion der *waren minne* (Str. 5 529,1a), d. i. Gottes, dar. Die sieben Horen der Passion Christi,

> *die wurden ir der waren minne ein lere,*
> *durch waz si got zerehte minnen scholte.*
> (Str. 5 537,2b–3)

(die dienten ihr [Sigune] als eine Lehre der wahren Minne, wofür sie Gott zu Recht lieben sollte).

Die zahlreichen minnedidaktischen Passagen im ›Jüngeren Titurel‹ bewegen sich so am Rande der Gattung Minnerede, sie kritisieren Konstanten dieser Gattung und haben nicht das eigentliche Thema der Minnerede, die höfische Minne, zum Gegenstand, sondern die Gottesminne. Eine Verwirklichung dessen, was die Lehren fordern, bedeutet daher eine Abkehr von der Minnehandlung. Für Johann ist im Gegensatz dazu die Gottesminne ein Teil der wahren Minne, und so ist bei ihm anders als bei Albrecht eine Umsetzung von Minnelehre in Minnehandlung möglich.

C.   Der Erzähler

Im ›Jüngeren Titurel‹ finden sich zwar wie im ›Wilhelm von Österreich‹ zwei Erzählernamen, Wolfram und Albrecht. Sie beide stehen aber nicht nebeneinander, sondern hintereinander. Der Namenwechsel bedeutet nur, daß Albrecht nach einem Gönnerwechsel die Maske der Autorität Wolframs ablegt; eine Spaltung der Erzählerrolle in einen Roman- und einen Minneredenerzähler liegt nicht vor.

---

[31] Ps. 72,20; vgl. Str. 5 534,2f.
[32] Vgl. u. a.: Str. 1 453–1 455, 1 533f., 2 141–2 152.

D. Romanstruktur und Rede

Albrecht lehnt mit der *krumb* des klassischen Artusromans, die manch einen Rezipienten, der eine klare Lehre sucht, in die Irre führt, gerade das klassische arthurische Strukturschema ab. Er strukturiert daher den ›Jüngeren Titurel‹ neu. Maßgeblich für die Struktur der Minnehandlung sind drei große Reden, die Brackenseilinschrift in ihrem Zentrum und die beiden großen Architekturallegorien, welche die Handlung einrahmen: der Gralstempel und die Klause Sigunes. Beide sind gerade keine Minneallegorien, sondern allegorische Darstellungen christlicher Tugend und Lehre. Dies zeigt deutlich, wie sehr die höfische Minne der Gottesminne untergeordnet ist.

Der ›Jüngere Titurel‹, dies ist deutlich geworden, hat Johann zwar für einzelne Minneredenmuster als Anregung gedient, doch die Verbindung zwischen den Minnelehren und der Handlung ist bei Johann eine ganz andere als bei Albrecht, bedingt durch Albrechts negative Wertung der höfischen Minne. Der ›Jüngere Titurel‹ genügt daher nicht, um Johanns Gattungsmischung zu erklären.

5.2.3. ›Reinfrid von Braunschweig‹

Der Erzähler des ›Reinfrid von Braunschweig‹[33] erklärt, er rede über *kurzewîleclichen schimpf*, um eine Lehre zu vermitteln (V 12 832–12 840), und daher unterbricht er seine Erzählung häufig für didaktische Exkurse, Minneexkurse, naturkundliche Erklärungen und Verweise auf literarische und biblische Vorbilder. Gunda Dittrich-Orlovius hat den Kommentaren und Einschüben im ›Reinfrid von Braunschweig‹ eine ausführliche Untersuchung gewidmet.[34] Sie hebt die Eigenständigkeit der Exkurse hervor: »Sie unterscheiden sich von Gottfrieds bekannten Exkursen dadurch, daß sie sich nur zum geringeren Teil mit der Kommentierung des eigentlichen Romangeschehens befassen, zum größeren Teil heterogene, mit dem Erzählten nur sehr lose verknüpfte Gegenstände verschiedenster Thematik behandeln.«[35] Die nur lockere Verknüpfung der Exkurse mit der Erzählhandlung, aber auch »die mangelnde strukturelle Verknüpfung des ganzen Romans, die sich in dem

---

[33] Reinfrid von Braunschweig. Hrsg. v. Karl Bartsch. Tübingen 1871 (StLV 109).
[34] Gunda Dittrich-Orlovius, Zum Verhältnis von Erzählung und Reflexion im ›Reinfried von Braunschweig‹. Diss. Marburg 1970. Göppingen 1971 (GAG 34).
[35] Ebd. S. 13.

Auseinanderfallen von Minneteil und Abenteuerteil besonders deutlich manifestiert«,[36] seien schließlich dafür verantwortlich, daß der Roman »gattungsmäßig kaum noch eindeutig bestimmbar«[37] sei. – Handelt es sich also um eine Gattungsmischung wie die des ›Wilhelm von Österreich‹?

A. *Historia* im ›Reinfrid‹

Reinfrid ist ähnlich wie Wilhelm ein fiktives Glied eines tatsächlich existenten Herrschergeschlechts; Anklänge an die Sage von Heinrich dem Löwen lassen den Helden auf diesen hin durchsichtig werden. Wie bei Johann wird auch auf Kreuzzugsgeschichte verwiesen, der Kreuzzug Friedrichs I. wird erwähnt (V 17 973), ebenso der Fall Akkons (V 17 980), als Vorausschau in die Zukunft, und damit als grobe Orientierungshilfe für die zeitliche Einordnung des Geschehens. Fiktionalitätsmerkmale erwachsen aus diesen Verweisen auf historische Fakten nicht. Das bedeutet aber auch, daß nicht wie im ›Wilhelm‹ durch die Zerstörung historischer Wahrheit ein Sinndefizit entsteht, das anderweitig gedeckt werden müßte.

B. Minneexkurse oder Minnereden und Minne-*Âventiuren*handlung

Die Minneexkurse im ›Reinfrid von Braunschweig‹ stehen hauptsächlich im ersten Teil des Romans, für den der Erzähler selbst die Minne als Thema nennt (V 12 814). Sie kommentieren die Minnehandlung, gehen aber dabei, dies beobachtet Dittrich-Orlovius[38] korrekt, weit über den erzählten Einzelfall hinaus. Das Erzählte wird stets auf ein Allgemeines bezogen, worauf – typisch für eine Minnerede – eine quasi-wissenschaftliche Erklärung des Phänomens Minne folgt, für das die erzählte Handlung dann nur ein Beispiel ist.

Dies soll hier an einem Beispiel verdeutlicht werden: Als sich Reinfrid und Yrkane am Tag nach dem Turnier heimlich treffen, bringt zunächst keiner der beiden ein Wort über die Lippen (V 2 995–3 009). Hier schaltet sich der Erzähler ein und erklärt, er wolle dieses Phänomen, soweit dies ihm möglich sei, rational begründen (V 3 010–3 013). Hierzu erklärt er zunächst, daß es sich um nichts Einmaliges, sondern um eine häufig zu beobachtende Erscheinung handle:

---

[36] Ebd., S. 193.
[37] Ebd., S. 196.
[38] Ebd., S. 82.

wir seben von der minne
ein dinc daz̦ dick beschehen ist
und noch beschiht z̦e manger frist
und ouch beschach an disen z̦wein.
(V 3 014–3 017)

(Wir sehen etwas, das durch die Minne häufig geschehen ist und oft noch geschieht und auch bei diesen beiden geschehen ist.)

Was er zuvor von den beiden Protagonisten erzählt hat, formuliert der Erzähler nun in eine allgemeine Beobachtung um und hält dann die *quaestio* fest, die es zu behandeln gilt:

wâ von daz̦ sî daz̦ sô verspart
der z̦ungen slôz̦ bî liebe sî?
(V 3 052f.)

(Woher es komme, daß das Schloß der Zunge in der Gegenwart des Liebespartners so verschlossen sei?)

Hier nun, nachdem der individuelle Fall Reinfrid und Yrkane gänzlich zurückgelassen ist, beginnt der Erzähler mit seiner Erklärung: Er vergleicht die *sinne* mit einem Haus. Die Gedanken sind die Personen im Haus, die aus der Türe heraustreten wollen, der Sinneseindruck beim Anblick der oder des Geliebten aber entspricht einer weit größeren Menge von Personen, die in das Haus hinein wollen. Sie drücken so auf die Türe, daß niemand herauskommen kann. Mit anderen Worten, die Vorstellungskraft ist durch die Wahrnehmung der geliebten Person so in Anspruch genommen, daß sie keine Bilder mehr, die von innen kommen, d. h. keine Gedanken mehr aufnehmen kann. Erst wenn der Sinneseindruck wegfällt, ist wieder Platz für Gedanken vorhanden (V 3 054–3 107).

Dittrich-Orlovius bezeichnet die Exkurse im ›Reinfrid von Braunschweig‹ als »rationalistischer und bodenständiger« als die Minneexkurse in Gottfrieds ›Tristan‹.[39] Tatsächlich unterscheiden sich die Minneexkurse des ›Reinfrid‹ von denen des ›Tristan‹ gerade durch das, was auch die am Muster der allgemein darlegenden Minnereden orientierten Exkurse im ›Wilhelm von Österreich‹ kennzeichnet: eine allgemeine, vom direkten Handlungsbezug gelöste Behandlung eines Minnethemas, eine gewisse Selbständigkeit des Einschubs gegenüber der Handlung und ein deutliches Hervortreten des Erzählers. In der einzigen erhaltenen Handschrift des ›Reinfrid von Braunschweig‹ sind die Exkurse meist durch Initialen hervorgehoben.[40] Dies unterstreicht die Eigenständigkeit dieser Texte innerhalb des Romans.

---

[39] Ebd., S. 89.
[40] Ebd., S. 81.

Es liegt nahe, auch hier einen Einfluß der Gattung Minnerede anzunehmen.[41] Die Minneexkurse des ›Reinfrid‹ folgen sämtlich dem
Minneredentypus der diskursiven Erörterung eines Minneproblems.
Anders als bei Johann aber gehen sie nicht der Realisierung des Problems in der erzählten Handlung voraus, sondern setzen immer genau
an dem Punkt der Handlung ein, an dem das Problem aktuell ist. Sie
sind dadurch trotz ihrer unbestreitbaren Selbständigkeit innerhalb des
Texts einer Kommentierung des Geschehens ähnlicher, als dies die
Minneexkurse im ›Wilhelm von Österreich‹ sind.

Wo sich im ›Reinfrid‹ Dialoge des Erzählers mit der Minne (V 4 826–
4 930, 6 310–6 318, 8 687–8 718, 8 752–8 860) finden, folgen diese einem
ähnlichen Schema wie die Exkurse. Der Erzähler übernimmt hier die
Rolle des in den Exkursen imaginierten fragenden Publikums, die Minne übernimmt die des erläuternden Erzählers. Wie dieser führt sie den
aktuellen Fall auf das allgemeine Wesen der Minne zurück und erklärt
ihn von daher. Diese Gespräche werden wie bei Johann im Präteritum
wiedergegeben, sie spielen sich also auf der Ebene der erzählten Handlung ab, als in das aus auktorialer und z. T. personaler Perspektive
geschilderte Geschehen eingefügte Ich-Erzählungen. Sie besitzen damit
die Form dialogischer Minnereden.

Andere Formen der Minnerede finden sich im ›Reinfrid‹ selten. Die
zahlreichen Minneklagen sind eng an die Handlung gebunden, ebenso
wie die Werbungsgespräche, die das Wesen der Minne nicht berühren
und deren Ausgang allein von der Disposition der Handlung abhängig
ist. Die Briefe besitzen im Gegensatz zu selbständig überlieferten Liebesbriefen oder zu den Briefen im ›Wilhelm von Österreich‹ eine deutliche Mitteilungsfunktion; minneallegorische Muster werden nicht aufgegriffen.

Nur die diskursiven Erörterungen also, sei es eine Rede des Erzählers, sei es ein Dialog des Erzählers mit Minne, können im ›Reinfrid
von Braunschweig‹ als Minneredenmuster betrachtet werden. Auch auf
die typischen Minneredeneinkleidungen verzichtet der Roman – zumindest im ersten Teil. Damit bleibt im Gegensatz zu Johanns Werk die
Handlungsebene von der Ebene der Minnetheorie getrennt. Einzelne
Punkte in der Handlung führen auf die theoretische Ebene hinüber,
doch wird umgekehrt die Minnetheorie nicht in der Handlung wirksam
oder gar in Handlung umgesetzt.

---

[41] Vgl. auch Glier (1971), S. 21.

Eine Szene aus dem zweiten Teil des ›Reinfrid‹ verdient in diesem Zusammenhang nähere Betrachtung: der Zweikampf Reinfrids mit dem König von Persien, einem hervorragenden Minneritter. Die Waffen des Persers, ein Schild mit einem Bild der Venus mit einer Fackel sowie ein Helm mit einer liebreizenden Frauengestalt und einem Spruchband mit der Aufschrift: *amor vincit omnia* (V 17 119), sollen ihn als Ritter der Venus ausweisen (V 17 088–17 091, V 17 124–17 129). Weder Schild noch Helm aber trägt eine Tugendlehre wie der Cupido-Helm Wilhelms; die Beschreibung der Rüstung ist hier deutlich getrennt von der Ebene der Minnelehre.

Der König fordert zu einem Minnekampf auf (V 16 958f.), und Reinfrid tritt ihm entgegen – mit Kreuz und Löwe (V 17 180–17 213), nicht als Minneritter, sondern als Ritter Gottes und seines Landes. Reinfrid nimmt – vom Erzähler getadelt – keinerlei Rücksicht auf die Minne, die ihm einst ihre Gnade erwies (17 445–17 448), und zerschlägt zuerst die Frauengestalt auf dem Helm und das Spruchband (V 17 508f.), dann spaltet er den Schild:

> *minn und ir fiur zertranden*
> *sîn slege als ein rüebe enzwei.*
> (V 17 520f.)

(Die Minne und ihre Fackel spalteten seine Schläge wie eine Rübe.)

Der Held zerschlägt Venus: Vergeblich wartet der Leser auf eine Erklärung, wie sie im ersten Teil an weit weniger erklärungsbedürftigen Stellen der Handlung eingeschoben worden ist. Wollte der Erzähler den Zweikampf als ein allegorisches Minneturnier verstanden wissen, müßte er sich dazu in irgendeiner Weise äußern oder entsprechende Signale setzen. Die Szene in ihrer unverkennbaren Ironie scheint eher dazu zu dienen, den Wappenspruch *amor vincit omnia* als eine Anmaßung zu entlarven. Minne hat ihren Absolutheitsanspruch verloren.

Walter Haug deutet das Zerschlagen des Venusbilds als ein Signal für Reinfrids Eintritt in einen Bereich, »in dem das, was bisher für die Liebe galt, ihre Idealität, ihre Unbedingtheit, ihre Unüberwindlichkeit in Frage gestellt wird«,[42] und tatsächlich wird Reinfrid im zweiten Romanteil zunehmend mit negativen Formen der Liebe konfrontiert.

---

[42] Walter Haug, Von *âventiure* und *minne* zu Intrige und Treue: Die Subjektivierung des hochhöfischen Aventürenromans im ›Reinfrid von Braunschweig‹, in: Paola Schulze-Belli und Michael Dallapiazza (Hrsg.), Liebe und Aventiure im Artusroman des Mittelalters. Beiträge der Triester Tagung 1988. Göppingen 1990 (GAG 532), S. 5–22, S. 19.

Schließlich läßt ihn die Sirene durch erotische Verführung vorübergehend seine Liebe zu Yrkane vergessen.[43] – Auch dort fehlt ein Kommentar des Erzählers: Die Minnetheorie scheint nicht zu greifen, wo die Minne der abenteuerlichen Gegenwelt angehört.

Hier wird deutlich, wie unterschiedlich Johann und der Verfasser des ›Reinfrid‹ die Minnerede werten: Im ›Wilhelm von Österreich‹ ist sie Interpretament des Romans; Handlung und *rede* sind durchgehend auf einander bezogen. Hier hingegen werden allgemein didaktische Reden dann in die Handlung eingeschaltet, wenn es unmittelbar paßt, sobald aber die abenteuerliche Gegenwelt in den Vordergrund tritt, wird die Minnelehre beiseite geschoben.

C. Der Erzähler

Wie bereits angedeutet, gibt der Erzähler des ›Reinfrid‹ seine Dialoge mit Minne wie Johanns Erzähler im Präteritum wieder. Er inszeniert seine Rolle aber nicht wie dieser, läßt sich nicht mit Namen, geschweige denn mit einem zweiten Namen ansprechen, noch zeigt er sich als Beobachter auf der Handlungsebene. Er tritt auch nicht in einen Dialog mit den Figuren. Die Erzählhaltung bleibt so grundsätzlich eine auktoriale, sie setzt keine Signale für eine Gattungsmischung.

D. Die zweiteilige Struktur des ›Reinfrid‹

Der ›Reinfrid‹ ist in zwei fast selbständige Teile geteilt, die Brautwerbung (V 65–12 658) und die Orientfahrt des Helden (V 12 919–27 627). Von einer klassischen Romanstruktur kann nicht die Rede sein. Diese Struktur spiegelt vielmehr wider, was bereits im Prolog des ›Reinfrid‹ angedeutet ist: Es soll erzählt werden von *der welt ende und ir ursprinc* (V 38): Freud und Leid, Tag und Nacht – Orient und Okzident. Es geht um eine Totalität der Weltdarstellung. Im Prolog des zweiten Teils heißt es schließlich, daß nach dem ersten Teil, dessen Thema die Minne war, *der âventiure kreiz* geschlossen werden soll (V 12 858f.). Die Minnehandlung ist abgeschlossen. Das aber bedeutet, daß Minne nur ein Teil der Welt ist, die der Erzähler darstellen will.

Während also im ›Wilhelm von Österreich‹ durch die Romanstruktur gerade die Bedeutung der Minne hervorgehoben wird, wird sie hier durch die zweiteilige Struktur herabgemindert.

---

[43] Vgl. V 1 614f.: Reinfrid vergleicht Yrkane mit der Sirene.

Ich fasse zusammen: Der Verfasser des ›Reinfrid von Braunschweig‹ integriert – zumindest in dem überlieferten Bruchstück[44] – die Minnerede bei weitem nicht so stark in die Handlung wie Johann von Würzburg.[45] Roman und Minnerede bleiben nebeneinander stehen als *kurzewîleclicher schimpf* und *tugent lêre*, als Handlungs- und Kommentarebene der Dichtung. Mit anderen Worten, die Minnerede ist zwar an den einzelnen Stellen sorgfältig an die Erzählung angeknüpft, als deren Erläuterung – und d. h. sie verliert fast ihren selbständigen Charakter und wird zum Minneexkurs –, sie wird aber selbst nicht in der Handlung wirksam, noch beeinflußt sie die Struktur des Romans, die im Gegensatz dazu verdeutlicht, daß Minne nur ein Teil der Gesamtheit der Welt ist, neben den Wundern des Orients, der Historie u. a.

Der ›Reinfrid‹ kann so wenig wie die beiden anderen Texte als unmittelbares oder hinreichendes Vorbild für die Gattungsmischung Johanns angesehen werden. Johann geht andere Wege als seine Vorgänger.

5.2.4. Zusammenfassung

Der ›Wilhelm von Österreich‹ ist ein Roman, der in ungewöhnlichem Maße die Fiktion bewußt in den Dienst der Minnedidaxe stellt: Ein auf historischer Wahrheit beruhendes Sinnangebot wird zurückgewiesen, und für das so entstandene Sinndefizit kommt nicht eine arthurische Symbolstruktur auf. Das Werk nimmt statt dessen Elemente und Strukturen der Minnerede auf – und das nicht nur in Form von Minneexkursen, wie sie in höfischen Romanen nicht unüblich sind, oder in Form von in die Handlung eingefügten, in sich abgeschlossenen »Büchlein« wie in Ulrichs ›Frauendienst‹; d. h. die Minneredenelemente entspringen weder der Reflexion über die Handlung noch stehen sie als Fremdkörper unverbunden neben dieser, sondern sie gehen mit der Handlung eine sich gegenseitig befruchtende Verbindung ein, eine Beziehung von Regel und deren praktischer Umsetzung oder von Hand-

---

[44] Am Ende des überlieferten Teils stehen die Beschreibung eines *locus amœnus* und ein Spaziergangs- und Traummotiv – ein klassischer Minneredeneingang.

[45] Hier möchte ich ausdrücklich Ohlenroths These widersprechen, daß im ›Reinfrid von Braunschweig‹ die Minnedidaxe in »sonst nicht erreichter Weise in den epischen Vollzug integriert« sei. Derk Ohlenroth, ›Reinfrid von Braunschweig‹. Vorüberlegungen zu einer Interpretation, in: Positionen des Romans in späten Mittelalter. Hrsg. v. Walter Haug und Burghart Wachinger. Tübingen 1991 (Fortuna Vitrea 1), S. 67–96, S. 87.

lung und deren minnetheoretischer Auswertung. Die Minneredenelemente im ›Wilhelm von Österreich‹ bilden auch nicht nur wie im ›Reinfrid‹ eine Ebene der Kommentierung, zu welcher der Erzähler an entsprechenden Stellen immer wieder übergeht; die Minnerede ist vielmehr in der Handlung selbst präsent – nicht als Leitmotiv wie im ›Jüngeren Titurel‹, sondern als in Handlung umgesetzte Minnerede, meist Minneallegorie. Diese Umsetzung geschieht aber nicht ironisch als ein mißglücktes Rollenspiel wie im ›Frauendienst‹, sondern ernsthaft als praktische Demonstration von gelebter Minnedidaxe und Minneidealität in fiktivem Raum.

Johanns Gattungsmischung geht schließlich so weit, daß er die Erzählerrolle spaltet. Er nennt nicht nur zwei Namen hintereinander wie »Wolfram« und »Albrecht« im ›Jüngeren Titurel‹, sondern inszeniert zwei verschiedene Rollen: einen auktorialen, souverän fingierenden Romanerzähler und einen beobachtenden Erzähler, der fast die Haltung eines Ich-Erzählers in erzählenden Minnereden einnimmt. Nicht die eine oder die andere Erzählhaltung ist einzigartig, Ulrich z. B. setzt durchgehend einen Ich-Erzähler ein, sondern das Nebeneinander der Erzählerrollen, welches die Gattungsmischung stets präsent hält.

Alle drei Beispieltexte schließlich lösen sich von der Struktur des klassischen Artusromans, aber keiner setzt an ihre Stelle eine Struktur, die wie die Doppelstruktur des ›Wilhelm‹ den Wert der Minne und der Minnerede hervorhebt und die Verbindung von *rede* und *âventiure* zum hauptsächlichen Strukturmerkmal erhebt.

5.3. Die Rezeption der Gattungsmischung

Nachdem deutlich geworden ist, wie sehr sich in Johanns Werk *rede* und Roman durchdringen, erscheint es fragwürdig, ob der ›Wilhelm von Österreich‹ noch als ein Roman bezeichnet werden darf. Tatsächlich hat sich im Laufe des Spätmittelalters ein Bewußtsein von der Gattungsmischung als eigenständiger Textform herausgebildet. Dies belegt ein Text, der eben diese Mischung von *âventiure* und *rede* parodiert: Heinrich Wittenwilers ›Ring‹.

5.3.0. Heinrich Wittenwilers ›Ring‹

In seinem ›Ring‹[46] – so erklärt Wittenwiler den Namen seines Werks[47] – will er den Lauf der Welt erklären und eine allumfassende Lebenslehre bieten (V 8–12), eine Hoflehre, eine allgemeine weltliche Tugendlehre und eine Kriegslehre. Anders aber als Thomasin, der von einem erfahrenen Menschen erwartet, daß er seine Zeit nicht mit Romanen verschwende, sondern direkter, unverhüllter *zuht lêre* folge (V 1 113–1 117), ist Wittenwiler von den intellektuellen Fähigkeiten seiner Leserschaft nicht allzu überzeugt und will daher nicht auf das *delectare* verzichten:

> *Nu ist der mensch so chlainer stät,*
> *Daz er nicht allweg hören mag*
> *Ernstleich sach an schimpfes sag*
> *Und fräwet sich vil manger lai.*
> *Dar umb hab ich der gpauren geschrai*
> *Gemischet unter diseu ler;*
> *Daz sei dest senfter uns becher.*
> (V 32–38)

(Nun hat der Mensch so wenig Durchhaltevermögen, daß er nicht die ganze Zeit ernste Dinge hören kann, ohne daß ein Scherz dazwischen gestreut werde, über den er sich vielfach freut. Deshalb habe ich unter diese Lehre das Geschrei der Bauern gemischt, damit sie [die Lehre] uns um so sanfter bekehre.)

Wie Johann *tugent* in *minne* und *âventiure phlihtet*, mischt Heinrich unterhaltsame Bauerngeschichten unter die Lehre: Der ›Ring‹ ist bereits seinem Programm nach eine Gattungsmischung. Dabei will Wittenwiler den Lehrstoff nicht in eine Erzählung einkleiden, sondern umgekehrt in eine lehrhafte Schrift schwankhafte Erzählungen einstreuen, gleichsam als Predigtmärlein. Diese aber bilden wiederum eine geschlossene Erzählung, so daß es, wie Heinrich zugeben muß, manches im ›Ring‹ gibt, das *weder nutz noch tagalt pring* (V 50), und für diese weder nützlichen noch unterhaltsamen Teile rät er dem Leser, es *für ein mär* (V 51) zu halten, d. h. es der Eigendynamik der Erzählung anzurechnen, daß solche Teile zustande kommen.

---

[46] Heinrich Wittenwiler, Der Ring. Nach dem Text von Edmund Wiessner übers. u. hrsg. v. Horst Brunner. Stuttgart 1991. Für einen Überblick über die umfangreiche Forschung zum ›Ring‹ bis 1988 vgl. Ortrun Riha, Die Forschung zu Heinrich Wittenwilers ›Ring‹ 1851–1988. Diss. Würzburg 1988. Würzburg 1990 (Würzburger Beiträge zur dt. Philologie 4).
[47] Vgl. die Rede von *der âventiure kreiz* im ›Reinfrid‹, V 12 858.

Dieses Prologprogramm einer Verbindung von Lehre – auch Minnelehre – und Erzählung läßt vermuten, daß Heinrich auch im Text die Gattungsmischung offenbar mache. Damit wäre der ›Ring‹ dem ›Wilhelm von Österreich‹ vergleichbar. Wieder sollen dieselben Aspekte beachtet werden wie bei den anderen Gattungshybriden.

A. Heinrichs Anspruch auf historische Wahrheit

Die Namen der Helden wie die Ortsnamen im ›Ring‹ sind weitgehend sprechende Namen. Dazwischen treten literarische und historische Gestalten auf, als Karikaturen ihrer selbst und in unmöglicher Kombination: Zu Beginn tjostiert der Bauernfeind *Her Nithart* gegen die Bauern, und in der großen Schlacht im Anschluß an die Hochzeit der Helden – die Situation erinnert in ihrer Anlage an die große Schlacht im ›Wilhelm von Österreich‹ – treten berühmte Helden, Riesen und Zwerge aus der Heldenepik auf, darunter Roland, Dietrich von Bern, Wolfdietrich, Laurin u. a., in einem Heer, das bald noch phantastischer ist als das Heer Itinorats (›W. v. Ö.‹, V 16 324–16 338). In der Schlacht wird Goliath von einem Zwerg mit einer Steinschleuder getötet (V 8 894–8 897), während die Ritter Gawan, Lancelot, Tristan, Astolf und Reinolt von Montalban gerade damit beschäftigt sind, ihre Güter gegen einen Angriff der Städte zu verteidigen (V 8 025–8 030). »Büggel« von Ellerbach – gemeint ist wohl Puppli (Burkhard) von Ellerbach,[48] der Kampfgenosse des Luxemburgers Johann bei der Schlacht von Crecy, 1346 – heißt es weiter, ist zu der Zeit noch nicht geboren (V 8 031–8 034). Die Fiktivität des ›Ring‹ ist durch diese Angaben nicht weniger offensichtlich als die des ›Wilhelm‹ durch die Referenzen zu historischem Personal und historischen Ereignissen in der Schlacht zu Belgalgan. Es besteht hier wie da ein Sinndefizit.

Die sprechenden Namen könnten dazu verleiten, den ›Ring‹ als eine Allegorie aufzufassen und das Sinndefizit damit zu decken. Eckart Conrad Lutz[49] hat dies versucht: Der ›Ring‹ sei eine geistliche Dichtung, eine allegorische Darstellung der *vanitas mundi*. Der bis zum Schluß ironische Ton und das literarische und historische Personal des ›Ring‹ aber verbieten m. E. eine solche Deutung.

---

[48] Allgemeine Deutsche Biographie, Bd. 6. Berlin 1877, Neudr. Berlin 1968, S. 53.

[49] Eckart Conrad Lutz, *Spiritualis Fornicatio.* Heinrich Wittenwiler, seine Welt und sein ›Ring‹. Sigmaringen 1990 (Konstanzer Geschichts- und Rechtsquellen 32).

B. Minnerede und Bauerngeschrei

Am Ende des ›Ring‹, über dem Leichnam Mätzlis, erkennt Bertschi seine Schuld,

> *Das ich so weisleich was gelert*
> *Und mich so wenig dar an chert.*
> (V 9 680f.)

(daß ich so weise belehrt worden war und mich nicht daran hielt.)

Zahlreiche Lehren hat Bertschi erhalten, doch er hat sich nicht an sie halten können, da er sie nicht verstanden hat. Die höfische Minnelehre etwa, die Nabelreiber ihm erteilt (V 1 665–1 839), in Aufbau und Inhalt zum Teil an Ovids ›Ars amatoria‹ angelehnt[50] und nur gelegentlich durch unhöfische Ausdrücke als ein Deckmäntelchen über dem Bäurischen entblößt, kann der *dörper*-Liebhaber so wenig befolgen wie er und die Geliebte in der Lage sind, die Liebesbriefe Nabelreibers und Chrippenchras zu verstehen oder gar ähnliche Briefe zu verfassen. Sogar eine Minneallegorie, die allegorische Szene aus Johanns von Konstanz ›Minnelehre‹,[51] geht in den ›Ring‹ ein, doch nicht als Minnelehre und v. a. nicht auf der Handlungsebene, sondern in einer erlogenen Traumerzählung und letztlich mit dem Ziel einer Vertuschung von *unzuht*. Der ganze Aufwand eines Rückgriffs auf die literarische Tradition aber erweist sich als unnütz, da der Brief unverstanden bleibt. Wo immer Minnereden in den ›Ring‹ aufgenommen werden, scheitern sie und die in ihnen enthaltene Lehre an den *dörpern*. Schließlich versucht Wittenwiler auch, das Minneredenmodell »Frauenpreis«[52] für eine Beschreibung der Protagonistin einzusetzen – und muß es in jedem einzelnen Punkt verkehren, zu einem Preis weiblicher Häßlichkeit.

Eine Beziehung zwischen Minnerede und Handlung als Muster und Umsetzung wie bei Johann ist im ›Ring‹ nicht intendiert. Im Gegenteil, Heinrich will gerade die Nichtumsetzbarkeit der hochstilisierten Minnerede demonstrieren.

---

[50] Nach Ingeborg Glier (1971), S. 236 legt Wittenwiler der Rede Nabelreibers den lateinischen ›Facetus moribus et vita‹ zugrunde.

[51] Vgl. oben, S. 132–134.

[52] Vgl. z. B. ›Frauenschönheit‹ (Brandis 264). Arend Mihm, Aus der Frühzeit der weltlichen Rede. Inedita des Cod. Vindob. 2705. PBB 87 (1965), S. 406–433, S. 420f.

C. Der Erzähler und die Anzeige der Gattungsmischung

Der Erzähler tritt wie ein Chronist nach dem Prolog ganz zurück. Nur ein einziges Mal scheint der Erzähler versehentlich die Rolle zu wechseln und spricht bei dem Brief, den Nabelreiber Mätzli unsanft übermittelt, von *Min briefel* (V 1 923).[53] In der Regel stammen die *reden* im ›Ring‹ aus dem Mund von Figuren – und erhalten damit den Anstrich des Authentischen, was aber ihrem didaktischen Wert keineswegs zuträglich ist.

Der Kommentar des Erzählers besteht allein in der Farbgebung am Rand. Im Prolog erklärt er dazu, daß er die beiden Elemente seines Texts, Lehre und Dörperszene, auch graphisch unterscheidbar machen wolle – durch eine farbige Linie am Rand der Handschrift:

> *Die rot, die ist dem ernst gemain,*
> *Die grüen ertzaigt uns törpelleben.*
> (V 40f.)

(Die rote Farbe gehört dem Ernst an, die grüne Farbe zeigt das Dörperleben an.)

Betrachtet man die Stellen, die Wittenwiler mit roter Farbe kennzeichnet, wird bald deutlich, daß *ernst* nicht bedeuten kann, daß hier eine Lehre vorliege, die der Leser unmittelbar aufnehmen und befolgen sollte. Mätzlis Beschreibung etwa ist rot gekennzeichnet, oder die Lehre, sein Fähnlein nach dem Wind zu hängen (V 4 514–4 517). Die rote Farbe kennzeichnet vielmehr – mit weitgehender Konsequenz – Textstellen, die einen gewissen Allgemeinheitsgrad besitzen und als *reden* oder Parodien von *reden* bezeichnet werden können, während die grüne Farbe die Handlungsteile und individuellen Äußerungen der Figuren markiert. Daher ist Mätzlis Beschreibung, eine topische Darstellung von Häßlichkeit und exakte Umkehrung einer Minnerede, rot, Bertschis individuelle Charakterisierung als eines unmäßig stolzen *degen* von niederer Abkunft (V 61–72), die keinem festen Modell folgt, aber grün. Aus demselben Grund sind Bertschis und Mätzlis eigene Briefentwürfe, persönlich direkte Äußerungen ihres jeweils unmittelbaren Anliegens, grün, Chrippenchras und Nabelreibers stilisierte Schreiben dagegen rot gekennzeichnet, die Interpretationen dieser stilisierten Briefe für Mätzli und Bertschi, die nur an der faktischen Bedeutung der Briefe für ihre Liebeshandlung interessiert sind, dagegen wieder grün.

---

[53] Oder bedeutet dies *Minne briefel*?

Der Sinn der Farbgebung wird dem Leser erst ersichtlich, wenn er die Redenmuster erkennt, die hinter den jeweiligen Passagen stehen. Wittenwiler setzt also bei seinem Publikum die Kenntnis der literarischen Tradition voraus. Das heißt aber, er richtet sich keineswegs an ein Publikum, das eine Lesehilfe braucht, sondern an eines, das auch das Spiel der Farblinien, die betonte, ironische Nachahmung der Gattungsmischung, goutieren kann. Gleichzeitig aber stellt er, gerade indem er seinem Werk eine Lesehilfe mitgibt, ähnlich der Übersetzung der Briefe, welcher Bertschi und Mätzli bedürfen, seine Leserschaft auf eine Ebene mit den Protagonisten. Dem Leser wird unterstellt, auch er sei ein Bauer, und der Bauer ist im ›Ring‹ ausdrücklich nicht soziologisch zu verstehen, sondern er steht allgemein für den, der *unreht lept und läppisch tuot* (V 44). So hält Heinrich Wittenwiler der gebildeten Gesellschaft mit ihren gekünstelten oder falschen, realitätsfernen und weder verstandenen noch befolgten didaktischen *reden*, die um 1400 den Höhepunkt ihrer Verbreitung erreicht haben, einen Spiegel vor, und dies, indem er die mittlerweile etablierte »gemischte Form«, die Verbindung von *rede* und Roman, karikiert. Gesellschaftskritik und Literaturkritik reichen sich hier die Hand.

In ihrer Deutlichkeit übertrifft damit die Selbstanzeige der Gattungsmischung bei Heinrich die bei Johann; die Intention freilich ist eine ganz andere.

D. Die Struktur des pseudo-wissenschaftlichen Werks

Die Struktur des ›Ring‹ weitet seine Literaturkritik noch aus: Wittenwiler legt seinem Werk, für das er den Anspruch erhebt, es könne eine allumfassende Weltdeutung und Tugendlehre bieten, zunächst keine Romanstruktur zugrunde, sondern eine Traktatstruktur. Im Prolog erklärt er die Unterteilung seines Werks in drei Bücher (V 17–28): Das erste soll eine Hoflehre, das zweite eine allgemeine weltliche Tugendlehre, das dritte eine Kriegslehre bieten. Die Erzählung will er, wie erwähnt, nur als eingestreute *ioculationes fabulosae* verstehen. Den Widerspruch, der hier zu der eingestandenen Eigendynamik der Erzählung entsteht, quittiert er mit einem Lachen (V 53).

Inhalt und Darstellungsweise – die *dörper*, nicht der wissenschaftliche Verfasser, erteilen die Lehren – ironisieren die Gliederung, und mit ihr die Gattung, der sie entnommen ist, die enzyklopädische Tugendlehre sowie den Roman, der sich ihre Gliederung aufzwängen läßt.

Wittenwilers ›Ring‹ ist eine Parodie der Gattungsmischung. Als solche bringt er zum Ausdruck, welche Formen und Aspekte der Gattungsmischung Heinrich bei seinem Publikum als bekannt voraussetzen konnte: die völlige Verleugnung von historischer Wahrscheinlichkeit durch auffällige Widersprüche in datierbarem Personal und dessen Handlungen, zugleich aber die gelegentliche Annäherung an die Geschichtsschreibung – hier die distanzierte Erzählhaltung des Chronisten –, die wiederum die Fragwürdigkeit des Geschehens hervorhebt; die Integration von Minneredenmustern und z. T. von Zitaten bekannter Minnereden in die Handlung, die Diskussion ihrer Umsetzbarkeit in Handlung und ihr Kenntlichmachen durch äußere Signale; schließlich die Berücksichtigung der Didaxe in der Struktur des Gesamtwerks, in Konkurrenz zur eigenen Struktur der Erzählteile, des *gpauren geschrai*, das ganz offensichtlich mit der *âventiure* des höfischen Romans korrespondiert.[54]

An manchen Stellen scheint Wittenwiler geradezu die Gattungsmischung bei Johann im Visier zu haben, z. B. wenn er das sich widersprechende historische und literarische Personal wie im ›Wilhelm von Österreich‹ gerade in einer großen Schlacht nach der Hochzeitsnacht der Protagonisten auftreten läßt. An keiner Stelle aber wird explizit auf Johanns Roman Bezug genommen. Die Zielscheibe für Wittenwilers Kritik ist der Typus, nicht ein einzelnes Werk.

Von der direkten ›Wilhelm von Österreich‹-Rezeption soll im folgenden Kapitel die Rede sein.

---

[54] Vgl. dazu Kristina Jürgens-Lochthove, Heinrich Wittenwilers ›Ring‹ im Kontext hochhöfischer Epik. Göppingen 1980 (GAG 296), S. 50 u. ö.

6. Die Rezeption des ›Wilhelm von Österreich‹

Johann verbindet nicht nur auf außergewöhnliche Weise Minnerede, Roman und *historia*, er möchte allem Anschein nach auch, daß sich sein Hörer oder Leser dieser Verbindung bewußt wird. Die Frage, ob das Werk auch tatsächlich so rezipiert wurde oder ob der Leser durch die Postmoderne gegangen sein muß, um Johanns Werk als ein literarisches Experiment wahrnehmen zu können, soll ein Blick auf die Rezeption beantworten.

Bereits aus der Überlieferung des ›Wilhelm von Österreich‹, den regionalen Schwerpunkten der Verbreitung des Texts wie den äußerlichen und textlichen Besonderheiten der einzelnen Handschriften, lassen sich verschiedene Rezeptionshaltungen und ein von Fall zu Fall unterschiedliches Interesse am Text ablesen. Weit deutlicher geben selbstverständlich die beiden Umdichtungen des Werks aus dem 15. und 16. Jahrhundert, die Prosaauflösung und die Dramatisierung durch Hans Sachs, Ausdruck von einer interessegeleiteten Interpretation des Texts. Daneben steht die Rezeption in anderen Werken und in der bildenden Kunst, wo der Text jeweils in einen Rahmen gestellt wird, der eine eigene Zielsetzung mitbringt.

Eine ganz außergewöhnliche Art der Rezeption, d. h. ein besonderer Beweis für den Erfolg des ›Wilhelm von Österreich‹ ist, daß der 1370 geborene Sohn Herzog Leopolds III. als erster Habsburger auf den Namen Wilhelm getauft wird. – Hier ist der Roman deutlich politisch verstanden.

6.1. Überlieferung als Rezeption

Die Handschriften, in denen der ›Wilhelm von Österreich‹ überliefert ist, sind bereits[1] beschrieben worden. Politische Interessen im süddeutschen Raum haben, wie es scheint,[2] rasch zu einer Aufspaltung in zwei Redaktionen geführt.

---

[1] Siehe Kap. 1.2.
[2] Vgl. oben, S. 56.

Auffallend schnell und sehr breit wird das Werk aber auch im Rheinland rezipiert: Aus dem frühen 14. Jahrhundert stammt das zweite Berliner Fragment in rheinfränkischem Dialekt, das im Umschlag eines rheingräflichen Stammbuchs überliefert worden ist; in der zweiten Hälfte des 14. Jahrhunderts sind vermutlich für rheinische Fürsten die Düsseldorfer und die Duisburger Handschrift angefertigt worden; ebenfalls aus dem 14. Jahrhundert stammt die in südwest-mitteldeutschem Dialekt verfaßte Handschrift B. Im 15. Jahrhundert folgen dann Ha und Gi sowie Da.

Rheinische Fürsten werden im ›Wilhelm von Österreich‹ durchaus erwähnt, und zwischen Habsburg/Hohenberg-Haigerloch und Nassau/ Katzenelnbogen bestanden, wie oben[3] dargelegt worden ist, auch Verbindungen. Der so große Erfolg von Johanns Werk in den Rheinlanden läßt sich aber sicherlich damit nicht allein erklären. Es fällt vielmehr auf, daß der ›Wilhelm‹ gerade dort auf besonderes Interesse stieß, wo sich die in der mittelhochdeutschen Literatur ungewöhnliche Verbindung von Fürstenpreis und Minnerede bereits etabliert hatte.[4] Die literarische Form, die Gattungsmischung, so möchte ich vermuten, ist für den Erfolg des Werks in den Rheinlanden maßgeblich verantwortlich.

Doch keineswegs bei allen Abschriften scheint das Hauptinteresse auf der Gattungsmischung zu liegen; einige Handschriften zeigen eine deutliche Priorität für einen Aspekt des ›Wilhelm von Österreich‹.

Die Gothaer Handschrift ist, wie erwähnt,[5] vermutlich ein Auftragswerk des Deutschen Ordens, dessen Bedeutung in der Gothaer Redaktion in der großen Schlacht hervorgehoben wird, wo das Deutschordenswappen den kaiserlichen Adler ablöst. Offenbar liegt das Hauptinteresse des Ordens auf dem Kreuzzugsgeschehen, in welchem er eine so bedeutende Rolle spielt. Dieses Interesse wird durch die Zusammenstellung des Werks mit einem zweiten Kreuzzugsroman, dem ›Karl‹, unterstrichen. Mayser hat nähere Verbindungen zwischen dem ›Karl‹ und dem Deutschen Orden, in dessen Bibiliotheken Strickers Werk mehrfach zu finden ist, nachgewiesen.[6] – Erst der zweite Schreiber, der die Handschrift überarbeitet hat, scheint ein anderes Interesse am Text gehabt zu haben: Er numeriert die Briefe durch und hebt sie damit als eigenständige und für sich interessante Texte hervor.

---

[3] Siehe S. 252f.
[4] Vgl. oben, Kap. 4.1.
[5] Siehe S. 16f.
[6] Mayser (1931), S. 91.

Auch für die Liegnitzer Handschrift ist das Kreuzzugsgeschehen der unmittelbare Anknüpfungspunkt: Die Handschrift ist ausdrücklich in dem Jahr in Auftrag gegeben worden, in dem Sigismund von Böhmen ein Kreuzfahrerheer nach Kleinasien geführt hat, um Konstantinopel von den Osmanen zu befreien, und bei Nikopolis vernichtend geschlagen worden ist. Neben diesem aktuellen weltpolitischen Bezugspunkt aber besteht für Anna von Weinsberg v. a. ein privater: Nicht nur sind ihre Ahnen, die mit den Haigerlochern verschwägerten[7] Hohenloher, bei Johann erwähnt (V 16 747), sondern v. a. wird der Ahn ihres Mannes Engelhard, Konrad von Weinsberg, in der pro-reichsstädtischen Redaktion durch den Schlußvers, *do man uor asheberg lag*, gepriesen. Er hat, wie oben[8] dargelegt worden ist, den Reichskrieg gegen Eberhard von Württemberg und auch die Eroberung des Asperg geleitet. Wie sehr sich Engelhard der Triumphe seines Ahnen bewußt war, bezeugt eine Urkunde vom 2.2.1393, welche die Einigung Engelhards mit den österreichischen Herzögen über noch ausstehende Schulden der Österreicher für den Kriegsdienst Konrads festhält.[9]

Der Niederlage Sigismunds von Böhmen sind der Triumph Konrads über Württemberg und der Sieg Wilhelms über die Heidenschaft gegenübergestellt – so weit der Kolophon. Der Text selbst ist nur geringfügig verändert. Was Göhrke als »selbstherrliche«, aber »intelligente« Änderungen und Beckers als eine »sorglose und willkürliche Art der Textbehandlung«[10] bezeichnet, wobei er allerdings einräumt, daß L/k an manchen Stellen eine ursprünglichere Fassung als die anderen Handschriften bewahrt haben könnte, läßt sich teils als ein Versehen des Schreibers, teils als der Versuch, kompliziertere Satzkonstruktionen und üppige Redeblumen aufzulösen, erklären. Der bedeutendste Eingriff des Schreibers von L ist, daß er Aglies Klagerede, V 11 285–11 338, ausläßt. Er streicht außerdem die Behauptung Agrants, Aglie liebe Wilhelm nicht mehr (V 10 360f.); und er läßt bei den Überlegungen des Erzählers über das Seelenheil Aglies, sollte sie ungetauft sterben, den Grund für ihren möglichen Tod, den Tod Wilhelms (V 10 524) – und d. h. ihre Liebe –, weg. Offenbar will er Aglies Bedeutung als vorbildliche Liebende mindern und größeres Gewicht auf den Helden legen. So zeigt auch die Formulierung der Überschriften eine deutliche Kon-

---

[7] Annas Tante Anna, Tochter Gottfrieds von Hohenlohe, war mit Burkhard VII. von Hohenberg verheiratet.

[8] Siehe S. 53.

[9] Monumenta Hohenbergia, S. 764–766, Urkunde Nr. 766.

[10] Beckers, S. 181.

zentration auf den Helden – und auf die anderen Könige und Fürsten. Aglie wird, so weit wie möglich, in den Überschriften gar nicht erwähnt oder zumindest nur passivisch; erst nach Wilhelms Tod wird sie zum Subjekt der Überschriften: *hie fůrt man wilhelm also tod / in die stat monssaluia. vnd ag / ley west nit daʒ er tod was* (104vb, Z. 13–15 – vor V 19 109), *hie ward aglei gewar / daʒ wilhelm tod was* (105ra, Z. 31f. – vor V 19 157) und *hie starb agley vff wilhelm* (105va, Z. 19 – vor V 19 207). Offensichtlich geht es dem Schreiber mehr um die *res gestae* Wilhelms und der anderen Fürsten als um die Liebe Wilhelms und Aglies. Aus dem Rahmen fallen die Überschriften der Form *Ein brieff von*, die über jedem Liebesbrief stehen: Neben der *historia*, der Kreuzzugs- und Familiengeschichte, steht der Brief als ein selbständiges Element innerhalb des Textes.

Familieninteresse steht offensichtlich auch hinter der Wiener Handschrift. Sigmund von Hohenberg, der letzte Graf von Hohenberg, dessen Name, wie erwähnt, auf 72rb neben dem Hohenberger Wappen steht, ist um 1415 geboren. Im Kolophon der Handschrift wird das Jahr 1415 als das goldene, von Gott gesegnete Jahr gelobt, ohne weitere Erläuterungen. Die Vermutung liegt nahe, daß sich dies auf die Geburt Sigmunds in diesem Jahr bezieht. Die, abgesehen von einigen versehentlichen Auslassungen und der Lücke von V 2 869–3 045, die wohl auf die Vorlage zurückzuführen ist,[11] vollständige, recht repräsentative Handschrift sollte wohl anläßlich seiner Geburt den alten Glanz des Hohenbergischen Geschlechts noch einmal hervorheben, das mittlerweile – nicht zuletzt wegen seiner vielgerühmten und -getadelten Prunksucht – verarmt war. Sigmunds Vater hinterließ, als er 1420 starb, hohe Schulden.[12] Daher dürften die Klagen des Schreibers wohl nicht allzu übertrieben sein.

Einige Eingriffe der Heidelberger Redaktion lassen sich, wie oben gezeigt worden ist,[13] dahingehend deuten, daß das Fiktionale im Werk reduziert werden sollte. Die Heidelberger Handschrift ist auch, zumindest im 17. Jahrhundert, als sie gebunden und die Überschriften teilweise vervollständigt wurden, als *Historia Poetica Wildehelmi* aufgefaßt worden.[14] Ein Blatt des ›Friedrich von Schwaben‹ wurde versehentlich in den ›Wilhelm von Österreich‹ mit eingebunden: Die beiden Handschriften sind beide auf das 15. Jahrhundert datiert, sind sehr ähnlich

---

[11] Vgl. oben, S. 21.
[12] Schmid, S. 316.
[13] Siehe S. 55.
[14] Vgl. Wg: »Poetische Beschreibung von Österreich«.

eingerichtet und lagen offenbar bis ins 16. Jahrhundert, als der ›Friedrich von Schwaben‹ gebunden wurde – aus dieser Zeit stammen zumindest die Überschriften in *Pal.germ.345*[15] – gemeinsam ungebunden in einer Schreibstube. Es ist anzunehmen, daß sie gemeinsam in Auftrag gegeben worden waren – als eine Sammlung prächtiger Handschriften, in denen (zumindest dem Titel zufolge) das Leben historischer Persönlichkeiten beschrieben wird. Die Hervorhebung von Orts- und Personennamen in der Handschrift weist auf eine – intendierte oder tatsächliche – Verwendung der Handschrift als chronikartiges Überblickswerk hin.

Auf ein Verständnis des ›Wilhelm‹ als historisches Werk weist in der Darmstädter Handschrift bereits die Zusammenstellung mit dem ›Nibelungenlied‹ und ›Alpharts Tod‹ hin. Die Kürzungen ab V 7 722 sind offensichtlich ökonomisch bedingt, da sie mit einem weitgehenden Verzicht auf Initialen, einer flüchtigeren Hand und z.T. mit nicht mehr abgesetzten Versen einhergehen. Die Handlung wird auf ihr Gerüst und auf den Helden reduziert, Exkurse und Beschreibungen werden ebenso gestrichen wie Nebenfiguren (z.B. Alyant). Damit entfallen didaktische Elemente und Fiktionalitätsmerkmale. Die Schlachtenschilderungen sind in Da wenig mehr als ein Ergebnisbericht. Von allen bei Johann genannten historischen Figuren bleibt allein Leopold von Österreich übrig. Es fällt aber auf, daß das Kampfgeschehen um ihn nicht gekürzt ist, ja, er erscheint geradezu als der Held der großen Schlacht, und wiederholt wird sein blutgetränkter Waffenrock erwähnt: offensichtlich ein Verweis auf die Bindenschildlegende um Leopold V.[16] Die – sicherlich später eingetragenen – Unterstreichungen weisen außerdem auf ein Interesse an gesellschaftlichen Dingen hin; unterstrichen sind Begriffe oder Wortverbindungen wie: *Lupolt der hertzoch hÿß* (V 198), *dins dinst manes* (V 204), *adel* (V 221), *rytter* (V 222), *jünckerline* (V 224), *edel kinde* (V 225), *edeln knechten* (V 227) etc. Später werden dann auch Tugendbegriffe und Schlüsselbegriffe der Handlung hervorgehoben. Insgesamt kann man so in der Darmstädter Handschrift eine Tendenz zur *historia* wahrnehmen.

Die Stuttgarter Handschrift steht der Darmstädter sehr nahe, v.a. auch im gekürzten zweiten Teil. Dennoch kann Da nicht als die Vorlage von S angesehen werden: In S setzen die Kürzungen etwas später ein, und auch hier gehen sie mit äußerlichen Veränderungen in der

---

[15] Bartsch (1887), S. 100.
[16] Vgl. oben, S. 70.

291

Handschrift – dem Abbruch der Rubrizierung – einher: Es scheint, als hätten hier wie da wirtschaftliche Umstände den Schreiber dazu gezwungen, im Schlußteil zu einer (wohl gemeinsamen) gekürzten Vorlage zu greifen. S übernimmt so auch die Konzentration auf das Handlungsgerüst und in der großen Schlacht auf den historischen Leopold V. Die Handschrift endet etwas später als Da, mit Agrants Bekehrung in V 18 185. Buhl und Kurras nehmen an, hier seien sieben Blatt verlorengegangen. Andererseits sind auf der letzten Seite beide Spalten eine Zeile kürzer als auf den vorhergehenden Seiten. Dies könnte ein Zufall sein, es könnte aber auch darauf hindeuten, daß der Text hier tatsächlich endete – an der Stelle, an welcher der »Missionsauftrag« des Kreuzfahrerherzogs, aber auch das klassische Romanschema erfüllt ist.[17] – Der Einband mit den Abbildungen von durchschossenen Herzen, Einhörnern etc. ordnet das Werk schließlich in die Reihe der Minneromane ein: Der Stuttgarter ›Wilhelm‹ ist ein Gattungshybrid, doch das didaktische Element aus Johanns Roman ist reduziert.

Auch der Text der Gießener und der Wolfenbütteler Handschrift weist, allerdings von Anfang an, starke Kürzungen und oft freie Umformulierungen auf, zuweilen auch kurze Ergänzungen, ohne daß dabei Rücksicht auf das Reimschema genommen würde. Oft werden nach gekürzten oder veränderten Textstellen Initialen gesetzt. Dies deutet darauf hin, daß es sich nicht um eine nachlässige Abschrift, sondern um eine bewußte Überarbeitung des Romans handelt: Der jeweilige Bearbeiter kürzt breit angelegte Beschreibungen, ausführliche Kampfschilderungen (v. a. im ersten Teil), Beratungsszenen und gehäufte Lobpreisungen und längere Klagen, auch innerhalb der Briefe. Er streicht auch literaturtheoretische Exkurse – insbesondere alle Stellen, an denen die »Übersetzungsproblematik« angesprochen wird, – und didaktische Passagen. Außerdem vermeidet er es weitgehend, Personifikationen zu nennen, er streicht fast alle Dialoge zwischen dem Erzähler und den Personifikationen – und damit auch die Figur Dieprechts – und die Anreden des Erzählers an Figuren. In Wb entfällt auch der Prolog. Durch all dies wird versucht, die Handlung straffer zu gestalten, die *âventiure* zu betonen.

In die Nähe eines bestimmten anderen Minne- und Abenteuerromans wird Johanns Werk vom Auftraggeber des Duisburger Fragments gestellt. Neben dem ›Wilhelm von Österreich‹-Fragment wurde auch ein Fragment einer gleich alten, gleich eingerichteten Handschrift des ›Wil-

---

[17] Vgl. oben, S. 232.

lehalm von Orlens‹ in Aktenbänden des Duisburger Stadtarchivs gefunden. Das repräsentative Äußere der Handschriften steht in einem deutlichen Widerspruch zu ihrem schlechten Text; nach Schröder arbeitete der Schreiber »überaus liederlich«.[18] Es scheint, daß der Auftraggeber eher aus Prestigegründen als aus Interesse am Text selbst die beiden berühmten Minneromane kopieren lassen hat. Die Nähe des ›Wilhelm‹ zum ›Willehalm von Orlens‹ ergibt sich schon allein aus den Namen der Protagonisten, aus Johanns Lob Rudolfs von Ems (Anhang VI) und der Häufigkeit der Liebesbriefe im Text. Häufig werden die beiden Texte gemeinsam rezipiert, so z. B. im Druck von 1491 und in den Runkelsteiner Wandmalereien.

Die unmittelbare Rezeption in den Handschriften also weist bereits eine große Variationsbreite von Interpretationen des ›Wilhelm von Österreich‹ auf. Ich fasse zusammen:

Johanns Roman wird im rheinfränkischen/hessischen Gebiet, dort, wo die Verbindung von Minnerede und Fürstenlob bereits geläufig ist, auffallend rasch und breit rezipiert. Dies könnte – sicherlich nicht bei allen konkret überlieferten Handschriften aus diesem Raum, aber generell – für ein Interesse an der Gattungsmischung sprechen. Vielfach zeigt sich allerdings, v. a. im oberdeutschen Raum, wo die Aufspaltung in die zwei Redaktionen erfolgt sein dürfte, ein vornehmlich historisches oder politisches Interesse am Werk oder ein Interesse an der Glorifizierung des eigenen Geschlechts oder Ordens. Andere Handschriften dagegen heben das Aventüreelement hervor, straffen die Handlung, streichen die romanuntypischen Elemente und nähern den ›Wilhelm von Österreich‹ wieder dem klassischen *Âventiuren*roman oder dem Minneroman an. Als Minneroman, vergleichbar dem ›Willehalm von Orlens‹, geht Johanns Werk offenbar in die Reihe der Klassiker ein und wird damit sammlungswürdig, ohne gelesen werden zu müssen.

---

[18] Schröder (1931), S. 92.

6.2. Umdichtungen im 15. und 16. Jahrhundert

6.2.1. Der Prosaroman

In der zweiten Hälfte des 15. Jahrhunderts ist eine Prosabearbeitung des ›Wilhelm von Österreich‹ entstanden – etwa gleichzeitig mit den Prosabearbeitungen des ›Willehalm‹ Wolframs von Eschenbach und des ›Willehalm von Orlens‹ Rudolfs von Ems.[19] – Sie ist außer im Druck nur in einer Handschrift überliefert, der Zürcher Papierhandschrift *Ms C 108*. Diese enthält neben dem Prosaroman ›Wilhelm von Österreich‹ (1ʳ–64ᵛ) eine gekürzte Fassung des ›Willehalm von Orlens‹ Rudolfs von Ems (75ʳ–96ᵛ) von derselben Hand, datiert 1477 (75ʳ, 96ᵛ), sowie – von einer zweiten Hand – Sprüche (65ʳ–67ʳ) und ein Beileidsschreiben des Eneas Silvius an Caspar Schick (68ʳ–73ᵛ), beides datiert 1481 (67ʳ, 73ᵛ) und signiert von Hans Edlibach, dem Besitzer der Handschrift. Dieser hat auf den Blättern 97ʳ–98ᵛ einige Familienaufzeichnungen aus den Jahren 1505–1546 eingetragen.[20]

Der Text des ›Wilhelm‹ ist unvollständig; er beginnt mit einer Rede Wigrichs (≈ V 1 242f.) und endet mit der Überschrift: *Wie man agleÿen den sarch uff thun müst dar in hertzog wilhelm lag und sÿ uff in / viel von grossem leid und starb* (das entspräche einer Überschrift nach V 19 147). Im Mittelteil befinden sich außerdem einige Lücken. Da der Wortlaut der Prosahandschrift nur sehr geringfügig von dem des Drucks von 1481 abweicht, läßt sich schließen, daß insgesamt etwa 54–58 Blätter verlorengegangen sind,[21] etwa 11–15 Blatt am Anfang und zwei am Ende, davon mindestens ein illustriertes. Aus der Mitte fehlen gerade die Blätter, auf denen sich Illustrationen befunden hatten, insgesamt 41. Nur eine Illustration ist erhalten, eine Federzeichnung auf Blatt 42ʳ. Sie zeigt den Kampf zwischen den Heeren Agrants (links) und Melchinors (rechts).

Die Überschriften sind rot abgesetzt; für die Initialen sind zweizeilige Freiräume gelassen.[22] Insgesamt handelt es sich um eine sehr reich ausgestattete Handschrift.

Anton Sorg in Augsburg hat den ›Wilhelm von Österreich‹-Prosa-

---

[19] Eine Übersicht der Prosaauflösungen mhd. Epik gibt Sharma, S. 14–16.
[20] Handschriftenbeschreibung vgl. L. C. Mohlberg, Katalog der Handschriften der Zentralbibliothek Zürich, Bd. I. Zürich 1951, S. 56.
[21] Mohlberg spricht von 39 Blättern, Straub von 46.
[22] Nur drei Initialen sind ausgeführt: 1ᵛ, 36ᵛ, 54ʳ – schlichte rote Lombarden.

roman zweimal, in den Jahren 1481[23] und (fast unverändert)[24] 1491,[25] gedruckt. Wie Koppitz überzeugend hat nachweisen können, muß der Roman zwischen 1530 und 1545 noch ein drittes Mal zum Druck gekommen sein, in Wittenberg oder Umgebung.[26]

Die Zürcher Handschrift kommt – das hat Viktoria Straub in einem ausführlichen Vergleich von Handschrift und Druck gezeigt – nicht als direkte Vorlage des Drucks in Frage, beide gehen vielmehr auf eine gemeinsame Vorlage zurück.[27] So verzichtet beispielsweise die Handschrift auf den in V 3 060 und V 3 069 des Versromans fälschlich genannten Namen *Persit* für Melchinor, während der Druck wiederum von *Persit* spricht (S. 216,7.16.19).

Der Versuch, eine der überlieferten Handschriften des Versromans als Vorlage der Prosaauflösung zu bestimmen, den die Forschung wiederholt unternommen hat, ist gescheitert. Selbst eine eindeutige Zuweisung zu einer der beiden Handschriftengruppen ist bislang noch nicht gelungen. Straub vermutet zwar, daß es sich bei der Vorlage der Prosaauflösung um eine nicht überlieferte Handschrift aus dem weiteren Kreis der Gothaer Gruppe handle,[28] doch kann sie es nicht beweisen. Sowohl V 14 699–14 764, welche in der Gothaer Gruppe umgestellt sind, als auch die in der Heidelberger Redaktion charakteristisch veränderten Erzählereingriffe fehlen in der Prosa. Außerdem werden in den Kriegerkatalogen sowohl die Dillinger (V 16 689) als auch die in der Heidelberger Redaktion für diese eingesetzten Habs-

---

[23] – Staatsbibliothek der Stiftung Preußischer Kulturbesitz Berlin *4° Inc. 120.*
– Niedersächs. Staats- und Universitätsbibliothek Göttingen *4° Hab Rom 6,1160 Inc.*
– Bayerische Staatsbibliothek München *2° Inc. c. a.1067.*
– St. Petersburg, Saltykow-Stschedrin Bibliothek *9.2.4.11* [nur Marco Polo erhalten].
– Städtische Bücherei Reutlingen *Inc. 150.*
– Library of Congress, Washington (2 Exemplare).*
– University Library Bloomington, Indiana.*
* Angaben nach Bodo Gotzkowsky, »Volksbücher«. Prosaromane, Renaissancenovellen, Versdichtungen und Schwankbücher. Baden-Baden 1991 (Bibl. Bibliogr. Aureliana 125), S. 380–384. Gotzkowsky nennt irrtümlich auch ein Exemplar im Besitz der Stadt- und Universitätsbibliothek Frankfurt.
[24] Gotzkowsky, S. 380.
[25] – Staats- und Stadtbibliothek Augsburg (unvollst.) *2° Ink. 813.*
– Staatsbibliothek Preußischer Kulturbesitz Berlin *4° Inc. 155.*
– Olmütz, Universitätsbibliothek.*
– Prag, Nationalbibliothek *42 F 12.*
* Angabe nach Gotzkowsky.
[26] Hans-Joachim Koppitz, Zur Überlieferung der Drucke des Prosaromans ›Wilhelm von Österreich‹. Gutenberg-Jahrbuch 1963, S. 53–59.
[27] Straub, S. 43–46.
[28] Ebd., S. 52.

burger und Egen von Freiburg ausgelassen. Dasselbe trifft für das Lob Woldemars von Brandenburg bzw. der Sachsen (V 16 841–16 844) zu. Allerdings ist die Reihenfolge, in welcher die Brandenburger und Sachsen in G genannt werden, beibehalten und nicht wie in Hb umgekehrt. Das Kreuz auf der Reichsfahne schließlich (V 16 639), in Redaktion I ein schwarzes Deutschordenskreuz, in H und Hb ein rotes Johanniterkreuz, hat in der Prosaauflösung keine Farbe (S. 276,26). Daß nicht wie in Da und S eine Doppeltaufe des Helden stattfindet, ist auch noch nicht Indiz genug, um die Prosaauflösung mit Sicherheit der Gothaer Redaktion zuschreiben zu können. Allein ein Hinweis ist m. E. eindeutig: Am Cupido-Helm ist der Diamant nicht wie in H, Da und S durch einen Smaragd ersetzt (V 3 963, 4 090; S. 223,26; 224,28). Das bedeutet, daß die Vorlage der Prosaauflösung nicht der Heidelberger Gruppe angehört.[29]

Das Verhältnis der Prosafassung zum Versroman ist wiederholt untersucht worden. Nachdem die ältere Forschung die Arbeit des Prosabearbeiters sehr negativ beurteilt hat – Häntzschel beispielsweise meint, der Bearbeiter »hätte ... doch bei etwas mehr Geist und Geschmack sein Werk interessanter und genußreicher gestalten können«[30] –, ist die neuere Forschung bemüht, einen eigenständigen gestalterischen Willen des Prosaisten herauszuarbeiten und eine »Inkonsequenz« in der Bearbeitung, so v. a. die auffallend stärkere Kürzung der Handlung nach den ersten ca. 6 000 Versen, nicht auf eine Inkompetenz des Bearbeiters,[31] sondern eher auf die Beschaffenheit der Vorlage zurückzuführen.[32]

Sharma spricht von zwei grundsätzlichen Bearbeitungstendenzen, welche für die Prosaauflösung mittelhochdeutscher Epen generell kennzeichnend seien: ein Interesse an der Handlung als solcher und ein Streben nach Sachlichkeit und Glaubwürdigkeit.[33] Konkret bedeutet dies, daß im Prosaroman die Handlung gestrafft wird, daß Exkurse und Beschreibungen, Wiederholungen und den Handlungsfortgang verzögernde Gefühlsäußerungen der Figuren ebenso gestrichen werden wie

---

[29] Dies läßt sich noch dahingehend konkretisieren, daß die Vorlage nicht wie W, Wg und Wb die Lesart *woges* für *wazzers* in V 3 291 aufwies.

[30] Ludwig Häntzschel, Das Volksbuch ›Wilhelm von Österreich‹. Diss. (masch.) Jena 1921. Abstract in: Philosophische Fakultät der Universität Jena. Verzeichnis der Dissertationen WS 1921/22, S. 78f., S. 79.

[31] Ebd., S. 79; auch noch Sharma, S. 38.

[32] Straub verweist S. 65 auch auf die starken Kürzungen der Stuttgarter Handschrift »von ca. V 7 700 an«. Vgl. dazu oben, S. 291f.

[33] Sharma, S. 81.

Erzähleräußerungen und Nebenhandlungen. Das Geschehen wird ganz auf den Helden konzentriert. Da der Erzähler völlig in den Hintergrund tritt, sich allenfalls als Berichterstatter oder Nacherzähler bemerkbar macht, entfällt die durch die fiktive Erzählerrolle geschaffene Distanz zum Erzählten. Das Geschehen wird nicht mehr ständig als erzähltes und d. h. als fiktionales bewußt gehalten, es wird objektiviert. Durch Erweiterungen und Umstellungen erstrebt der Bearbeiter zudem eine Klärung und bessere Motivierung des Geschehens, sowie eine größere Glaubwürdigkeit des Erzählten. Indem er die geblümte Rede durch schlichte Prosa ersetzt, erzielt er eine größere Sachlichkeit der Darstellung.

Sharma beobachtet außerdem eine Sprachmodernisierung im Prosaroman.[34] Diese äußere sich v. a. darin, daß die im aktuellen Sprachgebrauch nicht mehr gegenwärtigen ritterlichen Kernbegriffe – allen voran *minne* und *êre* – vermieden oder umgedeutet werden.[35]

Alois Brandstetter, Helmut Melzer und Veronika Straub stimmen, was die Frage nach den Bearbeitungstendenzen und -prinzipien der Prosaredaktion betrifft, weitgehend mit Sharma überein. Brandstetter spricht von einer »Summierung« der Erzählung;[36] Melzer hebt wiederholt hervor, daß mit der Konzentration auf die Handlung ein Verlust symbolhafter Bedeutungen und eine Auflösung der wesenhaften Verbindung von *âventiure* und *minne* einhergehe. So stellt auch Straub fest, daß »aus dem ›sentimentalen Minneroman‹ Johanns von Würzburg nahezu ein reiner *Aventiure*-Roman« geworden sei.[37]

Was diese Bearbeitungstendenzen für die Gattungsmischung bedeuten, ob also in dem »nahezu reine[n] *Aventiure*-Roman« noch Spuren einer Auseinandersetzung mit dem Historischen und mit der Minnerede zu finden sind, soll im folgenden untersucht werden. Ziel und Ankerpunkt der Untersuchung muß dabei der Versroman bleiben; es ist keine Gesamtinterpretation des Prosaromans angestrebt, sondern eine Analyse dessen, wie das Gattungsexperiment Johanns im Prosaroman rezipiert wird. Dazu sollen folgende Teilaspekte untersucht werden: der Umgang mit historischem Material und historischer Wahrheit (A.), die Verwendung von Minneredenelementen (B.), die Erzählhaltung (C.) und die Struktur des Prosaromans (D.).

---

[34] Diese Modernisierung der Sprache ist allerdings keineswegs überall gelungen, wie es sich z. B. im 7. Brief zeigt, wo das mhd. *meinen* stehengeblieben ist: *Dann was du meinst, meint auch mein hercz fleissigklich und will es ymmer gedencken* (S. 215,28f.) – vgl. V 2 998–3 001.

[35] Sharma, S. 45–47.

[36] Brandstetter, S. 160.

[37] Straub, S. 129.

A. Historische Wahrheit im Prosaroman

Der Druck von 1481 trägt die Überschrift: *Hie hebt sich an ein schône und kurczweilige hystori zelesen von herczog Leuppold und seinem sun Wilhalm von ôsterreich wie die ir leben vollennet haben und wieuil herczog Wilhalm erlitten hat.* Der ›Wilhelm von Österreich‹ soll nicht gelesen werden als die Geschichte Wilhelms und Aglies, sondern als die Geschichte Leopolds und Wilhelms. Die germanistische Forschung stellt einmütig fest, daß im Prosaroman Nebenhandlungen gestrichen werden und das Geschehen auf den Helden konzentriert werde, doch übersieht sie, daß Nebenhandlungen, in welchen Leopold auftritt, nicht ausgespart werden, so v. a. seine Klage um den verlorenen Sohn (S. 204,11–19) und die Benachrichtigung Leopolds durch einen *varenden man* vor Ausbruch der großen Schlacht (S. 274,16–245,5).

Die erste dieser beiden Szenen verändert der Prosaist auf beachtliche Weise: Als Wilhelms Eltern – im Versroman ist nur vom Vater die Rede (V 1 401–1 448) – um den verlorenen Sohn trauern (S. 204,11–19), erklärt der Erzähler, daß

> *das nicht unbillich was, dann er ein einig kindt unnd inen auß der massen lieb was.*
> (S. 204,15 f.)
>
> (... das durchaus gerechtfertigt war, denn er war ein Einzelkind, und sie liebten ihn übermäßig.)

Dieser Kommentar findet sich nicht im Versroman; es scheint, als müsse der Erzähler des Prosaromans die Trauer Leopolds rechtfertigen. Die Darstellung der Trauer selbst weicht deutlich von der Vorlage ab. Während es bei Johann heißt, daß *Liupolt*, nachdem sich alles Suchen nach Wilhelm als vergeblich herausgestellt hatte, *ez Got ergab* (V 1 436), also seine und seines Sohnes Zukunft in die Hand Gottes legte (V 1 441 f.), und daß er fortan auf Freude verzichten und trauern wollte (V 1 443–1 448), heißt es im Prosaroman: *Do ergab sich herczog Leuppold an Got* (S. 204,16). Er verzichtet nicht nur auf *vræuden* (V 1 443), sondern auf *das zeitlich* (S. 204,17) und gibt sich einem religiösen Leben hin. Im Versroman endet die Klage *Liupolts* mit dem in Minneklagen und Minnebestiarien weit verbreiteten Bild von der Turteltaube auf dem dürren Ast (V 1 446–1 448). Das Bild fehlt in der Prosa. Sie beschreibt hingegen das weitere Leben des österreichischen Herrschers als

> *füro nit mer, dann Got dienen mit emssigem beten und kirchen geen.*
> (S. 204,18)

298

(fürderhin nichts weiter als Gott zu dienen durch eifriges Gebet und Kirchgang.)

An die Stelle einer an eine Minneklage angelehnten Trauer ist der Rückzug Leopolds aus der Welt getreten. Durch den Verlust seines einzigen Sohnes – nur im Prosaroman betont der Erzähler das an dieser Stelle ausdrücklich – und das heißt des einzigen Erben, ist der Herzog in seiner weltlichen Herrscherrolle tief getroffen.

Auch Friedrich fällt den Kürzungen der Prosabearbeitung nicht zum Opfer: Als Friedrich *vernunft*, *sin* und *můt* zu zeigen beginnt (V 19 466f.), bricht Johann die Erzählung ab. Der Prosabearbeiter fügt an dieser Stelle hinzu:

Do ... ward er den seinen aussermassen lieb, dann sy wol sahent, daz er ein redlicher herr werden wolt.
(S. 284,18f.)

(..., da hatten ihn seine Gefolgsleute außerordentlich gerne, denn sie sahen deutlich, daß er ein guter Herrscher werden würde.)

Der Bearbeiter hat offensichtlich ein großes Interesse an der politischen Rolle der Figuren. Da er die Widmung des Romans an die Habsburger Leopold und Friedrich (V 18 631f.) streicht, ist die Zuordnung der beiden Figuren *Liupolt* und *Fridrich* zum Geschlecht der Babenberger nicht mehr in Frage gestellt. – Auffällig ist in diesem Zusammenhang auch, wie der Prosaredaktor Agrants Wappen beschreibt: Während Johann von einem blauen Wappen mit sechs weißen Schwänen spricht (V 315), präzisiert dies der Prosabearbeiter und bezeichnet die Farbe als *himelblaw* (S. 193,32). Damit ähnelt das Wappen noch mehr dem babenbergischen Wappen mit seinen goldenen Lerchen vor himmelblauem Grund.

Der Prosabearbeiter wird allerdings bei seinem Publikum nicht mehr voraussetzen können, daß es die Geschichte der einzelnen Babenberger genau kennt. Widersprüche oder Überschneidungen in ihrer Biographie weisen daher nicht mehr auf die Fiktionalität des Werks hin, und so kann auch erzählt werden, Leopold habe sich in ein geistliches Leben zurückgezogen, ohne daß damit der historischen Wahrheit ausdrücklich widersprochen wäre.

Den Helden Wilhelm, von dem der Astronom am Wiener Hof prophezeit, daß er der berühmteste Herzog Österreichs werde (S. 196,31–33) – eine Prophezeiung, die sich im Versroman nicht findet –, versucht der Prosaredaktor stärker in der *historia* zu verankern, als dies bei Johann der Fall ist. Daher verzichtet die Prosafassung auf die Erklärung des Namens Wilhelm (S. 196,20f.) durch die *vil wilder vert vest* (V 559), die zu seiner Geburt geführt haben. Es bleibt unbegründet, warum Leopold sich gegen den Namen »Leopold« und für den – zur Zeit der Prosaauflösung im österreichischen Herrschergeschlecht ebenfalls gebräuchlichen – Namen »Wilhelm« entscheidet. Der Name des Helden ist damit kein Fiktionalitätskennzeichen mehr.

Der Prosabearbeiter streicht aber nicht nur die Begründung des Namens Wilhelm aus der *âventiure*, sondern er hebt auch die Verknüpfung des Helden mit dem Artus- und Gralsgeschlecht auf. Die ausführliche Darstellung der Genealogie Gaylets (V 12 266–12 304, 14 083–14 117) wird ersetzt durch die kurze Erklärung, daß Leopolds Frau, Wilhelms Mutter, *Gaygolats* Schwester sei (S. 269,18f.).[38] Gaylets Wappenzeichen, der Strauß (V 14 059), wird nicht genannt; nichts weist den Leser darauf hin, daß es sich bei *Gaygolat* um Wolframs *Kailet,* den Cousin Gahmurets, handelt. Ebensowenig wird Aglies Verbindung zum Gralsgeschlecht (V 16 401–16 411) erwähnt. Senebor und Parille kämpfen zwar nach wie vor in der großen Schlacht auf der Seite der Heiden (S. 276,9), doch fehlt auch hier jeglicher Hinweis auf das Gralsgeschlecht; alle bekannten Mitglieder der Gralsfamilie wie Parzival, Titurel, Herzeloide, Schionatulander oder auch Gahmuret bleiben unerwähnt. *Senabar von Capadocia* und sein Sohn *Paril* dürften den Lesern des Prosaromans kaum als die Stammväter des Gralsgeschlechts gegenwärtig gewesen sein.[39] Dies bedeutet zugleich, daß ihre Taufe durch ein Kreuzfahrerheer keinen Widerspruch in sich mehr darstellt (S. 278,32f.).

Der Prosa-›Wilhelm von Österreich‹, das ist deutlich geworden, ist aus der textübergreifenden Erzählwelt der Artus- und Gralsdichtung herausgenommen. Es ergeben sich keine Widersprüche vor dem Hintergrund der literarischen Tradition, und d. h., weder durch die Genealogie des Protagonistenpaares noch durch den Zusammenstoß von Literatur und Historie in der großen Schlacht werden Fiktionalitätssignale gesetzt.

Wie sehr die Nähe zur als fiktiv bekannten Artusliteratur gemieden wird, zeigt sich schließlich auch darin, daß im Kriegerkatalog der großen Schlacht nicht nur darauf verzichtet wird, beim Herzog von *Ka-*

---

[38] Vgl. S. 262,33–263,1: Dort heißt es nur, Gaygolat und Wilhelm seien verwandt, da Wilhelms Mutter eine Königin von Spanien sei.

[39] Bei der Schlacht zu Smyrna unterscheidet der Prosaredaktor zwischen Senebor und dem König von Kapadozien (S. 249,22f.); dies deutet darauf hin, daß auch ihm Senebor unbekannt ist.

kumer Land (S. 277,22) auf *Ithers künne* (V 17 096) zu verweisen, sondern auch Graf Artus von Anjou (V 16 988) schlicht als *der graf von Britanie* (S. 277,15) bezeichnet wird, ohne seinen Namen, der allzu unhistorisch klingt.

Nicht alle Anachronismen der Kreuzzugsdarstellung allerdings werden getilgt, noch immer ist Saladin schon tot, bevor das Kreuzfahrerheer mit Richard Löwenherz und Friedrich von Schwaben eintrifft, aber zumindest werden weder Barbarossas Tod auf dem Weg zu dieser Schlacht (V 16 616–16 619) noch Friedrichs bevorstehender Tod in Akkon (V 16 628) erwähnt, auf biographische Daten (v. a. der deutschen Kreuzzugsteilnehmer) wird also kaum mehr verwiesen (S. 276,24f.). Wenn schließlich die Druckversion nicht mehr wie noch die Prosahandschrift von der Belagerung von *Thomiet* (Damiette) sondern von *Thimorat* (S. 274,16.21) spricht, ist dies ein klares Zeugnis dafür, daß das historische Wissen, welches Johann bei seinen Rezipienten noch als Hintergrund voraussetzen konnte, beim Publikum des Prosadrucks nicht mehr erwartet wird, ja, nicht mehr interessiert. Die Fiktionalitätssignale verlieren damit ihre Wirkung, und es ist leichter, die Illusion historischer Wahrheit des Erzählten aufrechtzuerhalten.

Diese Illusion versucht der Erzähler des Prosaromans v. a. auch durch seine Quellenberufungen hervorzurufen. Die Quellenangaben des Versromans, Dieprecht und Agrant, fehlen; der Erzähler spricht nur zweimal von einer – nicht näher benannten – Quelle. Dabei geht es ihm beidemal um ihre Unvollständigkeit:

Als der Wal Wilhelm entführt, erklärt der Erzähler – ähnlich wie der Erzähler im Versroman (V 1 048–1 056) –, daß seine Quelle ihm nichts über den Verbleib der Begleiter Wilhelms berichte:

> *Nun vindt man nit, wo sy hin kament, ob sy ertruncken oder wie es innen ergieng.*
> (S. 200,16f.)

(Nun findet man keinen Nachweis, wo sie hingekommen sind, ob sie ertrunken sind und wie es ihnen ergangen ist.)

Die zweite Quellenberufung (oder besser Quellenkritik) des Prosaromans weicht von der Versvorlage ab: Als Wigrich zur Jagd ausreitet, heißt es bei Johann:

> *do erflok sin valke da*
> *ein wilt, daz aventûr sla*
> *het dar gewiset.*
> (V 1 121–1 123)

(Da stieß sein Falke auf ein Wild, welches der Pfad der *âventiure* hergeführt
hatte.)

Aus dem Kontext und aus Wigrichs späteren an Wilhelm gerichteten
Worten *ich schol dem herren min / dich bringen für ein riches wilt* (V 1 158f.),
wird ersichtlich, daß dieses »Wild« nichts und niemand anderes ist als
Wilhelm. Der Prosabearbeiter aber versteht diese Verse offensichtlich
falsch, er verkennt die übertragene Bedeutung des »Wilds«. Zugleich ist
für ihn der Begriff der *âventiure* gelöst von der Vorstellung eines ritterlichen Abenteuers und bezeichnet schlicht den Zufall. Damit bedeuten
die Verse 1 122f. für ihn »ein Wild, welches der Zufall herbeiführte«.
Der Erzähler des Prosaromans kritisiert diese Unschärfe seiner Quelle:

*Wegrich ... wolt beyzen mit sinem falcken und den warff nach ettlichem gewild, des ich
nämlich nit geschriben vind*
(S. 201,6f.)

(Wegrich wollte mit seinem Falken jagen und ließ ihn auf dieses und jenes
Wild los. In meiner Quelle finde ich nicht belegt, um was für ein Wild es sich
handelte).

Der Erzähler des Prosaromans versucht, in seiner Darstellung den Eindruck historischer Exaktheit zu vermitteln. Seine Quellenberufungen
sind weder rein topisch wie die meisten Wahrheitsbeteuerungen und
Quellenverweise im Versroman, noch dienen sie gar als Fiktionalitätssignale; sie sollen vielmehr seine Bemühung um eine möglichst lücken-
lose Berichterstattung demonstrieren.

Der um Historizität bemühte Erzähler des Prosaromans identifiziert
sich auch nicht mit Parklise (V 10 976f.), welche bei Johann *nach der
warhait* (V 11 381), durch Neukombination wahrer Elemente, einen unwahren Brief verfaßt.[40] Zwar läßt sich Parklise auch in der Prosafassung
von einem Teufel berichten, was Melchinor in der Nacht mit seiner
Frau gesprochen hat (S. 257,18), aber diese intimen Informationen
nutzt Parklise nur dazu, die Einleitung des Briefs, welche dem Romanpublikum verschwiegen bleibt, zu verfassen und damit die überirdische
Herkunft des Briefs zu beweisen:

*darinn des ersten die ding stündent, die niemantz wüsste dann er und sein weib; darnach,
was er durch seinen willen thůn sölte.*
(S. 258,1–3)

(darin standen zuerst die Dinge, die niemand wußte außer ihm und seiner
Frau; danach stand, was er um seinetwillen tun sollte.)

---

[40] Siehe oben, S. 92.

Für den Rest des Briefes findet sich nirgends eine Wahrheitsbehauptung; er ist frei erfunden. Der fiktive Sprecher, der personifizierte Brief, fehlt. Damit ist jede Ähnlichkeit zwischen dem Brief Parklises und den Liebesbriefen oder dem Werk Johanns aufgehoben. Der Erzähler braucht nicht mehr sein Fingieren von Parklises Lüge abzugrenzen:[41] Berichterstattung und Lüge stehen sich berührungslos gegenüber.

Zusammenfassend kann gesagt werden, daß der Prosabearbeiter seinem Werk den Anstrich einer Chronik gibt. Es ist die Chronik eines nicht näher bestimmten Babenbergers Leopold und seines Sohnes, und zum Schluß wird noch sein Enkel Friedrich genannt, der den Fortbestand der Dynastie sichert. Es wird nicht erwartet, daß der Leser einen bestimmten Leopold hinter dieser Gestalt erkenne. Nicht die tatsächliche historische Person interessiert, sondern seine politische und gesellschaftliche Rolle als Herzog.

B.   Minneredenelemente im Prosaroman

Der Prosabearbeiter streicht, wie erwähnt, sämtliche Exkurse und Erzählerkommentare, Exkurse zu Verfasser und Werk ebenso wie Minneexkurse. Nur an zwei Stellen spricht er über eine Gesetzmäßigkeit der Minne; von einer Minnelehre kann allerdings kaum die Rede sein: Als Walwan um Aglie wirbt, erklärt der Erzähler:

Es mag ein yeglicher wol sehen, das lieb nach laid und laid nach lieb geet, als disen zweien geschehen ist.
(S. 208,31 f.)

(Es kann jeder deutlich sehen, daß Freude auf Leid und Leid auf Freude folgt, wie es diesen beiden geschehen ist.)

Ähnlich äußert er sich dann erneut, als Wilhelm und Aglie in Mons Salvia ihr Wiedersehen feiern:

Aber die lieb wert nit lang, dann sy sich mit großem leyd endet, als ir jecz hören werdent. Wann das sprüchwordt ward wol an in beyden erfüllet: nach großem lieb groß laid.
(S. 281,25–27)

(Aber die Freude währt nicht lange, denn sie wird durch großes Leid beendet, wie ihr im folgenden hören werdet. Denn das Sprichwort hat sich an ihnen beiden bewahrheitet: Auf große Freude folgt großes Leid.)

---

[41] Vgl. oben, S. 92f.

Die »Lehre« ist in beiden Fällen die gleiche: der allbekannte Wechsel von Freude und Leid. Er ist so bekannt, daß der Prosabearbeiter schon nicht mehr von einer Lehre, sondern von einem *sprüchwort* spricht. Eine Verbindung zur Minne ist nicht explizit gegeben, obwohl es zumindest bei Johann offensichtlich ist, daß es sich um Liebesfreude und Liebesleid handelt.

Der erste der beiden Erzählereinwürfe entspricht fast wörtlich der Vorlage (V 2 137–2 141), es fehlt allein der Hinweis, daß man *reht* sehen, interpretieren können müsse (V 2 137f.), um die genannte Gesetzmäßigkeit zu erkennen. Der zweite Einwurf weicht aber deutlich von Johanns Vorgabe ab, wo der Erzähler sich direkt an Wilhelm und Aglie wendet:

> *ach, Wildhelm und Agly,*
> *erliebet iuch! daz ist min rat:*
> *laider liep mit laide zergat.*
> (V 18 802–18 804)

(Ach, Wilhelm und Aglie, liebt euch! Das rate ich euch, denn leider löst sich Freude in Leid auf.)

Den an die handelnden Figuren gerichteten Rat in Liebesfragen, wie er sich in einer Minnerede finden könnte, ersetzt in der Prosa eine Vorausdeutung für den Leser. Hier wie an der oben zitierten zweiten Stelle im Prosaroman dient die »Lehre« nur noch dazu, das folgende Geschehen einzuleiten; sie will weder ein Interpretationsschlüssel für die Erzählung sein noch als Minnelehre ernstgenommen werden.

Die einzige im Prosa-›Wilhelm‹ erhaltene allgemein darstellende Minnerede ist nicht eine Rede des Erzählers, sondern einer Figur: die Edelsteinexegese des Cupido-Helms (S. 224,25–31). Die Zuordnung der Tugenden zu den Steinen stimmt weitgehend mit der Vorlage überein, wenngleich die Ableitung der einzelnen Tugenden aus den jeweiligen Eigenschaften der Steine oft nicht mehr vorgeführt wird und komplexere Tugenden auf einfache reduziert werden. So wird z. B. aus den *stæte sinne wise*, welche bei Johann der Türkis bezeichnet (V 4 087), ein *weiß sein –*; die *stæte* entfällt (S. 224,28). Schwierigkeiten bereitet dem Prosabearbeiter der Diamant. Im Versroman wird er nach seinen zwei Eigenschaften, der klaren weißen Farbe und der Festigkeit, in zwei Steine aufgeteilt: in den *dymant*, der *ane schant an rehter kúschekait* und *on alles gunderpfait* (V 4 089–4 092) ist, und in den *adamas*, dem keine Waffe schaden kann und der daher für die Tugend der *veste* (V 4 093) steht.[42]

---

[42] Vgl. oben, S. 170f.

In der Prosafassung wird der *adamast* ebenfalls beschrieben als der Stein, der nicht zu schneiden ist; von dieser Eigenschaft wird aber nicht die *veste*, sondern die Unbesiegbarkeit als Tugend abgeleitet (S. 224,30). Über die Bedeutung des *diamant* besteht Unsicherheit: In der Prosahandschrift ist *vest* durch *weß* (*was*) überschrieben (22ʳ), der Druck entscheidet sich für *kún* (S. 224,28). Die Zuordnung der Tugend zum Stein scheint somit im Prosaroman recht beliebig, das Interesse des Prosabearbeiters an der Edelsteinexegese als solcher eher gering zu sein. Ein eigenes Interesse zeigt der Prosaist aber dort, wo er nicht nur vereinfacht, sondern bewußt verändert: Er vermeidet spezifische Minnetugenden. So wird im Prosaroman weder die *kúschekait* (V 4 091) noch die *stæte* (V 4 087) genannt, und die der *stæte* eng verwandte *veste* wird durch die Schneidekraft des Steins bzw. im Druck durch die heroische Tugend der Kühnheit ersetzt. Nichts außer der Gestalt des Cupido-Knaben weist mehr auf die Minnethematik hin. Auch der didaktische Aspekt der Edelsteinexegese wird reduziert, indem Wilhelm der Helm nicht mehr als eine *stiure* (V 4 101) gegeben wird, sondern nur noch als ein kostbares Gut (S. 224,31).

Deutlicher noch als die Cupido-Rüstung verliert die Rüstung, welche Wilhelm in Kandia erringt, ihre minnedidaktische Bedeutung. Die Edelstein- und Farbexegese des *eren krantz* entfällt völlig; den Helm ziert nicht eine Frauengestalt mit einem Edelsteinkranz, sondern ein *taphart* (S. 269,12). Schon Johann beschreibt Harnisch und Schild der Rüstung aus Kandia als im Blut eines *taphart* gehärtet und mit dem Bild eines solchen Tiers verziert (V 13 836–13 852). – Die Bedeutung des *taphart* ist nicht klar, doch als das edelste aller Tiere (V 13 839) scheint es irgendwie in Verbindung mit der *triuwe*-Lehre des *eren krantz* zu stehen.[43] Die Prosafassung sieht die einzige Bedeutung des *taphart* darin, daß sein Blut dem Harnisch diamantene Härte verleiht (S. 269,9f.).

Auch die Minnesymbolik der ersten Rüstung Wilhelms wird zurückgenommen, zwar ziert den Helm auch in der Prosaauflösung noch eine traurige Turteltaube, und die Aufschrift des Schilds lautet wie im Vers-

---

[43] Das Tier, das Johann als *daz tier daz da harnasch trait* (V 13 837) bezeichnet, ist sonst nur noch im ›Jüngeren Titurel‹ und bei Boppe belegt. Im ›Jüngeren Titurel‹ steht es ohne weitere Ausführung in einer Aufzählung der Tiere Indiens im Kontext der *translatio* des Grals: Es gibt dort Löwinnen, *tapharte*, Papageien und Giraffen (Str. 6 010). Bei Boppe (Lied 6, zit. nach: Minnesinger. Manessische Sammlung. Hrsg. v. Friedrich Heinrich v. d. Hagen, Bd. 2. Neudr. d. Ausgabe von 1838. Aalen 1936, S. 378f.) wird es beschrieben als ein Tier, dessen Kühnheit vormittags unübertrefflich sei, ab der Mittagszeit aber schwinde, und das damit eine Ermahnung für die Jugend darstelle, ihre Kräfte zu sparen und *mâze* zu üben.

roman *Traura, hercz, traura*! (S. 216,29f. ≈ V 3 102), aber das Wappenzeichen auf dem Schild ist nicht mehr ein dürrer Ast, der in Minnebestiarien und Minneklagen fest zum Bild der Turteltaube gehört, sondern *ein tiere* (S. 216,27). Wie es bereits bei der Darstellung der Trauer
Leopolds um seinen Sohn zu beobachten war,[44] vermeidet der Bearbeiter auch hier das Bild der Turteltaube auf dem dürren Ast, welches die
Klageworte auf dem Schild als eine Minneklage interpretieren würde.
Dem Prosaisten geht es mehr darum, Wilhelms erbärmlichen äußeren
Zustand und das Schicksal des frevelhaft Verratenen darzustellen als
sein Liebesleid.

Nicht nur Minneexkurse und allgemein darstellende Minnereden vermeidet der Prosabearbeiter, sondern auch Minnemonologe. Die Monologe des Erzählers entfallen ausnahmslos, und auch die Minneklagen
der Figuren werden gestrichen, allenfalls werden sie vom Erzähler kurz
referiert. Selbst die Totenklagen fehlen in der Prosaauflösung.
    Die im Versroman ausführlich (V 771–799) beschriebene Traummin-
ne und monologisch ausgestaltete Liebessehnsucht Wilhelms vor dem
Aufbruch aus Wien faßt der Erzähler in drei Zeilen zusammen
(S. 198,25–27). Er schließt an diese knappe Beschreibung einen seiner
sehr seltenen Erzählerkommentare an:

und als man offt spricht: wer heimlich und verstolenlich print, der wirt deßter mer
gepeyniget.
(S. 198,28f.)

(und wie man oft sagt: Wer heimlich und verborgen in Liebe entbrannt ist,
der wird um so heftiger gepeinigt.)

Ein Sprichwort, welches an eine allgemein bekannte Tatsache erinnert,
macht jede weitere Ausführung zur Minnennot Wilhelms überflüssig.
Doch hier liegt nicht nur eine radikale Kürzung, sondern auch eine
gezielte Änderung der Vorlage vor. Johann nämlich schließt die Beschreibung der Liebesqual Wilhelms mit den Worten:

den můt er nieman zaigen
wolt, biz er sich verstůnt,
also noch wise lůte tůnt,
was im daz beste wære.
(V 800–803)

---

[44] Siehe oben, S. 298.

(Seine Gesinnung wollte er, wie es heute noch die Weisen tun, niemandem offenbaren, bis er wußte, was für ihn das beste wäre.)

Das Schweigen wird nicht als eine Verstärkung der Liebespein beklagt, Johann lobt es vielmehr als eine weise Handlung. Die so kommentierte Minneklage Wilhelms hat die Funktion einer Minnelehre, ist eine Minnerede. Dies will der Erzähler des Prosaromans verhindern, indem er den lehrhaften Nachsatz durch ein Sprichwort ersetzt und dabei das Vorbildliche in eine allgemein bekannte schmerzliche Tatsache verkehrt.

Den Briefen im ›Wilhelm von Österreich‹ hat Brandstetter in seiner Untersuchung der Prosaauflösungen ein eigenes Kapitel gewidmet.[45] Den Inhalt der ersten fünf Briefe gibt der Prosaist fast vollständig, die Briefe 6–10 in gekürzter Form wieder, die übrigen werden nur erwähnt oder kurz referiert. Brandstetter sieht eine »besondere Schwierigkeit der Prosa, dieser so inhaltslosen Künstlichkeit zu begegnen ... Das Ungenügen, das der Prosaist gerade angesichts dieser Aufgabe mit ihren vielen Bedenklichkeiten empfunden haben mag, könnte mit ein Grund dafür sein, daß er die Briefe schließlich ganz übergeht und sich mit allgemeinen Hinweisen und Bemerkungen begnügt.«[46] Brandstetter versucht v. a. am Beispiel des ersten Briefs[47] zu demonstrieren, wie der Prosabearbeiter die geblümte Rede in schlichte Prosa auflöst: Zahlreiche Redeblumen, v. a. bildhafte Ausdrücke, werden getilgt, die Zahl der Adjektive wird stark reduziert, die Satzkonstruktionen werden vereinfacht. Der Prosabearbeiter verzichtet auch auf den personifizierten Brief als Sprecher und die damit verbundene »artifizielle ›Entfernung‹ des Dichters von seinem Gegenstand.«[48] – Brandstetter beachtet nicht, daß mit dem fiktiven Sprecher des personifizierten Briefs zugleich ein Stilmittel entfällt, welches die Briefe im ›Wilhelm von Österreich‹ von den Briefen in anderen höfischen Romanen unterscheidet und sie als Minnereden kennzeichnet.[49]

Auch die inhaltlichen Kürzungen des Prosabearbeiters betreffen keineswegs nur leere rhetorische Formen, die »inhaltslose Künstlichkeit« der Briefe. Dies zeigt sich schon an der ersten Briefsequenz, die in der Prosaauflösung nur geringe Abwandlungen und Kürzungen auf-

---

[45] Brandstetter, S. 97–134.
[46] Ebd., S. 112.
[47] Ebd., S. 104–112.
[48] Ebd., S. 107.
[49] Siehe oben, S. 184.

weist: Bei Johann lobt Wilhelm im dritten Brief Aglie, indem er ihre Vorzüge in einem Tugendkatalog aufzählt: *zuht, mazz, scham, kúsche, tugent* (V 2 116) und *stede* (V 2 122). Der Prosabearbeiter ersetzt diesen Katalog durch den Oberbegriff *tugent* (S. 208,23); er hat offenbar kein Interesse an einer detaillierten Darstellung der Minnetugenden. Im gleichen Brief wird im Versroman die Liebe als ein Weg zum ewigen Leben betrachtet (V 2 123–2 133); in der Prosa aber heißt es, daß ein *freüntliches* und *tugentliches* Leben im Diesseits zur ewigen Freude im Jenseits führe, d. h., die Heilsfunktion der Minne wird ersetzt durch die Heilsfunktion der *tugent*. Nicht indem Aglie Wilhelm ihre Liebe gewährt, sondern indem sie ihr Leben richtig einstellt, erwirbt sie ihnen beiden ewiges Glück (S. 208,25–28). Beide Eingriffe des Prosabearbeiters zeigen, wie er die Bedeutung der Minne und der Minnetugenden herabmindert zugunsten der *tugent* im allgemeinen.

Der Prosaist vermeidet es wo immer es geht, von einem Einfluß und von Aktionen der Minne, Cupidos oder der Venus zu sprechen.[50] Im fünften Brief heißt es bei Johann, der *rat* der Minne habe es bewirkt, daß Cupido die Minnebande zwischen Wilhelm und Aglie enger geknüpft habe als zwischen Walwan und Aglie (V 2 614–2 620). Die Fügung der Minne ist in der Prosaauflösung ersetzt durch den Willen Aglies: *mein will also steet* (S. 213,4f.). Minne verliert damit ihre absolute Macht und wird dem Willen der Liebenden unterstellt. – Im Versroman dagegen dient ja der Wille (Joraffin) gerade der Minne. – Auch die Beratung zwischen Venus, Amor und Cupido im siebten Brief (V 3 020– 3 023) entfällt in der Prosa, und auch bei der Entstehung und Übermittlung der Briefe verliert Minne ihre Bedeutung: Weder rät sie Wilhelm, Briefe zu schreiben (V 1 830–1 837), noch gibt sie Wilhelm und Aglie ein, ihre Briefe in einen Ball einzunähen (V 1 898–1 905). Daher ist es hier im Gegensatz zum Versroman auch nötig, daß Wilhelm Aglie ein Zeichen gibt, daß sie den Ball behalte (S. 207,8f.). Der vierte Brief, den Wilhelm Aglie während des hochzeitlichen Tanzes gibt, wird in der Prosa nicht trotz der *húte*, mit Hilfe der Minnen *kunst* (V 2 518f.) übermittelt, sondern es heißt, niemand achte auf Aglie (S. 211,33). Schließlich wird auch auf das Wunder der Minne verzichtet, welches bei Johann notwendig ist, damit Wilhelm den siebten Brief unbeobachtet erhält (V 2 946–2 949 ≠ S. 215,7).

---

[50] Schon im zweiten Brief verzichtet er auf eine weitere Personifikation: auf die *Melde* (V 2 021). Während bei Johann die Melde die *húte* über die Liebenden verhängt hat, spricht Aglie in der Prosaauflösung nur von der *hút, damit ich táglich verhút wird* (S. 208,1f.).

Nicht nur die personifizierte Minne wird in der Prosaredaktion gestrichen, sondern auch die *locus amœnus*-Beschreibungen zu Beginn des
Ballspiels (V 1 838–1 873) und bei Walwans Werbung (V 2 268–2 285)
werden auf ein absolutes Minimum, die Erwähnung des Monats Mai
und des frischen Grüns, reduziert (S. 206,28; 210,21f.). Weder die Briefe
noch die »Gegenhandlung«, die Werbung Walwans,[51] besitzen damit
noch einen Minneredenrahmen. Zugleich wird die Bedeutung der Minne und die Minnedidaxe in den Briefen gemindert. Es fehlt außerdem
die minnedidaktische Spiegelallegorie (V 2 669–2 751), welche bei Johann direkt an die Aussage anschließt, Aglie ziehe Wilhelm dem *kúnc
hoch* vor (V 2 662f. ≈ S. 213,20f.), und welche gerade durch diese Position im Roman den Gegensatz zwischen Wilhelms wahrer *triuwer* Minne und Walwans Minne unterstreicht. Auch die Gegenüberstellung von
dem Rat der Minne, des Cupido und der Venus (V 3 020–3 023) mit der
Beratung zwischen Walwan und seinem Hof entfällt. Die Liebesbriefe
bilden damit nicht wie im Versroman einen deutlichen Gegensatz zur
Lebenswirklichkeit der Protagonisten.

In der zweiten Briefsequenz greift der Prosabearbeiter noch stärker
in den vorgegebenen Text ein. Er streicht aus den Briefen 8–10 das
hohe Lob des oder der Geliebten und die elaborierten Beschreibungen
der Einheit zwischen den Liebenden. In den stark gekürzten Briefen
wirkt Wilhelms Forderung nach Lohn dafür, *das ich durch deinen willen in
den tod geriten bin* (S. 244,14f. ≈ V 6 765f.) und *das ich durch deinen willen in
den tod gejaget worden bin* (S. 248,14f.),[52] sehr dringlich; ein Verdienstden-
ken scheint *triuwe* und *minne* abgelöst zu haben. Auch in Aglies Brief
tritt in der Prosa die Darstellung ihrer Liebe deutlich hinter der Forderung nach Erlösung und hinter den Anweisungen bezüglich der weiteren Übermittlung der Briefe zurück.

Wie schon in der ersten Briefsequenz verändert der Redaktor nicht
nur den Inhalt der Briefe, sondern auch ihre Einbindung in die Hand-
lung. So entfällt bei Wilhelms Ritt zur Burg Frien die *locus amœnus*-
Beschreibung (V 6 793–6 801 ≠ S. 244,25). Das Zusammentreffen mit
dem Jäger ist in der Prosa keine zufällige Begegnung mehr nach dem
Vorbild der Minnereden,[53] sondern Wilhelm geht lange Zeit vor der
Burg auf und ab, bis endlich jemand erscheint (S. 254,3f.). Von einem
Minneredenrahmen kann nicht mehr die Rede sein.

---

[51] Siehe oben, S. 186.
[52] Vgl. V 7 424f.: *in das ellende hat gejagt / mich din wiplich gúte.*
[53] Vgl. oben, S. 187f.

Der Falke als Bote der Liebesbriefe verliert seine symbolische Bedeutung: Weder wird Aglies Turteltaube von ihm geschlagen (V 7 400) noch Aglie verletzt (V 7 402–7 405). Eine Anlehnung an eine Minnejagd ist nicht intendiert (S. 248,9–13). Daher fehlt auch Aglies Reaktion:

> *swie ez niht liplich si getan,*
> *doch hat der minnecliche wan*
> *gefüget daz ich worden bin*
> *din wip und du min man in sin.*
> (V 7 541–7 544)

(Wenn es auch körperlich nicht geschehen ist, so hat doch das Minnegedenken es gefügt, daß ich geistig deine Frau geworden bin und du mein Mann.)

Im Prosaroman beschreiben die Briefe nicht wie bei Johann eine Minnewerbung, deren Erfolg durch die Tötung der Taube und das Blut Aglies symbolisch dargestellt wird. Deshalb kann der Prosaist im Widerspruch zu seiner Vorlage schreiben:

> *Darnach wurdent czů beyden seytten vil brieff bey dem falcken wider unnd für gesendet.*
> (S. 248,32f.)

(Danach wurden beiderseits zahlreiche Briefe mittels des Falken hin und her geschickt.)

Technisch ist ein weiterer Briefwechsel ja möglich, nachdem die Taube nicht getötet worden ist.[54]

Den elften Brief faßt der Prosaredaktor kurz zusammen:

> *Und under anderem schreyb sy im, den vogel, den sy im gesannt hete, schölte er auff sein pferd binden, do bey sy inn erkennen unnd acht auff inn haben möhte, wo er inn dem hör wäre.*
> (S. 248,33–249,2)

(Und unter anderem schrieb sie ihm, er sollte den Vogel, den sie ihm gesandt hatte, auf sein Pferd binden, damit sie ihn daran erkennen und beobachten könne, wo er sich in dem Heer aufhalte.)

Der Inhalt der anderen Liebesbriefe, Brief 12 und 13, wird nicht wiedergegeben: Der Erzähler sagt über sie nur, daß sie Klagen enthalten (S. 254,6f.; 254,22–24). Beim 12. Brief fehlt auch wieder der minneredentypische Rat der Minne an Wilhelm, den Brief zu schreiben, und ihr Versprechen, daß ihre *kunst* ihn zu Aglie bringen werde (V 9 184–9 186 ≠ S. 252,17). Hier wie bei allen Liebesbriefen der Prosaauflösung zeigt

---

[54] Straub, S. 107f. jedoch nimmt an, der Prosabearbeiter habe die Zahl der Briefe erhöht, um die erzählte Zeit stimmiger zu gestalten.

sich die deutliche Bemühung des Bearbeiters, die Briefe in möglichst geringem Maße als Minnereden erscheinen zu lassen.

Die Zahl der Minnedialoge ist im Prosa-›Wilhelm von Österreich‹ stark reduziert: Sämtliche Dialoge, an welchen der Erzähler oder eine Personifikation (mit Ausnahme Joraffins oder des *hauptman* der *âventiure*) beteiligt ist, fallen den Kürzungen des Prosabearbeiters zum Opfer. Übrig bleibt allein das Minnegespräch der Kinder Ryal und Aglie. Dieses wird nicht wie bei Johann als *manic süzziu minne rede* (V 1485) eingeführt, welche die Kunst des Erzählers, der sich im Schatten der *meister* sieht, übersteige (V 1488–1514); der Erzähler der Prosaauflösung erwähnt vielmehr

> *menge freüntliche wort, die sy miteinander tåten, die niemand alle geschreiben kann. Under andern worten, so sy miteinander redtent, fragtend sy einander von der minn* (S. 204,26–28)

(viele freundliche Worte, die sie austauschten, die niemand vollständig aufschreiben kann. Unter anderem, was sie miteinander sprachen, fragten sie einander über die Minne).

Das Liebesgespräch Ryals und Aglies wird also eher nebensächlich eingeführt, als eines der vielen und wegen ihrer Vielzahl – aus keinem anderen Grund – nicht wiedergebbaren Gespräche. Beide Teile des Dialogs (und das anschließende Gespräch Agrants und der Königin) werden fast vollständig in die Prosafassung übernommen. Der Redaktor streicht aber die Stellen, an denen Minne personifiziert erscheint, wie V 1532: *wie ist gestalt ir bilde?*, V 1534: *ist si wip oder man?* oder V 1550–1553, in denen Ryal Minne provozieren möchte, ihm zu beweisen, daß wahr ist, was man Gutes von ihr berichtet. Zwischen den beiden Teilen des Minnedialogs steht auch nicht eine Beratung zwischen Minne und Natur; Ryal und Aglie kommen ohne Eingriff der beiden Personifikationen *zů iren manbæren jaren* (S. 205,21).

Der Prosabearbeiter vermeidet also jede Anlehnung an eine Personifikationsdichtung sowie den Verweis auf eine literarische Tradition. Der Dialog der Liebenden bleibt eine dialogische Minnerede, soll aber – wie die Liebesbriefe – nicht allzu deutlich als eine solche kenntlich gemacht werden.

Da der Prosaist konsequent die Personifikationen von Minne, Natur etc. streicht, könnte man annehmen, daß er auch die Begegnung des Helden mit *der aventûre hauptman* und die Feuerbergallegorie aus der

Handlung herausnehme. Hier aber greift er in auffallend geringem Maße ein: Die beiden Szenen sind offenbar zu fest in der Handlung verankert, als daß er sie hätte umgehen können, und daher übernimmt er sie im ganzen. Wenige charakteristische Veränderungen der Darstellung fallen dennoch auf:

Bei der Exegese der Körperteile des *hauptman* ersetzt der Prosabearbeiter das *hochgemûte* (V 3 266) derer, welche *âventiure* suchen, durch die Menschen, welche ihr Leben auf Ehre und *âventiure* ausrichten (S. 218,12f.); er ersetzt das Emporfliegen der *âventiure* (V 3 285) durch ein Auf- und Abfliegen (S. 218,17f.), und aus dem Freisein von allem *wandel* (V 3 278) wird die Tugend der *mâze* (S. 218,16). – Der aufstrebende *hôhe muot* und die *stæte*, klassische Minnetugenden, werden also aus der Beschreibung der *âventiure* herausgenommen; die Nähe zur Minnerede wird damit gemieden.[55]

Konnte er die Personifikation der *âventiure* schon nicht umgehen, so deutet der Prosaist zumindest den Bracken *fürst* um. Nichts weist im Prosaroman darauf hin, daß der Hund eine Canifikation von Wilhelms strebendem Herzen sein könnte: Weder ist das Tier dazu aufgezogen, daß es Wilhelm diene (V 3 412f. ≠ S. 219,27), noch erwähnt der *hauptman*, als Wilhelm nach dem Bracken fragt, Wilhelms *hertze* (V 8 200 ≠ S. 217,28f.), noch tadelt Wilhelm, als der Hund ihn in das Donnergebirge führt, sein Herz (V 3 478f. ≠ S. 220,13f.). Als Joraffin und Wilhelm nach der Tjost bewußtlos am Boden liegen, erquickt bei Johann zuerst Minne die beiden Ritter, und erst dann weckt der Bracke seinen Herrn (V 3 730–3 740); im Prosaroman wird der Hund von sich aus aktiv (S. 222,2–4). Auf den Schlag Joraffins schließlich, der Wilhelms Schild spaltet, reagiert nicht wie im Versroman der Hund (V 3 764f.), sondern Wilhelm selbst wird von *grymme unnd grossem czoren* ergriffen (S. 222,8f.). Es besteht also im Prosaroman keinerlei Anlaß, die Reaktionen des Hundes als innere Regungen Wilhelms zu verstehen. Der Bracke ist keine Canifikation, sondern tatsächlich ein Hund.

Wie die Cupido-Rüstung so wird im Versroman auch der Bracke, das Bild des strebenden Herzens, überflüssig, nachdem Wilhelm sein Ziel erreicht hat und die Hochzeit mit Aglie arrangiert ist. Es bedarf keiner

---

[55] Die vierte Änderung in der Auslegung der Körperteile des *hauptman*, die Ersetzung seiner Wirkung *in wazzers grunt* (V 3 291) durch eine solche *in wasser und auff erdtreich* (S. 218,19), welche die Zuordnung der Körperteile zu den vier Elementen (siehe oben, S. 150) stört, dürfte auf einen Lesefehler des Prosaisten oder eines früheren Kopisten der Versvorlage zurückzuführen sein, genauer auf eine Verwechslung des *s* von *wazzers* mit einer Abbreviatur für *und*.

Begründung für das Verschwinden des Bracken. Der Prosabearbeiter aber sieht die Notwendigkeit, den Abgang des Hundes zu motivieren: Er läßt den Bracken sich im Wald verirren, während Wilhelm gegen Merlin kämpft (S. 265,23f. ≠ V 12 964–12 973). – Der Illustrator allerdings bildet ihn weiterhin ab, beim Empfang Wilhelms am Hof Crispins und sogar noch bei der Hochzeit Crispins und Gaylets.[56]

Oben[57] ist bereits beobachtet worden, daß der Prosabearbeiter bei der Exegese der Edelsteine am Cupido-Helm – ähnlich wie bei der Deutung der Körperteile des *hauptman* – spezifische Minnetugenden vermeidet. In ähnlicher Weise nimmt er auch bei der Allegorese der zwei *schar* im Palas des Feuergebirges die Minnethematik zurück. Er folgt seiner Quelle mit der Aussage *Hie vindet man allerley mynn, sy sey böß oder gůt* (S. 225,28 ≈ V 4 186f.). Dann bezeichnet er die erste, höfische Gruppe als ein Zeichen der *wolgemůten und eren wert* (S. 225,29 ≈ V 4 191), aber ohne den Zusatz der Vorlage: *der hertze ie ritterschefte gert / und aller tagaldy* (V 4 192f.). Nicht Wilhelms *trut amye* (V 4 199), wie bei Johann, sondern der Held selbst soll für den Gruß dieser höfischen Gesellschaft dankbar sein (S. 225,31). Damit ist die Verbindung zwischen dem *wolgemůt*, für welche die erste *schar* steht, und ritterlicher Minne nicht mehr gegeben. Die zweite Gruppe, *der welt gitsære* (V 4 237), wird völlig umgedeutet:

Sy bedeüt unß der welt leichtvertigkeyt unnd die, dye keiner eren acht habent und ir sünn unnd gedancken nit dann auf das arg steend
(S. 226,6–8)
(Sie bezeichnen uns die Leichtfertigkeit der Welt und all die Menschen, welche keinerlei Ehre beachten und ihre Absichten und Gedanken auf nichts als auf das Böse gerichtet haben.)

Die Liebe zu materiellen Gütern wird hier ersetzt durch Leichtfertigkeit, Ehrlosigkeit und Boshaftigkeit. In den beiden Sälen des Palas werden nicht mehr ritterliche und käufliche Minne, sondern gute, ehrenhafte und unehrenhafte, böse Gesinnung einander gegenübergestellt.

In ähnlicher Weise deutet der Prosaist auch das grauhaarige Haupt des Wundervogels um: Aus *der welt altiu kinder* (V 4 343), d. h. den der Welt und dem Materiellen Verhangenen, werden *dye alten leüt, die die jungen weissent auff den rechten weg* (S. 227,13). Eine solche Aufwertung

---

[56] 59ᵛ und 70ᵛ, siehe Anhang 1.
[57] Siehe S. 304f.

der »Weltkinder« rechtfertigt das Aussehen des Haupts keineswegs, und sie sprengt den Kontext, die Beschreibung der vier Stufen der Welt- und Gottesminne.

Durch die Reduzierung der Minnethematik und v. a. das Vermeiden einer negativen Darstellung der Weltminne oder besitzorientierten Minne, welche in Johanns von Würzburg Roman eine zentrale Rolle spielt, deutet der Prosabearbeiter die allegorische Feuerberg*âventiure* um von einer Minnelehre zu einer allgemeinen Tugendlehre, deren Schwerpunkt auf der Ehre und der guten Gesinnung, dem *wolgemůt*, liegt.[58] Diese allgemeine Tugendlehre besitzt in der Prosa nicht denselben Stellenwert wie die Minnelehre im Versroman: Wie bereits erwähnt,[59] wird Wilhelm der Cupido-Helm nicht als eine *stiure*, sondern als ein Schatz gegeben. Die veränderte Situation des Helden nach dem Turnier zu Kandia macht es daher auch nicht notwendig, daß diese Tugendlehre durch eine neue, den *eren krantz*, abgelöst werde.[60] Im Prosaroman ersetzt die Verleihung der flammenden Rüstung und des Cupido-Helms auch nicht die Schwertleite Wilhelms. Der Held wird, so muß man die Prosa wohl verstehen, vor dem Ansturm auf Smyrna von Melchinor in den Ritterstand erhoben:[61]

> *Do wolt künig Melchinor von Maroch, daʒ Wilhalm ritter wurde unnd hauptman in der ersten schare.*
> (S. 250,3f.)

(Da wollte König Melchinor von Marokko, daß Wilhelm Ritter und der Hauptmann der ersten Heerschar werde.)

Bei Johann heißt es an der entsprechenden Stelle, Melchinor wollte, daß Wilhelm einer der Ritter unter seinem Feldzeichen werde (V 7 898– 7 901).[62] Nachdem er sich dort bewährt hat, wird ihm die Leitung der ersten Heerschar übertragen. – Wird aber Wilhelm im Prosaroman nicht vom Verwalter des allegorischen Reichs der Minne, sondern – der Regel entsprechend – von einem König in den Ritterstand erhoben,

---

[58] Im Prosaroman findet sich auch eine Uminterpretation des Flusses vom Ursprung der Welt zum Quellfluß des reißenden Stroms, der das Rad antreibt: An der Stelle von *der welt ursprung ist dirre fluz* (V 4 328) steht *Der selb ursprung ist ein fluß* (S. 227,8). Dies dürfte allerdings auf eine Lesart der Vorlage zurückzuführen sein: In Hs G und Ha findet sich die La. *der erwelt ursprinc.*

[59] Siehe S. 305.

[60] Siehe oben, S. 305.

[61] Vgl. dazu die Gießener Handschrift, oben, S. 160, Anm. 113.

[62] In Da wird jede Verwechslung mit einer Schwertleite vermieden; V 7898f. lauten hier: *... da Wilhelm gab die er / das er der erst wer.*

verliert er das deutlichste Zeichen seiner besonderen Qualität als Minneritter, und die Feuerberg*âventiure* wird zu einer *âventiure* unter anderen.

Leichter als bei der Feuerbergallegorie fiel es dem Prosabearbeiter, die anderen Minneallegorienmuster zu umgehen, welche bereits bei Johann hinter die Handlung zurücktreten und nur durch sie hindurchscheinen. Dem Vogelkampf zwischen den zwei Formen der Minne weicht er aus, indem er die gesamte Szene der Schlacht zu Symrna auf eine Auflistung der Resultate reduziert (S. 250,15–23). Alyant wird zwar zweimal kurz genannt (S. 249,24; 250,17), aber weder wird sein Zweikampf mit Wilhelm erzählerisch ausgestaltet, noch wird Alyant als ein Minneritter in die Handlung eingeführt. Elene[63] findet keine Erwähnung, ebensowenig Alyants Wappenzeichen, der Greif. Der Papagei Wilhelms hingegen wird ernstgenommen als ein zusätzliches Erkennungszeichen des Helden neben dem Cupido-Helm:[64]

> *Herczog Wilhalm fůr da her mit seiner schar und bran im das kind auff seinem helm.*
> *Des gleichen sach man den vogel an dem pferd schwancken, den Agley auff der burg*
> *auch sahe, dabei sie Wilhalmen auch bekant; lachet sy, da sy in so ritterlichen in den*
> *streit faren sach.*
> (S. 250,11–15)

(Herzog Wilhelm zog mit seiner Heerschar daher, und der Cupido-Knabe brannte auf seinem Helm. Desgleichen sah man den Vogel auf dem Pferd schwanken, den auch Aglie auf der Burg sah, woran sie auch Wilhelm erkannte. Sie lachte, als sie ihn so ritterlich in den Kampf ziehen sah.)

Nachdem sowohl die Schlacht als auch der Briefwechsel Wilhelms und Aglies in Smyrna von Minneredenelementen gereinigt und der Name der Burg von *Frien* zu *Freya* (S. 243,32) oder gar *Frigia* (S. 241,26) abgewandelt worden ist, deutet nichts mehr darauf hin, daß die Burg als eine Minneburg zu verstehen sei. Auch Frau *Witze* (V 9 442) tritt in der Prosa nicht mehr in Erscheinung.

Das Muster des allegorischen Minnegerichts, welches Johann bei der Verurteilung Wilhelms in Smyrna durchspielt und durch den Einsatz von Romanelementen auflöst, wird im Prosaroman ebenfalls umgangen. Da vor dem Turnierkampf Wilhelms gegen Wildomis die Dialoge

---

[63] Im Kriegerkatalog vor Ausbruch der Schlacht wird die Königin von Athen genannt (S. 249,25), aber nicht wie bei Johann als Alyants Geliebte (V 7 790–7 792), sondern als nächste Heerführerin nach Alyant.

[64] Die Illustratoren der Prosahandschrift und des Drucks aber verzichten auf den Papagei. Siehe Anhang 1, Abb. von 47[r].

des Erzählers (V 9 060–9 130) und Wilhelms (V 9 158–9 196) mit Minne entfallen, wird Wilhelms Tat nicht mehr als eine Tat im Auftrag und unter der Leitung der Minne gedeutet. Es gilt in diesem Kampf nicht mehr der Minne Wesen zu verteidigen, aber auch Wilhelms verlorene *werdekait* und sein *bitterer mŭt* (V 10 242–10 245) werden nicht erwähnt. Bei der Beschreibung von Wilhelms Ausstattung verzichtet der Prosabearbeiter auf rück- und vorausweisende Elemente: Die Rüstung des Helden gleicht nicht wie im Versroman seiner ersten Rüstung, welche seine erbärmliche Lage beim Ausritt nach Marokko symbolisiert: Während seine Rüstung damals ein *tiere* (S. 216,27) schmückte, ist es jetzt ein dürrer Zweig (S. 255,5).[65] Ferner ist die Lanze Wilhelms im Prosaroman nicht vergiftet (S. 255,4 ≠ V 10 223): Damit wird die Tötung Wildomis' nicht mit der Ermordung Wilhelms parallelisiert. Das bedeutet, daß das Verhalten des Helden entproblematisiert ist, gleichzeitig aber fehlt auch die Gegenüberstellung der Motive, welche Wilhelm und Graveas zu ihrer Tat bewegen: Minne und *unminne*.

Bei der Darstellung des Gerichtsverfahrens übernimmt der Prosaist die Anklagerede Melchinors (V 10 315–10 339) fast vollständig (S. 255, 21–29); die Anklage Agrants aber (V 10 340–10 368) kürzt er deutlich (S. 255,29–32): Er streicht sämtliche Bemerkungen zur Minne Wilhelms:

von Zyzia kŭnc Agrant
sprach: ›jara ja, bistu Ryal?
hastu ditz lait mir ane zal
gestiftet hie, so waiz ich wol,
nieman me dir fŭrbaz sol
getruwen kainer frumekait.
du hast mir manic hertzenlait
getan, swie ich doch kintlich dich
zoch: ich waiz wol din gerich,
daz mŭz ich hie verswigen
ich waiz wol was sigen
an hochgemŭte machet,
daz wirt dir hie geswachet.
schuln wir des lebens walten,
so wirt vor dir behalten
daz du hetest so gern.
dir wirt der selbe stern
in hertzen din verlest.
daz dir der lib entest

Da hŭb an künig Agrant von Zisia und
sprach: ›Bistu Rial, den wir von kindß-
wesen aufferzogen haben, und hast uns
laid on zal gestifftet, so ist billich, das
dir beschehe nach deinem verdienen, also
das nimmer keiner mer vonn dir betrogen
werd.‹
(S. 255,29–32)

---

[65] Vgl. auch die Illustrationen des Drucks, Anhang 1: Auf Bl. 22ʳ, 24ʳ und 26ʳ ist Wilhelm mit einer Taube, auf Bl. 51ᵛ mit einem dürren Ast als Helmzier abgebildet.

din leben, daʒ gelaube mir!
wizʒe din liebe ir
nu sint harte smæhe‹
sus sprach der kúnc wæhe,
›maniger gern læge
in minneclicher pflege
lieplich, so wirt er laitlich ligen.
gedanken din schol angesigen
der tot, der wan schol bringen:
sus dir da schol gelingen.‹
(V 10 340–10 368)

(König Agrant von Zyzia sagte: »Nein! Bist du Ryal? Hast du mir dieses maßlose Leid hier verursacht, dann weiß ich sicher, daß dir niemand mehr etwas Gutes zutrauen soll. Du hast mir viel schwerstes Leid zugefügt, obwohl ich dich doch von Kindesbeinen aufgezogen habe: Ich weiß wohl, wofür du dich rächst; darüber schweige ich hier. Ich weiß genau, welchen Hochmut ein Sieg bewirkt. Der soll dir jetzt gedämpft werden. Solange wir leben, wird dir vorenthalten, was du so gerne hättest. Dieser Stern wird dir im Herzen ausgelöscht. Glaube mir, daß sie dich das Leben kostet. Wisse, daß deine Freundlichkeiten ihr inzwischen gar nichts mehr bedeuten«, so sprach der hochgestellte König. »Viele lägen gerne glücklich im Liebeslager und werden doch in Leid liegen. Der Tod soll über deine Gedanken siegen. Du hattest Hoffnung: So soll sie sich bewahrheiten.«)

(Da ergriff König Agrant das Wort und sagte: »Bist du Rial, den ich von Kindesbeinen aufgezogen habe, und hast du mir zahlloses Leid verursacht, dann ist es billig, daß dir geschehe, wie du es verdienst, damit niemand mehr jemals von dir betrogen werde.«)

Wilhelms Verteidigungsrede (V 10 370–10 404) ist wiederum fast vollständig wiedergegeben (S. 255,33–256,10), allerdings mit einigen Veränderungen. Wilhelm sagt nicht, daß ihn seiner *vræuden hort* (V 10 378) gezwungen habe, sondern er habe *umb dienst willen einer schönen junckfrawen* Wildomis erschlagen. Aus der Verzweiflungstat, bei der Minne die Führung übernimmt, wird so ein scheinbar problemloser Frauendienst. Seine Verkleidung begründet Wilhelm mit den Worten:

317

Wir habent ein anderen helm auff bunden umb deß willen, das wir von niemant erkant
und von meniklichem angerennt wurdent.
(S. 256,4–6)

(Ich habe mir einen anderen Helm aufgesetzt, damit ich von niemandem
erkannt und von vielen angegriffen werde.)

Der Prosabearbeiter steigert damit Wilhelms Tapferkeit,[66] zugleich
schließt er aus, daß man Wilhelms Aussage *da von man mich niht under /*
minem helm rennen sach (V 10 356f.) dahingehend verstehen könnte, daß
nicht Wilhelm selbst, sondern die Minne den Kampf geführt habe.[67]
Schließlich fehlt in der Prosafassung auch die Beteuerung Wilhelms,
wie gerne er um Aglies willen sterbe (V 10 400–10 404).

Minne verliert durch die Eingriffe des Prosaisten ihre Macht. Nicht
sie steht vor Gericht, sondern Wilhelm, dessen Tat unproblematischer
gesehen wird als im Versroman: Der Held ist stärker idealisiert, und die
Minnediskussion als Hintergrund seines Handelns fehlt. So entfällt
auch das Gebet des Erzählers, in welchem er die Befürchtung äußert,
daß sein Werk mißinterpretiert werden könnte.

Der zweite Gerichtstag mit der Verurteilung des Helden wird ebenso
kurz abgehandelt wie in der Vorlage. Dabei verzichtet der Prosabearbeiter auf einen Hinweis auf den Stern Venus, der bei Johann über dem
Geschehen steht (V 10 541). Weder durch ein Gebet Wilhelms und eine
Klage Aglies, in welcher sie Wilhelms *triuwe* preist, noch durch einen
zweiten Prolog verzögert, wird das Geschehen fortgesetzt: Parklise erscheint als Retterin Wilhelms, die aber an seiner Rechtfertigung nicht
interessiert ist. Wird Wilhelm bei Johann trotz des Arguments *just gein*
tjost múrdet niht (V 11 067) nicht freigesprochen und muß mit einem
Trick gerettet werden, so verzichtet die Prosafassung auf jede Argumentation zugunsten Wilhelms und begnügt sich mit dem Trick allein.
Der Prosaist versucht nicht mehr wie Johann, das Schema des Minnegerichts durch die Romanhandlung durchscheinen zu lassen.

Zusammenfassend kann festgestellt werden, daß der Prosabearbeiter,
wo immer es geht, Minnereden und Minneredenelemente aus dem
›Wilhelm von Österreich‹ beseitigt. Die Liebesbriefe, das Minnegespräch der Kinder und die Feuerbergallegorie sind die einzigen Minnereden, welche er nicht vollständig streichen konnte. Er hat aber auch
bei ihnen versucht, die Minnethematik zugunsten einer allgemeinen

---

[66] Vgl. Straub, S. 130.
[67] Siehe oben, S. 213.

Tugendlehre zu verringern, die Macht der Minne zu beschränken und allgemeine, lehrhafte Elemente zu umgehen, kurz: den Minneredencharakter zu reduzieren. Da die Minnerede gerade im 15. Jahrhundert ihre weiteste Verbreitung gefunden hat, ist nicht anzunehmen, daß der Prosabearbeiter nicht mit ihr vertraut gewesen wäre; er scheint vielmehr Anstoß an den Einschlüssen dieser Gattung im Werk genommen und sie bewußt getilgt, die *historia* von ihnen »gereinigt« zu haben.

C. Die Erzählerrolle im Prosaroman

Der Erzähler des Prosa-›Wilhelm‹ hält sich, wie schon wiederholt deutlich geworden ist, sehr zurück. Sämtliche Exkurse, sämtliche persönliche Äußerungen entfallen. Wenn ein Erzähler-Ich oder -Wir in Erscheinung tritt oder der Erzähler seinen Leser direkt anspricht, dann in der Regel nur, um diesen um Aufmerksamkeit zu bitten oder um Übergänge in der Erzählung anzuzeigen. Formulierungen wie *Nun wil ich eüch sagen* (S. 201,30), *Nun wöllen wir daz lassen beleiben und wöllen sagen* (S. 196,25f.), *als ir hernach wol hören werdent* (S. 204,7f.), *Nun hört* (S. 215, 24) finden sich häufig und in zahlreichen Variationen.[68] Die wenigen anderen Äußerungen des Erzählers sind oben schon zitiert worden.[69] Damit tritt der Erzähler weder als selbstbewußt über dem Geschehen stehender, fingierender Romanerzähler hervor noch als im Geschehen stehender und von ihm betroffener, beobachtender oder belehrender Minneredenerzähler. Er ist eher ein neutraler Berichterstatter, bemüht um Historizität und Objektivität.

Auf den Prolog und den Epilog verzichtet der Prosabearbeiter nicht vollständig – nur auf den »Prolog II« –, er kürzt sie aber beide sehr stark und verändert damit ihren Sinn vollkommen.

Den Prolog bezeichnet er mit demselben Terminus, den Johann für den ersten Teil des Prologs (V 1–124) verwendet, *vorrede*. Tatsächlich übernimmt er auch nur den ersten Teil des Prologs, der *prologus ante rem*[70] entfällt. Den Bearbeiter scheint nicht das Verhältnis von *âventiure*, *minne* und *tugende* im Roman zu interessieren, sondern eher der all-

---

[68] S. 202,4f.8; 204,20; 205,19; 206,25; 211,10.24; 216,31; 221,1; 222,32; 223,20.29f.; 235,22; 240,4; 241,13f.; 256,22f.; 257,7f.; 259,14f.; 259,21.30f.; 264,27; 267,32f.; 268,12.32.33; 269,13; 270,16f.; 272,7f.; 274,6f.; 275,5f.; 276,18; 281,25f.; 282,28; 283,15.17.
[69] Siehe S. 301f.
[70] Siehe oben, S. 100.

gemeine, literaturtheoretisch-ethische Teil des Prologs. Aber auch diesen deutet er wesentlich um. Eine Gegenüberstellung der beiden Prologe soll dies verdeutlichen:

Wol dir, menschlich figur,
swa du bist der natur
daz daz edel hertze din
und diniu oren nement in
swaz man gutes von dir sagt
und daz arge verdagt;
wan swenne din ore sich uftet
und sich din hertze güftet
gein tugentlichen mæren,
daz kan mir tugent bewærn
und git ein solch zaichen mir
daz din edel hertze dir
nach tugentlichen dingen
kan stellen und ringen.
(V 1–14)

Wol dem menschen, wer der ist, der sin
hercz, sin und gemüt dar nach richt, was
man güts vor im sagt, das behept und
dem nach volget, desgleichen daz arg mei-
det unnd under wegen laßt.

Das will ich dir bewåren
(S. 191,7–9)

(Wohl dir, Mensch, wenn du derart bist, daß dein edles Herz und deine Ohren aufnehmen, was immer man Gutes von dir sagt und Schlechtes verschweigt; denn wenn dein Ohr sich öffnet und dein Herz sich in die Höhe schwingt hin zu *tugentlichen* Erzählungen, das dient mir als Beweis deiner *tugent* und zeigt mir, daß dein edles Herz für dich nach *tugentlichen* Dingen jagen und um sie ringen kann.)

(Wohl dem Menschen, der sein Herz, seinen Verstand und sein Innerstes danach richtet, was man ihm Gutes vorhält, der das verinnerlicht und dem folgt, außerdem das Böse meidet und unterläßt.
Das will ich dir beweisen.)

Schon im ersten Satz des Prologs fällt auf, wie unterschiedlich sich der Erzähler im Versroman und im Prosaroman zu seinem Publikum stellt. Nur einmal verwendet die Prosa die direkte Anrede »du« (S. 191,9), ansonsten zieht sie unpersönliche Formulierungen vor. Im Versroman hingegen wird das Publikum ständig angesprochen, in V 1–6 und 12 im Singular, in V 27, 48f., 75 und 83–87 im Plural. Der Gestus des Erzählers im Versroman ist eher ein belehrender, der im Prosaroman eher ein darlegender, erörternder.

Auch inhaltlich zeichnen sich schon im ersten Abschnitt deutliche Unterschiede zwischen der Versfassung und der Prosabearbeitung ab: Während im Versroman derjenige gelobt wird, der gerne hört, was man Gutes *von* ihm, d. h. vom Menschengeschlecht erzählt (V 5), also der Leser *tugenthafter* Literatur, lobt der Prosaredaktor den, welcher dem nachfolgt, was man *vor* ihm Gutes sagt, der sich also nach *tugenthaften* Vorbildern richtet. Geht es im Versroman um das Verschweigen des Üblen (V 6), so spricht der Prosaroman vom Vermeiden desselben. Erklärt Johann dann, daß die Vorliebe für *tugenthafte mære* ein Beweis der *tugenthaftigkeit* des Menschen (V 7–14) sei, will der Prosabearbeiter einen nicht näher beschriebenen Beweis für sein Lob derer erbringen, die *tugenthaften* Vorbildern folgen. Die Verbindung zwischen Literatur und Ethik ist im Prosaroman aufgehoben oder zumindest uninteressant geworden: Es interessiert allein das ethische Verhalten der Menschen. Dies aber bedeutet eine Uminterpretation des gesamten Prologs. Das Verfahren des Prosaisten entspricht ganz seiner angeblichen Quellentreue: Er übernimmt fast wörtlich die Formulierungen des Versromans, indem er aber einige Verse ausläßt und die stehengebliebenen syntaktisch neu verknüpft, wird ihr Sinn zum Teil völlig verkehrt.

Mir ist auch kunt an underbint,	*das du mügest erkennen,*
swa tugentlose lûte sint	*wo tugentloß leüt seind*
bi den tugende richen,	*under den tugentreichen;*
da mûz diu tugent entwichen	
und mûz untugende lan den strit.	
daz bewær ich wol, der mir sin git	*und bewär das.*
stat ein wile claine,	
mit dem golde raine	*bey dem gold*
und mit der natur getat	
die daz choksilber hat:	
des art ist, als ich niht enhil,	
so man uf daz silber wil	*So man auff silber*
vergulden, als iu wol ist kunt,	*vergulden wil,*
daz rot golt man da zestunt	*so laßt man das golt*
under daz choksilber lat,	*under das quecksilber,*
da von sin ummevarn gestat,	*davon das quecksilber gestadt und getödt*
daz ez von natur pfliget;	*wirt.*
daz choksilber doch gesiget	*Doch so überwindt das quecksilber daz*
und ziuhet hin des goldes glis,	*gold, das es nach im silberweiß mûß wer-*
daz wirt nach im silber wis;	*den.*
sin art im gar entwichet:	
zehant mans denne strichet	*Zehand nympt man das gold und streicht*
an daz silber, da ez schol	*es an das silber*
werden rot. daz waiz ich wol	
daz man im anders niht entût	
und leit ez denne in ein glût,	*unnd legt man dann das selb in ein glût,*
als ez vor Troye wart besint;	
daz choksilber da verbrint	*so verprinnt das quecksilber*
und riuchet, als diu rede sagt,	*und verreucht*
dar ez sin nature jagt,	

des kan ich niht wizzen wa:
daz edel golt belibet da
in siner mugent als vor.
nu sliezzent uf der oren tor
und hôrnt dise betûten!
ich glich ez zu den lûten.
(V 15–50)

und beleibt das edel gold da in siner
vermügend unnd in seinem alten schein
(S. 190,10–17)

(Mir ist auch unterschiedslos bekannt, daß dort, wo *tugentlose* Leute bei den *tugende richen* sind, die *tugent* entweichen und der *untugent* den Sieg überlassen muß. Das beweise ich wohl dem, der mir ein wenig von seiner Zeit gewährt, anhand des reinen Goldes und der natürlichen Eigenschaften des Quecksilbers: Dessen Eigenart ist die folgende (ich will es nicht verschweigen): Wenn man Silber vergolden will, gibt man, wie euch wohl bekannt ist, sogleich das rote Gold unter das Quecksilber, wodurch dessen Bewegung erlahmt, die es von Natur aus hat. Das Quecksilber siegt dennoch und entzieht dem Gold seinen Glanz. Dieses nimmt die silberweiße Farbe des Quecksilbers an, es verliert ganz seine Eigenart. Sogleich streicht man es dann auf das Silber, dort, wo dieses rot werden soll. Ich weiß gewiß, daß man nicht anders damit umgeht als daß man es dann in die Glut legt, wie dies vor Troja ausgedacht wurde. Dort verbrennt das Quecksilber und verraucht, wie man sagt, dorthin, wohin es seine Natur treibt, ich kann nicht wissen, wohin: Das edle Gold bleibt da in seiner Macht wie vorher. Nun öffnet die (Tore der) Ohren und hört die Bedeutung dessen! Ich vergleiche es mit den Leuten.)

(Damit du erkennen kannst, wo *tugentlose* Menschen unter *tugentrichen* sind, beweise ich das mit dem Gold: Wenn man Silber vergolden will, gibt man Gold in Quecksilber, wodurch das Quecksilber erstarrt und getötet wird. Aber das Quecksilber besiegt das Gold, so daß es seine silberweiße Farbe annehmen muß. Sogleich nimmt man das Gold und streicht es auf das Silber und legt dann dasselbe in eine Glut. So verbrennt und verraucht das Quecksilber, und es bleibt das edle Gold zurück in seiner Macht und seinem alten Glanz.)

Johanns These, die er mit dem Amalgamationsgleichnis belegen möchte, ist der Sieg der *untugent* und der *tugentlosen* Literatur über die *tugent* (V 15–19), wo immer die beiden Parteien zusammenstoßen: *swa tugentlose lûte sint / bi den tugende richen* (V 16f.). Der Prosaredaktor hingegen will sein Publikum nur lehren zu erkennen, *wo tugentloß leüt seind under den tugentreichen* (S. 191,10). Den Vorgang der Silbervergoldung (V 25–50) beschreibt der Prosaist daraufhin ebenso wie seine Vorlage; es werden nur einige Ausschmückungen, wie z. B. der Verweis auf das Feuer in Troja (V 41), gestrichen. In der Auslegung verläßt er aber seine Vorlage wieder:

Ez ist zwair hande lŭte,
als ich mit rede bedŭte:
den ainen den sint tugende bi,
die andern die sint tugende vri
und nement kainr tugende war.
die tugentrichen bietent dar
ir ore, da man von tugenden list
mit tugenthafter rede: in ist
sanft gar und sint ir holt;
die gelich ich uf daz golt,
da mit man daz silber frumt
daz ez zu der wirde kumt
daz man ez guldin namt
und ez zu ritterlichem amt
nŭtzet von des goldes dach.
die tugentlosen, eren swach,
ze tugende laz, zu untugenden snel,
uf daz choksilber hel
mag ich wol gelichen, die
diu valsche zunge decket: swie
si nu verjage tugende wort,
doch dringet ir gspitztes ort
mit stæt durch unstæten gruz;
daz choksilber unstæten fluz
hat, als ich bescheide iu baz,
spræch ich daz ez wære naz
under sinem fluzze,
die lŭge ich danne guzze
uz mines mundes rŏren.
nain, man sol von mir hŏren
war rede, tŭn ich reht!
wan diu ist bi den wisen sleht.
(V 51–82)

(Es gibt zwei Arten von Menschen, wie ich im *folgenden* darlege: die einen besitzen *tugent*, die anderen sind bar der *tugent* und nehmen keinerlei *tugent* wahr. Die *tugentrichen* hören her, wenn man eine *tugenthaft* Rede von *tugende* vorliest: Sie ist ihnen angenehm, und sie mögen sie gerne. Die-

se Leute vergleiche ich mit dem
Gold, mit dem man das Silber ver-
edelt, so daß es die Würde erlangt,
daß man es als golden bezeichnet
und es für ritterliche Dinge verwendet wegen der Überdecke des Goldes. Die *tugentlosen*, an Ehre Schwachen, träge, wenn es um *tugent*,
schnell, wenn es um *untugent* geht:
mit dem hellen Quecksilber will ich
sie wohl vergleichen, die sich hinter
der Fassade ihrer *valschen* Rede verbergen: Auch wenn diese momentan
die *tugenthaft* Rede vertreibt, so
dringt doch ihr [*tugenthafter rede*] ge-
spitzter Speer mit *staete* durch das
unstaete Wort. Die flüssige Form des
Quecksilbers ist seine *unstaete*, das
will ich euch noch verdeutlichen.
Würde ich behaupten, daß es in seinem flüssigen Zustand naß sei, so
würde ich in reichen Güssen aus
meinem Mund Lügen [über euch]
ergießen. Nein, man soll von mir
eine wahre Rede hören, wenn ich es
recht tue! Denn sie [die wahre Rede]
kann vor den Weisen bestehen.

Der erste Teil der Exegese, die Beschreibung der zwei (oder auch drei)
Arten von Menschen und Rezipienten von Literatur, verglichen mit
Gold, Silber und Quecksilber, entfällt in der Prosa.

Nu merkent, tugentrichen,
wie ich wil gelichen
iwer leben uf daz golt;
da von sint gern tugenden holt
und minnet si, daz ist min rat!
swelch hertze tugende behuset hat,
daz ist untugenden gar gehaz:
nu dar! wie bewær ich daz
mit kurtzer rede an dirre vrist?
(V 83–91)

(Nun hört her, ihr *tugentrichen*, wie
ich euer Leben mit dem Gold vergleichen will. Deswegen seid gerne
den *tugende* zugetan und liebt sie, das
ist mein Rat! Wer in seinem Herzen

Nun mügend die tugentreichen mercken,
wie ihr leben dem gold zů geleichen ist;

dann ein yegklich mensch, in dem tugent
ist, das hasset alle untugent.
(S. 190,17–19)

(Jetzt können die *tugentreichen* sehen,
wie ihr Leben mit dem Gold verglichen werden kann; denn jeder
Mensch, der *tugent* besitzt, der haßt
alle *untugent*.)

324

tugende birgt, dessen Herz haßt ganz
und gar die *untugende*. Frisch ans
Werk! Wie beweise ich das jetzt in
kurzen Worten?)

Erst als Johann das Leben der *tugentrichen*, nicht nur ihre Haltung zur
Literatur, mit dem Gold vergleichen will (V 83–85), setzt der Prosabearbeiter wieder ein. Die nachfolgenden Verse Johanns bringen ihn
aber sichtlich in Verlegenheit, denn es geht wiederum nicht um das
Leben allgemein, sondern speziell um das literarische Leben der *tugentrichen*.

<table>
<tr>
<td>

swa ein tugentloser ist
bi vil tugenthaften,
die gern von tugende claften
aller hande tægari,
der tugentlose da bi
hebt uf sin laster snallen
und sin gufter schallen
mit worten tugentlosen
biz er daz süzze kosen
bringet in ein summe,
daz man allumm und umme
nimt mit gelichem müt
daz arge für daz güt,
und daz gemainliche
schinet da geliche
diu böse rede und diu geslaht:
wan diu arge hat bedaht
die tugentlichen rede clüg.
(V 92–109)

</td>
<td>

Do nun vil tugenthaffter bey einander sind
und von aller hand tugent unnd abenteür
sagent, ist dann ein tugenloser bey in, der
mag von sölichen dingen nit hören sagen
unnd hebt ein andere red an, das die an-
dern all im nachvolgent.
(S. 190,20–23)

</td>
</tr>
<tr>
<td>

(Wenn ein *tugentloser* bei sehr *tugent-
haften* ist, die gerne zum Zeitvertreib
allerlei Geschichten von *tugent* erzäh-
len, beginnt der *tugentlose* unter ihnen
mit *tugentlosen* Worten seine lasterhaf-
te Rede und sein Geprahle, bis er das
süße Geplauder so durcheinander-
bringt, daß man überall gleichgültig
das Böse statt dem Guten annimmt,
und daß gemeinhin die üble Rede
und die rechte als gleich erscheinen:
Denn die böse Rede hat die *tugent-
liche* klug verdeckt.)

</td>
<td>

(Wenn nun viele *tugenthafte* beiein-
ander sind und von allerlei *tugent*
und *âventiure* erzählen, und wenn ein
tugentloser bei ihnen ist, der kann sol-
chen Dingen nicht zuhören und be-
ginnt dann eine andere Rede, so daß
die anderen es ihm alle gleichtun.)

</td>
</tr>
</table>

Der Prosabearbeiter übernimmt weitgehend die Verse 92–109. Da aber
die Deutung des Golds und des Quecksilbers, wie sie sich im Versro-

man findet, hier fehlt, bleibt die Darstellung des Prosabearbeiters unvermittelt und unverständlich stehen.

iedoch wenne man do genůg
der bôsen rede gesait,
zehant so kan Beschaidenhait,
diu werde goltsmidinne,
in kunstrichem sinne
mit der tugende spachen
ein solch viur machen,
dar inne bôsiu rede verswint
und als e diu gut schint,
mit der argen wirt vermut.
(V 110–119)

So kompt dann der godschmid bescheiden-
heit und streicht das gold der tugent wi-
der an und legt es dann in das feür der
gerechtikeit.
(S. 190,23f.)

(Jedoch, wenn man dann genug der bösen Rede gesagt hat, dann kann sogleich die Urteilskraft, die *werde* Goldschmiedin, geschickt mit dem Brennholz der *tugent* ein solches Feuer entfachen, in dem die üble Rede zunichte wird und die gute erstrahlt und der üblen den Zoll abverlangt.)

(Dann kommt der Goldschmied Urteilskraft und streicht das Gold der *tugent* wieder auf und legt es dann in das Feuer der Gerechtigkeit.)

Den Auftritt der *Beschaidenhait* schließlich versteht er gänzlich falsch: Er verwechselt das silbrigweiße Gold-Quecksilber-Amalgam mit dem zu vergoldenden Silber. Geht es Johann darum, daß durch das Feuer, welches *Beschaidenhait* mit dem Brennholz der *tugent* anfacht, das Quecksilber der üblen Rede aus dem Amalgam der Literatur ausgetrieben werde und das Gold, die *tugenthafte* Literatur, den alten Glanz wiedererlange, so spricht der Prosabearbeiter davon, daß *bescheidenheit* das Gold der *tugent* »wieder« auf das Silber streiche. Das Bild, das der Prosabearbeiter verwendet, ist in sich unschlüssig. Er gibt vor, daß ein Zustand wiederhergestellt werde, der tatsächlich vorher nicht da war: der goldene Glanz des Silbers. Auch das Feuer deutet er um, er spricht vom »Feuer der Gerechtigkeit«. Gerechtigkeit ist bei Johann an keiner Stelle genannt. Es ist auch nicht deutlich, was der Prosabearbeiter damit meint. Zwar liegt es nahe, das »Feuer der Gerechtigkeit« mit dem Jüngsten Gericht zu identifizieren, dann aber wäre die Rolle der *bescheidenheit* neu zu bestimmen.

disiu rede hie betut,
daz unwernde gesiget,
des daz choksilber pfliget,
an des goldes wirde tat.
(V 120–123)

So verprinnt und verreucht alle untugent
von dem menschen.
(S. 190,25)

| (Diese Rede hier beweist, daß das, was das Quecksilber pflegt (= die *untugent*), nur vorübergehend über die *wirde* des Golds siegt.) | (So verbrennt und verraucht alle *untugent* der Menschen.) |

Johanns Fazit, der nur vorübergehende Sieg des Quecksilbers, wird in der Prosafassung schließlich umformuliert zu der Warnung: »So verbrennt und verraucht alle *untugent* der Menschen.«

Der Bearbeiter hat den literaturtheoretischen Prolog Johanns in eine an manchen Stellen unklare moralische Vorrede verwandelt, die wenig Interesse an einer Verbindung von Ethik und Literatur zeigt. Der Prolog des Versromans bereitet den Leser auf eine literarische Vermittlung von ethischen Lehren vor, anders der Prolog des Prosaromans: Er zeigt ein moralisches Bewußtsein des Erzählers, welches wohl den Hintergrund der Erzählung bildet. Der Konflikt zwischen *tugent* und *untugent* wird zwar vorgeführt, doch der Erzähler weist weder sich noch seinem Werk eine Rolle darin zu.

Der Epilog ist noch weit stärker gekürzt und abgewandelt als der Prolog. Johann gibt die Aufgabe, die *âventiure* weiterzudichten, an einen anderen ab, verbunden mit einer Klage über die Sparsamkeit seiner Mäzene und den Undank der Welt, dem die *tugenthafte* Literatur ausgesetzt sei (V 19 468–19 495). Er nennt dann sein didaktisches Programm und bittet um Gottes Vergebung, falls er sein Ziel verfehlt habe (V 19 495–19 517). All dies übergeht die Prosafassung. Unmittelbar nach dem Abschluß der Handlung bittet der Erzähler Gott in wenigen Worten um seine Hilfe und seinen Segen (S. 284,19f.). Im Versroman ist dieses Gebet in den Versen 19 518–19 559 breit ausgestaltet. Johanns Schlußworte, *hie mit ain ende hat daz bůch* (V 19 560), übernimmt der Redaktor: *Ein end hat das lesen von herczog Wilhalm von Oesterreich* (S. 284,21), doch statt der anschließenden Angabe von Verfasser, (fiktiver) Quelle, Zweck des »Übersetzungswerks«, Widmung und Datierung (V 19 561–19 580) folgt nur die Anmerkung: *ein hübsche hystori* (S. 284,21f.).

An die Stelle eines Epilogs, der zweimal die didaktische Absicht des Verfassers und den fiktionalen Charakter des Werks hervorhebt, ist so ein nichtssagendes Abschlußgebet und eine gewöhnliche Schlußfloskel getreten. Weder auf die Fiktionalität noch auf die Didaxe scheint es dem Prosabearbeiter anzukommen, allein auf die *historia*. Er bezeichnet den Roman nicht nur als solche, sondern er zeichnet auch, wie oben[71]

---

[71] Siehe S. 299.

gezeigt worden ist, entgegen seiner Vorlage am Ende der Handlung die politische Zukunft Friedrichs als eines *redlichen* Herrschers vor. – Johann scheint sich für diese Zukunft Friedrichs nicht zu interessieren, würde er weitererzählen, dann wäre es eine Erzählung von *vil wilder aventúr* (V 19 479).

Die Erzählhaltung im Prosa-›Wilhelm von Österreich‹ wie die Gestaltung des Prologs und des Schlusses zeigen deutlich die Intention des Bearbeiters: Er unterschlägt jede Andeutung eines fiktionalen Charakters der Erzählung und versucht, die Geschichte möglichst »wahrheitsgetreu« wiederzugeben, er will keinen Roman, sondern eine *hystory* schreiben. Er vermeidet zugleich eine belehrende und eine einem Ich-Erzähler der Minnereden ähnliche Erzählhaltung. Damit bestätigt sich, was schon bei der Untersuchung der Behandlung der historischen Wahrheit und der Minneredenelemente im Prosaroman deutlich geworden ist: Der Prosaist versucht, den ›Wilhelm‹ von »gattungsfremden« Einschmelzungen zu reinigen.

D. Die Struktur des Prosaromans

Da der Prosabearbeiter weder Handlungsteile umstellt noch ausläßt, ist die Grundstruktur des ›Wilhelm von Österreich‹ erhalten geblieben. Nach wie vor lassen sich die Teile des Romans spiegelbildlich aufeinander beziehen. Der Prosaist verdeckt aber diese Struktur zu großen Teilen: Er streicht den »Prolog II«, die Spiegelachse des Werks, und indem er den zweiten Teil des Romans weit stärker kürzt als den ersten, rückt er die Parklise-Episode aus der Textmitte. Durch Kapitelüberschriften strukturiert er die Handlung neu: in 58 Kapitel, von denen jeweils drei bis vier enger zusammenhängen.[72] – Die Parklise-Episode fällt in das 37. Kapitel.

Durch das Streichen von Nebenfiguren und Nebenhandlungen entfallen zahlreiche der für die Struktur des Versromans charakteristischen Doppelungen: Alyant wird nicht als ein Spiegelbild Wilhelms dargestellt, und sein und Elenes Tod weisen nicht auf den Tod der beiden Protagonisten voraus.[73] Weder Wildomis noch Wilhelm wird mit einer vergifteten Lanze getötet, dadurch sind die beiden Szenen nicht mehr direkt aufeinander bezogen. Als Wilhelm Wildomis erschlägt, trägt er, wie bereits erwähnt,[74] nicht die gleiche Rüstung wie auf seiner Boten-

---

[72] Die Prosahandschrift weist in den erhaltenen Bruchstücken zwei weitere Überschriften auf; es dürfte sich dort vermutlich um insgesamt 60 Kapitel handeln.

[73] Siehe oben, S. 119 u. ö.

[74] Siehe S. 316.

mission nach Marokko, und seine Lage wird nicht ausdrücklich als in beiden Situationen dieselbe beschrieben. Die Minneritter Wildichon (V 14 685 ff.) und der König von der Wilde (V 16 447–16 449) fehlen ebenso wie der König von Rangulat, welchen Wilhelm beim hochzeitlichen Turnier beinahe tötet (V 15 720–15 726), oder Melchinors Tochter Fel, welche sich in Wilhelm verliebt und ihn an Aglie erinnert (V 5 862–5 897). Die Figuren verweisen auch nicht selbst[75] auf Wiederholungen und Ähnlichkeiten von Situationen. Insgesamt sind die zahlreichen Querverweise in der Handlung reduziert; ein klares Nacheinander löst die Struktur der Doppelungen und Spiegelungen ab.

Nur an einer einzigen Stelle scheint der Bearbeiter eine Doppelung sogar betont zu haben: Darius wählt bei Johann eine Botin mit der Begründung:

> er wolt wesen sicher gar
> daz er ertote niht ir lip
> dar umme daz sie hiezze ein wip
> und wibes zaichen an ir trůge.
> (V 4 510–4 513)

(Er wollte ganz sicher sein, daß Melchinor sie nicht töte, da sie eine Frau sei und als solche auftrete.)

Im Prosaroman aber heißt es,

> das er hoft, die magt solt getŏdt werden.
> (S. 228,22f.)

(daß er hoffte, die junge Frau würde getötet.)

Allein Melchinor nimmt an, es sei ein Trick, um ihn von seiner alten Sitte abzubringen (S. 228,24–27). Der Bearbeiter nimmt also das Argument, daß es sich um eine Frau handle, aus der Überlegung des Darius heraus und legt es erst Melchinor in den Mund. Dies deutet im Gegensatz zur Annahme Sharmas[76] nicht auf ein Mißverständnis, sondern auf einen bewußten Eingriff hin. Straub hält einen solchen generell für möglich. »Da der Bearbeiter aber jedes blinde Motiv der Vorlage, soweit der Text dies zuließ, beseitigt hat, ist es von daher gesehen kaum anzunehmen, daß er von sich aus ein neues geschaffen haben sollte.«[77] – Das »blinde Motiv« läßt sich m. E. nur dadurch erklären, daß der Prosabearbeiter zwar Doppelungen, welche den Helden als

---

[75] Siehe oben, S. 120.
[76] Sharma, S. 40.
[77] Straub, S. 57.

Minneritter hervorheben oder die Handlung auf eine Minnelehre beziehen, so weit wie möglich umgeht, nicht aber ein Spiegelbild Wilhelms, welches ihn in einer »politischen« Rolle unterstreicht, in der
Rolle des von seinem Auftraggeber verratenen Boten. Dieses Schicksal
teilt die Botin von Medien mit Wilhelm im Prosaroman vollkommen.
Der Grund für den Verrat des Auftraggebers spielt dabei eine unter-
geordnete Rolle. Die Umgestaltung der Szene widerspricht also nicht
grundsätzlich der Bearbeitungstendenz des Prosaredaktors. Er reduziert die Doppelungen im Werk nicht allein, um die Handlung zu
straffen und geradliniger zu gestalten, sondern v. a. auch, um die sinnstiftende Funktion der Doppelungen bei Johann, die Verflechtung von
Handlung und Minnelehre, zu umgehen.

Eine klassisch arthurische Romanstruktur, welche mit der Wiederer-
langung der höfischen *vröude* ihren Abschluß findet, hat der Prosabearbeiter von Anfang an nicht im Sinn. Dies bezeugt die Überschrift des
Prosaromans, wonach Leben, Leiden und Tod Wilhelms und Leopolds
dargestellt werden sollen. Nicht ein Brautwerbungsschema also bildet
den Rahmen der Handlung, sondern die Biographie des Helden. Aus
diesem Grund braucht der Erzähler auch an keiner Stelle zu betonen,
daß die *âventiure* eigentlich beendet wäre; es entfällt die Gegenüberstellung von *Âventiuren*schema und Fortuna-Rad. Der oben[78] erwähnte
zweimalige Verweis auf das »Sprichwort« vom Wechsel von Freude und
Leid kann das Strukturprinzip des Fortuna-Rads nicht ersetzen, nicht
zuletzt gerade deswegen, weil es nicht einer andersartigen, aus dem
Romanschema abgeleiteten, Lesererwartung gegenübergestellt ist.

Weder die große Schlacht bedarf einer Rechtfertigung als Entscheidungskampf der Minne, wie sie bei Johann v. a. durch den Exkurs über
die Frau (V 17 388–17 414)[79] und durch Agrants Entflammtwerden in
göttlicher Minne (V 18 174–18 178)[80] gegeben ist, noch der Tod des
Helden als überhöhter Minnedienst: Die Aussage, Wilhelm sei um Aglies Minne willen gestorben (V 19 122–19 124), entfällt ebenso wie das
Lob Aglies durch den Erzähler nach ihrem Minnetod. Während die
Vorahnungen Aglies im Prosaroman breit ausgestaltet werden, wird der
Tod der beiden Protagonisten und die Trauer um sie in der Prosa sehr
kurz abgehandelt. Der Prosa-›Wilhelm‹ findet kein Minneredenende; er

---

[78] Siehe S. 306f.
[79] Siehe oben, S. 165f.
[80] Siehe oben, S. 232. Vgl. Prosaroman, S. 278,20–31, wo sich Agrant aus Überzeugung
und in Erfüllung seines Gelübdes taufen läßt. Vgl. Ha, wo das Gelübde ganz entfällt:
Agrant erhofft sich einen Sohn – und verspricht dafür nichts.

versteht sich deutlich, auch in seiner Struktur, welche geradlinig auf den Tod des Helden und die Kontinuität der Herrschaft unter Friedrich hinzielt, als *historia*.

Als Historiendichtung fügt sich der ›Wilhelm von Österreich‹ in die Reihe der fast zur gleichen Zeit prosaisierten Romane ›Willehalm‹ und ›Willehalm von Orlens‹ ein, und er kann daher in der Handschrift und im zweiten Druck mit dem ›Willehalm von Orlens‹, im ersten Druck mit den Reisebeschreibungen des Marco Polo zusammengestellt werden. Die Prosaform mag den Eindruck der Historizität unterstreichen,[81] allein wegen jener aber müßten die Minneredenelemente nicht entfallen; zahlreiche Minnereden sind in Prosa verfaßt,[82] andere fanden eine Prosaauflösung, wie z. B. die ›Minneburg‹ (ÖNB *cod. 2984*, Bl. 246ʳ–273ᵛ).

Der Prosabearbeiter hat den ›Wilhelm von Österreich‹ also in Inhalt, Form, Darstellungsweise und Zielsetzung stark überarbeitet. Dem aus unserer Sicht Außergewöhnlichen an Johanns Werk, nämlich der Gattungsmischung, wird nicht nur geringer Wert zugemessen, und die historische Seite des Werks wird nicht nur überbewertet, sondern der Text wird regelrecht gereinigt von den Einflüssen der beiden anderen Gattungen, dem Fiktionalen und dem Minnedidaktischen. Dieses systematische Beseitigen der »fremden« Elemente darf zugleich als ein Beweis dafür gesehen werden, daß die Gattungsmischung im Versroman als solche erkannt wurde.

---

[81] Vgl. oben, S. 58.
[82] Mischformen von Vers und Prosa finden sich in einigen Liebesbriefen des 15. und 16. Jahrhunderts: Brandis 127–138: Briefe des »Elend Schreiber« von 1458. Gustav Schmidt, Erdichtete Liebesbriefe des 15. Jahrhunderts in niederdeutscher Sprache, Germ. 10 (1865), S. 385–394; Brandis 146: J. Voigt (Hrsg.), Ein ritterliches Liebesbriefchen aus dem 15ten Jahrhundert. Beiträge zur Kunde Preußens 5 (1822), S. 182–184; Brandis 148: Franz Joseph Mone, Muster zur Gelegenheitsdichtung. AnzKV 7 (1838), Sp. 552–557, Sp. 552; Brandis 150: Liebesbrief Jorg Reckenzerßers (nicht ed.); Brandis 169–176 (nicht ed.); Brandis 181–184 (nicht ed.); Brandis 193: Altdeutscher Liebesbrief, 1463. Morgenblatt für gebildete Stände 13 (1819), S. 239. Reine Prosa-Minnereden (nicht bei Brandis): ›Parodie eines Liebesbriefes‹; ›Liebesbrief eines Mädchens‹; ›Bedeutung der Blumen und Blätter‹. Jacob und Wilhelm Grimm (Hrsg.), Altdeutsche Wälder, Bd. I. Mit einer Einführung zum Nachdruck von Wilhelm Schoof. Darmstadt 1966, S. 131–158, S. 144–158; ›Was allerlei Blätter bedeuten‹. Haltaus, S. 171–173; ›Minnebestiarium‹ (Bestiaire d'amour); ›Minnekatechese‹. Verwijs, S. 37–39 u. 48–51.

6.2.2. *Die tragedia* des Hans Sachs

Am 3.12.1556 vollendet Hans Sachs seine ›Tragedia mit 21 personen, hertzog Wilhelm von Ostereich mit seiner Agaley, deß königs tochter auß Griechenlandt, und hat 7 actus‹.[83] Um den ›Wilhelm von Österreich‹ aufführbar zu machen, waren starke Kürzungen des Texts und eine deutliche Einschränkung des Personals notwendig: Sachs kommt mit insgesamt 1 073 Versen[84] und 21 Personen aus. Eine kurze Inhaltsübersicht soll das Ausmaß seiner Kürzungen verdeutlichen:

V1–43	Prolog (Bitte um Aufmerksamkeit, Ausblick auf die Handlung bis Akt III).
V44–235	Akt I: Wilhelms Traum; Hofkünstlerszene; Wilhelms Ausfahrt und Leupoldts Klage; Wal; Aufnahme an Agrants Hof.
V236–354	Akt II: Kinderminne; Werbung Balwans.
V355–477	Akt III: Hochzeit; Kriegsnachricht aus Phrygien; Aussendung Rials nach Persien; Fahrt Balwans, Agrants und Agleyes nach Phrygien; *abenthewr-haubtman*.
V478–586	Akt IV: Botin aus Medien; Sessel im Wald; Verurteilung Rials durch Melchior, Begnadigung auf Fürsprache des Wildems.
V587–703	Akt V: Kampf in Phrygien; Brief Rials; Hochzeitsvorbereitungen.
V704–898	Akt VI: Turnier; Tod des Wildems; Verurteilung Rials; Rettung durch Mercurius; Kampf gegen Mörlein; Antrag und Hilfsangebot der Königin von Armenien.
V899–1 039	Akt VII: Hochzeit; Einhornjagd; Tod Wilhelms und Agleyes; Totenklage der Königin von Armenien.
V 1 040–1 037	Epilog.

Hans Sachs geht offensichtlich vom Prosaroman aus: Nicht nur die Namensformen *Wildems* für *Wildomis* und *Graneas* für *Graveas* stimmen mit dem Druck überein, sondern auch die Szene mit der Botin aus Media: Wie im Prosaroman ist die Botin von ihrem König verraten, *veruntrewt* worden (V 513); und wie im Prosaroman kämpft auch Wildomis beim hochzeitlichen Turnier zuerst mit mehreren Gegnern, bevor er von Wilhelm getötet wird (V 716–719). Während schließlich bei Johann nur der Papagei, im Prosaroman aber der Papagei und die Cupido-Rüstung Aglie als Erkennungszeichen Wilhelms in der Schlacht zu

---

[83] Sachs, Bd. 12, S. 488–525. Vgl. dazu Michael Schilling, Zur Dramatisierung des ›Wilhelm von Österreich‹ durch Hans Sachs, in: Zur deutschen Literatur und Sprache des 14. Jh. Dubliner Colloquium 1981. Hrsg. v. Walter Haug u. a. Heidelberg 1983 (Reihe Siegen 45), S. 262–277.

[84] Im Gegensatz zu Kellers Ausgabe zähle ich die Regieanweisungen nicht mit. Stellenangaben nach dieser neuen Verszählung.

Smyrna dienen, ist es bei Hans Sachs allein die flammende Cupido-Rüstung (V 635–640). Alyant, der schon im Prosaroman seine Bedeutung verloren hat, fehlt hier ganz.

Die Bemühungen des Prosabearbeiters, sowohl Fiktionalitätsmerkmale als auch Minneredenelemente zu tilgen, sind bei Hans Sachs verstärkt festzustellen. Dennoch ist Sachs' Interesse am Text offensichtlich ein anderes als das des Prosabearbeiters; ihm kommt es nicht primär auf die *historia* an. Er streicht zwar die letzten Hinweise auf den Artus- und Gralsroman, welche im Prosaroman noch stehengeblieben waren, er verzichtet auf Gaylet, Senebor und Parille und den Mons Salvia, er ersetzt die Namen *Merlin* durch *Mörlein* und *Walwan* durch *Balwan* und läßt das ›Iwein‹-Motiv, die Trennung der Liebenden nach der Hochzeit, aus. Er streicht aber zugleich auch sämtliche historischen Persönlichkeiten und Datierungshinweise. Durch den Verzicht auf die große Schlacht zu Belgalgan und auch das Turnier zu Kandia entfällt die gesamte Kreuzzugsmotivik; auch Saladin wird nicht mehr erwähnt: Wilhelm wird bei seiner Hochzeit mit Aglie als der Sohn der Königin von Armenien ausgegeben. Da der Hinweis auf die Kreuzzüge und auch die Vorgeschichte, die Wallfahrt Leopolds nach Ephesus, fehlen, ist Leopold nicht mehr mit einem bestimmten österreichischen Herzog zu identifizieren. Friedrich wird schließlich gar nicht erwähnt.

Hans Sachs bemüht sich aber um eine realistischere Geographie: Namen wie *Twingen, Frien, Solia, Mons Salvia* läßt er weg; aus Zyzia wird Griechenland, aus Belgalgan Armenien. Selbst Wilhelms Deckname Rial wird noch durch eine geographische Angabe ergänzt: *geborn in Italia* (V 171). Das Problem, daß der König von Marokko zwei verschiedene Namen besitzt, »Melchinor« und »Persides«, löst Sachs, indem er von »Melchior von Persien« spricht. Damit sind auch die Orte der Handlung näher zusammengerückt, nicht mehr über die gesamte arabische Welt verstreut. Letztlich interessiert Sachs nicht die arabische, sondern die antike Welt. Er ersetzt daher Parklise, die sich als Botin Mahmets ausgibt, durch den Götterboten Mercurius. Dieser gibt nicht etwa nur vor, von der Gottheit beauftragt zu sein oder legt gar einen gefälschten Brief vor, sondern er ist tatsächlich von Jupiter entsandt, und seine Botschaft ist »wahr«: Jupiter hat Wilhelm dazu ersehen, die Königin von Armenien zu befreien.

An die Stelle der bewußten Fiktion im Versroman und der Bemühung um Historizität im Prosaroman ist bei Sachs die zeitlose Welt der antiken Mythologie getreten.

Hatte der Prosabearbeiter die Minneredenelemente weitgehend auf den Minnedialog der Kinder, die Liebesbriefe und die Feuerbergallegorie reduziert und zusätzlich dort die Minnethematik zurückgenommen, verzichtet Sachs selbst auf diese drei elementaren Bestandteile des Romans.

Als Rial Aglie seine Liebe gesteht (V 256–259), fragt sie nicht, was Minne sei, sondern erklärt ihm kurzerhand ihre Liebe (V 260–263), und Rial bestätigt diese »Verlobung« sogleich durch einen Ring (V 264–270). Aglie schlägt dann von sich aus vor, die Minne geheimzuhalten und Briefe zu schreiben, bis ihnen die Gelegenheit der *beywonung* gegeben sei (V 271–279). – Zum Briefwechsel selbst kommt es aber nicht. – Nicht Agrant, sondern die Königin hat das Gespräch der Kinder gehört, und sie mahnt Aglie an die Etikette: *Es steht jungkfrawen ubel an, / Zu reden allein mit eim man* (V 282f.). Aglie nimmt diese Mahnung der Mutter willig auf und verspricht Besserung (V 289–291), doch da berichtet Agrant schon von der Werbung Balwans, welche er mit Aglie selbst bespricht (V 292–311). – Die Frage nach dem Wesen der Minne stellt sich hier ebensowenig wie das Problem der Überwindung von *huote* und *melde*; Sachs begnügt sich mit der Darstellung der Situation, der gefährdeten Liebe der beiden Kinder. Es gibt keine Briefwelt, in der sie bestehen könnte; die Briefe, die diese Welt errichten, fehlen.[85] Noch auffallender aber ist, daß weder die *huote* noch die Verlobung mit Walwan von außen über Aglie verhängt, sondern mit ihr besprochen werden. Die Werte, welche Agrant und seine Frau dabei zum Ausdruck bringen, sind dieselben wie im Roman, doch werden sie hier nicht kritisch betrachtet: Die Königin mahnt Aglie zur *zuht* und erinnert sie daran, daß niemand wisse, wer Rial sei (V 285); Agrant betont, daß Balwan ein *mechtig könig in orient* sei (V 307). – In ähnlicher Weise hat Sachs schon das Gespräch zwischen Leupoldt und seinem Sohn nach Wilhelms Traum ausgebaut: Leupoldt rät dort Wilhelm, daß er sich eine *jungkfraw von stamen und adel, / Die zu eim gmahel dir gebürt* wähle (V 90f.). – Dieses ständische Denken ist aber nicht grundsätzlich der Minne Wilhelms und Aglies entgegengesetzt: Als Aglie in der Hochzeitsnacht erfährt, wer »Rial« ist – Sachs hat den Zeitpunkt der Namensnennung absichtlich nach hinten verlegt –, ist ihr Glück erst vollkommen: *Erst bin ich frölich und wunsam, / Seit du bist eines fürsten suhn* (V 934f.). Dies widerspricht der Minneauffassung Johanns vollkommen.

---

[85] Die Briefe 4 und 5 werden durch ein offenes Gespräch der Liebenden über Walwans Werbung ersetzt.

334

Der zweite Briefwechsel zwischen Wilhelm und Aglie ist auf einen einzigen Brief reduziert, welchen Wilhelm Aglie (durch den Herold *ehrnholdt*) in einem Rosenstrauß sendet, nachdem er Balwan bereits getötet hat. Vom Inhalt des Briefs erfahren wir nur, daß Wilhelm Aglie mitteilt, *Was er führt auff seim helm und schild. / Ein kindtlein sitzt in einem fewr, / Hat im geschenckt die abendthewr* (V 638–640). Sowohl in der Botenszene auch im Brief selbst fehlt jede Anlehnung an eine Minnerede.

Dieser Brief ist die einzige Stelle, an der von der Cupido-Rüstung die Rede ist. Was das *kindtlein* bedeutet, ist nicht gesagt, und auffallend ist v. a., daß Wilhelm Helm und Schild von der *abendthewr* erhalten hat: Die Feuerberg*áventiure* ist mit der Begegnung mit dem *abendthewr-haubtman* verschmolzen. Es lohnt sich, diese Szene näher zu betrachten.

Nachdem Rial von Balwan eine (nicht näher beschriebene) Rüstung erhalten und sich von Aglie verabschiedet hat, reitet er von Griechenland in Richtung Persien. Im Wald begegnet er einem Mann, welchem er zuruft: *Wer bist du und wo wilt du hin?* (V 457). Er erhält sogleich die Antwort: *Der abendthewr-haubtman ich bin / Und warn die leut vor angst und not* (V 458f.). Der *haubtman* warnt auch Wilhelm, daß Balwan ihn in den Tod geschickt habe (V 460f.). Als Wilhelm ihn um Rat bittet, führt ihn der *haubtman* in einen hohlen Berg, wo er ihm *groß wunderwerck* zeigen, Ehre erweisen und Rat und Lehre erteilen wolle, wie er dem Unglück entkommen und die Untreue Balwans rächen könne (V 468–477). Was in dem hohlen Berg geschieht, erfahren wir nicht. Mag man zunächst bei seiner Erwähnung an den aus der Tannhäusersage bekannten Venusberg[86] denken, so wird diese Erwartung sofort enttäuscht: Von Minne ist nicht die Rede. Die Begegnung mit dem *haubtman* bleibt ein totes Motiv; weder die Warnung noch der Rat, den er dem Helden verspricht, sind notwendig: Rial wird wieder von der Botin von Media gewarnt, und ihn rettet nichts anderes als die Fürsprache des Wildems.

Die Begnadigung Wilhelms auf die Fürsprache des Wildems statt des Kalifen unterstreicht das Vergehen Wilhelms, als er Wildems tötet. Wilhelms Tat wird nicht gerechtfertigt. Er selbst bezeichnet sich als vom Unglück, nicht von Minne getrieben (V 694) und versucht sich auf Notwehr herauszureden (V 735). Es findet sich keine Spur eines Minnegerichts.

Auch wenn Sachs auf Minneredenelemente verzichtet, ist ihm die Minnerede keineswegs unbekannt. Schon die Rede Leupoldts, als Wilhelm von seinem Traum erzählt, weist darauf hin:

---

[86] Vgl. unten, S. 351.

> *Mein sohn, es sind trieglich irrthumb.*
> *Die traumb sind lauter fantasey.*
> *Mein sohn, meid solch melancoley*
> *Und schlag auß solch unnütz gedancken,*
> *Der lieb halb inwendiges zancken*
> *stell dein hertz zu fried und rhu!*
> (V 77–83)

(Mein Sohn, die Träume sind trügerische Irrtümer, sie sind reine Hirngespinste. Mein Sohn, meide solche Melancholie und schlage dir solch unnütze Gedanken aus dem Kopf, meide das innere Hin- und Hergerissenwerden um der Liebe willen und laß dein Herz zu Frieden und Ruhe kommen.)

Dieser Rat Leupoldts, der sich weder bei Johann noch in der Prosaauflösung findet, zeigt eine Auffassung von Minne als einer Krankheit, wie sie aus der Minneliteratur wie der medizinischen Literatur des Mittelalters bekannt ist.[87] Sachs verbindet sie mit einer Traumdiskussion, die z. B. auch Guillaume de Lorris an den Anfang seines ›Rosenromans‹ stellt:

> *Maintes genz disent que en songes*
> *N'a se fables non e mençonges.*
> (V 1f.)

(Viele Leute sagen, daß in Träumen nichts anderes enthalten sei als Phantastereien und Lügen.)

Guillaume widerspricht dieser Auffassung und wählt einen Traum als Rahmen seiner Minneallegorie. Leupoldt aber lehnt mit dem Traum zugleich auch die Minne ab. – Im Epilog der *tragedia* wird dann deutlich, daß diese kritische Haltung gegenüber der Minne der Intention des Verfassers entspricht:

> *So endet sich diese tragedi,*
> *Die und der gleich solche comedi*
> *Von der lieb soliche geschicht*
> *Haben der alten vil gedicht,*
> *Nicht das man darauß bulen lehr,*
> *Sonder und das man sich vil mehr*
> *Mit höchstem fleiß verwar und hüt,*
> *Vorauß wo solche liebe buer*
> *Kombt von gleicher complex-natur,*
> *Da zwey sind einerley geblüts,*
> *Einerley sinne und gemüts.*

---

[87] Besonders ausgeprägt ist die Vorstellung von Minne als Krankheit in Gozolds ›Minnebrief‹ (Brandis 213), wo eine Frau dem Erzähler die Symptome ihrer Krankheit beschreibt und er daraufhin diagnostiziert: *Es ist der mynn ethica* (V 73). Gemeint ist wohl der *amor hereos*. Vgl. dazu: Haage; Giedke.

Solche lieb ist starck wie der todt,
Ein brünstig flamment fewer roth,
Das auch ein gantzer wasser-stramb
Nit auß kündt leschen diesem flamb.
Wo sie den menschen uberwindt,
Macht sie in also doll und blindt,
Das er sein selb vergiesset gantz,
Schlecht seel, leib, ehr und gut int schantz,
Den bringet täglich ein unglück
Das ander unglück auff dem rück,
Wie diese tragedi außweist.
Derhalb so soll man allermeist
Den anfang der lieb fliehen lehrn,
Hertz, augen, mund darvon abkehrn
Und all ursach abschneiden kurtz,
Eh das soliche lieb einwurtz,
Die bringt kurtz frewd und langes leiden.
Derhalben ist die lieb zu meiden,
Biß das man kumme in die eh,
Denn hab ein lieb, sonst keine meh,
Auß der dann frewd mit ehren wachß
Nach Gottes bevelch, wünscht Hans Sachß.
(V 1 040–1 073)

(Hiermit endet dieses Trauerspiel. Dieses und ähnliche solche unterhaltsame
Stücke, solche Geschichten von der Liebe haben viele der Alten gedichtet,
und zwar nicht, damit man daraus die Liebeskunst erlerne, vielmehr, damit
man sich mit höchstem Eifer dort im voraus bewahre und hüte, wo solche
reine Liebe entsteht aus einer gleichen Zusammensetzung der Körpersäfte,
wo zwei gleichen Bluts, gleicher Gesinnung und gleicher Einstellung sind.
Eine solche Liebe ist stark wie der Tod, ein so brünstiges, rot flammendes
Feuer, daß auch ein ganzer Wasserstrom diese Flammen nicht löschen könnte. Wo sie den Menschen überwindet, macht sie ihn so verrückt und blind,
daß er sich selbst ganz vergißt, Seele, Leib, Ehre und Gut riskiert. Solchen
Menschen folgt täglich ein Unglück auf das andere, wie diese Tragödie darlegt. Deshalb soll man vor allem den Anfang dieser Liebe fliehen lernen,
Herz, Augen und Mund davon abkehren und jede Wurzel kurz abschneiden,
bevor eine solche Liebe einwächst, die eine kurze Freude und langes Leid
bringt. Deswegen ist die Liebe zu meiden, bis man verheiratet ist. Habe dann
eine Liebe und keine mehr. Aus der erwächst dann Freude mit Ehre, gemäß
Gottes Gebot. Dies wünscht Hans Sachs.)

Hans Sachs äußert sich hier direkt zum Thema Minnedidaxe: Nicht nur
seine *tragedia*, sondern alle die Werke der »Alten«, welche die Liebe
beschreiben, seien nicht als eine *ars amandi*, sondern als eine Warnung
vor der Liebe zu verstehen. Der tragische Wechsel von Freude und Leid
wird bei Sachs nicht mehr akzeptiert, er wird zum Argument gegen die
Minne. Im Leid und im Tod beweist der Liebende nicht mehr seine

triuwe und höchste *minne*, sondern seine Verblendung und Krankheit. Die Einstellung zur Minne hat sich vollkommen gewandelt. Dennoch beschreibt Hans Sachs die Liebe und ihre Entstehung noch mit dem Vokabular der Minnereden: Die *complexiones* sind verantwortlich für die unlöschbare Feuersglut der Minne.

Sachs hat sich noch weitergehend mit der Minnerede befaßt und in den Jahren 1515 und 1518 selbst zwei Minnereden geschrieben: Das ›Kampfgespräch von der Liebe‹ (Brandis 400)[88] und die ›Klage der Keuschheit‹ (Brandis 445).[89] Sie bestätigen die obigen Beobachtungen zu Sachs' Haltung gegenüber dem Ideal höfischer Minne:

> Der Erzähleingang seines ›Kampfgesprächs von der Liebe‹ vom 1.5.1515 folgt der Gattungskonvention: ein Spaziergang des Ich-Erzählers, die übliche Naturbeschreibung, eine Rast des Erzählers unter einer Linde bei einem Brunnen (V 6–36). Hier belauscht der Erzähler ein Streitgespräch zwischen einem alten Mann und einem Ritter über die Minne. Der Alte flucht der Minne, da sein Sohn an Liebesschmerz gestorben sei (V 58–101). Er selbst habe, gewarnt durch Ovid, die Liebe, die nichts als bitteres Leid bedeute, stets gemieden.
>
> Anhand biblischer und literarischer Beispiele diskutieren die beiden, ob in der Liebe Freude oder Leid überwiege (V 113–331). Die Positionen bleiben unversöhnt. Schließlich berichtet der Ritter von seiner persönlichen Liebe: Bei einem Rosenbusch in der Nähe warte eine Herzogin aus Frankreich auf ihn. Er habe sie verlassen, um einem Einhorn zu folgen, das aus dem Rosenbusch entsprungen sei. Dieses habe ihn hierher geführt (V 332–350). Der Alte nun berichtet ihm, daß die Frau von einem Greifen entführt und getötet worden sei. – Dieser Vorfall bekräftigt seine Argumente wider die Minne (V 351–385).
>
> Nachdem die beiden weggegangen sind, vergewissert sich der Erzähler von der Richtigkeit der Behauptung des Alten und geht dann heim, um die Beobachtung niederzuschreiben – als Lehre an alle, die vor- und außereheliche Liebe zu meiden (V 407–418).

> Die ›Klage der Keuschheit‹ schildert eine Begegnung des Ich-Erzählers mit der Königin Keuschheit, welche ihm den Untergang ihres Reiches und die Entführung ihrer Fürstinnen in den Venusberg klagt. Der Erzähler schreibt ihre Erzählung auf und deutet sie – den Jungfrauen zur Lehre – allegorisch aus. Er warnt vor der fleischlichen Liebe als einem *gifftig tranck* (V 387), da sie stets mit Leid verbunden sei. Daher solle man standhaft bleiben bis zur Ehe.

Hans Sachs bedient sich in seinen Minnereden gattungstypischer Formen, um innerhalb des Rahmens einer Minnerede heftige Kritik an der klassischen Minneauffassung und an der Minneliteratur, am Roman wie

---

[88] Sachs, Bd. 3, S. 406–417.
[89] Sachs, Bd. 3, S. 282–292.

an der Minnerede zu üben. Nicht die Liebe an sich verwirft er, sondern den *amour courtois*. Der an den ›Rosenroman‹ angelehnte Rosenbusch im ›Kampfgespräch von der Liebe‹ und die vermutlich durch die Schlußszene des ›Wilhelm von Österreich‹ angeregte Einhornjagd erweisen sich beide als ebenso gleisnerisch wie die zuvor diskutierte Liebesliteratur. Hier wie in der ›Klage der Keuschheit‹ wird der ritterlichen Venus-Minne eine bürgerliche Ehemoral gegenübergestellt. Die ritterliche Minne ist nicht mehr der Inbegriff der *tugent*, der ritterlich vortrefflichen inneren Haltung, sondern der fleischlichen Sünde, der Untugend und Verblendung.

Neben diese Anti-Minnereden, Argumentationen wider die höfische Minne und gegen die höfische Literaturgattung der Minnerede, ist die *tragedia* zu stellen. Sachs setzt die Kenntnis des ›Wilhelm von Österreich‹, zumindest der Prosaauflösung, voraus. Ohne Vorkenntnisse nämlich ließe sich weder die Szene mit dem Wal – es ist nur von einer abtauchenden Insel und einem Baum die Rede (V 202–208) – verstehen, noch das Motiv vom Sessel Vergils. Der Epilog der *tragedia* schließlich, der den Anti-Minnereden des Hans Sachs gleicht, weist darauf hin, daß Sachs und auch sein Publikum die Nähe des ›Wilhelm von Österreich‹ zur Minnerede erkannt haben – auch nach der »Historisierung« durch den Prosabearbeiter. Bei der Umarbeitung zur *tragedia* ist der ›Wilhelm‹ schließlich zur dramatisierten Anti-Minnerede und zu einer zeitlosen beispielhaften Darstellung der tragischen Verwicklung geworden, zu welcher die Liebeskrankheit führt. Wilhelm könnte neben den verblendeten ehrlos Liebenden stehen, welche der Alte im ›Kampfgespräch von der Liebe‹ in seiner Argumentation zitiert: Achill, David, Vergil, Eurialus, Paris.

6.3. Der ›Wilhelm von Österreich‹ in Minnereden

Der ›Wilhelm von Österreich‹ wird in der mittelhochdeutschen Literatur mehrmals erwähnt.[90] Daneben läßt sich in einigen späteren Texten ein Einfluß des ›Wilhelm‹ auf die Wahl bestimmter Motive[91] und sprach-

---

[90] Die meisten Erwähnungen des ›Wilhelm von Österreich‹ in mhd. und frühnhd. Texten stellt Straub, S. 31–33, zusammen.
[91] In Füetrers ›Persibein‹, Str. 42, findet beispielsweise ein Turnier zu Kandia statt. Der Adler, der in Str. 44 über Persibein und Gaban erscheint und den Persibein für ein glückliches Omen hält, erinnert an Parklises Greif. Ulrich Füetrer, Persibein. Aus dem Buch der Abenteuer. Hrsg. v. Renate Munz. Tübingen 1964 (ATB 62).

licher Mittel[92] nachweisen. Im gegenwärtigen Zusammenhang interessieren v. a. Erwähnungen des Werks oder einzelner Figuren oder Motive aus ihm, die einen Rückschluß auf die Rezeption der Gattungsmischung erlauben. In die Chronikliteratur ist Johanns Werk nicht eingegangen; hierfür war, wie es scheint, seine Fiktivität trotz aller historischen Elemente zu offensichtlich. Ähnlich aber wie Hans Sachs, der den Roman in eine dramatisierte Anti-Minnerede umgestaltet, zeigen andere Autoren ein Verständnis vom ›Wilhelm von Österreich‹ als einem der Minnerede nahestehenden oder zumindest minnedidaktischen Werk. Ich stelle im folgenden drei Minnereden vor, in die Johanns Werk Eingang gefunden hat: die bislang unedierte ›Liebesklage‹ (Brandis 40) und Hermanns von Sachsenheim ›Des Spiegels Abenteuer‹ und ›Die Mörin‹. Um das für die Minnerede Typische dieser Art der ›Wilhelm von Österreich‹-Rezeption zu verdeutlichen, stelle ich Beispiele der Rezeption Johanns im höfischen Roman, in der Lyrik und in der bildenden Kunst daneben.

6.3.1. ›Liebesklage‹ (Brandis 40)

In der Bibliothek des Germanischen Nationalmuseums, Nürnberg wird unter der Signatur 2° 966 eine Papierhandschrift aus dem Besitz der Familie Paul-Wolfgang Merkel aufbewahrt, in welcher Valentin Holls aus Augsburg über die Jahre 1524–1526 verschiedenste Texte weltlichen und geistlichen Inhalts gesammelt hat: Lieder, Sprüche, Predigten, Reden, Mären und auch den Anfang des ›Apollonius‹-Romans.[93] Die Handschrift hat ursprünglich 268 Blätter umfaßt; die letzten 33 Blätter sind herausgeschnitten. Auf den ersten drei Blatt steht ein Register der Einträge; darin nicht berücksichtigt sind drei Lieder, die im Vorderdeckel und ein Lied, das im Rückdeckel eingeklebt ist.

Unter den Einträgen des Jahres 1525 findet sich auf Bl. 115^r, Z. 17–116^v, Z. 56 eine Liebesklage in oberschwäbisch-bairischem Dialekt, überschrieben *Ain hüpscher spruch von ainer bulschafft*. Der Text ist vom

---

[92] Zum Einfluß auf Ulrich Füetrers ›Buch der Abenteuer‹ vgl. Hans-Georg Maak, Das sprachlich-stilistische Vorbild von Ulrich Füetrers ›Abenteuerbuch‹. ZfdPh 93 (1974), Sonderheft, S. 198–217; zum Einfluß auf die strophische Bearbeitung des ›Willehalm von Orlens‹ vgl. Christoph Gerhardt, Willehalm von Orlens. Studien zum Eingang und der strophischen Bearbeitung aus dem Jahre 1522. WW 35 (1985), S. 196–230, S. 210–217.

[93] Eine ausführliche Beschreibung der Handschrift und ihres Inhalts gibt Dieter H. Meyer, Literarische Hausbücher des 16. Jahrhunderts, Bd. 2.1. Würzburg 1989 (Würzburger Beiträge zur dt. Philologie), S. 134–271.

vorhergehenden, *von zierd vnd hoffartt der weiber,* und nachfolgenden Text, Hans Schneiders ›Traum‹ (Brandis 253), nur durch eine neue Zeile abgesetzt, und der Textanfang ist durch ein rotes Kreuz am Rand markiert. Der *spruch* ist in einer Kursive einspaltig in nicht abgesetzten Versen geschrieben. Jedes Versende bezeichnet ein Punkt. An den Zeilenanfängen stehen Majuskeln.

Es handelt sich um eine recht gute Abschrift einer älteren Vorlage. Durch die Diphthongierung von *î* zu *ei* ist an drei Stellen der Reim verlorengegangen: *Osterreich – sich* (V 139f.), *hertzogin – sein* (V 191f.), *mineklich – reich* (V 321f.). Der Verfasser kennt Thürings von Ringoltingen ›Melusine‹; demnach ist die ›Liebesklage‹ wohl auf die zweite Hälfte des 15. Jahrhunderts zu datieren. Der Text ist im Anhang abgedruckt.[94]

Die Ausgangssituation der Klage ist, daß sich die Geliebte vom Sprecher abgewandt hat. Er gibt seinem Liebesschmerz und seiner Enttäuschung über ihre *untriuwe* Ausdruck, indem er Szenen aus verschiedenen höfischen Romanen zitiert und erklärt, daß selbst die noch so ausgeprägten *exempla* verzweifelter Liebender in der Literatur nicht ausreichen, um seinen Kummer zu beschreiben. So vergleicht er sich mit Sigune, die um alles in der Welt das Brackenseil begehrt (V 84–88), mit Tristan, den die Sehnsucht nach Isold in den Kampf gegen Urgan treibt (V 92–96) und der in der Sterbeszene dringendst auf Isoldes Kommen hofft (V 97–100). Er vergleicht sich auch mit Anfortas, der sehnsüchtig auf Parzival wartet (V 107–112), und mit Parzival, dem der Gedanke an Kondwiramurs in der Blutstropfenszene die Besinnung raubt (V 126–136). Er stellt sein Verlangen nach der Geliebten neben Wilhelms Sehnsucht nach Aglie, als er auf dem Wal gefangen sitzt (V 138–142) oder als er Walwan und andere Könige erschlägt (V 143–145). Er verweist ferner auf Raymonds Schmerz, als er Melusine verliert (V 150–154), und Flores Sehnsucht nach Blanscheflur, nachdem ihr Vater sie verschickt hat (V 161–176). Sein Getrenntsein von der Geliebten ähnele der Trennung Lohengrins von Elisa und seinen Kindern (V 190–195). Seine verzweifelten Versuche, zu ihr zu gelangen, vergleicht der Liebende mit Kaedins (V 213–223) und Gawans (V 230–268) Suche nach einem Weg zu Kassie bzw. zu Florîe. In seiner Angst schließlich, die Geliebte und das Leben zu verlieren, stellt er sich neben Wigalois (V 302–315).

---

[94] Siehe Anhang 2.

Der ›Wilhelm von Österreich‹ fügt sich problemlos in diese Reihe literarischer Beispiele: Wilhelm ist ein *exemplum* für einen Ritter, den die Minne in gefährliche Situationen – wie z. B. auf dem Rücken des Wals – treibt und zu Heldentaten anspornt. Der verzweifelte Kampf Wilhelms gegen seinen Kriegsgefährten Wildomis und der damit verbundene Minnekasus werden nicht erwähnt, nur der Kampf gegen den Todfeind Walwan und *ander künig me* (V 145). So unterscheidet sich Wilhelm nicht von Wigalois, den die Minne ebenfalls durch Gefahren hindurchführt.

Ganz anders wird Wilhelm dann bei seiner zweiten Erwähnung gesehen: Das sprechende Ich nennt als *exempla* für betrogene Liebende Marke (V 395–412), Diocletian (V 481–510) – und Crispin (V 435–452). Der Minneritter Wilhelm, der oben noch als ein Beispiel des von Liebessehnsucht Getriebenen zitiert worden ist, dient hier als negatives Beispiel dessen, der die Liebe anderer zu ihm schändlich mißachtet. – Bei Johann stellt Crispins Liebesangebot eine Bewährungsprobe für Wilhelms Liebe zu Aglie dar; ihr anschließender selbstloser Einsatz für den Helden wird wenig beachtet, er scheint die gerechte Belohnung für Wilhelms *triuwe* zu sein. In der ›Liebesklage‹ findet gegenüber Johanns Werk ein auffallender Perspektivenwechsel statt: Crispin wird zur betrogenen Liebenden; ihr Großmut wird bewundert, hätte sie doch allen Grund, gekränkt zu reagieren. Die ungewöhnlich negative Wertung Wilhelms muß dem Leser oder Hörer auffallen. Der Sprecher der ›Liebesklage‹ begnügt sich aber nicht damit, die *triuwe* Wilhelms zur fernen Geliebten aus der Sicht der enttäuschten Crispin zu betrachten, er kritisiert auch, daß Wilhelm nicht nur die Frau, sondern auch die Macht und den Reichtum ablehnt, welche sie ihm anbietet. Damit ist das zentrale minnedidaktische Thema des Romans angesprochen: der Gegensatz zwischen wahrer Minne und der Liebe aus materiellen Gründen. Der Sprecher kehrt Johanns Lehre um – und stellt unmittelbar darauf, in der Geschichte von der *triuwelosen* Frau Diocletians, das Besitzstreben als größtes Verbrechen dar. Dadurch wirkt der Vorwurf an Wilhelm ironisch. Die zentrale Minnelehre Johanns wird durch ihn nicht aufgehoben, sondern unterstrichen.

In keinem der Romane oder Lieder, in welchen der ›Wilhelm von Österreich‹ rezipiert wird, interessiert das Minneredenthema »Minne und Pfennig«.[95] Das Verständnis von Johanns ›Wilhelm‹ als dem *Âventiuren*roman eines Minneritters, wie es im ersten Teil der ›Liebes-

---

[95] Vgl. oben, S. 206, Anm. 207.

klage‹ zum Ausdruck kommt, ist in diesen Gattungen das übliche. Bereits bei manchen Schreibern der Handschriften ist ja, wie oben[96] gezeigt worden ist, ein solches Textverständnis zu erkennen.

Zum Vergleich mit der ›Liebesklage‹ möchte ich drei dieser Erwähnungen des ›Wilhelm von Österreich‹ im Roman und in der Lyrik kurz vorstellen:

In Ulrich Füetrers ›Lannzilet‹[97] wird Wilhelm in einem Atemzug mit Tristan, Erec und Iwein, Willehalm von Orlens, Wigalois, Gawan und Tschinotulander genannt:

> Gotfrid von Straspurg und Hartman von Awe
> Ruedoll, Wirrig und vom Türlin,
> her Albrecht waren benetzet mit kunsten tawe
> und von Wirzpurg Johannes: die all haben gesag[e]t
> von tugent menigs mannes,
> wie die zer wellt vil preyses hannd bejaget.
> (Str. 108,5–109,4)

(Gottfried von Straßburg und Hartmann von Aue, Rudolf, Wirnt und der von dem Türlin, Herr Albrecht und Johann von Würzburg waren dichterisch begabt [wörtlich: vom Tau der Künste benetzt]: Sie haben von der *tugent* vieler Männer erzählt, wie diese viel Ehre in der Öffentlichkeit errungen haben.)

Die Liebe Wilhelms ist gar nicht erwähnt; sie gehört allenfalls zu seiner ritterlichen *tugent*. Ulrich geht es ausschließlich um die Ehre, die der Held durch seine *âventiure* erringt: Der ›Wilhelm‹ ist hier verstanden als ein Roman über einen ausgezeichneten Ritter, ein Roman, der sich nahtlos an die Reihe der Artusromane anschließt.

Im ›Friedrich von Schwaben‹[98] findet sich eine ähnliche Reihe literarischer Helden: Der Erzähler ruft in Erinnerung,

> Was ie die hochen und die werden
> All hie uff diser erden,
> Kúng Artauses gesellschafft
> Mit ritterlicher krafft
> Von der edlen Tavelrunde,
> Not gelitten haben zů maniger stunde
> Durch die liebe starck

---

[96] Siehe S. 292.
[97] Ulrich Fuetrer, Lannzilet. Aus dem ›Buch der Abenteuer‹, Str. 1–1122. Hrsg. v. Karl-Eckhard Lenk. Tübingen 1989 (ATB 102).
[98] Max Hermann Jellinek (Hrsg.), Friedrich von Schwaben. Berlin 1904 (DTM 1).

Unnd wie den verhäwen ist ir marck,
Portzifal, Ferefen, Ereken unnd Gawein,
Lannzelet, Weigamür, Tristrant und Iwein,
Wigoleis oder her Daniel
Poktziseiler oder der stoltz Kanerel,
Von dem Gral Titurell und Anfortas;
Wie Laurengel sein vechten maß,
Marggrauf Wilhalm von Orantz,
Rennwart und Malfer der glannz,
Wilhalm von Orlenntz mit Amaley,
Schinachtulander durch Sygan die fry,
Wilhalm von Österrich mit Aglay der magt,
Hertzog Wilhalm der haiden unverzagt;
Wie durch Pantzeflúr Floreys,
Wittich vom Jordan, Eneas und Paris,
Unnd ander kúnig und fúrsten vil
Der ich nit aller nennen wil,
Durch ir amyen habent gelitten not
(V 4 809–4 833)

(welche Not überall hier auf der Erde die Hochgestellten und *werden*, der Hof des König Artus, die Ritter der edlen Tafelrunde, oft wegen der mächtigen Liebe gelitten haben und wie ihnen die Knochen zerschlagen wurden: Parzival, Feirefiz, Erec und Gawan, Lancelot, Wigamur, Tristan und Iwein, Wigalois und Herr Daniel, Poytislier oder der stolze Garel, aus dem Gralsgeschlecht Titurel und Anfortas; wie Lorengel kämpfte, der Markgraf Wilhelm von Oransche, Rennewart und der strahlende Maillefer, Willehalm von Orlens mit Amelie, Schionatulander um der edlen Sigune willen, Wilhelm von Österreich mit dem Mädchen Aglie, der Herzog Wilhelm, der vor den Heiden nicht verzagte; wie Florie wegen Blanscheflur, Witege vom Jordan, Äneas und Paris und viele andere Könige und Fürsten, die ich nicht alle nennen will, um ihrer Geliebten willen Not gelitten haben).

Unter vielen anderen ist Wilhelm ein Beispiel dafür, welches große Leid die *werden* um der Liebe willen ertragen. Die Liste der literarischen Figuren verrät ein gewisses Gattungsbewußtsein des Verfassers: Er ordnet sie nach der jeweiligen *matière*. Die Helden der Artus- und Gralsromane, der *matière de Bretagne*, führen die Reihe an. Nun folgen Gestalten aus deutschen und französischen[99] *chansons de geste*. Den Abschluß der Liste bilden Figuren aus der Heldenepik und der Antikendichtung. Dazwischen stehen vier Liebespaare: Willehalm von Orlens und Amelie, Schionatulander und Sigune, Wilhelm von Österreich und Aglie, Flore und Blanscheflur. Nur hier, bei keinem der anderen Helden, nennt der Verfasser auch den Namen der Geliebten.

---

[99] Maillefer ist eine Figur der altfranzösischen ›Bataille de Alischanz‹. Aliscans. Kritischer Text von Erich Wienbeck, Wilhelm Hartnacke und Paul Rasch. Genf 1974.

Bemerkenswert ist, daß Tristan und Isold in dieser Reihe der Liebespaare fehlen; Tristan ist vielmehr unter den Artusrittern genannt. Dagegen ist der ›Titurel‹ – oder ›Jüngere Titurel‹? – aufgespalten in die Geschichte des Gralsritters Titurel, der neben Anfortas gestellt ist, und die Liebesgeschichte zwischen Schionatulander und Sigune. Der Stoffkreis, dem die Texte angehören, scheint demnach nicht letztlich entscheidend für ihre Einordnung zu sein, sondern ihre spezielle Thematik: Innerhalb des Gralsromans ›Titurel‹ gerät der Gral in der Liebesbeziehung zwischen Schionatulander und Sigune zeitweise in Vergessenheit, und daher kann diese als eine eigenständige Erzählung betrachtet werden, als eine Erzählung von einer Minne, die – anders als bei Tristan – als kindliche Minne beginnt. So sehr die *nôt*, welche die Helden erleiden, und ihre großartigen Taten, die sie dabei vollbringen – beim ›Wilhelm‹ wird ausdrücklich auf seine Kämpfe gegen die Heiden aufmerksam gemacht – betont wird, so scheint doch bei diesen vier Romanen die Minnethematik gegenüber der *âventiure* im Vordergrund zu stehen. Dies bedeutet aber nicht, daß die Minnetheorie als das Wesentliche der Romane ›Willehalm von Orlens‹, ›Titurel‹, ›Flore und Blanscheflur‹ und ›Wilhelm von Österreich‹ betrachtet werden würde, sondern die Minnehandlung.[100]

In einem *tageliet* in der Darfelder Liederhandschrift[101] werden Wilhelm und Aglie neben anderen Liebespaaren genannt: Gahmuret und Belakane, Itonje und Gramoflanz, Gyburc und Willehalm, Dulciflur und Wigamur, Secundille und Feirefiz sowie Sigune und Schionatulander.

> *O wie Rial*
> *mit syner quail*
> *moist Agelye miden;*
> *vor solcher noid*
> *wehr mir der doit*
> *ja beßer wyll zu liden,*
> *dan ich mit leide*
> *van hinnen scheide*
> *von myner schoinen Amien,*
> *gedench an mich*

---

[100] Vgl. auch die Stuttgarter Handschrift des ›Wilhelm von Österreich‹, welche die Romanelemente hervorhebt, die Handlung strafft und die Exkurse streicht, und deren Einband mit Minnemblemen verziert ist. Siehe oben, S. 292.
[101] Rolf Wilhelm Brednich (Hrsg.), Die Darfelder Liederhandschrift 1546–1565. Münster 1976 (Schriften der Volkskundl. Kommission für Westfalen 23), S. 110–112.

als ich an dich:
Mercurius will uns mher ffryen.
(Str. 6)

(Oh, mit welchen Schmerzen doch Ryal von Aglie weggehen mußte! – Lieber würde ich wegen solcher Not den Tod erleiden als hier leidvoll von meiner Geliebten zu scheiden. Denke an mich, wie ich an dich denke: Mercurius wird uns retten.)

Dem Thema des *tageliet* entsprechend, geht es um den Trennungsschmerz zwischen Liebenden. Wilhelm und Aglie werden hier als Vorbild eines leidgeplagten Paares herangezogen. Die Vorlage bietet dabei nicht Johanns Versroman, sondern die Fassung des Hans Sachs, in der Mercurius anstelle von Parklise den Helden entführt – und dadurch rettet. Weder Johanns Minnedidaxe interessiert den Dichter noch Sachs' Umdeutung des Romans in ein Negativexempel von blindem Verfallensein an die Minne. Dem Verfasser des *tageliet* geht es allein um die Handlung, d. h. um die ·Situation der Helden in Smyrna,[102] die der *tageliet*-Situation entspricht: Der Held muß gehen, anderenfalls droht ihm der Tod durch die Angehörigen seiner Geliebten, doch es besteht die Hoffnung auf ein Wiedersehen und einen glücklichen Ausgang der Liebesbeziehung. – Es ist eine Situation, in welcher der Held völlig passiv ist und gerade nicht als Vorbild dienen könnte.

Die Wandmalereien im Sommerhaus von Schloß Runkelstein zeigen Wilhelm und Aglie in der Triade der vorbildlichen Liebespaare,[103] neben Tristan und Isold und Willehalm von Orlens und Amelie. Sicher wird es bei der Konzeption dieser Fresken durch Niklaus Vintler, und v. a. bei ihrer Überarbeitung unter Maximilian I., auch eine Rolle gespielt haben, daß Wilhelm der Sohn eines österreichischen Herzogs ist,[104] – dynastische Interessen hatten beim ›Wilhelm von Österreich‹ ja von Anfang an eine Rolle gespielt[105] –; dennoch wird Johanns Werk hier nicht als die *historia* eines österreichischen Fürsten verstanden, sondern als ein Minneroman, der – so darf man wohl das Arrangement der Figuren verstehen – wie der ›Willehalm von Orlens‹ in der Tradition des »Meisters« Gottfried von Straßburg steht: Die Paare aus den beiden späteren Werken sind dem »Klassiker«-Liebespaar in ihrer Mitte zugewandt.

---

[102] Bei Sachs nennt sich Wilhelm dort auch tatsächlich noch Ryal.
[103] Vgl. hierzu: Haug (1982).
[104] Ebd., S. 695.
[105] Vgl. oben, S. 77.256.

Ich fasse zusammen: Im ›Lannzilet‹ interessiert allein Wilhelms Vortrefflichkeit als Ritter; im ›Friedrich von Schwaben‹ und im *tageliet* der Darfelder Liederhandschrift (das auf Hans Sachs fußt) geht es nur um die Handlung des Liebesromans bzw. um die in der Romanhandlung beschriebene Situation der Liebenden. Bei der Runkelsteiner Triade der Liebespaare kommen wohl noch dynastische Interessen hinzu; aber auch hier ist wie in den genannten Texten von Didaxe nichts zu spüren: Der ›Wilhelm von Österreich‹ wird in allen diesen Werken verstanden als ein Abenteuer- und Liebesroman. Dieses Verständnis von Johanns Roman entspricht dem in V 138–145 der ›Liebesklage‹. Dem steht die zweite Erwähnung des ›Wilhelm‹ in V 435–452 entgegen: Hier wird das zentrale minnedidaktische Thema des Romans, die Gegenüberstellung von »Minne und Pfennig«, angesprochen und in ironischer Verkehrung besonders hervorgehoben. Durch diese zwei unterschiedlichen Erwähnungen des ›Wilhelm von Österreich‹ beweist der Verfasser der ›Liebesklage‹ ein Bewußtsein davon, daß das Werk Minne-Abenteuerroman und Minnedidaxe verbindet.

6.3.2. Hermann von Sachsenheim

Um 1452/53 verfaßt Hermann von Sachsenheim am Hof Albrechts VI. von Österreich und Mechthilds zwei Minnereden: ›Des Spiegels Abenteuer‹ und ›Die Mörin‹. Huschenbett bezeichnet sie als »eine der letzten großen und interessantesten Manifestationen dieser Gattung«.[106]

›Des Spiegels Abenteuer‹ (Brandis 465) erzählt von einer Begegnung des Ich-Erzählers mit Frau *Druw*, der personifizierten *triuwe*, die von Frau *Awentür* ausgesandt ist, um *triuwe* zu suchen. Nach einem minneredentypischen Lehrgespräch tritt ein Provokateur auf, ein Zwerg, der von der erfolglosen Mission aller anderen Kundschafterinnen der *Âventiure* berichtet. Hier beginnt eine *Âventiuren*handlung, die Ausfahrt des Helden zum Hof der *Âventiure*. Auf dem Weg allerdings verliert er, beim Blick in einen Spiegel, bereits seine *triuwe*, und daher tritt an die Stelle einer Erlösungs*âventiure* ein Minnegericht gegen den *triuwelosen* Erzähler. Obwohl er bereut, wird er von *Âventiure* zum Tode verurteilt. Die anderen Personifikationen aber beraten und unterstützen nicht schemagerecht die Richterin, sondern sprechen ihr ihre richterliche Kompetenz ab. So geht der Erzähler straffrei aus und wird von dem Zwerg auf einem Greifen nach Hause geführt.

---

[106] Dietrich Huschenbett, Hermann von Sachsenheim, in: VL² III, Sp. 1091–1106, Sp. 1098.

Hermann von Sachsenheim verbindet in ›Des Spiegels Abenteuer‹ Minnerede und *Âventiure* und bringt dabei die Minnerede zum Scheitern. Das Minnegericht ist handlungsunfähig; ein offensichtliches Vergehen gegen die *triuwe* wird nicht geahndet, da sich die Richterin und ihre Beraterinnen nicht einig sind. ›Des Spiegels Abenteuer‹ ist als eine Parodie einer Minnerede zu verstehen. Besonders deutlich wird der parodistische Charakter des Werks auch, als Minne beim Abschied dem Erzähler den Rat erteilt, so freizügig zu leben wie die Flamen (V 2 482–2 501) – ein Rat, den der Erzähler entschieden zurückweist (V 2 502–2 507). Von der gattungsüblichen Minnedidaxe kann keine Rede mehr sein.

Hermann spielt nicht nur mit der Tradition der Minnerede, er spickt sein Werk geradezu mit literarischen Anklängen und Zitaten verschiedenster Herkunft. Huschenbett spricht von einer »Blütenlese aus anderen Dichtungen«.[107] Auch auf den ›Wilhelm von Österreich‹ wird wiederholt angespielt.

Als der Zwerg, der Bote *Âventiures*, auftritt, in reiche blaue Gewänder gekleidet und in einem prächtigen Schiff mit hellblauen Segeln – die Farbsymbolik ist hier nicht zu übersehen –, vergleicht der Erzähler diese Pracht mit den reichen Schiffen Agrants:

> *konig Agrant der rich,*
> *des werden Wilhelms sweher,*
> *gewan nye schiffman weher*
> *in kiln noch uff kogken.*
> (V 620–623)

(Der reiche König Agrant, der Schwiegervater des edlen Wilhelm, hatte nie einen prächtigeren Seemann auf einem Schiff oder einer Kogge.)

Damit erinnert der Erzähler an Leopolds Begegnung mit Agrant in der Vorgeschichte von Johanns Roman, wo Agrants Schiff mit den blauen Segeln als das reichste bezeichnet wird, welches Leopolds Kapitän jemals gesehen habe (V 301f.). Das Blau der Segel bei Hermann erhält durch diese literarische Assoziation besonderes Gewicht; die blaue Farbe aber ist Symbol der *triuwe*. Das bedeutet, daß eine Anlehnung an den ›Wilhelm‹, selbst wenn sie eine Stelle aus der Vorgeschichte, noch deutlich vor Beginn der Minnehandlung, betrifft, die Minneredenmotivik in Hermanns ›Des Spiegels Abenteuer‹ unterstreicht.

---

[107] Huschenbett (1962), S. 81. Für eine Sammlung der literarischen Anspielungen und Zitate in ›Des Spiegels Abenteuer‹ siehe ebd., S. 83–92.

Als Frau *Druw* dann den Erzähler als einen lebenden Beweis der *triuwe* und einen Helfer gegen die Teufelssöhne *Gitikeit, Nyd-und-Haß* und *Hoffart* zu Frau *Âventiure* führt, er aber in den Spiegel schaut und verzückt wird, warnt der Zwerg Frau *Druw* und vergleicht ihre Mission mit der Parklises, die Wilhelm zu Crispin führte, um Belgalgan vom Teufelssohn Merlin zu befreien.

> *uch wurt ain ander danck,*
> *den Barcalysen der magkt,*
> *die den ritter unverczagt*
> *Wilhelm von Osterreich*
> *den die schön magt mynnicklich*
> *verzugkt uff eim gryfen.*
> *sie fůrt in sunder schliffen*
> *über berg und uber dal*
> *et cetra one fal*
> *der konigin heym zu land.*
> (V 1 088–1 097)

(Ihr werdet einen anderen Erfolg haben als die Jungfrau Parklise, die schöne, liebreizende Jungfrau, die den unverzagten Ritter Wilhelm von Österreich auf einem Greifen entrückte. Sie führte ihn immer weiter über Berg und Tal, ohne auszurutschen oder zu fallen, bis heim ins Land der Königin.)

Der Ich-Erzähler aus ›Des Spiegels Abenteuer‹ ist zu einer Erlösungstat wie der Wilhelms mit Sicherheit nicht fähig, genügt doch ein Blick in den Spiegel, um ihn seine *triuwe* vergessen zu lassen (dieses Abfallen von der *triuwe* bezeichnet wohl das *schliffen* und der *fal*), während sich Wilhelms *triuwe* gerade in der Belgalganâventiure nochmals in besonderer Weise bewährt. Diese Gegenüberstellung mit Wilhelm ironisiert die Rolle des Ich-Erzählers. Dennoch wird kein ausgesprochenes Minneredenelement des ›Wilhelm von Österreich‹ zitiert, sondern primär seine ritterliche Erlösungstat und ferner die Minneprobe in der Handlung.

Die nächste Erwähnung des Werks fällt bei der Beschreibung des Hofstaats der *Âventiure*: in der *herlich schar / von frawen und von rittern* (V 1 512f.) würden, so der Erzähler, zu recht *Isold und ir genos, / Sigun und Aglay* (V 1 516f.) stehen. Aglie wird also, nicht unähnlich den Erwähnungen des Liebespaars Wilhelm und Aglie in anderen Gattungen,[108] neben Isold und Signune gestellt, als Beispiel außerordentlicher Frauenschönheit. Zwar wird ihre Schönheit mit der von Personifikationen verglichen, doch unterscheidet sie sich darin nicht von Isold und

---

[108] Siehe oben, S. 343–347.

Sigune. Hermann von Sachsenheim demonstriert hier kein Bewußtsein von einer Andersartigkeit des ›Wilhelm von Österreich‹ gegenüber anderen höfischen Romanen.

Als der Ich-Erzähler schließlich dem Todesurteil entkommt und auf einem Greifen aus dem Land geführt wird, ist die Anlehnung an Wilhelms Rettung durch Parklise noch einmal überdeutlich. Der Bezugspunkt ist aber diesmal nicht, wie in V 1 088–1 093, die anschließende Befreiungstat Wilhelms, sondern das vorausgegangene Minnegericht: Wird Wilhelm wegen seiner schrankenlosen *triuwe*, und mit ihm die Minne selbst, die ihn zu seiner Tat getrieben hat, vor Gericht gestellt, so hat sich der Ich-Erzähler von ›Des Spiegels Abenteuer‹, der so stolz war auf seine *triuwe*, für den raschen Verlust durch falsch verstandene Minne zu verantworten. Während die Mordanklage – und damit das Urteil – gegen Wilhelm von vornherein ungerecht ist, denn *just gein tjost mûrdet niht* (V 11 067), ist in ›Des Spiegels Abenteuer‹ das Urteil leicht gefunden, doch das Minnegericht scheitert an der inneren Uneinigkeit des Gerichts und der mangelnden Durchsetzungskraft der Richterin. Die Reminiszenz an Johann hebt so die Unfähigkeit des Minnegerichts bei Hermann von Sachsenheim hervor.

Wenn dann der Greif über einen brennenden Berg (den Ätna) fliegt, muß der Leser oder Hörer an das allegorische Feuergebirge im ›Wilhelm von Österreich‹ denken: Die parodistische Minnerede wird vor die Folie einer ernsten Minneallegorie gestellt.

Die drei ersten Anspielungen auf den ›Wilhelm von Österreich‹, bei denen die Protagonisten des Romans namentlich erwähnt werden, bewegen sich zwischen einer Rezeption des Werks als eines *Âventiuren*romans, der sich nicht von den Romanen der mhd. Klassik, den Werken Gottfrieds und Wolframs, unterscheidet – so v. a. die Erwähnung Aglies, aber auch der Verweis auf die Befreiungstat Wilhelms – und einer Betonung des Minneredencharakters von ›Des Spiegels Abenteuer‹, ohne daß ein direkter Bezug zu den Minneredenelementen bei Johann gegeben wäre – so die Erwähnung des Schiffs Agrants. Danach sind Hermanns Hörer oder Leser wohl empfänglich für weitere, nun nicht mehr namentliche, sondern motivliche Anspielungen auf den Roman. In diesen werden Minneredenmuster berührt: das Minnegericht und die Minneallegorie. Durch die Gegenüberstellung dieser Muster im ›Wilhelm von Österreich‹ und des gescheiterten Minnegerichts in ›Des Spiegels Abenteuer‹ wird Hermanns Werk noch klarer als Minneredenparodie erkenntlich.

Ein Jahr nach ›Des Spiegels Abenteuer‹, 1453, ist Hermanns von Sachsenheim ›Mörin‹ (Brandis 466) entstanden,[109] eine episch breit ausgestaltete, ebenso parodistische Darstellung eines Minnegerichts.[110]

Der Erzähler wird in den Venusberg[111] entrückt und der *untriuwe* angeklagt. Nach fünf Verhandlungstagen, unterbrochen durch Eß- und Trinkszenen, Beratungen, Streit- und Lehrgespräche und durch ein Turnier, welches Tannhäuser veranstaltet, wird er, obgleich er seine Schuld offen bekennt, straflos entlassen.

Der Prozeß ist von Anfang an zum Scheitern verurteilt, denn Venus ist nicht, wie es den Gattungskonventionen entsprechen würde (und wie es auch noch in ›Des Spiegels Abenteuer‹ dargestellt ist), von einem Rat personifizierter Tugenden umgeben, sondern sie steht, selbst gespalten in die Rolle der Venus und die Rolle der Minne,[112] zwischen der blind rachsüchtigen Mörin und dem dümmlich gutmütigen König Tannhäuser; von keinem der beiden kann sie einen annehmbaren Rat erwarten. Venus ist v. a. auch nicht die unumstrittene Richterin;[113] der Erzähler anerkennt nur die Autorität der *Âventiure*, der Lehnsherrin der Venus (V 2 410f.). Mit vollem Recht spricht er der Minne ihre richterliche Kompetenz ab: Ihre Werte sind fragwürdig, besteht doch die Buße, die sie dem Erzähler auferlegt, in der Bekräftigung seines Vergehens (V 5 660–5 713), und beherrscht sie doch nicht einmal die offizielle Rechtssprache Latein (V 5 755) und versteht daher nicht den Eid, den der Verurteilte ihr schwört.

Damit ist aber mit der Minneredenparodie noch nicht genug: Zu Hause angekommen, geht der Erzähler nicht etwa, wie es dem Schema entspräche, daran, sein Erlebnis als Lehre für andere niederzuschreiben, sondern er weicht, wann immer man ihn fragt, wo er gewesen sei, aus und erzählt, was ihm gerade an Ausreden einfällt (V 6 027).

---

[109] Die Datierung ist im Epilog gegeben: V 6 054–6 056.

[110] Huschenbett (1962), S. 123. Zum Gerichtsverfahren in der ›Mörin‹ vgl. Hugo Loersch, Der Process in der Mörin des Hermann von Sachsenheim. Ein Beitrag zur Geschichte des Gerichtsverfahrens im 15. Jahrhundert, in: Fs C. G. Homeyer. Bonn 1871, S. 35–70.

[111] Tannhäusersage, in: John Meier (Hrsg.), Deutsche Volkslieder mit ihren Melodien, Bd. I,1. Berlin/Leipzig 1935, S. 145–161. Vgl. dazu: Walter Pabst, Venus und die mißverstandene Dido. Literarische Ursprünge des Sibyllen- und des Venusberges. Hamburg 1955 (Hamb. Romanist. Studien. Allg. Reihe 40); Otto Löhmann, Die Entstehung der Tannhäusersage. Fabula 3 (1960), S. 224–253; Wis; Hubert Heinen, Venusberg [Vortrag, Kalamazoo, 9.5.1996], in: Burgen – Länder – Landschaften. Hrsg. v. Ulrich Müller u. Werner Wunderlich. St. Gallen [1999] (Mittelalter-Mythen V). Zum Venusberg und Tannhäuser in der ›Mörin‹ und in Brandis 410, 431, 432, 437, 439 und 453 vgl. Jürgen Glocker, *ritter – minne – trüwe*. Untersuchungen zur ›Mörin‹ Hermanns von Sachsenheim. Diss. Tübingen 1986. Münster 1987, S. 24–51.

[112] Zum Rollenkonflikt der Venus-Minne-Königin vgl.: Stephen L. Wailes, The Character of Love in Hermann von Sachsenheim's ›Mörin‹. Colloquia Germanica 9 (1975), S. 205–222, bes. S. 216.

[113] Zur Auflösung des traditionellen Personifikationenapparats und zum Autoritätsverlust der Venus vgl. Glocker, S. 52–97.

Die ›Mörin‹ weist noch mehr literarische Anspielungen und Zitate auf als ›Des Spiegels Abenteuer‹.[114] Auf den ›Wilhelm von Österreich‹ wird zweimal Bezug genommen: Als der Erzähler das erste Mal vor Gericht geführt wird, tritt eine Fürstin auf,

> *Geborn uß einem fremden land,*
> *Da Agalaya vatter Agrand*
> *Gewaltig fürst und künege was*
> (V 1 029–1 031)

(geboren in einem fremden Land, in welchem Aglies Vater Agrant ein mächtiger Fürst und König war).

Sie fragt, ob der Erzähler auch rechtmäßig vorgeladen worden sei. Ihr – durchaus berechtigter – Einwand wird sofort zurückgewiesen, und mit diesem Hinweis auf einen Verfahrensfehler ist die Rolle der Fürstin aus Zyzia bereits beendet. Für den weiteren Handlungsverlauf ist ihr Auftritt ohne Bedeutung, aber für den Leser, der mit Johanns Werk vertraut ist, ist er durchaus bedeutungsvoll, denn er erinnert an das Gerichtsverfahren gegen Wilhelm, das auf einer falschen Mordanklage aufbaut. Noch bevor in der ›Mörin‹ die Anklage gegen den Erzähler verlesen worden ist, wird durch die Anspielung auf das Minnegericht im ›Wilhelm von Österreich‹ der Minneredencharakter des Gerichtsverfahrens in der ›Mörin‹ hervorgehoben. Schon bei Johann ist das Muster gebrochen; es wird kein Urteil gefällt, da der Gerichtshof an einer objektiven Behandlung des Falls nicht interessiert ist. Bei Johann fehlt aber das parodistische Element.

Der zweite Hinweis auf Johanns Roman findet sich im Kontext des Turniers:

> *Es glichet wol dem gros turnay,*
> *Als Wilhelm tett der Osterman.*
> (V 4 894f.)

(Es gleicht wohl dem großen Turnier, in welchem Wilhelm von Österreich focht.)

Gemeint ist wohl das Turnier zu Kandia, ein Turnier um die Rüstung der *triuwe* mit dem *eren krantz*. In der ›Mörin‹ findet dieses Turnier im Rahmen eines Verfahrens um *untriuwe* statt, zu Ehren der Frau *Schand*. Schon beim ersten Lanzenstich erwirbt der König den Kranz der *Frow Schand* (V 4 985), indem er stürzt. Diese Gegenbildlichkeit zum ›Wilhelm‹ verdeutlicht, ähnlich wie die Anspielung auf Johanns Roman in

---

[114] Übersicht siehe Huschenbett (1962), S. 83–92.

V 1029–1031, die Verkehrung der Minnerede. – Hier ist es eine Parodie des Minneturniers. Wilhelm wird nicht – wie etwa im ›Friedrich von Schwaben‹ oder im Runkelsteiner Bilderzyklus – als Liebender, vergleichbar mit Tristan, zitiert; er wird auch nicht wie in V 1088–1093 von ›Des Spiegels Abenteuer‹ als ritterlicher Helfer einer Frau in Not genannt. Die beiden Verweise auf den ›Wilhelm von Österreich‹ in der ›Mörin‹ setzen vielmehr wie die letzten beiden in ›Des Spiegels Abenteuer‹ voraus, daß die Minneredenmuster in Johanns Roman als solche erkannt werden. Erst dann besitzen die Zitate einen Sinn in Hermanns Minneredenparodie.

Letztlich demonstriert Hermann von Sachsenheim dasselbe Verständnis von Johanns Werk wie die ›Liebesklage‹: Hier wie dort wird es zunächst als ein Minne-*Âventiuren*roman genannt – so wie ihn auch Füetrer und die Verfasser des ›Friedrich von Schwaben‹ und des Tagelieds verstehen –, dann wird auf den minnedidaktischen Gehalt und bei Hermann ganz deutlich auf die Minneredenmuster im Werk verwiesen.

Die Rezeption des ›Wilhelm von Österreich‹ von den Handschriften über die Prosaisierung und Dramatisierung bis hin zu den verstreuten Erwähnungen des Romans in anderen Werken beweist ein frühes und lange anhaltendes Bewußtsein von Johanns Gattungsmischung. Wo ein Interesse an der Minnerede besteht, werden Roman und Minnerede als zwei Bestandteile des ›Wilhelm von Österreich‹ erkannt und hervorgehoben; wo nicht, wird Johanns ›Wilhelm‹ als Roman oder als *historia* rezipiert, so besonders deutlich in der Prosafassung, die gerade durch ihre gezielte Beseitigung von Minneredenelementen und Fiktionalitätssignalen ein Bewußtsein von der Komplexität des Werks beweist. Die Rezeption des Textes als Roman und ein historisch-dynastisches Verständnis lassen sich schließlich auch verquicken. Dies beweist das Runkelsteiner Wandgemälde.

7. Schlußbetrachtung

Als einziges Werk eines ansonsten unbekannten Autors, der nach eigenen Angaben an einem Grafenhof tätig war, und als ein Werk ohne eine bedeutende Vorlage oder auch nur eine Stofftradition hat sich, wie die Rezeptionsgeschichte zeigt, der ›Wilhelm von Österreich‹ in kurzer Zeit einen Platz in den mittelhochdeutschen Klassikerkatalogen erworben, zwischen dem ›Tristan‹, dem ›Titurel‹, dem ›Willehalm von Orlens‹ und ›Flore und Blanscheflur‹.

Man mag versucht sein, Johann wenigstens einem bedeutenderen Hof zuzuordnen, doch so ganz unbedeutend war auch der Haigerlocher Hof nicht: Es bestanden nicht nur enge Beziehungen zum Habsburger Hof, sondern auch über diesen Verbindungen unter anderem nach Frankreich und zu den rheinischen Fürstenhöfen. Albrecht II. von Haigerloch und sein Neffe Werner waren selbst Minnesänger, und Albrecht wie seine Nachkommenschaft erwarben sich Ruhm als Mäzene. Ein gutes Klima für die Entstehung eines literarischen Werks von Rang war damit durchaus gegeben. Das Werk freilich mußte mehr sein als nur »sprachlich nicht ganz unergiebig« (Haupt), um eine solche Beliebtheit zu erlangen.

Der ›Wilhelm von Österreich‹ steht an der Schwelle zwischen dem Untergang des höfischen Romans[1] und dem Triumph der didaktischen Kleinepik sowie der Allegorie, und er steht am Gipfelpunkt der Historisierung der höfischen Dichtung. Johann gelingt es, diese verschiedenen Zeitströmungen einzufangen und eine Synthese aus Minnerede, selbstbewußt fingiertem Roman und Geschichtsdarstellung oder Fürstenpreis herzustellen. Der Begriff »Synthese« will anzeigen, daß nicht nur Einzelelemente der einen Gattung in die andere integriert sind, sondern direkt auch die Gattungskonstituenten von der Gattungsmischung betroffen sind. Das Ergebnis dieser Verbindung ist ein überaus komplexes und vielschichtiges Werk, das auf den verschiedensten Ebenen gelesen und interpretiert werden kann. Bei jeder einseitigen Inter-

---

[1] Haug (1982), S. 706, Anm. 68 bezeichnet den ›Wilhelm von Österreich‹ als »de[n] letzte[n] große[n] Roman«.

pretation aber bleibt, wie die Rezeption des Werks beweist, immer ein Bewußtsein davon vorhanden, daß hierfür Teile des Romans absichtlich ausgeblendet werden müssen.

Anhang 1: Illustrationen Reutlingen Inc 150

3^r   Abschied Leopolds von seiner Frau.

4^r   Begegnung mit Agrant.

358

5^r   Ankunft der Könige in Ephesus.

5^v   Heimkehr Leopolds.

359

8^r   Abfahrt Wilhelms.

8^v   Wilhelm wird vom Wal entführt.

360

10^r   Wigrich entdeckt Wilhelm auf dem Wal.

10^v   Wigrich führt Wilhelm nach Twingen.

12^r Festmahl bei Agrant, Wilhelm und Aglie erkennen sich.

14^v Ballspiel.

362

17ʳ   Ankunft Walwans in Twingen.

20ʳ   Der Bote aus Phrygien.

22ʳ   Gespräch mit *der aventŭre hauptman.*

24ʳ   Ritt ins Feuergebirge.

26^r   Die Liebespaare im Feuergebirge.

29^r   Wilhelm erhält das Pferd.

365

30^v　　Die Botin aus Medien bei Melchinor.

31^v　　Wilhelm rettet die Botin aus Medien.

32^v Wilhelm holt die Botin vom Baum.

33^r Wilhelm auf dem Sessel des Vergil.

34^v　　　Wilhelm wird vom Baum geholt.

35^v　　　Todesurteil gegen Wilhelm.

36ᵛ   Melchinor beim Papst.

39ʳ   Heereszug nach Smyrna.

41ʳ   Ankunft vor Frien.

43ʳ   Wilhelm im Rosengarten.

370

46ʳ   Wilhelm jagt mit seinem Falken.

47ʳ   Schlacht zu Smyrna; Zweikampf gegen Walwan.

47^v Wilhelm als Sieger in der Stadt.

49^v Wilhelm als Bote bei Aglie.

372

50^{v} Hochzeit Wildomis – Aglie.

51^{v} Zweikampf Wilhelm gegen Wildomis (versehentlich umgedreht: Wildomis tötet Wilhelm).

52ʳ Wilhelm vor Gericht.

53ʳ Der Brief des Mahmet.

374

54^v   Parklise entführt Wilhelm.

55^v   Kampf gegen das Stierungeheuer.

56^v   Merlinkampf.

58^r   Gaylet holt Wilhelm aus dem Feuer.

59^v   Empfang bei Crispin.

62^r   Der Bote aus Kandia.

63ᵛ   Turnier zu Kandia.

64ᵛ   Hochzeitliches Turnier.

378

65ᵛ   Brautgemach.

66ᵛ   Die heidnischen Heere sammeln sich.

68ʳ　　Die große Schlacht.

70ᵛ　　Hochzeit Crispin – Gaylet.

71^V Heimkehr nach Österreich.

72^V Abschied von den Eltern.

73^r   Der Jäger berichtet vom Einhorn.

74^r   Einhornjagd (die klassische Szene, die im ›Wilhelm von Österreich‹
nicht zustandekommt).

74^v   Graveas tötet Wilhelm.

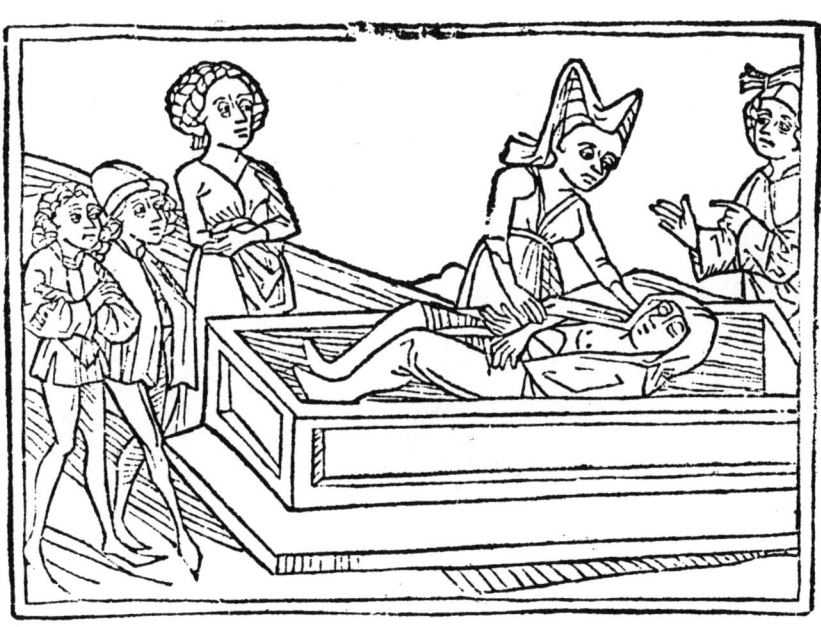

75^r   Belfant und Aglie am Sarg.

75^v   Friedrich wird nach Österreich gebracht.

Anhang 2: ›Liebesklage‹ (Brandis 40)

Im folgenden Textabdruck sind Abkürzungen aufgelöst; sinnwidrige Zusammen- und Getrenntschreibung ist korrigiert und die Großschreibung von Versanfängen in die Großschreibung von Satzanfängen und Namen geändert. Außerdem sind Satzzeichen gesetzt und folgende graphische Vereinfachungen durchgeführt worden:

- vokalisches *v* → *u*
- konsonantisches *u* → *v*
- vokalisches *J* (am Versanfang) → *I/i*
- *ÿ/i* vereinheitlicht zu *i*
- *ſ* /*s*/ *ʒ* vereinheitlicht zu *s*
- *é/ë* vereinheitlicht zu *e*
- *á/ä* vereinheitlicht zu *ä*
- *ő/ö* vereinheitlicht zu *ö*
- *ů* und *u* mit u-Bogen sind in der Handschrift nicht zu unterscheiden; die einheitliche Schreibweise *ů* der Handschrift wird als *u* wiedergegeben.

Ain hüpscher spruch von ainer bulschafft

[115ʳ] *Ainer nacht ich am bette lag,*
gar wenig schlaffens ich da pflag,
wann mich die lieb so seer bezwang,
daz mir die nacht waz vil zu lang.
5 *Ich wand mich hin und wider her,*
mein leib und lebenn waz mir schwer.
Mich zwang verlangen, senede nott
nach zückersüessem mündlin rott,
Nach prüstlen weiss, nach armlen planck,
10 *nach mineklichem umbefanck,*
wann ich deß alles muß empern
und mich nun mit gedencken nerenn.

Ich dacht: O wee mir armem dumer,
soll ich also dann disen kumer
15 *immer und ewig ainig tragen,*

Einst lag ich nachts im Bett und konnte nicht schlafen, denn die Liebe hatte mich so sehr gefangen, daß mir die Nacht viel zu lang erschien. Ich wandte mich hin und her. Alles war mir eine Last, ich und mein Leben. Mich plagte Verlangen, Liebessehnsucht nach einem liebreizenden roten Mündlein, nach weißen Brüstlein, nach blanken Ärmchen, nach liebevoller Umarmung: Auf all dies nämlich muß ich verzichten und mich damit begnügen, daran zu denken.
Ich dachte: »Oh weh, ich armer Tor, soll ich denn diesen Schmerz immer und ewig alleine ertragen, soll ich

385

soll ich dann also gar verzagen
an freudenn und an hohem mutt?
Ach will die rain, die zartt und gutt
ir weiplich eer an mir bekrenckenn?
20 O wee, wann will si dann bedencken
meiner stetten lieb und treue,
die ich täglich on alle reue
in meinem hertzen gen ir trag?
Will si dann also all mein klag
25 ia fürbaß nimmer mer erhören?
Will si mir nit mein sorg erstern
mit innigklichenn wortten süezzen?
Ach, will si mir dann nimmer büssenn
mein kumer und mein grossen schmert-
30 Hat si mich dann auß irem hertzen [zenn?
so gäntzlich und gar verstossenn
und mich also in sorgen grossen
so ellendklichen lon beleibenn?

Ich main si hab mich lassen schreiben
35 auß irem hertzen der liebe buch.
Hatt si dann gantz und gar kain ruch
nach mir ellenden seneden armen
und will sich mein gar nichtz erbarmen,
mein kummer und mein ungemach?
40 O wee, daz ich si ie gesach
und mir von ir nie lieb ward kundt.
Und soll ir rubinroter mund
mir fürbaß nimmer frainttlich sein
– daz mindertt mir die freude mein –
45 und auch ir liechte augenprechen
mich nimmer lieplich ane sechen?
Si schickt mir nimmer ir bottschafft.
Will si dann irer wortten krafft
gegen mir so gar nit haltten,
50 und soll die liebe da erkaltten
in irem mineklichen hertzenn
und mich also in senedem schmertzen
so gar verderbenn und verlassenn?

Ich main si well sich alles massenn,
55 ir lieb und all ir stättigkaitt.
Erbarmetts nit mein senlich laid,

denn gar keine Hoffnung mehr
haben, wieder einmal Freude und
Hochstimmung zu empfinden? Ach,
will denn die Edle, Sanfte, Gütige
ihre weibliche Ehre an mir verlieren?
Oh weh, wann wird sie dem denn
endlich Beachtung schenken, welch
standhafte Liebe und *triuwe* ich ihr
täglich freiwillig in meinem Herzen
entgegenbringe? Will sie denn all
mein Klagen fürderhin einfach nicht
mehr wahrnehmen? Will sie mir nicht
mit liebevollen, netten Worten meine
Sorge nehmen? Ach, will sie mir
denn niemals meinen Kummer und
meine große Pein vergelten? Hat sie
mich denn so ganz und gar aus ihrem
Herzen verstoßen und mich so ein-
sam in großen Sorgen zurückgelassen?
Ich denke, sie hat mich aus dem Buch
der Liebe in ihrem Herzen austragen
lassen. Nimmt sie denn gar keine
Rücksicht auf mich armen, einsamem
Sehnsüchtigen, und will an gar nichts
von mir Anteil nehmen, weder an
meinem Schmerz noch meiner Qual?
Oh weh, hätte ich sie doch nie gesehen und nie eine Freundlichkeit von
ihr erfahren! Es raubt mir die Freude,
sollte mir ihr rubinroter Mund in Zukunft nie wieder freundlich zugetan
sein und auch ihre hell glänzenden
Augen mich niemals wieder freundlich ansehen. Sie schickt mir nie einen
Brief. Will sie denn das Wort, das sie
mir gegeben hat, so gar nicht halten,
und soll denn die Liebe in ihrem zarten Herzen ganz erkalten und sie
mich so in Sehnsuchtsschmerz ganz
vernichten und allein lassen?
Ich denke, sie will alles, ihre Liebe
und all ihre *stæte*, aufgeben. Es
schmerzt mich zutiefst, wenn sie kein

---

27   süssen] *süezze* Hs
32   grossen] *grosse* Hs.

daz pringett mich in iamers pein,
wann si hatt gantz daz hertze mein
vor rechter liebe gar besessenen.
60 ich kan ir nimmermer vergessenn.
Si baide aubent und den morgen
si lät mich ellendklichen worgen
an also scharpffes iamers angel.
Daz hab ich grossenn bruch und mangel
65 an ir frainttlichem hilff und trost,
und ligt mein hertz auff mine rost.
Es ist verschmeltzett und verprennt.
Daz si doch laider nit erkenntt.
Daz ist mein allergröste klag,
70 seid ich mich doch all meine tag,
seider der stund ich ir zusaitt,
zu dienen allzeit was beraitt;
mit werckenn und mit guttem willenn
thett mich irs dienstes nit bevilenn;
75 alles daz si mir ie gebott,
ich sprich es wol on allen spott,
daz thett ich sicher alles gern;
und muß doch ietzund ir empern,
ir trew, ir fraindtschafft und ir huld.
80 Daz gschicht mir doch on all mein schuld.
Ach gott, waz zeihett mich die schien?
Will si mich also übergien
in sölchem senen und verlangen?

ich main nach Gardifias strangen
85 Sigun nie sölch verlangen hett,
die durch ir trew, ir eer und steett
bei dem todten Tschianachtilannder plib,
biß daz si all ir tag vertrib.
Also plaugt mich nach irem leib.
90 In irem dienst ich stettigs pleib,
die weil mir gott daz lebenn gantt.
Ich main der minegerend Tristrantt
nach Isotten nie sölch belangend hatt,
da ir gen Thinttagel in die statt
95 Iapura sant daz hindlin klug,

Erbarmen mit mir in meiner Sehnsucht hat, denn sie hat mein Herz
ganz mit wahrer Liebe in Beschlag
genommen. Ich kann sie nie wieder
vergessen. Abends und morgens läßt
sie mich mich abquälen, hilflos, in so
bitterem Schmerz wie ein Fisch an
der Angel. Daher brauche und ver-
misse ich dringend ihre freundliche
Hilfe und ihrem Trost, und mein
Herz ist in glühender Liebespein zer-
schmolzen und verbrannt. Das aber
beachtet sie leider nicht, und das be-
klage ich am allermeisten, da ich
doch mein ganzes Leben lang, d.h.
seit dem Moment, als ich es ihr versprach, stets zu ihrem Dienst bereit
war. Mit Werken und mit gutem Willen diente ich ihr, nichts verdroß
mich. Alles, was sie mir jemals gebot
– das sage ich ohne allen Spott –, das
tat ich gewiß alles gerne; und dennoch muß ich jetzt auf sie verzichten,
auf ihre Liebe, Freundschaft und
Gunst. Und dabei trifft mich das
doch ganz unschuldig. Ach Gott,
wessen beschuldigt mich die Schöne?
Will sie mich in so dringendem Sehnen und Verlangen einfach überge-
hen?
Ich denke, daß Sigune, die um ihrer
Liebe, Ehre und Treue willen bei dem
toten Schionatulander blieb, bis sie
starb, nie so großes Verlangen nach
dem Brackenseil des Gardivias hatte:
So sehr sehne ich mich nach ihr. Ich
bleibe stets in ihrem Dienst, solange
Gott mich leben läßt.
Ich denke, der liebessehnsüchtige
Tristan hatte nie ein so großes Verlangen nach Isold, weder als er ihr
das hübsche Hündlein Japura [= Pe-

---

84   strangen] st/strangen Hs.
84–88   Wolframs oder Albrechts ›Titurel‹.
92–96   Gottfrieds von Straßburg ›Tristan‹.
95   Iapura] Ia pura Hs.
        Woher der Verfasser diese Namensform entlehnt, ist nicht gewiß; bei Béroul heißt

darumb er dann den risenn schlug,
oder da er lag an der wunde,
die maisters hand nit hailenn kunde,
dann on di wunder schön Isott.
100 Von diser wunden lag er tod.
Ich fürcht daz mir also geschicht,
ob mich ir güette tröstett nicht
Also bekrenckett mich ir minn,
daz si berabett mich der sinn.

105 Si thutt mich aller witze on,
daz ich nit anderst kan verstan,
mir sei wirß dann Antfortas
[115ᵛ] von seiner vergiftenn wunden waz,
die niemantz nit erhailen kund,
110 bis auff die seldenreiche stund,
daz sich der edel Parcifal
herr und künig ward zum gral.
Also bin ich verwundt im hertzen
von solchem bitter großem schmertzenn,
115 daz ich mich deß nit kan erweren,
mich welle dann gar pald erneren
ir weiplich eer und fraindlich giett
und well hinfür ain stett gemiett
mit trewen widrumb zu mir wenden.
120 O wee, o wee, mir gar ellenden,
wez zeihett mich die rain und zartt?
Si hällt mich warlich vil zu hartt,
nach dem und ich genade sucht.
Ob si mir nit zu helffen rucht,
125 so wirdt mich todten senede nott.
Als Parcival ob plutte rott
hielt, daz da lag auff newen schnee,
im thett verlangen nit so wee

titcrü] nach Tintagel sandte, für das
er damals den Riesen erschlug, noch
als er mit der Wunde darniederlag,
die keines Arztes Hand heilen konnte, außer der wunderschönen Isold.
An dieser Wunde starb er. – Ich
fürchte, daß es mir genauso ergehen
wird, wenn ihre Güte mich nicht tröstet. Die Liebe zu ihr schwächt mich
so, daß sie mich der Sinne beraubt.
Sie nimmt mir so allen Verstand, daß
ich es nicht anders begreifen kann, als
daß es mir schlechter gehe als es Anfortas wegen seiner vergifteten Wunde ging, die niemand heilen konnte,
bis zu der glückseligen Stunde, als
der edle Parzival Gralsherrscher und
-könig wurde. – Ebenso bin ich im
Herzen verwundet und leide so bitter
großen Schmerz, daß ich es nicht
überleben kann, es sei denn sie komme mir bald mit ihrer weiblichen
Ehre und freundlichen Güte zu Hilfe
und wolle sich mir in Zukunft wieder
in stæter triuwe zuwenden. Oh weh,
oh weh, mir gar Verlassenem! Wessen beschuldigt mich die Edle, Liebe? Sie behandelt mich wahrlich viel
zu hart, nachdem ich doch Gnade ge-
sucht habe. Wenn sie mir nicht hilft,
wird mich die Sehnsucht töten.
Als Parzival über rotem Blut, das da
auf Neuschnee lag, stehenblieb,
schmerzte ihn nicht so sehr [wie

---

das Hündchen *Husdent*, bei Eilhart *Utant*, bei Ulrich und Heinrich *Petitcrü*. – Guy
R. Mermier, Béroul. Tristran and Yseut. Old French Text with Facing English
Translation. New York/Bern/Frankfurt/Paris 1987 (American University Studies,
Ser. II, Bd. 50); Eilhart von Oberg, Tristrant und Isalde. Hrsg. v. Danielle Buschinger und Wolfgang Spiewok. Greifswald 1993 (Wodan 27); Ulrich von Türheim, Tristan. Hrsg. v. Thomas Kerth. Tübingen 1979 (ATB 89); Heinrich von
Freiberg, Tristan und Isolde. Hrsg. v. Danielle Buschinger und übers. v. Wolfgang Spiewok. Greifswald 1993 (Wodan 16).
97–100 Eilharts von Oberg ›Tristrant‹ oder die ›Tristan‹-Fortsetzungen Ulrichs von Türheim und Heinrichs von Freiberg.
107–112 Wolframs von Eschenbach ›Parzival‹.
111 Der unsichere und z.T. doppelte Gebrauch von Pronomina ist ein Kennzeichen
des Textes, vgl. z.B. auch V. 185.
126–136 Wolframs von Eschenbach ›Parzival‹.

nach *Kondwiramurs der künigin,*
130 *di in so seer beraubtt der sinn,*
daz er sein selber nit entwust,
bis er mit reicher trust
ir drei gar starcker ritter faltt,
daz doch her Kai gar seer engalt,
135 *dann er im arm und schenkel brach.*
Mit reicher tiust daz geschach.
Nun ist ietz meins verlanges me.

Ich haltt daz auff dem fissrite
der edel Wilhelm von Österreich
140 *so gäntzlich nit versenett sich*
nach Agleien dem edlen pild,
die im offt macht sein trauren miltt.
Nach ir hett er verlanges gnug.
Darumb er künig Walbi schlug
145 *und darzu ander künig me.*
Mir thutt verlangen also wee
nach irem süessen mindlin rott,
und leid von senen solche nott,
daz ich main auff die trewe mein,
150 *Reimund der groß von Lusinien*
gantz nie zu sölchen nötten kam,
da Melusina urlob nam,
in wurmß gestalt von im hinschied.
daz klagett er und all in seim piet.
155 *So kan verlangen mich bekrenckenn*
und macht mit steet an si gendencken,
und si doch mein hatt gar vergessenn
und mir mein hertz mit gwalt besessenn,
und hab von ir kain trost noch ratt.

160 *Darumbs mir kumerlicher statt,*
dann ee um Flora nie gestund,
da in Planttschflora min entzundt,
an der doch all sein freüde lag
– biß auff den unsäligen tag:
165 *Der künig ir vatter si versandt*

mich] das Verlangen nach der Königin Kondwiramurs, die ihn so sehr seines Verstands beraubte, daß er das Bewußtsein verlor, bis er in kräftigem Anlauf drei sehr starke Ritter zu Fall brachte. Das kam Herrn Kai teuer zu stehen, denn er brach ihm Arm und Bein. In einer kräftigen Tjost geschah das. – Mein Verlangen nun ist noch größer.

Ich bin überzeugt, daß sich der edle Wilhelm von Österreich bei seinem Ritt auf dem Walfisch nicht so sehr nach Aglie, der edlen Gestalt, sehnte, die ihm oft seinen Schmerz linderte. Er hatte nach ihr großes Verlangen. Deshalb tötete er den König Walwan und außerdem noch weitere Könige. Mich schmerzt das Verlangen nach ihrem lieblichen roten Mündlein so sehr, und ich leide so große Not von der Sehnsucht, daß ich mich dafür verbürge, daß der mächtige Raymond von Lussinien nie so sehr in Not kam, als Melusine ihn verließ und in der Gestalt einer Schlange von ihm schied. Das beklagten er und alle in seinem Land. – So schwächt die Sehnsucht mich und läßt mich beständig an sie [die Geliebte] denken. Sie aber hat mich ganz vergessen und hat doch mein Herz mit Gewalt eingenommen, und sie schenkt mir weder Trost noch Hilfe. Deswegen steht es um mich erbärmlicher als es einst um Flore stand, als Blanscheflurs Liebe ihn entflammte, die ihm doch all seine Freude bedeutete – bis zu dem unseligen Tag, als der König, ihr Vater, sie in das Land

---

138–145 Johanns von Würzburg ›Wilhelm von Österreich‹.
138 *fissrite*]*fissnte* Hs.
150 *groß* ist evtl. eine Verschreibung für *graf.*
150–154 Thürings von Ringoltingen ›Melusine‹.
160 *kumerlichen* im Text ist unterstrichen, am Rand findet sich die Korrektur: *kumerlicher.*
161–176 Konrad Flecks ›Flore und Blancheflur‹.

hin in daz amerellen land
und machett ain begrepnus reich,
gar schön gezierett und köstleich,
und liessend Flora in dem sin,
170 si were tod vergrabenn drin.
Da hub sich jämerliche nott.
Vor laid wer Flora nahend tod,
biß im sein mutter sagett doch,
si weer versandt und lebtte noch.
175 Dannocht so hett er kain gemach,
biß daz er Planttschaflora sach.
Also hab ich kain freud auch nicht,
biß daz mir gnad von ir geschicht,
von meiner frawen wandels freien,
180 dann ich beger ir zu ameien
auff erd und kainer andern mer.
Ich wölt daz si mir gnedig wer
und ließ mich meiner trew geniessenn,
seid ich ir doch on altz verdriessenn
185 zu dienst allzeit bin ich underthan.
Auff erd ich niemantz lieber han
dann si mir ist, des waiß si wol.

Nach ir ich grossenn kumer doll
und hab verlangen nach ir me
190 dann Lochergrimm auff dem wilden see
hett nach Elisenn der hertzegin
von Braband und den kindern sein,
da in der schwan von dannen furtt.
Groß senen im sein hertz berurtt,
195 dann er musts ewigklichen meiden.
Nach ir ist grosser vil mein leidenn,
seid ich die zarte meiden soll,
der ich doch ie getrawett wol
und ich mich ir hab gar ergebenn.
200 Und zwar es kürtzett mir mein lebenn,
daz si mein dienst thutt gar versmahen.
Und soll ich dann nit mer umbfahen
den iren zartten stoltzen leib?
Soll ich daz minekliche weib
205 nit mer frainttlich zu mir trucken,
in rechter liebe an mich schmucken,
berüeren frainttlich iren mund?
Und zwar so weer mir tausent stund
fürwar gar ain ringes sterbenn,
210 dann also in senender nott verderbenn.

————————

190–195 ›Lohengrin‹.

390

des Kalifen verschickte und ein reiches, sehr schön verziertes und kostbares Grabmal errichten ließ, und
man Flore glauben ließ, Blanscheflur
wäre tot und darin begraben. Da
überkam ihn klägliche Not. Flore
wäre vor Leid beinahe gestorben, bis
ihm seine Mutter schließlich doch
sagte, daß Blanscheflur verschickt sei
und noch lebe. Doch fand er keine
Ruhe, bis er Blanscheflur sah. –
Ebenso kann auch ich mich nicht
freuen, bis mir von ihr, von meiner
fehllosen Geliebten, Gnade zuteil
wird, denn ich begehre sie als Freun-
din, und keine andere auf der Welt
begehre ich mehr. Ich wünschte, daß
sie mir gnädig wäre und mich für
meine treue Liebe belohnte, da ich
ihr doch ohne jeden Verdruß jederzeit zu Dienst bereit bin. Ich habe
niemanden auf der Erde lieber als sie,
das weiß sie genau.
Ich leide großen Schmerz aus Sehnsucht nach ihr und habe größeres
Verlangen nach ihr als Lohengrin
nach der Herzogin Elisa von Brabant
und seinen Kindern, als ihn der
Schwan auf dem stürmischen Meer
entführte. Große Sehnsucht ergriff
sein Herz, denn er mußte sie für immer verlassen. – Mein Sehnsuchtsleid
nach ihr [der Geliebten] ist weit größer, da ich von der Schönen lassen
soll, der ich doch stets völlig vertraut
und der ich mich ganz ergeben habe.
Fürwahr, es bringt mich um, daß sie
meinen Dienst so ganz verschmäht.
Soll ich denn ihren zarten, stolzen
Körper nicht mehr umarmen? Soll
ich die liebenswerte Frau nicht mehr
herzlich an mich drücken, in ehrlicher Liebe an mich schmiegen, lie-
bevoll ihren Mund berühren? Wahrlich, tausendmal weniger würde es
mir ausmachen zu sterben als so in
Liebessehnsucht zugrunde zu gehen.

	Trost, hoffnung ist mir gar vergangen;
	ich hab nach ir vil mer verlangen
	dann von Arundel hertzog Kechetein
	hett nach Kasuna der hertzegein,
215	*die Nampetonius vor im behutt,*
	mit maurenn beschlossenn also gutt.
	Dannocht bezwang in seer ir min,
	also daz er gantz all sein sin
	darauff legt biß er zu ir kam,
220	*deß er doch seid sein ende nam.*
	Ain laidig schappel in verriett,
	Nampetonius in vom leben schied,
	wie wol er auch darumb lag tod.
	O wee, o wee, der grossenn nott,
225	*daz uns die min also kan lonen.*
	Und will die liebest mein nit schonen,
	so stirb ich auch vor hertze laid.
	Verlangens senede nott ist praitt.
	Die land mir weder ru noch rast.
230	*Sich hatt versenet nit so vast*
	herr Gawein, hertzog, ritter freie
	wol nach der wunder schön Flereien,
	die schön für alle schöne waz
	und im sein hertz krefftig besaß.
235	*Er plib bei ir ain halbes jar.*
	Darnach batt er si haimlich zwar,
	daz si im da zu reitten gundt,
	er kam herwider zu der stund.
	Si gundt im daz. Wie kaum sis thett,
240	*gab ir den girttl an der stett,*
	daz si in irem kind behüeltt,
	biß daz er manlich kreffte wieltt.
	Also mit urlob raitt er dan,
	biß er zu kühnig Artus kam.
245	*Fand er den hoff in eren gemaid,*
	in maß wie er von dannen raitt,
	daz frewett sich sein junges hertz.
	Iedoch zwang in seneder schmertz
	vast widerumb zu der Floreien.
250	*Er raitt pald hin mitt knechten dreien,*
	umb daz gebürg zwai gantze jar,

Trost und Hoffnung sind mir ganz vergangen. Ich habe nach ihr ein viel größeres Verlangen als Herzog Kaedin von Arundel nach der Herzogin Kassie hatte, die Nampotenis vor ihm behütete, sicher mit Mauern umschlossen. Kaedin aber ergriff die Liebe zu ihr so sehr, daß er seinen ganzen Verstand darauf richtete, wie er zu ihr kommen könnte, was ihn aber dann das Leben kostete. Ein leidiger Kranz verriet ihn. Nampotenis tötete ihn; doch auch dieser fand dadurch den Tod. – Oh weh, oh weh, der großen Not, daß uns die Minne solchen Lohn bereithält! Und wenn die Liebste auf mich keine Rücksicht nimmt, so sterbe auch ich aus Liebesschmerz. Groß sind mein Verlangen und meine Sehnsucht; sie lassen mir weder Ruhe noch Rast.

So große Sehnsucht hatte nicht einmal der Herzog und edle Ritter Herr Gawan nach der wunderschönen Florie, deren Schönheit jede Schönheit übertraf und die sein Herz mit Kräften in Banden hielt. Er blieb ein halbes Jahr lang bei ihr. Danach bat er sie aber im Vertrauen, daß sie ihn wegreiten lasse, er wolle bald wiederkommen. Sie gewährte es ihm. Kaum aber hatte sie das getan, gab er ihr sogleich den Gürtel, damit sie ihn für ihren Sohn aufbewahre, bis er erwachsen sei. So ritt er mit ihrer Erlaubnis weg, bis er zu König Artus kam. Er fand den Hof geschmückt mit Ehre, so wie damals, als er fortgeritten war. Darüber freute sich der junge Mann. Aber der Schmerz der Sehnsucht drängte ihn heftig, wieder zu Florie zurückzukehren. Bald ritt er mit drei Knappen los. Er umstreif-

---

213–223 ›Tristan‹-Fortsetzungen. Eilhart kann nicht die Vorlage geliefert haben, da Nampetenis bei ihm nicht getötet wird.
230–268 Wirnts von Gravenberg ›Wigalois‹.

ee im die straß ward offenbar.
Daz klagett er haimlichen ie.
Er kam in grösser leiden nie.

255 Nach seiner frawen hett er laid,
biß daz im kürtzlich ward gesaitt,
daz niemantz mer also vernem,
kain ritter übers bürg mer kem
dann an den gürttl, den er hartt
260 bevolhen hett seiner frawen zartt,
da er von ir geschaiden waz.
Vor laid wurdenn im sein augen naß.
Er klagt seine senekliehe [116ʳ] nott
und wer sicher nahend tod,
265 dann daz in tröst sein manlich lebenn,
und sprach, das sei recht gott ergebenn.
Doch kund im laiders nit beschehen,
dann daz er Florei nit sollt sehen.

Darumb beschicht mir laides vil.
270 Ich sich mein frawen wann ich will
und mag mich daz gehelffenn nicht,
dann si hatt gantz und gar gericht
von mir ir sinn und auch ir hertz,
und alle freud ist mir ain schmertz,
275 so si also vor mir umb gatt
und mein als gar kain acht mer hatt
und mich nit mer als frainttlich grüest
und mir mein kummer nimmer büest
mit iren liechten augenplickenn,
280 so si ee doch wol künd geschicken.
Vor beser, valscher klaffer melden,
ich mein, ee habe mein fraw seldenn
zu disen zeitten gar vergessenn.
Main trew waz ie und ie gemessen
285 zu ir, daz waist si selber wol.
Mein hertz waz freuden allweg vol,
wann si mir bott ir hendlin weiß.
Ich dientt ir gern mit guttem vleiß
und stond allzeitt in irem pott.
290 Auch waz si mein irerdischer gott.
Und also gar in grossenn sorgen
thett ich mein segen alle morgen.
Wa ichs dann ie hortt nennen,
so thett mein hertz seer prennen
295 in rechtter lieb und mine gliett.

te zwei ganze Jahre lang das Gebirge, ohne daß er den Weg fand. Im Stillen beklagte er dies immerfort. Nie litt er größere Not. Er sehnte sich schmerzlich nach seiner Frau, bis ihm schließlich gesagt wurde, daß niemand den Weg mehr von sich aus finde, daß kein Ritter mehr über das Gebirge käme, außer mit dem Gürtel, den er seiner lieben Frau dringend anbefohlen hatte, als er von ihr Abschied genommen hatte. Vor Schmerz kamen ihm die Tränen. Er beklagte seine Liebessehnsucht und wäre mit Sicherheit beinahe gestorben, hätte ihn nicht sein ritterliches Leben getröstet. Er befahl sein Schicksal in Gottes Hand. Trotzdem konnte ihm nichts Schlimmeres geschehen, als daß er Florie nicht wiedersehen sollte.

Deshalb widerfährt mir großes Leid: Ich sehe meine Geliebte, wann ich will, und das kann mir nicht helfen, denn sie hat ihre Gedanken und ihr Gefühl ganz und gar von mir abgewandt. Alle Freude ist mir in Schmerz verkehrt, wenn sie so an mir vorbeigeht und mich so gar nicht mehr beachtet und mich nicht mehr so freundlich grüßt und mir meinen Schmerz nicht mehr mit einem Blick ihrer glänzenden Augen vergilt, wie sie das doch früher konnte. Sie hat es, so denke ich, zu diesen Zeiten auch nicht wegen der *melde* böser, verräterischer *klaffer* vergessen. Meine Liebe war immer einzig auf sie gerichtet, das wußte sie selbst genau. Ich war immer überglücklich, wenn sie mir ihr weißes Händlein bot. Ich diente ihr gerne mit großem Eifer und stand ihr jederzeit zu Gebote. Sie war auch mein Gott auf Erden. Sehr besorgt betete ich so jeden Morgen mein Gebet. Wenn ich sie irgendwo nennen hörte, brannte mein Herz heftig in aufrechter Liebe und Min-

Nun hatt si ietz ir weiplich giett
gäntzlich und gar von mir gekertt,
darvonn sich all mein leiden mertt,
und leid von sene söllich nott,
300 daz ich besorgen muß den tod,
wann mir ist kalt und darzu haiß.

Ich main auch daz herr Wigelaiß
nie hab gelitten söllich traw
wol von der künigin Lergaw.
305 Da in der wurm serpant schlug,
ald da daz wilde weib in trug,
ald da daz tier in gar verprantt
daz roß, den schiltt biß an der hand,
da litt er sorg umb seinen leib
310 und umb Hilariam, daz reine weib,
die im darnach zu taile ward
und in ergetzett zu der fartt
allez daz er durch si erlaid,
dann si waz wol die schönest maid
315 so auff diß zeitt die erde trug.

Mein fraw die ist auch schön genug
und schöner vil dann ander drei;
zucht und eer wontt ir bei.
Si ist von adel wolgeborn:
320 Darumb hett ich si außerkorn.
Die schön, die zartt, die mineklich,
die außerwöllt, die erenn reich,
die ist nach lust geformiertt.
Alles daz weiplich pild beziertt,
325 daz prist ir nit, sag ich für war.
Si hat ein schön lang goldvarb har,
ir stirn hoch, braitt unnd geleich,
ir prawen praun nach bemsel straich.
Darunder hüpsche äuglach schon.
330 ir näßlin schlecht und wolgethon,
ir mündlin ir nach preise statt
gar lustigklich und rubin rott.
Ir wenglen schön und darzu weiß
mit rott gemengt nach allem vleiß
335 gleich ainer dawigen rosen rott.
Darunder ein kurtzes kinlin statt,
das hatt umbfangen ain grüeblin rain

nenglut. Jetzt hat sie ihre weibliche
Güte ganz und gar von mir abge-
kehrt, wodurch sich all mein Leid
verschlimmert, und ich leide von der
Sehnsucht solche Not daß ich fürchten muß zu sterben, denn mir ist kalt
und heiß zugleich.
Ich denke auch, daß Herr Wigalois
wegen der Königin Larie wohl nie
solches Leid erlitt. Als der Drache
ihn niederschlug oder als ihn das wilde Weib entführte oder als ihn das
Ungeheuer ganz mit Flammen be-
deckte und ihm das Roß und den
Schild bis zum Griff verbrannte, da
fürchtete er, sein Leben und Larie zu
verlieren, die edle Frau, die er danach
heiratete und die ihn nach seiner
*Âventiuren*fahrt für alles belohnte,
was er um ihretwillen erlitten hatte,
denn sie war wohl die schönste Frau,
die zu dieser Zeit lebte.
Meine Geliebte ist auch sehr schön
und schöner als drei andere zusammen. Sie besitzt *zuht* und Ehre, und
sie ist von guter adeliger Abstammung: Deshalb hatte ich sie mir gewählt. Die Schöne, die Sanfte, die
Liebe, die Auserwählte, die Ehrenhafte hat eine liebreizende Figur.
Nichts von dem, was eine Frau
schmückt, fehlt ihr, das versichere
ich. Sie hat schönes langes goldblon-
des Haar, ihre Stirn ist hoch, breit
und ebenmäßig, ihre braunen Au-
genbrauen sind wie Pinselstriche.
Darunter hat sie hübsche, schöne
Äuglein. Ihr Näslein ist gerade und
wohlgestalt, ihr Mündlein ist vortrefflich geformt, sehr anmutig und
rubinrot; ihre Wänglein sind schön,
auf ihnen sind Weiß und Rot kunst-
voll gemischt, wie auf einer vom Tau
benetzten roten Rose. Darunter hat

302–315 Wirnts von Gravenberg ›Wigalois‹ oder eine Nachdichtung, in welcher der Name
Laries ausgewechselt ist.

Ir kel weiß, zen als helffenbain,
darzu ir leib gantz überal.
340 *Si hatt zwai brüstlen hoch und schmal,*
zwai ärmlach die seind rund und planck,
ir händlen weiß, ir finger lanck.
Ir leib nach wunsch geschaffen ist,
ir bain seind ziertt zu aller frist.
345 *Ir füeßlen hoch, schmal und auch hol;*
ain mäußlin gieng darunder wol,
daz im beschehe nimmer laid.

Die erd kain hüpschers weib nit traitt,
als mich bedunckt zu diser frist.
350 *Dann daz ir nun daz ain gebrist,*
daz si kain lieb nit kan erkennen.
Darumb mag man mich pillich nennen
auff erd den lebendigen todten.
Ir schöne hatt mir gar verschrotten
355 *vor grosser lieb mein senedes hertz,*
daz ich bei kainem schimpff noch schertz
ia frelich nimmermer mag wesen.
Wie künd und möcht ich dann genesen,
so sich die schön und wunder zartt
360 *ir trew gegen trew spartt.*
Daz sich doch also übel zimptt
von weibes pild. Wer daz vernimptt,
so würdt villeich also gesprochen:
›Es pleib die leng nit ungerochen,
365 *wa man trew gegen trew nit hallt*
und trew on nott bricht mit gewaltt.‹
Daz ist alles an mir beschechen.
Die zartt die hatt sich übersechen
nach dem und si mir trew versprach.
370 *Daz bringt mir laid und ungemach,*
und leb so gar in grossenn rewen.
Ich hett auch alles mein vertrewen
zu ir, daz si mich nimmer ließ.
Bei trew und eer si mir verhieß.
375 *Daz ist ir ietzund gar vergessenn.*
Auch hett ich mich also vermessen
zu dienen ir biß in den tod.
So si mich aber also latt
so gar on alle meine schuld
380 *und von mir kertt ir weiplich huld,*
waz soll ich mir darbei gedencken?
Verlangen thutt mich seer bekrencken

sie ein kurzes Kinnlein, das ein hübsches Grübchen umfängt. Ihr Hals ist
weiß, ihre Zähne sind elfenbeinfar-
ben, wie ihr Körper gänzlich überall.
Sie hat zwei hohe, schmale Brüstlein,
zwei runde und helle Ärmlein, ihre
Händlein sind weiß, ihre Finger lang.
Ihr Körper ist vollkommen geformt.
Ihre Beine sind immerfort eine Zier-
de, ihre Füßlein sind schmal und so
hochgewölbt, daß ein Mäuslein gut
darunter durchgehen könnte, ohne
daß ihm Leid geschähe.
Ich bin der Meinung, daß es auf der
Erde derzeit keine schönere Frau
gibt. Nur eines fehlt ihr: Sie kann
eine Liebe, die ihr erwiesen wird,
nicht dankend anerkennen. Deshalb
kann man mich zu Recht den lebendigen Toten auf Erden nennen.
Ihre Schönheit hat mir mein sehn-
süchtiges Herz mit großer Liebe
schwer verwundet, so daß ich weder
bei Spaß noch Scherz jemals wieder
fröhlich sein kann. Wie sollte und
könnte ich denn überleben, wenn die
Schöne und Allerliebste meine *triuwe*
nicht mit *triuwe* vergilt? Das ziemt
sich doch nicht für eine Frau! Würde
jemand das bemerken, wäre sein
Kommentar wohl: ›Auf lange Sicht
bleibt es nicht ungerächt, wenn man
triuwe nicht mit *triuwe* vergilt und
ohne Notwendigkeit *triuwe* gewalt-
sam bricht.‹ All dies ist mir widerfahren. Die Geliebte hat vergessen, daß
sie mir *triuwe* versprochen hat. Das
verursacht mir Leid und Schmerz,
und so lebe ich in großem Kummer.
Ich hatte auch volles Vertrauen zu
ihr, daß sie mich niemals verlassen
würde. Bei Treu und Ehre hat sie es
mir geschworen. Das hat sie jetzt
ganz vergessen. Auch hatte ich mich
blindlings dazu entschlossen, ihr bis
zum Tod zu dienen. Wenn sie mich
aber jetzt so ganz ohne mein Verschulden verläßt und ihre weibliche

und pringt mich offt in söllich laid,
schafft daz si mir hatt abgesaitt
385 selbs personlich mit irem mund.
Seid her von der unsäligen stund
ward ich frelich nimmerme,
als ich dann waz gewesenn ee.
Also beraptt si mich der sinn,
390 daz ich stett gegen ir prinn
in rechter gir als ain zunder.
Und zwar es were nit ain wunder,
ob mir verschmeltzen thett mein hertz
vor sölchem grossenn seneden schmertz.

395 Es enward auch künig Marck
in im entzindett also starck,
da er Isott die wunder schien
sach ligen also wolgethonn,
in wälscher lieb der nim fisire.
400 Die zartt, die edel und geheire
kund im sein sinn also verzwicken,
da er si nun thett ane plicken,
von stund entzundt si im daz hertz,
daz er der schmachaitt und auch schmertz
405 vergaß, den er da von ir hett,
und aller untrew, die si im thett.
Dann er verschob für seinen schein
mit plomen und gras ain vensterlein
und raitt gar still und ließ darvon.
410 Nach ir sandt er sein dienstman,
daz si da kem und künigin weer.
Er glaubtte kainem klapperer.
O möcht mir auch daz hail bechechen,
daz si mich noch wurd anesechen,
415 die schön [116ᵛ] mit also süessenn plicken
und mir ir bottschafft widrumb schicken,
als si mir dann vor offt hatt than,
und liesse mich noch in dem wan,
daz ich ir noch der liebest weer,
420 ach, so vergeß ich meiner schwer,
die ich durch si erlitten hon,
und noch in irem dienst beston
und wurd ir von mir nit versaitt,
waz ich vermöcht auff meinen aid.

Huld von mir abwendet, was soll ich
mir dabei denken? Die Sehnsucht
schwächt mich sehr und bringt mich
oft in so große Pein, seit sie es gewagt
hat, mir persönlich, mit ihrem eigenen Mund die Absage zu erteilen.
Seit dieser unseligen Stunde bin ich
nie wieder fröhlich geworden, wie ich
es früher gewesen war. So raubt sie
mir den Verstand, daß ich beständig
in ehrlicher Begierde nach ihr wie ein
Zunder brenne, und wahrlich, es
wäre kein Wunder, wenn mir mein
Herz aus so großem Sehnsuchtsschmerz zerschmelzen würde.
Auch König Marke wurde in seinem
Innersten nicht so stark entflammt,
als er die wunderschöne Isold in ihrer
so schönen Gestalt liegen sah. Er er-
blickte direkt die »welsche Minne«
[den Ehebruch]. Doch vermochte
ihm die Liebenswerte, Edle, Schöne
seinen Verstand so zu rauben, daß sie
ihm, als er sie anblickte, sofort das
Herz entflammte, so daß er die
Schmach und auch den Schmerz vergaß, den sie ihm bereitete, und alle
Untreue, die sie an ihm beging. Da
verstopfte er, um den Sonnenschein
abzuhalten, ein Fensterlein mit Blumen und Gras und ritt still weg und
ließ davon [von der Verfolgung] ab.
Er sandte seinen Gefolgsmann zu
ihr, damit sie herkäme und Königin
sei. Er glaubte keinem klaffer. – Oh,
würde auch mir das Heil zuteil, daß
sie mich noch ansehen würde, die
Schöne, mit so süßen Blicken, und
daß sie mir wieder eine Botschaft
schicken würde, wie sie es früher oft
getan hat, und ließe sie mich noch in
dem Glauben, daß ich noch ihr Lieb-
ster wäre, ach, dann vergäße ich meine Not, die ich um ihretwillen erlitten
habe und in ihrem Dienst noch erlei-

395–412 Gottfrieds von Straßburg ›Tristan‹.

425 *Doch daz glick mich wol vermist.*
Mir gschicht als der vorm bern vischt.
Dann ir ist sicher noch nit laid,
daz si mir hatt abgesaitt.
Darumb mein hoffnung ist verlorn.
430 *Si geb auch nit ain gerstenkornn,*
ob ich ir feind ald günstig wer.
Daz ist mir aller gröste schwer
und berauptt mich aller maist der sinn,
das ich nit weiß was ich beginn.

435 *Ach edle künigin Crispin,*
ich muß nun aber gedenckenn din.
Do dich dein trew und dein fraindtschafft
hin wiß und auch der liebe krafft,
die dich bezwang und dich verwundt,
440 *das du mit personlich mund*
pett den hertzog vonn Österreich,
daz er dich und dein künigreich
da nem und gwalttig künig wer
unnd sich ergetzte aller schwer,
445 *die er durch dich hett erlitten*
da er hett mit dem risenn gestritten
und er dir alles sambd versaitt
des kam dein hertz in grosses laid
Und thett verschmachenn dir so seer,
450 *daz er dein reichtumb und dein eer*
ubergab umb ainer andern willen.
Billich möcht dich daz bevilenn,
dann mich bevilett und verschmacht,

de, und ihr würde von mir nichts versagt, was in meiner Macht stünde, das schwöre ich.
Doch das Glück hat mich offenbar übersehen. Mir geht es wie dem, der vor dem Bären angelt. Ihr nämlich tut es sicher noch nicht leid, daß sie mir die Absage erteilt hat. Deshalb habe ich keine Hoffnung mehr. Sie gibt auch kein Gerstenkorn darum, ob ich ihr feind oder gewogen bin. Das ist für mich die größte Last, und es raubt mir gänzlich den Verstand, daß ich nicht weiß was tun.
Ach, edle Königin Crispin, ich muß nun abermals an dich denken. Als dich deine treue Verbundenheit und deine Freundschaft und auch die Macht der Liebe, die dich bezwang und dich verwundete, dazu brachten, daß du persönlich den Herzog von Österreich batst, daß er dich und dein Königreich nehme und ein mächtiger König werde und für alle Mühen entschädigt werde, die er im Kampf gegen den Riesen deinetwillen erlitten hatte, und als er dir all dies versagte, da überkam dein Herz hiervon großes Leid. Und er verschmähte dich so sehr, daß er auf deinen Reichtum und deine Ehre verzichtete um einer anderen willen. Zu Recht hätte dich das verärgern können, denn

---

426 Worauf dieser Vers anspielt, ist ungewiß. Eine Konjektur *dem bern der vorm] der vorm bern* Hs. würde es ermöglichen, diese Stelle auf die äsopische Fabel vom Fischfang des Bären zu beziehen, die erklärt, wie der Bär zu seinem kurzen Schwanz kommt. In der Fassung von Heinrichs ›Reinhart Fuchs‹ lautet sie wie folgt: Auf Anraten Reinharts angelt der Wolf Isegrim (der hier die Stelle des Bären einnimmt) mit einem an seinem Schwanz befestigten Eimer Aale in einem zugefrorenen Weiher. Über Nacht, während sich der Eimer füllt, friert der Schwanz an. Morgens kommt ein Jäger mit seinen Hunden, will den festgehaltenen Wolf töten, rutscht aber auf dem Eis aus und schlägt Isegrim den Schwanz ab, woraufhin dieser flieht. Reinhart schaut schadenfreudig zu. Die Moral der Fabel, und diese wäre neben der Schadenfreude Reinharts wohl der Hauptanknüpfungspunkt für die ›Liebesklage‹, ist: Isegrim wollte zuviel und hat alles verloren: *swer irhebit, daz er niht mac getragen, / der mûz ez under wegin lan* (V. 802f.). Heinrich der Glîchezâre, Reinhart Fuchs. Hrsg., übers. u. erl. v. Karl-Heinz Göttert. Stuttgart 1976.
435–452 Johanns von Würzburg ›Wilhelm von Österreich‹.

396

daz sich mein fraw an mir vergacht
455 und mir ir fraindtschafft abesaitt.
Daz pringt mir grosses hertzelaid.
Und si doch mein zu diesem zil
zum diener nimmer haben will.
Ich thett doch willig alle stund,
460 alles daz si mir bietten kund,
und waz mit willenn ir gefangen.
Daz stee ich ietzund in verlangen
und bin verzweiffelt also gar,
daz ich nit waiß, ob ich getar
465 hinfür kainer frawen trawen
und all mein hoffnung auff si bawenn.

O wee, verlangen und versenen,
wie kanstu aim sein hertz gewenen
so gar mit wunderlichem ding!
470 Waz ich hie sag oder sing,
ist alles senen und verlangen.
Mein sprechen, singen und mein bangen,
daz ist nun alles gar dahin.
Daz selb beschwerett mir mein sin,
475 doch aller maist nun daz allain
daz ich besorg und vermain,
mein hertzlieb well mich gar verlassen
und well sich hinfür gen mir massenn
gantz all irer weiplichen trew.
480 Daz machett mir mein trauren new
und pringett mich in zweivels vaß.
Ich bsorgen gantz daz si mich laß,
als Diocletianus ward
gelassenn von ainer frawen zartt,
485 die hett er lieber dann sein leib.
Daz selbig ungetrewe weib
gegen im lützel trewe wiellt,
dann si im untrewlich behieltt
drew klainett köstlich und auch schon.
490 Künig Darius sein vatter hett ims glon
für seinen erbtail an dem reich.
Und zwar si waren gar köstleich,
ain fürst möchts ietzund nit vergelltten.
Er trautt ir wol, daz gnoß er selttenn.
495 Si hüellt ims haimlich und verholen
und sprach, si weren ir gestolen.

mich verärgert und verdrießt, daß
sich meine Geliebte an mir vergeht
und mir ihre Freundschaft kündigt.
Das bereitet mir großes seelisches
Leid. Und will sie mich doch deswegen jetzt nicht mehr als ihren Diener
haben! Dabei tat ich doch jederzeit
bereitwillig alles, was sie mir gebieten
konnte, und ich war freiwillig ihr Gefangener. Danach sehne ich mich
jetzt, und ich bin so sehr verzweifelt,
daß ich nicht weiß, ob ich es jemals
wieder wagen werde, einer Frau zu
trauen und alle Hoffnung in sie zu
setzen.
Oh weh, Verlangen und Sehnsucht,
wie könnt ihr einem das Herz so mit
wundersamer Kraft an etwas binden!
Was ich hier sage oder singe, geht
ganz auf in Sehnsucht und Verlangen. Mein Sprechen, Singen und
mein Hoffen, das ist nun alles vergangen. All das betrübt mich, doch das
eine zuallermeist: daß ich befürchte
und vermute, meine Allerliebste wolle mich ganz verlassen und mir in Zukunft gar keine weibliche *triuwe* mehr
erweisen. Das erneuert mir meinen
Kummer und bringt mich zum Ver-
zweifeln.
Ich fürchte gar, daß sie mich verläßt,
wie Diocletian von einer liebreizenden Frau verlassen wurde, die er lieber hatte als sich selbst. Dieselbe
treulose Frau zeigte ihm gegenüber
keinerlei *triuwe*, denn sie bewahrte
ihm unzuverlässig drei kostbare und
schöne Kleinodien auf, die ihm sein
Vater Darius als seinen Erbteil am
Reich hinterlassen hatte. Wahrlich,
sie waren sehr kostbar; heute könnte
kein Fürst sie bezahlen. Diocletian
vertraute ganz seiner Frau – das büß-
te er. Sie verbarg die Schätze heimlich und leise vor ihm und sagte, sie

---

483–511 ›Diocletians Leben‹ von Hans von Bühel.

Noch hett si kain beniegen nit.
Si thett nach ungetrewem sitt
und fur mit im in kurtzer eil
500 in ain gewild wol tausent meil
und tailt mitt im da an der stund
vil siesser wortt auß valschem grund
biß er enttschlieff in irm schoß.
Da waz ir untrew also groß,
505 si ließ in ligen nur allain
und stal sich haimlich von im haim
und maintt, in soltten fressenn schier
die vögl und die wilde tier.
Daz doch gott selb von himel sach
510 und halff im schier, daz er sich rach
und im sein klainett widrumb ward.
Gelückt es mir auff diser fartt,
als Diocletiano thett,
ain gutt beniegen ich da hett.
515 Laider gätt es mir nit so glatt.
Si spricht mir schauch und darzu matt,
wann si will mir mit ainem fende
groß senlich lieb und laid ende
an mir, seid daz ich si muß meiden.

520 Doch will ich mich in hoffnung leiden,
biß daz herwider komptt der mai
und daz man hörtt der vogl gschrai
und sich dann alle ding thund newen.
Vermaintt si mich in disenn rewen
525 so gentziglkeichen zu verlassen,
darumb kan ich nit gar zerstossenn
mein kümert hauptt an ainer wend.
Irthab bin gar im ellend.
Daz mag mir ettwann wol gebüessenn
530 mit mineklichen wortten siessen
ain frelin, daz ist hüpsch und fein,
die mir doch wol daz hertze mein
vor rechtter liebe kan verzwicken
mit iren liechten augenplicken,
535 mitt wortten und mit süessem gruß,
der ich dann bei ir suchen muß
ergetzenn mein grossen schmertzen
mit freüden gegen irem hertzen.
Ich träw der selben frawen klar,
540 si laß mich sein ir man daz jar
und thüe mich widrumb laids ergetzenn.

seien ihr gestohlen worden. Noch hatte sie nicht genug: Sie handelte verbrecherisch und fuhr eilends mit ihm gut tausend Meilen weg in ein unwegsames Gelände und führte dort sogleich mit ihm ein Gespräch in den liebevollsten Worten, die aus falschem Herzen kamen, bis er in ihrem Schoß einschlief. Da war ihre Bosheit so groß, daß sie ihn ganz allein liegen ließ und sich heimlich von ihm weg nach Hause stahl, in der Meinung, ihn würden bald die Vögel und die wilden Tiere fressen. Das aber sah Gott selbst im Himmel und half ihm schnell, sich zu rächen und seine Schätze wiederzugewinnen. – Hätte ich bei dieser Sache dasselbe Glück wie Diocletian, wäre ich ganz zufrieden. Leider geht es bei mir nicht so glatt. Sie [die Geliebte] setzt mich schach und schachmatt, denn sie will mir mit einem einzigen Zug mit dem Läufer meine große Liebesfreude und mein Leid beenden, da ich von ihr fernbleiben muß.

Doch will ich mich voll Hoffnung gedulden, bis der Mai wiederkehrt und man die Vögel singen hört und sich dann alles erneuert. Wenn sie mich in dieser Pein gänzlich verlassen will, kann ich mir deswegen nicht gleich mein bekümmertes Haupt an einer Wand zerschmettern. Ihretwegen bin ich in ganz kläglichem Zustand. Irgendwann mag mich dafür wohl ein hübsches, feines Fräulein mit liebevollen, netten Worten entschädigen, die mir mein Herz mit dem Blick ihrer hellen Augen in rechter Liebe verzücken kann, mit Worten und mit liebevollem Gruß. Ich werde dann mit Freuden an ihrem Herzen Linderung meiner großen Schmerzen suchen. Ich traue derselben edlen Frau zu, daß sie mich im selben Jahr noch ihr Mann sein läßt und mich abermals für mein Leiden entschä-

Auff die will ich mein hoffnung setzenn
und gantz und gar auff si thun bawenn.
Und vind ich dann da kain vertrawen,
545 so will ichs alles gott ergeben
und fürhin füeren ainigs lebenn,
dann alle weltt ist untrew vol.

Ich weiß nit, wem ich träwen soll,
ich bin verirtt in meinem mutt.
550 Wer hab der hiett, daz dunckt mich gutt.
Hett ich mein hertz mir selb behaltten
und ließ es nit die frawen waltten,
die sich dann nit verstond auff trew,
so lebt ich ietzund ane rew.
555 Iedoch so will ich kaine scheltten,
vielleicht ich müest sein sunst engeltenn
gen andern werden frawen fein,
der aine mich zu dienst nimptt ein.
So si erfertt mein stette trew,
560 die macht mir all mein freud gantz new.
Daz ich gar gutte hoffnung han.
Wenen macht zu narren manchen man.
Noch nertt mich hoffnung im ellend.

Damit hatt dise klag ain end.

digt. Auf sie will ich meine Hoffnung setzen und ganz und gar auf sie bauen. Und finde ich dann auch da kein Vertrauen, dann will ich alles in Gott Hand geben und fürderhin ein Einsiedlerleben führen, denn die ganze Welt ist voller *untriuwe*.

Ich weiß nicht, wem ich trauen soll, ich bin orientierungslos. Es erscheint mir gut, wenn einer *huote* pflegt. Hätte ich mein Herz bei mir selbst behalten und nicht die Frauen über es walten lassen, die von treuer Liebe nichts verstehen, würde ich jetzt sorglos leben. Aber ich will keine Frau schelten, vielleicht müßte ich das sonst gegenüber einer anderen edlen, *werden* Frau büßen, von denen eine mich in ihren Dienst aufnimmt. Wenn sie meine beständige, treue Liebe erkennt, schenkt sie mir all meine Freude wieder; da bin ich voll Zuversicht. Liebesgedenken macht viele Männer verrückt; noch erhält mich die Hoffnung in der Entbehrung am Leben.«

Damit endet diese Klage.

Bibliographie

A. Abkürzungsverzeichnis

AnzKMA	Anzeiger für Kunde des deutschen Mittelalters.
AnzKV	Anzeiger für Kunde der deutschen Vorzeit.
ATB	Altdeutsche Textbibliothek.
Berliner Beitr.	Berliner Beiträge zur germanischen u. romanischen Philologie.
DTM	Deutsche Texte des Mittelalters.
DVjs	Deutsche Vierteljahresschrift für Literaturwissenschaft und Geistesgeschichte.
Euph.	Euphorion. Zeitschrift für Literaturgeschichte.
GAG	Göppinger Arbeiten zur Germanistik.
Germ.	Germania. Vierteljahrsschrift für deutsche Altertumskunde.
GRLMA	Grundriß der romanischen Literatur der Mittelalters. Hrsg. v. Hans Robert Jauß. Heidelberg 1968ff.
MGH	Monumenta Germaniae Historica.
MMS	Münstersche Mittelalter-Schriften.
MTU	Münchener Texte und Untersuchungen zur deutschen Literatur des Mittelalters.
Nd.Jb.	Niederdeutsches Jahrbuch.
Neophil.	Neophilologus.
Neuphil. Mitt.	Neuphilologische Mitteilungen.
PBB	Beiträge zur Geschichte der deutschen Sprache und Literatur.
PL	Patrologia Latina. Hrsg. v. J. P. Migne, 221 Bde. Paris 1844–1864.
Rhein. Vjbll	Rheinische Vierteljahresblätter.
ST	Thomas von Aquin, Summa de Theologia.
StLV	Bibliothek des Stuttgarter Literarischen Vereins.
TNTL	Tijdschrift voor nederlandsche taal- en letterkunde.
VL¹	Die deutsche Literatur des Mittelalters. Verfasserlexikon. Begründet v. Wolfgang Stammler, fortgeführt v. Karl Langosch. 5 Bde. Berlin/Leipzig 1933–1955.
VL²	Die deutsche Literatur des Mittelalters. Verfasserlexikon. Begründet v. Wolfgang Stammler, fortgeführt v. Karl Langosch. 2., völlig neu bearbeitete Auflage. Hrsg. v. Kurt Ruh u.a., fortgeführt v. Burghart Wachinger. Berlin/New York seit 1978.
Weim.Jb.	Weimarer Jahrbuch.
WW	Wirkendes Wort.
ZfdA	Zeitschrift für deutsches Altertum.
ZfdPh	Zeitschrift für deutsche Philologie.

B.1. Quellen

B.1.1. Handschriften und Inkunabeln

Bayerische Staatsbibliothek München, *Cgm 192* (›Wilhelm von Österreich‹).
Bayerische Staatsbibliothek München, *Cgm 5249/49a* (›Wilhelm von Österreich‹).
Bayerisches Hauptstaatsarchiv München, *Ms 631/2* (›Wilhelm von Österreich‹).
Bibliothek des Germanischen Nationalmuseums, Nürnberg *2° 966.* (Valentin Holls Handschrift).
Bibliothèque Nationale et Universitaire de Strasbourg, *MS 2655 (all. 582)* (›Wilhelm von Österreich‹).
Forschungs- und Landesbibliothek Gotha, *cod.membr. II 194* (›Wilhelm von Österreich‹).
Forschungs- und Landesbibliothek Gotha, *cod.membr.II 39* (Strickers ›Karl‹, ›Wilhelm von Österreich‹).
Herzog-August-Bibliothek Wolfenbüttel, *cod.81.23 Aug.fol.2813* (›Wilhelm von Österreich‹).
Hessische Landes- und Hochschulbibliothek Darmstadt, *Hs 4314* (›Wilhelm von Österreich‹).
Königliche Bibliothek Den Haag, *KB 128 E1* (›Wilhelm von Österreich‹).
Landesbibliothek und Murhardsche Bibliothek der Stadt Kassel, *4° Ms.poet. 25/3* (›Wilhelm von Österreich‹).
Österreichische Nationalbibliothek Wien, *Cod. 2860** (›Wilhelm von Österreich‹).
Staatsbibliothek zu Berlin Preußischer Kulturbesitz, *Ms.germ.fol.923,11* (›Wilhelm von Österreich‹).
Staatsbibliothek zu Berlin Preußischer Kulturbesitz, *Ms.germ.qu.670* (›Wilhelm von Österreich‹).
Stadtarchiv Duisburg, *41/217* (›Wilhelm von Österreich‹).
Stadt- und Universitätsbibliothek Frankfurt am Main, *Ms.germ.qu.5* (›Wilhelm von Österreich‹):
Städtische Bücherei Reutlingen, *Inc. 150* (Volksbuch ›Wilhelm von Österreich‹).
Universitäts- und Landesbibiliothek Düsseldorf, *K20: Z 15/5* (Leihgabe des Nordrhein-Westfälischen Staatsarchivs Düsseldorf) (›Wilhelm von Österreich‹).
Universitäts- und Landesbibliothek Halle/S., *Stolb.-Wern. Zb 17* (›Wilhelm von Österreich‹).
Universitätsbibliothek Breslau, *Akc. 1949/143* (›Wilhelm von Österreich‹).
Universitätsbibliothek Gießen, *Hs 101a* (›Wilhelm von Österreich‹).
Universitätsbibliothek Heidelberg, *Pal.germ. 143* (›Wilhelm von Österreich‹).
Württembergische Landesbibliothek Stuttgart, *cod. HB XIII 4* (›Wilhelm von Österreich‹).
Zentralbibliothek Zürich, *Ms C 108* (›Wilhelm von Österreich‹).

B.1.2. Textausgaben

a.) Einzelwerke oder Sammlungen von Werken eines Verfassers
(nach Verfasser, Anonyma nach Titel)

Albrechts ⟨von Scharfenberg⟩ Jüngerer Titurel, Bd. I–II (Str. 1–4 394). Hrsg.
v. Werner Wolf. Berlin 1955, 1964, 1968 (DTM 45, 55, 61).
– Bd. III (Str. 4 395–6 327). Hrsg. v. Kurt Nyholm. Berlin 1984, 1992 (DTM
73, 77).
Altdeutscher Liebesbrief, 1463. Morgenblatt für gebildete Stände 13 (1819),
S. 239.
Meister Altswert. Hrsg. v. W. Holland und Adelbert von Keller. Stuttgart 1850
(StLV 21).
Andreas Capellanus, De Amore (On Love). Hrsg. u. übers. v. P. G. Walsh.
London 1982 (Duckworth Classical Medieval and Renaissance Editions).
Aristoteles, Vom Himmel, Von der Seele, Von der Dichtkunst. Übers. v. Olof
Gigon. München ²1987.
Belthandros und Chrysantza. Hrsg. u. übers. v. A. Ellissen. Leipzig 1862 (Ana-
lekten der mittel- und neugriechischen Literatur 5,2).
Béroul, Tristran and Yseut. Old French Text with Facing English Translation.
Hrsg. v. Guy R. Mermier. New York/Bern/Frankfurt/Paris 1987 (American
University Studies, Ser. II, Bd. 50).
Chrétien de Troyes, Cligès. Hrsg. v. Alexandre Micha. Paris 1965 (Les Romans
de Chrétien de Troyes II).
– Erec et Enide. Hrsg. v. Mario Roques. Paris 1963 (Les Romans de Chrétien
de Troyes I).
– Lancelot. Übers. u. eingel. v. Helga Jauß-Meyer. München 1964 (Klassische
Texte des roman. Mittelalters 13).
– Yvain. Übers. u. eingel. v. Ilse Nolting-Hauff. München 1962 (Klassische
Texte des roman. Mittelalters 2).
Eilhart von Oberg, Tristrant und Isalde. Hrsg. u. übers. v. Danielle Buschinger
und Wolfgang Spiewok. Greifswald 1993 (Wodan 27).
Elblin von Eselberg. Hrsg. v. Adelbert von Keller, in: Verzeichnis der Doc-
toren welche die philos. Facultät der kgl. württ. Eberhard-Karls-Universität
zu Tübingen im Decanatjahre 1855 bis 1856 ernannt hat. Tübingen 1856
(Tübinger Universitätsschriften aus dem Jahre 1856), S. 13–31.
Le Fablel dou Dieu d'Amors. Hrsg. v. J. C. Lecompte. Modern Philology 8
(1910/11), S. 63–86.
Farbendeutung. Hrsg. v. Wilhelm Seelmann. Nd.Jb. 8 (1882), S. 73–85.
Farbentracht. Hrsg. v. Wilhelm Seelmann. Nd.Jb. 28 (1902), S. 118–156.
Fleck, Konrad, Flore und Blanscheflur. Hrsg. v. Emil Sommer. Quedlinburg/
Leipzig 1846.
Folz, Hans, Die Reimpaarsprüche. Hrsg. v. Hanns Fischer. München 1961
(MTU 1).
Frauenlob (Heinrich von Meißen), Leichs, Sangsprüche, Lieder. Hrsg. v. Karl
Stackmann und Karl Bertau. Göttingen 1981.
Friedrich von Schwaben. Nach der Stuttgarter HS hrsg. v. Max Hermann Jel-
linek. Berlin 1904 (DTM 1).

Fuetrer, Ulrich, Lannzilet. Aus dem ›Buch der Abenteuer‹, Str. 1–1122. Hrsg. v. Karl-Eckhard Lenk. Tübingen 1989 (ATB 102).
– Persibein. Aus dem ›Buch der Abenteuer‹. Hrsg. v. Renate Munz. Tübingen 1964 (ATB 62).
La geste de Blancheflour et de Florence. Hrsg. v. Paul Meyer. Romania 37 (1908), S. 221–239.
Gottfried von Straßburg, Tristan. Nach dem Text von Friedrich Ranke neu hrsg. u. übers. v. Rüdiger Krohn. Stuttgart ³1984.
Göttweiger Trojanerkrieg. Hrsg. v. Alfred Koppitz. Berlin 1926 (DTM 29).
Guillaume de Lorris und Jean de Meun, Der Rosenroman. Hrsg., übers. u. eingel. v. Karl August Ott. München 1976 (Klassische Texte des romanischen Mittelalters 15).
Guillaume de Machaut, ›Le Jugement du roy de Behaigne‹ and ›Remedie de Fortune‹. Hrsg. und übers. v. James I. Wimsatt und William W. Kibler. Athen/London 1988.
– The Judgement of the King of Navarre. Hrsg. u. übers. v. Richard Barton Palmer. New York/London 1988 (Garland Library of Medieval Literature A, 45).
Hadamar von Laber, Jagd. Mit Einl. u. erkl. Komm. hrsg. v. Karl Stejskal. Wien 1880.
– ›Jagd‹ und drei andere Minnegedichte seiner Zeit und Weise: Des Minners Klage, Der Minnenden Zwist und Versöhnung, Der Minne-Falkner. Hrsg. v. J. A. Schmeller. Stuttgart 1850 (StLV 20). Nachdr. Amsterdam 1968.
Hartmann von Aue, Erec. Mhd. Text und Übertr. v. Thomas Cramer. Frankfurt/M. ⁶1989.
– Iwein. Hrsg. v. G. F. Benecke und Karl Lachmann, neu bearb. v. Ludwig Wolff, Bd. I. Berlin ⁷1968.
– Das Klagebüchlein und das zweite Büchlein. Hrsg. v. Ludwig Wolff. München 1972 (Altdt. Texte in krit. Ausgabe 4).
Heinric van Aken, Die Rose, met fragmenten der tweede vertaling, van wege de Maatschappij der Nederlandsche Letterkunde te Leiden uitgegeven door Eelco Verwijs. Den Haag 1868.
Heinrich von Freiberg, Tristan und Isolde. Hrsg. v. Danielle Buschinger und übers. v. Wolfgang Spiewok. Greifswald 1993 (Wodan 16).
Heinrich der Glîchezâre, Reinhart Fuchs. Hrsg., übers. u. erl. v. Karl-Heinz Göttert. Stuttgart 1976.
Heinrich von Neustadt, Apollonius von Tyrland. Hrsg. v. S. Singer. Berlin 1906 (DTM 7).
Heinrich von dem Türlin, Diu Crône. Hrsg. v. Gottlob H. F. Scholl. Stuttgart 1852.
Heinrich von Veldeke, Eneasroman. Nach dem Text v. Ludwig Ettmüller hrsg. und übers. v. Dieter Kartschoke. Stuttgart 1986.
Heinzelin von Konstanz. Hrsg. v. Franz Pfeiffer. Leipzig 1852.
Hermann von Sachsenheim, Die Mörin. Hrsg. v. Hermann Schlosser. Wiesbaden 1974 (Dt. Klassiker des M.A., NF 3).
– Des Spiegels Abenteuer. Hrsg. v. Thomas Kerth. Göppingen 1986 (GAG 451).

Hugo von Montfort II. Die Texte und Melodien der Heidelberger Handschrift cpg 329. Transkription von Franz Viktor Spechtler. Göppingen 1978 (Litterae 57).

Jean de Condé, Opera. Hrsg. v. Simonetta Mazzoni Peruzzi, Bd. I. Florenz 1990 (Academia Toscane di Scienze e Lettere »La Colombaria«, Studi 94).

Ioannis Duns Scoti Opera omnia. Hrsg. v. Carolo Balic u.a., Bd. 5. Vatikan 1959.

Johann von Würzburg, Wilhelm von Österreich. Aus der Gothaer Handschrift hrsg. v. Ernst Regel. Berlin 1906 (DTM 3).

Isidori Hispalensis Etymologiarum sive originum libri 20. Hrsg. v. Wallace Martin Lindsay. Oxford 1911.

Klagelied auf Johannes von Brabant (Lob der ritterlichen Tugend). Aus der Würzburger Handschrift hrsg. v. Friedrich Heinrich von der Hagen. Germ. 3 (1839), S. 116–130.

Konrad von Ammenhausen, Das Schachzabelbuch. Hrsg. v. Ferdinand Vetter. Frauenfeld 1892 (Bibliothek älterer Schriftwerke der dt. Schweiz, Ergänzungsband).

Konrad von Würzburg, Goldene Schmiede. Hrsg. v. Wilhelm Grimm. Berlin 1840.

– Der Trojanische Krieg. Nach den Vorarb. K. Frommanns und F. Roths hrsg. von Adelbert von Keller. Stuttgart 1858 (StLV 44), Nachdr. Amsterdam 1965.

Die Kreuzfahrt Landgraf Ludwigs des Frommen von Thüringen. Hrsg. v. Heinrich Naumann. Hannover/Leipzig 1923 (MGH SS4,2), Nachdr. Zürich 1973.

Kyng Rychard Coer de Lyoun. Der mittelenglische Versroman über Richard Löwenherz. Hrsg. v. Karl Brunner. Wien/Leipzig 1913 (Wiener Beiträge zur englischen Philologie 42).

Lancelot. Hrsg. v. Reinhold Kluge. 3 Bde. Berlin 1948, 1963, 1974 (DTM 42, 47, 63).

Das Liebesconcil. Hrsg. v. G. Waitz. ZfdA 7 (1849), S. 160–167.

Lohengrin. Edition und Untersuchung v. Thomas Cramer. München 1971.

Der deutsche Lucidarius, Bd. 1. Hrsg. v. Dagmar Gottschall und Georg Steer. Tübingen 1994.

Diu Mâze. Hrsg. v. Karl Bartsch. Germ. 8 (1863), S. 97–105.

Die Minneburg. Hrsg. v. Hans Pyritz. Berlin 1950 (DTM 43).

Die Lieder Neidharts. Hrsg. v. Edmund Wiessner, rev. v. Paul Sappler, mit einem Melodienanhang v. Helmut Lomnitzer. Tübingen ⁴1984 (ATB 44).

Österreichische Chronik von den 95 Herrschaften. Hrsg. v. Joseph Seemüller. Hannover/Leipzig 1909 (MGH F6).

Ottokars Österreichische Reimchronik. Hrsg. v. Joseph Seemüller. 2 Bde. Hannover 1890/93 (MGH F5).

Ovid, Liebeskunst. Hrsg. u. übers. v. W. Herzberg, bearb. v. Franz Burger. München 1969.

Das Vagantenlied von Phyllis und Flora. Nach einer Niederschrift des ausgehenden 12. Jahrhunderts hrsg. v. A. Bömer. ZfdA 56 (1919), S. 217–239.

Der Physiologus. Übertr. und erl. v. Otto Seel. Zürich/München ⁵1987.

Der altdeutsche Physiologus. Die Millstätter Reimfassung und die Wiener Prosa (nebst dem lateinischen Text und dem althochdeutschen Physiologus). Hrsg. v. Friedrich Maurer. Tübingen 1967 (ATB 67).

Platon, Sämtliche Werke. In der Übersetzung von Friedrich Schleiermacher mit der Stephanus-Numerierung hrsg. v. Walter F. Otto (†), Ernesto Grassi und Gert Plamböck, Band 3. Reinbek [8]1963.

Potter, Dirc, Der Minnen Loep. Hrsg. v. P. Leendertz, Bd. 1–2. Leiden 1845–46 (Werken uitg. door de Vereeniging ter bevordering der Oude Nederlandsche Letterkunde).

Raimbaut de Vaqueiras: Joseph Linskill (Hrsg.), The Poems of the Troubadour Raimbaut de Vaqueiras. Den Haag 1964.

Reinfrid von Braunschweig. Hrsg. v. Karl Bartsch. Tübingen 1871 (StLV 109).

Richard de Fournival, Li bestiaires d'amours. Hrsg. v. Cesare Segre. Mailand/Neapel 1957 (Documenti di Filologia 2).

Der rote Mund: Adelbert von Keller (Hrsg.), Die altdeutsche Erzählung vom rothen Munde, in: Verzeichnis der Doctoren, welche die philosophische Facultät in Tübingen im Decanatsjahre 1873 bis 1874 ernannt hat. Beiheft. Tübingen 1874 (Tübinger Universitätsschriften aus dem Jahre 1874), S. 8–20.

Rudolf von Ems, Willehalm von Orlens. Hrsg. v. Victor Junk. Berlin 1905 (DTM 2).

Sachs, Hans, Werke. Hrsg. v. Adelbert von Keller und Edmund Goetze, Bd. 3. Tübingen 1870 (StLV 104).

– Bd. 12. Tübingen 1879 (StLV 140).

Peter Suchenwirts Werke aus dem 14. Jahrhunderte. Ein Beytrag zur Zeit- und Sittengeschichte. Hrsg. v. Alois Primisser. Wien 1827, Nachdr. Wien 1961.

Themistius, In Libros Aristotelis De Anima Paraphrasis. Hrsg. v. Richard Heinze. Berlin 1989 (Commentaria in Aristotelem Graeca V,3).

– Commentaire sur le traité de l'âme d'Aristote, trad. de Guillaume de Moerbeke. Hrsg. v. G. Verbeke. Louvain/Paris 1957 (Corpus Latinum Commentariorum in Aristotelem Graecum I).

Die deutsche Thomas-Ausgabe. Thomas von Aquin, übers. v. Dominikanern u. Benediktinern Deutschlands und Österreichs. Graz/Wien/Köln 1982ff.

Thomasin von Zirclaria, Der Wälsche Gast. Hrsg. v. Heinrich Rückert. Quedlinburg/Leipzig 1862 (Bibliothek der ges. dt. Nationalliteratur I,30), Nachdr. Berlin 1965.

Thüring von Ringoltingen, Melusine. Hrsg. v. Karin Schneider. Berlin 1958 (Texte des späten Mittelalters).

Ulrich von Liechtenstein, Frauendienst. Hrsg. v. Franz Viktor Spechtler. Göppingen 1987 (GAG 485).

Ulrich von Lichtenstein, Frauendienst (»Jugendgeschichte«). Hrsg. v. Ursula Peters. Göppingen 1973 (Litterae 17).

Ulrich von Türheim, Tristan. Hrsg. v. Thomas Kerth. Tübingen 1979 (ATB 89).

De Venus la deesse d'amor. Altfranzösisches Minnegedicht aus dem XIII. Jahrhundert. Hrsg. v. Wendelin Foerster. Bonn 1880.

Die Lieder Walthers von der Vogelweide. Hrsg. v. Friedrich Maurer, Bd. II: Die Liebeslieder. Tübingen [3]1969 (ATB 47).

Der Wartburgkrieg. Hrsg. v. Karl Simrock. Stuttgart/Augsburg 1858.
Wer nicht weiß was rechte Lieb sei. Hrsg. v. Gustav Ehrismann. Germ. 36 (1891), S. 319f.
Graf Wilhelm von Holland. Aus der Berliner Handschrift von Gottfrieds Tristan. Hrsg. v. Friedrich Heinrich von der Hagen. Germ. 6 (1844), S. 251–271.
Wirnt von Gravenberg, Wigalois. Hrsg. v. Franz Pfeiffer. Leipzig 1847.
Wittenwiler, Heinrich, Der Ring. Nach dem Text von Edmund Wiessner übers. u. hrsg. v. Horst Brunner. Stuttgart 1991.
Wolfram von Eschenbach. Hrsg. v. Albert Leitzmann, Heft I–III: Parzival. Halle 1903 (ATB 12–14).
– Heft IV–V: Willehalm; Titurel; Lieder. Tübingen ⁵1963 (ATB 16–17).
Zimmerische Chronik. Hrsg. v. Karl August Barack, Bd. 4. Freiburg/Tübingen 1882 (StLV 94).

b.) Sammlungen und anonyme Werke ohne Titel (nach Herausgeber)

Bach, Adolf (Hrsg.), Die Werke des Verfassers der Schlacht von Göllheim (Meister Zilies von Seine?). Bonn 1930 (Rhein. Archiv 11).
– Germanistisch-historische Studien. Gesammelte Abhandlungen. Hrsg. v. Heinrich M. Heinrichs und Rudolf Schützeichel. Bonn 1964.
Bartsch, Karl (Hrsg.), Mitteldeutsche Gedichte. Stuttgart 1860 (StLV 53).
Bech, Fedor, Ein mitteldeutscher Liebesbrief. ZfdPh 6 (1875), S. 443–445.
Bilderdijk, Willem, Nieuwe taal- en dichtkundige Verscheidenheden, D. 4. Rotterdam 1825.
Blommaert, Phil. M. (Hrsg.), Oudvlaemsche Gedichten der XIIᵉ, XIIIᵉ en XIVᵉ eeuwen, D. 2–3. Gent 1841–51.
Bolte, Johannes, Ein Augsburger Liederbuch vom Jahre 1454. Alemannia 18 (1890), S. 97–127 u. 203–237.
Brednich, Rolf W., Die Darfelder Liederhandschrift 1346–65. München 1976.
Carton, Ch.L., Oudvlaemsche Liederen en andere gedichten der XIVᵉ en XVᵉ eeuwen. Gent 1848 (Maetschappy der Vlaemsche Bibliophilen 2ᵉ Ser., N° 9).
Deleu, K., Het achtste Gruuthuse-Gedicht. Spiegel der Letteren 5 (1961), S. 241–299.
Englert, Zwei neue Bruchstücke des Gedichtes auf K. Ludwig den Baier, ZfdA 30 (1886), S. 71–75.
Grimm, Jacob und Wilhelm (Hrsg.), Altdeutsche Wälder, Bd. I. Mit einer Einführung zum Nachdruck von Wilhelm Schoof. Darmstadt 1966.
von der Hagen, Friedrich Heinrich (Hrsg.), Minnesinger, Bd. 1–5. Leipzig 1838–1856, Nachdr. Aalen 1963.
– Minnelieder. Germ. 7 (1846), S. 326–348.
– Alterthumskunde. Aus altdeutschen Handschriften. Germ. 8 (1848), S. 239–315.
Haltaus, Carl (Hrsg.), Das Liederbuch der Clara Hätzlerin. Quedlinburg 1840, Nachdr. Berlin 1966 (Bibliothek der ges. dt. Nationallit. 8; Texte des Mittelalters).

Hausen, Carl Renatus, Staats-Materialien und hist.-polit. Aufklärungen für das Publikum vorzüglich zur Kenntniß des deutschen Vaterlandes in ältern und gegenwärtigen Zeiten, Bd. 2, 5 u. 6. Dessau 1785.

Hoffmann von Fallersleben, Weimarische Liederhandschrift vom Jahre 1537. Weim. Jb. 1 (1854), S. 101–152.

Holmberg, John (Hrsg.), Eine mittelniederfränkische Übertragung des *Bestiaire d'amour.* Uppsala 1925 (Uppsala Universitatis Årsskrift 1925).

Holz, Georg (Hrsg.), Die Jenaer Liederhandschrift, Bd. I. Hildesheim 1966.

Keinz, Friedrich, Altdeutsche Kleinigkeiten. ZfdA 38 (1894), S. 145–160.

von Keller, Adelbert (Hrsg.), Altdeutsche Gedichte. Tübingen 1846.

– Fastnachtspiele aus dem 15. Jahrhundert, Bd. 3. Stuttgart 1853 (StLV 30).

– Erzählungen aus altdeutschen Handschriften. Stuttgart 1855 (StLV 35).

Klein, Alexander, Die altfranzösischen Minnefragen, T. 1. Ausgabe der Texte und Geschichte der Gattung. Marburg 1911 (Marburger Beiträge zur rom. Philol. 1).

Kochendörffer, Karl, Kasseler Bruchstücke. ZfdA 27 (1883), S. 91–96.

Koppmann, K., Liebesgruß. Nd.Jb. 3 (1877), S. 8.

Kossmann, Ernst Ferdinand (Hrsg.), Die Haager Liederhandschrift. Faksimile des Originals mit Einl. und Transkription, 1.1. Haag 1940.

Laßberg, Joseph Freiherr von (Hrsg.), Lieder-Saal. Sammlung altdeutscher Gedichte, Bd. I–III. Nachdr. der Ausg. von 1820–1825. Darmstadt 1968.

Lauchert, Friedrich, Straßburger Bruchstück des Wilhelm von Österreich. Germ. 37 (1892), S. 39–44.

Leiderer, Rosemarie (Hrsg.), Zwölf Minnereden des Cgm 270. Berlin 1972 (Texte des späten MA und der frühen Neuzeit 27).

von der Leyen, Friedrich u. Adolf Spamer, Die altdt. Wandteppiche im Regensburger Rathause, in: Das Rathaus zu Regensburg. Regensburg 1910, S. 71–118.

Mareiner, Michael, Mittelhochdeutsche Minnereden und Minneallegorien der Wiener HS 2796 und der Heidelberger HS Pal.germ. 348, Bd. I: Von einem Schatz. Eine mhd. Minneallegorie. Bern/Frankfurt/New York/Paris 1988 (Europ. Hochschulschriften, Reihe I, Bd. 1058).

– Band X: Der Liebende und die Burg der Ehre. Eine mhd. Minneallegorie. Bern/Frankfurt/New York/Paris 1986 (Europ. Hochschulschriften, Reihe I, Bd. 922).

– Band XVI: Frau Minne und die Liebenden. Eine mhd. Minneallegorie. Bern/Frankfurt/New York/Paris 1984 (Europ. Hochschulschriften, Reihe I, Bd. 814).

Matthaei, Kurt (Hrsg.), Mittelhochdeutsche Minnereden I. Die Heidelberger Handschriften 344, 358, 376 und 393. Dublin/Zürich ²1967 (DTM 24).

Meier, John, Deutsche Volkslieder mit ihren Melodien, Bd. I,1. Berlin/Leipzig 1935.

Meyer, Ernst, Die gereimten Liebesbriefe des deutschen Mittelalters. Mit einem Anh. ungedr. Liebesbriefe aus der Dresdener Handschrift M 68. (Diss.) Marburg 1899.

Meyer-Benfey, Heinrich, Mittelhochdeutsche Übungsstücke. Halle ²1920.

Mihm, Arend, Aus der Frühzeit der weltlichen Rede. Inedita des Cod. Vindob. 2705. PBB 87 (1965), S. 406–433.

Mölk, Ulrich (Hrsg.), Französische Literaturästhetik des 12. und 13. Jahrhunderts. Tübingen 1969.

Mone, Franz Joseph, Formeln für Liebe und Leben. AnzKMA 3 (1834), Sp. 290–292.

– Muster zur Gelegenheitsdichtung. AnzKV 7 (1838), Sp. 552–557.

Mordhorst, Otto, Egen von Bamberg und die ›geblümte Rede‹. Diss. Berlin 1909. Berlin 1911 (Berliner Beitr. 43 [30]).

Oulmont, Charles, Les débats du clerc et du chevalier dans la littérature poétique du moyen-âge. Paris 1911.

Pannier, Léopold (Hrsg.), Les Lapidaires français du moyen âge des XIIe, XIIIe et XIVe siècles. Genf 1973.

Pfeiffer, Franz, Bruchstücke eines Gedichtes auf K. Ludwig den Baier, in: Franz Pfeiffer, Forschung und Kritik auf dem Gebiete des deutschen Altertums, Bd. 1. Wien 1863, S. 45–84 [= Sitzungsberichte der phil.-hist. Klasse der k. Akademie der Wissenschaften Wien 41 (1863), S. 328–367].

– Altdeutsches Uebungsbuch zum Gebrauch an Hochschulen. Wien 1866.

Podłeiszek, Franz (Hrsg.), Volksbücher von Weltweite und Abenteuerlust. (Dt. Literatur in Entwicklungsreihen, Reihe Volks- und Schwankbücher, Bd. 2). Leipzig 1936.

Pomezny, Franz, und Armin Tille, Vier gereimte Liebesbriefe aus Mattsee. ZfdA 36 (1892), S. 356–364.

Priebsch, Robert, Aus altdeutschen Handschriften der Königl. Bibliothek zu Brüssel I–IV. ZfdPh 38 (1906), S. 301–333, 436–467.

Regel, Karl, Ein Fragment einer unbekannten Handschrift von Gelres Wapenboek. TNTL 5 (1885), S. 17–48.

Rheinheimer, Melitta, Rheinische Minnereden. Untersuchungen und Edition. Göppingen 1975 (GAG 144).

Rosenfeld, Hans-Friedrich, Handschriftliche Funde. ZfdA 67 (1930), S. 41–47.

Scheel, Willy, Die Berliner sammelmappe deutscher fragmente, 3. Johann von Würzburg, Wilhelm von Österreich, in: Fs Karl Weinhold. Dargebracht v. der Gesellschaft für dt. Philologie. Leipzig 1896, S. 80–90.

Schmidt, Gustav, Erdichtete Liebesbriefe des 15. Jahrhunderts in niederdeutscher Sprache. Germ. 10 (1865), S. 385–394.

Schröder, Edward, Aus dem Kölner Stadtarchiv. ZfdA 23 (1897), S. 205f.

– Ein gereimter Liebesbrief. ZfdA 63 (1926), S. 224.

– Mhd. Bruchstücke aus Duisburg II: Zum ›Wilhelm von Österreich‹. ZfdA 68 (1931), S. 92–95.

Serrure, C. P. (Hrsg.), Vaderlandsch Museum voor nederdiutsche letterkunde, oudheid en geschiedenis, Teil 1 u. 2. Gent 1855 u. 1858.

Stark, Franz, Zur Farbensymbolik. Germ. 9 (1864), S. 455–456.

Stengel, Edmund E. und Friedrich Vogt, Zwölf mittelhochdeutsche Minnelieder und Reimreden. Aus den Sammlungen des Rudolf Losse von Eisenach. Archiv für Kulturgeschichte 38 (1956), S. 174–217.

Thiele, Gerhard (Hrsg.), Mittelhochdeutsche Minnereden II. Die Heidelberger Handschriften 313 und 355. Die Berliner Handschrift Ms. germ. fol. 922. Berlin 1938 (DTM 41). 2. unv. Auflage mit einem Nachw. v. Ingeborg Glier. Dublin/Zürich 1967.

Thoma, Herbert, Ein neues Bruchstück des Gedichtes auf Kaiser Ludwig den Baiern. ZfdA 58 (1921), S. 87–92.
– Bruchstück aus einer unbekannten Minneallegorie. ZfdA 73 (1936), S. 105–108.
Verwijs, Eelco (Hrsg.), Van vrouwen ende van minne. Middelnederlandsche gedichten uit de XIVde en XVde eeuw. Groningen 1871 (Bibliotheek van middelnederlandsche letterkunde. Afl. 4.5, n.Z. 27).
Voigt, J. (Hrsg.), Ein ritterliches Liebesbriefchen aus dem 15ten Jahrhunderte. Beiträge zur Kunde Preußens 5 (1822), S. 182–184.
Wagner, Joseph Maria, Mittheilungen aus und über Klosterneuburger Handschriften III. AnzKV NF 8 (1861), S. 232–235.
Weber, Sbr., Abschrift zweier Gedichte aus dem 15. Jahrhundert, wahrscheinlich von Ulrich Höpp verabfaßt und von M. Schüttenhelm abgeschrieben. Archiv für das Studium der neueren Sprachen und Literatur 37 (1865), S. 203–217.
Wilhelmy, Emil, Mittelniederländisches. Germ. 29 (1884), S. 401.
Willems, Johan Frans (Hrsg.), Belgisch Museum voor de nederdiutsche tael- en letterkunde en de geschiednis des vaderlands, Bd. 5 u. 7 Gent 1841, 1843.

B.1.3. Historische Urkunden

Monumenta Hohenbergia. Urkundenbuch zur Geschichte der Grafen von Zollern-Hohenberg und ihrer Grafschaft. Hrsg. v. Ludwig Schmid. Stuttgart 1862.
Urkundenbuch der Stadt Esslingen, bearbeitet von Adolf Diehl, Bd. 1. Stuttgart 1899 (Württembergische Geschichtsquellen 4).

B.2. Hilfsmittel

B.2.1. Wörterbücher und Konkordanzen

Grandsaignes d'Hauterive, R., Dictionnaire d'Ancien Français. Moyen Âge et Renaissance. Paris 1974 (Librairie Larousse).
Heffner, R. M. S. und W. P. Lehmann, A word-index to the poems of Walther von der Vogelweide. Wisconsin ²1950.
Latham, R. E., Revised Medieval Latin word-list. Oxford 1965, repr. 1989.
Lexer, Matthias, Mittelhochdeutsches Handwörterbuch. Nachdruck der Ausgabe Leipzig 1872–1878 mit einer Einl. v. Kurt Gärtner. 3 Bde. Stuttgart 1992.
Wiessner, Edmund, Vollständiges Wörterbuch zu Neidharts Liedern. Leipzig 1954.

B.2.2. Lexika

Die deutsche Literatur des Mittelalters. Verfasserlexikon. Begründet v. Wolfgang Stammler, fortgeführt v. Karl Langosch. 5 Bde. Berlin/Leipzig 1933–1955.
– Zweite, völlig neu bearbeitete Auflage. Hrsg. v. Kurt Ruh u.a., fortgeführt v. Burghart Wachinger. Berlin/New York seit 1978.
Neue deutsche Biographie. Hrsg. v. der Historischen Kommission bei der Bayerischen Akademie der Wissenschaften. Berlin seit 1953.

B.2.3. Handschriftenkataloge

Bartsch, Karl, Die altdeutschen Handschriften der Universitäts-Bibliothek in Heidelberg. Heidelberg 1887 (Katalog der Handschriften der Universitäts-Bibliothek in Heidelberg I).
Buhl, Maria Sophia und Lotte Kurras, Die Handschriften der ehemaligen Hofbibliothek Stuttgart. Wiesbaden 1969 (Die Handschriften der Württembergischen Landesbibliothek Stuttgart II,4,2).
Degering, Hermann, Kurzes Verzeichnis der germanischen Handschriften der Preußischen Staatsbibliothek. Graz 1970.
Förstemann, Ernst, Die Gräflich-Stolbergische Bibliothek zu Wernigerode. Nordhausen 1866.
Heinemann, Otto, Die Handschriften der Herzoglichen Bibliothek zu Wolfenbüttel. 2. Abt.: Die Augusteischen Handschriften, Bd. IV. Wolfenbüttel 1900.
Hilberg, Birgitt, Manuscripta poetica et romanensia. Manuscripta theatralica. Wiesbaden 1993 (Handschriften der Gesamthochschul-Bibliothek Kassel, Landesbibliothek und Murhardsche Bibliothek der Stadt Kassel IV,2).
Hoffmann von Fallersleben, Verzeichnis der altdeutschen Handschriften der k.k. Hofbibliothek zu Wien. Leipzig 1841.
Menhardt, Hermann, Verzeichnis der altdeutschen literarischen Handschriften der ÖNB, Bd. 1 u. 2. Berlin 1960, 1961 (Dt. Akad. d. Wiss. zu Berlin. Veröffentlichungen d. Inst. für dt. Sprache und Literatur 13).
Mohlberg, L. C., Katalog der Handschriften der Zentralbibliothek Zürich, Bd. I. Zürich 1951.
Petzet, Erich, Die deutschen Pergamenthandschriften Nr. 1–200 der Staatsbibliothek in München. München 1920 (Catalogus Codicum Manu Scriptorum Bibliothecae Monacensis V,1).
Schneider, Karin, Die Fragmente mittelalterlicher deutscher Versdichtung der Bayerischen Staatsbibliothek München: Cgm 5249/1–79. Stuttgart 1996 (ZfdA Beiheft).
Staub, Kurt Hans und Thomas Sänger, Deutsche und niederländische Handschriften. Mit Ausnahme der Gebetbuchhandschriften. Wiesbaden 1991 (Die Handschriften der Hessischen Landes- und Hochschulbibliothek Darmstadt, Bd. 6)
Tabulae codicum manu scriptorum praeter graecos et orientales in Bibliotheca Palatina Vindobonensi asservatorum. Hrsg. v. d. Academia Caesarea Vindobonensis, Bd. II. Wien 1868.

Weimann, Birgit, Die mittelalterlichen Handschriften der Gruppe Manuscripta Germanica. Frankfurt/Main 1980 (Kataloge der Stadt- und Universitäts-bibliothek Frankfurt am Main IV).

B.3. Forschungsliteratur

Bach, Adolf, Ein neues Bruchstück der ›Ritterfahrt‹. ZfdA 69 (1932), S. 90–96.
– Zur ›Ritterfahrt‹. ZfdA 71 (1934), S. 180.
Bakhtine, Mikhail, Esthétique et théorie du Roman (Moskau 1975). Übers. v. Daria Olivier. Paris 1978.
Beckers, Hartmut, Zur handschriftlichen Überlieferung des ›Wilhelm von Österreich‹ Johanns von Würzburg. ZfdPh 93 (1974), Sonderheft S. 156–185.
Beckmann, Bernhard, Sprachliche und textkritische Untersuchungen zu Johann von Würzburg. Diss. Berlin 1937. Emsdetten 1937.
Bierbaum, Hermann-Josef, Der Stil Johanns von Würzburg in geschichtlicher Beleuchtung. Diss. (masch.) Marburg 1953.
Blank, Walter, Die deutsche Minneallegorie. Gestaltung und Funktion einer spätmittelalterlichen Dichtungsform. Stuttgart 1970.
Blumenröder, Albert, Die Quellenberufungen in der mittelhochdeutschen Dichtung. Diss. (masch.) Marburg 1922.
Boggess, William F., Aristotle's Poetics in the 14th Century. Studies in Philology 67 (1970), S. 278–294.
Bolay, Theodor, Der Hohenasperg. Vergangenheit und Gegenwart. Bietigheim 1972.
de Boor, Helmut, Die deutsche Literatur im späten Mittelalter. Zerfall. Neubeginn. Erster Teil 1250–1350. München 1962 (Gesch. der dt. Literatur 3,1).
Borchling, Conrad, Mittelniederdeutsche Handschriften in den Rheinlanden und in einigen anderen Sammlungen. Nachr. v. d. Kgl. Gesellschaft d. Wiss. zu Göttingen, phil.-hist. Kl. 1913, Beiheft.
Brackert, Helmut, *Da stuont daz minne wol gezam*. Minnebriefe im späthöfischen Roman. ZfdPh 93 (1974), Sonderheft, S. 1–18.
Brandis, Thilo, Mittelhochdeutsche, mittelniederdeutsche und mittelniederländische Minnereden. Verzeichnis der Handschriften und Drucke. München 1968.
Brandstetter, Alois, Prosaauflösung. Studien zur Rezeption der höfischen Epik im frühneuhochdeutschen Prosaroman. Frankfurt 1971.
Brauns, Wilhelm, Hermann von Sachsenheim und seine Schule. Diss. Berlin 1937.
Brinkmann, Hennig, Die Zeichenhaftigkeit der Sprache, des Schrifttums und der Welt im Mittelalter. ZfdPh 93 (1974), S. 1–11.
Brunetière, Ferdinand, L'évolution des genres dans l'histoire de la littérature. Paris ³1898.
Bumke, Joachim, Mäzene im Mittelalter. Die Gönner und Auftraggeber der höfischen Literatur in Deutschland 1150–1300. München 1979.
Busby, Keith, Gauvain in Old French Literature. Amsterdam 1980.

Cieslik, Karin, Johann von Würzburgs [!] »Wilhelm von Österreich«. Zum höfischen Roman im Spätmittelalter. Ergebnisse der Jahrestagung des Arbeitskreises Deutsche Literatur des Mittelalters, Greifswald 6 (1990), S. 95–101.

Classen, Albrecht, Emergence of Tolerance: An Unsuspected Medieval Phenomenon. Studies on Wolfram von Eschenbach's ›Willehalm‹, Ulrich von Etzenbach's ›Wilhelm von Wenden‹, and Johann von Würzburg's ›Wilhelm von Österreich‹. Neophil. 76 (1992), S. 586–599.

– The Heathen World in the Volksbuch ›Wilhelm von Österreich‹. An Anthropological Revision of the Crusade Epics. Neuphil. Mitt. 93 (1992), S. 145–161.

– Wolframs von Eschenbach Titurel-Fragmente und Johanns von Würzburg Wilhelm von Österreich: Höhepunkte der höfischen Minnereden. Amsterdamer Beiträge zur älteren Germanistik 37 (1993), S. 74–102.

Colpi, Bruno, Die παιδεια des Themistios. Ein Beitrag zur Geschichte der Bildung im 4. Jahrhundert nach Christus. Bern/Frankfurt/New York/Paris 1987 (Europ. Hochschulschriften, Reihe XV, Bd. 36).

Cramer, Thomas, Allegorie und Zeitgeschichte. Thesen zur Begründung des Interesses an der Allegorie im Spätmittelalter, in: Walter Haug (Hrsg.), Formen und Funktionen der Allegorie, DFG-Symposion Wolfenbüttel 1978. Stuttgart 1979, S. 265–276.

– Solus creator est deus. Der Autor auf dem Weg zum Schöpfertum. Daphnis 15 (1986), S. 261–276.

Demandt, Karl E., Geschichte des Landes Hessen. Kassel/Basel 1959.

Dietl, Cora, du bist der aventûre fruht. Fiktionalität im ›Wilhelm von Österreich‹ Johanns von Würzburg, in: Fiktionalität im Artusroman. Dritte Tagung der Dt. Sektion der Internationalen Artusgesellschaft in Berlin vom 13.–15.2.1992. Hrsg. v. Volker Mertens und Friedrich Wolfzettel. Tübingen 1993, S. 171–184.

Dittrich-Orlovius, Gunda, Zum Verhältnis von Erzählung und Reflexion im ›Reinfried von Braunschweig‹. Diss. Marburg 1970. Göppingen 1971 (GAG 34).

Dronke, Peter, Eine Theorie über Fabula und Imago im 12. Jahrhundert, in: Verbum et Signum. Fs Friedrich Ohly. München 1975, Bd. 2, S. 161–176.

Düwel, Klaus, Werkbezeichnungen der mittelhochdeutschen Erzählliteratur (1050–1250). Göttingen 1983 (Palaestra 277).

Ebenbauer, Alfred, Spekulieren über Geschichte im höfischen Roman um 1300, in: Philologische Untersuchungen. Fs Elfriede Stutz. Wien 1984 (Philologia germanica 7), S. 151–166.

– Das Dilemma mit der Wahrheit. Gedanken zum ›historisierenden Roman‹ des 13. Jahrhunderts, in: Christoph Gerhardt, Nigel Palmer und Burghart Wachinger (Hrsg.), Geschichtsbewußtsein in der dt. Literatur des Mittelalters. Tübinger Colloquium 1983. Tübingen 1985, S. 52–71.

Ehrismann, Gustav, Über Wolframs Ethik. ZfdA 49 (1908), S. 405–465.

– Geschichte der deutschen Literatur bis zum Ausgang des Mittelalters, T. 2. Schlußband. München 1935. (Handbuch des deutschen Unterrichts an höheren Schulen VI.2.2.2).

Einhorn, Jürgen W., Spritualis unicornis. Das Einhorn als Bedeutungsträger in Literatur und Kunst des Mittelalters. München 1976 (MMS 13).

von Ertzdorff, Xenja, Die Wahrheit der höfischen Romane des Mittelalters. ZfdPh 86 (1967), S. 375–389.

Fechter, Werner, Ein Karlsruher Bruchstück des ›Wilhelm von Österreich‹. ZfdA 80 (1943), S. 83–85.

Fischer, Hanns, Studien zur deutschen Märendichtung. Tübingen 1968.

Frenzel, Eckart, Studien zur Persönlichkeit Johanns von Würzburg. Diss. Königsberg 1928. Berlin 1930, Nachdr. 1967 (Germ. Stud. 84).

Fromm, Hans, Doppelweg, in: Werk – Typ – Situation. Studien zu poetologischen Bedingungen in der älteren deutschen Literatur. Fs Hugo Kuhn. Stuttgart 1969, S. 64–79.

Gerhardt, Christoph, Willehalm von Orlens. Studien zum Eingang und der strophischen Bearbeitung aus dem Jahre 1522. WW 35 (1985), S. 196–230.

Giedke, Adelheid, Die Liebeskrankheit in der Geschichte der Medizin. Diss. Düsseldorf 1983.

Glier, Ingeborg, Artes amandi. Untersuchung zu Geschichte, Überlieferung und Typologie der deutschen Minnereden. München 1971 (MTU 34).

– Diener zweier Herrinnen: Zu Ulrichs von Lichtenstein *Frauendienst*, in: Harald Scholler (Hrsg.), The Epic in Medieval Society. Aesthetic and Moral Values. Tübingen 1977, S. 290–306.

– Allegorien des 14. Jahrhunderts: Normen, Vernunft, Phantasie, in: James F. Poag und Thomas C. Fox (Hrsg.), Entzauberung der Welt. Deutsche Literatur 1200–1500. Tübingen 1989, S. 133–145.

Glocker, Jürgen, *ritter – minne – trüwe*. Untersuchungen zur ›Mörin‹ Hermanns von Sachsenheim. Diss. Tübingen 1986. Münster 1987.

Gotzkowsky, Bodo, »Volksbücher«. Prosaromane, Renaissancenovellen, Versdichtungen und Schwankbücher. Baden-Baden 1991 (Bibl. Bibliogr. Aureliana 125).

Grünkorn, Gertrud, Die Fiktionalität des höfischen Romans in Deutschland um 1200. Diss. Berlin 1993. Berlin 1994 (Philologische Studien und Quellen).

Göhrke, Friedrich, Die Überlieferung von Johanns von Würzburg ›Wilhelm von Österreich‹ nebst einer Reimgrammatik. Diss. Berlin 1912.

Gruenter, Rainer, Bemerkungen zum Problem des Allegorischen in der deutschen ›Minneallegorie‹. Euph. 51 (1957), S. 2–22.

Gumbrecht, Hans Ulrich, Wie fiktional war der höfische Roman?, in: Funktionen des Fiktiven. Hrsg. v. Dieter Henrich und Wolfgang Iser. München 1983 (Poetik und Hermeneutik X), S. 433–440.

Haage, Bernhard D., *Amor hereos* als medizinischer Terminus technicus in der Antike und im Mittelalter, in: Theo Stemmler (Hrsg.), Liebe als Krankheit. Mannheim 1991, S. 31–73.

Häntzschel, Ludwig, Das Volksbuch ›Wilhelm von Österreich‹. Diss. (masch.) Jena 1921 (Abstract in: Philosophische Fakultät der Universität Jena. Verzeichnis der Dissertationen. WS 1921/22, S. 78f.).

Haering, Hermann, Der Reichskrieg gegen Graf Eberhard den Erlauchten von Württemberg und seine Stellung in der allgemeinen deutschen Geschichte. Diss. Berlin 1910.

Haug, Walter, Die Symbolstruktur des höfischen Epos und ihre Auflösung bei Wolfram von Eschenbach. DVjs 45 (1971), S. 668–705. Auch in und zit.

nach: ders., Strukturen als Schlüssel zur Welt. Kleine Schriften zur Erzählliteratur des Mittelalters. Tübingen 1989, S. 483–512.

– *Der aventiure meine*, in: Würzburger Prosastudien II: Untersuchungen zur Literatur und Sprache des Mittelalters. Fs Kurt Ruh. München 1975 (Medium Aevum. Philologische Studien 31), S. 93–111. Auch in und zit. nach: ders., Strukturen als Schlüssel zur Welt. Kleine Schriften zur Erzählliteratur des Mittelalters. Tübingen 1989, S. 447–463.

– Paradigmatische Poesie. Der spätere deutsche Artusroman auf dem Weg zu einer ›nachklassischen‹ Ästhetik. DVjs 54 (1980), S. 204–231. Auch in und zit. nach: ders., Strukturen als Schlüssel zur Welt. Kleine Schriften zur Erzählliteratur des Mittelalters. Tübingen 1989, S. 651–671.

– Das Bildprogramm im Sommerhaus von Runkelstein, in: Walter Haug u.a., Runkelstein. Die Wandmalereien des Sommerhauses. Wiesbaden 1982, S. 15–62. Auch in und zit. nach: ders., Strukturen als Schlüssel zur Welt. Kleine Schriften zur Erzählliteratur des Mittelalters. Tübingen 1989, S. 687–708.

– Das Fantastische in der späteren deutschen Artusliteratur, in: Karl-Heinz Göller (Hrsg.), Spätmittelalterliche Artusliteratur. Paderborn/München/ Wien/Zürich 1984, S. 133–149.

– Die Zwerge auf den Schultern von Riesen. Epochales und typologisches Geschichtsdenken und das Problem der Interferenzen, in: Reinhart Herzog und Reinhart Koselleck (Hrsg.), Epochenschwelle und Epochenbewußtsein. München 1987 (Poetik und Hermeneutik XII), S. 167–194. Auch in und zit. nach: Walter Haug, Strukturen als Schlüssel zur Welt. Kleine Schriften zur Erzählliteratur des Mittelalters. Tübingen 1989, S. 86–109.

– Wandlungen des Fiktionalitätsbewußtseins vom hohen zum späten Mittelalter, in: Entzauberung der Welt. Deutsche Literatur 1200–1500. Hrsg. v. James F. Poag und Thomas C. Fox. Tübingen 1989, S. 1–17.

– Von *âventiure* und *minne* zu Intrige und Treue: Die Subjektivierung des hochhöfischen Aventürenromans im ›Reinfrid von Braunschweig‹, in: Paola Schulze-Belli und Michael Dallapiazza (Hrsg.), Liebe und Aventiure im Artusroman des Mittelalters. Beiträge der Triester Tagung 1988. Göppingen 1990 (GAG 532), S. 5–22.

– Über die Schwierigkeiten des Erzählens im nachklassischer Zeit, in: Positionen des Romans im späten Mittelalter. Hrsg. v. Walter Haug und Burghart Wachinger. Tübingen 1991 (Fortuna Vitrea 1), S. 338–365.

– Literaturtheorie im deutschen Mittelalter. Von den Anfängen bis zum Ende des 13. Jahrhunderts. Darmstadt ²1992.

Hausner, Renate, Ulrichs von Liechtenstein ›Frauendienst‹. Eine steirisch-österreichische Adaptation des Artusromans. Überlegungen zur Struktur, in: Fs Adalbert Schmidt. Stuttgart 1976, S. 121–192.

Heiligendorff, Neue Studien zu Johann von Würzburg. ZfdPh 57 (1932), S. 85–88.

Heimsoeth, Heinz, Die sechs großen Themen der abendländischen Metaphysik und der Ausgang des Mittelalters. Berlin ²1934.

Heinen, Hubert, Ulrich von Liechtenstein's Sense of Genre, in: Hubert Heinen und Ingeborg Henderson (Hrsg.), Genres in Medieval Literature. Göppingen 1986 (GAG 439), S. 19–29.

- Venusberg [Vortrag, gehalten auf dem 31st International Congress on Medievals Studies, Kalamazoo, 9.5.1996; Veröffentlichung angekündigt], in: Burgen – Länder – Landschaften. Hrsg. v. Ulrich Müller und Werner Wunderlich. St. Gallen 1999(?) (Mittelalter-Mythen V).

Heinzle, Joachim, Geschichte der deutschen Literatur von den Anfängen bis zum Beginn der Neuzeit, Bd. 2/2. Tübingen ²1994.

Hempfer, Klaus W., Gattungstheorie. München 1973 (Information und Synthese 1).

Hermann, Ernst, Die Inschrift des Brackenseils. Wandlungen der höfischen Waltanschauung im Jüngeren Titurel. Diss. Marburg 1939.

Herzog, Urs, Minneideal und Wirklichkeit. Zum ›Frauendienst‹ des Ulrich von Lichtenstein. DVjs 49 (1975), S. 502–519.

Hödl, Günther, Habsburg und Österreich 1273–1493. Gestalten und Gestalt des österreichischen Spätmittelalters. Wien/Köln/Graz 1988.

Huber, Christoph, Höfischer Roman als Integumentum? Das Votum Thomasins von Zerklaere. ZfdA 115 (1986), S. 79–100.

Huschenbett, Dietrich, Hermann von Sachsenheim. Ein Beitrag zur Literaturgeschichte des 15. Jahrhunderts. Berlin 1962 (Philol. Studien und Quellen 12).

- Tradition und Theorie im Minne-Roman. Zum ›Wilhelm von Österreich‹ des Johann von Würzburg, in: Zur deutschen Literatur und Sprache des 14. Jh. Dubliner Colloquium 1981. Hrsg. v. Walter Haug u.a. Heidelberg 1983 (Reihe Siegen 45), S. 238–261.

- Johann von Würzburg: Wilhelm von Österreich, in: Interpretationen. Mittelhochdeutsche Romane und Heldenepen. Hrsg. v. Horst Brunner. Stuttgart 1993, S. 412–435.

Iser, Wolfgang, Akte des Fingierens. Oder: Was ist das Fiktive im fiktionalen Text, in: Funktionen des Fiktiven. Hrsg. v. Dieter Henrich und Wolfgang Iser. München 1983 (Poetik und Hermeneutik X), S. 121–151.

Iwand, Käthe, Die Schlüsse der mhd. Epen. Berlin 1922 (Germ. Stud. 16).

Jauß, Hans Robert, Entstehung und Strukturwandel der allegorischen Dichtung, in: GRLMA VI,1 (1968), S. 146–244.

- (Hrsg.), La littérature didactique, allégorique et satirique, in: GRLMA VI,2 (1970), S. 203–280.

- Theorie der Gattungen und Literatur des Mittelalters, in: GRLMA I (1972), S. 107–138.

Jeanroy, Alfred, La poésie lyrique des troubadours, Bd. I. Toulouse/Paris 1934.

- Notes sur les tournoiements des dames. Romania 28 (1899), S. 232–244.

Juergens, Albrecht, ›Wilhelm von Österreich‹. Johanns von Würzburg Historia Poetica. Diss. München 1986. Frankfurt/Bern/New York/Paris 1990 (Mikrokosmos 21). [Dazu Rezensionen von Bernd Bastert. Arbitrium 2/1992, S. 172–177; Manfred Scholz. ZfdA 120 (1991), S. 468–473; Gisela Vollmann-Profe. PBB 114 (1992), S. 347–349].

Jürgens-Lochthove, Kristina, Heinrich Wittenwilers ›Ring‹ im Kontext hochhöfischer Epik. Göppingen 1980 (GAG 296).

Karnein, Alfred, De Amore deutsch. Der Tractatus des Andreas Capellanus in der Übersetzung Johann Hartliebs. München 1970 (MTU 28).

Kern, Peter, Der Kommentar zu Parzival 1,13f im Prolog des *Jüngeren Titurel,* in: Studien zur deutschen Literatur und Sprache des Mittelalters. Fs Hugo Moser. Berlin 1974, S. 185–199.

- Leugnen und Bewußtmachen der Fiktionalität im deutschen Artusroman, in: Fiktionalität im Artusroman. Dritte Tagung der Dt. Sektion der Internationalen Artusgesellschaft in Berlin vom 13.–15.2.1992. Hrsg. v. Volker Mertens und Friedrich Wolfzettel. Tübingen 1993, S. 11–28.

Kiening, Christian, *Wer aigen mein die welt ...* Weltentwürfe und Sinnprobleme deutscher Minne- und Abenteuerromane des 14. Jahrhunderts, in: Literarische Interessenbildung im Mittelalter. DFG-Symposion 1991. Hrsg. v. Joachim Heinzle. Stuttgart/Weimar 1993 (Germanistische Symposien-Berichtsbände 14), S. 474–494.

Knapp, Fritz Peter, Historische Wahrheit und poetische Lüge. Die Gattungen weltlicher Epik und ihre theoretische Rechtfertigung im Hochmittelalter. DVjs 54 (1980), S. 581–635.

- Integumentum und Aventiure. Nochmals zur Literaturtheorie des Bernardus (Silvestris?) und Thomasin von Zerklaere. Literaturwiss. Jahrb. NF 28 (1987), S. 299–307.

Koppitz, Hans-Joachim, Zur Überlieferung der Drucke des Prosaromans ›Wilhelm von Österreich‹. Gutenberg-Jahrbuch 1963, S. 53–59.

von Kraus, Carl, Das sogenannte 2. Büchlein und Hartmanns Werke, in: Abhandlungen zur german. Philologie. Fs R. Heinzel. Halle 1898, S. 111–172.

Kreisselmeier, Hermann, Der Sturm der Minne auf die Burg. Beiträge zur Interpretation der mhd. Allegorie ›Die Minneburg‹. Diss. München. Meisenheim 1957.

Krieger, Karl Friedrich, Die Habsburger im Mittelalter. Von Rudolf I. bis Friedrich III. Stuttgart/Berlin/Köln 1994.

Krohn, Rüdiger, Richard Löwenherz. *Richardes lop geméret wart mit hôher werdekeit.* Der Löwenherz-Mythos in Mittelalter und Neuzeit, in: Herrscher – Helden – Heilige. Hrsg. v. Ulrich Müller und Werner Wunderlich. St. Gallen 1996 (Mittelalter-Mythen I), S. 133–153.

Kuhn, Hugo, Gattungsprobleme der mhd. Literatur, in: Hugo Kuhn, Dichtung und Welt im Mittelalter. Stuttgart 1959, S. 41–6.

- Minnesangs Wende. Tübingen ²1967 (Hermaea 1).

Lerner, Luise, Studien zur Komposition des höfischen Romans. Münster 1936 (Forschungen zur dt. Sprache und Dichtung 7).

Loersch, Hugo, Der Process in der Mörin des Hermann von Sachsenheim. Ein Beitrag zur Geschichte des Gerichtsverfahrens im 15. Jahrhundert, in: Fs C. G. Homeyer. Bonn 1871, S. 35–70.

Löhmann, Otto, Die Entstehung der Tannhäusersage. Fabula 3 (1960), S. 224–253.

Lutz, Eckart Conrad, *Spiritualis Fornicatio.* Heinrich Wittenwiler, seine Welt und sein ›Ring‹. Sigmaringen 1990 (Konstanzer Geschichts- und Rechtsquellen 32).

Maak, Hans-Georg, Das sprachlich-stilistische Vorbild von Ulrich Füetrers ›Abenteuerbuch‹. ZfdPh 93 (1974), Sonderheft, S. 198–217.

Maher, Moustafa, Saladin – Salaheddin, in: Herrscher – Helden – Heilige. Hrsg. v. Ulrich Müller und Werner Wunderlich. St. Gallen 1996 (Mittelalter-Mythen I), S. 157–172.

Mayser, Eugen, Studien zur Dichtung Johanns von Würzburg. Diss. Marburg 1930. Berlin 1931, Nachdr. 1967 (Germ. Stud. 101).
- Briefe im mhd. Epos. ZfdPh 59 (1935), S. 136–147.
McDonald, William C. und Ulrich Goebel, German Medieval Literary Patronage from Charlemagne to Maximilian I. Amsterdam 1973 (Amsterdamer Publikationen zur Sprache und Literatur 10).
Meier, Christel, Überlegungen zum gegenwärtigen Stand der Allegorie-Forschung. In Frühma. Studien 10 (1976), S. 1–69.
Melzer, Helmut, Trivialisierungstendenzen im Volksbuch. Ein Vergleich der Volksbücher ›Tristrant und Isalde‹, ›Wigoleis‹ und ›Wilhelm von Österreich‹ mit den mittelhochdeutschen Epen. Hildesheim/New York 1972 (Deutsche Volksbücher in Faksimiledrucken 3).
Mertens, Käthe, Die Konstanzer Minnelehre. Berlin 1939 (Germ. Stud. 159).
Mertens, Volker, ›Was ist ein Mäzen?‹ Poetologische Überlegungen an Hand des ›Wilhelm von Österreich‹, in: Der Held in historischer Realität, in der Sage und in der mittelalterlichen Literatur. Hrsg. v. Danielle Buschinger und Wolfgang Spiewok. Greifswald 1996 (Wodan 63), S. 81–95.
Meyer, Dieter H., Literarische Hausbücher des 16. Jahrhunderts, Bd. 2.1. Würzburg 1989 (Würzburger Beiträge zur dt. Philologie).
Meyer, Ernst, Die gereimten Liebesbriefe des deutschen Mittelalters. Mit einem Anh. ungedr. Liebesbriefe aus der Dresdener Handschrift M 68. Marburg 1898.
Minnis, A. J., Medieval Theory of Authorship. Scholastic literary attitudes in the later Middle Ages. Aldershot ²1988.
Mordhorst, Otto, Egen von Bamberg und die geblümte Rede. Diss. Berlin 1909. Berlin 1911 (Berliner Beiträge 43 [30]).
Müller, Jan-Dirk, Lachen – Spiel – Fiktion. Zum Verhältnis von literarischem Diskurs und historischer Realität im ›Frauendienst‹ Ulrichs von Lichtenstein. DVjs 58 (1984), S. 38–73.
Müller, Max (†) und Gerhard Taddey (Hrsg.), Handbuch der historischen Stätten Deutschlands, Bd. VI: Baden-Württemberg. Stuttgart ²1980, S. 30.
Nellmann, Eberhard, Wolframs Erzähltechnik. Untersuchungen zur Funktion des Erzählers. Wiesbaden 1973.
Niemetz, P. Paulus, Die Grablege der Babenberger in der Abtei Heiligenkreuz. Wien 1974.
- Die Babenberger-Scheiben im Heiligenkreuzer Brunnenhaus. Wien 1976.
Nyholm, Kurt, Studien zum sog. geblümten Stil. Åbo 1971 (Acta Academiae Aboensis, Ser. A: Humaniora, Bd. 39, Nr. 4).
Ohlenroth, Derk, ›Reinfrid von Braunschweig‹. Vorüberlegungen zu einer Interpretation, in: Positionen des Romans in späten Mittelalter. Hrsg. v. Walter Haug und Burghart Wachinger. Tübingen 1991 (Fortuna Vitrea 1), S. 67–96.
Pabst, Walter, Venus und die mißverstandene Dido. Literarische Ursprünge des Sibyllen- und des Venusberges. Hamburg 1955 (Hamb. Romanist. Studien. Allg. Reihe 40).
Palmer, Nigel, Johann von Würzburg's ›Mappa mundi‹ and the representation of the Orient in *Wilhelm von Österreich*. Oxford (masch.) 1994. Vortrag, gehalten in Oxford in Trinity Term 1994.

Parshall, Linda B., The Art of Narration in Wolfram's *Parzival* and Albrecht's *Jüngerer Titurel*. Cambridge u.a. 1981.

Peters, Ursula, Frauendienst. Untersuchungen zu Ulrich von Lichtenstein und zum Wirklichkeitsgehalt der Minnedichtung. Diss. Berlin 1970. Göppingen 1971 (GAG 46).

Pieper, Michael, Die Funktionen der Kommentierung im ›Frauendienst‹ Ulrichs von Liechtenstein. Diss. Münster 1980. Göppingen 1982 (GAG 351).

Pillokat, Udo, Johann und Ruprecht von Würzburg, in: Fränkische Klassiker. Hrsg. v. Wolfgang Buhl. Nürnberg 1971, S. 123–132.

Ranke, Friedrich, Zur Rolle der Minneallegorie in der deutschen Dichtung des ausgehenden Mittelalters, in: Fs Theodor Siebs. Breslau 1933, S. 199–212.

Rehbock, Helmut, Epischer Vorgang und Aufbaustil im ›Wilhelm von Österreich‹. Diss. (masch.) Göttingen 1963.

Reiffenstein, Ingo, Rollenspiel und Rollenentlarvung im ›Frauendienst‹ Ulrichs von Liechtenstein, in: Fs Adalbert Schmidt. Stuttgart 1976, S. 107–120.

Rheinheimer, Melitta, Rheinische Minnereden. Untersuchungen und Edition. Göppingen 1975 (GAG 144).

Ribbeck, Walter, Bruchstücke mittelrheinischer Hofdichtung. ZfdA 36 (1892), S. 204–225.

Riha, Ortrun, Die Forschung zu Heinrich Wittenwilers ›Ring‹ 1851–1988. Diss. Würzburg 1988. Würzburg 1990 (Würzburger Beiträge zur dt. Philologie 4).

Ritter, Albert, Altschwäbische Liebesbriefe. Eine Studie zur Geschichte der Liebespoesie. Graz 1898 (Grazer Studien zur dt. Philologie).

Röcke, Werner, Liebe und Schrift. Deutungsmuster sozialer und literarischer Kommunikation im deutschen Liebes- und Reiseroman des 13. Jahrhunderts. (Konrad Fleck: Florio und Blanscheflur; Johann von Würzburg: Wilhelm von Österreich), in: Mündlichkeit – Schriftlichkeit – Weltbildwandel. Literarische Kommunikation und Deutungsschemata von Wirklichkeit in der Literatur des Mittelalters und der frühen Neuzeit. Hrsg. v. Werner Röcke und Ursula Schäfer. Tübingen 1996 (Script Oralia 71), S. 85–108.

Röhricht, Reinhold, Die Deutschen auf den Kreuzzügen. ZfdPh 7 (1876), S. 125–174 u. S. 296–329. (Exkurs: Die Kreuzfahrer des 3. Kreuzzuges in des Johanns von Würzburg Gedicht ›Wilhelm von Österreich‹, S. 168–174 und S. 302).

Ruh, Kurt, Dichterliebe im europäischen Minnesang, in: Deutsche Literatur im Mittelalter, Kontakte und Perspektiven. Hugo Kuhn zum Gedenken. Hrsg. v. Christoph Cormeau. Stuttgart 1979, S. 160–183.

Saran, F., Über Hartmann von Aue (Fortsetzung). Das sog. 2. Büchlein. PBB 24 (1899), S. 1–71.

Schaus, E., Das Kloster der Minne. ZfdA 38 (1894), S. 361–368.

Scheremeta, Renée, Historical, Hagiographic Romances? Late Courtly Hybrids, in: Genres in Medieval German Literature. Hrsg. v. Hubert Heinen und Ingeborg Henderson. Göppingen 1986 (GAG 439), S. 93–102.

Schilling, Michael, Zur Dramatisierung des ›Wilhelm von Österreich‹ durch Hans Sachs, in: Zur deutschen Literatur und Sprache des 14. Jh. Dubliner Colloquium 1981. Hrsg. v. Walter Haug u.a. Heidelberg 1983 (Reihe Siegen 45), S. 262–277.

Schirok, Bernd, Parzivalrezeption im Mittelalter. Darmstadt 1982 (Erträge der Forschung 174).

Schlereth, Martha, Studien zu Ulrich von Lichtenstein. Diss. (masch.) Würzburg 1949.

Schmid, Ludwig, Geschichte der Grafen von Zollern-Hohenberg und ihrer Grafschaft. Stuttgart 1862.

Schmidt, Emil, Die Frage nach der Zusammengehörigkeit der Fragmente von dem Minnehof, der Böhmenschlacht, der Göllheimer Schlacht und dem Ritterpreis. Diss. Marburg 1908.

Schmidt, Ronald Michael, Studien zur dt. Minnerede. Untersuchungen zu Zilies von Sayn, Johann von Konstanz und Eberhard von Cersne. Göppingen 1982 (GAG 345).

Schnuchel, Rudolf, Ein Beitrag zum Erzähl- und Aufbaustil im ›Wilhelm von Österreich‹. Diss. (masch.) Göttingen 1955.

Schoenebeck, Walter, Der höfische Roman des Spätmittelalters in der Hand bürgerlicher Dichter. Studien zur ›Crône‹, zum ›Apollonius von Tyrland‹, zum ›Reinfrid von Braunschweig‹ und ›Wilhelm von Österreich‹. Diss. (masch.) FU Berlin 1956.

Scholz, Manfred Günter, Zum Verhältnis von Mäzen, Autor und Publikum im 14. und 15. Jahrhundert: ›Wilhelm von Österreich‹ – ›Rappoltsteiner Parzifal‹ – Michel Beheim. Darmstadt 1987.

Schröder, Edward, Meininger handschrift des Wilhelm von Orlens. ZfdA 64 (1927), S. 283f.

– Die Minnerede vom roten Munde. ZfdA 68 (1931), S. 195.

Schulz-Grobert, Jürgen, Deutsche Liebesbriefe in spätmittelalterlichen Handschriften. Untersuchungen zur Überlieferung einer anonymen Kleinform der Reimpaardichtung. Tübingen 1993 (Hermaea 72).

Sharma, Krishna Murari, Vom Versepos zum Prosaroman. Studien zum Prosaroman ›Wilhelm von Österreich‹. Diss. München 1969.

Sonnemann, Günter, Die *Dit*dichtung des Guillaume de Machaut. Diss. Göttingen 1969.

Stälin, Christoph Friedrich von, Württembergische Geschichte III. Stuttgart 1856.

Stanesco, Michel, Mittelalter und erzählende Identität. Anmerkungen über den Dialog zwischen Fiktion und Geschichte, in: Fiktionalität im Artusroman. Dritte Tagung der Dt. Sektion der Internationalen Artusgesellschaft in Berlin vom 13.–15.2.1992. Hrsg. v. Volker Mertens und Friedrich Wolfzettel. Tübingen 1993, S. 1–10.

Staub, Kurt Hans und Birgitt Weimann-Hilberg, Johann von Würzburg (II), Wilhelm von Österreich. Ein neu aufgefundener Textzeuge in der Hessischen Landes- und Hochschulbibliothek Darmstadt. Miscellanea Neerlandiea 1 (1987) [zugl. Fs Jan Deschamps. Leuven 1987], S. 263–271.

Stierle, Barbara, Untersuchungen zur Formgeschichte der »kleinen Liebesallegorie«. Die *Complainte d'amours* aus B.N. 837 und ihre Vorläufer. Diss. Konstanz 1973.

Straub, Veronika, Entstehung und Entwicklung des frühneuhochdt. Prosaromans. Diss. Bonn 1972. Amsterdam 1974 (Amsterdamer Publikationen zur Sprache und Literatur 16).

Thomas, J. W., The Minnesong Structure of Ulrich von Liechtenstein's ›Frauendienst‹. ZfdA 102 (1973), S. 195–203.

Touber, A. H., Der literarische Charakter von Ulrich von Lichtensteins ›Frauendienst‹. Neophil. 51 (1967), S. 253–262.

– Ulrichs von Lichtenstein ›Frauendienst‹ und die Vidas und Razos der Troubadours. ZfdPh 107 (1988), S. 431–444.

Uhland, Ludwig, Schriften zur Geschichte der Dichtung und Sage, Bd. 5. Stuttgart 1870.

Vollmann-Profe, Gisela, Johann von Würzburg, ›Wilhelm von Österreich‹, in: Positionen des Romans im späten Mittelalter. Hrsg. v. Walter Haug und Burghart Wachinger. Tübingen 1991 (Fortuna Vitrea 1), S. 123–135.

Wailes, Stephen L., The Character of Love in Hermann von Sachsenheim's ›Mörin‹. Colloquia Germanica 9 (1975), S. 205–222.

Wallner, Anton, Kürnbergs Falkenlied. ZfdA 50 (1908), S. 206–214.

Wentzlaff-Eggebert, Friedrich Wilhelm, Kreuzzugsdichtung des Mittelalters. Studien zu ihrer geschichtlichen und dichterischen Wirklichkeit. Berlin 1960.

Willems, Gottfried, Das Konzept der literarischen Gattung. Untersuchungen zur klassischen deutschen Gattungstheorie, insbesondere zur Ästhetik F. Th. Vischers. Tübingen 1981 (Hermaea 43).

Wilson Poe, Elizabeth, The Emergence of the *Vidas*, the *Razos* and the *Razos de trobar*. Birmingham, Ala. 1984.

Wis, Marjatta, Ursprünge der deutschen Tannhäuserlegende. Zur Geschichte mittelalterlicher Pilgertraditionen. Neuphil. Mitt. 61 (1960), S. 8–58.

Zatočil, Leopold, Drei Prager Bruchstücke. Sborník Prací Filosofické Fakulty Brněnské University 6 (1957), S. 63–71.

Ziegeler, Hans-Joachim, Erzählen im Spätmittelalter. Mären im Kontext von Minnereden, Bispeln und Romanen. Diss. Tübingen 1983. München 1985 (MTU 87).

6. Personen- und Werkregister

Im folgenden Register sind Autoren und Werke (außer Johann von Würzburg und dem ›Wilhelm von Österreich‹) sowie historische Personen und Geschlechter aufgenommen, die in der Arbeit erwähnt werden. Autoren wie z.b. Aristoteles, die auch als fiktive Gestalten auftauchen (Aristoteles und Phyllis), sind nur an den Stellen aufgenommen, an denen sie als Autoren genannt sind. Biblische Gestalten sind nicht aufgenommen, ohne daß damit eine Aussage über ihre Historizität gemacht werden soll. Stellenangaben, die sich ausschließlich auf Anmerkungen beziehen, sind kursiv gesetzt.